La grande storia illustrata del XX secolo

LA GRANDE STORIA ILLUSTRATA DEL XX SECOLO

Selezione
dal Reader's Digest

La grande storia illustrata del XX secolo

EDIZIONI DI SELEZIONE DAL READER'S DIGEST
GRANDI OPERE

Editor
Adriano Poli

Executive editor
Stefano Bonagura

Associate Editors
Paola Pandiani, Alba Bariffi

Editorial Staff Assistant
Maria Luisa Mariani

Questo volume è stato realizzato in collaborazione
con Giunti Gruppo Editoriale, Firenze

Progetto e direzione editoriale
Flavio Fiorani

Direzione scientifica
Marcello Flores, Giovanni Gozzini, Federico Romero

Autori dei testi
Giorgio Boatti, Maddalena Carli, Licia Dallolio, Marcello Flores,
Giovanni Maccari, Alessandra Minerbi, Alessandra Orsi,
Federico Romero, Antonella Salomoni, David Scaffei, Angelo Trento

Autori delle presentazioni alle sezioni
Marcello Flores (3, 4, 9, 13, 14), Giovanni Gozzini (1, 5, 8, 12),
Mario Isnenghi (2), Federico Romero (6, 7, 10, 11, 15)

Autori dei testi per la sezione "Il secolo della scienza"
Carlo Bernardini (pp. 470-473) e Letizia Giovanna Gabaglio

Redazione e ricerca iconografica
Paolo Iacuzzi

Progetto grafico
Enrico Albisetti

Impaginazione
Cinzia Chiari, Daniele Forconi

Cartografia e tabelle
Sergio Biagi Comunicazione Grafica

Si ringraziano per la consulenza editoriale
Alberto Dragone, Cesare Salmaggi

ISBN 88-7045-236-0

2 Edizione - Ottobre 1999
Stampa e legatura: Giunti Industrie Grafiche S.p.A.
Printed in Italy 1999

Indice

La seconda guerra mondiale

La ricostruzione

Il mondo bipolare

Il Terzo Mondo alla ribalta

Le speranze degli anni Sessanta

Dalla coesistenza alla distensione

Gli anni Ottanta

Il divario Nord-Sud

Il crollo del comunismo in Europa

In cerca di nuovi assetti

Gli scenari del 2000

Il secolo della scienza

Indici

Il nuovo secolo

Agli occhi degli uomini e delle donne che vivono in Europa e in America del Nord, la fine del XIX secolo si avvicina nel segno della fiducia e dell'ottimismo. La grande depressione economica innescata dalla crisi agraria dei decenni precedenti lascia il posto a una seconda rivoluzione industriale: fanno la propria comparsa nuove fonti di energia (il petrolio, l'elettricità) e nuovi mezzi di trasporto (l'automobile, l'aeroplano) che appaiono destinati a mutare rapidamente la vita di ogni giorno. Il generale incremento dei beni di consumo (macchina per scrivere, macchina per cucire) si rivolge a una platea di potenziali acquirenti assai più vasta che in passato e attirata dalla pubblicità e dalle vendite rateali.
Le capitali europee marciano al passo degli strati borghesi della società: ne condividono l'ansia di ascesa sociale e professionale, il dinamismo che guarda con speranza al futuro. Ai cambiamenti in corso partecipano fasce sempre più grandi di popolazione.
L'evoluzione delle forme di governo sembra puntare lentamente, ma decisamente, verso l'esercizio di una democrazia più diffusa e partecipata: l'allargamento del suffragio elettorale si accompagna al processo di alfabetizzazione, allo sviluppo dei mezzi di comunicazione di massa, all'evoluzione del movimento sindacale e dei grandi partiti operai.
La cultura e le arti raccolgono le sollecitazioni della vita moderna, fino a mettere in luce una nuova e radicale coscienza critica.
L'idea di una realtà oggettiva, indagabile attraverso strumenti e categorie della conoscenza validi per tutti – che era stata alla base della cultura positivista – viene messa in discussione dalle scoperte di Albert Einstein e Sigmund Freud, così come dai primi quadri cubisti di Pablo Picasso. L'opera letteraria di Friedrich Nietzsche apre la strada a un sentimento di rivolta contro la società borghese massificata e omogeneizzata. Il fervore della Belle Epoque cela in sé il lato oscuro dell'irrazionalismo; la critica verso la "ragione positiva" in nome della libertà e della creatività personale, prenderà sempre più spesso la forma di una affermazione esemplare dell'individuo sulla massa, di una missione di dominio delle nazioni più forti sulle più deboli, creando le condizioni per una giustificazione morale della guerra.

Fotogramma del film* La corazzata Potëmkin *(1925) di Sergej M. Ejzenštein (nella pagina precedente).

Gli equilibri del mondo

Il primo decennio del secolo si apre nell'atmosfera di euforica fiducia nel progresso e nell'avvenire, simboleggiata dai café chantant e dal ballo Excelsior della Belle Epoque. Si chiude invece con il presagio di disastro e la sconfitta del mito della velocità e della tecnologia rappresentato dal naufragio del *Titanic* nell'aprile 1912.
Di questo periodo storico il colonialismo costituisce il tratto unitario più significativo. La conquista militare delle colonie, la penetrazione economica e lo sfruttamento delle risorse di terre lontane ispirano la politica dei maggiori paesi europei. La grande depressione economica del 1873-1896, con il calo di prezzi che ne consegue, spinge gli interessi finanziari a cercare oltremare margini più alti di redditività. In assenza di conflitti continentali, gli eserciti delle grandi potenze europee scendono in campo per l'espansione coloniale, trovando in essa un utile banco di prova per nuovi armamenti e nuove strategie. La diffusione di un'ideologia positivista del progresso scientifico e tecnologico si accompagna alla teorizzazione di una gerarchia di popoli e di razze in lotta tra loro per la sopravvivenza, secondo il modello di selezione naturale delle specie animali che Charles Darwin ha applicato nelle scienze naturali. Entrambe forniscono il presupposto teorico e la giustificazione morale per la conquista di territori stranieri.
Questa nuova ondata imperialista, oltre a impri-

Particolare di* Donne a Potsdamer Platz *(1914) di Ernest Ludwig Kirchner.
Tra i maggiori esponenti dell'Espressionismo tedesco, il pittore ritrae una scena di vita berlinese. Le due figure rivelano la critica dell'artista all'atmosfera soffocante della Germania guglielmina.

Manifesto pubblicitario delle compagnie marittime francesi.
La Belle Epoque è contrassegnata dalla frenesia dei viaggi. Nel manifesto, che riproduce le bandiere dei principali paesi toccati dalla crociera intorno al mondo, compare anche il treno. Prima dell'apertura del Canale di Panama nel 1914, il traffico fra le due coste degli USA si svolgeva solo per ferrovia o attraverso lo stretto di Magellano.

Un apparecchio fotografico di inizio secolo.
La macchina fotografica è uno degli strumenti destinati a mutare costumi e abitudini della società di massa. Prima dell'avvento di macchine di piccolo formato, intorno agli anni Venti, questi apparecchi sono venduti già carichi e devono essere scaricati in laboratorio una volta impressionate le lastre.

mere una forte accelerazione a un processo di espansione coloniale in atto da quattro secoli, ne modifica completamente le caratteristiche, tanto da motivare la definizione di "nuovo colonialismo". In passato, sia pure con l'appoggio dei governi, l'iniziativa era stata in mano ai privati con le "compagnie privilegiate" (come quella inglese e olandese delle Indie orientali).

Nella seconda parte dell'Ottocento, invece, gli stati assumono direttamente il controllo delle operazioni: la penetrazione del libero commercio avviene dopo che la bandiera delle potenze europee è stata piantata con la forza militare. Gli storici definiscono "informale" il colonialismo di vecchio tipo, perché non prevedeva necessariamente un controllo politico diretto. Nella nuova versione, invece, soprattutto dove esistono ingenti risorse naturali, il dominio viene "formalizzato" e gli indigeni vengono sottoposti al protettorato politico e militare dei conquistatori.

Un'altra differenza si ravvisa nell'aumento dei soggetti attivi dell'espansione. Londra e Parigi guidano, come in passato, la corsa alle colonie, sfruttando il declino di Madrid, Lisbona e Amsterdam. Ma ora si aggiungono come rivali anche Berlino e Roma. Tanto l'Italia che la Germania, una volta conseguita l'unificazione nazionale nel decennio 1861-1871, impostano la loro politica estera sulla necessità di colmare il ritardo rispetto alle più forti potenze coloniali. Si assiste inoltre al-

LA PACE INTERNAZIONALE

La fase che va dalla fine del conflitto franco-prussiano (1871) alla vigilia della prima guerra mondiale vede una sostanziale stabilità interna negli stati europei e una relativa pace internazionale. Le potenze concentrano i loro sforzi nell'espansione dei domìni coloniali. Sulla base di una pretesa missione civilizzatrice e di un'indiscussa superiorità tecnologica e militare, le nazioni più avanzate si spartiscono il pianeta, determinando un assetto politico-economico mondiale del tutto nuovo rispetto al passato e destinato a durare fino ai giorni nostri. La potenza economica e finanziaria raggiunta dai maggiori paesi occidentali si concentra nello sfruttamento di paesi lontani, rimasti ai margini dello sviluppo, che offrono tuttavia riserve di materie prime, nuovi mercati potenziali per i prodotti industriali, sbocchi per i disoccupati e l'eccesso di popolazione delle nazioni conquistatrici.

Una famiglia inglese in India all'ora del tè.
La dominazione britannica in India durerà, in forme diverse, per circa due secoli. Gli inglesi amministrano un territorio di immense proporzioni ma il loro dominio viene esercitato con un numero molto ristretto di funzionari. Per questa ragione, e per il fatto che vantano il primato di istituzioni rappresentative liberali, gli inglesi non fanno uso sistematico della violenza repressiva e preferiscono instaurare un rapporto di collaborazione con gli indiani delle classi superiori che sono più vicini ai valori della cultura occidentale.

La conquista del Polo Nord in una vignetta francese del 1909 (a sinistra).
Gli esploratori americani Frederick A. Cook (a sinistra) e Robert E. Peary, ritratti mentre si disputano il primato della conquista del Polo. Peary sostiene di averlo raggiunto nell'aprile del 1909, ma soltanto due anni dopo viene ufficialmente dichiarato conquistatore del Polo, a danno del collega Cook.

Vignetta satirica francese sulla crisi di Fashoda.
Nel 1898 il Regno Unito e la Francia arrivano a un passo dal conflitto armato. A Fashoda, sul Nilo in territorio sudanese, si scontrano le rispettive direttrici di espansione che puntano al controllo dell'Africa centrorientale. La prova di forza che ne deriva fa temere lo scoppio di una guerra fra le due maggiori potenze coloniali. Anche se risolto positivamente col passo indietro della Francia, che rivendica il possesso dell'Africa settentrionale fino al Mar Rosso, l'incidente diplomatico lascia all'Europa la sensazione di una crescente tensione e la consapevolezza che le controversie per territori lontani possono trascinare il vecchio continente in pericolosi focolai di guerra.

l'ascesa delle ambizioni imperialiste di paesi extraeuropei come gli Stati Uniti e il Giappone.

Le contraddizioni dell'imperialismo

La moltiplicazione degli interessi e delle mire provoca un aumento delle occasioni di scontro fra le potenze, e ciò costituisce forse la maggiore – anche se non l'unica – contraddizione insita nella logica dell'imperialismo. Il lavoro delle diplomazie si fa frenetico man mano che s'infittisce l'intreccio dei progetti di espansione. Per mantenere il primato, la Gran Bretagna allarga i propri domìni in Indocina, consolida le posizioni in Cina e amplia i possedimenti in Africa, mentre l'India rimane la "perla" del suo impero. La Francia, dando sfogo a un desiderio di *grandeur* frenato in Europa dalla potenza tedesca, dilata a sua volta la propria espansione in Indocina e in Africa occidentale. La Germania costruisce il suo impero nell'Africa sudorientale e nel Pacifico, dove però hanno già messo piede Francia, Stati Uniti e Gran Bretagna. Con l'indipendenza del Brasile (1889) il Portogallo è eliminato dall'America latina, mentre conserva le sue colonie sudafricane (Angola e Mozambico). La Spagna soccombe agli USA nella guerra ispano-americana del 1898 perdendo Cuba, Portorico e le Filippine. Il Belgio mantiene il controllo delle straordinarie ricchezze del Congo. L'Italia cerca senza successo l'espansione in Libia e in Eritrea.

Lo sviluppo economico e il commercio mondiale

Nella seconda parte del XIX secolo, il capitalismo perde la naturale capacità espansiva che ne aveva contraddistinto la nascita e lo sviluppo. Si registrano crisi cicliche di sovrapproduzione, cresce la concorrenza tra imprese rivali. Le piccole aziende a conduzione familiare iniziano a cedere il posto alle grandi società per azioni (s.p.a.) che raccolgono da diversi soggetti privati gli ingenti capitali ormai indispensabili per la realizzazione di servizi di pubblica utilità (ferrovie, canali, acquedotti, impianti del gas).
La fisionomia economica dei paesi più avanzati è così caratterizzata dal dualismo tra una ampia area tradizionale, rimasta praticamente inalterata rispetto ai mutamenti in atto, e un settore moderno, più ristretto ma già decisivo, che comprende le principali industrie e larga parte delle attività finanziarie e commerciali. Questo settore, organizzato in prevalenza nella forma della s.p.a., reperisce fondi con l'autofinanziamento, col credito bancario e facendo ricorso al nascente mercato azionario delle borse valori nazionali.
Parallelamente, in risposta a un meccanismo concorrenziale sempre più agguerrito, si verifica il fenomeno della concentrazione aziendale, nei due tipi fondamentali del cartello e del *trust.* Nel primo caso due o più aziende si accordano, conservando la piena indipendenza, per mantenere i prezzi entro un determinato regime. Nel caso del *trust* si ha invece il controllo di un unico sog-

IL COMMERCIO E LA BANCA

Mentre diminuisce il peso dell'industria europea, il vecchio continente consolida la propria posizione di preminenza nel commercio mondiale. Ciò avviene in virtù del rapido sviluppo e della concentrazione del sistema bancario, che all'inizio del secolo è incardinato su potenti gruppi inglesi, francesi, tedeschi. Nelle borse europee si scambiano i titoli azionari delle maggiori imprese, facilitando l'impiego produttivo del risparmio e l'accesso dei privati al mondo imprenditoriale. L'esportazione di capitali dall'Europa "banchiere del mondo" verso i paesi meno sviluppati va di pari passo con una penetrazione economica spesso associata a forme di assoggettamento politico dei paesi debitori. Proprio la politica coloniale costituisce il terreno per la tendenziale fusione fra capitale industriale e capitale finanziario, fino alla costituzione di potenti gruppi di pressione economica, capaci di condizionare la stessa politica dei governi nazionali.

La Borsa merci di Amsterdam agli inizi del secolo.
Opera di Hendrik Petrus Berlage, l'edificio è completato nel 1903. Si presenta come un grande spazio aperto su cui si aprono le sale di ridotte dimensioni della borsa dei cereali e della borsa valori.

Macchina per scrivere Olivetti M20 (a sinistra).
Questo modello, realizzato nel 1920, è la versione perfezionata dell'originaria M1 che è stata il primo apparecchio prodotto su scala industriale in Italia. La macchina a scrittura visibile viene realizzata nel 1898 dall'americana Underwood. In Italia sarà la Olivetti a perfezionare il modello originario.

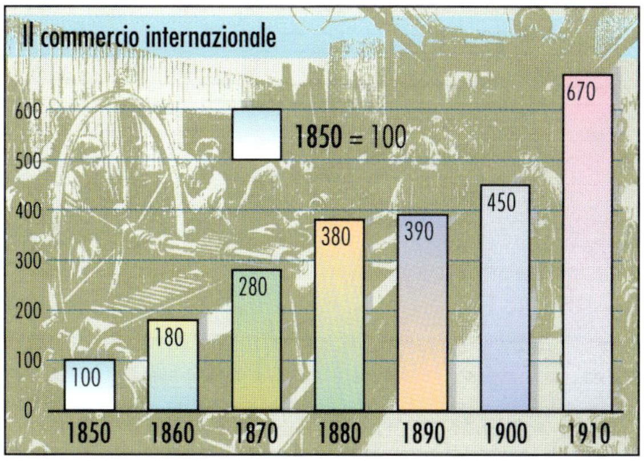

getto economico sopra imprese di vario tipo strettamente integrate fra loro. Una terza forma di concentrazione consiste nella *holding*, struttura a configurazione piramidale, dove una "società madre" controlla un complesso sistema di società, legate l'una all'altra da partecipazioni azionarie incrociate. Tali forme di associazione si sviluppano soprattutto in Gran Bretagna e in Germania, su imitazione del modello statunitense incarnato dalla figura del potente finanziere John Rockefeller. Le maggiori industrie si espandono anche a livello internazionale, attraverso investimenti di capitali e impianti industriali all'estero. Sviluppatesi a partire dall'ultimo trentennio dell'Ottocento, le imprese multinazionali si moltiplicano rapidamente, giungendo già nel 1914 al numero di 300.

Lo sviluppo dell'industria e l'espansione delle unità produttive sono all'origine dei primi tentativi di impostare su basi scientifiche il lavoro degli operai. Negli USA l'ingegnere Frederick W. Taylor teorizza la cosiddetta "organizzazione scientifica del lavoro", che mira a razionalizzare la produzione, individuando il modo più rapido ed efficace per effettuare ogni singola operazione lavorativa. La vita di fabbrica favorisce anche la crescita della coscienza di classe fra gli operai; si rafforzano i sindacati e i partiti socialisti – divisi fra le tendenze più radicali, fomentate dai grandi squilibri economici, e le spinte riformiste – forti

Due capitani di industria in una cartolina satirica.
I due corpulenti personaggi rappresentano i tipici esponenti del capitalismo finanziario. Sono ritratti nell'atto di sferrarsi un colpo mortale, a simboleggiare la spietata concorrenza indotta dal moltiplicarsi degli interessi e degli scambi a livello mondiale.

La prima officina Ford in una foto degli inizi del secolo.

Giovani inglesi impegnati in una partita di rugby.
*Soprattutto nel Regno Unito, ma anche in molti altri paesi europei, l'aspirazione al successo e un forte spirito di concorrenza – lo stesso che presiede alle leggi dell'economia di mercato – assegnano all'ideologia dell'*athleticism *il compito di irradiare valori educativi e morali in sintonia con la cultura industriale.*

soprattutto nei paesi dell'Europa centrosettentrionale, dove si avviano politiche di previdenza e sicurezza sociale.

L'allargamento della produzione su scala mondiale, la nascita di grandi monopoli e oligopoli (società in grado di controllare del tutto o in parte un intero settore produttivo), lo sviluppo della concorrenza e delle rivalità economiche fra i grandi gruppi, spingono gli stati a un più diretto intervento in economia. Si delineano in questo periodo tendenze alla nazionalizzazione delle imprese e alla gestione statale degli interessi economici nazionali all'estero.

Il campo in cui si rende più palese tale volontà di intervento è quello della politica doganale. Sotto la spinta dei gruppi di pressione agrari e industriali che chiedono la difesa della loro produzione dalla concorrenza estera, i governi impongono tariffe doganali punitive sui prodotti esteri concorrenziali con quelli interni. Praticato da quasi tutti i maggiori paesi (ad eccezione dell'Inghilterra, rimasta fedele, in forza della propria *leadership* commerciale, al principio del libero scambio), il protezionismo agrario e industriale si rivela efficace nell'incoraggiare le imprese nazionali che producono per il mercato interno, favorendo il decollo dei paesi più arretrati.

L'attenzione degli stati si rivolge anche al settore sociale, ponendo le basi di ciò che ancora oggi chiamiamo *Welfare State*, lo stato assistenziale.

Una sartoria ebraica a New York agli inizi del secolo.
Nei primi 15 anni di questo secolo, circa 2 milioni di ebrei emigrano negli Stati Uniti. La prima ondata è composta in prevalenza da tedeschi; la seconda – molto più consistente – da israeliti dell'Europa orientale, in particolare dell'impero zarista. Più della metà sono artigiani e operai semispecializzati.

Operai metalmeccanici italiani agli inizi del secolo.
Tra il 1910 e il 1914 si compie il decollo dell'industria italiana, grazie all'espansione del settore siderurgico e metallurgico-meccanico. La remunerazione degli addetti all'industria cresce in media del 26 per cento rispetto a un aumento del reddito nazionale del 17 per cento.

Passano gradualmente sotto il controllo degli apparati statali intere sfere di attività come l'igiene e la sanità pubblica, l'istruzione primaria, la regolamentazione delle condizioni di lavoro, l'assicurazione dei lavoratori contro infortuni, malattie e vecchiaia, la gestione di servizi e forniture urbane (trasporti, gas, acqua). Le spese che una tale estensione di compiti comporta vengono fronteggiate tramite una modificazione del sistema fiscale, che prevede l'introduzione, accanto alle imposte indirette sui consumi, della tassazione diretta sui redditi, sui patrimoni e sulle successioni ereditarie, secondo un criterio progressivo che mira a pesare maggiormente sulle fasce sociali più ricche.

L'EMIGRAZIONE NEL MONDO

Nel corso dell'Ottocento gli abitanti della terra passano da poco meno di un miliardo a un miliardo e mezzo. In larga misura l'enorme accelerazione dell'incremento demografico si concentra in Europa, la cui popolazione passa da un quarto a un terzo dell'umanità. In molte zone economicamente depresse del vecchio continente – prima fra tutte l'Irlanda – tale sovrappopolazione provoca il fenomeno di migrazioni permanenti. Principale sbocco di questi flussi migratori sono le Americhe e in particolare gli Stati Uniti, dove tra il 1870 e il 1914 giungono 25 milioni di persone, provenienti soprattutto da Germania, Gran Bretagna, Italia, Russia e Polonia. Nei primi anni del Novecento l'emigrazione europea acquista carattere strutturale e permanente. Infatti i flussi transoceanici verso le Americhe sopravanzano stabilmente quelli continentali e mediterranei. La molla principale è dovuta al bisogno economico. La massiccia immigrazione produce, nei paesi del Nuovo Mondo (Stati Uniti, Argentina e Brasile) seri problemi di assimilazione. Nei luoghi di arrivo gli emigrati danno vita a comunità organizzate, che mantengono i loro caratteri culturali, etnici e religiosi e modificano il volto di metropoli come New York e Buenos Aires, costituendo, a loro volta, un motivo di ulteriore richiamo per nuovi emigranti. In questi anni nascono a New York comunità come Little Italy e Chinatown.

Emigranti italiani sul molo di Ellis Island a New York.

Autobus della General Omnibus Company.
Il trasporto urbano conosce uno straordinario sviluppo tra la fine del XIX e l'inizio del XX secolo. Nelle metropoli, alle linee di superficie si affiancano quelle sotterranee.

L'alternanza fra liberali e conservatori in Gran Bretagna

Chamberlain seguito dai suoi ministri (in basso a destra).
La cartolina satirica ritrae il governo inglese dopo le dimissioni di Chamberlain dovute alla mancata unione doganale tra la madrepatria e i territori dell'impero.

Il rapporto fra aggressività coloniale in politica estera e modernizzazione istituzionale in politica interna segna in profondità la vita delle nazioni. Il governo conservatore Salisbury-Chamberlain, alla guida della Gran Bretagna a cavallo del secolo, promuove una linea fortemente imperialista in politica estera, e conferisce alla politica interna uno spiccato orientamento conservatore. Nel paese si vanno acutizzando i contrasti sociali, per attenuare i quali Joseph A. Chamberlain propone nel 1905 di costituire un'unione doganale tra la Gran Bretagna e i territori del suo impero. Ma la svolta protezionista incontra lo sfavore generale, aprendo la strada del ritorno al governo dei liberali. Nelle elezioni del 1906 questi ultimi conquistano una salda maggioranza alla Camera dei Comuni e sono appoggiati dal neocostituito Labour Party che, a somiglianza dei partiti socialisti continentali, rappresenta le istanze del mondo del lavoro.

Presieduti dai liberali Henry Campbell-Bannerman (1906-1908) e da Herbert Asquith, i governi di coalizione lib-lab (liberali-laburisti) pongono mano, in accordo coi sindacati, a una imponente legislazione sociale: riduzione degli orari di lavoro, sistema previdenziale pubblico, pensioni e assicurazioni sanitarie. Il conseguente aumento della spesa pubblica, unito agli oneri derivanti dal riarmo navale e dalla riforma dell'esercito, induce il mi-

IL SUFFRAGISMO

Nell'ultima parte del XIX secolo nascono in diverse città inglesi associazioni che si battono per il diritto di voto alle donne. Il movimento suffragista si sviluppa soprattutto in Gran Bretagna e negli Stati Uniti, dove il suffragio universale femminile verrà adottato negli anni immediatamente successivi alla prima guerra mondiale. Nel 1903 a Manchester Emmeline Pankhurst fonda l'Unione politica e sociale delle donne, che per la prima volta sceglie la strada dell'attivismo politico diretto. Attraverso manifestazioni pacifiche, le "suffragette" operano una crescente pressione sul sistema politico sia inglese che americano. Ma sarà solo il maggior ruolo pubblico esercitato dalle donne nella congiuntura bellica (quando sostituiranno gli uomini richiamati al fronte in molti rami di attività) a determinare infine le condizioni per un pieno riconoscimento dei loro diritti politici.

Suffragette inglesi in una foto del 1906.
La lotta delle donne per il diritto di voto darà finalmente i suoi frutti in Gran Bretagna il 6 febbraio 1918, quando le donne di età superiore ai 30 anni vengono ammesse al voto.

La regina Vittoria (a sinistra).
L'età vittoriana prende il nome dalla regina di Gran Bretagna e Irlanda e imperatrice delle Indie. Alla sua morte, nel 1901, la potenza economica e commerciale britannica è all'apogeo.

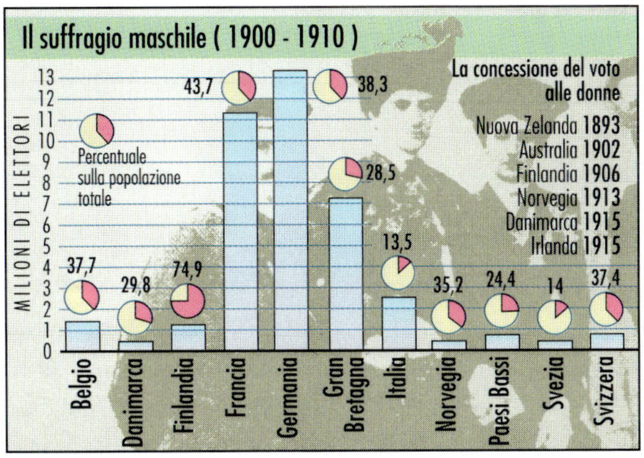

Sedia a schienale alto progettata da Charles R. Mackintosh.
Noto esponente dell'Art Nouveau, l'architetto scozzese è tra gli anticipatori dei moduli razionalisti e delle avanguardie storiche. I suoi mobili, all'origine dell'attuale design di arredo, risentono delle influenze dell'arte giapponese e del Rinascimento italiano.

nistro delle Finanze David Lloyd George a instaurare un nuovo sistema fiscale, che accentua la pressione delle imposte sulle fasce più alte di reddito. Il bilancio di previsione del 1909, ispirato a tali criteri, è però respinto dalla Camera dei Lord, a maggioranza conservatrice. Segue una grave crisi istituzionale, conclusasi a favore dei liberali con l'approvazione nel 1911 del *Parliament Act* che priva del potere di veto la Camera dei Lord.

Nel 1912 Asquith propone un progetto di autonomia dell'Irlanda del Nord, il cosiddetto *Home Rule*, per risolvere l'antico conflitto tra i protestanti unionisti dell'Ulster, favorevoli al mantenimento dei legami con Londra, e i cattolici irlandesi indipendentisti, riuniti a partire dal 1905 nel Partito radicale Sinn Fein (in gaelico "noi stessi"). La tensione è così forte che alla vigilia della prima guerra mondiale l'isola si trova sull'orlo della guerra civile. La forza del movimento sindacale inglese, organizzato nelle Trade Unions e legato da un organico rapporto di rappresentanza politica con il Partito laburista, costituisce un potente fattore di spinta per la democratizzazione della società britannica e la modernizzazione del suo sistema istituzionale. Il rafforzamento della Camera dei Comuni produce le condizioni perché tale processo avvenga senza particolari traumi e senza rotture degli equilibri interni.

Il Maharajah Holkar di Indore.
L'India è il più prezioso gioiello della corona e la maggiore fonte di guadagni per la Gran Bretagna. Perciò la strategia imperiale inglese ha come esigenza primaria la sicurezza interna dell'India e delle sue vie di accesso.

Francia, Belgio e Olanda

In Francia la vita della Terza Repubblica, proclamata nel 1870 in un'Europa ancora dominata da re e imperatori, è segnata da una forte instabilità. Nei primi anni del secolo, il processo ad Alfred Dreyfus si ritorce contro i suoi accusatori, favorendo la vittoria dei progressisti schierati con il capitano ebreo a torto condannato per spionaggio. A ciò contribuisce la famosa lettera dal titolo *J'accuse* (1898) dello scrittore Emile Zola.

Il nuovo esecutivo guidato dal radicale Pierre Waldeck-Rousseau è appoggiato da una coalizione di sinistra che comprende anche il socialista Alexandre Millerand. Sull'onda del proprio successo, lo schieramento repubblicano affronta di petto il problema dei rapporti tra stato e chiesa. Nel 1902 Waldeck-Rousseau si dimette in polemica con le tendenze anticlericali più intransigenti, ma il suo successore Emile Combes imposta una politica avversa alla chiesa cattolica, con misure restrittive nell'ambito dell'insegnamento religioso. Nel 1904 la rottura delle relazioni diplomatiche con il Vaticano prelude alla separazione fra stato e chiesa, sancita per legge l'anno successivo. Incisiva sul piano istituzionale, questa linea non soddisfa però le richieste di riforme sociali dei socialisti, che nel 1905 ritirano l'appoggio al governo, rompendo l'unità delle sinistre. Tra il 1906 e il 1911 si avvicendano i governi di Georges Clemenceau, radicale, e Aristide Briand, transfu-

La Tour Eiffel in una cartolina dell'Esposizione universale del 1889.
Simbolo dello slancio industriale e del progresso economico della Terza Repubblica (1871-1940), la Tour Eiffel domina una metropoli in continua espansione.

La degradazione del capitano Dreyfus.
Nel 1894 scoppia in Francia l'affaire Dreyfus. Accusato ingiustamente di aver rivelato segreti militari alla Germania, il capitano francese è condannato ai lavori forzati. Solo nel 1906 viene reintegrato nei ranghi dell'esercito e la sua vicenda diventa il simbolo della lotta del libero pensiero contro i pregiudizi razziali.

Manifesto pubblicitario di una corsa ciclistica (a sinistra).
Nell'ultimo decennio del secolo XIX nasce il moderno ciclismo. A questo periodo risalgono le prime edizioni di gare destinate a entrare nella leggenda delle due ruote: la Bordeaux-Parigi (1891), la Parigi-Brest-Parigi (1891), la Parigi-Roubaix (1896). Nel 1903 si svolge la prima edizione del Tour de France.

Il filosofo Henri Bergson.
Nella sua opera del 1907 L'evoluzione creatrice, Bergson teorizza il valore dell'intuizione come strumento per giungere alla vera conoscenza. Prendendo le mosse dalla critica al determinismo positivista, egli approda a una concezione vitalistica della realtà, intesa appunto come espressione di uno slancio creativo.

ga dal Partito socialista, che reprimono le agitazioni sindacali promosse dalla Confederazione generale del lavoro e intervengono con provvedimenti limitati sulla legislazione sociale.
Nel primo decennio del secolo la Francia è così caratterizzata dall'instabilità politica. I conservatori e i nazionalisti guidati da Raymond Poincaré (eletto alla presidenza nel 1913) riprendono slancio; si oppone loro il movimento operaio, pacifista e antimilitarista, che ha il suo leader in Jean Jaurès. Le elezioni politiche del 1914, dominate dalle proteste popolari contro l'aumento delle imposte indirette e il prolungamento della leva da due a tre anni, ribaltano il risultato dell'anno prima e riportano al governo i socialisti e i radicali, guidati dal socialista indipendente René-Raphaël Viviani.
Un precoce sviluppo industriale e lo sfruttamento delle colonie del Congo e dell'Indonesia favoriscono in Belgio e in Olanda una situazione di relativa prosperità. Le tensioni sociali derivanti dalla compresenza di diverse confessioni religiose vengono contenute da un solido impianto costituzionale. I partiti socialdemocratici sono in competizione con quelli confessionali, ma senza pregiudicare la stabilità del sistema democratico: la spinta convergente delle organizzazioni operaie, socialiste e confessionali, porta all'adozione del suffragio universale maschile: in Belgio nel 1893, in Olanda nel 1917.

LES DEMOISELLES D'AVIGNON

Nel 1907 il pittore spagnolo Pablo Picasso dipinge a Parigi una tela che segna una svolta nella storia della pittura.
Il suo modello compositivo è costituito dalle *Cinque bagnanti* di Paul Cézanne, ma la nuova concezione delle figure femminili picassiane rinvia alla scultura negra ed egizia. Il progetto iniziale del quadro prevedeva sette figure: cinque donne e due uomini ritratti all'interno di un postribolo. In corso d'opera Picasso ne corregge l'impianto compositivo e altera la struttura formale. Riconosciuto come il primo dipinto cubista, *Les demoiselles d'Avignon* presenta figure ridotte a forme geometriche elementari: per raffigurare il viso Picasso si ispira alla scultura romanico-catalana e africana, mentre i diversi elementi del corpo umano sono scomposti sulla superficie della tela. Il quadro rivela, nella sua assoluta originalità, una idea della creazione artistica che farà dire a Georges Braque – uno dei più rappresentativi esponenti dell'avanguardia cubista – che Pablo Picasso in quell'occasione si era messo "a bere benzina e sputar fuoco".

La* FIAT 4HP *(1899), la prima vettura prodotta dall'industria torinese.
L'11 luglio 1900 è firmato l'atto costitutivo della "Fabbrica Italiana Automobili Torino". Dopo tre anni la FIAT collauda quattro modelli di vetture e costruisce motori per navi mercantili e sottomarini. Il bilancio del 1903 si chiude con un utile di 91.525 lire, una produzione di 135 vetture e un'ottima quotazione del titolo in borsa.

Italia, Spagna e Portogallo

L'età giolittiana

In Italia il nuovo secolo si presenta nel segno del decollo dello sviluppo industriale, avvenuto – come quello tedesco – in ritardo rispetto a Gran Bretagna e Francia. La figura di Giovanni Giolitti domina la scena politica e sociale dell'epoca, spesso definita "età giolittiana". Fondata su un'adesione elastica ai principi del liberalismo, la politica di Giolitti mira soprattutto a una vasta convergenza di forze parlamentari attorno a un progetto cautamente riformista. In cambio di una limitata legislazione sociale e di un atteggiamento di relativa tolleranza nei confronti delle agitazioni sindacali, Giolitti ottiene la benevolenza dell'ala riformista del Partito socialista, guidata da Filippo Turati (che però declina l'invito a entrare nel governo); in sede elettorale, non esita a ricorrere all'apporto dei cattolici e a mantenere il baricentro dell'azione di governo entro i limiti di una sostanziale conservazione, favorevole ai grandi gruppi industriali. In questo senso, alle innovazioni del periodo iniziale di governo – il riconoscimento di fatto del diritto di sciopero, la municipalizzazione dei servizi pubblici, l'adozione nel 1912 del suffragio universale maschile – corrispondono ripiegamenti in senso autoritario e antipopolare: il frequente spargimento di sangue nei conflitti sociali (soprattutto nel Mezzo-

Braccianti della pianura padana.
Fondata nel 1901, la Federazione nazionale dei lavoratori della terra è protagonista di molte battaglie a difesa delle condizioni di vita dei lavoratori. Rappresenta più di 700 leghe di braccianti, piccoli affittuari e proprietari della pianura padana. Nel 1914 sono i foraggi la maggior produzione agricola italiana (240 milioni di quintali), seguiti dal grano e dall'uva. Tuttavia sono gli agrumi la principale voce delle esportazioni e, dopo di essi, lo zolfo: entrambi risorse dell'economia del Meridione d'Italia.

Giovanni Giolitti in una foto del 1909.
Presidente del Consiglio dei ministri tra il novembre 1903 e il marzo 1914 (con due brevi interruzioni), Giolitti inaugura un nuovo corso nella politica italiana. I suoi governi ottengono un ampio consenso parlamentare con un costume spregiudicato di concessioni alle forze di segno opposto.

Una tessera del Partito socialista italiano.
Fondato a Genova nel 1892, assume il nome di Partito socialista l'anno successivo. Può contare su un diffuso consenso elettorale soprattutto nelle regioni settentrionali e centrali italiane. La sua organizzazione si basa su leghe e cooperative contadine e operaie, che aggregano le masse lavoratrici.

giorno) e la ripresa dell'espansione coloniale con la guerra per la conquista della Libia, combattuta nel 1911-1912.
Nel clima di relativa tolleranza instauratosi in questi anni, favorito anche dal rapido processo di industrializzazione d'inizio secolo, il movimento operaio conosce una notevole espansione, anche se è caratterizzato da una scarsa coesione, sia per l'eterogeneità e la scarsa qualificazione professionale delle classi lavoratrici italiane, sia per la tendenziale inconciliabilità fra le tendenze riformiste e quelle radicali presenti all'interno del movimento sindacale. Sulla scorta dello sciopero generale proclamato nel 1904 contro gli eccidi compiuti dalle forze dell'ordine, si giunge nel 1906 alla fondazione della Confederazione generale del lavoro (CGL), che unifica le Camere del lavoro locali e le diverse federazioni di mestiere.
Nello stesso tempo, intorno alla figura del sacerdote Romolo Murri si coagula la spinta per una partecipazione dei cattolici alla vita politica, dopo che la conquista militare di Roma (1870) aveva provocato la rottura delle relazioni tra stato e chiesa, e dopo che la direttiva papale del *non expedit* ("non conviene") aveva vietato ai cattolici italiani di far politica. Rimane l'opposizione di papa Pio X, che scomunica Murri perché eletto deputato con l'appoggio delle sinistre. Ma con l'accordo del 1913, in occasione delle prime elezioni a suffragio universale (il cosiddetto "patto Gentiloni", dal no-

LA GUERRA DI LIBIA

Nel 1907 si ripercuotono anche in Italia gli effetti di una grave crisi finanziaria che provoca il crollo dei titoli azionari e il fallimento di importanti banche. Si coagula allora un blocco di interessi, favorevoli a un maggiore intervento dello stato in economia e a una politica estera più aggressiva, che trova i propri rappresentanti in alcuni leader della destra liberale contrari a Giolitti, come Sidney Sonnino e Antonio Salandra. Fedele alla sua impostazione trasformistica, Giolitti cerca di neutralizzare questa nascente opposizione dichiarando guerra alla Libia, dove si concentrano gli interessi del Banco di Roma, organo della finanza vaticana. Grazie alla mancata opposizione delle potenze europee (la Francia ha appena conquistato il Marocco, l'Austria concentra i propri sforzi nei Balcani) e alla crisi dell'impero ottomano impegnato nelle guerre balcaniche, l'Italia conduce la guerra di conquista con fucilazioni di massa dei partigiani libici. Ma la colonia si rivela del tutto inutile per lo sviluppo economico nazionale, mentre il successo bellico rafforza, anziché indebolire, il fronte nazionalista contrario a Giolitti.

Uno degli eccidi compiuti dalle truppe italiane in Libia.
Con l'assenso di Francia e Inghilterra, l'Italia apre nel 1911 le ostilità contro l'impero ottomano occupando la Libia. La guerra si conclude l'anno successivo e l'Italia ottiene la Tripolitania, la Cirenaica e le isole del Dodecanneso nell'Egeo.

Vignetta satirica sulla partecipazione dei cattolici italiani alla vita politica.
In cambio della disponibilità del governo ad abbandonare l'anticlericalismo liberale, gli esponenti del mondo cattolico italiano sostengono la guerra di Libia e in seguito si accordano con Giolitti, il quale si impegna a difendere l'insegnamento religioso nella scuola pubblica.

me del presidente dell'Unione elettorale cattolica), si formalizza il sostegno cattolico ai candidati liberali.

A partire dalla svolta espansionista inaugurata con l'impresa di Libia, prende forza nel paese una corrente nazionalista (nel 1910 Alfredo Rocco fonda l'Associazione nazionalista italiana), agganciata agli interessi dell'industria pesante, che farà sentire con vigore la propria voce "interventista" in occasione dello scoppio della prima guerra mondiale. Nel Partito socialista prevalgono invece le correnti più intransigenti e massimaliste, guidate da Giacinto Menotti Serrati e Benito Mussolini. Riviste come «Il Regno» di Enrico Corradini organizzano la reazione antipositivista e irrazionalista fondata sul mito di un'Italia proletaria destinata allo scontro con le altre nazioni europee, più vecchie e più ricche. Alle soglie del primo conflitto mondiale, l'età giolittiana volge dunque al tramonto in un'atmosfera di accentuata polarizzazione e contrapposizione.

L'instabilità politica di Spagna e Portogallo

In Spagna la perdita degli ultimi possedimenti coloniali nella guerra contro gli USA (1898) porta al potere i conservatori. Il quadro socio-economico del paese è segnato da profonde ineguaglianze: alla vitalità della Catalogna – dove si afferma una prima industrializzazione leggera, che ha per ba-

Tram delle officine Breda-Carminati e Toselli (1906).

Il fonografo di Edison (a sinistra).
Concepito in origine come strumento da ufficio, questo apparecchio ottiene grande successo di pubblico perché utilizzabile come strumento di intrattenimento. È una sorta di juke-box ante litteram, *che consente l'ascolto in cuffia di un brano musicale dopo aver introdotto una moneta.*

Guglielmo Marconi, l'inventore del telegrafo senza fili.
Iniziati gli esperimenti sulle onde elettromagnetiche alla fine del secolo XIX, Marconi effettua il primo collegamento telegrafico transatlantico senza fili nel 1901. Universalmente riconosciuto come l'inventore della radiotelegrafia, otterrà il premio Nobel per la fisica nel 1909.

ricentro la regione di Barcellona – fa riscontro l'immobilismo di gran parte del resto della Spagna, dominata dal clero, dall'aristocrazia terriera, dalla casta militare. Alla svolta autoritaria si contrappongono un vivace movimento operaio, con una forte componente anarchica, e la crescita di tendenze autonomistiche, specie in Catalogna, dove un'insurrezione è repressa nel sangue (1909) con una brutalità tale da suscitare la reazione dei partiti moderati e mettere in crisi il governo conservatore di Antonio Maura. Il nuovo leader liberale, José Canalejas, si fa allora promotore di una stagione di riforme, che sarà bruscamente interrotta dal suo assassinio, per mano di un anarchico, nel 1912.

In Portogallo, il cui regime parlamentare è più formale che sostanziale, la vita politica si incentra sul duro scontro fra monarchici e forze progressiste. Le tensioni culminano nel 1908, quando il re Carlo I viene ucciso. Nel 1910 le sinistre conquistano il potere attraverso un'insurrezione, proclamano la repubblica e danno il via a una politica riformista, che porta alla separazione fra stato e chiesa. Non riuscendo tuttavia ad allargare il proprio consenso, il governo repubblicano ricorre a misure repressive nei confronti dell'opposizione monarchica e di quella sindacale. Gli anni seguenti vedono il rapido susseguirsi di governi diversi e confermano l'instabilità del sistema politico portoghese.

Cartolina del quotidiano catalano «La Tribuna».
Nella capitale della Catalogna si polarizza lo scontro politico che oppone l'anticlericalismo di anarchici e socialisti ai partiti conservatori e alla monarchia. La "settimana tragica" del 1909 a Barcellona rivela il profondo malessere sociale che contrassegna la Spagna.

La Casa Albert Lleó i Morera a Barcellona.
Progettato nel 1902, questo edificio di stile modernista è in una delle principali arterie della capitale catalana.

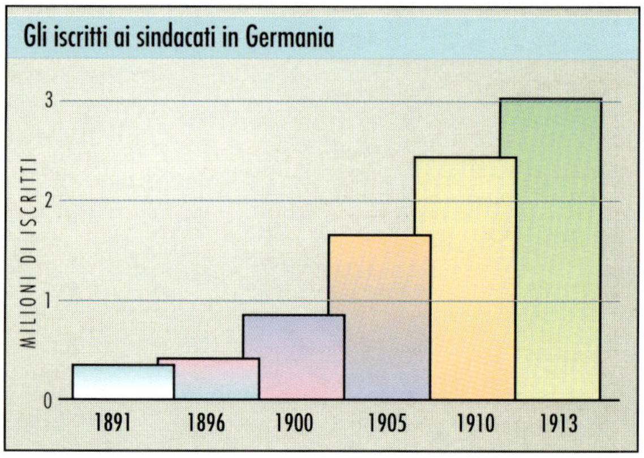

La Germania guglielmina e i paesi scandinavi

Il nuovo imperatore tedesco Guglielmo II sale al trono nel 1888. Di carattere impulsivo e autoritario, egli instaura una sorta di regime personale favorendo la caduta di Otto von Bismarck (1890).
Il nuovo cancelliere, Leo von Caprivi, è un generale di orientamento moderatamente liberale, ostile a una politica di avventure coloniali e fautore di un nuovo equilibrio interno, basato sul consenso e su una cauta legislazione sociale, da attuarsi con l'accordo della socialdemocrazia. Il *Neuer Kurs* di Caprivi contrasta però con gli intendimenti dell'imperatore, che nel 1894 lo sostituisce col più arrendevole Chlodwig von Hohenlohe (1894-1900). Guglielmo può così imprimere una decisa accelerazione alla politica estera tedesca, per dare alla Germania – secondo una celebre formula del ministro degli Esteri tedesco – "un posto al sole", ma anche per acquisirle, mediante una *Weltpolitik* ("politica mondiale"), il ruolo di grande potenza continentale e coloniale.
Sotto i cancellierati di Bernhard von Bülow (1900-1909) e Theobald von Bethmann-Hollweg, entrambi ligi ai voleri del Kaiser, viene favorito un nazionalismo esasperato, che assume la forma del pangermanesimo, cioè dell'aspirazione all'unione di tutti i popoli di stirpe tedesca in una

Illustrazione satirica sulla giornata lavorativa di otto ore.
Guidata da Marx ed Engels, la locomotiva a vapore – che traina i vagoni delle nazioni europee e viaggia in uno scenario di rovine – sta per travolgere il toro del capitalismo. La riduzione della giornata lavorativa è uno dei cavalli di battaglia dei partiti socialisti europei alle soglie del secolo.

Ufficiali dell'esercito tedesco (a destra).
Le forze armate sono l'élite di un paese permeato dagli ideali del militarismo prussiano. Il Reich resterà fino al suo crollo (1918) uno stato profondamente autoritario, espressione del predominio della Prussia sulle altre entità che formano la federazione tedesca.

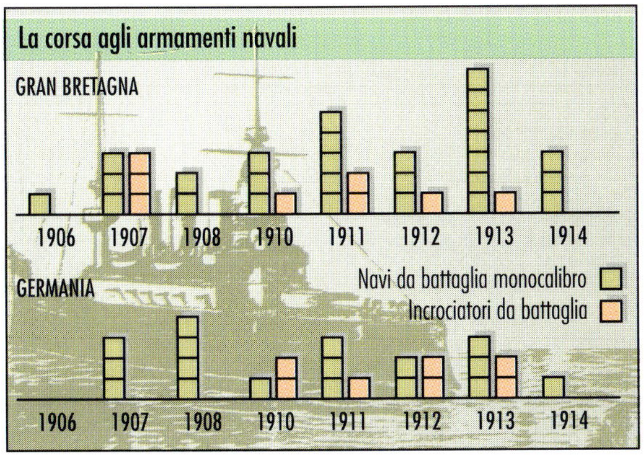

La statua che sovrasta la Colonna della vittoria, inaugurata a Berlino nel 1873.
Eretta dopo la vittoria sulla Francia nella guerra del 1870-1871, è il simbolo della superiorità industriale e militare della Prussia.

"grande Germania", estesa verso oriente a spese dei polacchi e dei russi. Assecondando le pressioni della finanza e dell'industria pesante, Guglielmo II accentua il carattere militarista e autoritario, oltre che imperialista, del sistema politico tedesco.

Si verifica così la progressiva emarginazione del Partito socialdemocratico, che continua tuttavia la sua ascesa elettorale, fino a raggiungere nel 1912 il 35 per cento dei voti, divenendo il primo partito del Reichstag. Ma il potere della Camera bassa viene costantemente aggirato e neutralizzato dal poderoso blocco di potere formato dalla Camera alta, dal governo, dai vertici dell'esercito e dalla corte imperiale.

IL RIARMO NAVALE

La *Weltpolitik* di Guglielmo II è indirizzata a un deciso potenziamento degli armamenti. Nel 1897 è varato un piano per costruire una grande flotta da guerra, la cui realizzazione è affidata al ministro della Marina Alfred von Tirpitz. Questi è il vero e proprio artefice della nuova flotta e condivide le ambizioni nazionalistiche e di grandezza della classe dirigente tedesca, puntando alla creazione di una forza che consenta al suo paese di misurarsi con la Gran Bretagna su un piano di parità. Ciò suscita l'allarme di quest'ultima – gelosa della propria supremazia sui mari – e accresce l'isolamento internazionale del Reich. Il riarmo navale della Germania spinge la Gran Bretagna all'abbandono dello "splendido isolamento" e all'*Entente cordiale* con la Francia, dando una spinta decisiva alla divisione dell'Europa e al cristallizzarsi dei blocchi contrapposti, e contribuendo a creare quel clima di tensione che prelude alla prima guerra mondiale.

Parata nel Mare del Nord in onore del Kaiser Guglielmo II.

La fabbrica di forme per scarpe Fagus (1914).
Realizzata su progetto di Walter Gropius, Adolf Meyer ed Eduard Werner, è uno dei primi esempi di costruzione in ferro e vetro, considerati fino ad ora materiali inconciliabili tra loro. La struttura è il risultato dell'applicazione del razionalismo alle esigenze dell'edilizia industriale, e coniuga estetica e funzionalità.

La prosperità di Svezia e Norvegia

Negli ultimi decenni dell'Ottocento si apre un serio contrasto fra Svezia e Norvegia a causa della rapida industrializzazione svedese e delle conseguenti pressioni a favore di una politica protezionistica. La Norvegia necessita invece di un regime di libero scambio, perché la sua economia si fonda sulle risorse naturali (pesca e legname). Nel 1905 quest'ultima si separa pacificamente dalla Svezia. I buoni rapporti reciproci contribuiscono a consolidare le istituzioni democratiche in entrambi i paesi, caratterizzati da un'attiva vita parlamentare.

In Svezia l'allargamento del suffragio e il sistema elettorale proporzionale sono concessi nel 1907, dopo una tenace resistenza opposta dal governo conservatore. Nel 1911 le elezioni danno la vittoria alle sinistre e l'esecutivo del liberale Karl A. Staaff, sostenuto dal forte Partito socialdemocratico fondato nel 1899, pone mano a un avanzato programma di riforme sociali. L'esecutivo è messo in crisi nel 1914 da una violenta campagna della destra nazionalista, che lo accusa di trascurare le spese militari.

Ma allo scoppio della prima guerra mondiale il gabinetto moderato che ne prende il posto, presieduto da Hjalmar Hammarskjöld, proclama la neutralità del paese. In Norvegia, dopo l'indipendenza, viene scelta con un plebiscito la monarchia costituzionale. Il principe Carlo di Dani-

Il grido *(1883)* *di Edvard Munch.*
La drammatica espressività del più celebre quadro del pittore norvegese scaturisce dal tratto pittorico ondulato e fluttuante, che dilata le figure nello spazio della tela.

Lo scrittore e drammaturgo norvegese Henrik Ibsen.
I suoi drammi si caratterizzano per la rottura delle convenzioni borghesi e per l'attenzione al tema della libertà individuale. Il suo teatro ha particolare successo in Francia e in Russia.

marca, chiamato al trono col nome di Haakon VII (1907), mantiene la neutralità del paese durante il conflitto mondiale, garantendo un notevole grado di prosperità. Anche qui il movimento operaio si integra positivamente nel sistema politico, e nel 1913 un governo di coalizione, comprendente il Partito laburista, estende alle donne il suffragio universale, in vigore per gli uomini fin dal 1898.

Il teatro del norvegese Henrik Ibsen (*Casa di bambola*, 1879 e *Gli spettri*, 1881) e dello svedese August Strindberg (*Il padre*, 1887 e *La signorina Giulia*, 1888), aprendosi alle tematiche sociali, crea nuove prospettive nel rapporto fra arte e impegno civile.

Il suffragio universale in Danimarca

Fra le conseguenze della sconfitta subita nella guerra con la Prussia nel 1864 si ha in Danimarca una revisione costituzionale in senso conservatore, che ritarda sino alla fine del secolo l'affermazione di un compiuto sistema parlamentare. Il notevole sviluppo economico e sociale del paese favorisce però la formazione di una spiccata coscienza di classe. Agli inizi del Novecento la sinistra socialdemocratica e radicale, acquisiti maggiori consensi, avvia una serie di riforme, tra le quali le più significative sono la limitazione dei poteri della Camera alta e l'introduzione nel 1915 del suffragio universale per i cittadini di entrambi i sessi.

Oscar II, re di Svezia e di Norvegia (a sinistra).
Nella caricatura il sovrano è affranto per la separazione della Norvegia dalla Svezia. Fra il 1860 e gli inizi del secolo, la Svezia registra un notevole sviluppo economico e sociale, accompagnato dal forte incremento demografico (la popolazione passa da 1 a 5 milioni): è un fenomeno di rilievo, se si tiene conto dell'emigrazione verso l'America del Nord nella prima metà del secolo XIX.

La pittoresca cittadina norvegese di Röros agli inizi del secolo.

Francobollo per i 60 anni dall'incoronazione di Francesco Giuseppe.
Quello del sovrano asburgico è uno dei regni più lunghi della storia europea. All'inizio artefice di una politica assolutista e accentratrice, l'imperatore concede poi larga autonomia politica all'Ungheria. In politica estera stringe un forte legame con la Germania e interviene nei Balcani.

L'impero austro-ungarico e la Russia zarista

Centralismo e nazionalismo

Tra gli imperi europei, quello austro-ungarico è contraddistinto da un precario equilibrio multinazionale che entra in aperta crisi nell'ultimo decennio del XIX secolo. I "Giovani Cechi" – l'ala radicale del movimento nazionalista ceco – ottengono nel 1891 un grande e inatteso successo elettorale nella Dieta boema. La loro richiesta di equiparare il ceco al tedesco come lingua ufficiale, accolta dal primo ministro Kasimir Badeni, suscita la violenta protesta della componente tedesca, anch'essa animata da forte nazionalismo e incline all'unione politica con la Germania. Ne deriva uno stato di tensione che culmina nel 1898 con la proclamazione dello stato d'assedio e la revoca del bilinguismo, poi regolamentato nel 1905.

In Cisleitania (la parte più propriamente austriaca dell'impero, a ovest del fiume Lajta) lo sviluppo dei moderni partiti politici (liberale, cristiano-sociale e, dal 1888, il socialdemocratico) è condizionato dalle questioni nazionali. Solo i socialdemocratici di Viktor Adler sostengono la necessità di concedere uguali diritti a tutte le nazionalità, mentre le altre forze politiche oppongono un netto rifiuto alle richieste delle etnie non tedesche. I contrasti interetnici costituiscono un potente fattore di disgregazione, senza però minacciare l'integrità dell'impero. Neppure il

Il bacio *(1907-1908)* di Gustav Klimt.
Realizzata dieci anni dopo la fondazione dell'Unione degli artisti d'Austria (Secessione), l'opera del pittore viennese è emblematica del clima culturale che si respira nella capitale. L'impero asburgico volge al tramonto e Klimt, con la sua visione estetizzante, va contro le convenzioni borghesi.

NASCE LA PSICOANALISI

Nel 1900 esce un libro che getta le basi della psicoanalisi: *L'interpretazione dei sogni* del medico austriaco Sigmund Freud. In questo saggio si sostiene che l'attività onirica non è altro che la manifestazione di pulsioni, desideri e paure che appartengono a una sfera inconscia della psiche umana. Con le sue opere successive – *Psicopatologia della vita quotidiana* del 1901 e *Tre saggi sulla teoria della sessualità* del 1905 – Freud fornisce una più completa sistematizzazione delle sue teorie e dei rap-

Sigmund Freud.
Dopo un periodo iniziale in cui subisce l'ostilità della scienza accademica, Freud ottiene un universale riconoscimento. Nel 1920 sarà nominato professore ordinario all'università di Vienna.

Stazione della metropolitana in Karlsplatz a Vienna.
Realizzata dall'architetto e urbanista Otto Wagner, è un tipico esempio di liberty viennese. A Wagner fanno riferimento molti degli architetti della Secessione: Josef Hoffmann, Joseph Olbrich e Adolf Loos. Ma i principi della Wagnerschüle *si diffondono anche nel resto dell'Europa.*

nazionalismo ceco infatti avanza richieste di indipendenza, limitandosi a perseguire una maggiore autonomia. La situazione delle nazionalità si fa invece più grave nella parte ungherese dell'impero (la cosiddetta Transleitania), dove la maggiore omogeneità dei gruppi etnici non magiari ne favorisce la tendenza a unificarsi contro l'assorbimento da parte della più progredita Ungheria. Agli inizi del Novecento un contenzioso, aperto da quest'ultima con la corona per il conseguimento della piena autonomia, si conclude con un accordo che evita l'estensione del suffragio in Transleitania, e consente a Vienna di mantenere il controllo del Parlamento di Budapest. Si intensificano intanto le pressioni delle altre nazionalità, in particolare dei croati. Il disegno di una "grande Croazia" dall'Adriatico al Danubio, o di uno stato jugoslavo federato all'impero sembra realizzarsi nel 1908 con l'annessione della Bosnia-Erzegovina. Ma questo suscita la reazione dei serbi, fautori a loro volta di una "grande Serbia", mentre infine istanze panslaviste si diffondono – a completare il "ginepraio balcanico" delle nazionalità – anche tra i cechi. Si delinea quindi un quadro di tensioni che vede l'impero di Francesco Giuseppe contrassegnato da una condizione di continua precarietà e di profonda crisi interna.

porti tra le diverse parti che formano la personalità: l'*Es*, determinato dai bisogni corporei; l'*Io*, volto alle relazioni sociali; il *Super-Io*, prodotto dall'educazione infantile. Il comportamento dell'uomo assume in questo senso una fisionomia conflittuale, risultando il frutto e la manifestazione delle tensioni che si generano tra queste componenti, le quali trovano nell'espressione e nel controllo della sessualità il loro terreno privilegiato di confronto.

Il Prater di Vienna, celebre parco dei divertimenti.
La ruota panoramica ha un diametro di 70 metri ed è posta in una zona del parco che si estende sulla sponda destra del Danubio, chiamata "Venezia a Vienna". I principali svaghi dell'aristocrazia e della borghesia sono le rappresentazioni teatrali e i concerti di musica.

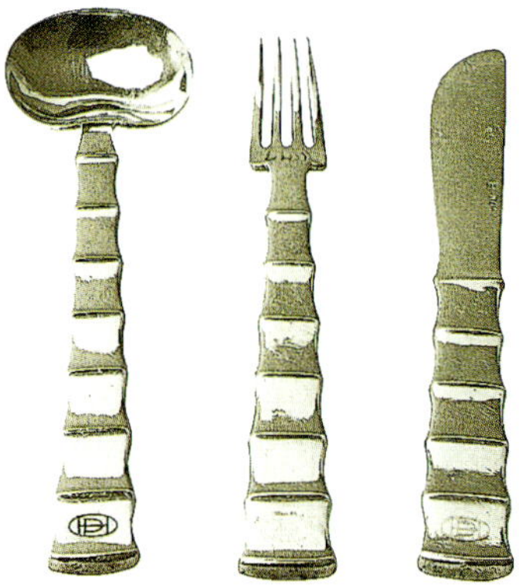

Posate disegnate dall'architetto viennese Otto Prutscher.

Servizio da caffè del 1909.
Lontani dal gusto tradizionale delle arti decorative viennesi, questi oggetti realizzati a mano anticipano quelli di uso quotidiano progettati seguendo i canoni del design industriale, che ha grande sviluppo proprio in questi anni.

Le cupole delle cattedrali del Cremlino a Mosca.
La sontuosa residenza degli Zar fu eretta nel XII secolo e più volte ampliata. L'autocrazia è, all'inizio di questo secolo, il principale puntello dello stato zarista: il termine è sinonimo di "autorità illimitata" del sovrano e di totale assenza di responsabilità di questi di fronte alla legge.

L'impero zarista

In Russia l'impero dello Zar è in uno stato di profonda arretratezza. Benché nel 1861 la servitù della gleba sia stata formalmente abolita, in molte zone i contadini versano ancora in condizioni quasi feudali. Queste caratteristiche fanno da sfondo alla crescita delle opposizioni clandestine allo zarismo. Nelle campagne ottiene vasti consensi il Partito socialista rivoluzionario, che propugna la collettivizzazione delle terre, mentre fra gli operai si fa strada il Partito socialdemocratico, fondato nel 1898. Quest'ultimo, nel congresso del 1903, si divide tra i menscevichi ("minoritari"), fautori di una politica riformista da attuarsi con il consenso popolare, e i bolscevichi ("maggioritari"), assertori della necessità di accelerare il processo rivoluzionario e di portare direttamente il popolo al potere. Dalla fusione del Partito liberale e di quello costituzionalista nasce infine il Partito dei "cadetti", favorevole a un regime parlamentare e all'autodeterminazione delle nazionalità. La politica di sviluppo industriale, avviata all'inizio del secolo dal ministro delle Finanze Sergej J. Vitte, provoca i malumori delle classi più agiate, allarmate dal crescente diffondersi della protesta operaia: ciò induce lo Zar Nicola II a congedarlo, senza comunque riuscire ad attenuare le tensioni.
La guerra contro il Giappone (1904-1905), intrapresa anche allo scopo di distogliere l'opinione

LA "DOMENICA DI SANGUE"

Il 22 gennaio 1905 a Pietroburgo, circa 140.000 tra uomini, donne e bambini – guidati da un sacerdote della chiesa ortodossa, il pope Georgij Gapon – si presentano davanti al Palazzo d'inverno, residenza dello Zar. Armati soltanto delle icone e dei ritratti del sovrano, i dimostranti reclamano la fine della guerra con il Giappone, i diritti politici e l'amnistia. Ma l'esercito apre il fuoco provocando un migliaio di morti. La "domenica di sangue", come viene subito ribattezzata dal popolo russo, scava un fossato incolmabile tra la società civile e il potere zarista. Ha così inizio la rivoluzione del 1905. Gli scioperi nei maggiori centri industriali del paese sono spesso organizzati dai Soviet ("consigli"), formati da operai e contadini. La repressione provoca il dilagare delle proteste nell'intero territorio dell'impero. Ammutinamenti (fra cui quello della corazzata *Potëmkin*, reso celebre dal film di Sergej Ejzenštein) si verificano in molti reparti della marina e dell'esercito.

Le truppe che presidiano il Palazzo d'inverno sparano sulla folla (a destra).

Banconota da 100 rubli del 1910.
Nell'ovale è raffigurata Caterina II, imperatrice di Russia dal 1762 al 1796. Il sistema fiscale russo è assai iniquo, perché le classi più elevate non pagano la giusta parte delle tasse. I contadini – che sono il 90 per cento della popolazione – sono invece vessati da pesanti imposte dirette e indirette che alimentano il malcontento popolare.

pubblica dalla situazione interna, si conclude con una bruciante sconfitta delle forze zariste. A seguito della disfatta scoppia nel paese e nello stesso esercito la scintilla dell'insubordinazione. Nel 1905 a Pietroburgo le truppe zariste aprono il fuoco contro un corteo di dimostranti (la cosiddetta "domenica di sangue"). È un colpo decisivo per il prestigio della monarchia e scatena un'ondata di scioperi nelle principali città. Le concessioni cui è costretto a piegarsi lo Zar (libertà di stampa, riunione e associazione, costituzione della Duma, cioè di un Parlamento elettivo) sono accolte con favore dalla componente moderata, ma rigettate da bolscevichi e socialisti rivoluzionari. Le elezioni attribuiscono la maggioranza al Partito dei "cadetti", che non riesce però a varare incisive riforme.
Un crescendo di misure repressive viene allora adottato dal governo di Pëtr Stolypin, che scioglie a più riprese la Duma, ottenendo il risultato di mettere in minoranza le componenti rivoluzionarie. Una cauta riforma agraria viene comunque impostata da Stolypin fra il 1906 e il 1910, al fine di favorire lo sviluppo di piccoli e medi proprietari, frantumando le proprietà collettive delle comunità contadine, chiamate *mir.* Tuttavia nelle campagne seguita a dominare una diffusa, secolare miseria. Lo stesso Stolypin è ucciso nel 1911 da un socialista rivoluzionario e un nuovo ciclo di scioperi operai è represso nel 1912-1913.

Una stazione ferroviaria lungo la Transiberiana agli inizi del secolo.

La decadenza dell'impero ottomano

A cavallo fra i due secoli si consuma, non senza conseguenze per l'intero assetto europeo, l'inarrestabile declino dell'impero ottomano. Già nel corso del XIX secolo, estenuato dalle continue guerre sostenute e indebolito dalla crisi delle sue strutture militari, l'impero aveva visto una riduzione notevole della sua superficie, entrando in una lunga fase di decadenza.

Malgrado lo sforzo di conciliare la componente musulmana con quella non musulmana e di modernizzare l'esercito, l'eterogeneità etnica e religiosa dell'impero ha effetti potentemente disgregatori. Dopo la guerra di Crimea (1854-1856) il paese ha subito la penetrazione economica europea, che ha favorito tendenze liberali e filooccidentali. Il tentativo di dotare l'impero di un apparato parlamentare e costituzionale, compiuto dal sultano Abdul Hamid II asceso al trono nel 1876, viene interrotto dalla guerra con la Russia. Le truppe ottomane sono sopraffatte dalle armate zariste che avanzano nel Caucaso e nei Balcani, arrivando a minacciare Costantinopoli. Il trattato di Santo Stefano e il successivo congresso di Berlino – entrambi del 1878 – sanciscono la perdita di Serbia, Montenegro, Bulgaria, Romania e Bosnia-Erzegovina. Il sultano abroga la Costituzione concessa due anni prima e instaura un regime di rigido e ottuso assolutismo.

La spinta centrifuga delle nazionalità balcaniche viene alimentata dai contrastanti interessi di Rus-

Cartolina pubblicitaria inglese dell'Orient-Express.
Il servizio settimanale di questro treno di lusso, simbolo della Belle Epoque, è inaugurato nel 1885 sul tragitto Parigi-Vienna: la regina Vittoria è la prima illustre passeggera. Dopo l'apertura del traforo del Sempione, nel 1906, si inaugura la linea che collega Parigi a Trieste attraverso le Alpi, e che dopo la prima guerra mondiale sarà prolungata fino a Istanbul: passando attraverso i Balcani, il mitico Orient-Express percorre 3700 chilometri in 53 ore.

L'Orient-Express.

sia, Austria e Prussia, con il risultato di indebolire ulteriormente il potere della "sublime porta" e di diffondere spinte rivoluzionarie nel paese. Una congiura democratica fallisce nel 1889. Ma una forte organizzazione liberale clandestina, di orientamento occidentalizzante, si viene formando nell'ambiente dei quadri militari. Nel 1908 i "Giovani Turchi" – questo è il nome dell'organizzazione che si raccoglie nel Partito "Unità e progresso" – organizzano a Salonicco un'insurrezione che impone al sultano di ripristinare la Costituzione e di convocare il Parlamento.
Giunti al potere, i "Giovani Turchi", guidati dall'ufficiale dell'esercito Mustafa Kemal e sostenuti dalla borghesia degli affari e delle professioni, abbandonano però la linea liberale a favore di un deciso nazionalismo, che riaccende i contrasti interetnici. I "Giovani Turchi" scelgono la via nazionalista della competizione militare con le grandi potenze europee e della ricostituzione di un forte potere centrale, capace di porre fine alle spinte centrifughe. Ma, tra il 1911 e il 1913, la sconfitta subita in Libia a opera dell'Italia e le due guerre balcaniche privano la Turchia di quasi tutti i possedimenti europei, riducendola in pratica alla sola parte orientale. L'alleanza con la Germania, perseguita come possibile via di salvezza, si traduce invece nella disastrosa sconfitta della prima guerra mondiale che segna la scomparsa dell'impero ottomano.

Il rito del sacrificio dell'agnello nel palazzo del sultano.
Negli anni 1912-1913 due guerre balcaniche sconvolgono l'impero turco. Nel marzo 1912 si forma un'alleanza militare fra Grecia, Serbia, Montenegro e Bulgaria per estromettere i turchi dall'Europa orientale. L'8 ottobre 1912 il Montenegro dichiara guerra all'impero ottomano: sconfitti dalla coalizione, i turchi lasciano quasi tutti i Balcani. Insoddisfatta per la spartizione dei territori, nel giugno del 1913 la Bulgaria attacca la Serbia (alleata con Romania, Grecia, Montenegro e Turchia) ma viene sconfitta.

La Cina e l'espansionismo giapponese

Sun Yat-sen nel 1917.
Fautore della necessità di modernizzare la Cina, si impegna per abbattere la dinastia Manciù. La fragilità della repubblica, di cui è il primo presidente, e le ostilità di militari e proprietari terrieri lo costringono nel 1912 alle dimissioni a favore di Yüan Shikai.

Mentre gli stranieri dominano i settori vitali dell'economia (miniere, commerci, ferrovie), la Cina avvia timide riforme: nel 1898 il "movimento dei cento giorni", promosso dall'imperatore Guangxu, cerca di modernizzare il sistema scolastico e accelerare lo sviluppo ferroviario del paese. La reazione delle caste dirigenti, contrarie all'abolizione di privilegi millenari, vanifica però tali sforzi.
In risposta alle ingerenze straniere e alla perdita di sovranità del paese, cresce un forte movimento di protesta contro gli occidentali. Tra il 1900 e il 1901 infuria la rivolta dei Boxer, organizzata da una setta xenofoba di tipo religioso che annovera tra le sue pratiche rituali quella della boxe. I Boxer attaccano le ferrovie, le missioni cristiane e le ambasciate straniere a Pechino, suscitando l'allarme e la furiosa reazione delle potenze occidentali, che soffocano nel sangue la rivolta. In quegli anni cresce il movimento di intellettuali e borghesi – di ispirazione repubblicana e favorevoli a una modernizzazione istituzionale e sociale della Cina – che si batte per la cacciata dell'agonizzante dinastia Manciù (che avviene nel 1911). Sun Yatsen, il fondatore del Guomindang (Partito del popolo), formatosi alla scuola della tradizione democratica europea, presenta un programma incentrato su tre "principi del popolo": autonomia nazionale, democrazia politica, uguaglianza sociale.
Il leader

L'OCCIDENTE PENETRA IN CINA

Nel corso dell'Ottocento l'impero cinese subisce la penetrazione economica occidentale. Già le due guerre dell'oppio (1840-1842 e 1857-1860) avevano costretto la Cina ad aprire i porti alle navi inglesi e francesi. Si aggiungono in seguito le ingerenze commerciali della Russia e degli Stati Uniti. Su iniziativa di questi ultimi, contrari a una spartizione anche politica dell'impero, si inaugura la politica della "porta aperta", cioè dell'uguale diritto per tutti i paesi – facendo salva la sovranità nominale della Cina – di esercitarvi le loro attività commerciali. Il "Celeste impero" si fonda su una struttura tradizionale (burocrazia statale e proprietà terriera), incapace di reagire positivamente alla penetrazione occidentale.

I cinesi saltano sullo zio Sam in una vignetta di protesta contro l'embargo USA.

La repressione della rivolta dei Boxer.

Tru-shi, "l'imperatrice vedova" della Cina.
Nata nel 1835 e morta nel 1908, assume nel 1861 il potere imperiale. Contraria a ogni tentativo di modernizzare la Cina, reprime nel 1898 il "movimento dei cento giorni", che si proponeva di riformare il paese contro l'ingerenza delle potenze occidentali.

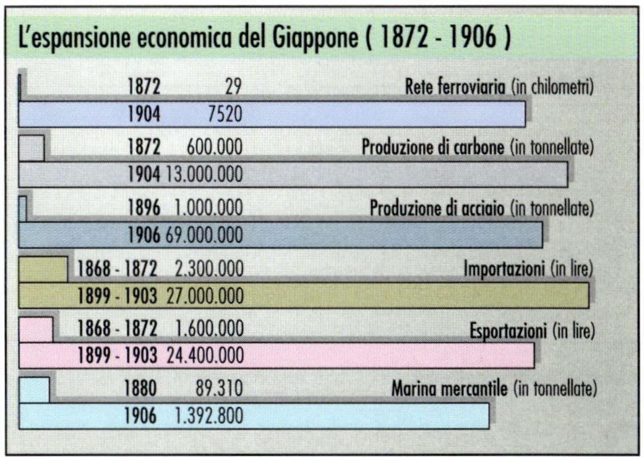

concilia così l'aspirazione all'indipendenza con quelle alla democrazia e alla giustizia sociale, da attuarsi mediante la distribuzione delle terre ai contadini. Dopo che nel 1911 un moto insurrezionale rovescia l'imperatore bambino Pu Yi, ultimo della dinastia Manciù, all'inizio del 1912 Sun Yat-sen proclama la prima repubblica cinese.

La guerra russo-giapponese

In Oriente un altro protagonista si affaccia alla ribalta del mondo, nel segno di una dinamica intraprendenza in politica estera. È il Giappone, riformato dalla cosiddetta modernizzazione Meiji (dal nome assunto dall'imperatore, che significa "governo illuminato") e fautore di aspirazioni espansionistiche contro Russia e Cina. L'occupazione russa della Manciuria e di Port Arthur, un porto sul Pacifico libero dai ghiacci, fa scoppiare il conflitto del 1904-1905. Deciso e spregiudicato, il Giappone apre all'improvviso le ostilità: l'assedio di Port Arthur, la battaglia di Mukden, il confronto navale di Tsushima si risolvono in schiaccianti vittorie per le forze nipponiche. La pace di Portsmouth (5 settembre 1905) sancisce il possesso giapponese di Port Arthur, di metà dell'isola di Sachalin e della ferrovia della Manciuria meridionale. E soprattutto segna la prima, sorprendente vittoria di un popolo extraeuropeo contro una delle maggiori e più antiche nazioni europee.

IL GIAPPONE SI MODERNIZZA

La restaurazione del potere imperiale contro lo *Shogun* – cioè il reggente militare – segna l'avvio della modernizzazione giapponese: l'abolizione delle servitù feudali (1871), l'istruzione obbligatoria (1872), la coscrizione obbligatoria (1873) e la riforma fiscale (1873) sono i tratti salienti della riforma. Nel 1889 l'imperatore Mutsuhito concede una Costituzione, ricalcata sul modello tedesco, che tuttavia limita l'esercizio dei diritti civili a una esigua minoranza, pari a circa l'un per cento dell'intera popolazione del Giappone. Il bilancio dello stato viene impiegato, quasi per la metà, per il potenziamento dell'esercito, che diventa rapidamente uno dei maggiori fattori di potere politico e istituzionale.

L'esercito giapponese all'assalto dei russi nella guerra del 1905.

L'Africa coloniale e il conflitto anglo-boero

Soldati britannici nel corso della guerra anglo-boera.
Con la pace di Vereeniging (1902) le due repubbliche boere dell'Orange e del Transvaal sono incorporate nel Sudafrica britannico. Alla fine del conflitto con i coloni olandesi, l'impero inglese raggiunge l'apogeo: quasi un quarto dell'umanità è sotto il dominio dello Union Jack.

Anche il continente africano non rimane immune dai conflitti che si scatenano fra le potenze imperialistiche.

Al disegno britannico di conglobare tutti i popoli dell'Africa australe in una grande unione sudafricana si oppongono i boeri, coloni olandesi che negli anni precedenti hanno creato gli stati sudafricani dell'Orange e del Transvaal. I propositi inglesi si rafforzano negli ultimi decenni dell'Ottocento, quando l'abile uomo d'affari Cecil Rhodes estende il dominio inglese sulle ricchissime regioni che costituiranno poi la Rhodesia, accerchiando le repubbliche boere. La politica imperialistica di Rhodes, divenuto nel 1890 primo ministro della colonia del Capo, porta dapprima a un'aggressione al Transvaal, respinta dai boeri, poi alla guerra anglo-boera, dichiarata nel 1899 dal presidente del Transvaal Paul Krüger.

Il conflitto vede all'inizio vittoriosi i boeri, ma gli inglesi, grazie all'invio di massicci rinforzi e a prezzo di altissime perdite (22.000 morti) costringono infine i capi boeri a chiedere la pace il 31 maggio 1902. La guerra suscita in Inghilterra un'ondata nazionalistica e accende un corrispettivo sdegno antibritannico in Francia e Germania. Alla conclusione del conflitto il Transvaal e l'Orange vengono uniti agli altri possedimenti inglesi, con i quali formeranno nel 1910 l'Unione Sudafricana. Con alcune isole di indipendenza (come l'Abissinia del negus Menelik, che nel 1896,

Cecil Rhodes "dominatore dell'Africa dal Capo al Cairo" (a destra).
Amministratore delle colonie britanniche e uomo d'affari, Rhodes si trasferisce nel 1870 in Sudafrica, dove costruisce un impero finanziario basato sul controllo dei giacimenti diamantiferi. Fautore di una federazione mondiale tra le razze sotto l'egida britannica, si adopera per giungere all'unione dei territori africani del Sud. Muore nel 1902, alla conclusione della guerra anglo-boera.

Francobollo da un marco dell'Africa sudoccidentale tedesca.
Nel 1895 i tedeschi assumono il controllo del Togo, del Camerun, dell'Africa del sudovest (l'attuale Namibia) e del Tanganica, e vedono riconosciuti i loro diritti su quelle terre al termine della conferenza di Berlino (febbraio 1885). Di questi territori, il più ricco è il Tanganica, con le sue fertili aree agricole.

Mohandas Karamchand Gandhi negli anni del suo soggiorno in Sudafrica.
Laureatosi in giurisprudenza a Londra, il giovane Gandhi si stabilisce in Sudafrica nel maggio del 1893 e vi rimane fino al 1915. Reagendo alle discriminazioni razziali verso gli indiani immigrati, nel 1907 adotta un nuovo metodo di lotta basato sulla resistenza passiva, il satyagraha ("forza della verità"). Con scioperi e marce gli indiani infrangono il divieto di muoversi liberamente, sfidano la fame nei campi di concentramento, i pestaggi e la prigione. Il 30 giugno 1914 è siglato un accordo fra Gandhi e Jan Christiaan Smuts, il generale boero presidente del Transvaal: gli indiani possono celebrare i matrimoni con i loro riti e viene abolita l'imposta di soggiorno.

ad Adua, aveva respinto il tentativo di penetrazione italiano) l'intero continente africano viene assoggettato alla dominazione delle potenze europee. La Gran Bretagna ha i principali possedimenti in Egitto e nell'Unione Sudafricana, la Francia nella fascia mediterranea che comprende Marocco e Algeria, il Belgio in Congo, la Germania in Togo, Camerun e Tanzania, il Portogallo in Angola e Mozambico, l'Italia in Libia e in Somalia.
In forma più o meno diretta, le amministrazioni coloniali ottengono la collaborazione delle *élites* locali, disposte a prendere parte ai conflitti che scoppiano tra gli stati per la conquista e lo sfruttamento delle risorse naturali.

Bottiglia di Coca-Cola del 1914.
L'impresa che produce la bevanda gassata, destinata a diventare uno dei simboli di questo secolo, è fondata ad Atlanta nel 1892. L'invenzione si deve al farmacista John S. Pemberton e il nome a Frank Robinson.

Gli Stati Uniti: una grande potenza industriale

All'inizio del secolo gli Stati Uniti sono una grande potenza industriale ed entrano a pieno titolo tra i protagonisti della scena mondiale. Sorti poco più di un secolo prima come periferia agricola di un sistema commerciale mondiale il cui centro metropolitano era in Europa, sono ormai divenuti il più ampio e dinamico motore della seconda rivoluzione industriale.

Con una ampia popolazione in rapida crescita (92 milioni nel 1910, grazie anche a un flusso massiccio di immigranti dall'Europa meridionale e orientale), un enorme territorio ricco di risorse e un mercato interno di proporzioni continentali – che consente grande specializzazione e produzioni su vasta scala – gli USA hanno l'apparato produttivo più concentrato ed efficiente del mondo. Ai primi del Novecento la loro potenza commerciale è seconda solo a quella britannica. La loro produzione siderurgica è superiore a quelle di Gran Bretagna e Germania messe insieme. Nel 1913 gli Stati Uniti sfornano il 36 per cento dell'intera produzione industriale del mondo, e iniziano a esportare capitali, con crescenti investimenti nell'America centrale e negli scambi con l'Asia.

Con la guerra vittoriosa contro la Spagna nel 1898 gli Stati Uniti ottengono il controllo dei Caraibi e delle Filippine; la costruzione del canale di Panama (1905-1914) apre la via alla loro preminenza sui due oceani; l'attivismo diplomatico di presidenti come Theodore Roosevelt (1901-1909) li

IL GRATTACIELO E LA MODERNA AZIENDA INTEGRATA

Il Nordest degli Stati Uniti – nel triangolo compreso tra Boston, Philadelphia e Chicago – è l'area più industrializzata e moderna del paese. Qui ci sono le grandi metropoli come New York, le istituzioni finanziarie, le principali università e gli stabilimenti della maggiore potenza industriale del mondo. È qui che si concentrano le élites della nazione ed è qui che arrivano milioni di emigranti dall'Europa. Nel Sud invece, ancora agricolo e ben più povero, domina una società divisa per linee razziali. L'Ovest è ancora un'area agricola e mineraria poco popolata, ma sulla costa del Pacifico San Francisco e Los Angeles, in rapida crescita, stanno diventando grandi città commerciali e attraggono popolazione da tutto il resto del paese. Alla fine dell'Ottocento sorgono negli Stati Uniti le prime moderne imprese industriali di proporzioni colossali – come la Standard Oil (petrolio), la US Steel (siderurgia) o l'International Harvester (macchine agricole) – che diventano il modello per l'industria del Novecento. Le loro dimensioni e i loro intrecci con le grandi banche d'affari rendono possibili enormi investimenti, necessari all'uso delle nuove tecnologie, consentendo una produzione su larga scala che riduce i costi per ogni unità di prodotto. Talvolta esse inglobano l'intero ciclo produttivo, dalle materie prime al prodotto finito, e spesso conquistano quote di mercato quasi monopolistiche. Perfezionando i metodi di ge-

Il Fuller Building a New York (1902).
Il grattacielo è il simbolo della supremazia economica degli Stati Uniti. L'invenzione dell'ascensore, prima a vapore e poi elettrico, e la struttura portante in acciaio consentono di edificare grattacieli sempre più alti, slanciati e con grandi superfici vetrate.

La catena di montaggio della Ford T nello stato del Michigan (a destra).
Gli Stati Uniti, che vantano un mercato interno in tumultuosa espansione e risorse naturali superiori a quelle di molti paesi europei, imprimono una svolta decisiva nella produzione di beni di consumo della società di massa.

Lampada da tavolo Dragonfly, realizzata dallo Studio Tiffany.
Figlio dell'orafo e gioielliere Charles, Louis C. Tiffany è una delle personalità più note dell'Art Nouveau negli USA. Nel 1876 realizza la prima vetrata opalescente, nel 1879 fonda la Louis C. Tiffany Company Associated Artists che, specializzata in arredamenti di interni, realizza anche quello della Casa Bianca.

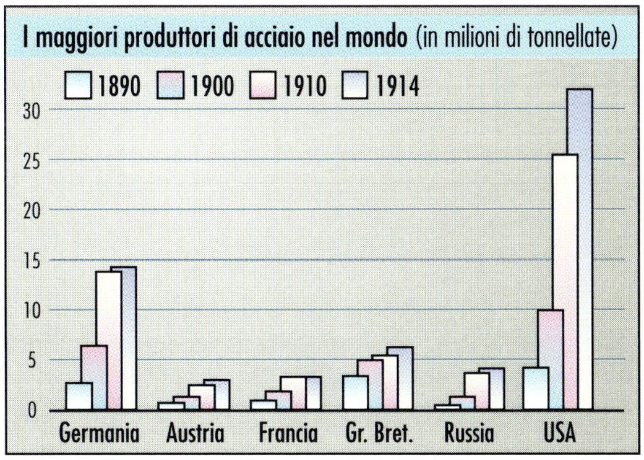

porta alla ribalta come grande potenza internazionale. Gli Stati Uniti partecipano pienamente dello spirito di espansione imperiale che in questi anni anima i grandi stati europei, e costruiscono una propria esclusiva sfera d'influenza nelle Americhe. Ma la loro espansione non è tanto territoriale quanto commerciale e finanziaria, e con la dottrina della "porta aperta" (1900) Washington manifesta l'intenzione di giungere a un mondo non di possedimenti coloniali ma di mercati aperti, basato sulle regole della libera concorrenza, in cui si affermino i prodotti più competitivi.
Ciò deriva sia dalle origini anticoloniali della nazione sia da una lucida visione dei propri interessi futuri. Un'agricoltura fortemente meccanizzata dà agli Stati Uniti il primato della produzione di beni alimentari. Nella siderurgia, nel trasporto ferroviario, nella meccanica, nella produzione di carbone e petrolio, e nelle industrie nascenti dell'elettromeccanica e della chimica alcune imprese di proporzioni colossali (primi esempi della moderna azienda manageriale integrata) dominano il mercato interno e iniziano a esportare su larga scala. Un'avanzata ricerca tecnologica, l'adozione di sistemi meccanizzati per la produzione in serie, un sistema distributivo moderno e innovativo e un apparato finanziario altamente concentrato pongono gli USA alla testa della corsa verso la moderna società industriale.

stione e di coordinamento manageriale, già sperimentati dalle reti ferroviarie, procedono a razionalizzare il lavoro e a suddividere le mansioni più specializzate, creando uno stuolo di tecnici, supervisori ed esperti della finanza, del marketing e di altre funzioni produttive e commerciali.

Pozzo di petrolio in California.
Una delle maggiori compagnie – la Texas Fuel Company (più tardi Texaco) viene fondata nel 1902 e raffina il petrolio per conto della Standard Oil. Quest'ultima, fondata da John D. Rockefeller, detiene negli USA il monopolio petrolifero.

Il velivolo costruito dai fratelli Orville e Wilbur Wright.
Il 14 dicembre 1903, a Kitty Hawk nella Carolina del Nord, Wilbur collauda il Flyer I. *Il biplano dotato di un motore a benzina da 15 CV e di due eliche si schianta al suolo poco dopo il decollo. Tre giorni dopo il* Flyer I *compie il primo volo guidato a motore , coprendo una distanza di più di 250 metri in meno di 50 secondi. L'anno successivo i fratelli Wright costruiscono altri tre aeroplani in grado di cambiare direzione e quota. Nel 1905 Wilbur riesce a volare per ben 38 minuti, stabilendo un record impensabile per l'epoca. Il lavoro dei fratelli Wright incontra però la diffidenza del pubblico e degli scienziati, ed essi ottengono il definitivo successo solo nel 1908, dopo un volo dimostrativo compiuto in Francia.*

La società americana vive un periodo di tumultuoso mutamento. Con l'avvenuta colonizzazione si è ormai chiusa la "frontiera" dell'Ovest: è ora la moderna società urbana e industriale a definire il nuovo carattere della nazione. Alcune città diventano vere metropoli (nel 1900 New York ha 3,5 milioni di abitanti; Chicago 1,7 milioni), dove alla concentrazione di ricchezza e a una estesa classe media impiegatizia e professionale si contrappone una massa di operai e manovali, per lo più di recente immigrazione e spesso assai povera. I conflitti di lavoro sono aspri e assai frequenti, e se i movimenti socialisti restano ben più deboli che in Europa, i sindacati operai divengono robusti organismi di difesa economica dei propri iscritti, in particolare dei lavoratori più qualificati.
Le disuguaglianze economiche si intrecciano con quelle etniche, religiose e razziali. I nuovi immigrati (circa 23 milioni nel periodo 1880-1920, di cui ben 9 milioni solo nel decennio 1901-1910) sono ebrei o cattolici provenienti dall'Europa orientale e meridionale, per lo più di origini contadine, e verso di loro le *élites* e le classi medie protestanti avviano un'intensa opera di "americanizzazione" culturale e linguistica che è anche uno sforzo di nazionalizzazione del paese. Nel Sud, ancora eminentemente agrario, gli afroamericani non sono più schiavi, ma sono rigidamente segregati, privati dei diritti politici e ferocemente

Operai impegnati nella costruzione di una linea tranviaria in una città degli Stati Uniti.
Insieme a Brasile e Argentina, gli Stati Uniti sono il paese verso il quale si orienta il flusso dell'emigrazione dai paesi del Mediterraneo. In prevalenza maschi giovani, gli immigrati costituiscono l'enorme massa di forza lavoro di cui ha bisogno l'apparato industriale per continuare a crescere. Gli immigrati si stabiliscono in prevalenza nelle città, contribuendo al loro espandersi e creando una maggiore domanda di servizi e infrastrutture.

Ventilatore realizzato da Peter Behrens nel 1912.
L'opera del tedesco Behrens si esplica in molteplici settori che vanno dall'architettura industriale alla progettazione di quartieri residenziali e al design. Oltre che per la realizzazione di apparecchi elettrici e di materiale pubblicitario, Behrens resta famoso per l'influenza esercitata sugli allievi Walter Gropius e Ludwig Mies van der Rohe.

Manifesto francese che reclamizza uno dei primi modelli di aspirapolvere.
Questo apparecchio, inventato in Gran Bretagna nel 1902, è destinato a diventare uno degli elettrodomestici più diffusi. Nel manifesto esso reca il nome originario – Vacuum cleaner – che ne rivela il basilare principio di funzionamento, cioè la "pulizia mediante il vuoto".

disciplinati, spesso con la violenza dei linciaggi, dalla società bianca che domina sia l'economia che la politica.
A dispetto di questa netta delimitazione razziale, il sistema politico americano risulta più avanzato che in Europa, visto che i maschi bianchi godono da tempo del suffragio universale, ma proprio nei primi decenni del secolo è messo in discussione su vari fronti. Forti movimenti femminili rivendicano il diritto di voto, che le donne otterranno soltanto nel 1919. I due grandi partiti politici, repubblicano e democratico, vedono contestato il proprio controllo clientelare sulle risorse pubbliche da parte delle *élites* economiche e professionali, che riescono ad avviare una trasformazione in senso manageriale della pubblica amministrazione. Nelle città e nelle metropoli ciò produce nuove normative urbanistiche e igieniche, volte a disciplinare gli effetti più caotici e deleteri dell'industrialismo. Vengono sperimentate anche le prime misure di protezione sociale e di regolamentazione del lavoro. Sul piano nazionale, il timore di un'eccessiva concentrazione del potere economico in pochi grandi gruppi industriali e finanziari stimola nuove forme di controllo statale sui monopoli, e il ruolo del governo federale diviene più incisivo in molti dei settori della vita finanziaria.

Il presidente americano Theodore Roosevelt.
Presidente dal 1901 al 1909, il repubblicano Roosevelt domina con la sua decisa personalità la scena politica del quindicennio – noto come "età progressista" – che precede la prima guerra mondiale. È progressista quel movimento politico e di opinione, timidamente riformista, che sostiene la necessità di razionalizzare i rapporti tra capitale e lavoro e di mettere ordine nella vita delle città e nella politica nazionale, attenuando le distorsioni di uno sviluppo tanto veloce quanto incontrollato.

Confezione di caffè brasiliano con etichetta francese.
Principale prodotto di esportazione del Brasile a cavallo tra i due secoli, il caffè dà ricchezza e potere ai latifondisti della provincia di San Paolo. Anche se il paese resta legato al capitale inglese, sono gli USA il principale mercato di esportazione del caffè brasiliano.

L'America latina

A partire dalla seconda metà dell'Ottocento l'America latina, nonostante la crescente subordinazione commerciale e finanziaria alla Gran Bretagna e agli Stati Uniti, registra un parziale passaggio dall'agricoltura tradizionale a quella mercantile, la crescita dell'industria leggera, la costruzione di ferrovie e porti, la modernizzazione dei servizi pubblici.

Favoriscono questi processi gli investimenti stranieri e l'aumento della popolazione, grazie al contributo di una massiccia immigrazione europea. Tuttavia il peso dominante della grande proprietà terriera, composta quasi esclusivamente dall'oligarchia creola, nata in loco ma di origine europea, legata alla chiesa e ai circoli finanziari stranieri, mantiene in condizioni di povertà la grande massa dei lavoratori, braccianti sottopagati e coloni chiamati a pagare alti canoni di affitto. I latifondi vengono inoltre coltivati secondo il vecchio metodo estensivo che impoverisce i terreni e dà modeste rese per ettaro. Nonostante le massicce esportazioni all'estero di caucciù, caffè, cacao, zucchero e cereali, la bilancia commerciale di molti paesi latinoamericani, soggetta alle fluttuazioni del mercato mondiale, è a continuo rischio di crisi. A ciò si aggiunge la persistente deficienza di manodopera, accentuata dalla liberazione degli schiavi, completata intorno al 1850 ovunque meno che in Brasile (1888).

Veduta di Buenos Aires.
La geografia sociale e urbana dell'Argentina subisce una spettacolare alterazione con l'arrivo degli immigrati europei. La capitale passa infatti da 181.838 abitanti nel 1869 a più di un milione e mezzo nel 1914: è la più grande città di lingua spagnola del mondo. Un numero considerevole di europei si stabilisce nei centri urbani e, in breve tempo, si integra nella società rioplatense.

La festa dei fiori del pittore messicano Diego Rivera (a destra).
In quest'opera il pittore ritrae due donne indigene inginocchiate davanti a una figura con i caratteristici tratti somatici delle popolazioni precolombiane.

Opuscolo informativo per gli emigranti italiani diretti in Brasile.
Agli inizi del secolo nelle fazendas *pauliste la manodopera italiana si affianca a quella servile o agli schiavi da poco liberati. Specie nel Brasile meridionale, grazie alla campagna promossa dalla Sociedade Central de Imigração, al loro arrivo gli emigranti sono condotti gratuitamente verso le colonie di popolamento.*

L'immigrazione e l'emigrazione (1881 - 1921)

	Periodo	Popolazione (in milioni)	Immigrati (in migliaia)	Emigrati (in migliaia)
Argentina	1890 1891 - 1914	4 4 - 7,5	840 2.600	203 50
Brasile	1900 - 1920	15 - 31	1.600	–
Canada	1881 - 1903 1903 - 1914	4,3 - 5,4 5,4 - 7,5	1.322 2.667	– 700
USA	1871 - 1921	41 - 105	24.674	–

La vita politica, in un contesto di stridenti contrasti e di mescolanza razziale, è caratterizzata da una cronica instabilità, con frequenti colpi di stato e la tendenza all'instaurazione di regimi "forti" di tipo militare. Nel mosaico latinoamericano spiccano, per peso politico e potenzialità di risorse naturali, il Messico, il Brasile, l'Argentina e il Cile.
Il Brasile – divenuto una repubblica nel 1889 in seguito a una rivoluzione che ha costretto all'esilio Dom Pedro II di Braganza – si dà un ordinamento laico e un assetto federale, con l'egemonia dei due stati di San Paolo, produttore di caffè, e di quello minerario di Minas Gerais. Il compromesso di potere fra questi assicura al paese una relativa stabilità.

In Argentina il sistema politico appare dominato dal settore agricolo e dell'allevamento: i prodotti trainanti dell'economia sono i cereali e la carne. Una cauta politica di rinnovamento, avviata in Cile dal presidente liberale José Balmaceda nel 1886, viene interrotta nel 1891 dal ritorno al potere dell'oligarchia fondiaria, che detiene saldamente il controllo sui ricchi giacimenti di rame e di nitrato di sodio ed è legata al capitale finanziario inglese. Come reazione ai regimi oligarchici e alle dittature si diffondono in quasi tutti i paesi le prime forme di opposizione di sinistra, di ispirazione soprattutto anarchica e socialista, destinate ad assumere maggiore consistenza nel primo ventennio del secolo.

Gauchos *nella pampa.*
Figura tradizionale delle immense praterie argentine, alle soglie di questo secolo il gaucho *entra a far parte della nuova organizzazione economica e produttiva delle campagne e si occupa della cura del bestiame.*

Soldato federale in una incisione di José Guadalupe Posada.
Quello della calavera *("teschio") è un tema onnipresente nell'opera dell'artista messicano che più di ogni altro ha saputo esprimere con la forza del suo tratto la tragica epopea della rivoluzione del 1910-1917.*

La rivoluzione messicana

Il corso anomalo delle vicende politiche del Messico culmina nel 1910-1917 nella prima rivoluzione del secolo. Morto il presidente Benito Juárez (1872), che aveva introdotto le prime riforme liberali, una serie di sollevazioni era sfociata nel regime del generale Porfirio Díaz. Il "porfiriato" (1876-1911) basa il suo potere sui latifondisti, a cui permette di impadronirsi dei terreni comuni dei villaggi per ampliare le loro *haciendas*. Ne risulta una situazione clamorosamente iniqua: 8000 grandi proprietari detengono i 9 decimi della terra coltivabile e il 96 per cento dei *peones* (braccianti agricoli) sono privi di qualunque proprietà. Díaz realizza infrastrutture di base e attira un ingente flusso di capitali stranieri per le attività minerarie e l'estrazione del petrolio, conferendo al suo regime stabilità e un certo liberalismo di facciata.
L'opposizione delle forze liberali e il ribellismo nelle campagne si coalizza, in occasione delle elezioni presidenziali del 1910, intorno al leader liberale Francisco Madero, che chiama le classi medie urbane e il movimento contadino all'insurrezione contro le disuguaglianze sociali e invoca libere elezioni. Nel maggio del 1911 Díaz è costretto a cedere il potere a Madero, dopo una guerra che vede scendere in campo anche formazioni armate di contadini, capitanate al Nord dal brigante-rivoluzionario Pancho Villa, e al Sud da Emiliano Zapata, sostenitore di una riforma agraria che restituisca le terre ai contadini.

Soldati di Carranza in partenza per il fronte.
Nell'ottobre del 1915 il presidente degli Stati Uniti Woodrow Wilson riconosce formalmente il governo costituzionalista di Venustiano Carranza, che può contare su un apparato militare di straordinaria efficienza.

Porfirio Díaz all'apice del potere in una fotografia del 1906.

Emiliano Zapata. *Originario dello stato di Morelos, nel Sud del Messico, questo capo popolare acquista grande prestigio allo scoppio della rivoluzione, ponendo all'ordine del giorno la questione della riforma agraria. Caduto il formale impegno di Madero a risolvere il secolare problema della miseria in cui versano i contadini, Zapata crea un esercito rivoluzionario: a ciò fa seguire il* Plan de Ayala, *reso noto il 25 novembre 1911, che stabilisce la necessità di restituire alle comunità contadine le terre espropriate loro dai latifondisti. Per qualche anno Zapata darà corso alla sua riforma agraria, e l'ingresso congiunto del suo esercito e di quello di Villa a Città del Messico alla fine del 1914 segna l'apogeo del potere dei due capi.*

Gli sviluppi successivi vedono l'assassinio di Madero ad opera dei controrivoluzionari (1913), l'intervento militare degli USA (1914) e il precipitare degli eventi: prima lo scontro tra federali e rivoluzionari, poi quello tra questi ultimi e i cosiddetti "costituzionalisti". Sconfitti gli eserciti di Zapata e Villa, i fautori del ritorno alla legalità costituzionale, sostenuti dal ceto medio e dal nascente movimento operaio, varano una nuova Costituzione. La nuova Carta messicana (1917) ha un carattere assai avanzato: stabilisce la giornata lavorativa di otto ore, il salario minimo, dichiara beni dello stato i giacimenti petroliferi e minerari, oltre ad accogliere le istanze del mondo rurale di frazionamento del latifondo. Con le presidenze di Venustiano Carranza (1917-20) e di Alvaro Obregón, si chiude il ciclo della guerra civile e comincia la "normalizzazione" (gli stessi Zapata e Villa sono assassinati), che accantona i princìpi di base della rivoluzione e realizza solo parzialmente la riforma agraria. Costata centinaia di migliaia di morti, la rivoluzione messicana non è però svilita da questi limiti e ritardi, perché resta un significativo momento di rottura dei vecchi equilibri oligarchici e di apertura a nuove istanze democratiche.

Pancho Villa. *Nativo delle regioni desertiche del Nord, Villa amministra territori immensi, si fa interprete dell'anelito di riscatto degli strati più umili, requisisce le proprietà degli antichi signori della terra. La sua parabola declina agli inizi del 1917, quando prevalgono i fautori del ritorno alla legalità.*

Assemblea, *dipinto di Diego Rivera.*

Manifesto di fine secolo che pubblicizza il pattinaggio su ghiaccio.
Le parigine non temono il freddo dell'inverno francese. Ogni occasione è buona per calcare la scena mondana e per riscoprire il piacere del ballo. Sfoggiano eleganti modelli disegnati appositamente per loro dalle maisons *d'alta moda.*

La Belle Epoque

Manifesto del 1910 che reclamizza il valzer.
Il valzer resta il simbolo della Felix Austria *avviata al tramonto. L'espressione "giro di valzer" – breve e insignificante deviazione della politica estera di uno stato – viene coniata da Bernhard von Bülow nel 1902.*

Lo sviluppo di movimenti proletari di massa – quasi ovunque divisi fra tendenze riformiste e spinte radicali – è uno degli aspetti più evidenti della modernizzazione in corso nelle società più sviluppate. Crescono nel contempo il settore terziario (amministratori, tecnici, commessi, impiegati) e la burocrazia connessa alle competenze sempre più ampie degli stati. Nasce così un nuovo ceto medio, di poco più agiato di quello operaio, ma con un superiore livello di istruzione e con valori e stili di vita prettamente borghesi. A questo ceto si rivolgono soprattutto i mercati, con la proposta di nuovi e più sofisticati modelli di svago e di consumo, favoriti dai rapidi progressi della tecnologia (cinema, automobile, macchine per scrivere e per cucire risalgono a questi anni), della commercializzazione (nasce il sistema di vendita rateale) e della pubblicità.

Fenomeni di spicco sono l'estendersi dei diritti politici e lo sviluppo dell'istruzione primaria e secondaria. L'ampliamento della base popolare e del consenso è visto ormai come una necessità dalle stesse classi dirigenti, le quali intraprendono una massiccia "nazionalizzazione" delle masse con gli strumenti della propaganda e della scolarizzazione. All'adozione in molti i paesi del suffragio universale maschile, si accompagna la nascita del

Il Titanic, "inaffondabile", appena salpato da Southampton.
Considerato il gioiello della compagnia inglese "White Star Line", il più grande e lussuoso transatlantico finora realizzato affonda il 14 aprile 1912 durante il viaggio inaugurale verso gli Stati Uniti. Finito contro un iceberg, mentre viaggia a una velocità superiore a quella consentita, va a picco: nella sciagura muoiono 1513 persone: soltanto 711 passeggeri saranno salvati dalle gelide acque dell'Atlantico.

Slotmachine francese dell'inizio del secolo.
In questo capolavoro di arte popolare la macchina, simbolo della civiltà industriale, non è usata per produrre denaro ma per consumarlo. Ingenti somme sono dilapidate da giocatori di qualunque ceto, contagiati dalla "febbre del gioco".

"nazionalismo di stato", che si traduce in una politica governativa tesa a "convincere" le masse, attraverso l'agitazione di forti sentimenti patriottici e di identità nazionale. Le arti e la cultura raccolgono la lezione del progresso e della velocità, rivalutando il punto di vista soggettivo rispetto a una presunta realtà immutabile. A quest'epoca risalgono le prime formulazioni della teoria della relatività ad opera di Albert Einstein, l'avvento del cubismo con *Les Demoiselles d'Avignon* di Picasso e della psicoanalisi con *L'interpretazione dei sogni* di Freud.

Manifesto inglese per un torneo di golf.
Questo sport conquista i giovani ricchi di tutta Europa. Avere un campo da golf è un segno di grande distinzione per le località di villeggiatura.

BELLE EPOQUE: LUCI E OMBRE

La designazione di "Belle Epoque", data al ventennio precedente la prima guerra mondiale, risente dell'entusiasmo con cui è vissuta la fine della "grande depressione" del 1873-1896, e la fase di impetuosa espansione economica che ne consegue. In realtà quest'epoca è segnata da forti contraddizioni: il tenore di vita delle classi popolari migliora e si registra un calo della disoccupazione, ma la miseria delle masse viene alleviata solo marginalmente, mentre lo sfarzo ostentato dalle classi più abbienti contrasta in modo ancora più stridente con la loro povertà. Le istituzioni delle maggiori nazioni europee conoscono processi di accelerata modernizzazione (allargamento dei diritti politici, scuola di massa, prime basi del *Welfare State*), assieme a un rilancio delle velleità espansionistiche e coloniali, che porteranno a nuovi e più disastrosi conflitti.

Agente di polizia inglese con un uomo accusato di omicidio.
Lo sviluppo industriale e il sorgere delle grandi metropoli – nel 1911 Londra conta 7.250.000 abitanti – danno origine ad ampi fenomeni di devianza sociale.

1900-1902

ECONOMIA E SOCIETÀ

1900

Francia Inaugurate a Parigi l'Esposizione universale e il primo tratto della metropolitana.

Gran Bretagna Il totale del commercio con l'estero è pari a lire 545.205.000.

USA La rete ferroviaria, con 190.000 miglia, supera quella dell'Europa.

1902

Francia La giornata lavorativa è portata a 10 ore e mezzo.

Italia A Milano Ferdinando Bocconi fonda l'omonima Università commerciale.

Russia È inaugurata la ferrovia transiberiana che collega Mosca a Vladivostok.

POLITICA E ISTITUZIONI

1900

27 febbraio *Gran Bretagna* I sindacati fondano il Labour Representation Committee, che nel 1906 diventa Labour Party.

31 maggio *Sudafrica* Le truppe britanniche occupano Johannesburg, e imprimono una svolta alla guerra anglo-boera.

29 luglio *Italia* Il re Umberto I è assassinato dall'anarchico Gaetano Bresci. Gli succede il figlio Vittorio Emanuele III.

giugno-agosto *Cina* A Pechino i Boxer cingono d'assedio le ambasciate occidentali. La rivolta xenofoba è schiacciata da una spedizione internazionale.

16 ottobre Trattato dello Yang-tze tra Germania e Gran Bretagna sul principio della "porta aperta" in Cina.

1901

22 gennaio *Gran Bretagna* La regina Vittoria muore dopo 64 anni di regno: le succede il figlio Edoardo VII.

7 settembre *Cina* Fine della rivolta dei Boxer.

1903-1905

ECONOMIA E SOCIETÀ

1903

Gran Bretagna Emmeline Pankhurst fonda il movimento delle suffragette.

USA Viene fondato il quotidiano «Daily Mirror».

1904

USA È inaugurata la metropolitana di New York.

Francia A Parigi Louis Renault costruisce i primi taxi.

Gran Bretagna Sul «Daily Illustrated Mirror» compare la prima fotografia a colori.

1905

Svizzera È fondata la società alimentare Nestlé.

Gran Bretagna A Londra si inaugura la prima metropolitana a trazione elettrica.

POLITICA E ISTITUZIONI

1903

10 giugno *Serbia* Il re Alessandro I è vittima di un attentato organizzato dalla Mano Nera.

luglio-agosto *Russia* Al congresso di Londra, il Partito operaio socialdemocratico si divide tra menscevichi e bolscevichi.

20 settembre *Italia* Muore papa Leone XIII.
• Giovanni Giolitti diventa presidente del Consiglio.

1904

gennaio-marzo *Cina* I giapponesi invadono la Manciuria.

8 febbraio Scoppia la guerra russo-giapponese per il controllo di Corea e Manciuria.

8 aprile *Entente cordiale* fra Gran Bretagna e Francia: l'Egitto passa sotto l'influenza della prima, il Marocco della seconda.

1905

Irlanda Nasce l'organizzazione indipendentista Sinn Fein.

1906-1908

ECONOMIA E SOCIETÀ

1906

Finlandia Prime in Europa, le donne conquistano il diritto di voto.

USA Terremoto a San Francisco: 700 morti e migliaia di feriti.
• William K. Kellogg crea una compagnia per commercializzare il mais tostato.

Italia È aperto il traforo del Sempione.

1907

Germania A Stoccarda si tiene la prima conferenza internazionale delle donne socialiste; tra le organizzatrici Rosa Luxemburg.

1908

Gran Bretagna Robert Baden Powell fonda l'associazione dei boyscouts.
• Giornata lavorativa di 8 ore per i minatori.

POLITICA E ISTITUZIONI

1906

16 gennaio *Spagna* Ad Algeciras si svolge la Conferenza internazionale sulla crisi marocchina fra Germania e Francia.

1° maggio *Francia* Il governo del radicale Georges Clemenceau mobilita l'esercito contro i lavoratori in sciopero per la giornata di otto ore.

6 luglio *Svizzera* A Ginevra è sottoscritta la Convenzione per la protezione dei prigionieri politici.

12 luglio *Francia* Alfred Dreyfus è riconosciuto innocente dopo 12 anni di carcere.

21 luglio *Russia* Lo zar Nicola II scioglie la prima Duma, eletta il 10 maggio.

settembre *Cuba* L'insurrezione liberale è schiacciata dall'intervento degli USA.

1907

11 maggio *Portogallo* Il re Carlo I scioglie il Parlamento. Inizia la "dittatura reale".

17 maggio *Russia* I leader socialdemocratici sono arrestati e il governo scioglie la seconda Duma.

8 settembre *Italia* Pio X, con l'enciclica *Pascendi Dominici Gregis*, condanna il mo-

1909-1911

ECONOMIA E SOCIETÀ

1909

Gran Bretagna Il governo di Lloyd George decreta una tassa progressiva sul reddito e una sull'incremento del valore fondiario.

USA A New York è presentato il primo film a colori.
• Robert E. Peary raggiunge il Polo Nord.

Francia Louis Blériot sorvola il canale della Manica.

1911

USA A Hollywood la Nestor Film Corporation fonda il primo studio cinematografico.

Francia Rubata al Louvre *La Gioconda* di Leonardo da Vinci.

Norvegia L'esploratore Ronald E. Amundsen raggiunge il Polo Sud.

POLITICA E ISTITUZIONI

1909

27 aprile *Turchia* I Giovani Turchi depongono Abdul Hamid II e insediano sul trono Maometto V.

20 luglio *Francia* Si dimette Georges Clemenceau. Aristide Briand è il nuovo primo ministro.

dicembre *Italia* Dimissioni di Giovanni Giolitti.

1910

25 febbraio *Tibet* Il Dalai Lama Thupten Gjatso fugge nell'India britannica a causa dell'invasione cinese.

6 maggio *Gran Bretagna* Muore Edoardo VII e gli succede Giorgio V.

31 maggio *Sudafrica* È fondato il *dominion* dell'Unione Sudafricana.

27 giugno *Messico* Il liberale Francisco I. Madero capeggia la rivolta contro la rielezione del dittatore Porfirio Díaz.

1912-1913

ECONOMIA E SOCIETÀ

1912

USA Naufragio del *Titanic*: muoiono 1513 persone.

1913

Germania Per potenziare l'esercito si spende un miliardo di marchi.
• Gli iscritti ai sindacati passano da 851.000 (1900) a più di 3 milioni.

Gran Bretagna Le suffragette fanno lo sciopero della fame per l'emancipazione e il diritto di voto.

USA Per la prima volta sul «New York World» vengono pubblicati i cruciverba.

POLITICA E ISTITUZIONI

1912

12 gennaio *Germania* I socialdemocratici ottengono la maggioranza al Reichstag.

febbraio *Cina* L'imperatore Pu Yi abdica e Yüan Shikai diventa presidente della Repubblica.

30 luglio *Giappone* Yoshihito è il nuovo imperatore.

luglio L'Italia occupa le isole di Rodi e del Dodecaneso e forza lo stretto dei Dardanelli.

12 agosto *Cina* A Nanchino Sun Yat-sen fonda il Guomindang, il Partito nazionalista cinese.

15 ottobre *Svizzera* A Ouchy (Losanna) è firmato il trattato di pace fra l'Italia e l'impero ottomano.

9 novembre Scoppia la prima guerra balcanica tra la Turchia e la "quadruplice balcanica" (Serbia, Montenegro, Grecia e Bulgaria), promossa dalla Russia.

28 dicembre *Cina* Il Parlamento rivoluzionario provvisorio di Nanchino elegge Sun Yat-sen presidente del-

settembre *USA* Theodore Roosevelt diventa presidente, dopo l'assassinio di William McKinley., eletto l'anno precedente.

1902

31 maggio *Sudafrica* Il trattato di pace di Vereeniging stabilisce la sovranità britannica sugli stati boeri.

31 marzo *Marocco* Visita a Tangeri dell'imperatore Guglielmo II e crisi marocchina.

22 gennaio *Russia* A Pietroburgo "domenica di sangue": le truppe sparano sulla folla davanti al Palazzo d'Inverno.

14-25 giugno *Russia* Ammutinamento della corazzata Potëmkin. I rivoluzionari bombardano il porto di Odessa.

dernismo cattolico. Romolo Murri è sospeso *a divinis*.

novembre *Russia* È eletta la terza Duma, controllata dai conservatori.

1908

8 marzo *USA* A New York 129 operaie muoiono nell'incendio di una fabbrica tessile.

21 giugno *Gran Bretagna* A Londra le suffragiste protestano per ottenere il voto alle donne.

24 luglio *Turchia* Il sultano Abdul Hamid II, sotto la spinta dei Giovani Turchi, ripristina la Costituzione liberale del 1876.

5 ottobre *Austria* Annessione dei territori ottomani della Bosnia-Erzegovina.

22 ottobre Il Giappone annette la Corea e ne fa un governatorato.

1911

marzo *USA* Il presidente Taft minaccia di intervenire in Messico.

1° luglio Seconda crisi marocchina; la cannoniera tedesca *Panther* entra ad Agadir come risposta all'occupazione francese di Fez.

settembre L'Italia dichiara guerra all'impero ottomano, rivendicando la Cirenaica e Tripoli.

la Repubblica.

1913

USA Il democratico Woodrow Wilson è eletto alla presidenza.

10 marzo *Grecia* Costantino sale al trono, dopo la morte del padre Giorgio I ucciso in un attentato.

30 maggio *Gran Bretagna* Finisce la prima guerra balcanica con la firma a Londra del trattato di pace.

29 giugno *Bulgaria* Con l'attacco dei serbi alle città bulgare inizia la seconda guerra balcanica .

dicembre Firma dell'armistizio fra Turchia, Serbia e Bulgaria.

SCIENZA E TECNOLOGIA

1900

Austria Karl Landsteiner scopre i gruppi sanguigni.

Germania Max Planck elabora la teoria dei quanti.

1901

Italia Guglielmo Marconi realizza il primo collegamento radiotelegrafico tra l'Europa e il Canada.

1902

Italia Giuseppe Bazzera inventa la macchina elettrica per il caffè espresso.

USA Willis Carrier realizza il condizionatore d'aria.
• King C. Gillette inventa il rasoio di sicurezza.

Gran Bretagna H.C. Booth inventa l'aspirapolvere.

1903

USA Orville e Wilbur Wright compiono il primo volo con un aereo a motore.
• Henry Ford fonda l'omonima casa automobilistica.
• Premio Nobel a Pierre e Marie Curie per le ricerche sul radio.

1904

Germania Robert Koch ottiene il Nobel per le scoperte sulla tubercolosi.

• Arthur Korn inventa la cellula fotoelettrica.

1905

Germania Albert Einstein enuncia la teoria della relatività ristretta.

USA John Danton inventa il primo juke box.

1906

USA Alva Fisher costruisce la lavatrice elettrica.
• Reginald Fessenden effettua la prima trasmissione radiofonica con l'apparecchio a modulazione di ampiezza (AM), da lui inventato.

1907

Francia Paul Cornu realizza il primo elicottero; Edouard Belin il telestereografo, un apparecchio per trasmettere le immagini a distanza.

1908

Austria Adalbert Czerny fonda la moderna pediatria con il volume *Il medico come educatore del bambino*.

USA William D. Coolidge inventa la lampadina con filo di tungsteno.

1909

USA È messo in commercio il tostapane elettrico.

Austria Carl F. A. von Welsbach inventa l'accendino a benzina con pietra focaia.

1910

Germania È realizzato il primo aereo con ala portante.

1911

Gran Bretagna È costruito il primo aereo bimotore.

USA È realizzato il primo idrovolante.

Russia Vladimir K. Zworykin, considerato uno dei padri della televisione, effettua la trasmissione di un'immagine a distanza.

1912

Germania Alfred Wegener presenta la teoria della deriva dei continenti.
• Max von Laue scopre la natura dei raggi X.

Svizzera È costruita la prima locomotiva a motore diesel.

1913

Danimarca Niels D. Bohr enuncia la teoria atomica dei quanti.

Gran Bretagna Lo scienziato Harry Brearley ottiene per primo l'acciaio inossidabile.

CULTURA E SPORT

1900

Austria Esce *L'interpretazione dei sogni* di Sigmund Freud.

USA Dwight F. Davis istituisce l'omonimo trofeo di tennis.

Italia Esce *Il fuoco* di Gabriele d'Annunzio.

Grecia Arthur Evans inizia gli scavi di Cnosso a Creta.

1901

Svezia Sono assegnati i primi premi Nobel per la chimica, la medicina e la fisica.

Germania Thomas Mann pubblica *I Buddenbrook*.

1902

Francia È rappresentata l'opera *Pelléas et Mélisande* di Claude Debussy.

1903

Francia Maurice Garin vince il primo Tour de France.

1904

Italia Luigi Pirandello pubblica *Il fu Mattia Pascal* e Giacomo Puccini rappresenta *Madama Butterfly*.

Gran Bretagna Robert Ashbee apre la School of Arts and Crafts.

1905

Germania A Dresda nasce il gruppo *Die Brücke* (Il Ponte), prima affermazione dell'Espressionismo.

Francia Inaugurata a Parigi la mostra dei *Fauves* (Henri Matisse, André Derain e Maurice de Vlaminck).

Ungheria Franz Lehár ottiene grande successo con l'operetta *La vedova allegra*.

1906

Francia Nasce la FIFA (Fédération Internationale de Football Association).

1907

Francia Pablo Picasso dipinge *Les Demoiselles d'Avignon*.
• Henri Bergson pubblica *L'evoluzione creatrice*.

Gran Bretagna L'architetto Charles R. Mackintosh costruisce la Biblioteca della Scuola d'arte a Glasgow .

1908

Austria Gustav Klimt dipinge *Il bacio*.

Francia Esce *Riflessioni sulla violenza* di Georges Sorel.

Germania Esce postumo *Ecce homo* del filosofo Friedrich Nietzsche.

1909

Italia Maria Montessori applica la pedagogia all'educazione infantile nella "Casa dei bambini".

Francia Escono *La porta stretta* di André Gide e il *Manifesto del futurismo* di Filippo T. Marinetti.

Germania A Berlino Peter Behrens costruisce le officine AEG, prototipo di architettura industriale.

1910

USA Prima rappresentazione de *La fanciulla del West* di Giacomo Puccini.

1911

Germania A Monaco si inaugura la mostra del "Cavaliere blu".

1912

Spagna Il poeta Antonio Machado pubblica *Campi di Castiglia*.

Svizzera Carl Gustav Jung pubblica *La libido, simboli e trasformazioni*

1913

Francia Esce *La strada di Swann* di Marcel Proust. Prima rappresentazione del balletto *La sagra della primavera* di Igor Stravinskij.

Germania Edmund Husserl pubblica *Idee per una fenomenologia pura e per una filosofia fenomenologica*.

India A Rabindranath Tagore va il Nobel per la letteratura.

USA Charlie Chaplin inizia la carriera cinematografica.

La seconda rivoluzione industriale

Favorito dallo stretto connubio fra economia e scienza, intorno agli anni Ottanta del secolo XIX il progresso tecnologico subisce un impulso eccezionale: si pensi solo all'invenzione del motore a scoppio, subito applicato all'automobile e poi all'aeroplano, alla scoperta di nuove fonti energetiche come il petrolio e l'energia elettrica, al perfezionamento delle tecniche di riproduzione fotografica. Una rapida espansione dell'industria bellica, sostenuta dalle commesse statali, è una delle conseguenze più evidenti di tale fermento, in linea con lo spirito aggressivo tipico dei tempi. La portata del fenomeno e i mutamenti da esso derivati hanno fatto parlare di una vera e propria "seconda rivoluzione industriale". Se è vero infatti che il processo di incremento tecnico e scientifico lascia immutato il complesso dei rapporti sociali e di produzione affermatisi col capitalismo, una svolta decisiva si registra nella qualità della vita quotidiana. La diffusione collettiva dei nuovi ritrovati disegna ormai i confini della moderna società novecentesca, segnata dall'avvento dell'automobile, della fotografia, della luce elettrica e del telefono.

La Ford T del 1908.
La produzione in serie di queste automobili destinate al mercato di massa coniuga il lusso e il comfort alla praticità e all'abbattimento dei costi. Introdotta nel 1913 da Henry Ford, la catena di montaggio si basa sui principi dell'organizzazione scientifica del lavoro messi a punto dall'ingegnere americano Frederick W. Taylor: netta distinzione tra progetto ed esecuzione, parcellizzazione delle mansioni lavorative (ripetitive e cronometrabili) e retribuzione a cottimo per incentivare la produzione.

Una donna al telefono e centraliniste al lavoro (in basso).
Inventato nel 1856 dall'italiano Antonio Meucci, il telefono è brevettato nel 1876 dallo scozzese Alexander G. Bell, che realizza anche la prima rete telefonica urbana. Destinato a rivoluzionare il sistema delle comunicazioni, il telefono può essere usato da tutti. Soltanto negli anni Venti il disco combinatorio consentirà di comunicare direttamente senza l'aiuto del (o della) centralinista.

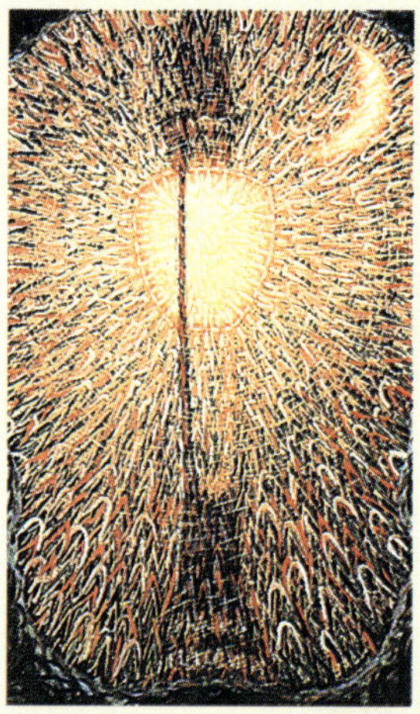

Lampada ad arco *(1909)* *di Giacomo Balla.*
L'avvento dell'elettricità fa delle metropoli il centro della vita sociale e segna un cambiamento nei comportamenti quotidiani. I tram a trazione elettrica allargano i confini delle città e la luce consente di prolungare gli orari di lavoro e di divertimento fino ad annullare la distinzione fra giorno e notte.

La prima guerra mondiale

Per darci ragione del terremoto storico che chiude l'Ottocento, apre il secolo delle masse e ci fa affacciare sugli orrori e i fulgori della modernità, servono tutte le possibili chiavi interpretative offerte dalle scienze sociali. È una guerra per l'egemonia fra i popoli europei, con due blocchi: l'uno guidato dal Regno Unito che comanda sui mari, l'altro dalla Germania che in mezzo secolo è diventata la potenza più forte per terra ma si è costruita anche una grande flotta, e ora va all'attacco del primato britannico. Alleati degli inglesi – ognuno con le proprie motivazioni – la Repubblica francese, l'impero russo e, dal maggio 1915, anche il Regno d'Italia. Accanto alla Germania, si schiera l'altro dei due imperi centrali – quello austro-ungarico – ma non l'Italia, che nel luglio 1914 si stacca dalla Triplice Alleanza e comincia la marcia di avvicinamento all'Intesa. Si chiama guerra "mondiale" perché nel 1917 – decisivi nel far pendere la bilancia dalla parte dell'Intesa – vi entrano gli Stati Uniti d'America. Il "declino" dell'Europa e l'incedere imperiale di questi ultimi cominciano da qui.
Dentro questa cornice generale c'è di tutto: ideali di libertà e ansie di conquista, sventolio di bandiere ed espansioni di mercati, affermazioni e crolli di valori e concezioni del mondo. Crolla infatti, con l'estate del 1914, la fiducia nel progresso universale e nella pace fra i popoli. Tramonta la Seconda Internazionale, insieme alla speranza dei socialisti di impedire lo scatenarsi degli egoismi nazionali e le guerre facendo appello all'unità dei proletari. Fra i sogni che vengono meno ce n'è dunque qualcuno che sembra realizzarsi: quello prefigurato da Vilfredo Pareto di contrapporre alla lotta di classe e alla rivoluzione proletaria una "grande guerra", come mito unificante e strumento di ricomposizione sociale coatta. Tra i sogni che si realizzano c'è quello degli scienziati e dei letterati malthusiani che da tempo teorizzavano la guerra come il grande regolatore degli eccessi demografici: quando un paese ha più popolazione che mezzi di sostentamento, la selezione della specie lo spinge a espandersi fuori dei confini, con le buone o con le cattive. Per teorici e pratici della Real-politik, *questo bisogno primario – dettato dal darwinismo sociale che ispira i comportamenti collettivi – può afferrare, per legittimare la spinta alla sopravvivenza, questo o quel pretesto: la libertà dei popoli, la difesa della patria, la* revanche, *Trento e Trieste.*
La trincea e la mitragliatrice sono le dominatrici di questo primo sterminio di massa, basato sulla coscrizione obbligatoria e sulla introduzione di moderne macchine di morte.
La Grande Guerra è dunque anche la prima guerra "futurista". Lo è pure nell'accelerare i tempi della storia: non per la sua durata – anzi è enormemente più lunga, faticosa e sanguinosa del previsto –, perché si protrae per quattro anni invece che per pochi mesi.
La violenza della velocizzazione storica investe le trasformazioni istituzionali ed economiche, territoriali e mentali.
Anche la Rivoluzione, l'"Ottobre rosso" dei bolscevichi di Lenin, arriva – nella Russia zarista arretrata e ancora in gran parte contadina – con il treno irruente della guerra.

Soldati tedeschi in una trincea delle Fiandre nel 1916 (nella pagina precedente).

L'assalto al potere mondiale

Seppure comunemente designato come "prima guerra mondiale", il conflitto del 1914-1918 è il punto di esplosione di un sistema di rivalità soprattutto europee. Le maggiori potenze continentali (Austria-Ungheria e Germania da una parte, Francia, Russia e Gran Bretagna dall'altra, affiancate più tardi dall'Italia) si contrappongono nella spartizione delle risorse economiche, attingibili dai domini coloniali, e delle aree d'influenza sulle zone politicamente instabili della stessa Europa.
Un ruolo decisivo in questo senso lo svolge il progressivo acuirsi dei contrasti che oppongono la Germania tanto alla Gran Bretagna quanto alla Francia. L'insofferenza tedesca verso la straripante superiorità della marina inglese matura ormai dall'inizio del secolo e si manifesta nel progetto di costruire una grande flotta militare capace di rivaleggiare con essa nel dominio sui mari. La Francia, da parte sua, nutre nei confronti della Germania un forte sentimento di *revanche* ("rivincita") che risale alla cocente sconfitta subita nel 1870, a causa della quale ha perso l'Alsazia e gran parte della Lorena. Per di più gli interessi francesi e tedeschi si scontrano in altre parti del mondo coloniale, dal Marocco al Congo.

La polveriera balcanica

Un minaccioso focolaio di tensioni è costituito dalla regione dei Balcani, agitata da nazionalismi e particolarismi etnici risvegliati dal declino del-

Rissa in Galleria *(1910)* *di Umberto Boccioni.*
Fra l'estate del 1914 e l'inizio del 1915, gli scrittori e i pittori futuristi sono tra gli intellettuali a favore dell'intervento dell'Italia nel conflitto.

Il Kaiser Guglielmo II assiste a una parata con i suoi generali.
Nel 1914 l'esercito tedesco è numericamente superiore alle forze avversarie, ma i generali non sono all'altezza di Moltke e Bismarck, che nel 1866 e nel 1870 avevano sgominato austriaci e francesi. Alla riapertura delle ostilità contro la Francia, i tedeschi sperano nel buon esito di una rapida guerra di movimento e che tutto finisca "entro Natale".

Rivista nazionalista francese che alimenta il desiderio di revanche contro la Germania.
Risale al tempo della sconfitta francese del 1870-1871 l'ostilità della Francia contro la Germania per la perdita dell'Alsazia e della Lorena, rafforzata dalle successive contese coloniali.

SEGNALI MINACCIOSI

Avvisaglie della crescente tensione si hanno nel corso delle due crisi marocchine (1905-1906 e 1911), che vedono la Francia e la Germania giungere sull'orlo del conflitto armato per il controllo della regione. Altri segnali minacciosi, ormai a ridosso della conflagrazione generale, vengono dalle due guerre balcaniche (1912 e 1913), che sullo sfondo dello smembramento dell'impero ottomano mettono in moto gli interessi politici dell'Austria-Ungheria e quelli opposti della Russia. Nella prima delle due guerre, greci, serbi, bulgari e montenegrini infliggono una sonora sconfitta ai turchi. Nella seconda serbi, romeni, greci e turchi si mobilitano contro la Bulgaria. I trattati che pongono fine alle ostilità costituiscono un grave scacco per l'Austria con il potenziamento dello stato serbo. Si accende così la miccia che di lì a poco farà scoppiare la "Grande Guerra".

l'impero ottomano. Sui Balcani si intrecciano gli interessi dell'Austria, della Russia, della stessa Turchia e dell'Italia; mentre il disegno della Serbia di costituirsi in stato indipendente contribuisce ad inasprire una situazione già fortemente conflittuale. All'atteggiamento protettivo della Russia nei confronti dei popoli slavi della regione (panslavismo) si contrappongono le mire e le inquietudini dell'Austria-Ungheria, che considera la zona balcanica come il suo bacino naturale di espansione e vede una minaccia mortale nel risorgere dell'orgoglio nazionale serbo.
La politica austro-ungarica è avversata anche dall'Italia, intenzionata a recuperare le cosiddette "terre irredente" (Trento e Trieste). L'intesa turco-tedesca, consolidata da rapporti economici e di cooperazione militare, preoccupa infine la Russia per le sue possibili ripercussioni nell'area del Vicino Oriente.
All'inasprirsi dei contrasti fra le grandi potenze europee fa riscontro un po' ovunque l'affermazione di uno spirito nazionalistico, antidemocratico e imperialista, che vede la diffusione del mito eroico-militare in larghi strati dell'opinione pubblica. Questo avviene in particolare negli imperi centrali, dove il rapporto fra i quadri dell'esercito e la dirigenza politica è più stretto, e la macchina di propaganda sciovinistica – specie in Germania – dispone di risorse ingenti.
La configurazione dei due blocchi che nel 1914 si

Il fiore all'occhiello della marina britannica: la corazzata Dreadnought, dotata di cannoni di grosso calibro.
La Gran Bretagna può vantare una secolare supremazia sui mari e dispone di una flotta molto più consistente di quella tedesca: 185 tra corazzate e incrociatori, contro 97 della Germania. Tuttavia la flotta inglese si trova ben presto di fronte un avversario assai pericoloso. La lotta per il dominio sui mari diviene uno dei caratteri dominanti di un conflitto che si configura come una "guerra totale".

Folla esultante nei boulevard di Parigi il 1° agosto 1914 (a sinistra).

Manifesto che invita gli inglesi all'arruolamento volontario.
Lo scoppio delle ostilità, con i primi colpi di cannone e le prime vittime, cancella un breve periodo di illusioni.

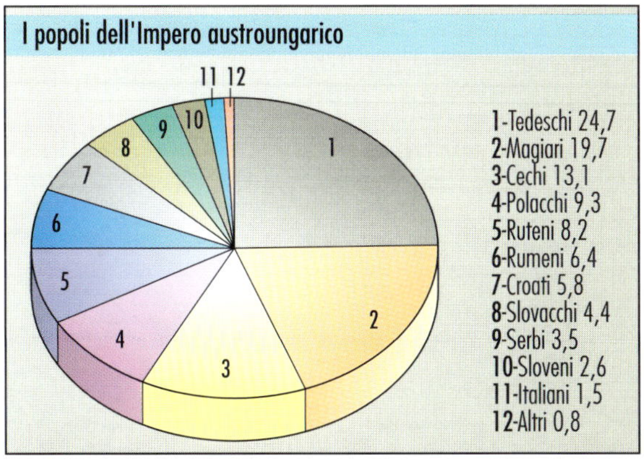

affrontano in guerra è andata delineandosi nel ventennio che precede il conflitto. Da un lato vi è la Triplice Alleanza (Austria-Ungheria, Germania, Italia; quest'ultima però poco affidabile da quando, nel 1898, ha cominciato a riavvicinarsi alla Francia); dal lato opposto il lavoro delle diplomazie ha portato nel giro di quindici anni a un'intesa fra Russia, Gran Bretagna e Francia. A una prima convenzione militare segreta, siglata nel 1892 tra Russia e Francia (resa nota solo nel 1897), ha fatto seguito un avvicinamento franco-inglese, concretizzatosi nel 1904 con la firma della cosiddetta *Entente cordiale* ("intesa cordiale"). A conclusione di una complessa serie di trattative, si è giunti infine a una convenzione anglo-russa (1907), la quale, chiudendo il cerchio delle alleanze, costituisce l'anello decisivo di un sistema che prende il nome di Triplice Intesa. L'Europa viene così divisa in due blocchi contrapposti, separati dalla ideale linea di rivalità che dal 1870 oppone Francia e Germania. Ma gli interessi dei due schieramenti si fronteggiano anche nelle principali aree coloniali del mondo (Africa, Asia) come nella zona dei Balcani, dove convergono la spinta espansionistica dell'impero russo, la volontà austriaca di spezzare i nascenti nazionalismi della regione e la crisi sempre più grave dell'impero ottomano.

Soldati francesi a cavallo.
La cavalleria non avrà un ruolo decisivo sul fronte occidentale per la staticità delle operazioni imposta dalla guerra di trincea.

La guerra in Europa

L'evento che fa precipitare le cose avviene a Sarajevo, capoluogo della Bosnia, il 28 giugno 1914: l'arciduca ereditario d'Austria Francesco Ferdinando viene assassinato assieme alla moglie dallo studente Gavrilo Princip, membro di una società segreta irredentista. L'attentato appare subito collegato agli ambienti nazionalisti della Serbia, i quali avversano apertamente i propositi espansionistici espressi dall'erede al trono. Per quanto le responsabilità del governo serbo non siano direttamente provate, a Vienna si ritiene giunto il momento di liquidare definitivamente la questione. La classe dirigente austriaca pensa a un conflitto breve e circoscritto, sottovalutando l'entità dell'appoggio russo e il grado estremo di nervosismo in cui versano ormai le maggiori potenze. Il 23 luglio l'Austria invia alla Serbia un ultimatum assai duro, nel quale si chiede fra l'altro che la polizia austriaca partecipi alle indagini sull'omicidio. La risposta di Belgrado, che accetta la maggior parte delle condizioni, è giudicata insoddisfacente. Il 28 luglio 1914 l'Austria dichiara guerra alla Serbia: in breve tempo il conflitto coinvolge da una parte la Germania, alleata dell'Austria, e dall'altra la Russia e la Francia, alleate della Serbia.

I fronti di guerra

All'inizio delle ostilità la Germania prende subito l'iniziativa sulla base del "piano Schlieffen", cosiddetto dal nome del capo di stato maggiore che

Tutti gli stati d'Europa – tranne Spagna, Svizzera, Svezia e Norvegia – sono coinvolti nel conflitto.
Quella che si combatte tra il 1914 e il 1918 soprattutto in Europa è la prima guerra veramente mondiale, visto che vi prendono parte anche l'impero ottomano (che si estende dall'Anatolia al Medio Oriente), Stati Uniti, Giappone, oltre a Canada, India, Sudafrica, Australia e Nuova Zelanda.

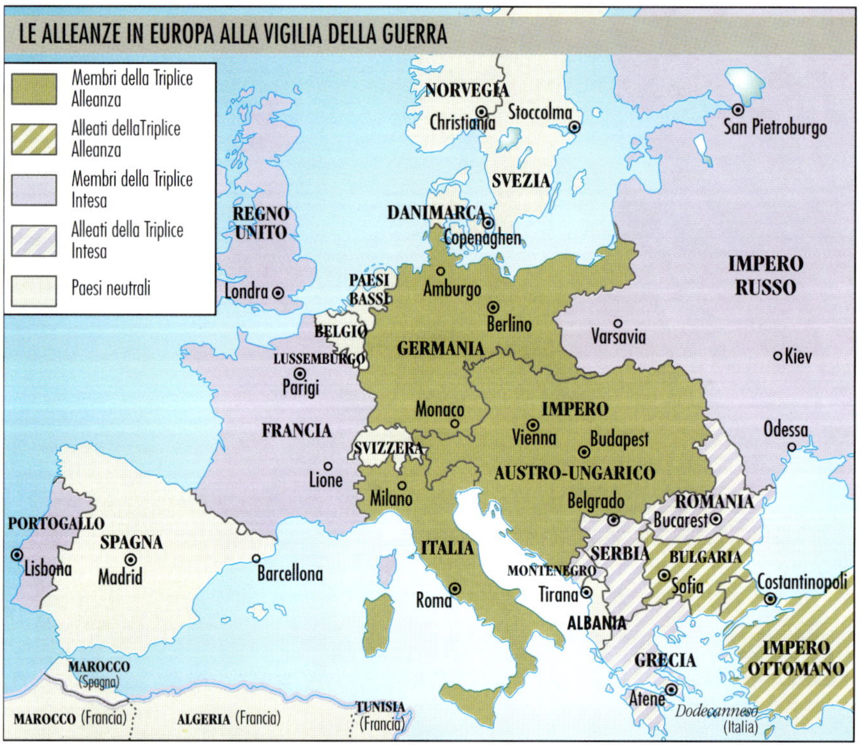

Carro armato inglese Mark V nel 1918 (a destra).
Pur essendo goffi scatoloni, i carri armati hanno davanti a loro un futuro che cambierà radicalmente il modo di fare la guerra. Nel primo conflitto mondiale, nonostante l'indubbio effetto psicologico, non saranno risolutivi, perché esigui di numero e poco affidabili. Inoltre seguono e non precedono la fanteria, e ciò ne limita l'efficacia bellica.

L'arciduca Francesco Ferdinando e la moglie Sofia a Sarajevo il 28 giugno 1914 (a sinistra).
La foto è scattata qualche attimo prima che i coniugi vengano uccisi dallo studente nazionalista serbo Gavrilo Princip. Nipote di Francesco Giuseppe ed erede al trono, l'arciduca era ispettore generale dell'esercito. Processato e condannato a vent'anni, l'attentatore muore in carcere nel 1918.

Soldati all'attacco, disegno di George Grosz.
La trincea non è solo il luogo dell'immobilità passiva, ma è anche il simbolo dell'attesa del momento in cui i fanti dovranno uscire allo scoperto e andare all'assalto di una trincea nemica. L'artista tedesco si afferma, dopo la guerra, con disegni sarcastici che denunciano la crudeltà del militarismo.

l'ha elaborato fra il 1891 e il 1905. Esso prevede un'offensiva su due fronti: la massa delle truppe, dislocata sul fronte occidentale, deve rapidamente fiaccare la resistenza francese, così da poter poi trasferire la maggior parte del peso a oriente e sconfiggere la Russia con l'apporto delle forze austro-ungariche. L'attacco tedesco, sottovalutato dai francesi, porta le truppe comandate da Helmut von Moltke a quaranta chilometri da Parigi (agosto 1914). Questo iniziale successo viene però bilanciato da un'ardita controffensiva francese (6 settembre 1914) ordinata dal comandante Joseph Joffre, che "miracolosamente" riesce a bloccare i nemici sulla Marna, respingendoli poi fino al fiume Aisne. Questo rivolgimento segna sul fronte occidentale il termine della guerra di movimento e l'inizio di quella guerra di posizione che caratterizzerà poi gran parte del conflitto, costituendone il tragico distintivo storico, per le atroci sofferenze e l'altissimo numero di morti fra i soldati in trincea.

Sul fronte orientale le battaglie hanno esito alterno. L'esercito russo viene sconfitto a più riprese da quello tedesco e perde circa 250.000 uomini, ma resiste all'offensiva austriaca, riuscendo ad avanzare in Galizia fino ai Carpazi. I serbi da parte loro si oppongono con successo a due tentativi d'invasione

Soldati austro-ungarici in una trincea sul fronte alpino italiano (a destra).
Le prime trincee vengono costruite a Ypres nel 1914. Fra le trincee si estende la terra di nessuno, profonda dai 30 ai 200 metri, ma che sul fronte orientale raggiunge i 5 km. L'esercito austro-ungarico è un complesso multietnico, e quindi eterogeneo: la disgregazione politica e sociale dell'impero sarà una delle ragioni della sua disfatta.

Pasto in trincea *(1924)* *e, a destra,* Autoritratto *(1915) di Otto Dix.*
Partito volontario come fante, il pittore tedesco combatte nel 1915 a Bautzen. In seguito è nelle Fiandre, in Polonia e in Russia. Nelle sue opere la miseria della guerra e l'assassinio di massa sono resi con un'efficace tecnica caotica che dinamizza e moltiplica i piani della visione.

da parte dell'Austria. Il sostanziale equilibrio delle forze di terra accresce l'importanza delle operazioni navali, le quali confermano la superiorità della flotta britannica sugli avversari.

Da Verdun alla Somme

Nel frattempo, dissoltasi presto l'illusione di una guerra breve, le diplomazie si sono rimesse al lavoro da una parte e dall'altra per cercare alleati che pieghino le sorti del conflitto a proprio favore. Oltre all'Italia (maggio 1915), si schierano a fianco dell'Intesa Giappone e Montenegro (allo scoppio del conflitto), Portogallo (marzo 1916), Romania (agosto 1916), Stati Uniti (aprile 1917), Grecia (giugno 1917) e Cina (agosto 1917). Il fronte avverso può invece contare sull'apporto dell'impero ottomano (novembre 1914) e della Bulgaria (ottobre 1915). Per tutto il 1915 perdura una situazione di stallo. Al reiterato fallimento dei tentativi di rottura del fronte tedesco operati dai francesi (offensive in Artois, Lorena, Champagne), si affianca l'insuccesso dell'attacco diversivo anglo-francese nei Dardanelli (febbraio 1915).
L'operazione, pensata con l'obiettivo di costringere la Turchia al ritiro dalla guerra, ha invece il risultato di indurre la Bulgaria, ancora neutrale, a entrare in campo con le potenze centrali. Ed è grazie al suo aiuto che le forze austriache riescono a piegare in pochi mesi la resistenza della Serbia.
A oriente il fronte russo cede. A un primo sfon-

Pezzo di artiglieria inglese da dodici pollici.
Montato su un vagone ferroviario, questo cannone di grosso calibro viene impiegato dai tedeschi a Meulte, durante la battaglia della Somme. Dotate di una terrificante capacità distruttiva anche a grande distanza, bocche da fuoco come questa hanno un ruolo decisivo nella distruzione delle fortificazioni nemiche.

DALLA NEUTRALITÀ ALLA GUERRA

Il gesto dell'Austria mette in moto l'inarrestabile catena delle alleanze: il 30 luglio viene decretata la mobilitazione generale in Russia; il 1° agosto la Germania dichiara guerra alla Russia; lo stesso giorno si mobilita la Francia, e il 2 agosto la Germania invade il Lussemburgo, intima al Belgio di lasciar passare le proprie truppe e dichiara guerra alla Francia. Di fronte a questo atto la Gran Bretagna, vinte le ultime esitazioni, scende in campo (3 agosto) contro i tedeschi a fianco di Russia e Francia. Si apre così lo scontro generale.
Fra le potenze impegnate nei due campi opposti, l'Italia rinuncia in un primo momento ad intervenire nella guerra; per quanto legata dalla Triplice Alleanza agli imperi centrali, rimane divisa dall'Austria sul problema delle terre irredente. Avvalendosi dunque di un'interpretazione letterale del trattato della Triplice (che prescrive l'obbligo

L'Italia in una cartolina illustrata del 1915 (a destra).
Neutrale fino al maggio 1915, il paese è visto come una signora corteggiata dai due blocchi belligeranti: Germania e Austria-Ungheria a sinistra, Gran Bretagna, Francia e Russia a destra.

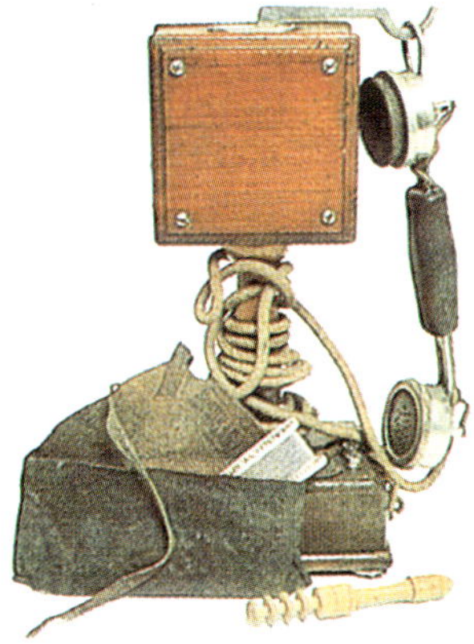

Il telegrafo senza fili, in uso sul fronte tedesco occidentale nel 1917 e un telefono da campo (a destra).
Il telegrafo gioca un ruolo decisivo nelle operazioni militari: i soldati asserragliati nelle trincee sono infatti comandati a distanza dai quartieri generali. La sconfitta dei tedeschi sulla Marna (1914) insegna che il rifiuto della tecnologia avvantaggia il nemico.

damento delle linee, costato 750.000 prigionieri e l'abbandono di Polonia e Lituania, segue nel giugno 1916 una parziale riconquista delle posizioni. Ma la disorganizzazione e lo scontento che serpeggia fra le truppe dello Zar indica come prossima la disfatta.

Tra la fine del 1915 e il 1916 il capo di stato maggiore tedesco Erich von Falkenhayn, che ha sostituito il generale Helmuth B. von Moltke dopo l'insuccesso della Marna, ordina una gigantesca offensiva su Verdun, piazzaforte considerata "inespugnabile" dai francesi. Falkenhayn intende stroncare la Francia anche da un punto di vista psicologico, infliggendo al suo orgoglio uno schiaffo mortale. In realtà la battaglia di Verdun si risolve in una spaventosa carneficina, ma la tenacia dei difensori riesce a frenare l'assalto. Contrariamente alle aspettative tedesche, essa diviene così un simbolo della strenua capacità di resistenza francese.

Il 1° luglio 1916 sono gli anglo-francesi a lanciare un'offensiva nella parte settentrionale del fronte, sulla Somme. Ma anche qui la lotta, che si protrae fino al novembre successivo, assume ben presto i connotati della guerra di posizione, senza che nessuna delle due parti riesca a prendere il sopravvento. Ne risulta – considerando la durata degli scontri e l'entità del potenziale di fuoco messo in campo – un nuovo gigantesco massacro.

d'intervenire in difesa di un alleato attaccato ma non sancisce l'obbligo di appoggiarne l'offensiva) e lamentando la scarsa considerazione in cui è stata tenuta durante i febbrili preamboli della guerra, l'Italia proclama la sua neutralità. Tuttavia un blocco di potere economico-politico, legato alle industrie belliche, al re e ad alcuni ministri preme sulla maggioranza neutralista del Parlamento. Nel maggio 1915 la mobilitazione interventista delle piazze crea infine le condizioni per l'entrata in guerra dell'Italia.

Mitraglieri inglesi con maschera antigas sul fronte della Somme.
Sono i fanti i veri protagonisti della guerra e, con loro, i gas asfissianti e la mitragliatrice.

Un'immane carneficina

Battaglie come quelle di Verdun e della Somme (nella prima perdono la vita 500.000 francesi e 400.000 tedeschi; nella seconda 400.000 inglesi, 500.000 tedeschi, 200.000 francesi tra morti e feriti) costituiscono esempi delle dimensioni davvero nuove e fin allora impensabili della guerra. Caratteristiche simili hanno anche le undici battaglie dell'Isonzo (1915-1917), in cui italiani e austriaci fiaccano i rispettivi eserciti – con perdite umane rilevanti – per la conquista di pochi chilometri quadrati di terreno.
La strategia dello scontro frontale, perseguita con ostinazione dagli alti comandi nel vano tentativo – in una situazione di sostanziale equilibrio delle forze – di conseguire la vittoria sul campo, sottopone le truppe alla snervante esperienza delle trincee. Spesso a distanza di poche centinaia di metri dal nemico, i soldati vivono in condizioni proibitive, in attesa di subire o di sferrare un attacco, protetti da trincee, sacchi di sabbia, ripari di fortuna, irregolarità del terreno. È la cosiddetta "guerra di logoramento". La morte, oltre che dal fuoco nemico, è causata dai disagi derivanti dal freddo, dalle precarie condizioni igieniche, dalle frequenti epidemie. Tra i soldati, sia dell'Intesa che degli Imperi centrali, non sono rari gli episodi di ammutinamento e di automutilazione per sfuggire al calvario del fronte.
Il potenziale di fuoco espresso nella prima guerra mondiale è in assoluto il più grande mai di-

Colpiti dai gas, una drammatica scena di guerra del pittore inglese John Singer.
I tedeschi usano per primi i gas asfissianti a Ypres, la cittadina belga da cui viene il termine chimico di iprite. Questo gas provoca delle ecatombi tanto impressionanti da suggerirne nel dopoguerra la messa al bando da parte della neocostituita Società delle Nazioni.

Soldati tedeschi si esercitano nell'uso del lanciafiamme (a sinistra).
Fucili, bombe a mano e lanciafiamme: il calibro e la gittata dei pezzi di artiglieria non sono gli stessi per tutti i belligeranti. Solo Germania, Gran Bretagna, Francia e USA possono infatti contare sulle tecnologie più avanzate e su truppe meglio addestrate ed efficienti.

ALLEATI	Totale mobilitati	Totale morti	Perdite
Belgio	267.000	13.716	93.061
Impero britannico	8.904.467	908.371	3.190.235
Francia	8.410.000	1.357.800	6.160.800
Grecia	230.000	5.000	27.000
Italia	5.615.000	650.000	2.197.000
Giappone	800.000	300	1.210
Montenegro	50.000	3.000	20.000
Portogallo	100.000	7.222	33.291
Romania	750.000	335.706	535.706
Russia	12.000.000	1.700.000	9.150.000
Serbia	707.343	45.000	331.106
USA	4.355.000	116.516	323.018
TOTALE	*42.188.810*	*5.142.631*	*22.064.427*

IMPERI CENTRALI	Totale mobilitati	Totale morti	Perdite
Austria-Ungheria	7.800.000	1.200.000	7.020.000
Bulgaria	1.200.000	87.500	266.919
Germania	11.000.000	1.733.700	7.142.558
Turchia	2.850.000	325.000	975.000
TOTALE	*22.850.000*	*3.386.200*	*15.404.477*

spiegato nella storia militare fino a quel momento. Alle armi tradizionali si aggiungono l'uso dei gas tossici (inaugurato dai tedeschi nel 1915) e i primi esemplari di carri armati e di aeroplani da guerra. Queste nuove armi non hanno però effetti decisivi sulle sorti del conflitto, come invece l'avranno nella seconda guerra mondiale. Sono ancora i fucili, le mitragliatrici e i cannoni a mietere la maggior parte delle vittime. L'entità della strage deriva dalla natura del conflitto piuttosto che da importanti novità nel campo della tecnologia militare.
Responsabile della carneficina è soprattutto il numero di persone direttamente impegnate nelle operazioni (circa 65 milioni nel 1918), gonfiato dall'esigenza – per ciascuna potenza in campo – di ingrossare e reintegrare di continuo le proprie file. Per la prima volta una guerra – ed è questo il segno distintivo del primo conflitto mondiale – assume un carattere "di massa" nel senso moderno dell'espressione, determinando una partecipazione popolare al conflitto e alle necessità che esso impone, sollecitata anche dallo sviluppo di una propaganda che per la prima volta non esita a ricorrere a mezzi di comunicazione di massa come la stampa. Un'intera generazione di europei, di tutti i ceti sociali, perde la vita: circa 10 milioni, compresi quelli deceduti in seguito per le ferite riportate. Una strage che nessun evento storico ha mai prodotto fino ad ora.

DISERZIONI E FUCILAZIONI

Il primo conflitto mondiale è una guerra di logoramento che mette a dura prova le capacità di resistenza dei soldati di ogni esercito. Sono numerosi i casi – sia fra le forze degli Imperi centrali che fra gli eserciti dell'Intesa – di episodi di rivolta, ammutinamento, fuga e diserzione di singoli e di gruppi. In molte occasioni i comandi militari non esitano a reagire con estrema durezza all'insubordinazione delle truppe, decretando esecuzioni capitali e arrivando perfino a decimare interi reparti con fucilazioni casuali di un soldato ogni dieci. Romanzi assai noti come quello dello scrittore tedesco Erich Maria Remarque, *Niente di nuovo sul fronte occidentale*, o come *Un anno sull'altipiano* di Emilio Lussu hanno descritto questa drammatica realtà. Solo negli ultimi anni di guerra verranno istituiti uffici di propaganda incaricati di curare lo spirito e il morale della fanteria.

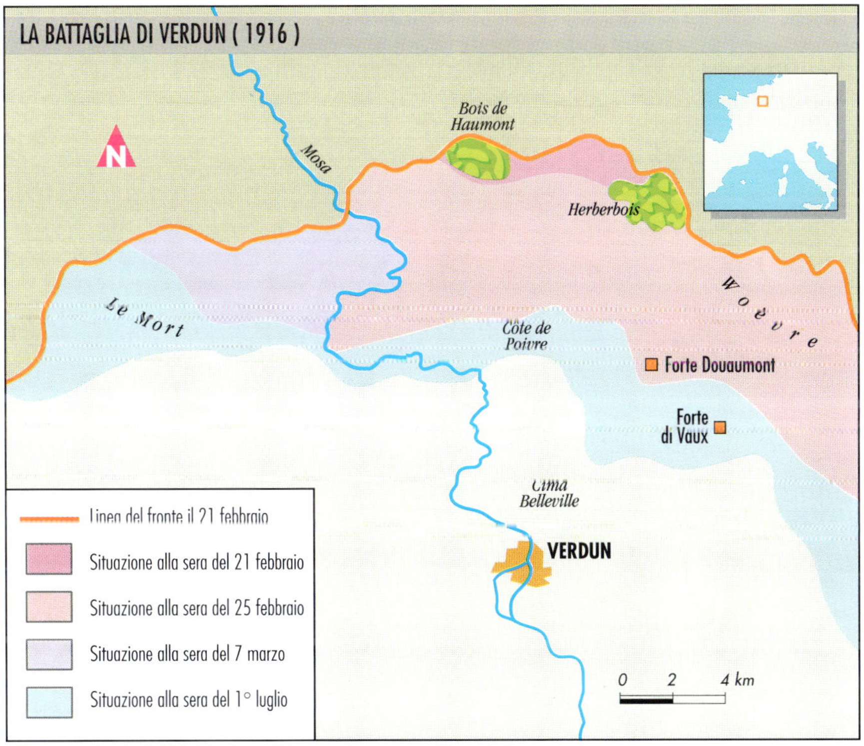

La guerra industriale

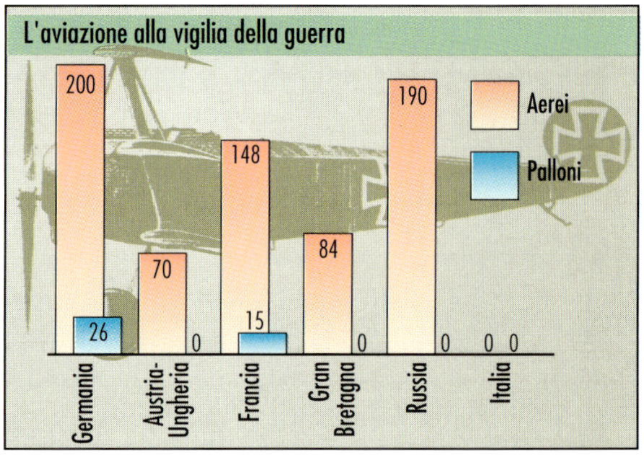

Le capacità produttive dell'industria giocano un ruolo essenziale per l'andamento della guerra. Via via che le illusioni di un conflitto breve si allontanano, in tutti gli stati il mondo produttivo viene sottoposto a una pressione crescente. L'industria degli armamenti è tenuta a rispondere all'esigenza di fabbricare armi per quantità e qualità tecnologica superiori a quelle degli avversari: industrie come la tedesca Krupp, l'italiana Breda, la francese Schneider, l'inglese Vickers, conoscono negli anni del conflitto un vertiginoso incremento di produzione e di occupati. A sua volta l'industria bellica agisce da volano per altri settori dell'industria pesante: acciaierie, cantieri navali, aziende chimiche, automobilistiche aumentano per dimensioni e numero di operai impiegati. Nuovi macchinari e nuove forme di organizzazione del lavoro ne migliorano la produttività. Questo possente sforzo collettivo è sostenuto dal fermo volere degli stati, ai quali non può mancare il necessario per alimentare gli eserciti. Ne consegue l'imposizione di un ritmo elevato allo sviluppo industriale, e si avverano in parte le previsioni di coloro che, ergendosi a paladini della modernità, indicavano nella guerra un formidabile motore di progresso. È in effetti grazie ad essa che paesi in prevalenza agricoli, come l'Italia o la Francia, completano il proprio processo di industrializzazione. Questa situazione, in cui gli stati detengono in pratica il monopolio di una do-

Treno blindato *(1915)* *del pittore futurista italiano Gino Severini: il progresso tecnologico diventa il simbolo di una devastante capacità distruttiva.*
Per far fronte alle necessità belliche, aumentano i ritmi di lavoro, la produttività e i profitti, mentre lo stato anticipa i finanziamenti per potenziare le imprese esistenti e per crearne di nuove.

DONNE IN FABBRICA

In molti paesi europei coinvolti nel conflitto la mobilitazione e il richiamo sotto le armi della popolazione maschile creano le condizioni necessarie per l'ingresso delle donne nel mondo produttivo. Le attività industriali e quelle agricole nelle campagne sono in buona parte svolte da mogli e madri che sostituiscono i loro congiunti, uscendo così, per la prima volta, da una plurisecolare condizione di isolamento domestico. Alcune di loro avranno un ruolo di primo piano nelle agitazioni che in diverse città esprimono il malcontento popolare contro la guerra.

In un manifesto inglese, le donne sono strumento di propaganda per l'arruolamento degli uomini.

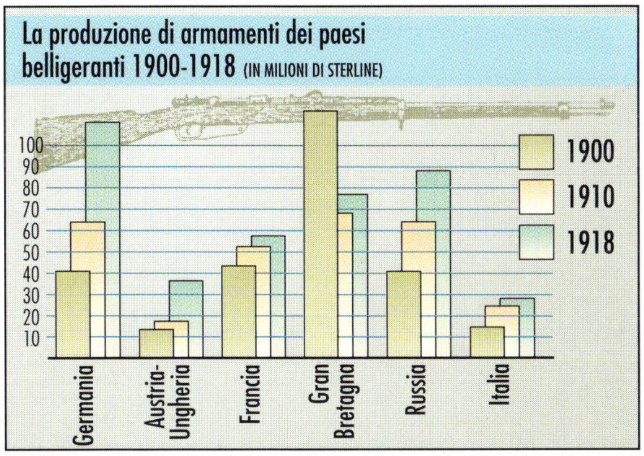

Bollitore elettrico prodotto dall'AEG.
Questo oggetto di uso quotidiano è progettato da Peter Behrens, che sovrintende alla grafica industriale dell'AEG. L'industria tedesca è la prima a servirsi in questi anni di designer professionisti. Pur trattandosi di un manufatto industriale, non è privo di eleganza.

manda in continua e rapidissima crescita, conduce a una espansione dell'intervento statale nella sfera economica. In Germania e Gran Bretagna vengono creati uffici governativi per il controllo della produzione di armi e per gli approvvigionamenti. In Italia si crea un Comitato per la mobilitazione industriale, incaricato del coordinamento produttivo a scopi bellici, e le industrie di importanza strategica vengono militarizzate. In tutti i paesi l'economia viene irreggimentata in modo funzionale alle priorità dettate dalla guerra: sarà questo processo a rivelarsi decisivo per le sorti del conflitto. Ciascun contendente è chiamato a mettere in campo non soltanto il proprio esercito ma tutto il peso delle proprie risorse, secondo i rispettivi livelli di evoluzione economica, tecnica e organizzativa. Da questo punto di vista la prima guerra mondiale sancisce il rilievo assunto dall'industria, accanto all'esercito, nella competizione per la conquista del potere mondiale.

In ogni paese belligerante si formano governi di unità nazionale, che si svincolano sempre più dal controllo parlamentare, per cui l'emergenza bellica impone limiti alla democrazia.

Operaie italiane in una fabbrica di bombe.
Se gli uomini vanno al fronte, le donne prendono il loro posto. In Gran Bretagna le operaie arrivano a 800.000, in Italia a 180.000, un numero considerevole tenendo conto del minor livello di industrializzazione del paese.

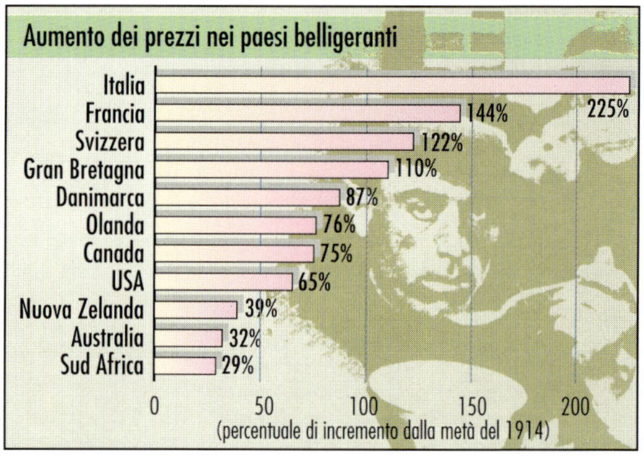

I fronti interni

La preparazione e lo scoppio della guerra suscitano in larghe fasce della società un'ondata di entusiasmo. Se le masse popolari, e in particolare i contadini, la subiscono con passiva rassegnazione, nelle *élites* dirigenti e in parti consistenti del ceto medio urbano l'idea della guerra è vissuta come qualcosa di liberatorio e insieme di necessario. Si tratta, secondo la retorica nazionalista e patriottica dell'epoca, di difendere la patria dall'attacco nemico, di stringere tutte le forze della nazione in un patto di solidarietà che superi le differenze ed esalti la comune identità. Concorrono a questo risultato l'atteggiamento degli intellettuali (in Italia è celebre l'interventismo incarnato da Gabriele d'Annunzio), la propaganda diffusa attraverso la scuola, i mezzi d'informazione, le principali organizzazioni politiche che si schierano a favore dell'intervento. Non si sottraggono a questo clima – nonostante il mandato pacifista della Seconda Internazionale – quasi tutti i partiti socialisti europei, con l'eccezione di Russia e Italia. L'idea di rifiutare la guerra “imperialista” e di trasformarla in una lotta rivoluzionaria di classe segna il passo a fronte del riaffermarsi delle appartenenze nazionali.

Una grave lacerazione si apre anche all'interno della chiesa. Alle parole pronunciate da Benedetto XV al momento della sua elezione a pontefice (settembre 1914), con cui condanna lo “spettacolo mostruoso” di questa

Commissione militare di controllo visita le acciaierie di Brescia nel 1917.
Se una fabbrica è necessaria allo sforzo bellico, viene dichiarata “ausiliaria”. Perciò sia il personale che la produzione passano sotto il controllo dell'autorità militare.

Due manifesti per raccogliere fondi: quello tedesco, del Natale 1917, esorta a inviare denaro per le truppe (a destra); quello italiano invita al prestito nazionale.

Autocarro militare italiano Fiat 18 BL.
Il veicolo ha il telaio e i cerchioni in acciaio, i copertoni di gomma piena, un motore anteriore a benzina con quattro cilindri della potenza di 40 HP. Può trasportare dai 30 ai 40 quintali e raggiunge i 22 chilometri orari.

"inutile strage", si contrappone il comportamento di una fetta non indifferente delle gerarchie ecclesiastiche, le quali portano alla guerra l'avallo dell'autorità spirituale e si impegnano direttamente sul fronte bellico attraverso l'opera dei cappellani militari.

Cresce la protesta operaia

Le ripercussioni di una guerra sempre più lunga e atroce sulle condizioni di vita dei civili romperanno il fronte del consenso. Un manifesto pacifista è approvato dai socialisti fedeli all'internazionalismo proletario, riuniti nella conferenza di Zimmerwald (Svizzera, settembre 1915). La successiva conferenza di Kienthal (Svizzera, aprile 1916) registra una sostanziale convergenza sulle tesi di Lenin, secondo cui non può esserci pace senza la conquista del potere da parte delle classi oppresse. Fra il 1916 e il 1917 avvengono frequenti diserzioni di massa al fronte e manifestazioni spontanee contro la guerra nelle grandi città (come a Torino nell'agosto 1917). Accanto al cattivo andamento delle operazioni militari si registra la crescente importanza dei "fronti interni", dove i lutti uniti alla scarsità e all'alto prezzo dei viveri ingenerano il malcontento delle famiglie, che alla fine si rivela determinante – più ancora dei risultati militari – per l'esito della guerra. Seppure in modo subalterno e a costo di terribili perdite, il concetto di "massa" definisce il nuovo e irreversibile orizzonte della società moderna.

Un manifesto che intima ai francesi di risparmiare il gas per l'illuminazione (a sinistra), e uno che chiede agli inglesi di moderare il consumo di generi alimentari.

Bambini tedeschi sfilano con cartelli di propaganda per la sottoscrizione di prestiti di guerra.
Per finanziare le spese, lo stato emette titoli di credito. Alla fine della guerra l'enorme debito sarà una delle cause del vertiginoso aumento dell'inflazione in Germania.

Lawrence e la rivolta araba

Feisal, il figlio dello sceriffo Hussein.
Feisal diviene re della Siria nel 1920 ma, rovesciato dai francesi, è posto dagli inglesi sul trono dell'Iraq e regna dal 1921 al 1933.

Nel teatro mediorientale del conflitto, dove lo scontro di interessi e di forze in campo è prevalentemente anglo-tedesco, si inserisce la rivolta araba contro l'impero ottomano per la creazione di uno stato indipendente. La rivolta viene appoggiata dai servizi segreti britannici, specialmente dopo il fallimento dell'azione diversiva nei Dardanelli (febbraio 1915), allo scopo di indebolire il già vacillante alleato turco della Germania. In questo frangente sale alla ribalta delle cronache la figura di Thomas Edward Lawrence, tenente-archeologo in forza all'*Intelligence Service* inglese del Cairo, che in breve tempo assurge al ruolo di leader e di simbolo quasi leggendario della rivolta. Lawrence, fine conoscitore del mondo arabo fin dagli anni che precedono la guerra, prende contatti nel 1916 a Gedda con lo sceriffo ibn Alì Hussein, che l'anno precedente ha proclamato la rivolta contro i turchi.

Il disegno di Lawrence è quello di convogliare il disordinato fermento degli sceicchi nella prospettiva di un grande stato arabo indipendente nel Medio Oriente. A tale scopo ne riorganizza le truppe, dettando una strategia di guerriglia "mordi e fuggi" che mette in seria difficoltà le truppe regolari turche. Dopo una serie di attacchi alla ferrovia Damasco-Medina, che hanno lo scopo di impedire il transito di rifornimenti e di impegnare reparti turchi altrimenti utilizzabili altrove, Lawrence consegue una prima importante vittoria il 6

LA GRANDE GUERRA NELLE COLONIE

Nel 1914 l'Africa è l'unico continente in cui le potenze belligeranti si confrontino nei loro possedimenti coloniali. La distribuzione a pelle di leopardo e l'isolamento dell'impero coloniale tedesco pregiudicano la Germania, che ha in Africa territori sparsi rispetto a quelli delle potenze alleate (specie Francia e Gran Bretagna), giunte per prime nella corsa alla colonizzazione, e con le quali si schierano tutti i domini africani. Ormai isolate dalla madrepatria, le colonie sono strappate al Reich una dopo l'altra: nel 1914 il Togo, nel 1915 l'Africa sudoccidentale (ai tedeschi si associano però i ribelli boeri), nel 1916 il Camerun. Solo l'Africa orientale tedesca, sotto la guida del generale von Lettow-Vorbeck, resiste fino al 1918. Nelle operazioni di guerra, da entrambe le parti sono utilizzati reparti indigeni, anticipando la massiccia partecipazione di truppe senegalesi sul fronte francese in Europa. Analogamente, nei domini dell'Estremo Oriente la debole flotta tedesca solo in parte riesce a controllare le isole del Pacifico a nord della Nuova Guinea, perse nel settembre-ottobre 1914. Alla fine del conflitto anche il porto franco e concessione tedesca della provincia dello Shantung passa al Giappone, schieratosi con l'Intesa.

Soldati tedeschi addestrano gli abitanti della Nuova Guinea nordorientale.
Le colonie tedesche nell'Oceano Pacifico sono ben presto conquistate da giapponesi, neozelandesi e australiani, gli uni in concorrenza con gli altri.

Autoblindo Rolls-Royce, modello 1914, utilizzato dalle truppe di Allenby.
È il generale Edmund Henry Allenby lo stratega della vittoriosa campagna britannica contro gli eserciti turco-tedeschi in Palestina e Siria nel 1917-1918. Il 31 ottobre 1917 le truppe di Allenby sfondano il fronte turco a Bersabea, grazie all'eccellente utilizzo di tre divisioni di cavalleria che agiscono a copertura dei movimenti della fanteria inglese lungo la costa. Dopo aver combattuto una durissima battaglia a Giaffa, che lo vede opposto al tedesco von Falkenhayn, il 9 dicembre 1917 Allenby entra vittorioso a Gerusalemme.

luglio 1917, quando conquista il porto di Aqaba sul Mar Rosso. Di lì, assunto ormai il comando del contingente arabo col grado di tenente colonnello, si unisce alle forze del generale inglese Allenby, partecipando alla conquista della Palestina ed entrando a Damasco (1918).

La spartizione del Medio Oriente

Tuttavia dal punto di vista degli sceicchi arabi ai successi militari corrispondono, alla fine della guerra, cocenti delusioni per la conduzione politica e diplomatica dei trattati. Con l'accordo Sykes-Picot (1916), Gran Bretagna e Francia si spartiscono i territori conquistati col disinvolto cinismo delle potenze vittoriose. Il Libano e la Siria, staccati dal resto delle nazioni arabe, vengono posti sotto mandato francese. Giudicando questo comportamento del suo governo come un tradimento della causa araba, Lawrence rifiuta con gesto clamoroso la carica di viceré delle Indie e si arruola come soldato semplice nella RAF, l'aviazione inglese. Rimangono celebri le sue memorie della rivolta araba, *I sette pilastri della saggezza*, edite in versione completa solo dopo la morte dell'autore, avvenuta nel 1935 in un incidente di motocicletta. Grazie al film di David Lean (1962) Lawrence d'Arabia è rimasto un simbolo leggendario di rivolta contro gli egoismi delle potenze coloniali.

Il colonnello inglese Lawrence vestito al modo arabo.

I SETTE PILASTRI DELLA SAGGEZZA

Questa la descrizione che il colonnello Lawrence fa del suo incontro con Feisal, uno dei figli dello sceriffo Hussein:

Hamra si apriva alla nostra sinistra. Era un villaggio di forse cento case [...]. Percorremmo un sentiero fiancheggiato da muri e da alberi, che passava sulla cima di un terrapieno e facemmo inginocchiare i cammelli davanti alla porta del cortile di una casa lunga e bassa. Taflas disse qualcosa a uno schiavo che stava colà, tenendo una spada dall'impugnatura di argento. Costui mi guidò in un cortile interno, sul cui lato più lontano, incorniciata dagli stipiti di un nero portone, stava una bianca figura che mi aspettava ansiosamente. Capii al primo sguardo che questi era l'uomo che ero venuto a cercare in Arabia, il capo che avrebbe condotto la ribellione al pieno successo. Era molto alto e sottile, simile a una colonna, nella sua veste di seta bianca e nel suo cupo turbante legato con una lucente striscia scarlatta e dorata. Le sue palpebre erano abbassate; la barba nera e la faccia pallida erano come una maschera che contrastava con la scattante vivacità del corpo. Teneva le mani incrociate sulla daga. Lo salutai. Egli mi precedette nella stanza e sedette su un tappeto vicino alla porta. Appena i miei occhi furono abituati all'oscurità, videro molte silenziose figure che guardavano costantemente me o Feisal. Egli continuò a fissare le sue mani, che mollemente stringevano la daga, e infine domandò dolcemente come mi era sembrato il viaggio. Parlai del caldo, ed egli mi chiese quanto tempo avevo impiegato da Rabegh, commentando che avevo marciato in fretta, data la stagione. "Vi piace il nostro campo nell'*uadi* Safra?" "Molto. Ma è lontano da Damasco".

Turchi e armeni

Fra le peggiori atrocità della guerra figura anche un grave episodio di violazione dei diritti umani tuttora poco noto, per la posizione tenacemente "negazionista" del governo turco e la relativa scarsità di informazioni. È il genocidio perpetrato dallo stato turco ai danni del popolo armeno, grazie alle circostanze eccezionali del conflitto: l'adozione di leggi d'emergenza che limitano il controllo democratico-parlamentare e i diritti dei cittadini, la propaganda e la psicosi bellicistica della popolazione, la distrazione dell'opinione pubblica internazionale. Il contrasto fra turchi e armeni ha origini etnico-religiose e scaturisce dal disegno ottomano di un'espansione verso est volta a riunire tutti i popoli di etnia turca. Nel biennio 1894-1896 una prima ondata di violenze è ispirata dal sultano Abdul Habil, che aizza contro gli armeni l'odio di un'altra minoranza dell'impero, quella curda. Nel 1909 un secondo regolamento di conti viene organizzato dal governo dei "Giovani Turchi", il movimento fautore di un rinnovamento costituzionale del paese.

Iniziano le deportazioni di massa

Le due regioni storicamente occupate dagli armeni, la Cilicia e l'Armenia, sono scene di massacri e arresti di massa. Sommando i risultati dei due eccidi si contano più di 300.000 vittime su una popolazione complessiva di circa 2 milioni di armeni, senza contare alcune decine di migliaia di conver-

Una veduta di Costantinopoli agli inizi del secolo.

IL GENOCIDIO DEGLI ARMENI

Dal romanzo di Franz Werfel, I 40 giorni del Mussa Dagh *del 1934, ecco alcuni brani del dialogo fra Enver Pascià e il missionario tedesco Giovanni Lepsius sulla deportazione degli armeni:*

"I suoi amici armeni hanno salutato col più vivo entusiasmo la nostra rivoluzione e prestato tutti i giuramenti possibili e immaginabili di mantenersi fedeli a noi. Poi da un momento all'altro hanno rotto questi giuramenti. Noi abbiamo chiuso due occhi fin tanto che la nazione ottomana, che è il popolo di stato, non era

Il sultano Abdul Habil, con la scimitarra grondante sangue, riceve l'omaggio delle potenze occidentali (a sinistra).
Soprannominato il "sultano rosso" per la cruenta repressione delle rivolte in Armenia e nei Balcani, dopo il golpe avvenuto in Macedonia nel luglio 1908 è costretto dai Giovani Turchi a ripristinare la Costituzione. Viene deposto nell'aprile 1909.

Enver Pascià, il più giovane del triumvirato che governa l'impero ottomano.
Le sue foto si vendono per le strade di Costantinopoli come santini. Ha preso parte a tutte le guerre ottomane ed è un eroe nazionale quando nel 1908, a soli 32 anni, partecipa al colpo di stato contro il sultano Abdul Habil. Assunto il comando dell'esercito, nel dicembre 1914, nonostante il rigido inverno, lancia un'offensiva contro il Caucaso russo, che si conclude nel gennaio 1915 con una pesante sconfitta. Nel marzo i russi dilagano oltre frontiera – nei tre vilayet armeni di Erzerum, Van e Bitlis – ma in luglio Pascià sferra una controffensiva che costringe le truppe zariste a ripiegare di nuovo nel Caucaso.

sioni forzate all'islamismo e una massiccia ondata di emigranti in fuga dall'impero ottomano.
Nel 1914 la Turchia si schiera accanto alla Germania e agli Imperi centrali in funzione antirussa. Gli armeni ottomani, collocati geograficamente ai confini del fronte orientale, si arruolano in maggioranza nell'esercito turco, ma questo non modifica in alcun modo la diffidenza di cui sono oggetto. A seguito del fallimento di uno sconsiderato attacco turco sul Caucaso (inverno 1914), gli armeni diventano dei capri espiatori perché accusati di disfattismo e complicità filorussa. A partire dal 1915 i soldati armeni nell'esercito ottomano sono disarmati e, con il pretesto della vicinanza del fronte, iniziano le deportazioni della popolazione civile. I membri della *élite* armena sono arrestati e uccisi sulla base di ammissioni di colpa estorte con la forza. Il massacro dei civili avviene lungo le strade della deportazione, in luoghi lontani dagli sguardi degli osservatori internazionali. Un uguale destino subiscono gli armeni della Cilicia, che vengono tradotti nei deserti della Siria o della Mesopotamia. Episodi di resistenza – come quello dei "quaranta giorni del Mussa Dagh" (un massiccio al confine con la Persia), quando un gruppo di 4000 armeni è tratto in salvo dall'intervento francese – non mutano il risultato dell'operazione. Alla fine del 1916 i soli armeni sopravvissuti sono quelli concentrati a Costantinopoli e Smirne, assieme ai circa 300.000 al seguito dell'esercito russo in ritirata.

Armeni uccisi dai turchi.
Comincia a Costantinopoli il 24 aprile 1915 la retata dei "pastori" armeni; subito dopo inizia lo sterminio del "gregge". Il regime parla, con cinico eufemismo, di "evacuazione militarmente necessaria dalle zone di guerra".

compromessa. [...] Quando dopo lo scoppio della guerra i casi di alto tradimento, di fellonia, d'idee sovversive si moltiplicarono, quando la diserzione prese spaventosamente la mano, quando si venne ad un'aperta ribellione allora fummo costretti a misure repressive, se non volevamo perdere il diritto di essere un governo e di condurre una guerra". [...]
"È possibile con un colpo di penna trapiantare un popolo di montanari, di operai, di cittadini, di uomini civili, nel deserto della Mesopotamia? [...] Le autorità locali organizzano la deportazione in modo che gli infelici già durante i primi otto giorni di marcia muoiano di fame, di sete, di malattia o diventino pazzi, che i ragazzi e gli uomini incapaci di difesa siano uccisi dai curdi o dai banditi, se pur non dai militari, che le ragazze e le donne giovani siano addirittura spinte al disonore in balìa di chi le vuole". [...] "Le farò a mia volta una domanda, signor Lepsius. La Germania non ha per fortuna nemici interni, o ne ha pochissimi. Ma posto il caso che in altre circostanze avesse dei nemici interni – supponiamo franco-alsaziani, polacchi, socialdemocratici, ebrei, in numero maggiore di quel che sia oggi il caso – non approverebbe allora, signor Lepsius, qualsiasi mezzo per liberare dal nemico interno la sua nazione?" [...] "Se il governo del mio popolo [...] procedesse contro i suoi conterranei di altra razza o di altra opinione in modo ingiusto, illegale, inumano [...] io mi staccherei all'istante dalla Germania e me ne andrei in America".

Il crollo della Russia zarista e la rivoluzione bolscevica

La Russia è entrata in guerra per volere dello Zar e dei circoli dirigenti, i quali intendono difendere il prestigio internazionale dell'impero e contemporaneamente allontanare, convogliando le forze nel conflitto, il rischio di una nuova ondata rivoluzionaria interna, dopo quella che nel 1905 ha messo drammaticamente in luce le condizioni di profonda arretratezza sociale ed economica del paese. Ma sia il paese che l'esercito sono completamente impreparati ad affrontare uno scontro tanto duro e logorante. La persistente arretratezza dell'apparato statale viene messa impietosamente a nudo dalle ripetute sconfitte militari, insieme alla corruzione della burocrazia, incapace di allestire un efficiente sistema di approvvigionamento sia per le truppe sia per la popolazione. Lo stato di miseria in cui versa la massa dei contadini e i fortissimi squilibri sociali esistenti contribuiscono a esasperare la situazione: fin dal 1915 gli scioperi si susseguono con frequenza crescente nelle maggiori città.

Il regime semiparlamentare concesso dallo Zar nel 1905 non si è mai sviluppato del tutto. L'intransigenza autocratica di Nicola II si oppone a una democratizzazione effettiva dello stato, che viene rivendicata senza successo dall'opposizione socialista e dal Partito costituzionale-democratico, detto anche dei "cadetti" (dalla pronuncia russa,

Lo Zar Nicola II con la moglie Alessandra il giorno dell'incoronazione. *Figlio di Alessandro I, Nicola è incoronato Zar nel 1894. L'ultimo sovrano della dinastia dei Romanov, costretto ad abdicare il 3 marzo del 1917, è ucciso con tutta la famiglia dai rivoluzionari nel 1918, nella località di Ekaterinenburg. Personificazione del potere autocratico e dispotico, lo Zar era stato costretto a concedere una Costituzione alla Russia, dopo la rovinosa sconfitta subita dal paese nella guerra del 1904-1905 contro il Giappone.*

Grigorij Efimovic Rasputin in una caricatura con lo Zar Nicola II e la Zarina (a sinistra).
Figlio di contadini poveri, il "taumaturgo" entra a corte per curare il figlio dello Zar, Alessio, affetto da emofilia. Esercitando un enorme ascendente, specie sulla Zarina, interviene spesso nelle questioni di stato. Nel 1916 resta vittima di una congiura.

Aleksandr Kerenskij parla alle truppe.
Laureatosi in legge, inizia l'attività forense nel 1905 come difensore di cittadini accusati di reati politici. Fuggito da Pietroburgo in circostanze avventurose durante la rivoluzione, comanda dalla Russia bianca i soldati controrivoluzionari fino al maggio 1918. Morirà negli USA nel 1970.

cadé, delle sue iniziali KD). La guerra rende però sempre più insopportabile la situazione. Dal 1914 al 1917 muoiono al fronte quasi 2 milioni di soldati, cui si aggiungono 3 milioni di feriti e 2 milioni e mezzo di prigionieri caduti in mano nemica. Nello stesso periodo, per effetto della chiamata alle armi dei contadini, la produzione di cereali diminuisce di circa un terzo.

Il punto di rottura è raggiunto nel febbraio (marzo secondo il calendario occidentale) 1917, quando una catena di agitazioni sfocia in un grande sciopero generale a Pietrogrado. I reparti incaricati di sedare i disordini si ammutinano unendosi alla protesta dei manifestanti e conquistando insieme a loro il controllo della città. Come è già accaduto nel 1905, gli insorti danno vita a un Soviet ("Consiglio") di operai, mentre lo Zar Nicola II, privato anche dell'appoggio della chiesa ortodossa, è costretto ad abdicare. Rimane in piedi, unica assemblea legale rappresentativa del paese, la Duma, che dà vita a un governo provvisorio presieduto dal principe liberale Georgij L'vov, appartenente al Partito ottobrista, così chiamato dal manifesto con cui nell'ottobre 1905 lo Zar aveva concesso la Duma e le principali libertà (di parola, stampa, associazione). Il governo di L'vov è formato da "cadetti" e ottobristi ma ne fa parte anche un socialista menscevico (ovvero della corrente di minoranza del Partito socialista rivoluzionario) membro del Soviet: il ministro della

Prigionieri russi in marcia (a sinistra) e contadini scalzi e malvestiti in un villaggio del Nord.
Le immagini mostrano le misere condizioni di vita del popolo russo. L'impero zarista è un insieme multietnico in cui convivono più di sessanta nazionalità. È questo uno dei problemi maggiori che i bolscevichi dovranno affrontare dopo la rivoluzione. Pur facendo leva sulle aspirazioni d'indipendenza delle etnie sottomesse al regime dello Zar in funzione rivoluzionaria, e pur riconoscendo il diritto all'autodeterminazione dei popoli, i bolscevichi non potranno contare sull'incondizionata adesione del ceto contadino.

Come era Mosca nel 1914 - 1917

Abitanti	Elettori	Scuole elementari	Biblioteche	Tram elettrici	Panetterie
1.700.000	9.432 (nel 1916) 1.500.000 nel 1917 dopo la riforma elettorale di Kerenskij	Dal 1901 l'insegnamento era gratuito e durava 4 anni 60.000 scolari nel 1913	Nel 1909 vi erano 12 biblioteche municipali	In funzione dal 1911 e gestiti da una società belga	La prima panetteria municipale fu aperta nell'agosto del 1913

Troćkij nel 1906. *Deportato in Siberia, Lev Davidovič Bronstein vive in esilio fino al settembre 1917, quando diviene presidente del Soviet di Pietrogrado. Tra i protagonisti della rivoluzione, e più tardi commissario del popolo alla Guerra, lo stratega e comandante dell'Armata Rossa vincerà nel 1923 la guerra civile.*

Guerra Aleksandr Kerenskij. Nei mesi seguenti ai fatti di febbraio entrano in contrasto le due anime che hanno condotto la rivolta. Da un lato vi è il governo provvisorio retto dal Partito democratico dei "cadetti", che intende instaurare una democrazia costituzionale e proseguire la guerra. Dal lato opposto i Soviet che immediatamente si sono creati nelle città, retti da menscevichi (l'ala minoritaria e più moderata del Partito socialdemocratico) e socialisti rivoluzionari, con orientamenti più spiccatamente rivoluzionari.
L'impegno bellico nel frattempo prosegue, ma in un clima crescente di ammutinamento e di disfatta. Alle rivolte spontanee dei contadini, che si dividono le terre dei grandi proprietari, si aggiunge il problema delle nazionalità non russe dell'impero, nelle quali si risvegliano fermenti autonomisti. In questa situazione di impasse si inserisce l'azione decisa e aggressiva dei bolscevichi, fino a quel momento del tutto minoritari.

Lenin torna dall'esilio

Decisivo in questo senso è il rientro dall'esilio in Svizzera di Lenin, uno dei principali leader del movimento. Appena giunto a Pietrogrado egli diffonde le "tesi d'aprile", nelle quali si proclama la necessità di porre fine alla guerra, di instaurare il potere dei Soviet in luogo del regime parlamentare e di nazionalizzare le terre.
Obiettivo di Lenin è quello di creare in Russia un

CAPORETTO E IL 1917

Nel corso del penultimo anno la guerra sembra volgere al peggio per l'Intesa. L'esercito francese, fiaccato dai continui e infruttuosi scontri sul fronte tedesco, dà segni di grave cedimento: il dilagare degli ammutinamenti e delle diserzioni viene contrastato dagli alti comandi con la repressione e l'intensificarsi della propaganda interna. La guerra sottomarina indiscriminata inaugurata dai tedeschi mette in forte difficoltà l'Inghilterra, il cui dominio sui mari appare per la prima volta minacciato. Sul fronte italiano la rotta di Caporetto (nell'ottobre-novembre 1917) apre la strada a una avanzata delle truppe austriache che si arresta solo sul fiume Piave, al limite della pianura padana. 10.000 soldati italiani muoiono, 300.000 sono fatti prigionieri, altrettanti disertano. Il comandante in capo delle forze italiane, generale Raffaele Cadorna, attribuisce la disfatta allo "sciopero militare" delle truppe. Nel giro di pochi giorni verrà però sostituito dal generale Armando Diaz, assai più attento a risparmiare le vite dei soldati. Ma l'evento di maggiore rilevanza per gli equilibri della guerra (e negli anni a seguire per gli equilibri mondiali) è il crollo della Russia zarista, con il conseguente ritiro dalla guerra e il processo rivoluzionario che porta i bolscevichi (l'ala maggioritaria del Partito socialdemocratico russo) a impossessarsi del potere.

La drammatica immagine di un fante italiano ucciso dai gas asfissianti nel corso dell'avanzata austrotedesca.

Cartolina italiana di propaganda dopo la sconfitta di Caporetto.

5 maggio 1920: Lenin tiene un discorso sulla Piazza Rossa a Mosca. *Questa celebre immagine è in realtà un clamoroso falso, frutto di un abile fotomontaggio eseguito negli anni Trenta allo scopo di eliminare le figure di altri due protagonisti della rivoluzione, Trockij e Kamenev, invisi al nuovo regime, che nella fotografia originale comparivano a destra della tribuna. Fin dall'estate del 1918 Francia, Gran Bretagna e Stati Uniti inviano contingenti militari in Russia per abbattere il nuovo regime comunista. Nel giro di pochi mesi il paese diviene teatro di una sanguinosa guerra civile tra l'Armata Rossa e le ingenti forze dei corpi di spedizione occidentali, dell'esercito cecoslovacco e delle armate "bianche" controrivoluzionarie.*

regime socialista fondato sull'esproprio dei latifondi, il passaggio delle banche sotto il controllo statale, la sostituzione della milizia popolare all'esercito regolare.
A luglio, in conseguenza di un'ennesima offensiva militare lanciata in Galizia, scoppia a Pietrogrado una prima insurrezione animata dai bolscevichi, che si risolve però con una dura repressione ad opera del ministro della Guerra, il socialista rivoluzionario di destra Kerenskij. Ma il governo di coalizione formato dallo stesso Kerenskij subisce una nuova scossa in settembre, quando un tentativo di colpo di mano conservatore da parte del generale Lavr Kornilov viene stroncato soltanto grazie alla mobilitazione del Soviet di Pietrogrado.
La debolezza del governo è ormai manifesta. Il 25 ottobre (7 novembre per il calendario occidentale) scoppia la sollevazione decisa dal comitato centrale bolscevico, che ha fatto sua la proposta di Lenin. Gli insorti conquistano il Palazzo d'Inverno, sede del governo provvisorio, incontrando solo un debole tentativo di resistenza da parte dei fedeli al governo provvisorio.
Quella sera stessa il Congresso dei Soviet proclama la Repubblica sovietica. Si approvano due decreti per la pace e per la confisca e la distribuzione delle terre fra i contadini. Cinque mesi dopo, nel marzo del 1918, la Russia esce dalla guerra alle dure condizioni imposte dalla Germania con la pace separata di Brest-Litovsk.

TUTTO IL POTERE AI SOVIET

La conquista del Palazzo d'Inverno coglie di sorpresa il Congresso dei Soviet, indetto per il giorno successivo. Messi di fronte al fatto compiuto, molti deputati menscevichi (la corrente di minoranza del Partito operaio socialdemocratico) e socialisti rivoluzionari abbandonano il Congresso e si rifiutano di riconoscere il nuovo governo, che è composto dai soli bolscevichi. Con tale rottura della democrazia, gravida di conseguenze, inizia una nuova fase della storia russa.

In un manifesto antibolscevico, Lenin (in rosso) e Tročkij (con il pugnale) sacrificano la Russia.

Dimostranti a Pietrogrado nel 1917.

L'intervento americano e la fine delle ostilità

Il presidente degli Stati Uniti Wilson (a sinistra).
Presidente dal 1913 al 1921, il democratico Wilson, nonostante il grande prestigio presso i governi europei, non riesce a far trionfare lo spirito del suo programma di pace. Saranno infatti gli interessi nazionalistici delle potenze vincitrici a prevalere a conclusione della conferenza di Versailles.

Sul fronte dell'Intesa, il ritiro della Russia dal conflitto è compensato dall'intervento militare degli USA. Una parte crescente dell'opinione pubblica americana, contraria agli imperialismi e colpita dalla guerra sottomarina tedesca (nel maggio 1915 è stato affondato il piroscafo statunitense Lusitania), preme per l'abbandono della tradizionale politica isolazionista. Nell'aprile 1917 il presidente Thomas Woodrow Wilson decreta l'entrata in guerra degli USA a fianco di Francia, Gran Bretagna e Italia. Oltre al sostegno economico e militare, l'intervento significa in questa fase un rafforzamento dell'Intesa dal lato ideologico. Uscita dall'alleanza la Russia, la coalizione si presenta ora come un fronte democratico e liberale in lotta contro i regimi imperiali di Germania e Austria-Ungheria. In un documento in 14 punti, Wilson formula princìpi come l'autodeterminazione dei popoli e la necessità di una composizione pacifica delle controversie internazionali, contribuendo a diffondere un'ondata di aspettative democratiche fra i popoli europei, stremati da quattro anni di guerra.

La controffensiva alleata

Il dato morale è divenuto decisivo per la tenuta dei paesi in lotta. La suggestione dell'esempio russo costituisce una molla potente per la sedizione e la rivolta: fra gli stessi militari di carriera tedeschi e austriaci serpeggiano la sfiducia e la stanchezza. Non-

Reggimenti degli Stati Uniti sfilano per la Quinta Avenue di New York, prima di imbarcarsi per l'Europa.
Il 6 aprile 1917 gli USA dichiarano guerra alla Germania. L'intervento è dettato anche da ragioni di opportunità economica e politica. Una sconfitta occidentale avrebbe infatti pregiudicato il recupero degli ingenti crediti americani e, comunque, la neutralità a oltranza avrebbe impedito agli Stati Uniti di rafforzarsi a livello internazionale. La prima divisione americana sbarca in Francia in giugno. Se all'inizio il contributo maggiore consiste in armamenti e vettovaglie, a conclusione del conflitto i soldati statunitensi in Europa superano i due milioni.

La delusione per la parziale applicazione dei "14 punti", il riproporsi del tradizionale isolazionismo di Washington e la paura di un nuovo coinvolgimento in conflitti europei fanno sì che il Congresso americano non ratifichi l'ingresso degli Stati Uniti nella Società delle Nazioni, che pure può considerarsi una creazione dello stesso Wilson.

Fight INFLUENZA with BRAND'S ESSENCE of BEEF

Evening Standard

Sell your Waste Paper to Lendrum's

END OF THE WAR

GERMANY SIGNS OUR TERMS & FIGHTING STOPPED AT 11 O'CLOCK TO-DAY.

ALLIES TRIUMPHANT. | FULL ARMISTICE TERMS

FOCH AND LLOYD GEORGE TELL NEWS THAT SENT THE WORLD REJOICING.

EVACUATION TO THE RHINE AND BRIDGEHEADS FOR ALLIES.

BRITISH BACK AT MONS!

U-BOATS TO SURRENDER.

The following historic announcement, which means that the world war has come to an end at last, was issued by Mr. Lloyd George to the nation at 10.20 this morning:—

"THE ARMISTICE WAS SIGNED AT 5 a.m. THIS MORNING AND HOSTILITIES ARE TO CEASE

GUNS HANDED OVER AND BATTLE SHIPS DISARMED.

REPATRIATING PRISONERS.

11 novembre 1918: la guerra è finita. L'annuncia a Londra il quotidiano «Evening Standard».

dimeno la Germania sferra un'estrema offensiva sulla Somme, nelle Fiandre e sulla Marna, scontrandosi – come quattro anni prima – con una resistenza invincibile. Intanto cadono i suoi alleati più deboli: Bulgaria e Turchia chiedono l'armistizio il 29 settembre e il 30 ottobre 1918. Pochi giorni prima le forze italiane lanciano una controffensiva che, dopo la rotta di Caporetto, ottiene una rivincita decisiva nella battaglia di Vittorio Veneto, costringendo alla ritirata le truppe austriache e alla resa il governo di Vienna.

Fiaccato dall'ennesimo tentativo di sfondamento, l'esercito tedesco subisce l'iniziativa degli alleati che, per la prima volta dal 1914, rompono il fronte e dilagano in Belgio, riconquistando le regioni perdute nelle prime battaglie. A Berlino e in altre città della Germania del Nord divampa una sommossa che costringe il Kaiser Guglielmo II ad abdicare. Il 7 novembre 1918 la Germania chiede l'armistizio – accordatole il giorno 11 – che sancisce la fine delle ostilità. I trattati di pace dei mesi successivi cercheranno invano di stabilire un ordine duraturo per l'Europa.

Le conseguenze della durezza contro i tedeschi e del disinteresse per i princìpi di autodeterminazione dei popoli – pur dichiarati alla vigilia che prevalgono in quelle sedi, non mancheranno di farsi sentire come conflitti e "crisi di assestamento" per tutto il ventennio successivo, fino alla seconda guerra mondiale.

I 14 PUNTI DI WILSON

In un discorso al Congresso, l'8 gennaio 1918 il presidente Wilson espone i 14 punti del suo programma per una pace che dovrà fondarsi su una "struttura di giustizia internazionale" per ogni nazionalità. I punti più importanti sono questi: trattati di pace pubblici, senza clausole segrete; libertà di navigazione in pace e in guerra; rimozione delle barriere commerciali e condizioni di parità negli scambi; accordi per ridurre gli armamenti; risoluzione delle questioni coloniali, con uguale attenzione alle esigenze degli imperi e delle popolazioni interessate; ritiro delle truppe dai territori occupati; ridefinizione delle frontiere italiane in base alla nazionalità; possibilità di autonomo sviluppo per i popoli dell'Austria-Ungheria; indipendenza e integrità territoriale dei paesi balcanici, con sbocco al mare per la Serbia; sovranità per la Turchia ma autonomia per gli altri popoli dell'impero ottomano, libera navigazione nei Dardanelli; costituzione di uno stato indipendente polacco con garanzie internazionali; una Società delle Nazioni a tutela dell'indipendenza, sovranità e integrità territoriale di ciascuno stato.

Folla esultante accoglie la notizia della fine della guerra.
I Dominion britannici che hanno preso parte alla guerra sono ammessi alla conferenza di Versailles ed entrano a far parte a pieno titolo della neocostituita Società delle Nazioni.

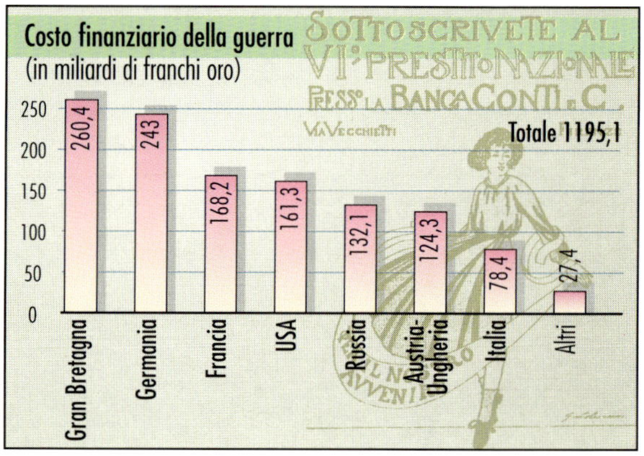

La pace di Versailles

I trattati di pace che definiscono il nuovo assetto dell'Europa e la redistribuzione dei domini coloniali vengono preparati da una "conferenza della pace" che si tiene a Parigi fra il gennaio 1919 e l'agosto 1920. Vi partecipano i trentadue paesi che hanno formato la grande coalizione contro gli Imperi centrali, mentre i rappresentanti di questi ultimi sono esclusi dai lavori.

Benché i 14 punti del presidente Wilson siano la base della discussione, fra i vincitori il clima dominante è un misto di timore e spirito di rivalsa nei confronti della Germania, cui si aggiunge il desiderio di ogni stato – reso pressante dalle sciagure della guerra – di rafforzare la propria sicurezza contro eventuali nuovi attacchi.

Con il trattato di Versailles scompaiono dalla storia quattro imperi, che avevano segnato per secoli le vicende del vecchio continente. Dissoltisi per debolezza propria durante la guerra l'impero austro-ungarico e quello ottomano, gli alleati non fanno altro che ratificarne la fine, in parte accogliendo e in parte piegando ai propri fini le istanze delle etnie locali: quello ottomano, incapace di adeguarsi al progresso e alla modernità, viene sostituito nel 1922 da una repubblica capeggiata dal generale Mustafa Kemal Atatürk, mentre la sconfitta militare precipita il processo di dissoluzione di quello austro-ungarico con la formazione di un "cordone sanitario" di pochi stati (Austria, Ungheria e Cecoslovacchia) intorno alla Germania.

Le frontiere dei nuovi stati europei riflettono solo in parte il principio dell'autodeterminazione e della nazionalità.
I trattati segreti, stipulati prima dell'inizio del conflitto tra le potenze risultate vincitrici, non sono gli unici ostacoli che queste ultime si trovano ad affrontare quando siedono al tavolo delle trattative. A Parigi gli alleati devono anche tener conto dei popoli che nel corso della guerra si sono proclamati indipendenti. I cechi e gli slovacchi, ad esempio, si sono resi autonomi dall'Austria-Ungheria ancor prima della sconfitta della monarchia asburgica; e altrettanto hanno fatto gli slavi meridionali.

La macchina fotografica Leica 35 mm, modello 1925, disegnata da Oscar Barnack
Sebbene il primo prototipo sia del 1913, i primi esemplari vengono prodotti solo vent'anni dopo.

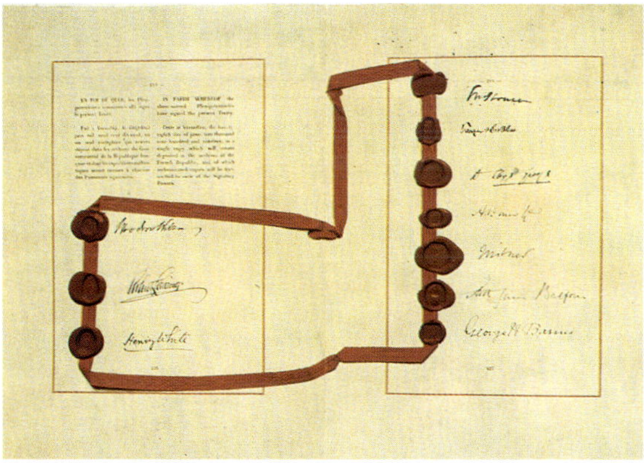

L'ultima pagina del trattato di Versailles, con le firme dei delegati tedeschi e alleati.
Al trattato di Versailles (28 giugno 1919) seguiranno quelli di St.-Germain (10 settembre 1919), di Neuilly (27 novembre 1919), del Trianon (4 giugno 1920), di Sèvres (20 agosto 1920) e di Losanna (24 luglio 1923).

Anche l'impero tedesco, con l'abdicazione di Guglielmo II, si dissolve: nel 1919 l'Assemblea costituente, riunita a Weimar, proclama la Repubblica Federale. Per quanto riguarda l'impero zarista – rovesciato dalla rivoluzione bolscevica nel 1917 – uno dei cardini del ragionamento che ispira i trattati di pace è la necessità di isolare la Russia dal resto dell'Europa, onde evitare ogni "contagio" socialista. Perciò viene creato un cordone di "stati cuscinetto": dalla Finlandia alle repubbliche baltiche a una grande Polonia. Ne risulta un mosaico assai frammentato e dai confini discutibili.

La tomba di un soldato francese su un campo di battaglia.

LE DURE CONDIZIONI IMPOSTE ALLA GERMANIA

Il più importante fra i cinque trattati – che si concludono fra il 1919 e il 1920 – è quello di Versailles, perché vengono dettate le condizioni di pace alla Germania. L'accordo è stipulato in assenza della controparte, e anche per questo è vissuto dai tedeschi come una umiliante imposizione. L'articolo 231 del trattato di pace stabilisce la responsabilità degli Imperi centrali nello scatenamento del conflitto; in base a questo principio le clausole sono decisamente dure: la Francia recupera l'Alsazia e la Lorena, la Danimarca lo Schleswig orientale, mentre cessioni territoriali sono imposte a favore del Belgio e della Polonia. In seguito a tale sistemazione, la Germania perde il 13 per cento del territorio e il 10 per cento della popolazione. Per un quindicennio il ricco bacino minerario della Saar e della Renania viene occupato da truppe nemiche; si impongono agli sconfitti pagamenti e indennità (le "riparazioni") che ne mettono in ginocchio l'economia; si spartisce fra le potenze vittoriose – esclusa, fra le maggiori, solo l'Italia – l'impero coloniale tedesco. Con uguale inflessibilità si procede a smantellare le forze armate, proibendo loro di avere carri armati, artiglieria pesante e sottomarini. È infine esclusa ogni possibilità di unione fra Germania e Austria. All'indomani della firma, la Germania mantiene, nonostante tutto, un territorio nazionale quasi integro e sufficienti potenzialità di ripresa, accentuate dallo spirito di rivincita per l'affronto subito. Sarà il concorso di questi due fattori che porterà il paese ad avere di nuovo, e di lì a poco, un ruolo di primo piano sulla scena mondiale.

Reduce tedesco chiede l'elemosina in una strada di Hannover.

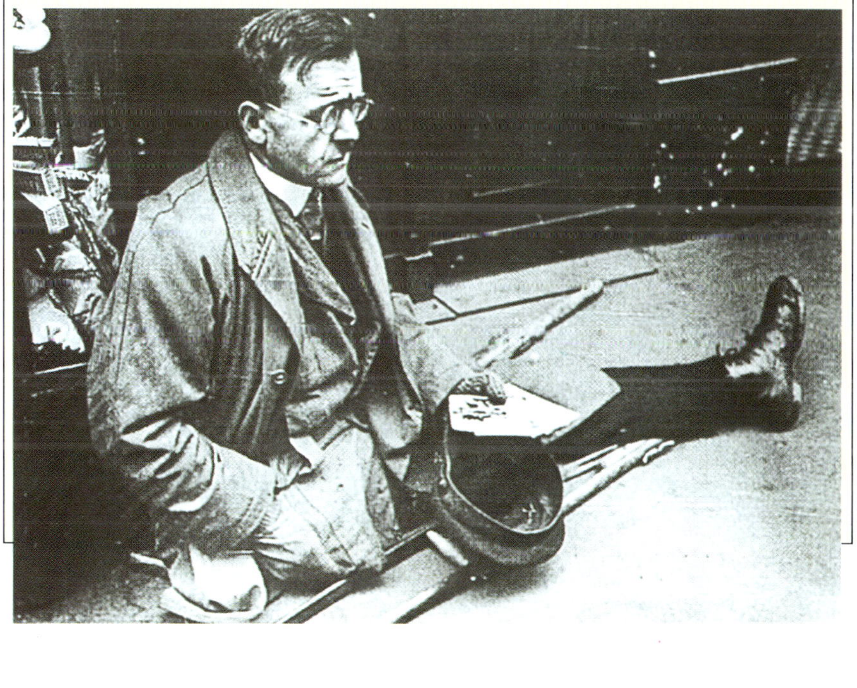

Rosa Luxemburg. *Nata in Polonia nel 1870, si schiera in gioventù con l'ala rivoluzionaria della socialdemocrazia tedesca. Allo scoppio della guerra vi si oppone, attaccando i socialdemocratici per aver votato in Parlamento i crediti di guerra. È assassinata il 15 gennaio 1919 a Berlino, durante la repressione della rivoluzione spartachista, organizzata con Liebknecht.*

Fermenti rivoluzionari in Europa

Gli strascichi di sofferenza e miseria lasciati dalla guerra, l'indebolimento – corrispondente al forte peggioramento delle condizioni generali di vita – dei governi dei paesi sconfitti e la grande suggestione esercitata dalla rivoluzione russa sulle classi lavoratrici innescano tentativi rivoluzionari in varie parti d'Europa. Nessuno sarà coronato da successo, anche se si producono rivolgimenti più profondi laddove la situazione è più caotica: in Germania, Austria, Ungheria e, fra i paesi vincitori, in Italia.

Il gran numero di sommosse popolari e operaie negli anni 1919-1921 ha fatto parlare di "rivoluzione europea", seppure fallita, e di "biennio rosso", in linea con l'idea bolscevica di un processo rivoluzionario mondiale. In effetti, è chiaro il collegamento fra questi eventi e la politica dettata dal COMINTERN, la terza organizzazione internazionale dei lavoratori a carattere comunista, creata da Lenin in contrapposizione alla Seconda Internazionale, egemonizzata dai partiti socialisti incapaci di fronteggiare e impedire la guerra mondiale. Il COMINTERN intende invece favorire il propagarsi della rivoluzione attraverso la scissione dei partiti socialisti occidentali e la nascita di nuovi partiti comunisti, ristretti ma decisi a conquistare il potere con l'insurrezione armata.

In Germania, Ungheria e Italia l'iniziativa delle sinistre sembra vicina al successo ma, la reazione riesce infine a imporre un "potere forte", che ri-

Manifesto bolscevico che mostra il drago capitalista fronteggiato dal popolo russo.

A LIVORNO NASCE IL PCd'I

Nel gennaio 1921 il XVII Congresso del Partito socialista italiano, che si tiene a Livorno, vede la nascita del Partito comunista d'Italia, sezione dell'Internazionale comunista. Due sono le discriminanti politiche che guidano gli scissionisti, capeggiati da Amadeo Bordiga, un ingegnere napoletano di 32 anni: la dichiarata fedeltà al Partito bolscevico russo e all'organizzazione internazionale comunista da esso creata, la convinzione che l'Italia uscita dal conflitto mondiale sia pronta per una svolta in senso rivoluzionario. I leader del nuovo partito

Karl Liebknecht.
Deputato socialdemocratico dal 1912 e pacifista a oltranza, contrasta la linea ufficiale del Partito. È più volte arrestato durante la guerra. Fautore della rivoluzione in Germania, nel dicembre del 1918 fonda il Partito comunista tedesco.

Benito Mussolini con alcuni dei più noti esponenti dell'interventismo italiano nel maggio 1915.
Alla destra di Mussolini si riconoscono Alceste De Ambris e Filippo Corridoni. Convinto nazionalista, Mussolini è espulso dal Partito socialista italiano e, nel 1919, fonda un nuovo raggruppamento politico: i Fasci di combattimento.

solve i laceranti contrasti sociali – portati in luce dalla guerra – con l'uso della coercizione e della violenza.

In Germania, la Repubblica di Weimar (dal nome della città sede del governo) vede un'insurrezione comunista promossa da Rosa Luxemburg e Karl Liebknecht, repressa nel sangue dai "corpi franchi", formazioni paramilitari di ex combattenti di estrema destra (gennaio 1919).

L'Ungheria vive una breve stagione sotto un governo di coalizione comunista-socialdemocratico, presieduto dal comunista Béla Kun. Ma alle sue dimissioni, imposte dal malcontento diffuso nel paese e dall'attacco armato di romeni e cechi, segue di lì a poco l'instaurazione di una dittatura controrivoluzionaria, capeggiata dall'ammiraglio Miklós Horthy.

In Italia le violente proteste contro il carovita e l'occupazione delle fabbriche (settembre 1920) non riescono a dar vita a un fronte unitario delle sinistre; anzi, nel gennaio 1921 il Partito comunista nasce per scissione di quello socialista, mentre la "grande paura" suscitata dalle sinistre favorisce la rapida affermazione del fascismo, un nuovo movimento di estrema destra, guidato da Benito Mussolini: un ex socialista che era stato direttore dell'«Avanti!» (il quotidiano del PSI) e che nel 1914 era passato su posizioni interventiste.

Un gruppo di socialisti rivoluzionari tedeschi aderenti allo Lega spartachista.
La sconfitta militare e la dissoluzione del Reich radicalizzano in Germania la scena politica, ma il tentativo di instaurare una repubblica comunista è barbaramente stroncato.

(Antonio Gramsci, Palmiro Togliatti, Umberto Terracini) intendono così dare a questa situazione lo sbocco adatto, ma il PCd'I si presenta fin dall'inizio come un partito debole e settario, e si rivelerà incapace, negli anni a venire, di contrastare efficacemente l'offensiva fascista.

Gruppo di "guardie rosse" presidia una fabbrica torinese nel settembre 1920 (a sinistra)
L'occupazione delle fabbriche, nel corso del "biennio rosso" (1919-1920), si conclude con una sconfitta del movimento operaio e socialista italiano.

ECONOMIA E SOCIETÀ / POLITICA E ISTITUZIONI

1914

ECONOMIA E SOCIETÀ

7-14 giugno *Italia* "Settimana rossa", scioperi e tumulti popolari.

Francia Il socialista Jean Jaurès, fondatore dell'«Humanité», è ucciso da un nazionalista a Parigi.

agosto Le truppe tedesche occupano le fabbriche del Nordest e le miniere di ferro e carbone francesi.

• Sorgono in Europa le "comunità di agosto", raduni di folla interventista.

POLITICA E ISTITUZIONI

28 giugno A Sarajevo è assassinato l'arciduca Francesco Ferdinando.

23 luglio L'Austria lancia l'ultimatum alla Serbia.

28 luglio L'Austria dichiara guerra alla Serbia.

30 luglio *Russia* Mobilitazione generale.

1 agosto La Germania dichiara guerra alla Russia.

2 agosto Alleanza fra Germania e Turchia.

• La Germania invade il Lussemburgo e dichiara guerra alla Francia.

3 agosto La Germania invade il Belgio e dichiara guerra alla Francia.

4 agosto La Gran Bretagna dichiara guerra alla Germania.

5-8 agosto Il Montenegro dichiara guerra.

6 agosto L'Austria dichiara guerra alla Russia.

12-24 agosto *Serbia* 1ª invasione austriaca.

23-25 agosto Il Giappone dichiara guerra agli imperi centrali.

1915

ECONOMIA E SOCIETÀ

Europa Censure e autocensure sulle notizie per evitare il disfattismo. Escono pubblicazioni destinate alle truppe.

Italia Comizi di Gabriele d'Annunzio a favore della guerra.

Svizzera I rappresentanti dei partiti socialisti europei firmano a Zimmerwald un manifesto pacifista rivolto ai "proletari d'Europa".

POLITICA E ISTITUZIONI

2-3 febbraio *Egitto* La Turchia attacca il canale di Suez.

19 febbraio *Turchia* Bombardamento navale anglofrancese dei Dardanelli.

11 marzo L'Inghilterra dichiara il blocco navale della Germania.

22 aprile *Belgio* Offensiva tedesca a Ypres.

25 aprile *Turchia* Sbarco degli anglofrancesi a Gallipoli.

26 aprile Firma del Patto di Londra fra l'Intesa e l'Italia.

2 maggio *Galizia* Vittoriosa offensiva austrotedesca.

7 maggio Sommergibile tedesco affonda il piroscafo statunitense Lusitania.

9 maggio *Francia* Offensiva francese in Artois.

23 maggio L'Italia dichiara guerra all'Austria.

1° giugno Attacco tedesco su Londra con i dirigibili Zeppelin.

giugno-luglio *Italia* 1ª e 2ª battaglia dell'Isonzo.

9 luglio Si arrende l'Africa

1916

ECONOMIA E SOCIETÀ

Europa Le donne sostituiscono gli uomini nei campi, nelle fabbriche, nei servizi pubblici.

Germania Nasce la Lega spartachista, l'ala pacifista della sinistra del Partito socialdemocratico.

• Lanciato il prestito pubblico perpetuo contro il deficit.

Svizzera A Kienthal si tiene la riunione dei dirigenti socialisti pacifisti europei.

Gran Bretagna Aumentano le imposte dirette per ripianare il deficit.

Italia, Francia Cresce l'inflazione a causa dell'emissione massiccia di prestiti pubblici e dell'aumento della circolazione monetaria.

Germania, Austria Razionamento delle risorse produttive.

POLITICA E ISTITUZIONI

febbraio-agosto *Francia* Attacco tedesco a Verdun.

marzo Il Portogallo si schiera a fianco dell'Intesa.

marzo-agosto *Italia* 5ª e 6ª battaglia dell'Isonzo.

24 aprile A Dublino, rivolta contro il dominio inglese.

15 maggio *Italia* "Spedizione punitiva" austriaca.

31 maggio Battaglia navale dello Jütland.

4 giugno *Galizia* Inizio dell'offensiva russa.

1° luglio-novembre Offensiva anglo-francese sul

1917

ECONOMIA E SOCIETÀ

Francia Ammontano a 629 le esecuzioni capitali "per atti contro la disciplina militare".

Italia Violente manifestazioni operaie a Torino contro la guerra.

Portogallo A Fatima tre bambini hanno la visione della Madonna.

USA A Dallas sono fondati i Lions Club.

POLITICA E ISTITUZIONI

gennaio Thomas E. Lawrence guida la rivolta araba contro i turchi.

31 gennaio La Germania dichiara la guerra sottomarina indiscriminata.

8 marzo *Russia* Scoppia la rivoluzione democratico-borghese. Riunione del primo Soviet operaio.

11 marzo Baghdad è occupata dagli inglesi.

2 aprile Gli USA dichiarano guerra alla Germania.

16 aprile *Francia* Fallisce l'offensiva lanciata dal generale Georges R. Nivelle.

7 aprile Panama e Cuba dichiarano guerra alla Germania.

aprile *Francia* Offensiva inglese contro i tedeschi.

14 maggio *Italia* 10ª battaglia dell'Isonzo.

3 giugno L'Albania diventa indipendente sotto il protettorato italiano.

giugno La Grecia si schiera a fianco dell'Intesa.

26 giugno *Francia* Sbarco della prima divisione USA.

6 luglio *Mar Rosso* Lawrence conquista Aqaba.

1918

ECONOMIA E SOCIETÀ

Europa Negli ultimi mesi della guerra, scoppia l'epidemia di febbre "spagnola", che causa 20 milioni di morti.

Germania Sul modello dei Soviet, nascono i consigli di operai e soldati.

Gran Bretagna Il filosofo Bertrand Russell è condannato al carcere perché obiettore di coscienza.

• Le donne che hanno compiuto 30 anni di età conquistano il diritto di voto.

Russia È introdotto il calendario gregoriano.

USA A New York sono installati i semafori a tre colori.

• È istituito il primo servizio di posta aerea fra New York e Washington.

POLITICA E ISTITUZIONI

8 gennaio *USA* Wilson enuncia i suoi "14 punti".

3 marzo La Russia firma la pace di Brest-Litovsk.

21 marzo-18 maggio *Francia* Offensive dei tedeschi.

1 maggio Occupazione tedesca di Sebastopoli.

8 maggio Il Nicaragua dichiara guerra alla Germania.

15 giugno *Italia* Offensiva austriaca sul Grappa e sul Piave.

12 luglio Haiti dichiara guerra alla Germania.

15 luglio *Francia* Inizia la 2ª battaglia della Marna.

8 agosto *Francia* Inizia l'offensiva alleata ad Amiens.

agosto USA e Russia rompono le relazioni diplomatiche.

29 settembre La Bulgaria firma l'armistizio.

settembre-ottobre *Siria* Lawrence guida l'occupazione araba di Damasco.

4 ottobre Germania e Austria chiedono la pace al presidente Wilson.

20 ottobre La Germania sospende la guerra sottomarina.

SCIENZA E TECNOLOGIA

CULTURA E SPORT

25 agosto *Polonia* Inizia l'offensiva austriaca.
28 agosto-13 settembre La Russia è sconfitta dai tedeschi a Tannenberg e sui laghi Masuri.
5 settembre Firma del Trattato di Londra.
6-10 settembre *Francia* Battaglia della Marna.
settembre *Vaticano* È eletto papa Benedetto XV.
settembre-dicembre *Serbia* 2ª invasione austriaca.
fine ottobre I tedeschi sono fermati sull'Yser.
2-5 novembre La Turchia dichiara guerra all'Intesa.
17 dicembre L'Egitto diventa protettorato inglese.
dicembre *Caucaso* La Turchia è sconfitta.

Boemia Primo trapianto di cornea a Praga.
Gran Bretagna In un ospedale di Londra è usato il radio per curare i tumori.
Italia Vengono prodotti i MAS, motoscafi antisommergibili.
USA Lo psicologo John Broadus Watson pubblica il saggio *Il comportamento*.
• Edward Calvin Kendall isola l'ormone tiroideo (tiroxina).
• È inaugurata la prima linea aerea per passeggeri.
Panama Apertura del canale costruito dagli USA.

Francia Romain Rolland (Nobel per la pace nel 1915) pubblica *Al di sopra della mischia* e André Gide *I sotterranei del Vaticano*.
• Esce il *Manifesto dell'architettura futurista* di Antonio Sant'Elia.
Germania Ultima mostra del "Cavaliere azzurro".
• Karl Ingold stabilisce in biplano il record mondiale di volo in 16 ore e 20 minuti.
Inghilterra Esce *Pigmalione* di George Bernard Shaw.
Italia Dino Campana pubblica i *Canti orfici*.
Svizzera In esilio Vladimir Il'ič Uljanov Lenin pubblica *Sul diritto delle nazioni all'autodecisione*.

sudoccidentale tedesca.
5 agosto Occupazione tedesca di Varsavia.
6 settembre *Austria-Ungheria* A Tarnopol i russi fermano gli imperi centrali.
5 ottobre Inizia l'offensiva delle truppe francesi nella Champagne .
9 ottobre Occupazione tedesca di Belgrado.
14 ottobre La Bulgaria entra in guerra a fianco degli austrotedeschi.
ottobre-novembre *Italia* 3ª e 4ª battaglia dell'Isonzo.
• *Impero ottomano* Genocidio degli armeni.
ottobre-dicembre *Serbia* Invasione degli eserciti austro-bulgaro-tedeschi.
• La Cina accetta le "21 richieste" e diventa un protettorato giapponese.
• *Grecia* Sbarco delle truppe anglofrancesi a Salonicco.

Francia e ***Inghilterra*** Costruiti i primi carri armati, utilizzati sul fronte della Somme.
Germania Primo uso dei gas asfissianti a Ypres.
• Georg Cantor pubblica *Contributi alla fondazione dei numeri transfiniti*.
• Muore Paul Ehrlich, il fondatore della chemioterapia.
Gran Bretagna Viene costruito il primo aereo lanciasiluri.
Italia Abiel Revelli costruisce la prima pistola mitragliatrice a due canne.
USA Primo collegamento telefonico fra New York e San Francisco.

Austria Lo scrittor Gustav Meyrink pubblica il romanzo *Il Golem*.
Francia Esce il romanzo *Il fuoco* di Henri Barbusse sugli orrori della guerra.
• Marcel Duchamp espone i primi "ready-made".
Irlanda Esordio di James Joyce con *Gente di Dublino*.
Italia Renato Serra scrive al fronte l'*Esame di coscienza di un letterato*.
Russia Esce il *Manifesto del Suprematismo* di Kazimir S. Malevič.
Svizzera Hans Arp espone le prime tele astratte.
USA Esce l'*Antologia di Spoon River* di Edgar L. Masters.

fronte della Somme.
4-5 agosto La Turchia è sconfitta sul canale di Suez.
27 agosto La Romania è in guerra a fianco dell'Intesa.
28 agosto L'Italia dichiara guerra alla Germania.
agosto-ottobre *Albania* Occupazione italiana.
settembre-novembre *Italia* 7ª, 8ª, 9ª battaglia dell'Isonzo.
24 ottobre Contrattacco francese a Verdun.
novembre *Austria* Muore Francesco Giuseppe.
6 dicembre *Romania* I tedeschi occupano Bucarest.
12 dicembre Nota di pace dei tedeschi agli alleati.
20 dicembre *USA* Inutile tentativo di pace di Wilson.
dicembre *Russia* Assassinio di Rasputin a Pietroburgo.

Germania Primo uso del lanciafiamme a Verdun.
• Hugo Junkers realizza il primo aereo tutto metallico.
Inghilterra Primo uso del carro armato.
USA Albert Einstein pubblica *Fondamenti della teoria della relatività generale*.
• William E. Boeing fonda a Seattle l'omonima industria aeronautica.
• Duncan Black e Alonso Decker inventano il trapano elettrico.
• Walter S. Adams misura la distanza delle stelle con la spettroscopia.
• Il filosofo-pedagogista John Dewey pubblica *Democrazia ed educazione*.

Germania Franz Kafka scrive *La metamorfosi*.
• Erna Murray stabilisce il record mondiale di nuoto sui 100 metri rana in 1'35"0.
Giappone Frank Lloyd Wright inizia la costruzione dell'Imperial Hotel a Tokio.
Italia Giorgio de Chirico dipinge *Le muse inquietanti* e Amedeo Modigliani il *Nudo coricato sul divano*.
Svizzera Tristan Tzara fonda il dadaismo al Cabaret Voltaire di Zurigo.
USA Norman Taber stabilisce il record della corsa sul miglio con il tempo di 4'12"6.

1 agosto Papa Benedetto XV si pronuncia contro l'"inutile strage".
14 agosto La Cina entra in guerra a fianco dell'Intesa.
19 agosto *Italia* 11ª battaglia dell'Isonzo.
3 settembre *Lettonia* I tedeschi conquistano Riga.
settembre *Cina* Anarchia dei "signori della guerra" contro l'entrata nel conflitto.
26 ottobre Il Brasile dichiara guerra alla Germania.
ottobre-novembre *Italia* Il fronte è rotto a Caporetto.
2 novembre Il ministro degli Esteri inglese Arthur J. Balfour è a favore di un "focolare ebraico" in Palestina.
6-7 novembre *Russia* Inizia la rivoluzione d'Ottobre.
5 dicembre Firma dell'armistizio fra Germania e Russia.
9-11 dicembre Gli inglesi occupano Gerusalemme.

Francia Paul Langevin costruisce il precursore del "sonar" per individuare oggetti subacquei.
Gran Bretagna John Mills inventa la bomba a mano col dispositivo di sicurezza.
Italia L'industria Marelli è la prima a produrre magneti per automobili.
• Giulio Laureati raggiunge in biplano la quota di 7025 metri e compie il primo volo da Torino a Londra senza scalo.
Russia La ferrovia transiberiana è completata: unisce Pietroburgo a Vladivostok.
USA Henry Ford produce i primi trattori agricoli.
• In Virginia è effettuato il primo collegamento radio tra un aeroplano e la stazione a terra.

Germania Esce *Il Sacro* del teologo Rudolf Otto.
Italia Va in scena *Così è se vi pare* di Luigi Pirandello.
Russia Lenin pubblica *Stato e rivoluzione*.
Spagna Francis Picabia pubblica la rivista «391».
Svizzera Prima rappresentazione della *Turandot* di Ferruccio Busoni a Zurigo.
Ungheria *Il castello del principe Barbablù* di Béla Bartok ha un grande successo.
USA Dal nome del giornalista Joseph Pulitzer è istituito l'omonimo premio.

24 ottobre *Italia* Offensiva italiana sul Grappa e battaglia di Vittorio Veneto.
30 ottobre La Turchia firma l'armistizio.
3 novembre L'Austria firma l'armistizio con l'Italia.
6 novembre *Francia* Gli USA occupano Sedan.
9 novembre *Germania* Abdica Guglielmo II.
11 novembre *Austria* Abdicazione di Carlo I d'Asburgo.
• La Germania firma l'armistizio.
14 novembre *Rhodesia del Nord* Resa delle ultime truppe tedesche.

Italia L'ingegner Nicola Romeo fonda l'omonima fabbrica di automobili.
USA È completato il grande telescopio di Mount Wilson in California.
• Il medico Harvey Williams Cushing è il fondatore della moderna neurochirurgia.

Francia Esce *Calligrammi*, raccolta di poesie di Guillaume Apollinaire.
Germania Ultimato il film di Robert Wiene *Il gabinetto del dottor Caligari*.
Russia Igor Stravinskij compone *L'histoire du soldat*.
• Marc Chagall dipinge *Il musicista verde*.
• Vladimir Majakovskij scrive *Mistero buffo* per il teatro.
USA Esce il film *Charlot in trincea*.

La guerra tecnologica

La prima guerra mondiale viene sostanzialmente combattuta con armi tradizionali. Lo spaventoso potenziale di fuoco messo in campo deriva infatti dal perfezionamento e potenziamento di strumenti di offesa già esistenti: mitragliatrici, fucili e soprattutto cannoni di grosso calibro. Nonostante questo, sono almeno tre le nuove armi che fanno la loro prima comparsa nel 1914-1918: gli aerei da guerra, i gas tossici e i carri armati. Questi ultimi in particolare, schierati per la prima volta dall'esercito inglese nella battaglia della Somme (15 settembre 1916), vengono presto utilizzati sul campo da quasi tutti i maggiori eserciti, allo scopo di aprire brecce nello schieramento nemico, sconvolgendo fortificazioni e reticolati e superando, con rapide irruzioni, la stasi logorante della guerra di posizione. Per quanto il loro utilizzo non sia stato determinante, a causa della eccessiva lentezza (4 miglia all'ora) e della scarsa portata di tiro (2-4 miglia) dei modelli dell'epoca, i carri armati hanno avuto un'importanza strategica non indifferente, anche in virtù dell'impatto psicologico prodotto dall'imponenza del loro aspetto. Un ruolo decisivo in questo senso svolgono i 474 carri armati schierati dagli inglesi l'8 agosto 1918 nella battaglia di Amiens – che vede soccombere i tedeschi – in un episodio giudicato da molti il vero punto di svolta del conflitto.

Mitragliatrice russa calibro 7,62 montata su una motocicletta.

Maschera antigas austro-ungarica completa di astuccio.

Carro armato francese Saint Chamond.

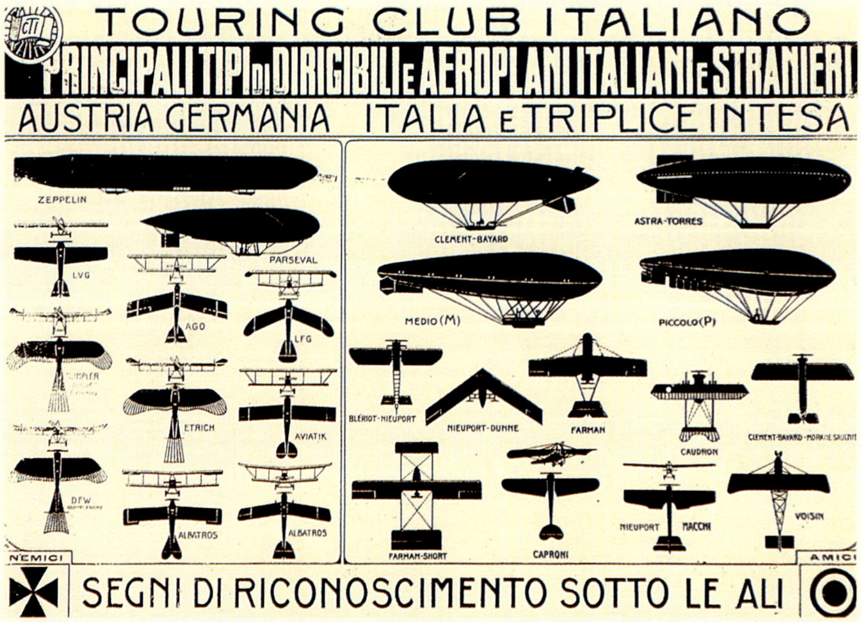

Manifesto del Touring Club Italiano (1916) con i principali modelli di aeroplani e di dirigibili. *Negli ultimi due anni del conflitto si anticipano molti degli impieghi dell'aviazione militare, ma nel 1914 pochi credono che l'aereo possa avere un futuro come arma da guerra. All'inizio l'aereo è infatti privo di armi perché ha compiti di ricognizione. Solo nel 1915 la mitragliatrice lo rende una vera e propria macchina bellica. Oltre a monoplani, biplani e triplani nei cieli d'Europa volano i primi bombardieri a largo raggio: i raid dei dirigibili tedeschi Zeppelin provocano 600 morti a Londra.*

Dal dopoguerra alla grande crisi

È negli anni Venti che emergono in tutta la loro complessità i caratteri del nuovo secolo che la guerra mondiale ha tragicamente messo in luce. La difficoltà a raggiungere una pace giusta, che soddisfi le richieste dei paesi vincitori e contribuisca a creare un nuovo e stabile equilibrio internazionale, è il segnale più evidente delle contraddizioni che si sono aperte all'interno delle società europee e nei rapporti internazionali. Il fallimento dell'ipotesi liberale come modello capace di garantire sviluppo economico, stabilità politica e progresso sociale, accompagna i rivolgimenti che si susseguono nell'intero decennio. La crisi del dopoguerra, che si presenta soprattutto in Europa centrale con i caratteri di una crisi rivoluzionaria, è il terreno più favorevole per la crescita di movimenti di massa che si richiamano a ideologie antidemocratiche e antiparlamentari. Il loro successo è per il momento limitato – si rafforza il potere sovietico in Russia e si impone il regime fascista in Italia – ma la loro influenza si estende ovunque. La società di massa è ormai una realtà, sia sul piano politico sia su quello economico e culturale: ma i suoi effetti e le trasformazioni che comporta sono ben lungi dall'essere pienamente visibili. Essa non si impone ovunque con gli stessi ritmi e la stessa profondità. Al di là delle forti differenziazioni regionali e dell'aggravarsi, in molti casi, della divaricazione fra aree avanzate e arretrate, alcuni temi emergenti di questo decennio sono ormai comuni all'intero mondo occidentale e influenzano non più solo l'Europa o il Nord America. Il mutamento più evidente riguarda la profonda crisi del mondo rurale e la trasformazione dei rapporti agricoli, che si aggraverà nei decenni successivi portando alla progressiva scomparsa di un paesaggio che aveva dominato per secoli. La novità più consistente sul piano sociale è l'emergere dei ceti medi come forza crescente, la loro frammentazione e articolazione interna, la coscienza politica di cui fanno mostra che alimenta molti tra i nuovi partiti populisti, nazionalisti e conservatori che si impongono nel dopoguerra. Tutto il mondo industrializzato è scosso dalla ristrutturazione dell'organizzazione del lavoro e delle tecniche di produzione, che prende le mosse dagli Stati Uniti e dall'imporsi e diffondersi del modello fordista. Il mondo operaio accompagna la propria crescita quantitativa con una diffusa radicalizzazione e sindacalizzazione; la rappresentanza politica di un proletariato, sempre più disomogeneo socialmente e diviso al suo interno, si polarizzerà attorno ai partiti socialdemocratici e a quelli comunisti, almeno in Europa. Altrove, come negli Stati Uniti, sono i processi economici e sociali, primo fra tutti la rivoluzione che ha luogo nei consumi, a determinare gli atteggiamenti politici più conservatori della classe operaia. Alla fine del decennio la crisi economica che prende avvio dal crollo della borsa di Wall Street sembra segnare in modo definitivo il tramonto del liberalismo.

Charlie Chaplin nel film* Giorno di paga *del 1922 (nella pagina precedente).

La pace e le sue conseguenze

La conferenza di Parigi, apertasi il 18 gennaio 1919 con la sola partecipazione dei 27 paesi vincitori, ridisegna la carta geografica dell'Europa. Durante la guerra gli alleati avevano proclamato il principio dell'autodeterminazione dei popoli. Nella maggior parte dei casi – come appare evidente dall'elenco dei nuovi stati – essi vi rimangono fedeli. Il problema più complesso deriva però dall'applicazione dei 14 punti del presidente americano Wilson per creare le condizioni di una pace perpetua. La prima di esse è quella di far sorgere un organismo internazionale che possa dirimere i conflitti tra i popoli senza fare ricorso alla guerra. A questo scopo viene creata la Società delle Nazioni.

Nel dettare le condizioni della pace i paesi vincitori palesano la volontà di indebolire (se non addirittura di annientare) la potenza tedesca: ma a tale volontà si contrappone il timore che l'insurrezione comunista, scoppiata nel gennaio 1919, conduca la Germania alla rivoluzione. Gravido di conseguenze per la futura Repubblica di Weimar, lo spirito di *revanche* si fa strada nell'opinione pubblica tedesca, ma contagia anche una delle potenze vincitrici: delusa nelle sue aspettative, l'Italia deve rinunciare a Fiume e alla Dalmazia e la destra e gli altri settori nazionalisti denunciano la "vittoria mutilata".

La guerra mondiale (e la sua preparazione) è stata considerata il primo grande esperimento di ra-

Ritratto del dottor Boucard *(1928)* di Tamara de Lempicka.
Il soggetto del dipinto possiede gli attributi dell'eleganza e della scienza: una provetta nella mano destra, il microscopio nella sinistra e la cravatta fermata da una perla.

Una madre tedesca con i suoi figli.
Nel dettare le condizioni della pace le potenze vincitrici palesano un'evidente volontà di indebolimento (se non addirittura di annientamento) della potenza tedesca: ma tale volontà è fiaccata dalla preoccupazione che l'insurrezione comunista, scoppiata nel gennaio 1919, conduca la Germania alla rivoluzione.

La regina Maria d'Inghilterra.
Il sistema economico internazionale esce sconvolto dalla guerra. L'illusione che il processo di riconversione dell'industria bellica si compia senza traumi dura poco, e già nel 1920-1921 l'economia inglese è in gravi difficoltà: la produzione di materie prime si dimezza, quella di manufatti diminuisce di un terzo.

pida e totale conversione delle economie di pace in economie di guerra. Dopo il 1918 la riconversione in senso opposto è forse un esperimento di portata assai più ampia, perché implica trasformazioni radicali nei processi di produzione e nell'organizzazione del lavoro delle industrie che producono beni di largo consumo.

Gli effetti sociali e politici di tale trasformazione sono assai differenziati tra un paese e l'altro. Le classi dirigenti delle società di solide tradizioni democratiche (USA, Regno Unito e Francia) riescono a governare il cambiamento a dispetto delle forti tensioni sociali. Quelle di più recente democratizzazione (Italia e Germania) o che hanno registrato il brusco passaggio dall'autocrazia al potere rivoluzionario (Russia) non reggono all'urto della trasformazione in atto.

I nuovi stati dell'Europa centrorientale

I trattati di pace del 1919-1920 ridisegnano la carta geografica dell'Europa centrorientale e centrosettentrionale. In luogo dei tre grandi imperi (Austria, Russia, Germania) entro i cui confini vivono popolazioni slave diverse tra loro per storia, cultura, lingua e religione, nascono stati retti da ordinamenti repubblicani, che si rivelano per lo più democrazie parlamentari incompiute.

La riunione di territori prima sottomessi alla Russia (che vi rinuncia con le paci di Riga e di Brest-Litovsk), alla Germania (Alta Slesia, Pome-

Gabriele d'Annunzio in divisa militare.
Il poeta-soldato, reso celebre dalle imprese aviatorie durante la guerra, alimenta il mito della "vittoria mutilata" dell'Italia, penalizzata dai trattati di pace. Con la protezione di ufficiali dell'esercito, si pone alla testa di 2500 legionari volontari, reduci dei reparti d'assalto, e il 12 settembre 1919 entra a Fiume, proclamandone l'annessione all'Italia e instaurandovi un governo personale. A Fiume inaugura i riti di esaltazione collettiva che saranno adottati dal fascismo.

LA SOCIETÀ DELLE NAZIONI

Alla fine della guerra sembra più che mai necessario costruire la pace e dar vita così a un nuovo ordine internazionale. A questo scopo viene creata la Società delle Nazioni, voluta dal presidente americano Wilson, che auspica "l'organizzazione di un'associazione generale delle nazioni tramite dei trattati particolari che accordino mutue garanzie di indipendenza politica e di integrità nazionale". Ma il nuovo organismo è paralizzato fin dalla sua creazione, nel 1920, dal rifiuto del Senato americano di ratificare il trattato di Versailles. La Società delle Nazioni, con sede a Ginevra, commette inoltre l'errore di limitare il potere di decisione del Consiglio (composto da quattro membri permanenti – Francia, Regno Unito, Italia e Giappone – e da quattro membri eletti a turno). Inoltre integra solo più tardi i paesi vinti (la Germania nel 1926) e istituisce un "cordone sanitario" intorno alla Russia sovietica. Infine, privo di mezzi militari adeguati alle sue ambizioni, l'organismo diventa una sorta di assemblea consultiva incapace di prendere decisioni operative. Verrà sciolta nel 1946.

Sedia rosso-blu, *progettata da Gerrit Rietveld nel 1918.*
La sedia è realizzata con la scomposizione in elementi geometrici molto semplici delle sue parti funzionali e spicca per lo spregiudicato accostamento dei colori. Retveld è uno dei membri del gruppo "De Stijl" sorto in Olanda, che promuove un "neoplasticismo" pittorico e architettonico.

Albert Einstein.
Nel 1916 il fisico enuncia la teoria della relatività generale, utilizzando la nozione di "continuo spazio-temporale": spazio e tempo non sono più entità assolute e indipendenti. Nel dopoguerra questa teoria viene piegata a un'interpretazione irrazionalistica, che ne esalta il potenziale dirompente nei confronti delle certezze tradizionali.

rania e Posnania) e all'Austria (Galizia), dà vita alla Repubblica polacca ricostituitasi dopo la spartizione (la terza) del 1795. Dalla disgregazione dell'impero multietnico degli Asburgo nascono due stati slavi: uno occidentale, l'altro meridionale. La Repubblica cecoslovacca, guidata da un governo democratico e aperto alle riforme sociali, sorge dalla fusione dei paesi della corona boema con i territori slovacco e russo-subcarpatico, appartenenti alla monarchia magiara. Il Regno jugoslavo, risultato dell'aggregazione di componenti assai differenziate in quanto a storia, religione (cattolica, ortodossa, islamica) e cultura, è composto da Serbia, Bosnia-Erzegovina, Croazia, Slovenia.
A queste nuove entità nazionali, trasformate in stati, si aggiungono Austria e Ungheria che diventano due repubbliche indipendenti. L'Austria, con poco più di 6 milioni di abitanti di lingua tedesca, intende sulle prime unirsi alla Germania per esser parte di una vasta comunità etnica. L'Ungheria – fallito il tentativo del leader comunista Béla Kun di creare, sull'esempio bolscevico, una repubblica dei Consigli – non accetta la perdita del 70 per cento del suo antico territorio ed entra in un pericoloso isolamento diplomatico. Infine a seguito dell'invasione tedesca e poi della dissoluzione dell'impero zarista, anche la Lituania (senza il territorio di Vilna annesso alla Polonia), l'Estonia e la Lettonia diventano stati indipendenti.

Aristide Briand alla Società delle Nazioni.
Nel 1926 il ministro degli Esteri francese, protagonista della politica di distensione, saluta l'ingresso della Germania nella Società delle Nazioni: "Via i fucili, le mitragliatrici, i cannoni! Largo alla riconciliazione, all'arbitrato, alla pace!"

Otto Dix,* La grande città *(1927-1928).
L'artista tedesco è uno spietato interprete degli orrori della guerra, delle sofferenze fisiche e psichiche di cui continuano a essere afflitti milioni di ex combattenti ritornati alla vita civile.

Il crollo dell'impero ottomano

Dopo le due guerre balcaniche (1912 e 1913) – che si erano concluse con l'annessione di vasti territori sudorientali, tributari della Porta, da parte delle nazioni limitrofe (Austria, Romania, Grecia e Serbia) – il peso dell'impero ottomano è molto ridotto. La partecipazione di Istanbul alla guerra mondiale come alleata dell'Austria-Ungheria e della Germania (cui è legata da un patto segreto di alleanza) le costa la perdita di ogni territorio salvo la penisola anatolica in Asia e la Tracia turca in Europa.

Sotto la guida di Mustafa Kemal (detto più tardi Atatürk, "padre dei turchi") la Turchia avvia una profonda trasformazione culturale, abolendo prima il sultanato e poi il califfato. Il nuovo stato assume un'impronta laica (l'islamismo cessa di essere religione di stato) e il paese si avvia sulla strada dell'occidentalizzazione che, nel corso di un decennio, sfocia nell'adozione del codice civile svizzero e del codice penale italiano con la conseguente abolizione della legge islamica.

Proclamata la repubblica (29 ottobre 1923), con capitale Ankara in Anatolia, la Turchia ottiene la revisione del trattato di Sèvres (che sancisce la spartizione dei territori turchi tra Francia, Gran Bretagna, Italia e Grecia) e importanti acquisizioni (controllo dello stretto dei Dardanelli, possesso della Tracia, conferma della sovranità sull'Armenia, estensione dei confini

Kemal Atatürk osserva le manovre dell'esercito. *Nella politica del leader turco confluiscono orientamenti contraddittori: la modernizzazione ispirata a criteri egualitari è attuata nel contesto di un regime contrassegnato da un sempre maggiore autoritarismo e da un nazionalismo esasperato.*

Maschera di Tutankhamon (a sinistra). L'archeologo inglese Howard Carter (con il bastone) e il suo mecenate Lord George Carnarvon. *Nel novembre 1922 l'egittologia compie un formidabile passo in avanti: è scoperta a Tebe la tomba del faraone vissuto nel XIV secolo a.C.*

nella regione del Kurdistan che perde ogni possibilità di indipendenza).
La dissoluzione dell'impero significa al contempo la perdita di tutti i possedimenti ottomani in Africa e nel Medio Oriente arabo (trattato di Sèvres del 1920). Durante la guerra, per fomentare la resistenza degli arabi contro la dominazione turca, le potenze dell'Intesa avevano ipotizzato la creazione di un grande stato arabo indipendente, guidato dall'emiro della dinastia hascemita Hussein Ibn Alì.
A conclusione del conflitto l'area viene però suddivisa in "mandati" affidati alle due principali potenze europee. Con un mandato della Società delle Nazioni, si giunge alla seguente redistribuzione dell'eredità ottomana: Siria settentrionale e Libano alla Francia; Iraq, Siria meridionale, Arabia, Palestina al Regno Unito. Ma i confini di tali "stati" sono in realtà tracciati in funzione degli interessi petroliferi dell'Occidente, che peraltro non rinuncia al controllo diretto di Aden, Yemen e Kuwait.
La Palestina, inoltre, diventa teatro di una controversia destinata ad assumere un rilievo crescente nelle relazioni internazionali per effetto della dichiarazione di Arthur J. Balfour (2 novembre 1917): con essa il ministro degli Esteri inglese si è impegnato a offrire al movimento sionista la possibilità di creare in Palestina un "focolare ebraico" sotto protezione inglese.

Mulo carico di prodotti dell'Anglo-Persian Oil.

NASCE LA TRANSGIORDANIA

Nel 1921, alla conferenza di Gerusalemme, gli inglesi decidono di dividere il loro mandato sulla Palestina (concesso nel 1922), creando un emirato hascemita a est del Giordano, in una vasta regione desertica abitata da beduini. Churchill, ministro delle Colonie, ne affida il trono ad Abdullah, figlio dello sceriffo Hussein. Lo scopo è rafforzare il potere inglese in questa regione di contatto fra Siria, Iraq e Arabia Saudita, frenando l'estensione del "focolare ebraico" e le mire espansionistiche dei transgiordani.

Il salario degli operai russi (in rubli)													
il salario a Mosca	in moneta	23,2	16,3	5,40	3,41	1,44	1,06	0,46	0,43	0,24	0,24	4,51	7,28
	in natura	–	0,48	1,02	1,56	2,31	1,79	2,70	2,21	4,34	4,48	4,55	3,63
il salario a Pietroburgo	in moneta	34,7	17,5	4,55	2,79	1,62	1,01	0,51	0,48	0,26	0,28	3,50	5,68
	in natura	0,46	1,80	1,73	1,56	2,73	3,15	2,88	2,46	3,33	3,18	4,23	3,07
salario in Russia	in moneta	19,3	13,8	5,42	4,04	1,82	0,99	0,57	0,42	0,23	0,16	2,02	3,23
	in natura	0,23	1,14	1,38	1,56	2,56	2,27	2,60	2,41	3,13	2,13	4,15	3,84
		I sem.	II sem.	I sem.	II sem.	I sem.	II sem.	I sem.	II sem.	I sem.	II sem.	I sem.	II sem.
		1917		1918		1919		1920		1921		1922	

La guerra civile in Russia

Preso il potere, i bolscevichi hanno posto fine a un conflitto sanguinoso e impopolare con il decreto sulla pace (26 ottobre 1917), seguito da un armistizio (2 dicembre 1917) e dalla firma del trattato di Brest-Litovsk (3 marzo 1918) con la Germania. Ma la tregua è breve. Una spaventosa guerra civile costerà infatti la vita a milioni di persone. La Russia diventa teatro di battaglie, massacri e carestie, che in pochi anni conducono il paese alla devastazione sociale ed economica.
Dopo i primi tentativi da parte dei cosacchi di creare un fronte antibolscevico, gli avversari del nuovo regime formano un "esercito dei volontari" ai confini meridionali della Russia. È il nucleo iniziale delle armate "bianche". L'inasprirsi della guerra civile è inoltre determinato dall'atteggiamento delle potenze alleate, che assicurano il loro sostegno alla controrivoluzione e favoriscono, alla fine del maggio 1918, la sollevazione della "legione cecoslovacca" lungo la linea transiberiana. E, a partire dall'estate, da sbarchi sempre più frequenti di truppe (inglesi e canadesi, giapponesi e americane, francesi e italiane) e aiuti tecnici ed economici ai numerosi governi antibolscevichi che sorgono in Siberia e nelle regioni orientali della Russia europea.
Sono soprattutto gli antagonismi intestini dei "bianchi" a pregiudicare la possibilità di sconfiggere il regime dei Soviet.

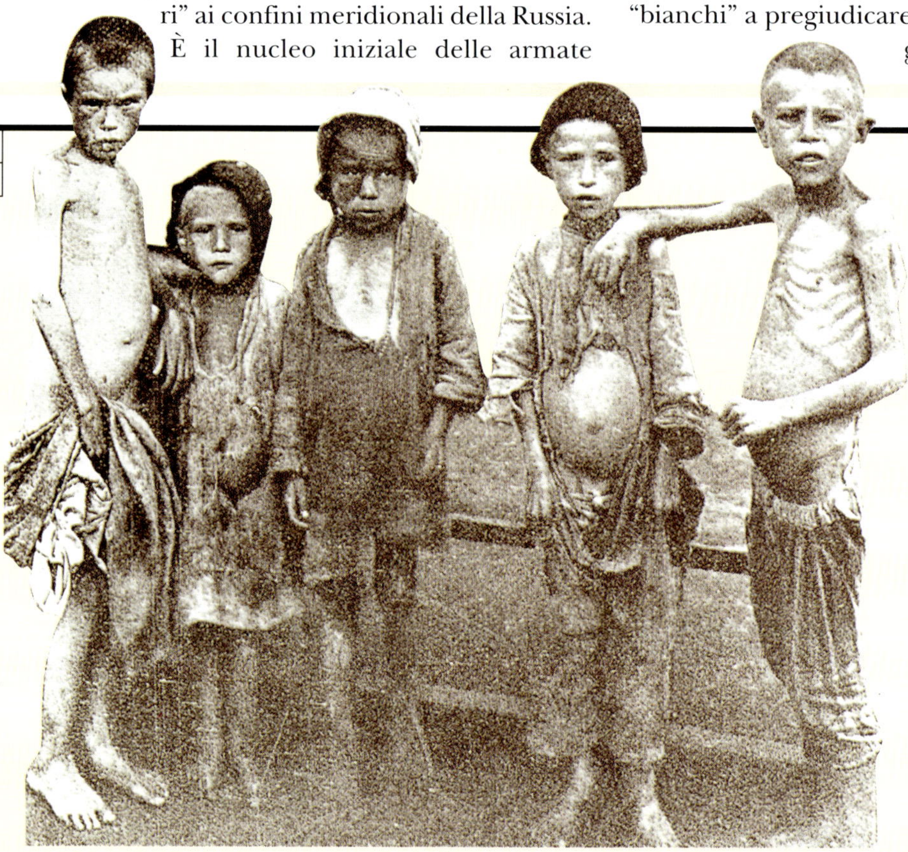

Vittime della carestia.
Di fronte al fallimento del "comunismo di guerra" e agli orrori della carestia, nel marzo del 1921 il governo bolscevico vara la NEP (Nuova politica economica), che reintroduce elementi di economia di mercato per favorire la produzione agricola, mentre dalla Relief Administration americana e dalla Croce Rossa giungono aiuti in viveri e medicine.

LA CARESTIA DEL 1921-1922

Nella primavera del 1921 la situazione delle campagne russe, devastate dalla guerra, si rivela in tutta la sua gravità. Alcune regioni agricole (specie i territori orientali della Russia europea) sono particolarmente colpite dalla siccità e dalla penuria dei raccolti. I vertici del Partito temono una "controrivoluzione contadina". Fenomeno costante della storia russa, la carestia nel 1921-1922, è tuttavia molto più grave di quelle precedenti. Relativamente abbondante l'anno prima, il raccolto del grano nel 1921 procura solo 38,2 milioni di tonnellate, ovvero la metà della produzione media del periodo prebellico. La catastrofe è di tali proporzioni che viene decretata l'evacuazione in Siberia di parte degli abitanti delle regioni sinistrate. Masse di uomini, donne e bambini si spostano alla ricerca di cibo, e nei territori colpiti dalla carestia (circa 35 province su 47 della Russia europea, con una popolazione di 90 milioni di persone) si registrano casi di suicidi collettivi e di antropofagia. Malgrado gli aiuti internazionali, la carestia del 1921-1922 provoca almeno 5 milioni di morti.

Manifesto celebrativo del 1° maggio (1920).
La Costituzione sovietica del 1918 si apre con la "Dichiarazione dei diritti dei lavoratori e degli sfruttati": la Russia è una Repubblica dei Soviet dei delegati degli operai, dei soldati e dei contadini; il diritto di voto è limitato a quanti "si guadagnano da vivere producendo o con un lavoro socialmente utile".

Il generale bianco Pëtr Vrangel'.
Il capo del governo del Sud è l'ultimo protagonista della guerra controrivoluzionaria. Dopo le vittorie dell'Armata Rossa, anche il governo inglese, nel giugno del 1920, gli toglie ogni appoggio, ingiungendogli di desistere da ulteriori offensive.

Il tentativo di costituire un'unica autorità antibolscevica – il governo provvisorio panrusso di Omsk – è soffocato dal colpo di mano dell'ammiraglio Aleksandr Kol'čak (18 novembre 1918), che assume il potere con l'appoggio britannico. Nel marzo del 1919 egli lancia un'offensiva in direzione del Volga, ma dopo alcuni successi, incapace di coordinare strategicamente le proprie truppe con quelle del generale Anton Denikin sul fronte meridionale e quelle dell'Intesa nell'estremo Nord, è costretto a ritirarsi. L'esercito di Kol'čak è sopraffatto dall'avanzata dell'Armata Rossa. La guida del movimento controrivoluzionario passa nelle mani di Denikin, che ha assunto il controllo di gran parte dell'Ucraina strappandolo alle armate del nazionalista ucraino Simon Petljura. Durante l'estate anche l'offensiva di Denikin su Mosca – appoggiata a nordovest dal generale Nikolaj Judenič – viene respinta.
All'inizio del 1920 l'Armata Rossa è a un passo dalla vittoria, ma l'estremo tentativo dei nazionalisti di riprendere il controllo dell'Ucraina con il sostegno militare della Polonia (aprile-ottobre 1920) e le ultime resistenze del generale Pëtr Vrangel' nella Russia meridionale prolungano le ostilità di alcuni mesi. La guerra civile si conclude con la vittoria dei bolscevichi che, nonostante il persistere di sporadici combattimenti, assumono il controllo effettivo di gran parte dei territori del vecchio impero.

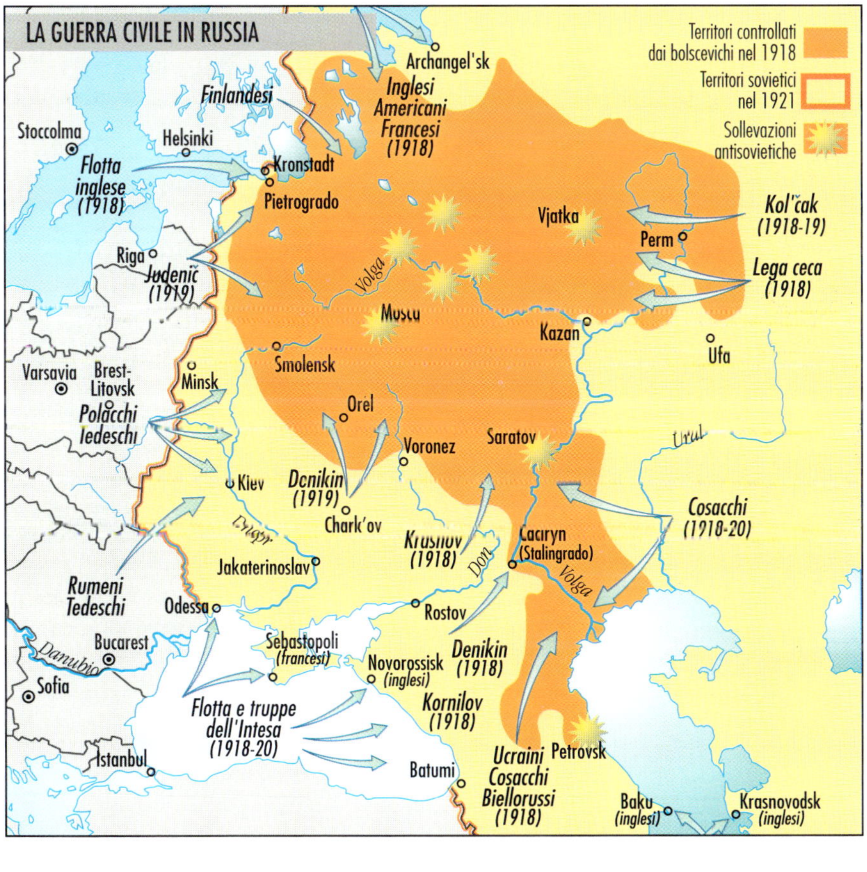

La torre di Vladimir Tatlin in una ricostruzione del 1971.
L'opera progettata dal pittore costruttivista sovietico nel 1919 celebra la Terza Internazionale, fondata nello stesso anno su iniziativa dei bolscevichi al fine di sostenere il processo rivoluzionario internazionale e avviare la definitiva sconfitta del capitalismo.

Chiang Kai-shek.
Nel 1927 decine di migliaia di operai e intellettuali cadono vittime della repressione scatenata da Chiang, che dopo aver conquistato anche il Nord della Cina manterrà per un ventennio il controllo del governo e del Partito, instaurando un regime personale di stampo autoritario.

Il mosaico asiatico

La partecipazione del Giappone alla guerra del 1914-1918 a fianco dell'Intesa ha conferito al conflitto una dimensione mondiale ed è stata dettata dalla volontà di arrestare la penetrazione tedesca in Cina. Alla conferenza di Versailles il Giappone si vede riconosciuto il diritto di sostituirsi alla Germania come potenza coloniale (la provincia dello Shandong passa nella sua sfera di influenza).

Alle mire imperialistiche del Sol Levante si oppone però il forte movimento nazionalista cinese. Coagulato attorno al Guomindang e appoggiato dal Partito comunista di Mao Zedong (fondato nel luglio 1921) che accoglie il "programma minimo" di Sun Yat-sen), esso dà vita al governo progressista di Canton (1921). Morto Sun Yat-sen nel 1925, Chiang Kai-shek, esponente dell'ala conservatrice del partito, assume la guida del Guomindang, si rompe l'alleanza tra le due componenti maggiori della coalizione e ha inizio la repressione contro i comunisti, attivi soprattutto nelle campagne. Scoppia così una vera e propria guerra civile che consentirà ai giapponesi di occupare la Manciuria e di insediarvi un governo fantoccio, base per la penetrazione in territorio cinese (1931).

L'India, colonia britannica che ha contribuito alla guerra con oltre un milione di soldati, si unisce nella lotta per l'indipendenza secondo le modalità non violente volute da Gandhi. Quest'ultimo, eletto alla guida del Partito del Congresso, orga-

Parlamento giapponese in costruzione.

Mao Zedong.
Nell'autunno del 1927 Mao si rifugia sulle montagne per sfuggire alla repressione del Guomindang e organizzare la guerriglia. Al centro della sua strategia rivoluzionaria egli pone la classe dei contadini poveri, che attraverso la creazione di basi rosse, l'educazione popolare e la redistribuzione delle terre prepareranno l'avvento del nuovo potere.

L'aggressività militare giapponese in una vignetta degli anni Venti.

nizza nel 1919 la prima grande campagna di disobbedienza civile contro la legge marziale imposta dagli inglesi. La mobilitazione di massa si estende in ogni angolo del paese e dà agli inglesi un chiaro messaggio circa la precarietà del loro dominio sull'India. Fino al 1930, all'epoca della marcia contro l'imposta sul sale, la vita dell'India è tutta un fiorire di iniziative non violente che mettono in grave difficoltà il potere britannico.

Nello stesso volgere di anni l'Indocina, colonia francese, vede sorgere un movimento indipendentista che, sotto l'impulso di Ho Chi Minh (fondatore, nel 1925, del Partito comunista vietnamita), organizza una serie di rivolte contadine che si estenderanno su tutto il territorio dopo il 1930.

Scontri di piazza a Tokyo alla fine degli anni Venti (a sinistra).

Il prelievo del veleno da un serpente.
L'impatto della dominazione inglese sull'arcaica società indiana determina un processo di modernizzazione economica e sociale che mette in crisi i vecchi equilibri e crea le condizioni per l'emergere di un movimento nazionalista che guida la lunga lotta per l'indipendenza del paese.

IL MASSACRO DI AMRITSAR

Indette da Gandhi, il 6 aprile 1919 si svolgono manifestazioni pacifiste in tutto il Punjab, e in particolare ad Amritsar, città santa dei Sikh. Ma di lì a poco la non violenza degenera in aspri tumulti: aggressioni a cittadini europei, assalti a banche e uffici postali, scontri con esercito e polizia. Convinto che solo la sua presenza possa sedare gli animi, Gandhi non può però raggiungere la città per il veto delle autorità britanniche. Il 13 aprile il generale Edward Harry Dyer dà ordine di aprire il fuoco, senza preavviso, sulla folla riunitasi nella Jiallianwala Bagh, cui si accede solo da uno stretto vicolo. In dieci minuti vengono sparati 1600 proiettili che uccidono più di 400 persone (un migliaio secondo le stime del Partito del Congresso), in cerca di un'impossibile via di fuga. Come reazione al massacro, scoppiano in tutto il Punjab nuovi disordini repressi nel sangue. Di fronte alla Commissione di inchiesta, Dyer dichiarerà di aver voluto infliggere agli indiani una punizione esemplare, ammettendo di aver ordinato di aprire il fuoco laddove la folla era più fitta e di non aver soccorso i feriti. Nonostante l'unanime esecrazione per questo massacro, la Commissione riconosce al generale Dyer il merito di aver salvato il Punjab dal pericolo di una ribellione.

Dimostrante ucciso nel corso della rivolta contro gli inglesi a Bombay.

L'instabilità europea

Sebbene la revisione dei trattati di pace sia apertamente richiesta dai movimenti nazionalisti dei paesi vinti, è un paese vincitore, la Francia, a rompere per primo gli equilibri concertati a Versailles. Quando nel 1923 la Germania sospende il versamento delle riparazioni di guerra, la Francia risponde con l'occupazione del bacino della Ruhr, portando alle estreme conseguenze l'intransigenza manifestata nel corso della conferenza di Genova (1922) e riproponendo all'attenzione generale la questione della "sicurezza collettiva".

La crisi tuttavia si risolve in breve tempo, complici la paura dei disordini sociali e la politica del nuovo governo tedesco di Gustav Stresemann che accetta gli aiuti americani stanziati dal piano Dawes (1924) in cambio della ripresa dei pagamenti alla Francia. Inizia così un periodo di distensione e ritorna in auge il pacifismo wilsoniano: a un rilancio della Società delle Nazioni si accompagna la stipulazione del trattato di Locarno (1925), con cui Francia, Belgio e Germania si accordano – sotto il controllo della Gran Bretagna e dell'Italia – per rispettare i reciproci confini. Il rientro della Germania nel concerto europeo, sancito dal suo ingresso nella Società delle Nazioni (1926), avviene senza alcuna garanzia sull'integrità delle frontiere orientali: esso è ritenuto, nondimeno, come una tappa essenziale del processo di stabilizzazione postbellica.

L'occupazione francese della Ruhr.
Ai francèsi che mirano a impossessarsi delle risorse della regione, gli operai tedeschi, incoraggiati dal loro governo alla resistenza passiva, rispondono sospendendo il lavoro e compiendo sabotaggi, ma il ricco bacino minerario e industriale è di fatto isolato dal resto del paese. Il governo tedesco è costretto a stampare cartamoneta per pagare i salari degli operai; ha inizio così una vertiginosa inflazione: nel 1923 non basteranno 4 miliardi di marchi per comprare un dollaro.

Motocicletta inglese Brough Superior SS 100 (a sinistra).
Nel primo dopoguerra l'apparato produttivo inglese appare invecchiato e incapace di tener testa a quello statunitense. Con l'economia in difficoltà, il clima sociale si inasprisce e nel 1920 i sindacati inaugurano un'intensa stagione di lotte e rivendicazioni.

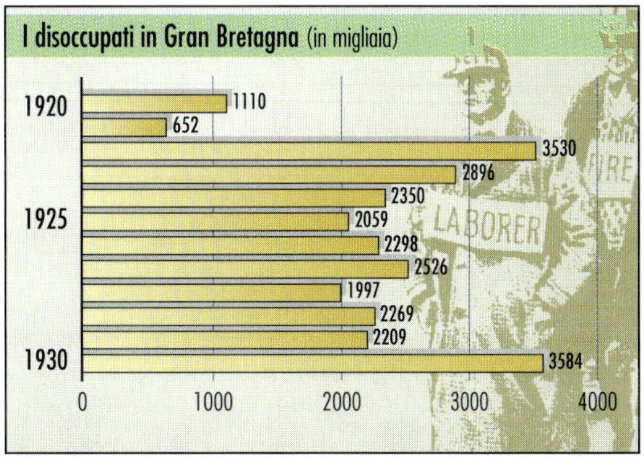

Lo "spirito di Locarno" trova la massima espressione nel patto Briand-Kellogg del 1928: 57 stati – compresa l'URSS che vi aderirà nel 1929 – si impegnano a rinunciare alla guerra come mezzo per risolvere le controversie internazionali e a comporre pacificamente eventuali contrasti. Le dichiarazioni degli ex belligeranti danno nuovo slancio ai progetti di confederazione europea e di disarmo; il fallimento successivo si deve alla struttura stessa del patto che, oltre a perpetuare l'assenza dei dispositivi di controllo e di sanzioni contro i trasgressori, non vieta esplicitamente il ricorso alla guerra "di difesa". Le speranze di una normalizzazione e di una durevole pace mondiale non sopravvivono all'impatto dell'invasione militare giapponese in Manciuria nel 1931 e, due anni dopo, al cambio di regime in Germania.
Con l'avvento del nazismo, il dopoguerra entra in una fase nuova. La prospettiva di un accordo tra Italia, Germania, Francia e Gran Bretagna per il mantenimento della pace naufraga prima ancora di essere ratificata: a pochi mesi dalla firma del patto a quattro tra Francia, Gran Bretagna, Germania e Italia (1933), Adolf Hitler abbandona la Società delle Nazioni e dà inizio al riarmo. Per l'Europa comincia – al ritmo implacabile dettato dal revanscismo tedesco – la marcia verso il secondo conflitto mondiale.

La proclamazione dello stato del Manchukuo il 1° marzo 1932. Seduto, Pu-yi, ultimo imperatore della Cina.
L'impetuoso sviluppo demografico e industriale e la necessità di conquistare nuovi mercati spingono il Giappone a una politica di penetrazione economica in Cina e a occupare la Manciuria. Alla proclamazione dello stato fantoccio del Manchukuo (con alla testa Pu-yi) la Società delle Nazioni non oppone che moniti formali. Con questa prova di forza dell'imperialismo giapponese, l'ordine internazionale raggiunto dopo la guerra è ormai gravemente incrinato.

Il fascismo italiano

Il fascismo si presenta sulla scena con il volto dello squadrismo, ed è alle spedizioni punitive contro la "minaccia socialista" che deve il suo iniziale successo. Il suo rapido sviluppo si registra in un periodo contrassegnato da aspre tensioni sociali e noto come "biennio rosso" (1919-1920). Quando, nel novembre 1921, fonda il Partito nazionale fascista, Benito Mussolini può contare su oltre 200.000 iscritti, 35 deputati e una risoluta milizia armata, il cui spettro non esita ad agitare a sostegno della propria candidatura al potere.
L'ingresso al governo avviene comunque all'insegna del compromesso con la monarchia e la classe dirigente liberale. Dinanzi all'eventualità di un'azione di forza, il re Vittorio Emanuele III rifiuta di proclamare lo stato d'assedio, consentendo che la marcia su Roma delle squadre fasciste (28 ottobre 1922) si svolga nella semilegalità: ad accogliere l'arrivo delle "camicie nere" è il nuovo presidente del Consiglio, Mussolini, a cui il re ha appena conferito l'incarico di formare un nuovo governo e a cui le Camere si accingono a votare la fiducia. Ha così inizio un biennio di frenetica attività legislativa nel corso del quale i dirigenti del PNF gettano le fondamenta del futuro regime. È il caso, per limitarsi ai provvedimenti più rappresentativi della normalizzazione fascista, della costituzione della Milizia volontaria per la sicurezza nazionale e del Gran consiglio del fascismo, del-

Sacerdote che fa il saluto romano.
In un primo tempo il movimento fascista suscita nel mondo cattolico opposizioni per i suoi toni anticlericali. Ma i primi atti del governo Mussolini mostrano la volontà di cancellare la politica laicista dei governi liberali: d'ora in avanti chiesa e regime saranno sempre più vicini.

Camicie nere alla marcia su Roma.
Mussolini alterna abilmente violenza e "legalità"; dopo la marcia su Roma forma un governo di coalizione, ma il suo discorso alla Camera sottolinea la rottura avvenuta: "Potevo sprangare il Parlamento e costruire un governo di soli fascisti."

Manifesto fascista (a sinistra).
Alla fine del 1920 si intensificano le violenze delle squadre fasciste, finanziate da industriali e agrari. Con l'acquiescenza di polizia, esercito e magistratura i fascisti distruggono Camere del lavoro, cooperative, Case del popolo, sezioni di partito, e costringono alle dimissioni le amministrazioni comunali socialiste.

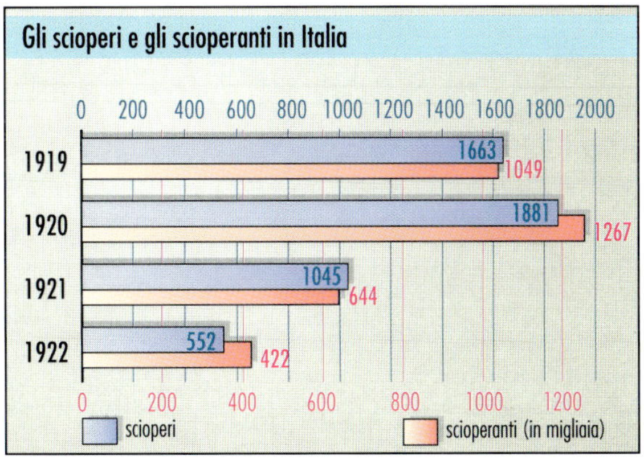

la riforma della scuola di Giovanni Gentile e della nuova legge elettorale elaborata da Giacomo Acerbo.
L'avanzata fascista sembra subire una battuta d'arresto alla fine del 1924. Sebbene la lista proposta da Mussolini ottenga alle elezioni (6 aprile) la maggioranza assoluta, le reazioni all'uccisione, nel maggio, del deputato socialista Giacomo Matteotti mettono in seria difficoltà il capo del governo. Egli è costretto a sospendere i lavori della Camera – abbandonata in segno di protesta da tutti i partiti di opposizione eccetto i comunisti – e subisce gli attacchi di gran parte della stampa e dell'opinione pubblica che reclamano il ripristino della legalità. La crisi sfocia però nella dittatura, grazie al rinnovato sostegno della corona, dell'esercito, degli industriali e degli agrari. Evocata da Mussolini nel discorso del 3 gennaio 1925, la svolta autoritaria è formalizzata nell'autunno del 1926 con le "leggi fascistissime" che decretano il rafforzamento dell'esecutivo, l'abolizione dell'elettività delle amministrazioni locali, la soppressione della libertà di stampa e di associazione sindacale e politica, oltre che la liquidazione dei partiti di opposizione, la creazione del Tribunale speciale per la difesa dello stato (è ripristinata la pena di morte) e la riforma della pubblica sicurezza. Nel clima di terrore generato dalle violenze squadriste e dalla repressione poliziesca, si apre ufficialmente il ventennio fascista.

TUTTO IL POTERE AL DUCE

Con la costruzione dello stato autoritario e monopartitico, vengono emanate nuove norme giuridiche che definiscono i poteri del presidente del Consiglio dei ministri, ora significativamente denominato "capo del governo". Quest'ultimo non è più, come in epoca liberale, soggetto alla volontà del Parlamento, ma fiduciario unico del sovrano. La legge del 24 dicembre 1925 stabilisce infatti che questi "è nominato e revocato dal re ed è responsabile verso il re dell'indirizzo generale del governo" e che, inoltre, è l'organo supremo del potere esecutivo, sceglie i suoi ministri che sono responsabili, oltre che verso il sovrano, anche verso di lui. Corollario di questa legge è quella del 31 gennaio 1926 che consente al potere esecutivo di emanare leggi a scapito dei poteri parlamentari, infrangendo così il principio dell'articolazione e separazione tra potere esecutivo e legislativo.

Benito Mussolini durante un comizio nel 1925.

Lampada da tavolo della Bauhaus.

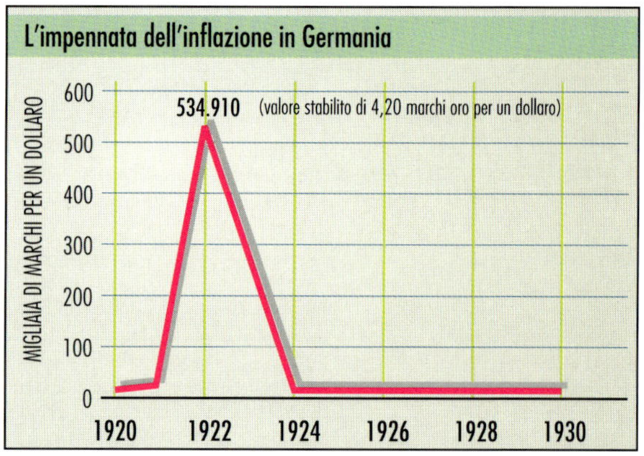

La Germania di Weimar

Proclamata a Berlino il 9 novembre 1918, la repubblica segna il punto di arrivo del lungo processo di dissoluzione dell'impero tedesco, cui la guerra ha inferto il colpo decisivo. Il Partito socialdemocratico (maggioritario) è, suo malgrado, il protagonista di questo radicale mutamento politico e istituzionale e gli obiettivi che si prefigge sono il mantenimento dell'ordine interno durante la fase della smobilitazione e le trattative per l'armistizio. La Costituzione varata nel 1919 è una delle più avanzate del primo dopoguerra: instaura una repubblica democratico-parlamentare e prospetta una gestione solidaristica dei rapporti con il mondo dell'economia e del lavoro. Essa presuppone però un mutamento dei rapporti politici e istituzionali che non avrà luogo. Uno dei pilastri su cui si regge la repubblica è, al contrario, la continuità del potere militare: è quest'ultimo che affida alle unità dell'esercito e ai reduci dal conflitto la brutale repressione dei tentativi insurrezionali dei comunisti nell'inverno 1918-1919.

La continuità dell'apparato burocratico e amministrativo imperiale, dei posti chiave nella magistratura, nelle scuole e nelle università di fatto impedisce il varo delle riforme previste dalla Costituzione. Le elezioni per l'Assemblea costituente premiano la coalizione di governo (socialdemocratici, democratici e cattolici), segnando una netta sconfitta dei conservatori; ma già l'anno successivo (giugno 1920)le prime elezioni politiche segnano

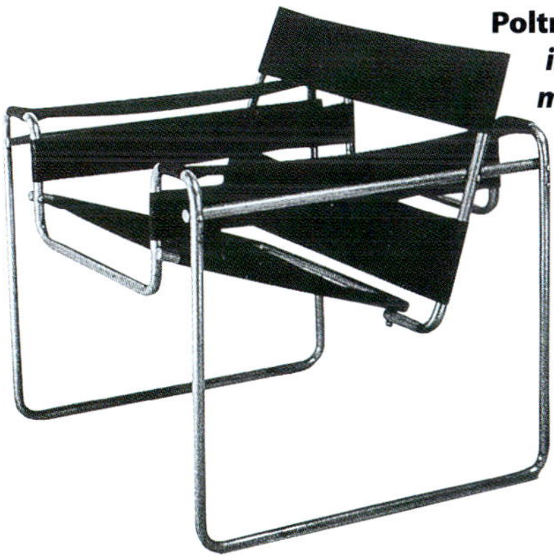

Poltrona Vasilij *in tubolare metallico, progettata dal tedesco Marcel Breuer nel 1925.* *L'architetto è membro della scuola della Bauhaus, l'istituzione fondata da Walter Gropius nel 1919 a Weimar. Nel 1925 il Bauhaus è trasferito a Dessau. Il nuovo complesso di edifici, progettato da Gropius e realizzato in cemento, vetro e acciaio, sottolinea quell' "estetica della macchina" che, secondo il fondatore della scuola, è la più autentica espressione della civiltà industriale.*

L'Einsteinturm, osservatorio e istituto astrofisico di Potsdam, progettato da Erich Mendelsohn (1921).

una netta inversione di tendenza: la coalizione scende dal 76 al 43,6 per cento e si registra una crescita dei partiti più radicali di destra e di sinistra. Il clima è da guerra civile, ma i tentativi eversivi di destra (il putsch di Wolfgang Kapp del 1920 e quello di Adolf Hitler del 1923) sono repressi e puniti assai più blandamente dei reati meno gravi commessi dai militanti di sinistra.
La Germania dei primi anni Venti è caratterizzata da una forte instabilità politica (15 governi in 11 anni) e dall'iperinflazione che polverizza i redditi fissi: si diffondono incertezza e insoddisfazione destinate ad avere fatali ripercussioni negli anni successivi. Uno dei problemi più urgenti che i governi, quasi sempre minoritari, devono affrontare è la necessità di adempiere alle clausole del trattato di pace che impongono al paese costi altissimi ed esasperano il malcontento verso i partiti, ritenuti colpevoli di avere accettato tali condizioni. Dal 1924 inizia un quinquennio di relativa stabilità politica che consente alla Germania la riconquista del proprio ruolo mondiale e di saldare, grazie agli aiuti finanziari degli USA, il pagamento delle riparazioni. L'elezione alla presidenza del maresciallo Paul von Hindenburg (1925), portavoce delle nostalgie antidemocratiche dei settori militaristi, segna il limite della democrazia di Weimar.

Hitler e gli altri partecipanti al putsch di Monaco nel 1923 (a sinistra). *In carcere Hitler scrive la prima parte dell'opera* Mein Kampf *("La mia battaglia"), che pubblicherà nel 1925: la storia è vista come una continua guerra, nella quale le razze superiori affermano il proprio diritto a dominare quelle inferiori. La soppressione dei nemici (liberalismo, democrazia, bolscevismo, ebrei e finanza internazionale) e la costruzione di uno stato autoritario sono solo il mezzo per creare una "superiore civiltà umana".*

Una scena del film Metropolis, realizzato dal regista tedesco Fritz Lang nel 1926.

Le democrazie inglese e francese

Un reduce inglese della prima guerra mondiale protesta contro la disoccupazione.
Il cartello reca la scritta: "Conosco tre mestieri, parlo tre lingue, ho combattuto per tre anni, ho tre figli, e sono disoccupato da tre mesi, ma voglio solo un lavoro".

Nel Regno Unito la crisi del primo dopoguerra si manifesta con particolare intensità: alle gravose conseguenze della concorrenza economica statunitense si sommano la pressione dei movimenti anticolonialisti e la violenza della guerra civile irlandese, che induce Lloyd George, nel 1921, a riconoscere la nascita dello stato libero d'Irlanda. Il ridimensionamento della posizione internazionale non tarda a ripercuotersi sul piano interno: il crollo delle esportazioni e l'arretratezza del sistema produttivo provocano disoccupazione di massa e conflittualità sociale con cui devono fare i conti tanto i governi guidati dai conservatori quanto la breve parentesi dell'amministrazione laburista (1924).

Il culmine della tensione è raggiunto nel 1926 quando, in risposta alla politica di contenimento della spesa pubblica e dei consumi perseguita dal conservatore Stanley Baldwin, viene proclamato uno sciopero generale a cui aderiscono oltre quattro milioni di lavoratori. La sconfitta della protesta operaia – determinata anche dal debole appoggio di laburisti e sindacati e dalle misure repressive del governo – inaugura un periodo di stabilizzazione che risolve solo in parte la debolezza strutturale dell'economia inglese, ulteriormente aggravata dalle ripercussioni della crisi del 1929.
In Francia la ripresa procede invece con grande celerità. Non solo perché la necessaria ricostruzione riduce la disoccupazione, ma anche perché

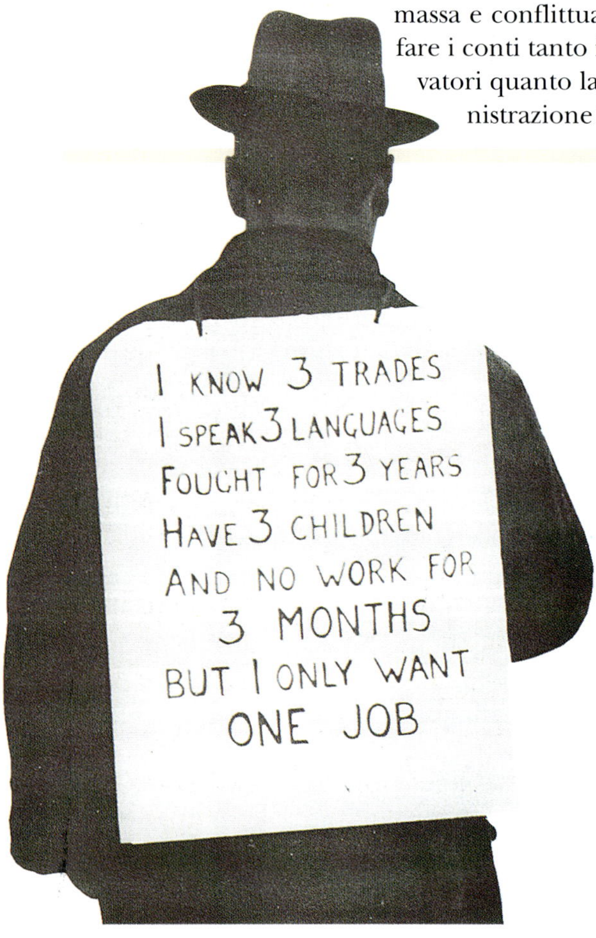

Francobollo da un penny emesso per l'Esposizione dell'impero britannico nel 1924 (a sinistra).

Il profumo francese **Chanel n. 5.**
Oltre che creatrice del profumo che porta il suo nome, Coco Chanel è la geniale innovatrice della moda femminile. Utilizzando un tessuto come il jersey, crea nuovi canoni estetici nell'abbigliamento: le linee sono diritte e le gonne plissettate permettono di lanciarsi nelle nuove danze.

l'ammodernamento dell'apparato produttivo dà nuovo impulso allo sviluppo industriale. La crisi finanziaria, tuttavia, danneggia profondamente le condizioni di vita della popolazione operaia, protagonista di un'ondata di scioperi che scuote l'apparente equilibrio del paese: è in nome dell'antisocialismo che il blocco nazionale dei cattolici e dei repubblicani moderati ottiene la vittoria alle elezioni del 1919.

L'aumento della pressione fiscale e il fallimento di una politica di risanamento basata sulla riscossione dei crediti di guerra tedeschi erodono ben presto il consenso delle destre e consegnano la vittoria a radicali e socialisti, uniti nel cartello delle sinistre (1924). Il ministero di Edouard Herriot non gode però di una solida maggioranza, e le intenzioni riformatrici in materia fiscale gli alienano ben presto l'appoggio degli industriali e del mondo della finanza. Il processo di distensione europea, unito alle conseguenze della stabilizzazione monetaria, consentono a un nuovo governo di destra guidato da Raymond Poincaré (1926) di rimanere in carica per ben tre anni consecutivi e di ottenere un nuovo successo alle elezioni del 1928. Ma l'ottimismo e la crescita economica hanno ormai vita breve: le ombre della "grande depressione" non tardano infatti ad allungarsi anche sulla Francia.

Sabotaggio dei ferrovieri tedeschi durante l'occupazione francese della Renania.

Le distruzioni provocate dalla guerra civile irlandese al palazzo di giustizia di Dublino **(a sinistra).**
Ottenuta l'autonomia da Londra, l'Irlanda non trova pace: una parte del movimento indipendentista, guidata da Eamon de Valera, denuncia come tradimento l'accordo con la Gran Bretagna.

L'America centrale e il Messico

Tarsila do Amaral,* Ferrovia centrale del Brasile *(1924).
Sebbene mantenga ancora stretti legami commerciali con la Gran Bretagna, alle soglie degli anni Venti il Brasile vede progressivamente aumentare l'influenza dei capitali statunitensi nella sua economia.

Nel corso degli anni Venti si accentua la presenza degli Stati Uniti in America latina. Con il "corollario" che nel 1905 il presidente Theodore Roosevelt ha aggiunto ai princìpi guida della politica estera codificati quasi un secolo prima dalla dottrina Monroe, gli Stati Uniti si attribuiscono il diritto di intervenire in America centrale per garantire l'ordine e il rispetto degli interessi degli investitori stranieri. Washington trasforma dunque in maniera apertamente egemonica la sua politica estera nel subcontinente, assumendo il ruolo e perseguendo una politica da vera e propria potenza imperiale. Con l'inaugurazione del Canale di Panama nel 1914 gli Stati Uniti hanno stabilito la loro sovranità su questa via di comunicazione, impegnandosi a "garantire e mantenere l'indipendenza della Repubblica di Panama". Analogo criterio è usato dalle compagnie multinazionali americane: valga per tutti il caso della United Fruit Company che, oltre alla produzione e commercializzazione delle banane, estende la sua tentacolare influenza in Honduras al settore del credito, alla produzione di energia, alle comunicazioni e ai trasporti, agli acquedotti.
Altrove, come nel caso del Nicaragua, l'ingerenza di Washington si manifesta sia con il controllo delle finanze statali attraverso un gruppo di banche di New York, sia con l'invio di un corpo di spedizione che interviene nella politica del paese. Sarà questa manifesta ingerenza negli affari interni

L'incontro annuale degli ingegneri americani che hanno costruito il Canale di Panama.
L'apertura del passaggio tra l'Atlantico e il Pacifico nel 1914 si dimostra di vitale importanza strategica e commerciale per gli Stati Uniti e favorisce le ripetute ingerenze di Washington nella politica interna degli stati centroamericani.

del Nicaragua a scatenare nel 1927 la guerriglia nazionalista guidata da Augusto César Sandino (assassinato nel 1934).

Più complessi sono i rapporti con il Messico postrivoluzionario. Il principale motivo di frizione è l'articolo 27 della Costituzione del 1917 che, con la nazionalizzazione di tutte le terre, acque e risorse del sottosuolo, minaccia gli interessi delle compagnie statunitensi nel settore minerario e petrolifero.

Nell'aprile del 1923 viene raggiunto un primo accordo: il governo messicano si impegna a non applicare le misure di esproprio previste dalla Carta costituzionale, in cambio del riconoscimento ufficiale da parte dell'amministrazione americana dello stato nato dalla rivoluzione. La tensione si acuisce sotto la presidenza di Plutarco Elías Calles (1924-1928), quando i messicani tornano a rivendicare la retroattività dell'articolo e dichiarano di voler estenderne le applicazioni al settore agrario. Il segretario di stato americano Frank Kellogg non esita ad agitare la minaccia dell'intervento militare, ma la crisi si risolve grazie alla mediazione dei vertici della banca Morgan: gli Stati Uniti ottengono le garanzie richieste e una serie di condizioni favorevoli al rilancio degli investimenti. Il "caso messicano" ha però posto all'ordine del giorno, e all'attenzione di molti paesi dell'area, la necessità di una regolamentazione degli investimenti del capitale straniero in America latina.

Operai messicani in una acciaieria (a sinistra).
La seconda metà degli anni Venti è dominata dal generale Plutarco Elías Calles, denominato jefe máximo *della rivoluzione al potere. Egli non esita a introdurre alcuni elementi di matrice corporativa che consolidano il suo potere e il suo prestigio presso la classe operaia e tra gli strati contadini.*

Diego Rivera, Orgia notturna dei ricchi, affresco del 1926.
La politica culturale e artistica del regime sorto dalla rivoluzione trova in Diego Rivera uno dei massimi interpreti. I suoi affreschi nei chiostri tardocoloniali del ministero dell'Educazione a Città del Messico offrono un chiaro segno dell'identità della nuova nazione.

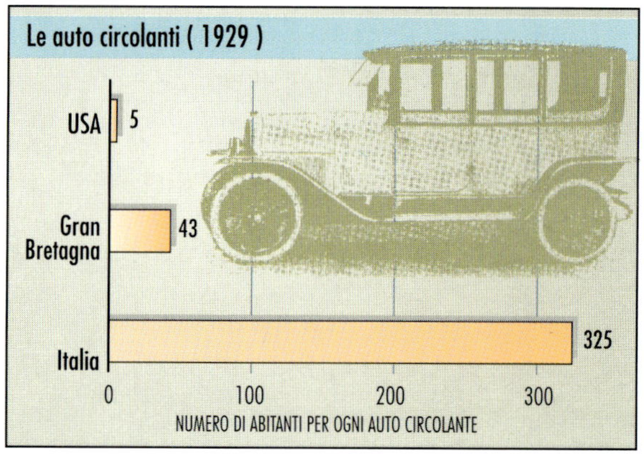

Consumi e società di massa

Negli anni Venti una parte consistente della società statunitense sperimenta quella modernità, indotta dalla produzione su larga scala e dai consumi di massa, che le società europee conosceranno soltanto nella seconda metà di questo secolo. Molti beni di consumo che contrassegnano la nuova realtà della vita urbana – dall'automobile alla radio, dal telefono agli elettrodomestici, dagli abiti pronti ai cibi confezionati – diventano infatti sufficientemente a buon mercato da poter essere acquistati, spesso a rate, da gran parte del ceto medio.
Ciò è conseguenza di un boom economico (tra il 1920 e il 1929 il prodotto interno lordo statunitense cresce del 43 per cento, la produzione industriale del 45 per cento, l'indice di produttività del 55 per cento) favorito dalle nuove tecniche della produzione in serie – come la catena di montaggio introdotta per la prima volta nel 1914 dalla Ford – che abbattono i costi del singolo prodotto e moltiplicano il potere di acquisto degli stipendi.
Non tutti, però, condividono questa prosperità industriale: pochi tra gli operai o gli agricoltori vedono i loro redditi crescere in maniera proporzionale a quelli medi. Ma i consumi crescono con tanta rapidità – e trasformano in modo così radicale gli stili di vita urbani – da connotare

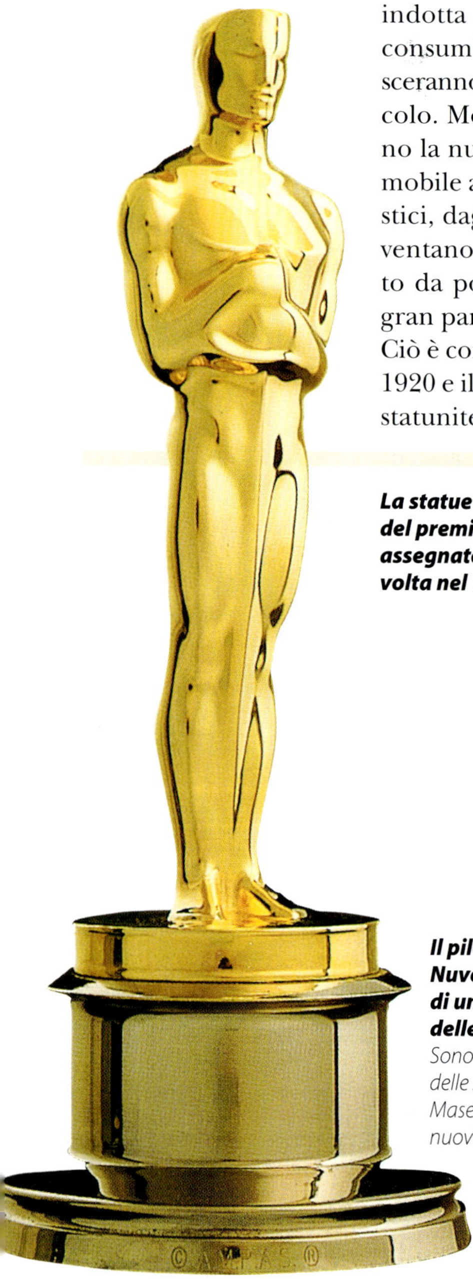

La statuetta del premio Oscar assegnato per la prima volta nel 1928.

Il pilota italiano Tazio Nuvolari nel corso di una delle edizioni delle Mille Miglia. *Sono gli anni ruggenti delle Auto Union, delle Maserati, che consacrano nuovi miti dello sport e celebrano l'audacia dei piloti.*

Uno dei primi radioascoltatori.
Uno degli obiettivi della tecnica è quello di realizzare apparecchi radiofonici di dimensioni ridotte. Nella foto un modello sperimentale di radio portatile contenuta in una pipa.

Manifesto pubblicitario tedesco della fine degli anni Venti.

un'epoca e far dire ai contemporanei che sta nascendo una nuova civiltà: la "società di massa".
A ciò contribuisce il fatto che questa modernità è raffigurata, magnificata e amplificata da un'altra sua componente determinante: i mezzi di comunicazione di massa. La diffusione dei consumi materiali va infatti di pari passo con l'affermarsi di nuovi mezzi e linguaggi che fanno di questo fenomeno una vera e propria cultura collettiva, in particolare visiva e sonora. Il cinema e la radio in primo luogo, ma anche i grandi quotidiani popolari e le riviste illustrate – per non parlare della pubblicità e del marketing – si affermano in questi anni, trasformando il panorama urbano e lasciando una forte impronta sui comportamenti collettivi della nuova società dei consumi.
Molti in America, soprattutto nei settori dell'industria e dei mass media, vedono nella società di massa la manifestazione di una più compiuta democrazia, oltre che la dispensatrice di un benessere diffuso. Invece la temono molti intellettuali europei, perché la giudicano una forza livellatrice che finirà con l'eliminare le distinzioni sociali, annullerà l'individuo e soffocherà la creatività, appiattendo l'intera società e riducendola a un tetro anonimato.

Orchestra jazz.
Con la danza le donne affermano la loro emancipazione: escono da sole la sera, si lanciano nei balli più in voga come il tango, il charleston o il fox-trot. La liberazione dei costumi diventa anche libertà sessuale. Le donne praticano lo sport, fumano in pubblico, guidano l'auto. L'America degli anni Venti è il modello, con le sue dive del cinema e le riviste di music-hall.

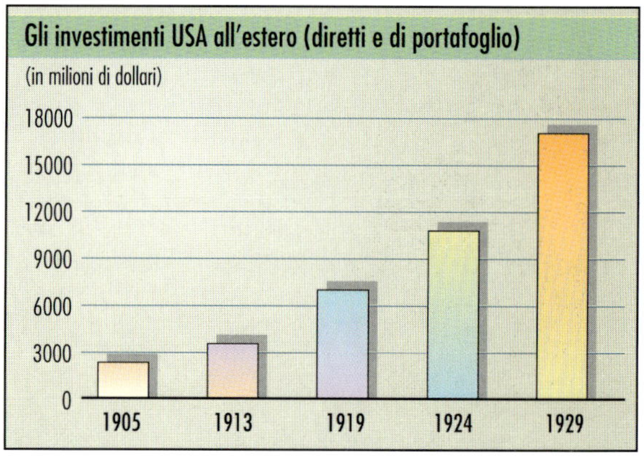

Dalla supremazia finanziaria al crollo di Wall Street

Fino ai primi del Novecento l'industrializzazione degli Stati Uniti ha dovuto affidarsi a capitali esteri. Alla fine del conflitto del 1914-1918 – durante il quale i prestiti e i rifornimenti americani hanno sostenuto lo sforzo bellico dell'Intesa – gli Stati Uniti sono divenuti il principale creditore del mondo. Le banche di Wall Street sono il più importante centro della finanza internazionale, e il dollaro assume un ruolo di preminenza negli scambi internazionali. Dopo un breve periodo di recessione nell'immediato dopoguerra, gli Stati Uniti entrano in una fase di impetuosa espansione economica, che dura fino al 1929, ed estendono la loro penetrazione industriale e finanziaria a tutti i maggiori mercati mondiali. Con le merci e gli investimenti si diffondono i sistemi organizzativi, le tecniche imprenditoriali e le nuove forme di cultura di massa (cinema e pubblicità) che contrassegnano il dinamismo della "civiltà" americana, specie in confronto al lamentato "declino" di quella europea. Per i leader americani (tra i quali spicca Herbert Hoover, ministro per il Commercio e poi presidente) la ramificazione mondiale della potenza economica degli USA, oltre che servire gli interessi della nazione, deve assolvere una funzione di sta-

Charlie Chaplin e Jackie Coogan nel film* Il monello *del 1918.
Il primo lungometraggio del regista è uno specchio della complessità e delle contraddizioni della società americana. L'orfanotrofio e le istituzioni assistenziali, i limiti del paternalismo borghese, il divario fra poveri e ricchi: un mondo di forti contrasti, che si ricompongono nel sogno finale, quando il povero quartiere dei protagonisti appare come un paradiso abitato da angeli.

AMERICANISMO E ANTIAMERICANISMO

Negli anni Venti il cinema di Hollywood, il jazz e i grattacieli proiettano un

Marchio della General Motors, società per la costruzione di autoveicoli, fondata nel 1908.

Il presidente americano Herbert Hoover.
Come responsabile della politica commerciale statunitense, l'esponente repubblicano si ispira a un "individualismo progressista", che favorisce le grandi imprese. Uomo simbolo dell'era della "grande prosperità", una volta eletto presidente non saprà né prevedere né porre rimedio alla crisi del 1929.

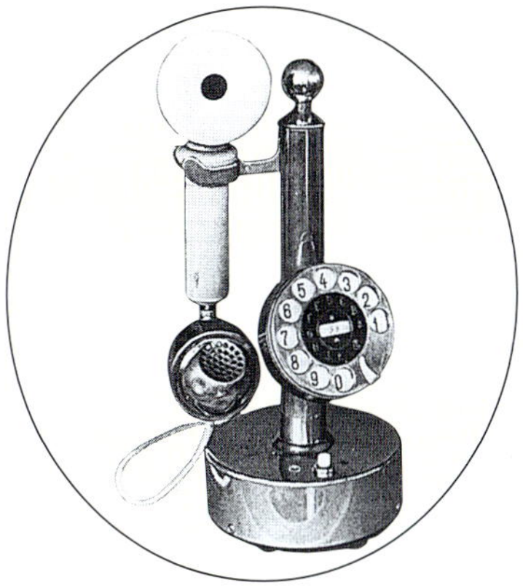

Apparecchio telefonico a tastiera numerica.

bilizzazione internazionale: promuovendo l'interdipendenza dei mercati, gli Stati Uniti possono diffondere prosperità, ordine e pace.
Nella prima metà del decennio le principali banche americane, con il sostegno del governo, intervengono per porre rimedio al disordine finanziario che rischia di soffocare la ripresa europea. Gran Bretagna e Francia, per estinguere i propri debiti verso gli Stati Uniti, fanno affidamento sulle pesanti riparazioni di guerra inflitte alla Germania. Ma quest'ultima si rivela ben presto incapace di pagare le colossali somme imposte dal trattato di Versailles. Con il piano Dawes del 1924, e poi con il piano Young del 1929, la finanza statunitense estende alla Germania crediti sufficienti per stabilizzare la propria moneta e riduce l'ammontare delle riparazioni, riattivando così il cruciale circuito dei pagamenti internazionali.
La temporanea ripresa delle economie europee e del commercio mondiale inizia a dipendere da un costante flusso di crediti e capitali americani. Ma il mercato statunitense resta protetto da dazi e tariffe, e le altre economie, non riuscendo a esportarvi in quantità sufficiente, faticano a guadagnare i dollari necessari ai loro scambi. Quando all'improvviso i capitali americani rientreranno in patria, dopo la crisi borsistica del 1929, questa dipendenza internazionale dalla circolazione di dollari si trasformerà da fattore di crescita in elemento costitutivo di una profonda crisi mondiale.

po' dovunque l'immagine seducente di una società più prospera, libera e dinamica. Ma per molti intellettuali e per le *élites* conservatrici del Vecchio Continente, quell'America assume invece le sinistre sembianze del dispotismo della tecnologia, di una civiltà aridamente materialistica, della barbarie meccanizzata. Scriveva in proposito Henri Massis nel 1931: "Questa fede scientifica che rende un popolo schiavo dei suoi igienisti e dei suoi medici, questo lusso industriale fabbricato da macchine senz'anima per una folla che sembra anch'essa disertare l'anima… questa folla impura e pesante delle grandi città, piene di umani, di bestie e di macchine, questa civiltà arcigna sfida ogni descrizione". Allarmati dalla perdita di peso e di influenza dell'Europa, e dalla fragilità del proprio *status* sociale, questi intellettuali elaborano un comune antiamericanismo con cui le *élites* europee cercano di eludere i dilemmi della modernità novecentesca e della civiltà di massa, che esse temono e disprezzano, attribuendone le origini a quella che considerano un'invasione.

Marchio della casa automobilistica americana Chrysler, fondata a Detroit nel 1925.

In una vignetta del 1925 lo zio Sam rimpiange i tempi in cui non c'erano corruzione e speculazione.

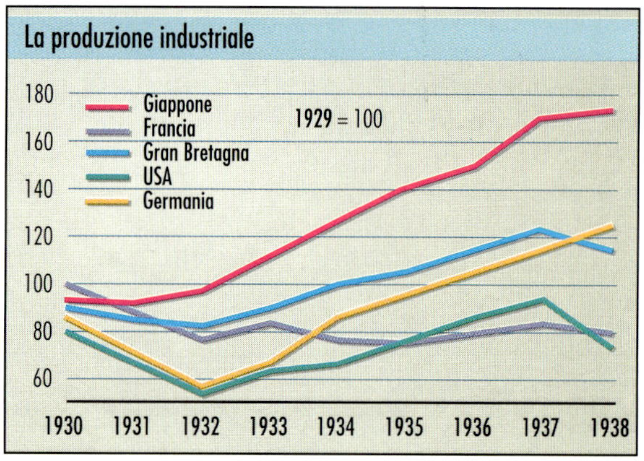

Dall'euforia al panico

Nell'ottobre del 1929, al culmine di un lungo periodo di crescita economica e di intensa speculazione finanziaria, l'indice dei titoli di Wall Street, la più importante borsa del mondo, crolla improvvisamente perdendo quasi metà del suo valore in poche settimane: inizia così la più devastante crisi economica del Novecento, i cui effetti si prolungheranno fino alla metà degli anni Trenta. L'euforia dei precedenti anni di prosperità si tramuta in sfiducia e panico: la caduta di titoli e prezzi diviene inarrestabile, ai fallimenti bancari fanno seguito quelli industriali, l'intera economia americana subisce una paurosa contrazione. Tra il 1929 e il 1932 il prodotto pro capite è quasi dimezzato, il consumo di beni durevoli si riduce del 75 per cento, l'attività edilizia dell'80 per cento. Nello stesso periodo la produzione di automobili precipita da 5,3 milioni di unità a 1,3 milioni. Nell'inverno 1932-1933, il 25 per cento dei lavoratori americani è disoccupato e molti altri sono a salario ridotto.

La crisi nasce dalle forti disuguaglianze sociali che la prosperità degli anni Venti ha acuito. Se la capacità produttiva è aumentata, la disponibilità di reddito, soprattutto nelle fasce sociali più povere, non è cresciuta in eguale misura. I consumi non hanno tenuto il passo con lo sviluppo della produzione: la grande depressione innescata dal crollo borsistico è una crisi di sovrapproduzione

Casa di agricoltori americani nello stato dell'Ohio.
Mentre nel settore industriale la produzione statunitense cresce a un ritmo eccezionale e si rafforzano le grandi concentrazioni (trust) e l'intreccio fra capitale industriale e finanziario, l'agricoltura americana è colpita da una crisi dovuta alla forte riduzione della domanda e al crollo dei prezzi. Il risultato è un netto peggioramento delle condizioni di vita dei ceti rurali.

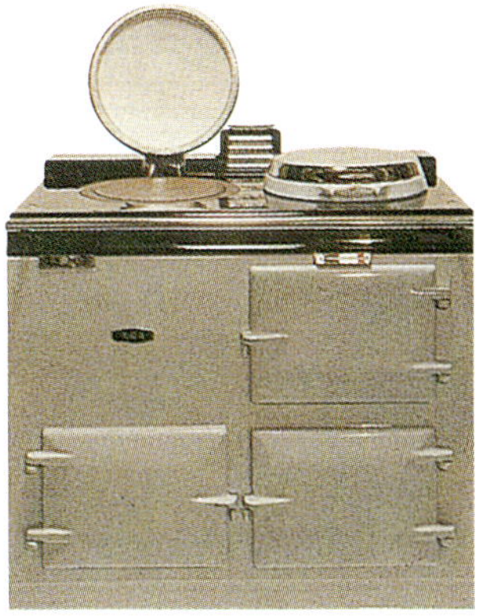

Uno dei primi elettrodomestici: la cucina progettata dallo svedese Gustav Dalen nel 1922.

L'attore Harold Lloyd in un film comico degli anni Venti.

e di sottoconsumo. Le risposte politiche del governo di Washington tardano a riconoscere questa realtà.

Fino al 1932 Hoover insiste nel pareggiare il bilancio per tentare, senza alcun risultato, di ridare fiducia agli investitori; ma ciò non favorisce la ripresa economica, e anzi acuisce la crisi perché, così facendo, comprime la domanda interna. Inoltre il governo reagisce con un ulteriore aumento delle già alte barriere doganali per proteggere i produttori americani. Ma così facendo vengono posti ulteriori ostacoli a un commercio mondiale già bruscamente soffocato dal mancato afflusso dei capitali americani all'estero e da un'analoga reazione protezionistica di altri paesi.

IL "MARTEDÌ NERO"

Giovedì 24 ottobre i prezzi della borsa di New York precipitano, un'enorme quantità di azioni viene offerta sul mercato senza trovare compratori e solo i massicci acquisti organizzati da alcune grandi banche fermano la valanga. Ma solo per pochi giorni. Martedì 29 ottobre, mezz'ora dopo l'apertura delle contrattazioni, oltre 3 milioni di azioni cambiano di mano. Il panico si impadronisce di operatori e investitori e inizia la precipitosa svendita dei titoli. Un giovane banchiere ricorda: "Fu come un fulmine, tutti erano fuori di sé e nessuno sapeva cosa stesse succedendo. Wall Street era in uno stato di confusione totale". La seduta di borsa degenera in una rissa furiosa in cui i broker si accapigliano per riuscire a piazzare gli ordini di vendita. Il prezzo medio dei titoli, elencati nel «New York Times», crolla di 43 punti. Molte azioni sono state comprate a credito, e ora i debiti da restituire non risultano più coperti dal valore dei titoli. Migliaia di risparmiatori, grandi e piccoli, sono rovinati. Molti devono vendere tutto per far fronte ai debiti, e qualcuno si suicida. Il presidente della Union Cigar Company, i cui titoli hanno perso 100 punti in un solo giorno, si getterà dalla finestra del suo albergo gridando: "Dite a quella gente che non posso pagare".

Giornali che annunciano il crollo di Wall Street.
Tra il 1929 e il 1931 gli scambi internazionali si riducono di oltre un terzo, e la crisi si estende a tutti i principali mercati, che precipitano in un brusco ciclo recessivo: la disoccupazione di massa si diffonde in tutti i paesi industrializzati.

Francis Scott Fitzgerald. *Autore di romanzi quali* Il grande Gatsby *e* Tenera è la notte, *lo scrittore americano lascia l'America puritana per vivere con la moglie Zelda tra Parigi e la Costa Azzurra.*

Gli "anni ruggenti"

Nell'etichettare il periodo intercorso tra la fine della Grande Guerra e la crisi del 1929 come "l'età del jazz", il romanziere statunitense Francis Scott Fitzgerald riassume la percezione diffusa – per lo meno nelle classi alte e nelle avanguardie intellettuali del mondo euroamericano – di un periodo di travolgenti cambiamenti di costume.
Le vecchie convenzioni del compassato vivere borghese, già sconvolte dal trauma della guerra, sembrano sommerse dall'improvvisa accelerazione dei ritmi della vita quotidiana imposta, almeno a cominciare dalle grandi metropoli, dalle innovazioni del consumo, della produzione in serie, della tecnologia della comunicazione e del trasporto, dalla pubblicità. Sommandosi alla voglia di arricchirsi e di dimenticare le angosce e la rigida disciplina sociale del tempo di guerra, la radio, l'auto, il cinema, l'aereo – lo statunitense Charles Lindbergh attraversa per la prima volta in solitario l'Atlantico nel 1927 – comunicano alle nuove generazioni della borghesia cosmopolita l'urgenza di una vita bruciante, spensierata e più libera. Nelle metropoli europee – ma anche a New York o Chicago, dove il proibizionismo (introdotto nel 1919 e revocato nel 1933) non frena il consumo di alcolici, ma lo consegna alla clandestinità trasformandolo in un'esperienza trasgressiva di massa, oltre che in fonte di arricchimento per la criminalità organizzata – l'intensa vita notturna nei ca-

***Charles Lindbergh e lo* Spirit of St. Louis.** *Dopo il perfezionamento della tecnologia aerea durante la guerra, si apre un periodo di intenso sviluppo dell'aviazione civile. Imprese pionieristiche come le oltre 33 ore di volo di Lindbergh da New York a Parigi suscitano l'entusiasmo del mondo intero.*

Modelli di abiti del sarto francese Jean Patou.

Joséphine Baker. *Di origine americana, la più celebre ballerina del music-hall si rivela a Parigi nel 1925. Con il suo fascino esotico ed erotico conquista in pochi anni il pubblico di tutto il mondo.*

baret, nei bar, nelle sale da ballo è scandita dai ritmi sincopati del jazz e di nuovi frenetici balli come il charleston.

Le donne – che in questi anni ottengono il diritto di voto in Svezia, in Gran Bretagna e negli Stati Uniti – non hanno più paura di mostrarsi sole ed escono la sera, praticano gli sport, fumano in pubblico, perseguono una emancipazione dei costumi che è insieme ricerca di autonomia intellettuale, di indipendenza sociale e di liberazione sessuale. Nella letteratura come nella pittura, nell'architettura come nel cinema, le avanguardie artistiche assumono spesso atteggiamenti programmaticamente trasgressivi: rielaborano le suggestioni della modernità tecnologica, riproducono e accelerano il frammentarsi delle vecchie convenzioni estetiche e culturali, spesso dialogano con aneliti rivoluzionari verso un'umanità rinnovata, visto che la Russia rivoluzionaria incarna anche un progetto intellettuale utopico. Così facendo, le avanguardie danno vita a stili di espressione – come il dada e il surrealismo, l'espressionismo o il modernismo del Bauhaus – e spesso anche a stili di vita, particolarmente visibili a Parigi e a Berlino, che simboleggiano questa modernità al tempo stesso vitale e fragile.

Manifesto pubblicitario della «Revue nègre» al teatro degli Champs-Elysées.

IL DADAISMO

Durante la guerra il centro delle avanguardie artistiche si è spostato dalla Francia e dalla Germania ai paesi neutrali, come l'Olanda (dove nel 1917 Piet Mondrian, con altri, fonda la rivista «De Stijl») e la Svizzera, che ospita non solo esuli politici come Lenin ma anche artisti e poeti – fra cui Tristan Tzara, Marcel Duchamp e Hans Arp – che si incontrano al Cabaret Voltaire di Zurigo a partire dal 1916. Di ispirazione anticonformista, il movimento dada (un nome che non ha alcun senso) si schiera contro la guerra e ironizza sul significato dell'opera d'arte. Gli artisti dada attribuiscono dignità di sculture a semplici oggetti d'uso quotidiano (i *ready-made*) e considerano poesie quelle fatte coi ritagli di giornale, mescolati e disposti a caso sulla pagina. A guerra finita molti artisti si stabiliscono in Francia e Germania. Max Ernst realizza nel 1920 una mostra a cui si accede attraverso un gabinetto pubblico.

Replica del 1964 della* Fontana *di Marcel Duchamp (1917).

1919-1920

ECONOMIA E SOCIETÀ

1919

10 ottobre *Russia* Embargo economico internazionale contro la Russia sovietica.

Gran Bretagna Alcock e Brown effettuano la prima trasvolata dell'Atlantico senza scalo.

USA È vietata la fabbricazione e la vendita degli alcolici. Inizia l'epoca del proibizionismo.

1920

USA Le donne ottengono il diritto di voto.

Francia Si diffonde il tango.

Gran Bretagna Nasce la BBC, che sarà il modello delle emittenti radio pubbliche europee.

POLITICA E ISTITUZIONI

1919

18 gennaio *Francia* Inizia la conferenza di Versailles.

gennaio *Irlanda* Il movimento Sinn Fein proclama la repubblica indipendente.
• *Germania* A Berlino è repressa la rivolta spartachista; assassinati Rosa Luxemburg e Karl Liebknecht.

2-6 marzo *Russia* A Mosca viene fondata la Terza Internazionale (COMINTERN).
• *Ungheria* Béla Kun instaura un governo rivoluzionario dei Soviet).
• *Italia* Mussolini fonda i Fasci di combattimento; don Sturzo il Partito popolare.

10 aprile *Messico* Assassinio di Emiliano Zapata.

13 aprile *India* Massacro di Amritsar.

28 aprile A Versailles nasce la Società delle Nazioni.

agosto *Germania* Comincia la Repubblica di Weimar.

1920

1° marzo *India* Mohandas K. Gandhi inizia la resistenza non violenta.

13 marzo *Germania* Fallisce il putsch di Kapp-Lüttwitz.

maggio *Messico* Assassinio

1921-1923

ECONOMIA E SOCIETÀ

1921

8-16 marzo *URSS* Lenin vara la NEP.

aprile *URSS* Inizia la siccità che provoca la grande carestia. Muoiono 5 milioni di persone.

Germania Gli alleati fissano a 132 milioni di marchi le riparazioni di guerra.

USA Una nuova legge fissa le quote di immigrazione.
• A Chicago, 10 dollari di multa alle donne che indossano gonne corte.

1922

Germania Crollo del marco e impennata dell'inflazione.

1923

Italia Giovanni Gentile vara la riforma della scuola.

USA Montana e Nevada istituiscono le prime pensioni di vecchiaia.
• Si diffondono le insegne luminose al neon.

POLITICA E ISTITUZIONI

1921

21 gennaio *Italia* Fondato a Livorno il Partito comunista d'Italia.

1 luglio *Cina* A Shanghai nasce il Partito comunista.

23 luglio *Marocco* Abd El Krim guida la rivolta contro l'occupazione spagnola.

29 luglio *Germania* Adolf Hitler è eletto presidente del Partito nazionalsocialista.

novembre *Italia* Mussolini fonda il Partito nazionale fascista.

6 dicembre *Gran Bretagna* l'Irlanda, escluso l'Ulster, ottiene l'autogoverno.

1922

6 febbraio *Vaticano* Pio XI è eletto papa.

18 marzo *India* Gandhi è condannato a sei anni di prigione.

marzo *Egitto* La Gran Bretagna concede lo *status* di regno indipendente.
• *Sudafrica* Il primo ministro Jan Christiaan Smuts reprime le rivolte operaie di Johannesburg e Pretoria.

aprile *Russia* Stalin è nominato segretario generale del Partito comunista.

27-29 ottobre *Italia* Marcia su Roma dei fascisti con a capo Mussolini.

1924-1925

ECONOMIA E SOCIETÀ

1924

Gran Bretagna Nasce la Imperial Airways, prima linea aerea nazionale.

Italia Antonio Gramsci fonda il quotidiano comunista «L'Unità».

USA Piano Dawes per la stabilizzazione delle monete europee.
• Nasce la Metro Goldwin Mayer.
• Clarence Birdseye lancia il metodo per surgelare la carne.

1925

Giappone Viene introdotto il suffragio universale maschile.

Italia Il regime fascista chiude «Il Popolo».

Francia Prima apparizione della ballerina Joséphine Baker.

POLITICA E ISTITUZIONI

1924

21 gennaio *URSS* Muore Lenin.

22 gennaio *Gran Bretagna* Primo breve governo laburista di James R. MacDonald.

gennaio-marzo *Grecia* Il re Giorgio II abdica. Proclamata la repubblica.

aprile *USA* Il Johnson Act vieta l'immigrazione giapponese.

10 giugno I fascisti uccidono il deputato socialista Giacomo Matteotti.

India Gandhi organizza la campagna per boicottare i prodotti industriali europei.

Sudafrica Inizia il processo di autonomia dalla Gran Bretagna.

1925

3 gennaio *Italia* Mussolini instaura la dittatura fascista.

12 marzo *Cina* Muore Sun Yat-sen: Chiang Kai-shek prende la guida del Guomindang.

1926-1927

ECONOMIA E SOCIETÀ

1926

Belgio È trasmesso il primo radiogiornale dal giornalista Téo Fleischman.

Francia Si diffonde il charleston.

USA Walt Disney crea il personaggio di Mickey Mouse.

1927

Francia A Parigi nasce la Concentrazione antifascista, ad opera degli esuli italiani.

Gran Bretagna Prime trasmissioni televisive sperimentali.

USA Charles A. Lindbergh compie la trasvolata in solitario dell'Atlantico con lo *Spirit of St. Louis*.
• Inizia l'epoca del film sonoro con *Il cantante di jazz* di Alan Crosland.

POLITICA E ISTITUZIONI

1926

3 aprile *Italia* La legge Rocco istituisce il sindacato unico fascista.

12-14 maggio *Polonia* Golpe del maresciallo Józef Pilsudski.

maggio *Portogallo* Colpo di stato di Gomes da Costa.

8 novembre *Italia* Il leader comunista Antonio Gramsci è arrestato: sarà condannato a 20 anni di carcere.

novembre *Italia* Approvate le "leggi fascistissime".

Giappone L'imperatore Hirohito succede al padre Yoshihito.

Nicaragua Augusto C. Sandino guida la ribellione contro l'occupazione statunitense.

Svizzera La Germania è ammessa nella Società delle Nazioni.

1927

18 aprile *Cina* A Nanchino Chiang Kai-shek instaura il suo governo nazionalista.

1928-1929

ECONOMIA E SOCIETÀ

1928

Italia Il dirigibile *Italia* di Umberto Nobile precipita mentre sorvola il Polo Nord.

URSS Stalin avvia il primo piano quinquennale.

1929

11 febbraio *USA* Il piano Young riduce i debiti di guerra della Germania.

24 ottobre Crolla la borsa di Wall Street e inizia la grande depressione.

Belgio È pubblicato «Tintin», il fumetto del disegnatore Hergé.

Germania Il dirigibile tedesco *Zeppelin* compie il giro del mondo in 20 giorni.

USA L'Academy of Motion Picture, Arts and Sciences istituisce il premio cinematografico Oscar.

POLITICA E ISTITUZIONI

1928

giugno *Cina* Si conclude la riunificazionedel paese con la conquista di Pechino da parte delle truppe di Chiang Kai-shek.

27 agosto *Svizzera* Alla Società delle Nazioni, 57 stati sottoscrivono il patto Briand-Kellogg contro la guerra.

Albania Viene proclamata la monarchia.

Egitto Inizia la dittatura di re Fuad I, appoggiato dagli inglesi.

1929

6 gennaio *Jugoslavia* Alessandro I scioglie Parlamento e partiti, abroga la Costituzione: inizia la dittatura.

11 febbraio *Italia* Mussolini e il cardinale Gasparri firmano i Patti lateranensi.

novembre *URSS* Nicolaj Bucharin è escluso dal Comitato centrale del PCUS. Inizia la

	SCIENZA E TECNOLOGIA	CULTURA E SPORT

del presidente Carranza.

10 agosto *Francia* Firmato il trattato di Sèvres.

12 novembre *Italia* Trattato di Rapallo con la Jugoslavia; Fiume diventa "città libera".

21 novembre *Irlanda* A Dublino "domenica di sangue".

novembre *Russia* L'Armata Rossa di Trockij sconfigge le truppe "bianche".

SCIENZA E TECNOLOGIA

1920

India L'astrofisico M. N. Saha formula la teoria della ionizzazione degli atomi.

Italia Guglielmo Marconi realizza in Gran Bretagna la prima radiotrasmittente pubblica.

USA J.T. Thompson brevetta il fucile mitragliatore.

CULTURA E SPORT

1919

Austria Inaugurato a Salisburgo il primo Festival della musica.

Gran Bretagna Bertrand Russell pubblica *Introduzione alla filosofia matematica*.

Francia Fondazione della rivista surrealista «Littérature».
• Marcel Proust pubblica *All'ombra delle fanciulle in fiore*.

Germania Walter Gropius fonda a Weimar la Bauhaus, scuola di architettura e arti decorative.
• Prima proiezione del film *Il gabinetto del dottor Caligari* di Robert Wiene.

Olanda Esce *L'autunno del medioevo* di Johan Huizinga.

1920

Belgio Alle Olimpiadi di Anversa sono esclusi gli atleti tedeschi e austriaci.

Cecoslovacchia Esce *Le avventure del buon soldato Svejk* di Jaroslav Hašek.

Francia Il belga Philippe Thys vince per la terza volta il Tour de France.

USA Il poeta Ezra Pound pubblica i *Cantos*; il giornalista John Reed *I dieci giorni che sconvolsero il mondo*.

---

30 dicembre Nasce l'URSS.

1923

20 luglio *Messico* Assassinio di Pancho Villa.

13 settembre *Spagna* Il generale Miguel Primo de Rivera instaura la dittatura.

29 ottobre *Turchia* Mustafa Kemal è il presidente della neonata repubblica.

3-9 novembre *Germania* Fallisce il putsch di Hitler.

1921

Francia È prodotto il vaccino contro la tubercolosi.

Germania Ad Albert Einstein va il Nobel per la fisica.

1922

Danimarca A Niels Bohr va il Nobel per la fisica.

Germania Hermann Staudinger introduce il concetto di macromolecola, essenziale per produrre le materie plastiche.

Russia Aleksandr Oparin formula la teoria del "brodo primordiale".

1923

Spagna Juan de La Cierva inventa l'autogiro, il prototipo dell'elicottero.

USA Il russo Vladimir Zworykin costruisce l'iconoscopio, alla base della televisione.
• George Papanicolau inventa il Pap test per la diagnosi del cancro all'utero.

1921

Austria Esce il *Tractatus logico-filosoficus* di Ludwig Wittgenstein.

Cina Esce il romanzo *La vera storia di Ah Q* di Lu Hsün.

Francia Si svolge a Le Mans il primo Gran premio automobilistico del dopoguerra.
• Man Ray realizza *Cadeau*, un ferro da stiro chiodato.

Montecarlo Si svolge la prima Olimpiade femminile.

USA A New York prima de *Il monello* di Charlie Chaplin.

1922

Egitto George H. Carnarvon e Howard Carter scoprono la tomba di Tutankhamon.

Germania Friedrich Murnau realizza il film *Nosferatu*.
• A Lipsia, primo meeting internazionale di atletica.

Irlanda James Joyce pubblica il romanzo *Ulisse*.

Messico Inizia la pittura murale di David A. Siqueiros e Diego Rivera.

Russia A Mosca nasce «Lef» di Vladimir Majakovskij.

USA Thomas S. Eliot pubblica *La terra desolata*.
• A New York esce la rivista «Reader's Digest».

1923

Italia Italo Svevo pubblica *La coscienza di Zeno*.

USA Henry Sullivan attraversa a nuoto la Manica.

---

26 aprile *Germania* Paul von Hindenburg è eletto presidente.

21 giugno *Albania* Ahmed Zogu è il presidente della neonata repubblica.

14 luglio *Germania* Le truppe francesi lasciano la Ruhr, occupata nel 1923.

ottobre-dicembre *Svizzera* Si svolge la conferenza di Locarno.

1924

Gran Bretagna Il fisico Ernest Rutherford ottiene la fissione nucleare.
• L'astronomo Arthur S. Eddington scopre la relazione tra la luminosità di una stella e la sua massa.

1925

USA Dick Drew inventa il nastro adesivo (scotch).
• I laboratori Bell mettono a punto il microfono.
• Viene costruito il fonografo elettrico.

Italia È ultimata la Milano-Laghi, la prima autostrada del paese.

Germania Esce *Interpretazione quantistica dei rapporti cinematici e meccanici* di Werner Heisenberg.

URSS Il formalista russo Viktor B. Sklovskij pubblica *Sulla teoria della prosa*.

1924

Francia André Breton firma il *Manifesto del surrealismo*.
• A Chamonix si svolge la prima Olimpiade invernale.

Gran Bretagna Esce *Passaggio in India* di Edward M. Forster.

Italia Muore il pilota automobilistico Antonio Ascari.

USA Duke Ellington forma il suo primo complesso jazz.
• George Gershwin compone *Rapsodia in blu*.

1925

Francia A Parigi si svolge l'esposizione dell'Art Déco.
• Prima mostra dei surrealisti alla Galerie Pierre.

Gran Bretagna Esce *La signora Dalloway* di Virginia Woolf.

Italia Pubblicati la raccolta di poesie *Ossi di seppia* di Eugenio Montale e il *Manifesto degli intellettuali antifascisti*, promosso da Benedetto Croce, in risposta al *Manifesto degli intellettuali fascisti* di Giovanni Gentile.

URSS Esce il film *La corazzata Potëmkin* di Sergej Ejzenštejn.

USA Francis Scott Fitzgerald pubblica *Il grande Gatsby*.

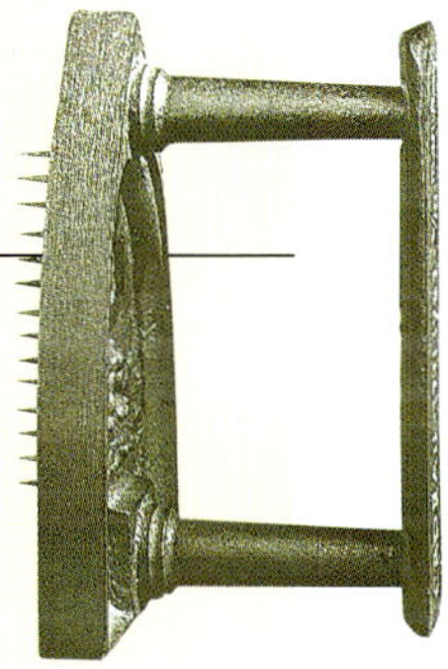

---

23 agosto *USA* Giustiziati gli anarchici italiani Nicola Sacco e Bartolomeo Vanzetti.

novembre *URSS* Vittoria di Stalin al XV Congresso del PCUS; Lev Trockij e Gregorij Zinov'ev sono espulsi dal Partito.
• *Cina* Mao Zedong dà vita al primo governo operaio-contadino.

1926

Gran Bretagna L'ingegnere John Baird presenta il prototipo della televisione.

USA Albert A. Michelson misura la velocità della luce.
• Philip Drinker e L.H. Show. costruiscono il primo polmone d'acciaio.

1927

Belgio Lo scienziato Georges Lemaître elabora la teoria del "big bang".

Gran Bretagna il medico Alexander Fleming scopre la penicillina.

USA Albert Szent-Györgyi isola la vitamina C.

1926

Boemia Esce postumo *Il castello* di Franz Kafka.

Italia Alla Scala, prima rappresentazione di *Turandot* di Giacomo Puccini.

Ungheria Il musicista Béla Bartók compone la *Sonata per pianoforte*.

USA Esce *Ben Hur*, il primo kolossal della storia del cinema. Muore Rodolfo Valentino.

1927

Germania Hermann Hesse scrive *Il lupo della steppa*.
• Il regista Fritz Lang realizza il film *Metropolis*.
• Primo campionato mondiale di ciclismo su strada per professionisti.
• Martin Heidegger pubblica *Essere e tempo*.

Giappone Esce il romanzo *La danzatrice di Izu* di Yasunari Kawabata.

Gran Bretagna Sir Arthur Conan Doyle scrive *Il taccuino di Sherlock Holmes*.

Italia Si corre la prima corsa automobilistica delle Mille miglia.

---

dittatura di Stalin.

22 dicembre Accordo fra Cina e URSS, che rinunciano alla guerra nella contesa per il possesso della Manciuria.

dicembre *India* Il Congresso di Lahore reclama l'indipendenza e preannuncia una nuova campagna di disobbedienza civile.

1928

Gran Bretagna Il primo acceleratore di particelle è costruito da J.D. Cockcroft e E.T. Walton.

USA George Eastman realizza il primo film a colori.
• Jacob Schick realizza il primo rasoio elettrico.

1929

Austria Il ginecologo Hermann Knaus pubblica i suoi studi sul computo dei giorni fertili femminili.

Germania Adolf Butenandt scopre l'ormone femminile (estrone).
• Hans Berger inventa l'elettroencefalografo.

1928

Francia Maurice Ravel compone il balletto *Bolero*.
• Esordisce da professionista il pugile italiano Primo Carnera.

Germania Successo per *L'opera da tre soldi* di Bertolt Brecht.

Gran Bretagna David H. Lawrence scrive *L'amante di Lady Chatterley*.

Spagna Federico García Lorca pubblica *Romancero gitano*.
• A Parigi proiezione del film surrealista *Il cane andaluso* di Luis Buñuel e Salvador Dalì.

USA George Gershwin compone *Un americano a Parigi*.

1929

Francia Marc Bloch e Lucien Febvre fondano la rivista «Annales d'histoire économique et sociale».

Germania Thomas Mann vince il premio Nobel con il romanzo *I Buddenbrook*.

Italia Alberto Moravia pubblica *Gli indifferenti*.

USA Ernest Hemingway dà alle stampe *Addio alle armi*.

L'automobile

La produzione industriale dell'automobile ha inizio nel 1888, solo dopo l'introduzione dell'alimentazione a benzina per opera di Gottlieb Daimler. Nei decenni successivi in tutti i maggiori paesi europei nascono industrie automobilistiche. Fino alla prima guerra mondiale il primato delle vendite rimane alla Francia, che già nel 1905 ha costruito 14.000 vetture. Le innovazioni più importanti sono però introdotte dall'altra parte dell'Atlantico, facendo dell'America la vera patria dell'automobile e di quest'ultima la regina del moderno sistema industriale. Il famoso "modello T" creato da Ford nel 1908 e la catena di montaggio integrata, inaugurata nei suoi stabilimenti sei anni più tardi, permettono all'auto di diventare la protagonista del secolo, anticipando un sistema produttivo che si estenderà a tutti gli altri settori. Il successo dell'automobile affretta l'urbanizzazione, il mutamento del paesaggio agrario e l'espandersi tumultuoso delle comunicazioni stradali. Il vero boom avverrà solo nel dopoguerra, quando anche in Europa l'industria automobilistica scandirà i tempi dello sviluppo economico.

Lancia Trikappa del 1922.
L'industria automobilistica italiana, fondata a Torino nel 1906 da Vincenzo Lancia, si caratterizza per le soluzioni tecniche di avanguardia. Negli anni Trenta la produzione della Lancia coniuga i requisiti di qualità e affidabilità in vetture di lusso medio-piccole.

Marchio della Bugatti.
Fondata da Ettore Bugatti nel 1907, l'omonima fabbrica di automobili ottiene un gran numero di brevetti e crea vetture da corsa che negli anni Venti primeggiano in tutti i circuiti d'Europa.

Un'auto Vauxhall del 1922.
Il mito della velocità è legato soprattutto agli sport del motore. L'epoca d'oro dei Gran Premi si registra tra le due guerre. A contendersi il dominio delle piste sono Alfa Romeo, Bugatti, Ballot e Sunbeam. Negli anni Venti il primato spetta ad Alfa Romeo e Bugatti, detronizzate nel decennio successivo da Mercedes Benz e Auto Union.

Tra democrazie e totalitarismi

Nel corso degli anni Trenta la crisi del liberalismo sembra giungere al suo apice, mentre le relazioni tra gli stati sembrano incapaci di raggiungere un equilibrio che allontani i pericoli di guerra. Le democrazie parlamentari si riducono numericamente sempre di più e i regimi autoritari e fascisti conquistano potere e consenso in Germania, nella penisola iberica, nell'Europa centrale e orientale. La grave e profonda crisi economica scoppiata oltre Atlantico porta in Europa milioni di disoccupati, conflitti sociali permanenti, sfiducia nelle istituzioni democratiche e nel libero mercato. È solo negli Stati Uniti che la decisa politica di intervento statale imboccata dal New Deal *sembra poter conciliare la democrazia e il mercato con la difesa degli strati sociali colpiti dalla crisi, in un'ottica di ripresa economica e di nuovo slancio sul terreno politico e culturale. La crisi del liberismo e delle istituzioni parlamentari si accompagna al fascino sempre maggiore che suscita l'esperimento sovietico di industrializzazione. Il primo piano quinquennale e la collettivizzazione delle terre susciteranno ovunque interesse ed entusiasmo, a dispetto delle tragedie sociali e della estesa repressione che accompagnano in URSS l'esperienza della pianificazione. I successi economici del regime staliniano non costituiscono, come si spera da molte parti, una tappa che prelude a alla democratizzazione delle istituzioni. Proprio nella seconda metà del decennio la società sovietica sarà scossa da quel "grande terrore" che sconvolge gli stessi vertici del regime.*

Le vicende internazionali del decennio sono scandite dalla crisi della Società delle Nazioni, dall'avvento di regimi nazionalisti e dal rilancio dell'imperialismo e del militarismo, dal succedersi di guerre locali che acuiscono le tensioni tra gli stati e preludono al secondo conflitto mondiale. La guerra in Manciuria, l'aggressione italiana all'Etiopia, la sollevazione contro la repubblica spagnola e la guerra civile che per tre anni insanguina la penisola iberica sono solo le punte estreme di una conflittualità che nessuna tra le deboli misure intraprese dalla Società delle Nazioni riuscirà a contenere.

Il riarmo tedesco si accompagna a una palese aggressività del regime nazista che la debolezza delle democrazie occidentali sembra soltanto incoraggiare. L'annessione dell'Austria e il sostegno militare offerto da Hitler alla vittoria di Franco nella guerra civile spagnola prefigurano la politica di penetrazione e occupazione nei Sudeti e il carattere premeditato della politica espansionistica tedesca.

In questo clima di conflittualità e insicurezza la società di massa si è ormai imposta ovunque. È prevalentemente sul piano politico e sociale, più ancora che su quello economico e dei consumi, che essa si diffonde in Europa. Propaganda, indottrinamento, partecipazione politica sono l'altra faccia dell'intervento statale sui temi dell'educazione, del lavoro, della sicurezza sociale e dell'organizzazione del tempo libero. Il clima ideologico intossicato dai fascismi si polarizza tra il nazionalismo aggressivo della destra e l'internazionalismo della sinistra succube degli interessi statali sovietici.

Berlino: in una sala di esposizioni un'aquila poggia su una corona di foglie di quercia che cinge una svastica (nella pagina precedente).

La depressione mondiale

La "grande depressione" in cui precipita l'economia americana, in seguito al crollo borsistico del 1929, si ripercuote sulle altre nazioni industrializzate e, nell'arco di due anni, si estende ai quattro angoli del mondo. Tra il 1929 e il 1931 il commercio mondiale si riduce di un terzo, le esportazioni statunitensi calano del 60 per cento, quelle britanniche si dimezzano, i crediti degli Stati Uniti si prosciugano, la Germania non è più in grado di pagare debiti e riparazioni. Il sistema monetario, basato sulla convertibilità delle valute in oro, è troppo rigido e molti paesi, a cominciare dalla Gran Bretagna, lo abbandonano.

Dappertutto l'attività economica ristagna: si moltiplicano i fallimenti e la disoccupazione sale vertiginosamente. I governi ricorrono al protezionismo per sostenere la produzione e salvaguardare il reddito nazionale. L'interdipendenza tra i vari mercati regredisce, e la stessa legittimità dell'ordinamento internazionale liberista viene posta in dubbio dal diffondersi della povertà e di tensioni sociali. Il sistema internazionale crolla: con il fallimento della conferenza di Londra del 1933 ciascuno cerca di andare per la sua strada, sperimentando forme di sostegno statale all'economia.

Alcune di queste strade, come quella della socialdemocrazia svedese o del *New Deal* americano, si riveleranno creative e ben compatibili con il sistema democratico. Ma non è ovunque così. All'inizio del 1933, con l'ascesa di Hitler al potere, la Ger-

La Réponse imprévue *di René Magritte (1933).*

Charlie Chaplin nel film* Tempi moderni *(1936).
In anni in cui il capitalismo è alla ricerca di nuove strade per superare la crisi, il personaggio di Chaplin rappresenta la vittima di un sistema sempre più disumano, in cui l'operaio, ridotto a ingranaggio, è costretto ad adeguarsi ai ritmi scanditi dalle macchine. Smarrito e alienato, riesce a non farsi stritolare, ma resta incapace di opporsi: è solo per caso, agitando una bandiera rossa raccolta da terra, che si trova inconsapevolmente alla testa di una manifestazione operaia.

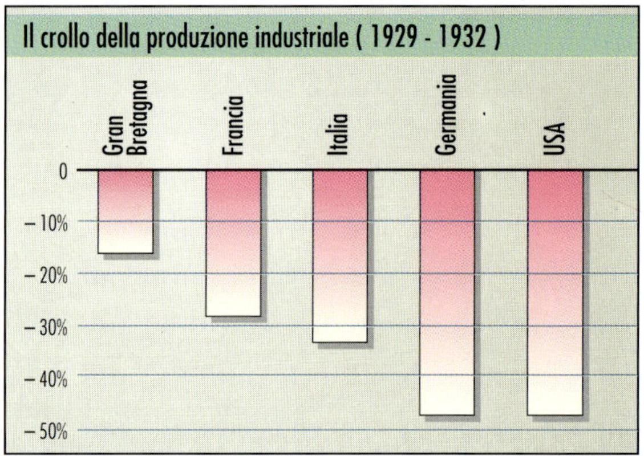

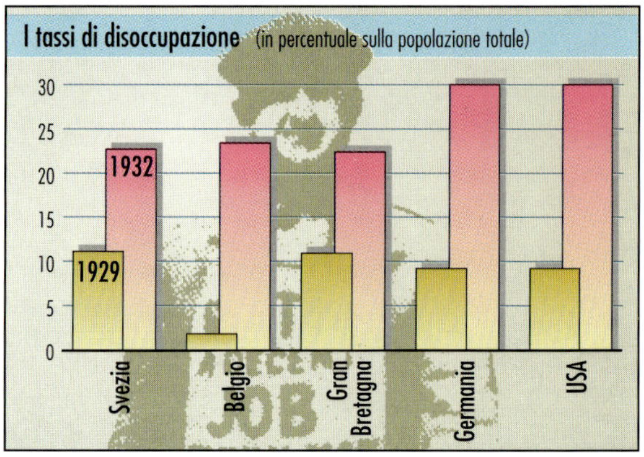

mania imbocca la via di un regime dittatoriale, ferocemente nazionalista, che affida la ripresa economica al riarmo e alla prospettiva di un aggressivo espansionismo. Non molto diversa è la strategia del Giappone, che nel 1931 occupa la Manciuria e inizia a costruire una propria sfera di dominio strategico in Estremo Oriente.

Il crollo del sistema internazionale e la progressiva divaricazione tra gli interessi dei suoi maggiori protagonisti si estende dalla sfera economica a quella politica e strategica. La debolezza delle democrazie liberali, evidenziata dal persistere della crisi, si manifesta anche nelle esitanti e inefficaci risposte che Francia e Gran Bretagna danno all'espansionismo di Hitler.

Lavavetri al lavoro su un grattacielo di New York.

DALLA CRISI ALLA GUERRA

Molti sono i nessi che collegano la depressione mondiale dei primi anni Trenta al crollo del sistema internazionale che sfocerà nella seconda guerra mondiale. In primo luogo perché, alla relativa fiducia negli scambi sui mercati internazionali (quali fattori di prosperità condivisa), si sostituisce il tentativo dei governi – siano essi democratici o dittatoriali– di racchiudere ciascuna delle principali economie in aree chiuse e protette da un forte controllo statale. Da qui al tentativo di espandere queste aree, tendenzialmente autarchiche, attraverso strategie politico-militari il passo è breve, e i regimi autoritari di Germania, Italia e Giappone lo intraprendono con decisione. In secondo luogo perché la disoccupazione e l'insicurezza economica dei primi anni Trenta sono alla base dell'affermazione di movimenti autoritari e aggressivi; per esempio, senza la crisi che scuote la Germania nel 1931-1933, il successo elettorale di Hitler sarebbe difficilmente immaginabile. In terzo luogo perché l'incapacità di concertare una risposta comune alla crisi evidenzia i limiti della cooperazione internazionale, e incentiva viceversa le scelte unilaterali, le risposte nazionalistiche e le soluzioni di forza, fino alla guerra. In Asia, e ancor più in Europa, la crisi agisce poi da detonatore delle irrisolte tensioni interne e internazionali. Con gli USA chiusi su se stessi per fronteggiare la depressione, e l'URSS isolata nel suo esperimento di pianificazione forzata, la crisi internazionale precipiterà nel giro di alcuni anni verso il confronto armato.

Operaie al lavoro in un'azienda che produce materiale per gli apparecchi radio.

Modernizzazione socialista e terrore in Unione Sovietica

Morto Lenin (21 gennaio 1924), Stalin (Iosif Vissarionovič Džugašvili) diventa segretario generale del Partito e si libera dei rivali della vecchia guardia (da Gregorij Zinov'ev a Lev Kamenev già suoi alleati contro Trockij, che verrà espulso nel 1929 e assassinato in Messico nel 1940) e dà corpo alla sua teoria del "socialismo in un solo paese". Industrializzazione accelerata e collettivizzazione forzata sono le direttive dell'economia sovietica dalla fine degli anni Venti. Il primo piano quinquennale (ottobre 1928) stabilisce l'assoluta priorità dell'industria pesante, per raggiungere una crescita pari al 135 per cento. In agricoltura si prevede una collettivizzazione progressiva, fondata sul principio dell'adesione volontaria dei contadini alle aziende di stato – in particolare *kolchozy* e *sovchozy*.

A partire dall'inverno del 1927 inizia una nuova "crisi dei raccolti" nelle campagne. La catastrofica diminuzione delle consegne dei prodotti agricoli ha non solo pregiudicato il rifornimento delle città e dell'esercito, ma anche privato il paese della principale risorsa per le esportazioni. Si intensificano le requisizioni, sostenute dalla mobilitazione di tutte le organizzazioni comuniste. L'estensione della collettivizzazione e la "liquidazione dei *kulaki* come classe", annunciate da Stalin il 27 dicembre 1929, sono realizzate con confische, arresti, deportazioni, esecuzioni, che determinano la drasti-

Stalin e Sergej Kirov.
Distintosi nel periodo dell'industrializzazione forzata e della collettivizzazione, Kirov emerge come dirigente politico di primo piano, in grado di insidiare il potere personale del capo. Il misterioso attentato in cui nel 1934 perde la vita diventa per Stalin il pretesto per dare inizio a un'ondata di terrore contro tutti gli oppositori e i "nemici del popolo"

Lenin in una delle sue ultime foto.
Colpito da emorragia cerebrale nel maggio del 1922, Lenin è costretto a ritirarsi dalla politica.

Manifesto sovietico del 1932.
Mentre le economie dei paesi occidentali sono travolte dalla crisi, l'URSS avvia un processo di industrializzazione accelerata, secondo le linee del piano quinquennale. I primi prodigiosi risultati sono esaltati dalla propaganda per rafforzare la mobilitazione guidata dall'alto.

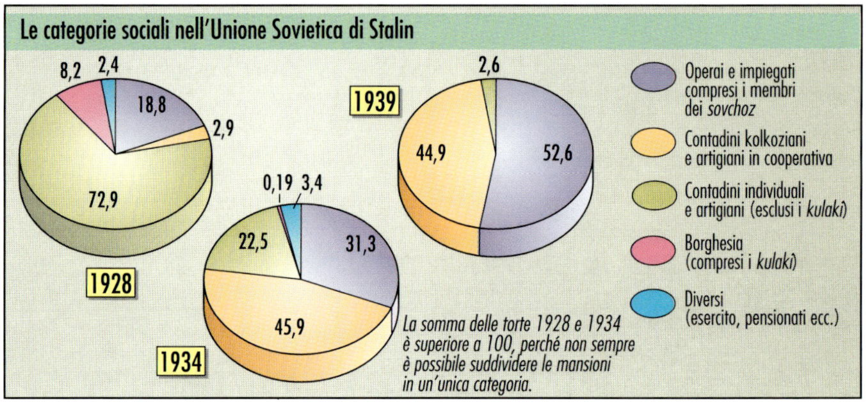

ca diminuzione delle terre coltivate e la disorganizzazione totale dei cicli di produzione.

La conseguenza più drammatica è la disastrosa carestia del 1932-1933, che provoca almeno 5 milioni di vittime, in particolare in Ucraina. I successi nel settore industriale, realizzati con la parola d'ordine dell' "emulazione socialista" e la mobilitazione della forza lavoro in "brigate d'assalto", sono inferiori alle previsioni. All'inizio del 1933 il piano è realizzato con nove mesi di anticipo: l'aumento della produzione è del 273 per cento.

Per garantire la gestione centralizzata della manodopera e delle risorse cresce a dismisura la burocrazia. Il massiccio reclutamento di una nuova generazione di operai, non specializzati e poco disciplinati, ha però effetti destabilizzanti sull'organizzazione di fabbrica, cui si cerca di rimediare con l'adozione di rigide norme produttive (specie con la ridefinizione del salario a cottimo) e di misure coercitive, istituendo una sorta di passaporto interno, che di fatto vincola l'operaio al posto di lavoro o ne impone il licenziamento in caso di assenteismo.

Il grande terrore

Il "terrore" diventa uno strumento indispensabile per realizzare in tempi brevi questo programma di radicale trasformazione dell'economia e della società. La prima ondata di repressioni (1928-1932) è rivolta soprattutto contro i contadini, per garan-

LA LUNGA NOTTE DELLE PURGHE

Un'eccezionale mobilitazione ideologica accompagna i processi – in molti casi pubblici – celebrati contro i più autorevoli rappresentanti delle vecchie opposizioni (1936-1938) e i vertici dell'Armata Rossa (1937). I processi diventano non solo uno strumento diretto per rafforzare il potere, ma anche un mezzo di educazione delle masse: attraverso i principali organi d'informazione si precostituisce la partecipazione attiva dei militanti alla lotta contro i "nemici del popolo", al di là delle responsabilità personali degli imputati. Ma la repressione coinvolge anche centinaia di migliaia di semplici cittadini, in un clima generalizzato di sospetto e di denuncia.

Un gulag nei pressi di Archangelsk (Siberia).

VIVIAMO SENZA NEANCHE L'ODORE DEL PAESE

Viviamo senza neanche l'odore del paese,
a dieci passi di distanza non si sentono le voci
e ovunque ci sia spazio per un mezzo discorso
salta sempre fuori il montanaro del Cremlino.
Le sue dita dure sono grasse come vermi,
le sue parole esatte come fili a piombo.
Ammiccano nel riso i suoi baffetti da scarafaggio,
brillano i suoi stivali.
Ha intorno una marmaglia di ducetti dagli esili colli
e si diletta dei servigi di mezzi uomini.
Chi miagola, chi stride, chi guaisce
se lui solo apre bocca o alza il dito.
Forgia un decreto dopo l'altro come ferri di cavallo:
a chi lo dà nell'inguine, a chi tra gli occhi,
sulla fronte o sul muso.
Ogni morte è una fragola per la bocca di lui
osseta dalle larghe spalle.

Osip Mandel'stam

Manifesto sovietico del 1936.
Fra il 1928 e il 1932 il numero degli operai, in larga parte provenienti dalle campagne, raddoppia. Nelle città, impreparate ad accogliere l'ondata migratoria, le condizioni di vita sono assai dure, e nelle fabbriche viene introdotta una disciplina ferrea: di fronte alla reazione operaia, lo stato oppone pesanti restrizioni alla mobilità personale dei lavoratori.

Manifesto spagnolo del 1936 per il XIX anniversario dell'URSS.
Nel 1936, mentre imperversano le "grandi purghe", è promulgata la terza Costituzione sovietica. L'URSS è proclamato "stato socialista", e l'enunciazione dei diritti individuali della tradizione liberaldemocratica si affianca a quella dei diritti sociali: lavoro, riposo, istruzione, sicurezza materiale.

tire le espropriazioni e impedirne la fuga dai *kolchozy*; contro gli operai, che si difendono dai ritmi forzati della produzione con la scarsa produttività e l'assenteismo; contro gli "specialisti borghesi", ai quali si imputano gli insuccessi della pianificazione; contro la burocrazia di stato, di cui si vuole frenare ogni spinta centrifuga; contro i militanti del Partito, che è sottoposto a un profondo rinnovamento dei quadri. Il "sabotatore", il "nemico di classe", il "*kulak*", l'"oppositore di destra", il "deviazionista" sono additati come veri e propri miti negativi per coagulare il consenso delle masse intorno alla costruzione del socialismo.

Dopo un allentamento della tensione nel 1933 – quando viene lanciato un secondo piano quinquennale che fissa obiettivi più moderati del precedente – l'assassinio di Sergej Kirov (1° dicembre 1934) fornisce il pretesto per far scattare il "grande terrore". Si rafforzano le posizioni di Stalin e dei suoi sostenitori: si afferma la tesi del "complotto" interno ed esterno che minaccia l'URSS; si riorganizza la polizia politica e si fa largo uso del lavoro forzato; sono sempre più frequenti le "purghe" condotte nel Partito in nome della lotta al burocratismo, le epurazioni di dirigenti delle repubbliche non russe, sospettati di "nazionalismo", e le condanne di esponenti dell'intellighenzia, accusati di sostenere tesi ostili al marxismo.

Vera Mukhina,* Lavoratore dell'industria e contadina di una fattoria collettiva *(1935).

Delegati* kulaki*, in una foto degli anni Trenta.
I kulaki, contadini "ricchi" favoriti dalla NEP, vengono accusati di sabotare l'economia sovietica e di provocare la penuria di generi alimentari. Dopo le prime resistenze del mondo rurale alla collettivizzazione forzata, l'appellativo viene esteso a tutti i contadini sospettati di ostilità verso il regime. Su milioni di loro, additati come i peggiori nemici del popolo, si abbatte una feroce repressione.

L'ascesa del nazismo

Il venir meno degli equilibri tra le forze politiche e sociali, sui quali si è retto per un decennio il sistema politico definito dalla Costituzione del 1919, e la paralisi produttiva che colpisce la Germania sul finire degli anni Venti sono all'origine dell'avvento al potere del nazionalsocialismo.

Nei primi anni Trenta la disoccupazione raggiunge livelli record, i fallimenti delle imprese si susseguono a catena, un senso di insicurezza si diffonde in larga parte della popolazione che guarda alle istituzioni di Weimar e alla democrazia con crescente disprezzo. Lo scontro politico si inasprisce mese dopo mese e le piazze diventano teatro di violenti scontri. Se da un lato si assiste alla disgregazione dei partiti borghesi tradizionali, dall'altro la sinistra, spaccata fra l'attendismo del Partito socialdemocratico e il ribellismo dei comunisti, continua a indebolirsi in una guerra intestina. Finiscono così col prevalere le forze avverse alla repubblica (la vecchia casta militare, l'aristocrazia prussiana, i grandi gruppi industriali e finanziari, ma anche il ceto impiegatizio e commerciale disorientato dalla crisi), che si coalizzano per porre fine alla democrazia di Weimar.

Il Partito nazionalsocialista, forte di un rapidissimo successo elettorale (dal 1930 al 1932 passa dal 18,3 al 37,4 per cento dei voti), agisce da forza d'urto nelle piazze e da elemento di aggregazione

Una parata delle SA, i reparti d'assalto nazionalsocialisti.

Hitler con il capo dello stato, Paul von Hindenburg, e Hermann Goering, presidente del Parlamento (a sinistra).
Prima delle elezioni del 5 marzo 1933 Hitler abbandona l'apparente rispetto della "legalità", scatenando una campagna terroristica mirante a istituire un sistema autoritario incentrato sul Führerprinzip *("principio del capo").*

Radiogoniometro campale Telefunken E404 del 1937.

ideologica, attorno al quale si raccolgono le destre conservatrici. Rieletto presidente nel 1932, il maresciallo Hindenburg nomina Hitler cancelliere del Reich (30 gennaio 1933). Giunge così a conclusione il lungo processo di disgregazione della repubblica, conseguenza del collasso dei precari equilibri politici, sociali ed economici sorti con la fine della guerra.

Il potere nelle mani del Führer

Hitler forma il primo governo lasciando un'ampia rappresentanza alle forze conservatrici tradizionali. Nel giro di pochi mesi adotta però provvedimenti legislativi che – senza mai arrivare all'abrogazione formale della Costituzione – delegittimano le istituzioni repubblicane. Il tentativo dei conservatori di volgere il potenziale eversivo del Partito nazionalsocialista a favore del proprio progetto politico si rivela ben presto illusorio. Il 28 febbraio 1933, dopo la distruzione del Reichstag in un incendio doloso, il governo sospende la Costituzione e reprime ogni opposizione: un "decreto per la difesa dello stato" limita gravemente i diritti civili e politici dei cittadini. Il mese successivo Hitler induce il Parlamento, ridotto all'ombra di se stesso, a votare una legge che gli concede pieni poteri; in giugno tutti i partiti e i sindacati dell'arco weimariano sono vietati o si autosciolgono. Il Partito nazionalsocialista è l'unica forza politica consentita: si stabilisce di fatto il princi-

Adolf Wissel,* La famiglia di contadini Kalenberg *(1939).
Il regime nazista vuole diffondere nei tedeschi il sentimento di appartenenza a una "comunità popolare" (Volksgemeinschaft) *definita in base a presupposti razzistici, dalla quale devono essere espulsi i "diversi" e gli "inferiori". Le arti figurative hanno il compito di rafforzare il controllo politico e sociale del Partito, consolidando l'ordine gerarchico e la rigida disciplina di una collettività subordinata ai voleri del capo.*

Marlene Dietrich* nel film L'angelo azzurro *di Josef von Sternberg (1930).

Goebbels durante un comizio nel 1934.
Il ministro della Propaganda nazista riesce a tenere sotto controllo e a piegare alle esigenze del regime la vita culturale del paese. È tra coloro che, intuendo le straordinarie potenzialità del mezzo radiofonico, riescono a sfruttarlo per una capillare opera di indottrinamento ideologico.

pio dell'unità fra stato e partito che verrà proclamato il 1° dicembre successivo.
Punto di arrivo della concentrazione del potere nelle mani del Führer è, dopo la morte di Hindenburg (1934), l'unificazione delle cariche di presidente e di cancelliere. Inoltre Hitler procede al regolamento dei conti con le SA (*Sturmabteilungen* "reparti d'assalto", il maggiore degli organismi paramilitari dell'ala movimentista nel Partito nazionalsocialista) in quella che resterà nota come "la notte dei lunghi coltelli" (30 giugno 1934). Hitler si garantisce così l'appoggio delle forze armate, che d'ora in avanti costituiranno uno dei pilastri del Terzo Reich. Il riordino delle forze di polizia crea un apparato repressivo efficiente e capillare.

Consenso sociale e macchina propagandistica

Accanto all'azione intimidatoria il nuovo regime crea, grazie all'abilità di Joseph Goebbels, una gigantesca macchina propagandistica volta a ottenere un livellamento delle coscienze in nome dei valori totalitari del nazismo. L'obiettivo è quello di creare una "comunità popolare", caratterizzata in primo luogo dalla "purezza razziale", che conduca al superamento delle contrapposizioni di classe in nome del "supremo" ideale nazionale. L'appello a integrarsi in questa "comunità" è uno dei maggiori elementi di coesione ideologica, efficace soprattut-

LA GIOVENTÙ HITLERIANA

La *Hitlerjugend* è l'organizzazione parallela al Partito che inquadra i giovani tedeschi dai 10 ai 18 anni. Il suo compito è quello di instillare loro i fondamenti ideologici del nazismo – in particolare il razzismo – attraverso una continua mobilitazione di carattere paramilitare. Dopo la presa del potere sono sciolte tutte le numerose organizzazioni giovanili, nate negli anni di Weimar, e vengono tollerate solo le quelle cattoliche. La legge del 1° dicembre 1936 stabilisce però l'inquadramento di tutti i giovani nella *Hitlerjugend*. Essa costituisce una delle strutture essenziali del nuovo stato nazista, perché mira a un totale inquadramento dei giovani improntato a una rigida disciplina e a una struttura fortemente gerarchica. Nonostante le aree di dissenso presenti nel mondo giovanile, soprattutto a partire dalla fine degli anni Trenta, la *Hitlerjugend* è un efficace strumento di penetrazione ideologica che continuerà a formare molti di coloro che, allo scoppio della guerra, andranno a combattere e morire per servire il Führer.

***Manifesto propagandistico della* Hitlerjugend.**

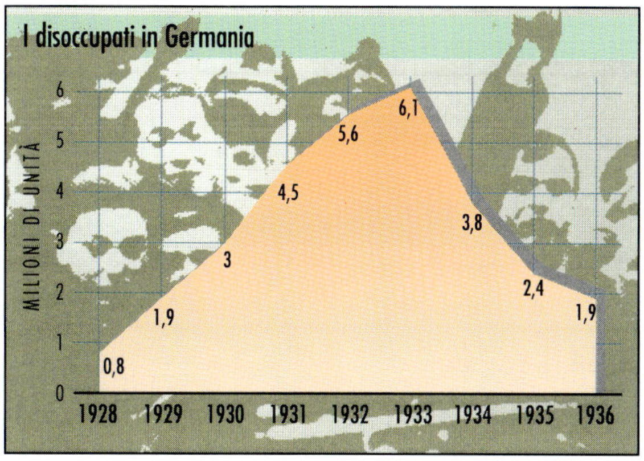

to nell'additare quanti ne sono esclusi, e quindi da considerare nemici da combattere. In primo luogo gli ebrei, discriminati giuridicamente con le leggi di Norimberga (1935), ultima tappa di una lunga serie di atti legislativi e di aperte violenze nei loro confronti.

"Comunità popolare" significa anche composizione di ogni contrasto sociale. Il Fronte del lavoro (1933) è l'organismo che meglio esprime questa concezione. Nato come strumento di integrazione tra imprenditori e operai (questi ultimi posti su un piano di parità solo nominale), in realtà esso tutela soprattutto gli interessi dei primi, diventando al contempo un potente strumento di mobilitazione per la guerra. La politica economica nazista, specie dopo il varo del piano quadriennale (1936), assegna priorità al riarmo e determina un sensibile calo della disoccupazione, che fa crescere l'adesione della maggioranza dei tedeschi al nazismo. Una politica estera aggressiva ed espansionista, volta a garantire la supremazia del Reich in quello che è ritenuto il suo "spazio vitale", determina inoltre un consenso sempre più stabile, facendo leva sul riscatto dalle umiliazioni subite e sulle aspettative che l'ordinamento instaurato a Versailles sia presto sovvertito.

Jessie Owens, vincitore del salto in lungo alle Olimpiadi del 1936. *A Berlino, sotto lo sguardo contrariato dei capi nazisti, il campione statunitense domina le gare di atletica, infrangendo il mito della superiorità della "razza ariana".*

Operaie volontarie salutano la bandiera del Reich prima di iniziare il lavoro (a destra).

La Fiat Balilla del 1932.
I grandi gruppi industriali italiani sono avvantaggiati da una legge del 1933 che impone l'autorizzazione governativa per l'installazione di nuovi impianti.

Il regime fascista in Italia

Cartolina del Partito nazionale fascista che invita al consumo di "beni autarchici".
Il 23 marzo 1936 Mussolini lancia la parola d'ordine dell'autarchia, per realizzare "il massimo di autonomia economica nel più breve tempo possibile".

La vocazione totalitaria del fascismo italiano non si esaurisce nell'apparato repressivo edificato nel biennio 1925-1926: se lo scioglimento degli altri partiti è il presupposto della permanenza al potere, l'instaurazione del nuovo ordine prevede una strategia di intervento multiforme, al cui interno coesistono il ricorso alla violenza e l'impiego di moderne tecniche per mobilitare le masse al fine di costruire il consenso.
Assai significativa, a questo riguardo, è la funzione esercitata dall'ideologia corporativa. Pur praticando nei fatti una politica di alleanza con la grande finanza, tutt'altro che egualitaria, il fascismo propugna la collaborazione tra capitale e lavoro come base per una radicale riorganizzazione dei rapporti tra le classi, e presenta le differenti tappe in cui si articola lo smantellamento delle libertà politiche e sindacali come momenti necessari dello sviluppo nazionale.
Tra il complesso dei provvedimenti ispirati al corporativismo vanno ricordati: la legge sui rapporti di lavoro e la fondazione del ministero delle Corporazioni (1926), la promulgazione della Carta del lavoro (1927), la creazione delle 22 corporazioni di stato (1934) e infine la sostituzione della Camera dei deputati con la Camera dei fasci e delle corporazioni (1939).
Parallelamente all'azione di controriforma istituzionale – a cui corrisponde, in campo economico, l'abbandono dell'orientamento liberista

Hitler, in visita a Roma nel 1938, riceve il saluto di un gruppo di bambine.
L'avvicinamento fra l'Italia e la Germania nazista, iniziato con l'intervento comune contro i repubblicani spagnoli, viene simbolicamente sancito nel 1938, quando l'Italia promulga le "leggi razziali" che colpiscono con pesanti discriminazioni i cittadini ebrei.

La rivista di moda «Le grandi firme» (1938).
Nelle "direttive per la stampa" emanate nel 1931 si legge: "La donna fascista deve essere fisicamente sana, per poter diventare madre di figli sani… Vanno quindi assolutamente eliminati i disegni di figure femminili artificiosamente dimagrate e mascolinizzate, che rappresentano il tipo di donna sterile della decadente civiltà occidentale."

Antonio Gramsci.
Il fondatore del Partito comunista, deputato al Parlamento, viene arrestato nel 1926 e condannato dal Tribunale speciale a venti anni di reclusione. Gravemente ammalato, rifiuta di chiedere la grazia. Morirà nel 1937, lasciando nei Quaderni del carcere *un'eredità destinata a segnare profondamente la cultura e la politica italiana del secondo dopoguerra.*

degli esordi a favore di un accentuato interventismo statale che troverà compimento nell'autarchia degli anni Trenta – i vertici fascisti sono impegnati in una politica di stabilizzazione, volta a rinsaldare le basi della dittatura.
All'uso combinato di persecuzione politica e di organizzazioni di massa in grado di coadiuvare il Partito nella costruzione del consenso si affianca il tentativo di normalizzare i rapporti con la chiesa: ratificata con la firma dei Patti lateranensi (11 febbraio 1929), la Conciliazione rappresenta la tappa conclusiva del processo di consolidamento del regime, legittimato – sul piano interno e internazionale – dalle più alte sfere della gerarchia ecclesiastica.

Sul versante della politica estera il fascismo non tarda a mostrare il proprio volto espansionista e a dar vita a quella mistica dell'impero e della "missione civilizzatrice italiana" che condurranno, nel 1935, all'invasione dell'Etiopia e al progressivo avvicinamento alla Germania di Hitler, ufficializzato dall'intervento nella guerra civile spagnola (1936), dall'Asse Roma-Berlino (1936), dalla promulgazione dei provvedimenti per la difesa della razza (1938) – di manifesta ispirazione antisemita – e infine convalidato dall'entrata in guerra dell'Italia, a fianco del Terzo Reich, il 10 giugno 1940.

Mussolini in un comizio a Torino nel 1929.
Dopo la firma dei Patti lateranensi, anche la chiesa invita la popolazione a sostenere Mussolini. Le elezioni del 24 marzo 1929, che si svolgono su lista unica e sotto la pressione di una propaganda martellante e di pesanti intimidazioni, danno al regime il 98,4 per cento dei voti.

I costruttori *(1933)* *di Mario Sironi*.
La creazione ideologica più originale del fascismo è il corporativismo. Concepito come uno strumento per eliminare la lotta di classe, servirà per sostenere l'affermazione di un presunto primato internazionale della civiltà italiana, avvalendosi anche del recupero delle antiche glorie latine.

I fascismi europei

La base di massa dei totalitarismi al potere spiega solo in parte la dimensione europea assunta dal fenomeno fascista anteriormente al 1939. Molte sono anche le ragioni e le spinte interne che danno vita a sistemi dai numerosi tratti in comune ma, al tempo stesso, contrassegnati da una inequivocabile specificità nazionale.
Quando, nel febbraio del 1934, l'insurrezione operaia viennese è repressa nel sangue, il processo di fascistizzazione dell'Austria è avviato. La Costituzione corporativa, con cui viene sancita l'instaurazione della dittatura, non fa che sistematizzare i provvedimenti autoritari emanati dal cancelliere Engelbert Dollfuss fin dal 1932, il quale conta sull'aiuto di Mussolini e anche sulle radici antidemocratiche della destra di ispirazione cristiano-sociale e sullo spiccato burocratismo e centralismo della vita politica pre-repubblicana.
Il regime austrofascista si trova nondimeno al centro di un complesso meccanismo internazionale, che tende a coincidere con l'evoluzione interna del Reich. Oggetto delle mire di influenza di Mussolini e di Hitler, l'Austria diviene il terreno dello scontro che oppone, fino al 1936, i due dittatori. È nel quadro di tali tensioni che vengono a collocarsi l'assassinio, per mano nazista, di Dollfuss (luglio 1934), la reazione italiana e la nomina a cancelliere di Kurt von Schuschnigg, nonché la progressiva affermazione delle forze filonaziste, rinsaldata dal riavvicinamento italo-

Re Carol II di Romania passa in rassegna le truppe (1936).

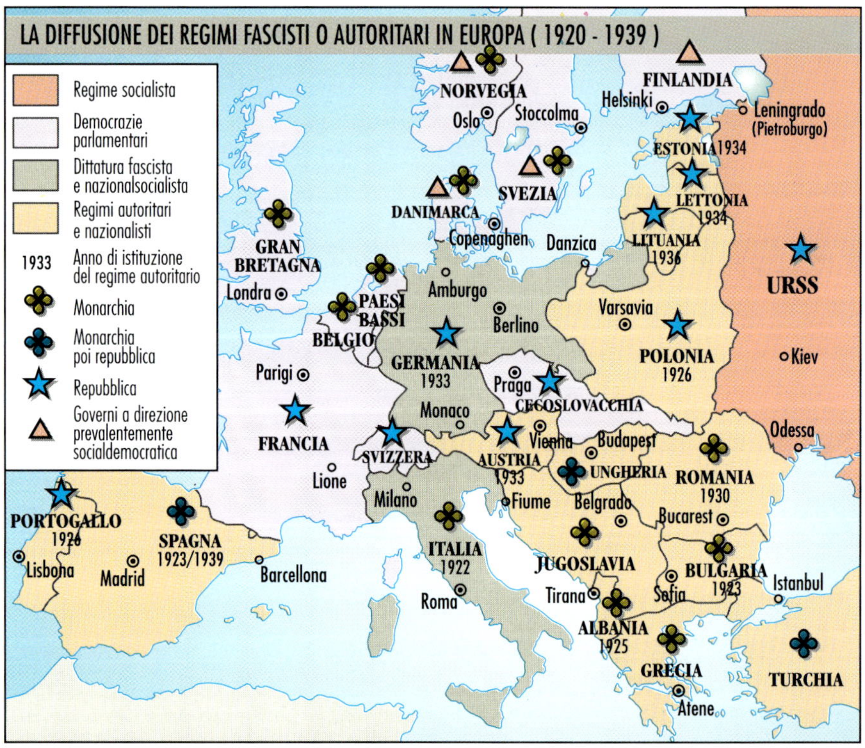

Fonografo portatile della RCA degli anni Trenta (a sinistra).
Dopo aver fatto il suo ingresso in molte case negli anni Venti, il fonografo conosce un vertiginoso successo con lo sviluppo dell'industria discografica.

Poltrona in legno laminato progettata dall'architetto finlandese da Alvar Aalto nel 1931-1932.
Negli anni Trenta Aalto realizza il padiglione della Finlandia all'Esposizione di Parigi e quello alla Fiera di New York. Restano esempi ineguagliati della sua architettura il trattamento di materiali come il legno e l'uso della luce naturale.

tedesco e ufficializzata dall'annessione al Terzo Reich (*Anschluss*) nel 1938.
In Portogallo, una concezione fortemente autoritaria dello stato trova espressione nella nuova Costituzione e nell'introduzione di un ordinamento corporativo (1933), che fa seguito alla conquista del potere da parte di Antonio de Oliveira Salazar, fondatore della União Nacional, un partito d'ispirazione fascista che, fin dal 1930, è l'unico legale. Perno del progetto salazariano – denominato *Estado Novo* (lo "stato nuovo" autoritario con una forte impronta cattolica) a segnare la rottura con il passato – è il ruolo conferito al primo ministro, che non risponde di nessuna delle proprie azioni (Salazar manterrà questa funzione senza interruzioni per ben trentasei anni). In Romania un nazionalismo che si alimenta anche di un deciso antisemitismo dà luogo alla nascita nel 1930 di una forza politica fascista – la Guardia di ferro di Corneliu Codreanu. Altre dittature sorgono nei paesi baltici, in Bulgaria, in Grecia.
È in concomitanza con lo scoppio della seconda guerra mondiale, del resto, che l'espansione internazionale del fascismo raggiunge il suo culmine, e durante il conflitto sorgono regimi collaborazionisti nei Paesi Bassi, in Norvegia, Ungheria, Slovacchia e Croazia, oltre che – nel pieno centro dell'Europa antifascista – nella Francia di Vichy.

Il generale Joannis Metaxas (in abiti borghesi) ad Atene nel 1937.
Nominato presidente del Consiglio nel 1936, Metaxas abolisce la Costituzione, scioglie il Parlamento e procede a una dura repressione delle sinistre, instaurando un regime di stampo corporativo e autoritario. Nell'ottobre del 1940 organizzerà la difesa militare del paese contro l'aggressione italiana.

Vignetta americana che denuncia il rampante militarismo giapponese.
Alla trasformazione in senso autoritario del regime interno, segue in Giappone un avvicinamento alla Germania nazista. Nel 1939 il paese è ormai pronto per avviare anche in Asia orientale l'instaurazione di un "nuovo ordine".

Il Giappone imperialista, la Cina nazionalista, l'India

Il precario esperimento di liberalismo parlamentare, che aveva preso avvio nel corso degli anni Venti, è messo in crisi dagli effetti della crisi economica mondiale, che si fanno sentire in modo sconvolgente anche in Giappone. Dal 1932 al 1936 i gruppi militari organizzati nella destra nazionalista eliminano, anche con l'assassinio, gran parte della classe dirigente che aveva cercato di costruire per il Giappone nuove relazioni politiche con l'Occidente, nel tentativo di inserirlo nel concerto dei paesi democratici. Di propria iniziativa, i militari attaccano la Cina nel 1931, occupando la Manciuria. Questa annessione è il momento iniziale di una politica che mira a fare di tutta l'Asia orientale uno spazio strategico ed economico riservato al Giappone e sottratto all'influenza delle altre potenze. Nel 1937 la politica di aggressione si rinnova con l'invasione della Cina, che incontra tuttavia la tenace resistenza della guerriglia rurale, diretta dai comunisti. È il prologo della politica espansionista su tutto il Pacifico che porterà il Giappone a entrare in guerra accanto al nazismo tedesco e al fascismo italiano.

Gli anni Venti in Cina sono dominati dal Guomindang, che rafforza il proprio potere dopo la sanguinosa repressione dei comunisti (1927), con i quali aveva avuto un breve periodo di alleanza. Fino al 1937 (il "decennio di Nanchino") il Guomindang procede a una mo-

La cavalleria giapponese entra a Nanchino (1937).
Contro la Cina, il Giappone schiera un esercito ben addestrato, conquistando in breve tempo le principali città del paese. Nella capitale Nanchino gli invasori massacrano oltre 200.000 civili.

Gandhi nell'abito tessuto da lui stesso.
All'inizio del 1930, il Mahatma lancia una nuova campagna di disobbedienza civile con la "marcia del sale" (di 380 chilometri) che rivendica il diritto degli indiani a estrarre il sale violando il monopolio inglese. Milioni di persone, ispirate dal gesto simbolico con cui Gandhi raccoglie dal mare una manciata di sale, si dedicano all'estrazione e al commercio del prodotto.

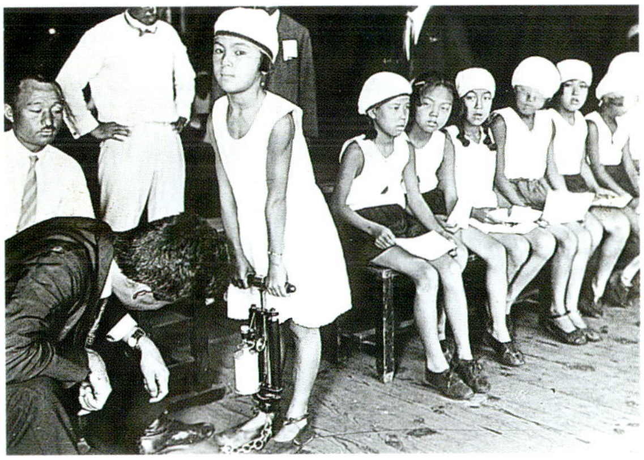

Alunni di una scuola elementare giapponese.
Sotto la guida di Hirohito, negli anni Trenta il paese è governato da un regime fondato sul culto dell'imperatore, perno ideale della "grande famiglia" nipponica destinata a imporsi sugli altri popoli asiatici: su questi temi si sviluppano la propaganda e la politica educativa.

dernizzazione autoritaria e centralizzata, che ha luogo soprattutto nelle regioni più sviluppate e ricche del paese. Il rifiuto di affrontare la questione contadina favorisce il successo della politica di Mao Zedong che con la "lunga marcia" fa conoscere in buona parte del paese gli obiettivi della sua rivoluzione comunista contadina. Ossessionati dal pericolo maoista, gli uomini del Guomindang rinviano la decisione di resistere agli attacchi giapponesi sempre più frequenti in diverse regioni. Solo nel 1937 sorge un fronte comune per combattere l'invasione nipponica, ma l'onere della lotta ricade soprattutto sui guerriglieri comunisti.

Il movimento nazionalista indiano – che fin dal 1919 ha trovato in Gandhi il proprio leader e ha acquistato un carattere di massa nel Partito del Congresso – a partire dal 1930 coinvolge i ceti urbani e rafforza il suo consenso nei villaggi. Le manifestazioni organizzate dal movimento costringono gli inglesi a intavolare lunghe e complesse trattative. Nonostante l'intransigenza di Gandhi e del Partito, e dopo una serie di azioni di massa non violente, si giunge nel 1935 a una Carta costituzionale che allarga l'autonomia delle province ed estende il diritto di voto. Intanto Gandhi è affiancato dal leader democratico e progressista Jawaharlal Nehru, mentre si accentuano le tensioni tra gli indù e i musulmani che rivendicano, per bocca del loro capo Muhammad Ali Jinnah, una loro patria autonoma.

L'EPOPEA DELLA LUNGA MARCIA

Sotto gli attacchi dell'esercito di Chiang Kai-shek, che fra il 1930 e il 1934 scatena una serie di "campagne di annientamento", i comunisti sono costretti ad abbandonare le "basi rosse" nella regione del Kiang-si, nel Sudest del paese. All'accerchiamento dei nazionalisti riescono a sfuggire in 100.000, e nell'ottobre del 1934, sotto la guida di Mao Zedong, comincia quella che passerà alla storia come la "lunga marcia". In un anno l'esercito rosso percorre oltre 10.000 chilometri, affrontando enormi difficoltà e subendo gravissime perdite, prima di mettersi in salvo nella regione nordoccidentale dello Shensi, dove viene insediato un governo di tipo sovietico con capitale a Yenan. Durante la marcia i comunisti svolgono un'ampia opera di propaganda fra i contadini, conquistandoli alla loro causa. Protagonista di un'impresa di dimensioni epiche, Mao è il capo riconosciuto e incontrastato del movimento comunista cinese. Nell'agosto del 1935 rivolgerà un appello a tutti i cinesi perché lottino uniti contro l'invasione delle truppe giapponesi.

Immagine dell'Indocina francese negli anni Trenta.

Dall'Africa al Medio Oriente

Fra le due guerre, l'assetto coloniale dell'Africa subsahariana non subisce mutamenti, fatta eccezione per la spartizione degli ex possedimenti tedeschi (Camerun, Tanganica, Africa sudorientale). Nella parte orientale si rafforza l'asse che da nord a sud è costituito dalle colonie britanniche e nell'area centroccidentale quello dei paesi sotto il dominio francese. Comune alle due potenze è l'idea dell'importanza economica e strategica dell'Africa, che deve assicurare materie prime, minerali e prodotti agricoli. Aggressiva è la politica nelle zone ad alto interesse minerario come il Sudafrica e il Congo, quest'ultimo controllato da interessi finanziari belgi. La diffusione della cultura occidentale è riservata a ristretti gruppi di indigeni, puri gestori di un potere esclusivamente in mano ai bianchi.

Diversa è la situazione dell'Africa araba. In Egitto le proposte di pace wilsoniane rinfocolano le rivendicazioni nazionaliste di notabili e intellettuali, che ritengono giunto il momento di ripristinare la piena sovranità nel loro paese. Sottoposto al controllo strategico e finanziario britannico, l'Egitto è caratterizzato da una cultura di tradizioni secolari e dalla presenza di una classe dirigente potenzialmente autonoma, in parte cointeressata alla produzione di cotone e alla complessa rete di attività economiche create dalla colonizzazione. In Algeria il peculiare rapporto con la Francia (di cui costituirà un "territorio metropolitano") si

La partenza dei legionari italiani per la guerra d'Etiopia.

L'AGGRESSIONE ALL'ETIOPIA

Nel 1935, per motivi di prestigio internazionale e per favorire l'emigrazione di contadini disoccupati, l'Italia fascista aggredisce l'Etiopia. Per ottenere una vittoria rapida e certa non solo vengono inviati massicci contingenti di aerei, ma si fa uso di armi chimiche vietate dalla convenzione di Ginevra. Il 9 maggio 1936 il duce proclama l'impero mentre la Società delle Nazioni decreta sanzioni economiche contro l'Italia. Le popolazioni conquistate sono soggette a un duro regime che non si limita a frequenti repressioni ma mette in atto trasferimenti forzati di popolazioni indigene. Vengono creati campi di concentramento e le prime leggi razziali del fascismo (1938) sanciscono un sistema segregazionista che vieta i matrimoni misti.

Mustafa Kemal impartisce una lezione di ortografia, dopo aver soppresso l'alfabeto arabo.
In Turchia prosegue l'accelerata modernizzazione autoritaria, iniziata da Mustafa Kemal nel 1923. Fino alla sua morte (1938), la Turchia rafforza la propria indipendenza, creando nelle città un mondo nuovo – tendenzialmente laico e aperto alle innovazioni tecnologiche e culturali – ma lasciando le campagne in condizioni di permanente arretratezza.

manifesta da un lato con la rivendicazione dell'identità islamica, promossa dal movimento degli *ulema* (i dottori della legge islamica, ovvero il ceto intellettuale dei notabili); dall'altro con la richiesta, sostenuta da intellettuali filoccidentali, della integrazione con la Francia su un piano di parità.
Gli interessi inglesi continuano a prevalere in Palestina, mentre quelli francesi sono presenti in Siria e Libano. Dopo il 1935 vi sono ripetuti tentativi di penetrazione da parte delle potenze fasciste, che fanno leva sulla diffusa pregiudiziale antiebraica. La Gran Bretagna mantiene il controllo dell'area con il consenso dei maggiorenti arabi, compartecipi della gestione del potere, e con l'uso della repressione.

In Persia, dopo un decennio di tensioni etniche e sociali, Reza Khan Pahlavi si proclama scià nel 1926. La concentrazione della proprietà agraria nelle mani di pochi proprietari, la totale assenza di diritti per i lavoratori urbani e rurali, la presenza di un forte Partito comunista e gli interessi prevalenti britannici nel settore petrolifero, caratterizzano il regime in senso repressivo, anche se si registrano episodi di modernizzazione. Costanti, ma poco efficaci, sono gli sforzi dello scià per rendere sedentarie le tribù nomadi, anche con l'uso della forza. Timorosi delle simpatie filonaziste dello scià, che proclama la neutralità del paese, nel 1941 inglesi e sovietici occupano l'Iran. Reza Khan è costretto ad abdicare in favore del figlio.

GLI EBREI IN PALESTINA

L'immigrazione sionista in Palestina è un elemento di trasformazione del Medio Oriente. Pur rispettando il potere che il mandato ha attribuito alle autorità britanniche, timorose di perdere il sostegno dei maggiorenti arabi (e quindi poco propense ad aiutare i nuovi coloni), gli immigrati rafforzano, non solo numericamente, la propria presenza in Palestina. L'organizzazione dei *kibbutzim*, centri agricoli tecnologicamente avanzati e gestiti secondo princìpi comunitari ed egualitari, dà nuovo impulso all'immigrazione. I contributi delle comunità ebraiche sparse per il mondo permettono di acquistare le terre scarsamente coltivate dagli arabi, dando all'insediamento sionista una forte identità politica, morale e nazionale. Sarà sulla nuova base sociale, costruita durante gli anni Trenta, che il dirigente sionista David Ben Gurion reclamerà nel 1942 la formazione, alla fine della guerra, di uno stato ebraico indipendente in Palestina.

Ebrei a Gerusalemme nel 1936.
In Palestina, la netta separazione fra classi dirigenti e ceti popolari non consente l'insorgere di crisi nella gestione del potere; e in effetti restano confinati su un piano teorico i tentativi degli intellettuali, in gran parte di formazione europea, di lottare per l'autodeterminazione.

Il *New Deal*

Nel marzo del 1933, al culmine della grande crisi economica, diviene presidente degli Stati Uniti il democratico Franklin D. Roosevelt, già governatore dello stato di New York. Agli elettori ha promesso un *New Deal* – cioè un "nuovo corso", un nuovo patto tra i cittadini americani, e tra questi e lo stato – per fronteggiare con misure d'emergenza la disoccupazione e la paralisi economica che da tre anni attanagliano il paese.

Il governo, che il presidente vuole responsabile del diritto di ciascuno al minimo vitale, si mostra subito attivissimo. Nei primi cento giorni svaluta il dollaro, introduce nuovi controlli sul mercato azionario, fornisce un'assicurazione pubblica sui depositi bancari dei piccoli risparmatori, avvia una politica di sostegno dei prezzi agricoli, crea un'apposita agenzia – la Tennessee Valley Authority – per l'elettrificazione e lo sviluppo di un'area particolarmente depressa del Sud, lancia diversi programmi di lavori pubblici e, soprattutto, istituisce un organismo per la politica industriale, la National Recovery Administration. Esso ha il compito di sostenere la produzione industriale, consentendo alle aziende di cooperare per fissare prezzi e salari e ai sindacati di organizzarsi liberamente per contrattare i salari dei lavoratori.

Roosevelt non è un rivoluzionario, non intende sostituire lo stato al mercato e men che meno in-

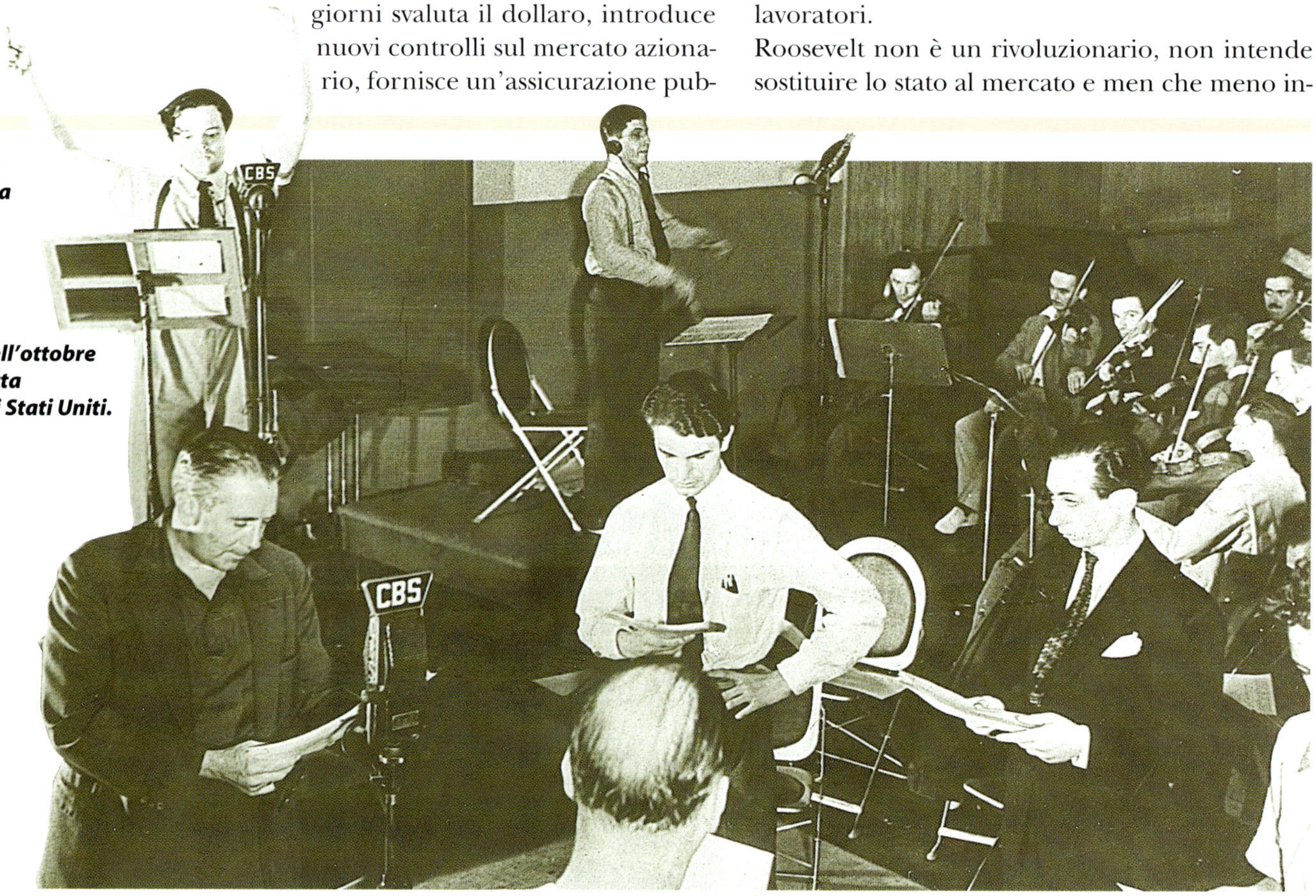

Orson Welles (con le braccia alzate) nella trasmissione radiofonica* La guerra dei mondi *dell'ottobre 1938, che getta nel panico gli Stati Uniti.

Topolino, *il celebre personaggio creato da Walt Disney, nelle versioni dal 1928 al 1947.*
Nel 1920, Disney allestisce in un garage il suo primo "studio" per la produzione di cartoni animati, prima di trasferirsi a Hollywood. Il 18 novembre 1928 esce il primo film sonoro di cartoni animati e nasce una nuova stella del cinema: Mickey Mouse, *il nostro Topolino.*

trodurre elementi di socialismo, come invece lo accusano di voler fare i suoi avversari del Partito repubblicano e di molti ambienti economici. Anzi, vede il suo esperimento come un'alternativa democratica – e capitalistica – sia al socialismo pianificatore che al fascismo. Ma è consapevole che il liberismo illimitato ha fatto fiasco, e che il mercato va regolato e stimolato anche con l'iniziativa pubblica per far uscire il paese dalla crisi, riassorbire la disoccupazione e ridare fiducia agli americani.
Gli esperti che Roosevelt porta alla Casa Bianca propongono piani e ricette assai diverse tra loro, che il presidente sceglie di volta in volta secondo criteri pragmatici, e spesso contraddittori, di opportunità politica ed elettorale. Ma alcuni princìpi dell'esperimento newdealista sono chiari: si vuole fornire una base minima di sicurezza economica a tutti i cittadini, attenuare le punte recessive del ciclo economico, riequilibrare il rapporto tra produzione e consumi, sostenendo questi ultimi con varie misure volte a tutelare i redditi più bassi.
Una seconda serie di riforme è varata nel 1935-1936, anche perché la Corte Suprema, di opinioni più conservatrici in tema di libertà economiche, ha bocciato alcune delle misure adottate nel 1933, a cominciare dalla National Recovery Administration. Viene dato nuo-

Un idrovolante sorvola Manhattan.
Negli anni Trenta, il volto dei maggiori centri urbani degli Stati Uniti si trasforma. A quartieri che ospitano i ceti socialmente emarginati si affiancano zone in cui, nonostante la crisi, l'architettura celebra il potere politico, industriale e finanziario: nel 1932 sono sorti 400 grattacieli.

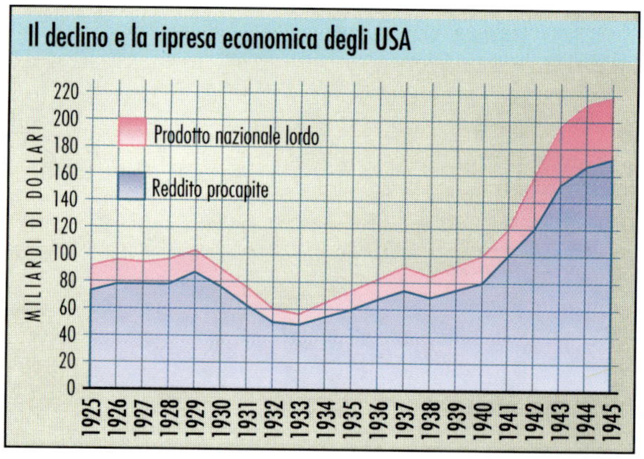

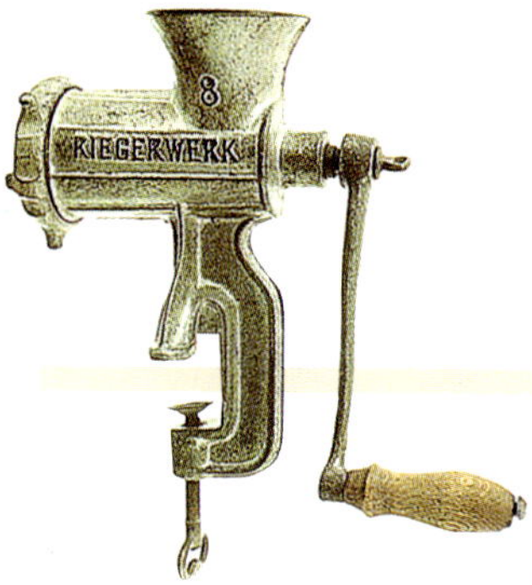

Tritacarne progettato nei primi anni Trenta.

vo impulso ai lavori pubblici, che riguardano non solo la costruzione di infrastrutture (come dighe, ponti e strade) ma anche la riforestazione e la salvaguardia dell'ambiente. Il Social Security Act (1935) getta le basi di un moderno sistema di pensioni garantite dallo stato e di assicurazioni contro la disoccupazione. Con la legge Wagner, poi, si assicura ai sindacati il diritto di organizzare i lavoratori di tutte le aziende e di esercitare la contrattazione collettiva.

Benché la situazione economica sia solo parzialmente migliorata, Roosevelt viene rieletto trionfalmente – nel 1936, e poi ancora nel 1940 e nel 1944 – da un'ampia coalizione di interessi popolari che, da qui e fino agli anni Sessanta, si riconosceranno nel Partito democratico: sono gli intellettuali riformatori, una parte delle classi medie urbane e degli agricoltori, ma soprattutto gli operai dell'industria, le comunità etniche cattoliche di più recente immigrazione e gli afroamericani. I nuovi sindacati che sorgono nei settori della produzione di massa (siderurgia, elettromeccanica e automobili) divengono il principale tramite tra questi ceti popolari e un Partito democratico che basa la sua strategia sull'aumento dell'occupazione e su caute riforme sociali. Pur mantenendo la tradizionale rappresentanza del Sud bianco, razzista e conservatore, il Partito resterà sempre diviso al suo interno; non si trasforma perciò in una forza compatta e pienamente riformatrice, a-

LA TENNESSEE VALLEY AUTHORITY

Nel maggio del 1933 viene decisa la formazione di un ente per lo sviluppo integrato della valle del Tennessee: la Tennessee Valley Authority. Essa viene considerata "un esempio di pianificazione [...] per collegare industria, agricoltura, riforestazione e prevenzione delle alluvioni [...] in un tutto unico". Nel corso degli anni Trenta la TVA costruisce più di venti dighe, capaci di generare oltre un milione di kilowatt, consentendo così di raddoppiare i consumi elettrici della regione. Essa inoltre apre una canale navigabile della lunghezza di circa 1000 chilometri. Queste opere infrastrutturali e di bonifica permettono inoltre di contenere l'erosione del suolo e contenere le alluvioni: ciò favorisce lo sviluppo agricolo, aiuta a sostenere l'insediamento di attività industriali in una zona fino ad allora assai depressa e contribuisce a sradicare la malaria. Nel secondo dopoguerra la TVA accrescerà ulteriormente il proprio ruolo di produttore energetico, giungendo a generare il 6 per cento dell'intera produzione elettrica del paese.

Agricoltori in una piantagione di tabacco nel North Carolina.

Roosevelt e la moglie Eleanor (a destra).
Dotato di una forte carica umana e di grande comunicativa, il presidente democratico riesce a entrare in sintonia con il popolo americano e a interpretarne aspettative e speranze. Grazie a un abile uso dei mezzi di comunicazione di massa, egli diventa familiare in milioni di case, e può convincere il paese della validità del suo programma infondendo fiducia: "La sola cosa di cui dobbiamo aver paura è la nostra paura".

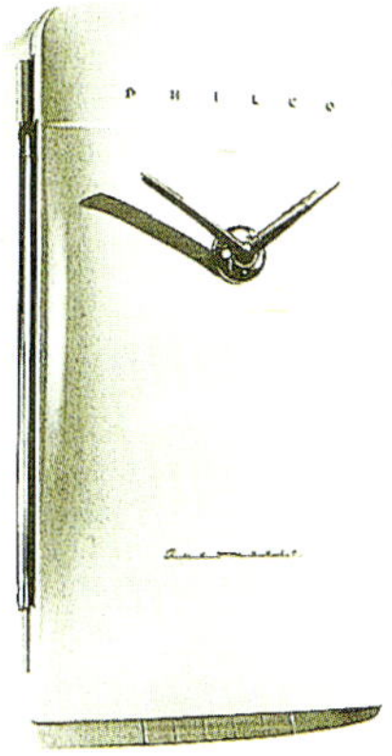

Il frigorifero e la lavatrice (a destra) progettati da Harold van Doren.
Gli elettrodomestici dell'architetto americano segnano una svolta nella storia dell'industrial design, soprattutto per l'ampio utilizzo di materiali leggeri e plastici.

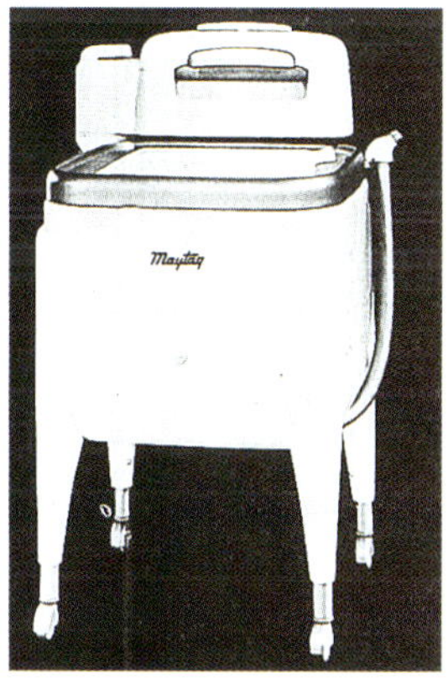

naloga cioè ai partiti europei di tipo socialdemocratico e laburista.

Allo straordinario successo politico del *New Deal* non ne corrisponde uno altrettanto chiaro sul versante economico. La crescita degli Stati Uniti resta asfittica fino al termine del decennio, e solo la piena mobilitazione dell'apparato produttivo per la guerra riaprirà un nuovo, poderoso ciclo di sviluppo e di prosperità. Ma il *New Deal* stabilisce alcuni punti fermi, che saranno alla base dello sviluppo degli Stati Uniti (e dell'intero Occidente) nei decenni successivi: la collaborazione tra lo stato e le parti sociali – e la libera contrattazione tra queste ultime, specie industrie e sindacati – per regolare il mercato e sostenere la crescita; una rete minima ma essenziale di sicurezza sociale garantita; l'ampio ricorso alla spesa pubblica per sostenere l'economia nelle fasi di recessione; l'impegno del governo per favorire la crescita dei redditi e dei consumi delle classi medie e dei ceti popolari. Tutto ciò comporta un rafforzamento e una concentrazione dei poteri nelle mani dell'amministrazione federale. In questi anni – e in seguito ancor di più con la mobilitazione bellica – la presidenza americana diventerà l'epicentro "imperiale" di uno stato che dispone di grandi risorse fiscali, di ampie funzioni economiche e di una ramificata presenza nella vita civile.

Marcia nelle vie di Washington per reclamare sussidi federali.
Dopo la grande crisi, la disoccupazione agricola e industriale raggiunge proporzioni enormi. Nonostante i provvedimenti varati dall'amministrazione Roosevelt, nel 1936 i senza lavoro sono ancora più di 7 milioni.

Le democrazie europee

Léon Blum a una riunione del Fronte popolare al Vélodrome d'Hiver nel 1936.
L'artefice della vittoria della coalizione di sinistra è oggetto di una virulenta campagna dell'estrema destra. Charles Maurras proclama: "È nella sua qualità di ebreo che deve essere visto, concepito, inteso, combattuto e abbattuto Léon Blum".

Il radicamento delle tradizioni liberali consente a Francia e Gran Bretagna di attraversare gli anni Trenta mantenendo le loro istituzioni democratiche. Entrambe sono però scosse da profonde tensioni sociali e politiche che portano una seria minaccia agli equilibri costituiti. Nel Regno Unito la fase di declino inauguratasi negli anni Venti è accentuata dalla debolezza della sterlina e dall'incapacità dei governi di coalizione – prima guidati dal laburista Ramsay MacDonald (1931-1935) e, dal 1935 al 1937, dal conservatore Baldwin – di attenuare gli effetti della "grande crisi" sull'economia. Un orientamento di stampo progressista si farà strada solo nella seconda metà del decennio, quando lo stato interverrà per sostenere i settori più colpiti della crisi delle esportazioni: carbone, cantieristica, acciaio e industria tessile.
La Francia è invece teatro di un'offensiva autoritaria che mette in pericolo la stessa sopravvivenza della democrazia. Facendo leva sull'instabilità dei governi e sui ripetuti scandali finanziari che coinvolgono personaggi di spicco delle istituzioni, oltre che sugli effetti devastanti della depressione economica, le destre francesi (l'Action française, le organizzazioni giovanili patriottiche, la Solidarietà francese, l'Unione nazionale combattenti) sono protagoniste di una campagna antidemocratica e antiparlamentare che sfocia, il 6 febbraio 1934 a Parigi, in una sommossa conclusasi

LA RIVOLUZIONE SURREALISTA

Codificata nel *Manifesto del surrealismo* di André Breton nel 1924, questa avanguardia artistica si propone di sferrare un attacco radicale ai valori della società borghese, con una spiccata connotazione politica di sinistra che in alcuni dei suoi esponenti giunge fino all'idolatria di Trockij. I surrealisti riconoscono il proprio debito verso l'*Interpretazione dei sogni* di Freud e il pensiero di Lautréamont, secondo cui la bellezza scaturisce dall'"incontro casuale di una macchina da cucire e di un ombrello su un tavolo anatomico". Artisti e scrittori fondono realtà e sogno, sacralità ed erotismo, formalismo stilistico e deformazione degli oggetti attraverso la trascrizione automatica – sulla tela o sulla pagina – degli inquietanti risvolti dell'inconscio.

Salvador Dalí,* La persistenza della memoria *(1931).

L'economista inglese John Maynard Keynes (a sinistra).

Nella Teoria generale dell'occupazione, dell'interesse e della moneta *(1936) Keynes sostiene che, per rilanciare l'economia e diminuire la disoccupazione, lo stato deve aumentare gli investimenti pubblici, favorire l'incremento dei salari e del denaro circolante e operare una redistribuzione dei redditi.*

Manifesto che ironizza sull'asservimento del Fronte popolare francese all'URSS.

Contro il Fronte popolare le destre orchestrano una campagna volta a intimorire i francesi prospettando loro un futuro che li vedrà costretti "a marciare al passo, a salutare con il pugno chiuso", sotto il "giogo della dittatura bolscevica".

con 17 morti e più di 2000 feriti. Di fronte alla pressione delle destre e alla minaccia rappresentata dalla vicina Germania nazista, i partiti della sinistra concertano un'azione comune che sfocia – dopo aver superato non pochi ostacoli interni e internazionali – nella firma del patto di unità d'azione tra socialisti e comunisti (27 luglio 1934) e nell'alleanza elettorale del Fronte popolare, estesa ai radicali e vittoriosa alle elezioni del 1936.

Il nuovo governo, guidato dal socialista Léon Blum, inaugura un periodo di riforme politiche e sociali (intervento statale nella produzione, rilancio dell'economia attraverso l'aumento dei consumi, accoglimento delle rivendicazioni di operai e ceti medi), facendo della Francia il vessillo dell'antifascismo internazionale, e prospetta un programma che sembra superare l'orizzonte difensivo delle coalizioni di governo di partiti della sinistra. Il progressivo riemergere delle divisioni tra comunisti e socialisti, unito alle incertezze di una politica estera incapace di rappresentare un'alternativa all'*appeasement* ("pacificazione") inglese, determinano tuttavia il deteriorarsi dell'esperimento unitario, che si conclude nel 1938 con le dimissioni del secondo governo di Fronte popolare guidato da Blum, cui succede Edouard Daladier.

Operai francesi che occupano una fabbrica ricevono il sostegno dei loro familiari.

I FRONTI POPOLARI

La vittoria del cartello delle sinistre è accompagnata – in Francia e in Spagna – da uno straordinario movimento popolare le cui parole d'ordine travalicano i contenuti dell'alleanza unitaria, imprimendo un'accelerazione al dibattito tra i partiti della coalizione e ai tempi di attuazione di una politica di riforme, prevista solo in parte dal programma elettorale. Mentre nel caso spagnolo il dibattito sull'atteggiamento da tenere nei confronti della radicalizzazione sociale è influenzato dall'esplosione della guerra civile, una vasta ondata di scioperi e di occupazioni mobilita, fin dalla prima settimana del maggio 1936, oltre 2 milioni di lavoratori francesi. È sotto la pressione della protesta operaia che il ministero Blum adotta, a ridosso del suo insediamento, i primi provvedimenti riformatori nella regolamentazione dei rapporti di lavoro. Ratificati dalla firma degli accordi di Palazzo Matignon (7 giugno 1936), essi prevedono il riconoscimento dei contratti collettivi, l'ampliamento delle libertà sindacali, cospicui aumenti salariali, oltre che l'istituzione delle ferie retribuite e della settimana lavorativa di 40 ore.

Manifesto di Joan Mirò a sostegno della repubblica .
A difesa della resistenza si schiera un vasto fronte di intellettuali di tutti i paesi, consapevoli che in Spagna si combatte una battaglia di civiltà: "È in gioco il destino dello spirito... Ed è il popolo che difende lo spirito e la cultura... Gli intellettuali stranieri sono con il popolo" (Antonio Machado).

La guerra di Spagna

La penisola iberica, finora rimasta ai margini dell'Europa, catalizza alla metà degli anni Trenta l'attenzione del mondo. In Spagna ha luogo il primo confronto bellico tra le grandi ideologie di questo secolo: democrazia liberale, fascismo, comunismo. In questa prospettiva la guerra civile spagnola è da considerarsi come una prova generale del conflitto mondiale.
Avviata dalla guarnigione di stanza in Marocco (17 luglio 1936), la sollevazione contro il legittimo governo del Fronte popolare (la coalizione di partiti democratici che ha vinto le elezioni del febbraio precedente) si estende – sotto la guida dei generali Francisco Franco, Emilio Mola, José Sanjurjo e Gonzalo Queipo de Llano – alla Spagna metropolitana. Nel giro di poche settimane il paese viene spezzato in due. Da un lato, i territori nazionalisti (Navarra, Aragona occidentale, León, Castiglia, Galizia e Andalusia), amministrati da una giunta di difesa nazionale che, nel settembre del 1936, affida al generalissimo Franco il comando assoluto. Dall'altro, la Spagna delle forze repubblicane (Catalogna, Paesi Baschi, Aragona orientale, Madrid e Asturie), attraversate da profonde divisioni interne che minano l'efficacia della condotta bellica. Malgrado la formazione di

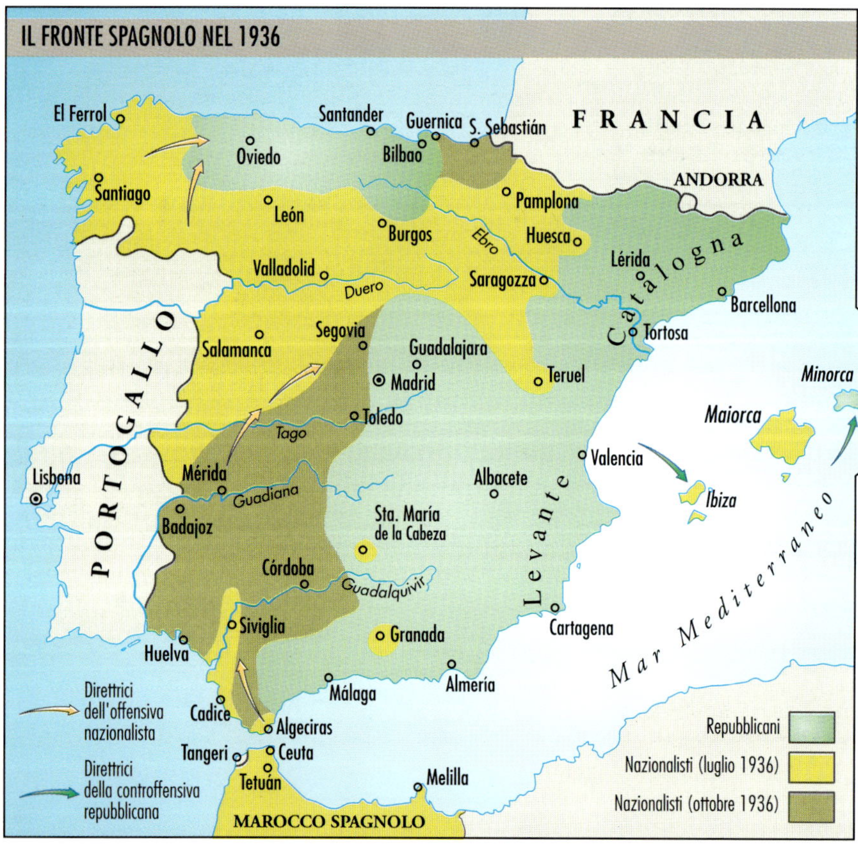

Il poeta e drammaturgo spagnolo Federico García Lorca.
Dal 1932, su incarico del governo repubblicano, Lorca si dedica a un'opera di divulgazione culturale con il gruppo teatrale universitario "La Barraca". Allo scoppio della guerra civile è catturato dai falangisti e fucilato nella campagna intorno a Granada, il 19 agosto 1936.

un ministero organico di Fronte popolare, presieduto da Francisco Largo Caballero (4 settembre 1936), i contrasti tra comunisti, anarchici e militanti del Partito operaio unificato marxista si trasformano in una guerra civile nella guerra civile: gli scontri di Barcellona (3-6 maggio 1937) si concludono con 400 morti, la messa al bando delle organizzazioni libertarie e la costituzione del governo guidato da Juan Negrín (17 maggio), sostenitore – sulla falsariga dello slogan comunista: "prima, vincere la guerra!" – di una politica di sospensione delle autonomie locali e delle riforme sociali.
La svolta in seno al fronte repubblicano non è sufficiente, tuttavia, a riequilibrare i rapporti di forza con il campo nazionalista. Fattore determinante della ribellione è lo spirito di crociata in difesa della religione cattolica e della chiesa: i cattolici sono il nerbo dell'esercito franchista e saranno, nei quarant'anni successivi, la base di massa della dittatura del generalissimo. Oltre che sulla coesione e disciplina dei propri uomini, Franco può contare anche sugli aiuti economici e militari

Prigionieri repubblicani.
Le truppe nazionaliste possono contare sul sostegno degli armamenti e delle migliaia di uomini inviati da Germania e Italia. Nell'agosto 1936, nella plaza de toros di Badajoz, massacrano in un giorno migliaia di persone. È il primo episodio di una spirale di atrocità che coinvolgerà anche lo schieramento repubblicano e che segnerà tragicamente la guerra civile.

Francisco Franco ritratto da Ignacio Zuloaga.

Manifesto repubblicano in cui l'angelo della pace è una morte nazista che sgancia bombe: "I giovani libertari sapranno distruggerlo".

Manifesto di propaganda franchista: un soldato respinge il pericolo comunista.

Milizie repubblicane in partenza per il fronte.

della Germania di Hitler e dell'Italia di Mussolini; un sostegno che proseguirà per l'intera durata della guerra, anche dopo la firma del patto di non intervento (2 agosto 1936) con cui, su proposta della Francia e in sintonia con la politica di *appeasement* perseguita dalle democrazie occidentali nel periodo precedente la nuova guerra mondiale, i principali stati europei si impegnano a mantenere la neutralità nel conflitto spagnolo.

Le armi, i consiglieri militari sovietici e i volontari antifascisti delle brigate internazionali compensano solo in parte l'attivismo delle potenze dell'Asse. Dopo due anni di feroci combattimenti, durante i quali le operazioni si svolgono pericolosamente intorno alle città controllate dal Fronte popolare, le armate nazionaliste riescono a separare la Catalogna dai territori centrali (15 aprile 1938) e a scatenare l'offensiva finale. Il 1° aprile 1939, cadute Barcellona e Madrid, Franco annuncia la resa dell'esercito repubblicano. Ha così inizio la dittatura franchista, che dominerà la Spagna fino al 20 novembre 1975, giorno della morte del generalissimo.

La dittatura di Franco vede la luce nel periodo di consolidamento dell'alleanza nazifascista, e l'intervento di Hitler e Mussolini nel conflitto spagnolo risulta fondamentale sia per la vittoria del

Un membro delle Brigate internazionali.
Oltre 40.000 volontari si arruolano nelle Brigate internazionali, combattendo in Spagna a fianco dei repubblicani nei più importanti episodi della guerra civile, come la difesa di Madrid e la battaglia di Guadalajara (marzo 1937). Ai militanti politici antifascisti si uniscono scrittori come Orwell e Hemingway.

fronte nazionalista sia per il consolidamento, al suo interno, dell'autorità del *caudillo*. Anche nel caso della Spagna, tuttavia, la natura reazionaria della destra nazionalista, oltre che la pesante eredità della dittatura di Miguel Primo de Rivera (1923-1929) e l'appoggio delle gerarchie ecclesiastiche, concorrono profondamente alla vittoria fascista: il regime instaurato da Franco basato su uno straordinario apparato repressivo, su un'accentuata ispirazione corporativa e sull'efficienza del *Movimiento* (il partito unico fondato nel 1937), dimostra una capacità di adattamento, di gestione dello stato e di compenetrazione con la tradizione del paese che è alla base della sua quarantennale durata.

GUERNICA

Guernica è la città simbolo dell'indipendenza dei baschi, il centro della loro tradizione culturale. Nell'aprile 1937 i Paesi Baschi si trovano al centro di un'offensiva franchista, ma la cittadina è in posizione assai arretrata rispetto alla linea del fronte. Quella che si compie lunedì 26 aprile 1937 non è un'operazione bellica ma una premeditata azione di sterminio nei confronti dei civili inermi: gli unici possibili obiettivi militari nella zona non sono toccati. A compiere l'incursione sono i bombardieri e i caccia della legione "Condor" tedesca; i franchisti sostengono che ciò è avvenuto a loro insaputa, ma questo appare poco credibile, poiché tutte le forze nazionaliste rispondono agli ordini di Franco. L'incursione aerea inizia alle 16.35 e continua per oltre tre ore. Dopo i primi lanci di bombe, i caccia mitragliano a volo radente la popolazione, che fugge atterrita; bombe dirompenti e incendiarie completano la distruzione degli edifici. Le vittime superano il migliaio, della città restano solo macerie. Nella campagna circostante gli aerei fanno terra bruciata per un raggio di otto chilometri.

Guernica *(1937)* *di Pablo Picasso.*
L'opera, drammatica denuncia del massacro fascista, è inviata all'Esposizione mondiale di Parigi del 1937.

1930-1931

ECONOMIA E SOCIETÀ

1930

1 febbraio *URSS* Esproprio delle terre ai *kulaki* e collettivizzazione forzata dell'agricoltura.

USA Esce il *Trattato sulla moneta* di John M. Keynes.
• Si diffonde in tutto il paese il boogie-woogie.

1931

Italia Mussolini scioglie le associazioni giovanili non fasciste.

URSS La carestia provoca, in Ucraina e nel Sud della Russia, 5 milioni di morti. Stalin dà inizio all'industrializzazione.

USA Il presidente Hoover propone la sospensione per un anno di tutti i pagamenti per i debiti internazionali.

POLITICA E ISTITUZIONI

1930

3 ottobre *Brasile* Sale al potere il presidente Getúlio Vargas.

10 ottobre *Italia* È approvata la pena di morte anche per gravi reati comuni.

13 luglio *Italia* L'antifascista Giovanni Bassanesi vola su Milano lanciando manifesti contro il regime.

13 ottobre *Germania* Al nuovo Reichstag 107 deputati nazisti si presentano in camicia bruna.

Gran Bretagna Il governo riconosce l'indipendenza dell'Iraq.

Vietnam Ho Chi Minh fonda il Partito comunista.

1931

14 aprile *Spagna* Finita la dittatura di Primo de Rivera, Alfonso XIII rinuncia al trono e lascia il paese.

18 settembre *Cina* I giapponesi invadono la Manciuria.

1932-1933

ECONOMIA E SOCIETÀ

1932

America latina Crollo delle esportazioni verso i paesi industrializzati.

USA Nasce l'RFC, un ente federale per ridare slancio all'industria; i disoccupati sono 15 milioni; il potere d'acquisto dei salari è sceso del 40 per cento rispetto al 1929.

1933

marzo *Germania* È istituito a Dachau il primo campo di concentramento; bruciati i libri di autori ebrei.

URSS Inizia il secondo piano quinquennale; continua lo sviluppo dell'industria pesante; espulsi dal PCUS 800.000 iscritti.

USA È abrogato il proibizionismo.
• Franklin D. Roosevelt lancia il *New Deal*.

POLITICA E ISTITUZIONI

1932

5 luglio *Portogallo* Antonio de Oliveira Salazar è primo ministro.

31 luglio *Germania* Il Partito nazista ottiene la maggioranza relativa alle elezioni.

29 settembre Scoppia la guerra del Chaco tra Bolivia e Paraguay.

20 settembre *India* Gandhi inizia il primo sciopero della fame.

7 novembre *USA* Il democratico Franklin D. Roosevelt è eletto presidente.

12 febbraio *Italia* Colloquio cordiale tra Benito Mussolini e papa Pio XI.

Austria Nuovo governo della coalizione di centrodestra, guidato da Engelbert Dollfuss.

1933

30 gennaio *Germania* Adolf Hitler è nominato cancelliere del Reich.

febbraio *Germania* Dopo l'incendio del Reichstag, vengono emanate le prime leggi repressive contro gli avversari del nazionalsocialismo.

marzo *Austria* Golpe del cancelliere Dollfuss e in-

1934-1935

ECONOMIA E SOCIETÀ

1934

USA Istituita la Federal Communication Commission, la prima authority per le telecomunicazioni.

1935

Germania Prime trasmissioni televisive pubbliche.

Gran Bretagna Con la Penguin nasce il libro tascabile.

Italia Il Gran consiglio del fascismo dichiara obbligatoria la settimana lavorativa di 40 ore.

URSS Inaugurata la metropolitana di Mosca.
• L'80 per cento delle famiglie contadine lavora nelle fattorie collettive.

POLITICA E ISTITUZIONI

1934

30 giugno *Germania* "Notte dei lunghi coltelli": i capi delle SA, tra cui Ernst Röhm, sono massacrati per ordine di Hitler.

2 agosto Hitler assume la carica di presidente del Reich. È il Führer.

16 ottobre *Cina* Inizia la "lunga marcia" dei comunisti,

9 ottobre *Francia* Re Alessandro I di Jugoslavia e il ministro degli Esteri francese Jean-Louis Barthou sono assassinati a Marsiglia da un nazionalista croato.

1 dicembre *URSS* Sergej Kirov è assassinato a Leningrado.

2 maggio *Italia* Deciso l'invio in Eritrea di tre divisioni e di 75 aerei.

1935

6 gennaio *Cina* Mao Zedong è eletto presidente del Partito comunista.

febbraio *Spagna* Francisco Franco nominato comandante in capo delle forze armate del Marocco.

11 aprile *Italia* Vertice a Stresa tra Mussolini, il primo ministro britannico James R. MacDonald e il francese Pierre-Etienne Flandin. I tre

1936-1937

ECONOMIA E SOCIETÀ

1936

1 ottobre *Francia* Svalutazione del franco; nazionalizzazione della Banca di Francia.

Germania Leni Riefensthal realizza il film *Olympia* sulle Olimpiadi di Berlino.

Italia La FIAT inizia la produzione in serie della *Topolino*.

URSS Inizia la "grande purga" nella quale muoiono (fino al 1938) 3 milioni di persone.

1937

Germania Fondata la Volkswagenwerk AG.

POLITICA E ISTITUZIONI

1936

28 febbraio-9 maggio *Somalia-Eritrea* Le truppe italiane occupano l'Amba Alagi e Addis Abeba; è proclamato l'impero.

4 giugno *Francia* Léon Blum è nominato primo ministro.

17 luglio *Spagna* Franco si ribella al governo e dà inizio alla guerra civile.

18 novembre Italia e Germania riconoscono il governo franchista.

4 agosto *Grecia* Il generale Joannis Metaxas instaura la dittatura.

25 ottobre *Germania* Nasce l'Asse Roma-Berlino.

10 dicembre *Gran Bretagna* Abdica Edoardo VII: gli succede il fratello Giorgio VI.

1937

26 aprile *Spagna* Gli aerei nazisti bombardano la città di Guernica: più di 1000 morti tra i civili inermi.

28 maggio *Gran Bretagna* Il conservatore Neville Chamberlain diventa primo ministro.

7 luglio Il Giappone dichiara guerra alla Cina.

5 ottobre *USA* Roosevelt annuncia la fine dell'isolazionismo.

6 novembre *Italia* Il gover-

1938

ECONOMIA E SOCIETÀ

America latina La produzione industriale messicana, brasiliana e cilena è quasi doppia rispetto a quella del 1929.

Gran Bretagna I disoccupati sono 1.800.000.

URSS Comincia il terzo piano quinquennale; mancato sviluppo della produzione dei beni di consumo.

USA La trasmissione radiofonica *La guerra dei mondi* di Orson Welles semina il panico tra gli ascoltatori, che credono all'invasione degli extraterrestri.
• L'Agfa e la Kodak mettono in commercio le pellicole fotografiche a colori.

POLITICA E ISTITUZIONI

12 marzo *Austria* Invasione delle truppe tedesche e annessione al Reich.

8 aprile *Francia* Léon Blum rassegna le dimissioni e viene sostituito dal radicalsocialista Edouard Daladier.

14 luglio *Italia* È pubblicato il *Manifesto della razza*, cui seguono provvedimenti antisemiti; studenti e insegnanti ebrei sono espulsi dalle scuole.

luglio-agosto *URSS* Le truppe sovietiche si scontrano con i giapponesi al confine tra Siberia e Manchukuo. Il 10 ago-

	SCIENZA E TECNOLOGIA	CULTURA E SPORT

5 gennaio *Germania* Ernst Rohm è nominato capo delle SA.

6 marzo *Italia* Il Gran consiglio del fascismo delibera che i reati politici siano giudicati dal Tribunale speciale.

novembre *Italia* Ai docenti universitari viene imposto il giuramento di fedeltà al regime.

1930

Austria Il fisico Wolfgang Pauli ipotizza l'esistenza del neutrino.

USA L'astronomo William Tombaugh scopre Plutone. • William Chalmers inventa il plexiglas.

1931

Germania Adolf Windaus riesce a produrre artificialmente la vitamina D1.

Svizzera Il chimico Paul Karrer isola la vitamina A.

USA Wallace H. Carothers realizza la gomma sintetica (neoprene).

1930

Austria Escono parti de *L'uomo senza qualità* di Robert Musil.

Gran Bretagna Pubblicate le *Poesie* di Wystan Auden.

Italia Il ciclista Alfredo Binda vince per la seconda volta il campionato del mondo su strada.

URSS Muore suicida il poeta Vladimir Majakovskij.

Uruguay La prima edizione della Coppa del mondo di calcio è vinta dall'Uruguay.

USA Josef von Sternberg gira il film *L'Angelo azzurro*, con Marlene Dietrich.

1931

Germania Friedrich Murnau e Robert Flaherty girano il film *Tabù*.

URSS Isaac Babel' pubblica *Racconti di Odessa*.

USA A New York si proietta *Luci della città* di Charlie Chaplin.

---

staurazione della dittatura.

19 ottobre *Germania* Il paese esce dalla Società delle Nazioni.

29 aprile *Italia* Vittorio Emanuele III visita la Cirenaica pacificata.

16 luglio *Italia* Firmato un patto di collaborazione con Francia, Germania e Gran Bretagna.

4 novembre L'URSS è riconosciuta dagli USA.

1932

Germania Ernst Ruska costruisce il microscopio elettronico.

Svezia Nobel per la fisica al tedesco Werner Heisenberg.

Svizzera Il fisico Auguste Piccard, in una cabina pressurizzata agganciata a un aerostato, raggiunge la stratosfera (16.201 metri).

USA Completata la costruzione dell'Empire State Building di New York.

1933

Gran Bretagna Il chimico Walter Haworth sintetizza la vitamina C.

• Il Nobel per la fisica va a Paul Dirac per la scoperta dell'antimateria.

USA Edwin Armstrong inventa la radio a modulazione di frequenza.

1932

Francia La nazionale di tennis vince per la sesta volta consecutiva la Coppa Davis.

• Il romanziere Louis-Ferdinand Céline pubblica *Viaggio al termine della notte*.

Germania I nazisti chiudono il Bauhaus di Dessau.

Italia A Venezia il primo Festival del cinema.

USA Howard Hawks gira *Scarface*.

• Johnny Weissmuller interpreta Tarzan, il primo di una serie di film.

• Bernard Berenson pubblica *La pittura italiana del Rinascimento*.

1933

Francia Esce *La condizione umana* di André Malraux.

Germania All'avvento del nazismo, Bertolt Brecht emigra prima in Danimarca e poi in USA.

Italia Tazio Nuvolari vince la Mille Miglia e la 24 ore di Le Mans.

• Giovanni Michelucci progetta la stazione ferroviaria di Santa Maria Novella a Firenze.

USA Prima cinematografica del kolossal *King Kong*.

• A New York, il pugile Primo Carnera conquista il titolo mondiale dei pesi massimi.

---

denunceranno a Ginevra la violazione tedesca delle clausole militari di Versailles.

23 aprile *Polonia* Il ministro della guerra Józef Pilsudski assume i pieni poteri.

15 settembre *Germania* A Norimberga sono approvate le leggi razziali.

3 ottobre *Italia* Inizia la conquista dell'Etiopia.

1934

Francia I coniugi Curie scoprono i radioisotopi e la radioattività artificiale.

Germania Il patologo Gerhard Domagk realizza i sulfamidici.

Italia Enrico Fermi ottiene la fissione dell'uranio.

USA Charles Beebe, dentro una batisfera, scende a 850 m. di profondità per studiare le forme di vita marine.

1935

Gran Bretagna Il fisico Robert A. Watson-Watt inventa il radar.

Svizzera Leopold Ružička produce il testosterone sintetico.

USA Il geofisico Charles Richter mette a punto l'omonima scala per misurare l'intensità dei terremoti.

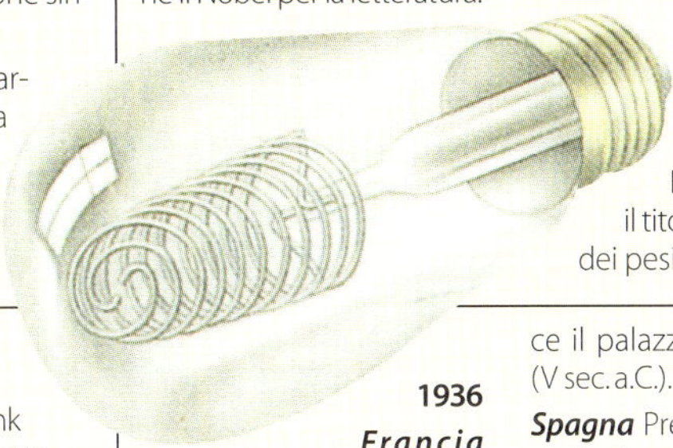

1934

Gran Bretagna La scrittrice Agatha Christie pubblica *Assassinio sull'Orient Express*.

Italia Luigi Pirandello ottiene il Nobel per la letteratura.

USA Lo scrittore Henry Miller pubblica il romanzo *Tropico del cancro*.

• Si afferma la cantante di jazz Ella Fitzgerald.

1935

13 giugno *USA* Il pugile Max Baer, sconfitto da James J. Braddock, perde il titolo di campione dei pesi massimi.

Austria Lo scrittore Elias Canetti pubblica *L'accecamento* (in italiano *Auto da fé*).

Gran Bretagna Rappresentazione di *Assassinio nella cattedrale* di Thomas S. Eliot.

Italia Lo scultore Marino Marini inizia la serie *Cavallo e cavaliere*.

USA Esce il film *Il cappello a cilindro* con Fred Astaire e Ginger Rogers.

---

no sottoscrive il patto Anticomintern.

13 dicembre *Cina* Le truppe giapponesi occupano Shanghai e Nanchino e oltre 200.000 persone sono trucidate.

29 dicembre *Irlanda* La repubblica si proclama indipendente, riappropriandosi del nome celtico di Eire.

1936

Germania A Brema è collaudato il primo elicottero, il Focke-Wulf 61.

Gran Bretagna Norman Pirie e Frederick Bawden riescono a isolare un virus.

USA Il biochimico Edward Kendall scopre il cortisone.

1937

Giappone Con l'aereo Kamikaze due piloti percorrono in meno di quattro giorni la distanza fra Tokyo e Londra.

Gran Bretagna Frank Whittle realizza il motore a reazione.

Italia Daniel Bovet scopre gli antistaminici.

Svezia Arne Kaurin Tiselius mette a punto l'elettroforesi.

USA È brevettato il nylon, la prima fibra sintetica.

1936

Francia Georges Bernanos pubblica *Diario di un parroco di campagna*.

Germania Walter Benjamin pubblica *L'opera d'arte nell'epoca della sua riproducibilità tecnica*.

Iran A Persepoli gli scavi archeologici portano alla luce il palazzo del re Dario (V sec. a.C.).

Spagna Presso Granada è ucciso il poeta García Lorca.

USA È proiettato *Tempi moderni* di Charlie Chaplin.

• Margareth Mitchell pubblica *Via col vento*.

• Il Nobel per la letteratura va a Eugene O'Neill.

1937

Francia All'Esposizione mondiale di Parigi Pablo Picasso presenta *Guernica*.

• Julien Duvivier gira il film *Carnet di ballo*.

Germania Carl Orff compone la cantata scenica *Carmina Burana*.

Paesi Bassi Joris Ivens gira il film *Terra di Spagna*.

USA Walt Disney presenta *Biancaneve e i sette nani*, il primo lungometraggio sonoro di cartoni animati a colori.

---

sto un armistizio definisce le rispettive posizioni.

30 settembre Mussolini e Hitler firmano il patto di Monaco, in base al quale i Sudeti passano alla Germania.

9-10 novembre *Germania* Nella "notte dei cristalli" i nazisti uccidono 91 ebrei e ne arrestano circa 26.000, oltre a devastare centinaia di loro negozi e abitazioni.

Argentina I fratelli ungheresi Laszlo e Gyorgy Biro realizzano la penna a sfera.

Gran Bretagna Nel porto di Liverpool è varata la *Queen Elizabeth*, il transatlantico più grande del mondo.

Iran È inaugurata la ferrovia transiraniana, che collega il Golfo Persico al Mar Caspio.

Italia Enrico Fermi riceve il premio Nobel per la fisica.

• Ugo Cerletti realizza l'apparecchio per l'elettroshock.

• Scompare misteriosamente il fisico Ettore Majorana.

USA Comincia lo sfruttamento dei giacimenti petroliferi sottomarini.

Austria Esce *La cripta dei cappuccini* di Joseph Roth.

Francia Esce *La nausea* di Jean-Paul Sartre.

• Esce *Il teatro e il suo doppio* di Antonin Artaud.

Italia Muore a Gardone Gabriele d'Annunzio.

• L'architetto Gio Ponti progetta l'edificio della Montecatini a Milano.

URSS Esce il film *Aleksandr Nevskij* di Sergej Ejzenštein.

USA Lo scrittore Edward Snow scrive *Stella rossa sulla Cina*.

• Con il film *L'eterna illusione* di Frank Capra si afferma definitivamente l'attore James Stewart.

La radio

Nel 1920 la società Westinghouse installa a Pittsburgh, in Pennsylvania, la prima emittente radiofonica, che trasmette musica e notizie tra cui, nel 1921, i risultati delle elezioni presidenziali che portano alla Casa Bianca il repubblicano Warren Harding. La storia dell'invenzione risale alla fine dell'Ottocento, sulla base delle teorie del fisico inglese James Maxwell e di quello tedesco Heinrich Hertz. A realizzare la prima trasmissione di un segnale radio via etere era stato, nel 1895, l'italiano Guglielmo Marconi, che perfezionerà poi la telegrafia senza fili utilizzando l'antenna inventata dal russo Aleksandr Popov. Nel 1901 Marconi trasmette il primo segnale radiotelegrafico da una sponda all'altra dell'Atlantico. Nei primi decenni del Novecento innovazioni tecnologiche e scoperte consentono di perfezionare le tecniche di trasmissione e di ricezione, aprendo la strada a una diffusione di massa degli apparecchi radio. La radio diventa il mezzo di comunicazione più importante tra le due guerre: la capacità di trasmettere a grande distanza, immediatamente e in ogni direzione un messaggio rivoluziona il mondo dell'informazione. Senza contare le diverse applicazioni civili e militari a cui il nuovo mezzo porta il suo contributo. Tutti i regimi politici, totalitari o democratici, ne fanno uno strumento per l'educazione e l'indottrinamento delle masse, la formazione del consenso e della coscienza nazionale.

Roosevelt davanti ai microfoni delle principali reti radiofoniche del paese.

Radioascoltatore, *dipinto di Max Radler del 1930.*

Apparecchio radio americano della fine degli anni Trenta.

La seconda guerra mondiale

Il conflitto che scoppia nel 1939 – la più grande catastrofe dell'età contemporanea – rivela appieno il nuovo carattere totale della guerra moderna. A differenza del primo, il secondo conflitto mondiale sconvolge intere economie e società nazionali, travalica i confini del continente europeo e assume una fisionomia davvero planetaria. Il coinvolgimento di un'intera area geografica – quella dell'Oceano Pacifico – mai toccata in precedenza da estesi conflitti e l'ingresso in campo di eserciti partigiani, a sostegno dell'avanzata alleata nell'ultima fase della guerra, sono due ulteriori conferme del carattere totale dello scontro. Dei 51 milioni di morti circa la metà sono civili. I crimini contro l'umanità (dal genocidio degli ebrei alla bomba su Hiroshima) costituiscono il segno estremo di questa escalation *di volontà distruttiva e di capacità tecnologica.*
La seconda guerra mondiale è una guerra annunciata, prevista dagli osservatori più attenti e presentita in varia misura da una larga fetta dell'opinione pubblica. Ma non si riesce a fare abbastanza per fermarla. Le potenze vincitrici del conflitto precedente non sono riuscite a costruire un ordine stabile e pacifico. Le severe condizioni inflitte alla Germania dal trattato di Versailles hanno finito per creare un clima di risentimento nel popolo tedesco, che ha spianato la strada al successo elettorale del Partito nazista. Nei confronti dei regimi dittatoriali di Hitler e Mussolini, le democrazie di Francia e Gran Bretagna hanno mostrato un atteggiamento oscillante: inizialmente duro con le sanzioni imposte all'Italia dopo la guerra d'Etiopia, poi indifferente nei confronti della guerra civile spagnola, e infine indulgente rispetto alla strategia espansionistica sempre più aggressiva del nazismo. Lo "spirito di Monaco" e la politica di appeasement *condensano una generale sottovalutazione delle capacità belliche del Terzo Reich e delle reali intenzioni hitleriane.*
La crisi economica ha accentuato una tendenza all'isolazionismo anche in campo politico e diplomatico, che si coniuga al timore sempre vivo per la minaccia esercitata dal comunismo sovietico: le mire tedesche sull'Est europeo vengono considerate anche come una opportunità per spingere l'uno contro l'altro i regimi avversari della democrazia liberale. Anche gli Stati Uniti tardano a comprendere la natura mondiale di un conflitto, giudicato sulle prime un regolamento di conti fra rivali europei: solo l'emergere di un nuovo soggetto aggressivo come il Giappone, con l'attacco proditorio a Pearl Harbor, mette in movimento il gigante americano e ne collega irreversibilmente i destini a quelli del continente europeo.
Ma anche l'altro colosso mondiale, l'Unione Sovietica, esce dalla guerra – cui paga il tributo di vite umane di gran lunga più alto – con un nuovo ruolo internazionale. Le dimensioni del tutto nuove assunte dal conflitto pongono quindi in termini ormai improcrastinabili il problema di una rifondazione del diritto internazionale che scongiuri per sempre il ricorso alla guerra come soluzione delle controversie fra stati.

A guerra finita, i sovietici abbassano a terra le bandiere e i labari catturati all'esercito tedesco (nella pagina precedente).

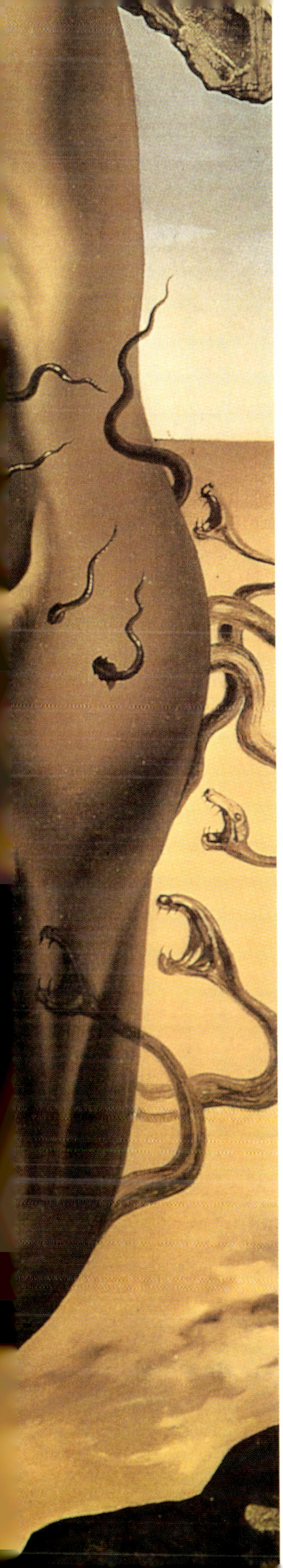

Da Monaco alla guerra

La spinta aggressiva della Germania nazista coglie impreparate le grandi potenze europee, che si rivelano incapaci di reagire con tempestività e coordinamento. La conferenza di Monaco (29-30 settembre 1938) segna il culmine della cosiddetta politica di *appeasement*: Gran Bretagna e Francia cedono alle minacce di guerra di Hitler, riconoscendo l'annessione al Reich della regione dei Sudeti e lasciando la Cecoslovacchia, divisa e priva di frontiere difendibili, alla mercé della Germania. Il disegno anglofrancese si propone infatti di salvaguardare la pace dirottando l'espansionismo tedesco verso est, in direzione dell'Unione Sovietica. Ma in realtà Monaco costituisce un'ulteriore prova di debolezza, attesa dal Führer per imprimere una svolta decisiva ai propri piani.

Nel marzo 1939 Hitler lancia un ultimatum alla Polonia affinché ceda il corridoio di Danzica e aderisca al patto anti COMINTERN. Seppure con qualche oscillazione, Parigi e Londra si rendono conto del fallimento della politica di *appeasement* e rispondono con maggiore decisione alle nuove minacce naziste. A questo irrigidimento del fronte avversario Hitler reagisce consolidando lo schieramento delle nazioni a lui più vicine e garantendosi la neutralità, quanto meno temporanea, della potenza sovietica. La Germania stringe infatti un'alleanza militare con l'Italia di Mussolini (il "patto d'acciaio" del 22 maggio) e un patto di non

Particolare de* Il volto della guerra *(1940) di Salvador Dalí.

1938: soldati ungheresi attraversano il Danubio ed entrano in Slovacchia.
Sotto il regime dell'ammiraglio Horthy, l'Ungheria si schiera su posizioni vicine alla Germania nazista. Gli accordi di Monaco, che prevedono la spartizione della Cecoslovacchia, danno il via libera all'occupazione ungherese della Slovacchia e della Transilvania settentrionale.

Nella vignetta inglese, che ironizza sull'alleanza fra il nazismo e il comunismo, Hitler dice: "La feccia del mondo, credo" e Stalin risponde: "Il sanguinario assassino dei lavoratori, suppongo".
Il patto di non aggressione russo-tedesco è la sconfitta delle diplomazie occidentali. Mosca abbandona la linea della "unità antifascista" contro il nazismo seguita fin dal 1935, provocando sconcerto nelle sinistre di tutto il mondo. Allo scoppio del conflitto, il nemico principale viene indicato nelle "finte" democrazie occidentali, impegnate nella guerra capitalistica: "Non è per la libertà delle nazioni che esse combattono, ma per il loro asservimento. Non per salvare la democrazia dal fascismo, ma per il trionfo della reazione."

aggressione con l'Unione Sovietica firmato il 23 agosto dai rispettivi ministri degli Esteri Joachim von Ribbentrop e Vjačeslav Molotov: le clausole segrete del patto prevedono la spartizione del territorio polacco. Il 1° settembre 1939 le truppe tedesche varcano il confine della Polonia, il 3 settembre Gran Bretagna e Francia dichiarano guerra alla Germania.

A differenza del primo conflitto, la seconda guerra mondiale è un evento largamente previsto e a lungo preparato. La strategia militare messa a punto dalla Germania nazista prevede una guerra di movimento (*Blitzkrieg*, "guerra lampo"), basata sull'impiego congiunto di mezzi corazzati veloci e bombardamenti aerei, ben lontana dalla staticità della guerra di trincea. Si verificano in questo senso massicci quanto rapidi spostamenti di truppe, con conseguenze particolarmente devastanti nei paesi dell'Europa orientale. Le popolazioni civili restano coinvolte in un conflitto che non rimane più circoscritto agli eserciti belligeranti. La dottrina razziale applicata da Hitler conduce allo sterminio programmato di intere etnie (ebrei, zingari, slavi) e spesso al trattamento disumano dei prigionieri di guerra. Per spezzare definitivamente la resistenza del nemico, nell'ultima fase del conflitto gli angloamericani effettuano bombardamenti aerei indiscriminati sulle maggiori città delle potenze dell'Asse.

Colonia nel 1945, dopo il micidiale bombardamento a tappeto alleato.

LA GUERRA TOTALE

Assai più della prima, la seconda guerra mondiale può definirsi "totale". Le operazioni militari interessano un'area molto più vasta e varia (Asia, Europa, Africa, America del Sud); l'aviazione fa sì che nella guerra siano coinvolte drammaticamente le popolazioni, tanto che circa la metà dei 51 milioni di morti nei 6 anni di conflitto sono civili. Lo scoppio dell'atomica sul Giappone, nell'agosto 1945, segna poi un salto di qualità senza precedenti nello sviluppo degli armamenti e delle loro capacità distruttive.

Le forze in campo (1939)	Gran Bretagna	Francia	URSS	USA	Polonia	Germania	Italia	Giappone
Popolazione (in milioni)	47,6	41,6	167,3	129,8	34,6	68,4	43,7	70,5
Reddito nazionale (milioni di dollari)	23.550	10.296	31.410	67.600	3189	33.347	6895	5700
Riservisti (in milioni)	0,4	4,6	12	–	1,5	2,2	4,8	2,4
Esercito in tempo di pace (in milioni)	0,22	0,8	1,7	0,19	0,29	0,8	0,8	0,32
Aerei da combattimento	1890	1770	3280	154	–	4030	1900	–
Navi da battaglia	12	7	3	2	–	5	2	19
Incrociatori	54	50	12	–	–	8	22	72
Cacciatorpediniere e torpediniere	145	40	87	181	4	50	126	185
Sommergibili	54	80	190	90	5	57	105	134
Carri armati (al 1936)	375	600*	6000	–	–	2050	800	650

*Compresi i carri armati obsoleti si arriva a 800

Una guerra fra ideologie

Assai più della prima, la seconda guerra mondiale è una guerra ideologica, che vive dello scontro tra sistemi politici opposti e incompatibili. L'obiettivo dei contendenti cessa presto di essere la rettifica di alcune frontiere, per proporsi la resa senza condizioni del nemico: per imporre un nuovo ordine mondiale modellato secondo i disegni di Berlino, Roma e Tokyo, da un lato; per cancellare regimi politici dittatoriali irrimediabilmente votati alla guerra, dall'altro.

In entrambi i campi, si sviluppa così il massiccio ricorso alla propaganda, condotta attraverso la stampa e soprattutto la radio e il cinema. Il sorgere spontaneo del fenomeno della guerriglia partigiana, nei paesi soggetti all'occupazione nazista, è un altro effetto di questo nuovo carattere esasperatamente ideologico della guerra. Tale aspetto contribuisce a farne uno scontro "all'ultimo sangue", dove è in gioco non soltanto la supremazia militare e politica di una nazione sull'altra, ma anche l'affermazione di una visione complessiva dell'ordine mondiale. Si spiegano in questo quadro la strenua resistenza della Germania, quando è ormai evidente che non vi è più alcuna speranza di vittoria, ma anche l'obiettivo concordato da Stalin, Winston Churchill e Roosevelt nella conferenza di Teheran (28 novembre - 1° dicembre 1943) della resa senza condizioni imposta dagli alleati ai regimi fascisti.

Profughi francesi dopo l'attacco tedesco nel 1940.
L'azione congiunta delle divisioni corazzate (Panzerdivisionen) e dell'aviazione permette ai tedeschi di sfondare lo schieramento alleato sulla linea Maginot e di penetrare rapidamente in Francia: mentre nel primo conflitto mondiale ha prevalso la guerra di posizione, ora l'impiego sistematico dei nuovi mezzi rende i fronti molto più mobili, provocando la devastazione di enormi territori e il coinvolgimento su ampia scala della popolazione civile.

La guerra lampo

Dopo il 1° settembre 1939, con un crescendo impressionante di successi, la Germania conquista in meno di un mese la Polonia, punta verso i paesi scandinavi, travolge il Belgio, i Paesi Bassi e, nel maggio 1940, penetra in Francia. Ciò è dovuto alla strategia della "guerra lampo", messa a punto dallo stato maggiore tedesco fin dal 1937. In base all'esperienza del conflitto precedente, deciso dalla superiorità produttiva e tecnologica, la strategia nazista prevede la rapida conquista di territori – sfruttando al massimo la rapidità di azione consentita dall'aviazione e dai mezzi corazzati – e l'utilizzazione delle risorse dei paesi occupati per proseguire la guerra.

Mentre Francia e Gran Bretagna tentano affannosamente di colmare il ritardo dei propri eserciti, la Germania rinvia per motivi meteorologici l'attacco verso ovest (fissato all'inizio per il 12 novembre) e invade prima la Danimarca senza incontrare resistenza, poi la Norvegia, che viene conquistata con qualche difficoltà (aprile-giugno 1940). Nel frattempo, come previsto dal patto russo-tedesco, l'URSS entra in Polonia da est ma, tra il novembre e il marzo, occupa anche la Finlandia e stabilisce basi militari in Estonia e Lituania. L'attacco tedesco alla Francia scatta il 10 maggio 1940.

Mentre offensive secondarie verso i Paesi Bassi e il Belgio fungono da diversivo, la li-

Hitler e Albert Speer (alla sua destra) a Parigi nel 1940.
Albert Speer è uno dei massimi architetti del regime, autore di edifici in stile neoclassico a Norimberga e a Berlino. Nel febbraio 1942 Hitler gli assegna la direzione del ministero degli Armamenti e Munizioni. Speer darà prova di notevole abilità riorganizzando l'apparato produttivo tedesco in funzione delle esigenze belliche, in un momento in cui il paese è duramente colpito dai bombardamenti alleati: nel 1944 l'industria tedesca raggiunge livelli di produzione mai toccati prima. Condannato all'ergastolo dal tribunale di Norimberga, Speer uscirà dal carcere di Spandau nel 1966.

Il maresciallo Philippe Pétain (a sinistra).
L'uomo che firma la resa della Francia assume i pieni poteri e instaura nel Sud del paese un regime di collaborazione con i nazisti, ispirato a princìpi illiberali e corporativi: vengono sospese le elezioni, aboliti i sindacati, repressa l'opposizione e perseguitati gli ebrei, molti dei quali moriranno nei campi di sterminio.

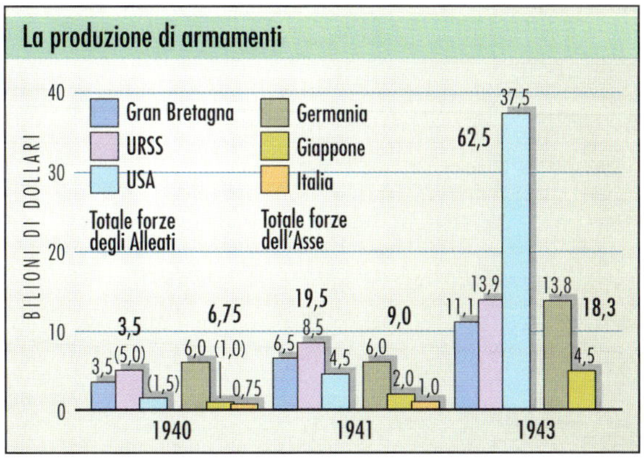

nea Maginot (il sistema di fortificazioni costruito da Parigi alla frontiera con Svizzera e Germania in previsione di una guerra difensiva e ritenuto invalicabile) è sfondata al centro, all'altezza delle Ardenne. Il 15 maggio cadono i Paesi Bassi, il 28 il Belgio; il 20 maggio i tedeschi si affacciano sulla Manica. A Dunkerque la flotta inglese porta in salvo sull'altra sponda il contingente britannico quasi al completo e circa 100.000 soldati francesi. Il 10 giugno l'Italia entra in guerra al fianco di Hitler, appena quattro giorni prima che i tedeschi occupino Parigi.
L'armistizio, firmato il 22 giugno dal maresciallo Philippe Pétain, appena salito al governo, prevede la divisione della Francia in due zone: il Nord sotto un governatorato tedesco, il Sud e le colonie, con capitale Vichy, sotto l'amministrazione dello stesso Pétain. Il giorno dopo il generale Charles De Gaulle, a capo del Comitato nazionale francese che risiede a Londra, proclama il proseguimento della resistenza armata contro l'occupante. Il 24 la Francia firma l'armistizio con l'Italia. A metà del 1940 il successo di Hitler sul continente è quasi completo. Con l'intervento dell'Italia al suo fianco, la momentanea neutralità di USA e URSS e lo sbando delle truppe alleate, l'Europa è di fronte alla concreta prospettiva di una vittoria nazista. D'altra parte, la riorganizzazione della resistenza anglofrancese assume un carattere di difesa della civiltà e della democrazia, decisivo nell'evolversi del conflitto.

Charles De Gaulle passa in rassegna le truppe che costituiranno il primo nucleo del contingente francese combattente con gli Alleati.
Dopo la capitolazione della Francia, il generale De Gaulle raccoglie volontari e lancia uno storico appello ai connazionali dai microfoni della BBC: "Qualsiasi cosa succeda, la fiamma della resistenza francese non deve spegnersi e non si spegnerà".

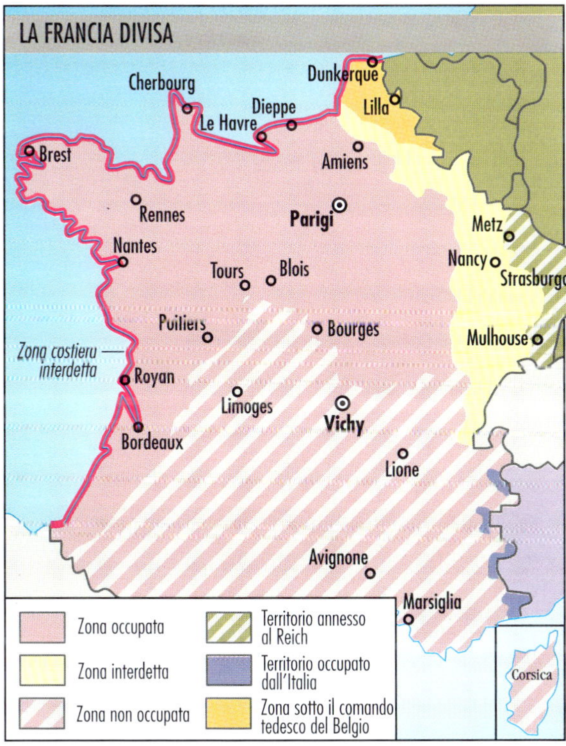

Il capo di stato maggiore dell'aeronautica britannica Hugh Dowding.
All'inizio del conflitto la Royal Air Force dispone di un numero di aerei assai inferiore a quello della Luftwaffe, ma in un anno la produzione raddoppia. L'aviazione inglese riuscirà a salvare il paese, abbattendo 1733 aerei tedeschi.

La battaglia d'Inghilterra

In Gran Bretagna, dove vengono accolti i profughi dei paesi sconfitti intenzionati a proseguire la lotta antitedesca, il conservatore Churchill assume la guida di una coalizione governativa di solidarietà nazionale fra tutti i partiti. Dopo aver tentato invano di convincere la Francia a non firmare l'armistizio, egli rompe le relazioni con il governo di Vichy e dà l'ordine di attaccare la flottafrancese a Mers-el-Kébir in Algeria. La tradizionale supremazia marittima consente alla Gran Bretagna di applicare un blocco navale nei confronti della Francia. Il grosso dello sforzo inglese si concentra nei frenetici preparativi per difendere il territorio nazionale dall'imminente attacco tedesco.
Hitler sembra però accantonare il progetto di una vera e propria invasione dell'Inghilterra: il disegno tedesco sembra piuttosto quello di piegare la resistenza psicologica britannica per giungere a una pace separata che, si ritiene, eviterebbe l'intervento degli Stati Uniti. Anche in questa fase la priorità fondamentale – sia ideologica che tattica – della strategia hitleriana rimane l'attacco all'Unione Sovietica, obiettivo sul quale si spera di ottenere la benevola neutralità delle potenze occidentali. Per tali ragioni i bombardamenti tedeschi sul-

Hitler e Hermann Goering.
Il 1° agosto 1940 Hitler impartisce l'ordine di distruggere l'aviazione nemica prima possibile, per preparare l'invasione dell'Inghilterra. Sarà Goering, che ha convinto il Führer della superiorità della Luftwaffe, a guidare l'offensiva, senza raggiungere l'obiettivo.

Una stazione radar (a destra).
Dalla fine degli anni Trenta gli inglesi hanno dislocato sulle proprie coste una catena di postazioni radar, garantendosi un vantaggio sugli avversari. La nuova tecnologia, perfezionata nel corso del conflitto, avrà un ruolo decisivo nell'assicurare la difesa aerea dell'Inghilterra.

Uno Junkers 88 tedesco.
Nella battaglia d'Inghilterra la Germania può schierare 875 bombardieri d'alta quota, 316 bombardieri in picchiata (Stukas) e 929 caccia. La cittadina di Coventry, rasa al suolo da 550 aerei tedeschi nel novembre del 1940, diventa il tragico simbolo di una tattica fatta propria anche dagli Alleati: bombardamenti a tappeto che fanno strage tra i civili.

l'Inghilterra, che all'inizio si sono rivolti verso obiettivi strategici, finiscono col concentrarsi su Londra, allo scopo di mostrare la vulnerabilità della capitale e indebolire il morale della nazione.

La battaglia d'Inghilterra dura ben undici mesi (dal settembre 1940 al luglio 1941), durante i quali la popolazione londinese subisce continui attacchi da parte dell'aviazione tedesca. In particolare, dal 7 settembre al 2 novembre 1940 i bombardamenti su Londra sono quotidiani. Morti e feriti si contano nell'ordine delle decine di migliaia; un quinto delle abitazioni viene distrutto. Per la prima volta in età moderna una città è sottoposta a una violenza distruttiva di tale intensità. Ma nonostante la durezza della prova, gli eventi smentiscono le previsioni del Führer. L'efficace difesa opposta dalla RAF (Royal Air Force, l'aviazione inglese), l'applicazione di strumenti ad alta tecnologia come il Radar (Radio detection and ranging), capace di individuare a grande distanza il movimento degli aerei nemici, e lo spirito di resistenza degli inglesi concorrono ad assicurare una strenua difesa, che vanifica le speranze di un crollo britannico a lungo coltivate da Hitler e dallo stato maggiore tedesco.

LA BATTAGLIA DELL'ATLANTICO

Con il *Lend and lease Act* ("Legge affitti e prestiti") del marzo 1941, il governo degli Stati Uniti approva l'invio di armi e viveri in Gran Bretagna: diventa così ancora più evidente il ruolo svolto da Londra come estremo baluardo della civiltà occidentale contro la dittatura. La contromisura tedesca consiste nella cosiddetta "battaglia dell'Atlantico": alla supremazia inglese sui mari la flotta tedesca, più esigua e meno attrezzata, oppone l'impiego sistematico dei sommergibili. Il ricorso indiscriminato a questi mezzi anche contro il naviglio mercantile ha successo nell'ostacolare i rifornimenti, ma finisce con l'affrettare l'intervento militare diretto degli Stati Uniti nell'Atlantico e poi nel conflitto.

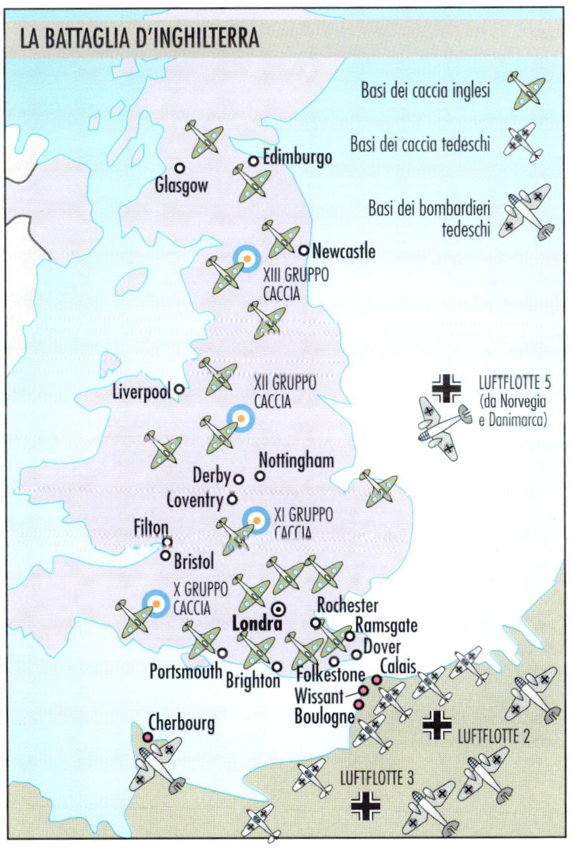

Sommergibile americano in navigazione nell'Atlantico del Nord.

L'intervento italiano nei Balcani

Nella cartolina di propaganda fascista, il mondo è stretto nella morsa del Patto tripartito fra Roma, Berlino e Tokyo (a sinistra).
Con l'accordo Giappone, Germania e Italia si assegnano i ruoli guida nell'instaurare un nuovo ordine in Europa e nella "più grande Asia orientale".

LE AMBIZIONI DI MUSSOLINI

L'Italia entra nel conflitto a fianco della Germania il 10 giugno 1940, appena in tempo per firmare l'armistizio con la Francia, sconfitta il 24 dello stesso mese. Entrato in guerra con gravi ritardi di preparazione e fidando in una rapida conclusione delle ostilità, Mussolini vuole rafforzare il proprio potere negoziale a un tavolo della pace che si ritiene ormai imminente. Il duce rivendica così un'autonomia militare che si condensa nella formula della "guerra parallela". Per iniziativa diretta dell'Italia si aprono nuovi fronti di guerra in Africa orientale (dove le colonie italiane confinano con quelle inglesi e francesi) e in Africa del Nord (al confine con l'Egitto).

Nell'agosto del 1940 gli italiani invadono la Somalia britannica e a metà settembre attaccano l'Egitto, con il proposito di acquistare il controllo del nodo strategico costituito dal Canale di Suez. La campagna d'Egitto, dopo gli iniziali successi, si risolve però in una dura sconfitta. Le truppe britanniche infatti lanciano in dicembre una controffensiva contenuta dall'esercito italiano solo in territorio libico, non lontano da Tripoli.
Alla fine di ottobre, all'insaputa di Hitler, Mussolini invade la Grecia. Ma anche in questo caso le forze italiane vengono costrette sulla difensiva dalla resistenza dei greci, che con l'aiuto di un contingente britannico riescono a respingerle fino in Albania. Le gravi perdite subite inducono Mussolini a chiedere aiuto ai tedeschi, riconoscendo il fallimento della "guerra parallela" e rinunciando a qualsiasi iniziativa autonoma nel Mediterraneo.
A piegare a favore dell'Asse Roma-Berlino le sorti dello scontro in Africa è l'intervento nazista nei Balcani: in quest'area – dove tra il novembre 1940 e il marzo 1941 Ungheria, Romania e Bulgaria si schierano a fianco di Hitler – il nodo più complesso è rappresentato dalla Jugoslavia. Nel marzo 1941 il governo filonazista di Belgrado è rovesciato da

Bombardieri italiani sull'isola di Creta nel novembre 1940.
Sul fronte greco l'Italia è soccorsa dalle truppe tedesche. Creta, obiettivo strategico per il controllo del Mediterraneo, è conquistata il 13 maggio 1941.

Hitler e Mussolini in un francobollo italiano del 1941.

un colpo di stato che pone sul trono Pietro II Karagieorgievic, ostile alla Germania. Ma le truppe tedesche e italiane invadono la Jugoslavia e costringono l'esercito nemico alla resa (17 aprile). Lo stato federale creato dalla conferenza di Parigi viene smembrato; Serbia e Croazia sono ridisegnate secondo logiche spartitorie e poste in sostanza sotto un rigido controllo tedesco; la Slovenia è divisa fra la Germania e l'Italia, cui viene assegnata anche parte della Dalmazia. Un destino analogo a quello jugoslavo tocca alla Grecia. Nonostante l'aiuto di Churchill – 60.000 soldati inglesi sbarcano nel marzo del 1941 affiancandosi ai difensori – i greci devono arrendersi alle truppe tedesche, che il 27 aprile entrano ad Atene. Con un'azione altrettanto fulminea la Wehrmacht (l'esercito tedesco) si impadronisce dell'isola di Creta, assicurando all'Asse il controllo non solo della regione balcanica ma dell'intero bacino orientale del Mediterraneo.

Alpini italiani della divisione "Tridentina".
L'attacco italiano alla Grecia inizia il 28 ottobre 1940, anniversario della marcia su Roma. Mussolini si illude di poter ottenere una facile vittoria ("Spezzeremo le reni alla Grecia"), ma l'impresa si rivelerà lunga e costosa. Le divisioni alpine di stanza in Albania, mandate allo sbaraglio prive di attrezzature e indumenti adeguati, vengono respinte dalla controffensiva greca e dalla resistenza della popolazione. Grazie all'intervento tedesco, la Grecia viene tuttavia occupata; prima della fine della guerra le forze italo-tedesche avranno ucciso in azioni antipartigiane 50.000 persone.

La guerra in Africa

Le operazioni in Africa seguono all'inizio uno schema analogo a quello dei Balcani. Il contingente italiano è messo in seria difficoltà dalla superiorità aeronavale inglese, che ostacola con successo l'arrivo dei rifornimenti. Senza navi portaerei e priva del radar di cui invece dispongono le unità inglesi, la Marina italiana è pregiudicata anche dalla scarsità di carburante. Nella battaglia di Punta Stilo (9 luglio 1940) e in quella di Capo Teulada (27 novembre 1940) la flotta fascista tiene testa al nemico ma subisce gravi perdite per un attacco di aerosiluranti a Taranto (11 novembre 1940) ed è sconfitta a Capo Matapan (28 marzo 1941). Chiamati in aiuto da Mussolini, i tedeschi intervengono in Nordafrica, un teatro di guerra nel quale Hitler – già impegnato nell'Atlantico settentrionale, sulla Manica e nei preparativi dell'offensiva contro l'URSS – avrebbe preferito non essere coinvolto. L'*Afrikakorps* del generale Erwin Rommel, giunto in Libia nel febbraio 1941 a sostegno delle forze italiane, lancia una controffensiva e conquista la città di Tobruk, costringendo gli inglesi a retrocedere oltre la frontiera egiziana. Da parte sua la Gran Bretagna riesce ad allontanare dal Medio Oriente la minaccia tedesca, occupando l'Iraq e conquistando Libano e Siria grazie all'aiuto di un contingente francese fedele a De Gaulle.

Anche in Africa Orientale l'iniziativa britannica è coronata da successo. In febbraio Mogadiscio, la

In Tunisia genieri della IV divisione indiana sondano con la baionetta il terreno per localizzare le mine tedesche dall'involucro di plastica.

Il feldmaresciallo Erwin Rommel – in divisa scura – durante la campagna d'Africa.
Rommel si rivela uno stratega abilissimo nel mettere in atto i principi della guerra di movimento: "Nel deserto tutto è aperto e incalcolabile; occorre spostarsi e riconquistare la propria libertà di movimento ogni giorno, persino ogni ora".

capitale, cade in mano inglese e, dopo una strenua resistenza guidata da Amedeo di Savoia, gli italiani sono sconfitti all'Amba Alagi (maggio 1941). Addis Abeba e l'intera colonia etiopica cadono in mano ai britannici.
Nonostante la perdita delle ex colonie italiane, a metà del 1941 le forze dell'Asse mantengono ancora nel continente africano una posizione solida e minacciosa sotto il profilo politico-militare: sia per l'oscillante neutralità delle colonie francesi controllate dal governo di Vichy, sia per la latente ostilità delle *élites* nazionaliste locali nei confronti degli imperi coloniali d'Occidente. Nel Nordafrica si determina quindi una lunga fase di stallo, con i due opposti eserciti impegnati in operazioni lungo la stretta fascia tra le coste libico-egiziane e il deserto, mentre l'attenzione degli stati maggiori si concentra su altri teatri di operazioni.
La svolta avviene con la battaglia di el-Alamein, il villaggio a circa 80 km a ovest di Alessandria d'Egitto, combattuta fra il 23 ottobre e il 4 novembre 1942 e vinta dall'VIII armata inglese del generale Bernard L. Montgomery. Pochi giorni dopo (8 novembre), un contingente angloamericano al comando del generale Dwight Eisenhower effettua uno sbarco in Marocco e in Algeria. Prese fra due fuochi, le truppe italotedesche, ritiratesi in Tunisia, si arrendono nel maggio 1943 consegnando il controllo dell'Africa agli Alleati.

Una postazione di artiglieria tedesca in Nordafrica nel novembre 1941.
Nel 1941 la guerra in Africa settentrionale registra bruschi capovolgimenti di fronte. Dopo la controffensiva sferrata da Rommel, gli inglesi si dedicano per mesi al potenziamento delle loro forze, prima di lanciare nel novembre un attacco travolgente. Churchill dichiara alla Camera dei Comuni che esso punta "alla distruzione delle forze armate avversarie".

L'invasione nazista dell'Unione Sovietica

OPERAZIONE BARBAROSSA

È il nome in codice dell'attacco all'URSS, pianificato da Hitler fin dal novembre del 1940 e rinviato a causa della strenua resistenza inglese e dell'imprevisto intervento nei Balcani. A spingere all'invasione non è tanto lo spirito ideologico di crociata anticomunista, quanto il proposito di fare dell'Europa orientale uno "spazio vitale" aperto alla colonizzazione del popolo tedesco. Il patto di non aggressione che URSS e Giappone sottoscrivono nell'aprile 1941 corrisponde, nei piani di Hitler, a una spartizione delle aree del conflitto e mira a impedire un intervento militare americano in Europa: l'operazione Barbarossa precede infatti di pochi mesi l'attacco che i giapponesi muovono contro gli USA nel dicembre 1941.

Il 22 giugno 1941 scatta una delle più gigantesche operazioni di guerra mai concepite: l'invasione nazista del territorio sovietico. La Germania schiera un contingente di 5 milioni di uomini, 5000 carri armati e 3000 aerei, cui i sovietici contrappongono 3 milioni di uomini dotati di armamenti meno potenti e tecnologicamente meno avanzati. Secondo le previsioni di Hitler e dello stato maggiore tedesco – inspiegabilmente sottovalutate da Stalin e dal suo stato maggiore – l'operazione deve completarsi in non più di quattro mesi.

Le divisioni sovietiche non riescono a opporre una efficace resistenza all'avanzata nemica e vengono travolte dal contingente di invasione, forte anche di truppe italiane, romene, ungheresi e finlandesi, che in poche settimane penetra in territorio russo per 500 chilometri. Cadono in mano tedesca i paesi baltici, la Bielorussia, l'Ucraina e gran parte della Crimea. Nel settembre 1941 Leningrado viene accerchiata e alla fine di ottobre la punta dello schieramento offensivo nazista giunge a pochi chilometri da Mosca.

Tuttavia l'Armata Rossa non è stata annientata. Grazie all'inverno russo e all'ampiezza degli spazi, che consente ai russi di ripiegare per centinaia di chilometri, l'URSS riesce a riorganizzarsi, mentre al fronte seguitano ad affluire truppe

Soldati tedeschi, durante l'avanzata in URSS , mostrano una bandiera nemica catturata.

Hitler travolto dalla "fortezza Leningrado" in una cartolina sovietica.
Il 9 settembre 1941, 42 divisioni tedesche, con 13.000 cannoni e 1500 carri armati, appoggiate da due armate finlandesi, danno avvio all'assedio di Leningrado, che conta due milioni di abitanti, mirando alla sua distruzione totale. Nell'inverno scarseggiano scorte alimentari, combustibili ed energia elettrica; la temperatura tocca punte di trenta gradi sotto zero, le razioni di pane sono ridotte al minimo. Decine di migliaia di persone muoiono di fame e di stenti. Prima che le scorte si esauriscano, giungono i rifornimenti e parte della popolazione viene evacuata. La città resiste fino al gennaio 1944, ma il prezzo è altissimo: i morti saranno quasi 800.000.

fresche e armamenti prodotti nelle fabbriche dislocate oltre gli Urali, lontane dal teatro di guerra. Tra il novembre e il dicembre 1941 scattano le prime controffensive nella regione del Mar Caspio e intorno a Mosca, che allentano la morsa dell'assedio alla capitale.
Fattore determinante della ripresa, cui contribuisce la campagna propagandistica del regime a favore della "guerra patriottica e di liberazione", è la reazione dei popoli sovietici contro l'aggressore, determinata dal carattere brutale e distruttivo dell'occupazione nazista. La popolazione ebrea dei villaggi in territorio sovietico viene sterminata insieme ai civili sospettati di attività partigiane. Le regioni dell'Europa orientale pagano il tributo di sangue più alto nella storia delle guerre combattute dall'uomo: 20 milioni di morti sugli oltre 50 dell'intero conflitto. Dei 5 milioni di prigionieri sovietici catturati nel corso della campagna più di 3 milioni perdono la vita nei campi di concentramento nazisti.
L'accanita resistenza del popolo russo, lasciato all'inizio pressoché isolato dalle potenze occidentali, rafforza nell'opinione pubblica internazionale il valore dell'impegno antifascista nella guerra contro la Germania. L'Unione Sovietica diventa così un punto di riferimento non più solo per i militanti comunisti ma anche per tutte le forze politiche impegnate in Europa nella lotta contro l'occupante nazista e fascista.

Bambini russi in un rifugio durante un attacco aereo.

L'attacco giapponese a Pearl Harbor

In un manifesto di propaganda giapponese un samurai distrugge la flotta americana (a sinistra). *Dopo l'attacco a Pearl Harbor i giapponesi scatenano l'offensiva per instaurare il "nuovo ordine" in Asia orientale. In pochi mesi conquistano Thailandia, Hong Kong, parte della Nuova Guinea, Borneo, Malesia, Singapore, Indonesia, Birmania e Filippine.*

7 dicembre 1941: 274 bombardieri e aerosiluranti (con 79 caccia) giapponesi, decollati da sei portaerei, attaccano di sorpresa la flotta statunitense a Pearl Harbor nelle Hawaii. Il bilancio è di 4 corazzate affondate e 6 gravemente danneggiate, 3 incrociatori e 3 cacciatorpediniere distrutte, 188 aerei abbattuti; tra i militari americani si contano 2343 morti e circa 1000 feriti. L'intera flotta USA del Pacifico è quasi distrutta, mentre i nipponici invadono le Filippine e la Malesia, dirigendosi poi verso la colonia britannica di Singapore. Inizia la guerra nel Pacifico, che vede il Giappone estendere il proprio controllo su larga parte dell'Estremo Oriente.

Nei mesi precedenti l'attacco la tensione tra Stati Uniti e Giappone era giunta al culmine: dopo anni di teso confronto diplomatico, Washington aveva reagito all'occupazione giapponese dell'Indocina francese (1940) decretando l'embargo petrolifero e intimando a Tokyo di ritirarsi nei suoi confini. Il Giappone non intende però rinunciare al proprio dominio su quella che definisce "sfera di co-prosperità asiatica", né sottostare al rischio di strangolamento energetico, e giunge alla scelta disperata di colpire a sorpresa la flotta americana, nell'improbabile speranza che gli Stati Uniti si pieghino a un compromesso, accettando come un fatto compiuto l'espansione del Sol Levante.

Carri armati sfilano davanti alla Dieta imperiale giapponese. *Nell'ottobre del 1941, con l'ascesa al potere del generale Hideki Tojo, in Giappone prevale la politica che condurrà in due mesi alla guerra contro gli USA.*

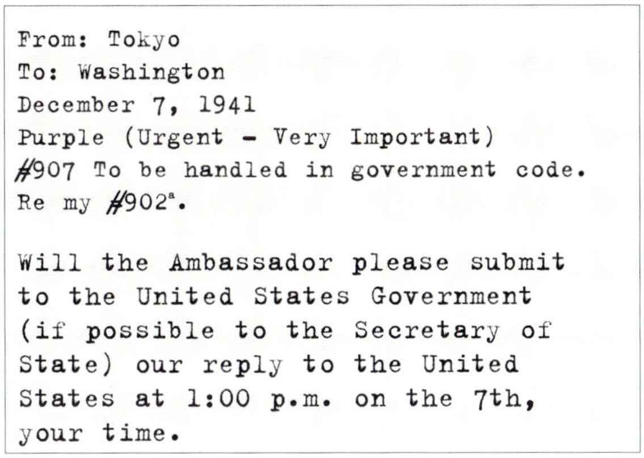
From: Tokyo
To: Washington
December 7, 1941
Purple (Urgent - Very Important)
#907 To be handled in government code.
Re my #902a.

Will the Ambassador please submit to the United States Government (if possible to the Secretary of State) our reply to the United States at 1:00 p.m. on the 7th, your time.

La comunicazione inviata il 7 dicembre 1941 dal governo di Tokyo al suo ambasciatore a Washington.
Il testo recita: "L'ambasciatore è pregato di presentare al governo degli Stati Uniti (se possibile al segretario di stato) la nostra risposta agli Stati Uniti alle ore 13 del giorno 7 ora locale".

L'attacco a Pearl Harbor trascina in guerra una nazione che spera ancora di poter restare fuori dalle ostilità, anche se il presidente Roosevelt si è da tempo convinto di dover prima o poi fronteggiare la potenza tedesca, e sostiene con armamenti e crediti la guerra antinazista condotta dalla Gran Bretagna e dall'Unione Sovietica. La dichiarazione di guerra al Giappone è cosa scontata dopo l'attacco, e il Congresso degli Stati Uniti l'approva l'8 dicembre. Nell'arco di tre giorni sia Hitler che Mussolini – legati da un'alleanza con il Giappone e convinti che l'offensiva nipponica possa favorirli, immobilizzando le forze britanniche e americane nel Pacifico – dichiarano anch'essi guerra agli Stati Uniti.

Adesso la guerra è davvero mondiale e si impernia su due conflitti cruciali, non solo sotto il profilo militare ma anche sotto quello degli assetti geopolitici del futuro ordine mondiale: tra Unione Sovietica e Germania per l'egemonia sull'Europa, e tra Stati Uniti e Giappone per il dominio strategico sul Pacifico e sull'Estremo Oriente.
Superato lo smarrimento iniziale, gli Stati Uniti mobilitano il proprio enorme apparato industriale e in breve tempo diventano il più possente protagonista economico e militare dell'intero conflitto: nell'arco di tre anni Washington estende il proprio impegno militare a quasi tutti i teatri di guerra e raggiunge un'incontrastata supremazia aerea e navale.

TRADIMENTO O SORPRESA?

Fin dai giorni seguenti al disastro di Pearl Harbor, Roosevelt è accusato di non aver fatto nulla per prevenire l'attacco giapponese, pur essendone stato informato. Secondo i suoi detrattori, il presidente avrebbe deliberatamente atteso, o addirittura provocato, l'aggressione per trascinare in guerra un paese che vuole invece restarne fuori. Le accuse si basano sul fatto che, nei giorni precedenti, l'intelligence di Washington aveva intercettato le trasmissioni radio dei giapponesi – e decrittato alcuni dei loro codici segreti – in cui c'erano chiari indizi di un'imminente operazione militare. I messaggi erano tuttavia frammentari, e sono stati interpretati alla luce delle previsioni allora prevalenti negli alti comandi americani: che cioè la flotta giapponese stesse per muovere contro le Filippine o altre zone del Sudest asiatico. I servizi d'informazione, inoltre, erano allora assai disorganizzati, e nessuno mise insieme i vari frammenti di notizie per trarne un quadro coerente. Ma soprattutto nessuno, negli ambienti militari, riteneva i giapponesi capaci di un'operazione così ardita.

Pearl Harbor dopo l'attacco giapponese.

Operaie californiane lavorano alla costruzione dei bombardieri A-20.

Le battaglie del Pacifico

Sulla copertina del «Time» Douglas MacArthur, comandante supremo delle forze alleate nel Pacifico. *Il generale è l'artefice della controffensiva americana nel Pacifico. Nel corso del 1944 le sue divisioni anfibie si impadroniscono delle isole dell'Ammiragliato, delle Salomone e iniziano in ottobre il vittorioso attacco alle Filippine.*

Dopo l'attacco a Pearl Harbor l'avanzata delle forze giapponesi, che già da tempo occupano la Manciuria, la Cina costiera e l'Indocina, si estende trionfalmente al Pacifico occidentale e a tutto il Sudest asiatico, fermandosi solo alle soglie dell'India e dell'Australia. La prima, significativa sconfitta nipponica è del giugno 1942: la flotta USA affonda quattro portaerei e un incrociatore giapponesi in una battaglia aeronavale presso le isole Midway. I nipponici non avanzano più, si attestano a difesa dell'immenso impero appena conquistato. Nella strategia di guerra alleata la priorità viene data alla sconfitta della Germania, ritenuta il nemico più pericoloso. Ma con la colossale mobilitazione industriale che assicura una crescente superiorità navale e aerea alle forze armate americane, queste ultime passano all'offensiva nel Pacifico lungo due direttrici.

Nel Pacifico occidentale la Marina muove alla graduale riconquista degli arcipelaghi, occupando nel 1943 le isole Gilbert e nel 1944 le Marshall, Guam e le Marianne. Da qui inizia una massiccia campagna di bombardamenti aerei delle principali industrie e città giapponesi, che diviene sempre più distruttiva fino al termine del

Marines americani conquistano una delle isole del Pacifico nel 1944.

IL VENTO DIVINO

Il kamikaze è il "vento divino" che nel XIII secolo ha salvato il Giappone dalla flotta mongola di Kubilay Kahn. Nell'ottobre del 1944, quando il paese sembra soccombere di fronte all'avanzata americana, lo stato maggiore crea un corpo di "kamikaze" volontari che si gettano in picchiata, con l'aereo carico di esplosivo, sulle navi nemiche. Sono giovani che si preparano al sacrificio cingendosi il capo con una fascia di cotone bianco su cui spicca un sole rosso. Nella battaglia di Leyte distruggono o danneggiano 250 navi americane. Ma ben presto gli americani organizzano contromisure adeguate, e solo un kamikaze su otto raggiunge il bersaglio. I giapponesi ricorrono allora a una nuova arma, un piccolo velivolo di legno – l'*okha* ("fiore di ciliegio") – carico di 1200 chilogrammi di esplosivo, con cui i kamikaze si gettano in picchiata. In pochi mesi quasi 5000 kamikaze si sacrificano, dopo aver lasciato l'ultimo esaltato messaggio ai familiari: "Quali fiori di ciliegio / in primavera / lasciateci cadere / puri e radiosi".

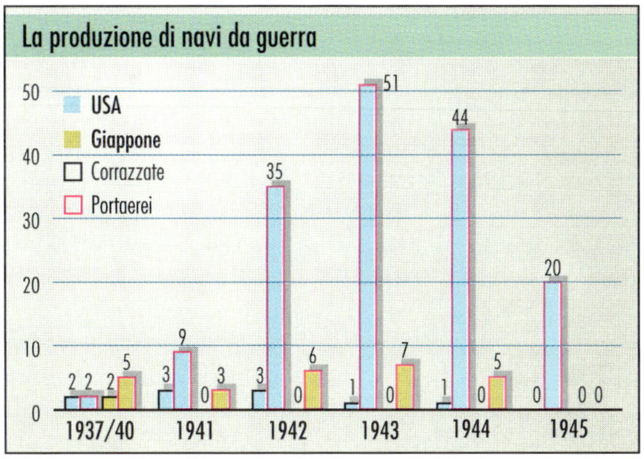

conflitto. L'avvicinamento al Giappone culmina nell'aprile 1945, con lo sbarco dei marines nell'isola di Okinawa. Nel Sudest asiatico, intanto, l'offensiva del generale Douglas MacArthur, muovendo dall'Australia e dalla Nuova Guinea, aggira e isola le principali forze di occupazione giapponesi, e nel 1944 gli Alleati sbarcano nelle Filippine, dove i combattimenti continueranno fino alla fine della guerra. In Cina le forze giapponesi restano impegnate a difendere il regime di occupazione sia dalle armate del Partito comunista cinese che da quelle del governo nazionalista appoggiato militarmente dagli Alleati. Intorno alla metà del 1945 le isole del territorio giapponese sono isolate dai vari avamposti asiatici, stremate dall'assenza di risorse e sottoposte a terrificanti bombardamenti aerei. Le forze armate resistono caparbiamente nelle zone di occupazione – dalla Manciuria alle isole del Pacifico meridionale – ma non sono più in grado di evitare la sconfitta. L'Aviazione nipponica si lancia in disperate missioni suicide ("kamikaze") contro le forze navali americane. Queste ultime si preparano all'invasione del territorio giapponese programmata per il 1946, ma l'entrata in guerra dell'URSS contro il Giappone in Manciuria (8 agosto) e, soprattutto, il bombardamento atomico di Hiroshima e Nagasaki (6 e 9 agosto), inducono Tokyo ad accettare la resa incondizionata (14 agosto 1945).

Aereo da combattimento giapponese Mitsubishi Zero Sen A 6M5c.

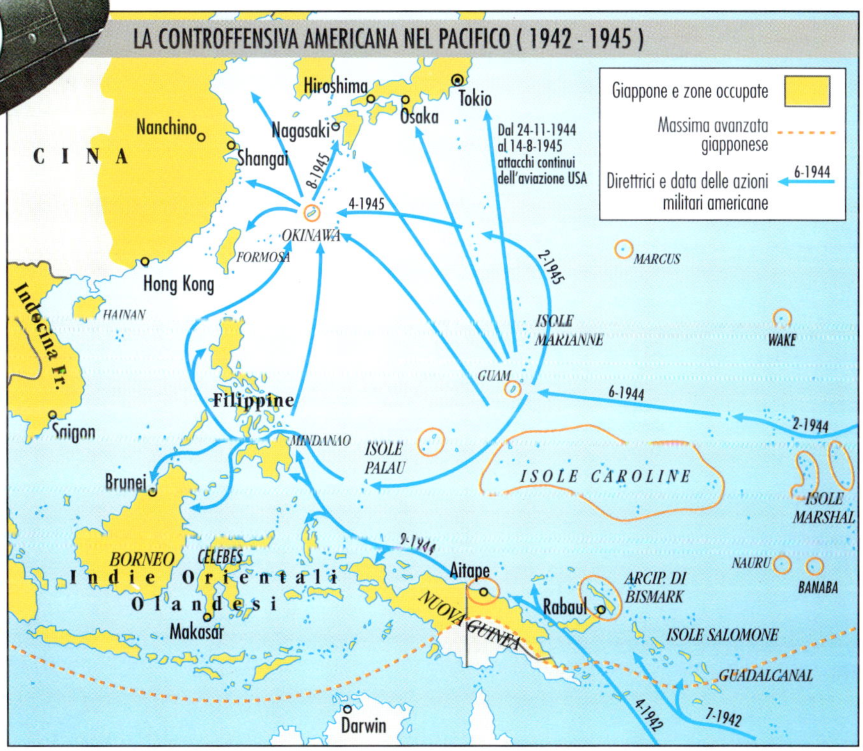

Da Stalingrado a Berlino

Churchill, Roosevelt e Stalin alla conferenza di Jalta.
Nell'incontro tra i tre Grandi che si è svolto a Teheran alla fine del 1943, Roosevelt e Churchill cedono alle pressioni di Stalin per l'apertura di un secondo fronte europeo. La Germania è riconosciuta come il nemico principale e vengono concentrati gli sforzi per combatterla con lo sbarco in Normandia.

Alla fine del 1942 le sorti del conflitto cominciano a volgere in favore degli Alleati. Nonostante le diversità ideologiche e le reciproche diffidenze, angloamericani e sovietici raggiungono un certo grado di cooperazione grazie agli incontri fra Roosevelt e Churchill (Casablanca 14 - 26 gennaio 1943) e Stalin (Teheran 28 novembre - 1° dicembre 1943; Jalta 4-11 febbraio 1945).
La battaglia che si combatte a Stalingrado ha un importante valore simbolico nello svolgimento del conflitto. La città russa è stata conquistata dall'esercito nazista nel settembre 1942, ma il contrattacco sovietico in novembre porta all'accerchiamento di due armate tedesche (284.000 uomini), costrette alla resa il 2 febbraio 1943. Da qui inizia la drammatica ritirata delle forze d'invasione naziste, stremate dai rigori dell'inverno e bersagliate dagli attacchi dell'Armata Rossa. Un estremo tentativo di controffensiva tedesca, nel marzo 1943, stabilizza solo temporaneamente il fronte orientale.
La battaglia dell'Atlantico, combattuta nel corso di tutta la guerra, ribadisce la superiorità aeronavale angloamericana. Dalla metà del 1942 i cantieri statunitensi sfornano più navi da carico di quante i sommergibili tedeschi riescano ad affondarne. Il conflitto si trasforma così in guerra di usura, determinata dalle capacità produttive dei belligeranti. Per provocare il collasso tedesco gli angloamericani ricorrono a sistematici bombar-

Berlino, 30 aprile 1945: la bandiera sovietica viene issata sulle rovine della Cancelleria del Reich.
L'incubo dell'instaurazione di un "nuovo ordine" europeo fondato sul terrore viene infranto. Si apre un periodo contrassegnato dalla speranza di poter ricostruire un mondo nuovo, fondato sui valori della libertà, della democrazia e della giustizia sociale.

La Porta di Brandeburgo a Berlino nel maggio 1945 (a destra).

Dwight "Ike" Eisenhower.
Dal generale dipendono tre milioni di uomini (americani e alleati) impiegati nell'operazione "Overlord", per aprire un secondo fronte in Europa. Il 6 giugno 1944 (il "giorno più lungo") le truppe alleate, portate da 2727 navi e 2500 mezzi da sbarco, protette da 700 navi da guerra e da migliaia di aerei, sbarcano sulle coste della Normandia.

Hitler sconfitto da un cosacco (carta da gioco russa).
L'accanita resistenza sovietica ha un'importanza decisiva sia sul piano militare che politico. Con l'accentuazione del carattere antifascista della guerra contro la Germania, l'URSS diventa un punto di riferimento per tutte le forze che nell'Europa occupata si battono contro il nazifascismo.

damenti aerei delle città tedesche: grandi centri come Amburgo e molti altri sono rasi al suolo con un numero spaventoso di vittime.
Lo sbarco alleato in Sicilia (10 luglio 1943) apre un nuovo fronte di guerra. Esso determina la destituzione di Mussolini e la caduta del fascismo (25 luglio) e conduce all'armistizio con gli Alleati (8 settembre) firmato dal nuovo governo del maresciallo Pietro Badoglio. Paracadutisti tedeschi liberano Mussolini che costituisce la Repubblica Sociale Italiana (con sede a Salò sul lago di Garda) alleata dell'esercito di occupazione nazista. Ma lo sbarco alleato in Normandia (6 giugno 1944) – cui segue in agosto un'analoga operazione nella Francia meridionale – segna per l'Asse il tramonto di ogni speranza di vittoria. Tuttavia l'orgoglio di Hitler impone la resistenza fino all'ultimo uomo. Nel dicembre 1944 le truppe tedesche lanciano nelle Ardenne una disperata controffensiva arrestata alle porte di Anversa. L'Armata Rossa avanza in Polonia: il Terzo Reich è stretto in una morsa che nel giro di quattro mesi conduce al ricongiungimento dell'esercito angloamericano e di quello russo sull'Elba (25 aprile 1945).
Pochi giorni dopo (il 28) Mussolini è giustiziato dai partigiani e Hitler (il 30) si suicida nel suo bunker di Berlino. Il 7 maggio la Germania firma la resa senza condizioni. La guerra in Europa è finita.

Collaborazionismo e Resistenza

In quasi tutti i paesi conquistati dalle potenze dell'Asse – ad eccezione della Polonia e dell'URSS – si formano governi "collaborazionisti", solidali con le truppe di occupazione ed esecutori di una politica conforme ai loro voleri. Solo in parte il fenomeno del collaborazionismo è frutto delle strategie di singoli e gruppi che si sentono ideologicamente affini ai regimi degli occupanti. Interi settori del mondo economico aspirano infatti a partecipare alla spartizione di risorse promessa dal "nuovo ordine europeo" preconizzato da Hitler e Mussolini. Il totalitarismo nazifascista esercita un fascino ideologico su una parte consistente del ceto medio e degli intellettuali; l'antisemitismo è un tratto ricorrente di tale adesione e sconfina spesso nel sostegno diretto alla macchina di deportazione e sterminio allestita dal Terzo Reich.

Emblematico è il caso della Francia, dove il maresciallo Pétain dà vita al regime di Vichy con un diffuso consenso specie fino al 1943, quando la collaborazione con i tedeschi sembra sfociare nell'integrazione della Francia nel "nuovo ordine europeo". Il progressivo restringersi dei margini di autonomia politica, la durezza dell'occupazione e la resistenza guidata da De Gaulle minano la solidità di tale consenso e scavano un solco profondo tra collaborazionisti e antinazisti.

La resistenza all'occupazione nazista trova un minimo comun denominatore nel rifiuto attivo, per ragioni esistenziali, politiche e patriottiche,

I 600 GIORNI DI SALÒ

L'armistizio dell'8 settembre 1943 tra il governo del maresciallo Badoglio e gli Alleati lascia l'esercito italiano senza direttive e alla mercé degli ex alleati tedeschi: isolati casi di resistenza – come quello della divisione Acqui nell'isola greca di Cefalonia – sfociano in massacri a opera dei nazisti. Re Vittorio Emanuele III fugge da Roma, mettendo a nudo il crollo dello stato, mentre il Comitato di liberazione nazionale, formato dai partiti antifascisti, lancia un appello al popolo italiano per la resistenza armata contro l'invasore tedesco. Negli stessi giorni Mussolini viene liberato dalla prigionia sul Gran Sasso da incursori tedeschi e, con l'appoggio di Hitler, cerca di restaurare il regime fascista nel Nord occupato dalle truppe tedesche: nasce a Salò la Repubblica Sociale Italiana. Ma nella vicenda dei 600 giorni di Salò agisce uno stato a sovranità limitata, con un apparato civile e militare che svolge un'opera di repressione antipartigiana e si regge quasi solo sulla forza militare germanica. Incapace di arrestare l'avanzata alleata, la RSI prolunga l'agonia del fascismo e si dimostra succube, come nel caso della deportazione degli ebrei italiani, dell'alleato occupante nazista.

Manifesto della RSI che addossa le colpe della sconfitta al maresciallo Badoglio.

Milano 25 aprile 1945: Mussolini lascia la Prefettura insieme a Francesco Barracu, sottosegretario alla presidenza della RSI, e Alessandro Pavolini (alle spalle).

Addestramento di partigiani francesi (a sinistra).
Mentre all'estero De Gaulle organizza attorno al movimento France libre *un esercito che raggiungerà i 500.000 effettivi, in Francia agisce il movimento partigiano (*maquis*), con l'apporto decisivo di comunisti e socialisti.*

Due manifesti della RSI: uno inneggia alla Xª MAS di Junio Valerio Borghese (a sinistra), l'altro all'amicizia con la Germania nazista.
La Guardia nazionale repubblicana e le "Brigate nere" di Salò sono responsabili di una feroce repressione antipartigiana e della persecuzione degli ebrei italiani, un sesto dei quali muore nei lager nazisti.

della dominazione straniera. Essa si dimostra più efficace laddove riesce a unificare diverse componenti politiche e culturali intorno alla parola d'ordine dell'indipendenza nazionale (Italia, Cecoslovacchia, Francia), ma non mancano i casi in cui i movimenti di resistenza sono dilaniati al loro interno da violente contrapposizioni etniche e politiche (soprattutto nei Balcani e in Polonia). Sul piano militare, la resistenza europea al nazismo conosce un'ampia gamma di situazioni, che vede ai suoi estremi la Jugoslavia, dove l'esercito di liberazione del maresciallo Tito (Josip Broz) mette in scacco l'occupante tedesco, e la Germania, dove invece l'opposizione a Hitler si limita a ristretti circoli giovanili e intellettuali o a settori degli alti gradi militari che, nel 1944, puntano alla resa condizionata e alla fine del conflitto: sono questi ultimi a organizzare un fallito attentato al Führer il 20 luglio 1944.

Prima ancora che sotto il profilo militare, l'importanza della guerriglia partigiana si manifesta nel risveglio patriottico e morale delle popolazioni. Senza la Resistenza la liberazione dell'Europa avverrebbe soltanto per intervento degli Alleati: e ciò metterebbe seriamente in discussione il diritto all'autodeterminazione dei paesi soggetti per anni all'occupazione nazifascista.

Una giovane accusata di collaborazionismo è costretta dai partigiani a sfilare con il marchio della vergogna.
Dopo l'8 settembre 1943, l'Italia è lacerata da una guerra civile che oppone i partigiani, in lotta per assicurare un futuro di libertà al paese, a quanti aderiscono alla Repubblica di Salò, collaborando con le forze di occupazione tedesche. Saranno 40.000 i deportati nei campi di sterminio nazisti, 35.000 i partigiani uccisi, 10.000 le vittime civili delle stragi compiute dai nazifascisti, che lasciano una scia di sangue in tutta Italia: Boves, le Fosse ardeatine, Civitella, Sant'Anna di Stazzema e Marzabotto sono gli esempi più tristemente noti.

Lo sterminio degli ebrei

L'antisemitismo è un punto centrale dell'ideologia nazista fin dalle sue origini, come documentano molte pagine del *Mein Kampf* ("La mia battaglia"), scritto da Hitler in carcere nel 1923-1924. Non esiste però una indifferenziata linea di continuità fra la persecuzione antiebraica condotta negli anni Trenta dal regime nazista e la "soluzione finale" che l'esercito tedesco mette in atto nel corso della guerra di sterminio sul fronte orientale. Fino alla vigilia del conflitto la strategia di Hitler ha puntato alla deportazione forzata e in massa degli ebrei del Reich (circa 700.000 dopo l'annessione di Austria e Sudeti) all'estero. L'espulsione della minoranza ebraica viene agitata dal Führer come strumento di ricatto e divisione nei confronti delle nazioni avversarie, che si limitano a proteste formali, ma nei fatti rifiutano di accollarsi il problema dei profughi dalla Germania. Gli effetti ancora visibili della crisi del 1929 (soprattutto in termini di disoccupazione) hanno dettato a ogni paese scelte protezionistiche di restrizione dell'immigrazione straniera. Nel luglio 1938 la conferenza di Evian, promossa dal presidente americano Roosevelt, non è riuscita a elaborare una efficace strategia contro l'epurazione razziale condotta dal regime nazista. Diventa dunque sempre più impraticabile la soluzione di un loro trasferimento fuori del Reich tedesco.

La decisione di procedere allo sterminio matura

L'ingresso del lager di Auschwitz-Birkenau. *A partire dall'estate del 1942, ogni giorno giungono treni carichi di deportati: al loro arrivo, secondo quanto dichiarato dal comandante del campo Rudolf Höss, "sfilavano davanti a uno dei dottori che decideva lì per lì, mentre passavano. Gli abili al lavoro venivano inoltrati al campo. Gli altri erano subito mandati allo sterminio. I bambini venivano sempre sterminati". Le camere a gas funzionano a ritmo continuo, uccidendo ogni giorno fino a 10.000 persone, i cui corpi sono inceneriti nei forni crematori. Ad Auschwitz trovano la morte oltre un milione di persone.*

Manifesto diffuso dai nazisti nella Francia di Vichy che interpreta in chiave antiebraica il patto dell'agosto 1942 tra Churchill e Stalin per combattere il nazismo (a sinistra).

Lo Zyklon B, usato nelle camere a gas dei lager nazisti.
Lo sterminio richiede tecniche sempre più efficaci. Dal 1942, a Treblinka si ricorre ai gas di scarico dei camion (80.000 morti in sei mesi), ma è ad Auschwitz che viene perfezionato il sistema delle camere a gas in grado di uccidere centinaia di persone con l'insetticida Zyklon B, acido prussico cristallizzato.

nel contesto dell'operazione Barbarossa. A misura che crescono i territori annessi al Reich, aumenta il numero di ebrei soggetti alla giurisdizione tedesca (3,5 milioni a metà del 1940, cui si aggiungono altri 5 milioni dopo l'aggressione all'URSS). La Polonia è scelta come luogo di raccolta degli ebrei catturati: nelle maggiori città vengono costituiti ghetti dove gli ebrei sono ammassati e costretti a vivere in condizioni igieniche proibitive. Decine di migliaia di essi muoiono per gli stenti e per le epidemie.

La "soluzione finale"

A partire dall'estate del 1941 le *Einsatzgruppen* (speciali reparti di SS) al seguito dell'avanzata tedesca verso est praticano lo sterminio delle comunità ebraiche che incontrano sulla propria strada: circa 3 milioni di ebrei trovano la morte in questo modo. Il 20 gennaio 1942 in una villa sul lago Grosser Wannsee, alla periferia di Berlino, si svolge un incontro, presieduto dal capo delle SS, Heinrich Himmler, in cui viene organizzata la "soluzione finale": il piano di sterminio sistematico, su scala europea, dei "nemici della razza germanica". Gli ebrei dovranno essere rastrellati e trasferiti in campi di concentramento. La selezione naturale produrrà una prima decimazione. Alcuni campi in territorio polacco (Chelmno, Ausch-

Bambini dietro il filo spinato di un lager in Carelia nell'estate del 1944.
Il cartello porta l'innocua dicitura: "Campo di smistamento", ma il testo che segue lascia intuire in quali orrende condizioni sono costretti i bambini: "L'ingresso nel campo e la conversazione attraverso il recinto verranno puniti con la fucilazione".

La preghiera dell'assassinato, *del pittore polacco* Bronislaw Linke, *che raffigura un ebreo in preghiera tra le rovine di Varsavia.*

San Francisco, 26 giugno 1945: la cerimonia ufficiale per la nascita dell'ONU.
Il nuovo organismo sorge, mentre è ancora in corso il conflitto mondiale, con l'intento di "salvare le future generazioni dal flagello della guerra", e riafferma "la fede nei diritti fondamentali dell'uomo, nella dignità e nel valore della persona umana".

witz, Treblinka, Belzec, Sobibor, Lublino) sono dotati di strutture per le uccisioni di massa (camion e camere a gas), che usano tecnologie messe a punto nel corso della campagna di "eutanasia" dei malati incurabili condotta dal regime nazista dal principio della guerra. I piani del Wannsee restano rigorosamente segreti. L'intera operazione di sterminio condotta dal Terzo Reich, nonostante la partecipazione, diretta e indiretta, di circa un milione di persone, rimane a lungo coperta da un velo d'ombra. Ma durante il corso della guerra trapelano comunque dentro e fuori della Germania notizie sull'orribile trattamento riservato agli ebrei.

Nei campi di concentramento e di sterminio nazisti muoiono circa 3 milioni di persone, uccise dal gas, dalle malattie e dalla fame. In particolare giungono al campo di Auschwitz treni di deportati da ogni parte d'Europa. Ancora nel corso delle ultime settimane di guerra, quando l'esito del conflitto è ormai deciso, gli internati nei *Lager* ("campo" in tedesco) vengono costretti a estenuanti "marce della morte" per sfuggire all'avanzata degli eserciti alleati. A guerra finita le vittime della persecuzione superano i 6 milioni: "genocidio" è la parola che entra a far parte del lessico comune per indicare l'eliminazione totale di un intero gruppo etnico o religioso. Nell'Europa dell'Est gli insediamenti e le varie culture del popolo ebraico,

Il Reichsführer Heinrich Himmler, principale organizzatore della "soluzione finale", lo sterminio degli ebrei.
Nell'estate del 1941, Himmler comunica a Höss, comandante del campo di Auschwitz, che il Führer ha ordinato la "soluzione finale" del problema ebraico, e che Auschwitz è il luogo prescelto per attuarla: "È a noi, SS, che compete l'esecuzione di questi ordini. Se non lo facciamo ora, sarà il popolo ebraico ad annientare il popolo tedesco."

Adolf Eichmann
Il colonnello delle SS è fra i protagonisti della conferenza del Wannsee che definisce la "soluzione finale" del problema ebraico: la soppressione di oltre 11 milioni di ebrei europei, dei quali 5 in URSS e quasi 3 in Ucraina.

Le cifre del genocidio degli ebrei in Europa

Polonia	fino a	3.000.000	Jugoslavia		60.000
URSS	più di	700.000	Grecia		60.000
Romania		270.000	Austria	più di	50.000
Cecoslovacchia		260.000	Belgio		24.000
Ungheria	più di	180.000	Italia (compresa Rodi)		9000
Lituania	più di	130.000	Estonia		2000
Germania	più di	120.000	Norvegia	meno di	1000
Paesi Bassi	più di	100.000	Lussemburgo	meno di	1000
Francia		75.000	Danzica	meno di	1000
Lettonia		70.000	TOTALE	più di	5.000.000

che vantano secoli di storia alle spalle, sono cancellati per sempre. Il termine ebraico *Shoah* ("distruzione") designa questo evento storico.
Quello che si verifica nella Germania nazista non è il primo caso di antisemitismo della storia. Fin dall'epoca delle crociate le comunità ebraiche sono state oggetto di razzie e saccheggi: la parola russa *pogrom* indica questa pratica antica. Ma lo sterminio nazista è il primo esempio di applicazione sistematica della forza organizzata – dello stato e della tecnologia – all'eliminazione di un intero popolo. Anche se non si tratta dell'unico caso di genocidio del XX secolo (basti pensare a quelli di Turchia, Cambogia, Ruanda), esso costituisce una peculiarità del nazismo rispetto ad altri regimi totalitari.

NORIMBERGA E L'ONU

Hiroshima e Auschwitz rappresentano eventi-limite che pongono con urgenza il problema di un nuovo diritto internazionale, tale da limitare la facoltà degli stati nazionali di perseguitare una parte dei propri cittadini, come anche di ricorrere alla guerra e di estenderla alle popolazioni civili. Nell'agosto 1945, dopo un lungo e complesso negoziato, USA, URSS, Francia e Gran Bretagna stabiliscono una Carta comune che definisce nuove figure di reato: i crimini contro la pace (intesi come pianificazione di una guerra di aggressione) e i crimini contro l'umanità (intesi come persecuzione ai danni di un qualsiasi gruppo umano). Su questa base si costituiscono tribunali internazionali militari che a Norimberga – la città tedesca sede dei raduni del Partito nazista – e a Tokyo condannano a morte o a lunghe pene detentive i maggiori criminali di guerra tedeschi e giapponesi. Tra l'aprile e il giugno 1945 si riuniscono a San Francisco i delegati di 50 paesi per gettare le basi dell'Organizzazione delle Nazioni Unite: la nuova istituzione internazionale è composta da un'Assemblea generale, un Consiglio di sicurezza formato da cinque membri permanenti (USA, URSS, Gran Bretagna e Francia, cui si aggiungerà la Cina) e dieci membri a rotazione, un segretario generale eletto dall'Assemblea, una Corte di giustizia internazionale. Il compito di far rispettare le risoluzioni prese dall'ONU è affidato a un esercito multinazionale (detto dei "caschi blu").

Il banco degli imputati a Norimberga.
Il tribunale internazionale giudica i capi del Terzo Reich per tre imputazioni: crimini contro la pace, di guerra e contro l'umanità. Il processo si apre il 19 novembre 1945 e si conclude il 10 ottobre 1946. Un analogo dibattimento si svolge a Tokyo dal 1946 al 1948 contro i criminali di guerra giapponesi.

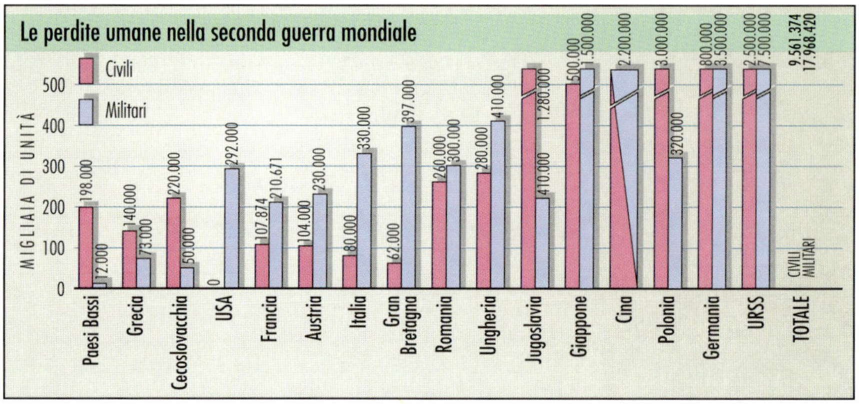

Hiroshima e la pace

Il 6 e il 9 agosto 1945 due bombe atomiche sganciate da aerei statunitensi polverizzano le città di Hiroshima e Nagasaki. Le due esplosioni fanno 130.000 vittime; altre 70.000 persone moriranno per le ferite e le radiazioni.
Harry Truman (succeduto a Roosevelt nella guida degli USA quattro mesi prima) è consapevole che la nuova arma è una ulteriore risorsa strategica per rafforzare l'egemonia degli USA e la loro aspirazione a riorganizzare il mondo postbellico secondo i loro ideali e interessi. L'ordigno è inoltre uno strumento per vincere la guerra, e tale aspetto domina il vertice di Potsdam – fra Stalin, Truman e il nuovo premier britannico Clement Attlee – sul futuro della Germania sconfitta e sull'ultima fase del conflitto nel Pacifico. Ormai assuefatti alla guerra totale – che ha visto numerosi sterminii di civili – e ai bombardamenti a tappeto contro le città nemiche in Europa e in Asia (nella sola notte del 9 marzo 1945 a Tokyo si contano 100.000 vittime), gli alti comandi americani, al pari dei leader alleati, non hanno avuto alcun dubbio sulla legittimità dell'uso del nuovo ordigno contro il Giappone: vogliono chiudere al più presto la guerra, e l'arma atomica può costringere il Giappone alla resa, evitando una invasione che costerebbe molte perdite. Il fatto poi che l'uso dell'atomica possa sminuire il peso dei sovietici nel conflitto asiatico (l'URSS entra in

Triestini esultanti dopo la fine della guerra.
Occupata dai nazisti dopo l'armistizio dell'8 settembre 1943 e da Tito nel maggio 1945, alla fine del conflitto Trieste viene dichiarata "città libera" e posta sotto il controllo dell'ONU. A una soluzione definitiva si arriverà solo nel 1954, quando la città verrà assegnata all'Italia e il territorio circostante alla Jugoslavia.

Manifesto sovietico che inneggia alla vittoria. La scritta recita: "Sventolando le bandiere a Berlino" (a destra).

Il premier inglese Attlee, Truman e Stalin alla conferenza di Potsdam nell'agosto 1945.
Durante i lavori della conferenza, in Gran Bretagna si svolgono le elezioni politiche, che segnano la sconfitta dei conservatori. Churchill, statista simbolo della vittoria inglese, è sostituito dal laburista Attlee.

guerra contro il Giappone l'8 agosto), e soprattutto renderli diplomaticamente più malleabili in futuro, ha costituito un ulteriore incentivo a prendere una decisione che a molti cittadini sembra comunque giusta, utile e – fattore cruciale nella logica del momento – quasi scontata. Quando il primo test conferma l'efficacia dei nuovi ordigni, l'ordine di Truman è di usarli "man mano che divengono disponibili".
Oltre a segnare la fine del conflitto – il 14 agosto il Giappone firma la resa incondizionata – e ad aprire una nuova era contrassegnata da un immenso potenziale distruttivo, il bombardamento atomico inaugura la pace sotto il segno della preminenza militare e tecnologica degli USA.

IL PROGETTO MANHATTAN

Gli Stati Uniti avviano le ricerche sul possibile uso bellico dell'energia atomica nel 1942, con il "progetto Manhattan": guidati dal generale Leslie R. Groves e dal fisico Robert J. Oppenheimer, centinaia di fisici e tecnici (americani, inglesi e molti europei esuli dal fascismo) vengono messi al lavoro nel laboratorio segreto di Los Alamos, nel Nuovo Messico. È la più grande mobilitazione scientifica a scopi bellici finora realizzata: al termine del 1944 la città-laboratorio conta 6000 residenti, e l'intero progetto ha un costo di oltre 2 miliardi di dollari. Iniziato come una corsa contro il tempo per anticipare le analoghe ricerche della Germania, il "progetto Manhattan" sfocia nella costruzione, nell'estate 1945, delle due bombe atomiche usate contro l'impero del Sol Levante.

Il generale Leslie Groves (a sinistra) e il fisico Robert Oppenheimer.

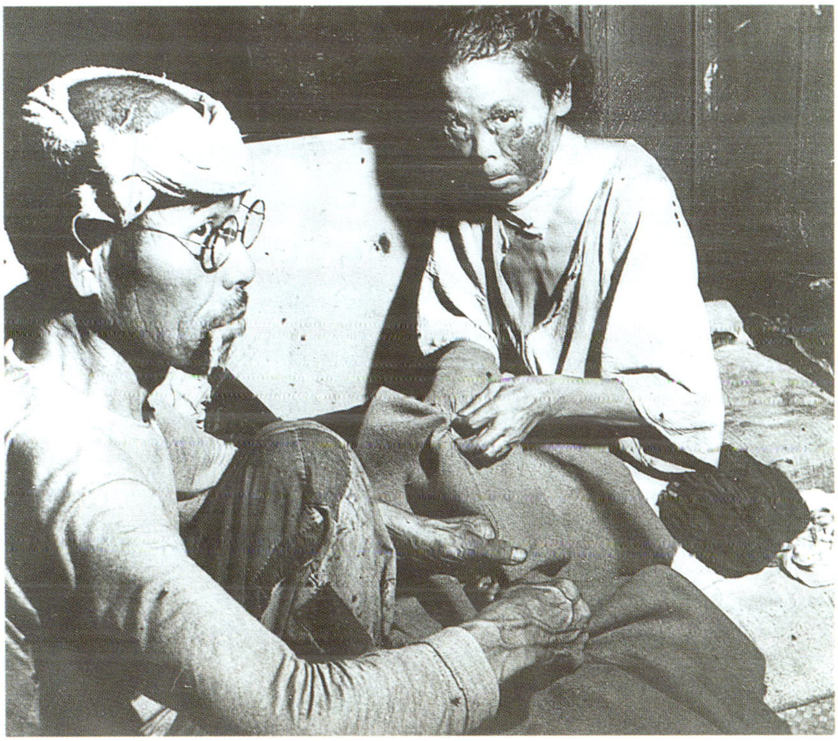

Gli effetti della bomba atomica su due abitanti di Hiroshima.

	ECONOMIA E SOCIETÀ	POLITICA E ISTITUZIONI
1939-1940	1939 ***Gran Bretagna*** Decretato l'oscuramento. 1940 ***Italia*** Enzo Ferrari apre la sua casa automobilistica. ***USA*** Massiccia immigrazione di artisti francesi. • La Willys-Overland e la Ford forniscono all'esercito la *Jeep*, il primo fuoristrada.	1939 ***2 marzo*** *Vaticano* Eletto papa Pio XII. ***15 marzo*** *Cecoslovacchia* Inizia l'occupazione tedesca. ***28 marzo*** *Spagna* I franchisti entrano a Madrid: finisce la guerra civile. ***7 aprile*** L'Italia invade l'Albania che viene annessa. ***22 maggio*** Germania e Italia firmano il Patto d'acciaio. ***23 agosto*** URSS e Germania firmano un patto di non aggressione. ***1° settembre*** Hitler invade la Polonia: inizia la seconda guerra mondiale. ***3 settembre*** Gran Bretagna e Francia dichiarano guerra alla Germania. ***settembre*** USA, Giappone e Italia si dichiarano neutrali. ***17 settembre-1° ottobre*** *Polonia* Invasione russa e spartizione tra Germania e URSS. ***4 novembre*** *USA* Roosevelt autorizza rifornimenti bellici a Gran Bretagna e Francia. ***30 novembre*** L'URSS invade la Finlandia. 1940 ***9 aprile*** I tedeschi invadono Danimarca e Norvegia. ***10 maggio*** *Gran Bretagna* Churchill è primo ministro. ***10 giugno*** L'Italia dichiara guerra a Francia e Gran Bretagna. ***15 giugno*** I sovietici occupano Lituania, Estonia e Lettonia. ***14-22 giugno*** *Francia* Occupazione tedesca di Parigi
1941-1942	1941 ***URSS*** Gravissima carestia e decine di migliaia di morti a Leningrado. ***Germania*** Gli ebrei obbligati a portare una stella gialla. 1942 ***Italia*** Crollo della produzione agricola. ***Gran Bretagna*** Prodotti 8000 tra carri armati e semoventi.	1941 ***6 aprile*** *Grecia-Jugoslavia* Attacco congiunto italotedesco. ***22 giugno*** Inizia l'aggressione tedesca all'URSS. ***12 luglio*** Alleanza fra URSS e Gran Bretagna. ***luglio*** I giapponesi occupano l'Indocina meridionale. ***14 agosto*** *USA-Gran Bretagna* Roosevelt e Churchill firmano la Carta atlantica. ***8 settembre*** *URSS* Assedio tedesco a Leningrado. ***novembre*** *Cirenaica* Offensiva britannica e parziale ripiegamento italotedesco. ***7-8 dicembre*** *USA* Attacco giapponese a Pearl Harbor e entrata in guerra degli USA. ***11 dicembre*** Italia e Germania dichiarano guerra agli USA. 1942 ***1° gennaio*** *Filippine* Manila è occupata dai giapponesi. ***20 gennaio*** *Germania* La conferenza del Wannsee fissa le direttive per la "soluzione finale" della questione ebraica. ***gennaio-marzo*** I giapponesi conquistano Singapore, Rangoon e Giava. ***4-7 giugno*** La flotta USA sconfigge i giapponesi alle isole Midway. ***9 luglio*** *URSS* Le truppe tedesche penetrano nella regione del Caucaso. ***3 agosto*** *Svizzera* Chiuse le frontiere ai profughi ebrei. ***23 ottobre-4 novembre*** *Egitto* A el-Alamein le forze italotedesche sono sconfitte dagli inglesi. ***8 novembre*** *Marocco-Algeria* Sbarco angloamericano. ***novembre-dicembre*** *URSS* I sovietici iniziano l'accerchiamento di Stalingrado.
1943	***Italia*** Roma è dichiarata "città aperta". Gli ebrei romani vengono arrestati per ordine dei nazisti.	***14-26 gennaio*** Conferenza di Casablanca tra Roosevelt e Churchill. ***2 febbraio*** *URSS* Resa tedesca a Stalingrado. ***18 febbraio*** *Germania* Joseph Goebbels proclama la guerra totale. ***aprile-giugno*** *Polonia* Insurrezione del ghetto di Varsavia: muoiono oltre 50.000 ebrei. ***maggio*** *Tunisia* Gli angloamericani completano la riconquista del Nordafrica. ***10 luglio-25 luglio*** *Italia* Sbarco angloamericano in Sicilia; Mussolini è deposto e arrestato, governo del maresciallo Badoglio. ***luglio-settembre*** *Polonia* 300.000 ebrei sono deportati dal ghetto di Varsavia al campo di concentramento di Treblinka. ***3 settembre*** *Italia* Firmato a Cassibile l'armistizio tra Italia e gli Alleati. Il giorno 9 inizia l'occupazione tedesca dell'Italia. ***12 settembre*** Mussolini, liberato dai tedeschi, ripara in Germania. ***23 settembre*** Nasce a Salò la Repubblica Sociale Italiana sotto la tutela tedesca. ***settembre*** *Cina* Chiang Kai-shek è presidente, capo del governo e capo supremo della Repubblica.
1944	***USA*** Si svolge la conferenza monetaria di Bretton Woods a cui partecipano 44 nazioni. • Johann von Neumann e Oskar Morgenstern pubblicano *La teoria dei giochi e il comportamento economico*. ***Gran Bretagna*** Il governo pubblica il libro bianco *Politica dell'occupazione*, basato sulle teorie keynesiane.	***11 gennaio*** *Italia* Ciano e altri gerarchi fascisti, condannati a morte, sono fucilati a Verona. ***27 gennaio*** *URSS* L'Armata Rossa rompe l'assedio tedesco intorno a Leningrado. ***24 marzo*** *Italia* Eccidio delle Fosse ardeatine: 335 civili massacrati dai tedeschi. ***4 giugno*** *Italia* Gli Alleati entrano a Roma. ***6 giugno*** *Francia* Sbarco alleato in Normandia. ***12 giugno*** *Gran Bretagna* Prime bombe volanti tedesche V1 su Londra. ***18-22 giugno*** *Filippine* I giapponesi sconfitti in una grande battaglia navale. ***20 luglio*** *Germania* Hitler sopravvive a un attentato nel suo quartier generale. ***23 agosto*** *Romania* Dopo l'ingresso dell'esercito sovietico il nuovo governo dichiara guerra alla Germania. ***25 agosto*** *Francia* Charles De Gaulle entra a Parigi. ***settembre*** Il Belgio è liberato dagli Alleati. ***5 settembre*** L'Unione Sovietica occupa la Bulgaria. ***20 ottobre*** *Jugo-*
1945	***Francia*** Pierre Balmain fonda l'omonima casa di mode. ***Gran Bretagna*** Alla fine dell'anno le importazioni sono al 66 per cento del livello prebellico. ***Germania*** Molti scienziati tedeschi, tra cui Wernher von Braun, emigrano in segreto negli USA.	***4-11 febbraio*** *URSS* Alla conferenza di Jalta Stalin, Roosevelt e Churchill discutono gli assetti postbellici del mondo. ***marzo*** *Egitto* Nasce la Lega araba. ***12 aprile*** *Austria* I sovietici entrano a Vienna. • *USA* Muore Roosevelt, gli succede Harry Truman. ***28 aprile*** *Germania* I sovietici entrano a Berlino. • *Italia* Mussolini è catturato e giustiziato dai partigiani. ***30 aprile*** *Germania* Suicidio di Hitler nel bunker della Cancelleria. ***8 maggio*** *Francia* La Germania firma la resa incondizionata. ***5 giugno*** USA, URSS, Francia e Gran Bretagna assumono il governo della Germania. ***26 giugno*** *USA* I delegati di 50 stati sottoscrivono a San Francisco la carta costitutiva dell'ONU. ***17 luglio-2 agosto*** Conferenza di Potsdam, che stabilisce i criteri dell'occupazione quadripartita della Germania sconfitta. ***6 agosto*** *Giappone* Bomba atomica su Hiroshima, tre giorni dopo un secondo ordigno distrugge Nagasaki. ***2 settembre*** Il Giappone firma la resa; le truppe americane entrano a Tokyo. • *Vietnam* Nasce la Repub-

SCIENZA E TECNOLOGIA

CULTURA E SPORT

e firma dell'armistizio.

24 giugno *Francia* Armistizio con l'Italia.

13 agosto Comincia la "battaglia d'Inghilterra".

27 settembre Patto tripartito fra Giappone, Italia e Germania.

28 ottobre *Grecia* Inizia l'occupazione italiana.

1939

Francia F. e I. Joliot-Curie formulano la teoria della reazione nucleare a catena.

Gran Bretagna Viene realizzato il radar.

Svizzera Il chimico Paul Müller scopre le proprietà insetticide del DDT.

1940

Canada Il fisico canadese Martin Kamen scopre il carbonio-14.

Germania Osservate le molecole al microscopio elettronico di Manfred von Ardenne, che ingrandisce l'immagine fino a 500.000 volte.

USA Ernst Boris Chain e Howard Walter Florey danno il via alla produzione industriale di penicillina.

1939

Germania Bruciate a Berlino 5000 opere d'arte considerate "degenerate".

Gran Bretagna James Joyce pubblica il romanzo *La veglia di Finnegan.*

Italia Il tedesco Rudolf Harbig stabilisce il nuovo record mondiale degli 800 metri.

USA John Ford realizza il film *Ombre rosse.* Esce nelle sale cinematografiche *Via col vento.*

• L'architetto Frank Lloyd Wright realizza la *Casa sulla cascata* in Pennsylvania.

• Henry Miller scrive *Tropico del Capricorno.*

1940

Italia Alla Biennale di Venezia presentato *Süss l'ebreo,* film tedesco antisemita.

URSS Michail Solochov scrive il romanzo *Il placido Don.*

USA *Il dittatore* di Chaplin denuncia le dittature fasciste.

• Ernest Hemingway pubblica *Per chi suona la campana.*

• Hanna e Barbera realizzano il primo della serie di cartoni animati di *Tom e Jerry.*

16 dicembre *URSS* Travolta l'armata italiana sul Don.

1941

Germania Realizzata la V1, bomba volante con propulsore a reazione.

URSS Realizzato il T-34, il carro armato tecnologicamente più avanzato della seconda guerra mondiale.

USA Glenn Seaborg e Edwin MacMillian scoprono il plutonio-239.

1942

Germania La Agfa AG realizza le prime fotografie a colori su carta.

Ungheria L'industria tedesca I.G. Farben presenta prodotti sintetici in perlon.

USA Entra in funzione la pila atomica costruita da Enrico Fermi per la produzione di energia.

• H. Aiken realizza il primo calcolatore elettronico capace di compiere 10 operazioni al secondo.

1941

Germania Gottfried Benn pubblica *Arte e Terzo Reich.*

Gran Bretagna Henry Moore esegue gli acquerelli sulla metropolitana usata come rifugio antiaereo.

Persia Esce il romanzo *La civetta cieca* di Sadeq Hedayat.

Svizzera A Zurigo prima di *Madre coraggio e i suoi figli,* di Bertolt Brecht.

USA Esce il film *Quarto potere* di Orson Welles.

• Joe Louis mantiene il titolo di campione del mondo di pugliato.

1942

Francia Albert Camus pubblica *Lo straniero.*

Italia Dopo il sequestro esce l'antologia *Americana* di Vittorini.

Spagna Camilo José Cela pubblica il romanzo *La famiglia di Pascual Duarte.*

URSS Il drammaturgo O. Kornijčuk pubblica *Fronte.*

USA Peggy Guggenheim apre a New York la galleria Art of this Century.

• *Il mistero del falco* di John Houston inizia il filone "noir".

13 ottobre *Italia* Il governo Badoglio dichiara guerra alla Germania.

28 novembre *Persia* Conferenza di Teheran tra Roosevelt, Churchill e Stalin: quest'ultimo si impegna a dichiarare guerra al Giappone e i tre fissano gli assetti postbellici di Germania e Polonia.

Francia Jacques-Yves Cousteau, oceanografo, inventa l'autorespiratore.

Germania Nell'Atlantico, i sottomarini tedeschi utilizzano i primi siluri dotati di dispositivi acustici per la ricerca del bersaglio.

Paesi Bassi Willem J. Kolff realizza il primo prototipo di rene artificiale.

Norvegia Danneggiato il Norsk Hydrowerk, centro di produzione dell'acqua pesante, per impedire ai tedeschi la costruzione della bomba atomica.

USA Entra in funzione il primo reattore nucleare per la produzione di plutonio.

• Il medico Charles B. Huggins inizia la cura del cancro alla prostata con la somministrazione di un ormone sintetico, il dietilstilbestrolo.

Francia Antoine de Saint-Exupéry pubblica *Il piccolo principe,* Jean-Paul Sartre *L'essere e il nulla.*

Italia Censurato il film *Ossessione* di Luchino Visconti. Eduardo De Filippo scrive la seconda versione della commedia *Natale in casa Cupiello.*

• ***Olanda*** Fanny Blankers-Koen stabilisce il nuovo record mondiale nel salto in alto femminile con 1,71 metri.

Svizzera Si pubblica a Zurigo *Il gioco delle perle di vetro,* di Hermann Hesse.

• Debutta a Zurigo *Vita di Galileo* di Bertolt Brecht.

USA Alla galleria Art of this Century di New York si afferma l'*action painting* di Jackson Pollock.

• Thomas Stearns Eliot pubblica il volume di poesia *I quattro quartetti.* Esce *Casablanca* con Ingrid Bergman e Humphrey Bogart.

slavia Belgrado è liberata dalle truppe sovietiche e dai partigiani di Tito, il quale forma un governo riconosciuto dall'Unione Sovietica.

15 ottobre *Grecia* Gli inglesi sbarcano ad Atene.

4 dicembre *Grecia* Inizia la guerra civile.

16 dicembre *Francia* Offensiva tedesca nelle Ardenne.

USA La IBM produce la prima calcolatrice automatica, inventata da Howard Aiken.

• Sono prodotti i siliconi.

• A. Blalock compie i primi interventi per la correzione delle cardiopatie congenite. Robert B. Woodward e William Doering producono il chinino per via sintetica. Oswald Avery individua nel DNA il responsabile della trasmissione dei caratteri ereditari nei batteri.

Argentina Pubblicato *Finzioni* dello scrittore Jorge Luis Borges.

Francia È Fondato a Parigi il quotidiano «Le Monde».

Gran Bretagna Francis Bacon dipinge *Tre studi di figure alla base della croce.*

Italia Escono *Il quartiere* di Vasco Pratolini e *Agostino* di Alberto Moravia.

Svizzera È inaugurata a Basilea la mostra "Konkrete Kunst" (arte concreta).

USA Grande successo del dramma *Lo zoo di vetro* di Tennessee Williams. Ernest Hemingway dà alle stampe i *Quarantanove racconti* e Saul Bellow *L'uomo in bilico.* Esce il film *Arsenico e vecchi merletti* di Frank Capra.

• William Smith stabilisce il record mondiale di nuoto nei 200 metri stile libero.

blica democratica presieduta da Ho Chi-Minh.

19 novembre *Germania* Comincia il processo di Norimberga contro i criminali nazisti.

29 novembre *Jugoslavia* Tito è il presidente della neonata repubblica federativa.

Italia Giuseppe Brotzu scopre il primo antibiotico del gruppo delle cefalosporine.

USA Prodotte le prime lenti corneali.

• Ad Alamogordo (Nuovo Messico) è fatta esplodere la prima bomba atomica.

Austria Karl Popper pubblica *La società aperta e i suoi nemici.*

Germania Nello stadio olimpico di Berlino gli Alleati organizzano una gara di atletica leggera vinta dalla squadra americana.

Gran Bretagna Rappresentata a Londra l'opera *Peter Grimes* di Benjamin Britten. George Orwell scrive *La fattoria degli animali.*

Italia Esce la rivista «Il Politecnico» diretta da Elio Vittorini. Curzio Malaparte scrive *Kaputt.* Carlo Levi dà alle stampe *Cristo si è fermato a Eboli.*

• Roberto Rossellini riscuote un grande successo con il film *Roma città aperta*: inizia la stagione del neorealismo cinematografico.

Svezia Esce il romanzo per bambini *Pippi calzelunghe* di Astrid Lindgren.

URSS Sergej Ejzenštein presenta a Mosca il film *Ivan il terribile* (parte prima).

USA Richard Wright pubblica il romanzo autobiografico *Ragazzo negro.*

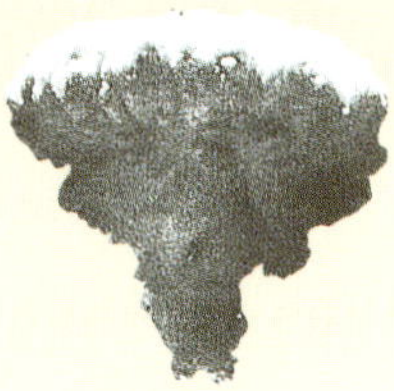

La bomba atomica

Il 6 agosto 1945 gli americani sganciano su Hiroshima la prima atomica della storia. Gli effetti sono devastanti: circa il 98 per cento della città è raso al suolo. Questa la testimonianza di un sopravvissuto a quel terribile giorno: "Il ricordo più tragico che conservo è [...] quello della scomparsa di un uomo davanti alla sua casa : non ne era rimasto che un'ombra sulla porta e nient'altro, niente. Un uomo era sparito, evaporato: solo un'ombra ricordava che era esistito". Il progetto americano ha realizzato a metà del 1945 due diversi ordigni atomici (al plutonio e all'uranio 235) trasportabili in aereo. Il primo dei due ordigni, detto *Fat Man* ("ciccione"), è una sfera la cui detonazione è innescata dall'esplosione di bombe convenzionali. Il secondo, di minori dimensioni e perciò detto *Little Boy* ("ragazzino"), si fonda sul principio della reazione a catena di due masse esplosive atomiche proiettate dentro un tubo cilindrico. La bomba al plutonio, sperimentata il 15 luglio 1945 nel deserto del Nuovo Messico, ha una potenza esplosiva che equivale a quella di 20.000 tonnellate di tritolo. L'energia irradiata da un'esplosione nucleare manifesta la sua potenza distruttiva sotto forma di energia termica, meccanica e di micidiali radiazioni ionizzanti. Nella zona dell'esplosione si produce la cosiddetta "palla di fuoco", con una temperatura di milioni di gradi e un bagliore così intenso da accecare a chilometri di distanza. L'onda d'urto sviluppata dall'energia meccanica si propaga a una velocità iniziale di oltre 1000 chilometri orari, distruggendo tutto ciò che trova sulla sua strada. Le radiazioni hanno venefici effetti sugli organismi viventi anche a distanza di anni. Hiroshima determina un mutamento radicale nei rapporti di forza tra le potenze e segna l'inizio della "guerra fredda" tra USA e URSS e, quando nel 1949 anche quest'ultima dispone dell'atomica, si determina un nuovo equilibrio bipolare del pianeta. Negli anni successivi Gran Bretagna e Francia, Cina e India entreranno a far parte del "club" atomico, ma la nuova arma ha impresso un marchio indelebile nell'immaginario collettivo. Nello scenario apocalittico di una distruzione generalizzata fino a quel momento impensabile, la psicosi della bomba atomica sarà uno degli elementi costitutivi del nuovo "equilibrio del terrore".

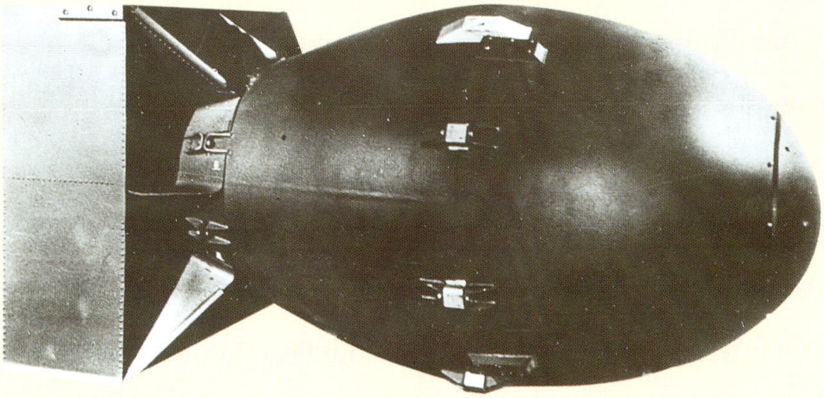

Fat Man, *la bomba atomica sganciata su Nagasaki del peso di circa 4500 chili.* *Con la distruzione della cittadina giapponese gli Stati Uniti chiudono un conflitto che ha provocato oltre 50 milioni di morti, la metà dei quali sono civili.*

Tecnico al lavoro all'interno di una centrale atomica sperimentale negli USA degli anni Cinquanta.

La ricostruzione

Negli anni del dopoguerra i paesi europei affrontano il difficile compito della ricostruzione economica e della ridefinizione dei propri regimi politici all'interno di un sistema internazionale radicalmente trasformato e imperniato sui due grandi vincitori. Stati Uniti e Unione Sovietica dominano lo scenario strategico e politico, e incarnano due proposte radicalmente diverse – liberale e capitalistica la prima, comunista e pianificatrice la seconda – di riorganizzazione della società, della politica e dell'economia dopo gli sconvolgimenti della grande crisi e della guerra.
Sia gli Stati Uniti che l'Unione Sovietica, al pari di tutti i paesi europei, auspicano inizialmente un dopoguerra di reciproca collaborazione, e istituiscono l'Organizzazione delle Nazioni Unite (ONU) per coordinare e dirigere un sistema internazionale pacifico e cooperativo. Ma gli interessi vitali dell'uno e dell'altra si dimostrano presto difficilmente conciliabili. Sul futuro della Germania sconfitta, sul grado di autonomia dei paesi occupati dall'Armata Rossa, sul carattere della ricostruzione economica internazionale, sull'eventuale regolamentazione delle armi atomiche e su molti altri problemi i due grandi maturano soluzioni non solo diverse ma reciprocamente ostili. Il timore e la diffidenza si trasformano rapidamente in antagonismo; le loro diverse visioni del mondo, per molti versi incompatibili, rendono impossibile ogni mediazione. Tra il 1945 e il 1948 si passa dalla cooperazione antinazista a un antagonismo che divide l'Europa, e poi altre parti del mondo, in due blocchi di alleanze contrapposte e reciprocamente impermeabili. I sovietici paventano il rischio di un accerchiamento ostile e vogliono garantire la propria sicurezza attraverso il dominio unilaterale delle aree che hanno occupato. Gli Stati Uniti e i governi dell'Europa occidentale erigono a pericolo centrale del dopoguerra quello di un'espansione dell'influenza sovietica, e si risolvono a contrastarlo con una ferma strategia di contenimento.
Nasce così la guerra fredda: uno stato di tensione permanente tra Stati Uniti e Unione Sovietica, e tra Est e Ovest, basato sul rifiuto di riconoscere la legittimità dell'avversario e di negoziare le divergenze di interessi per via diplomatica. A Est sorge un blocco di regimi comunisti ferreamente subordinati al controllo di Mosca, mentre i paesi dell'Europa occidentale si integrano nella sfera di influenza statunitense e in un sistema internazionale di scambi di mercato. Mentre la decolonizzazione e la rivoluzione comunista cinese avviano in Asia trasformazioni epocali, l'Europa imbocca così la strada di una vigorosa rinascita economica sotto il segno della divisione e della rivalità bipolare.

Milanesi senza casa a guerra finita (nella pagina precedente).

L'Europa divisa

Negli ultimi anni di guerra la cooperazione tra gli Alleati conduce alla definizione dei tratti della futura pace. Questo disegno prende forma con l'incontro di Teheran alla fine del 1943: Roosevelt, Stalin e Churchill si accordano sull'apertura del secondo fronte in Europa l'anno successivo, sulla divisione della Germania e sulla creazione delle Nazioni Unite. Nel 1944 la conferenza di Dumbarton Oaks stabilisce lo schema della nuova organizzazione mondiale, e quella di Bretton Woods delinea un nuovo sistema monetario, imperniato sul dollaro, per evitare il ripetersi della depressione economica e del frazionamento autarchico in sfere protette che ne era derivato dopo il 1929.

L'ultima fase del conflitto rende evidente che le grandi potenze sono soltanto due. L'avanzata degli eserciti alleati verso la Germania traccia una mappa dell'occupazione che di fatto prevede sfere d'influenza separate, ma la conferenza di Jalta (febbraio 1945) riesce a proiettare anche sul dopoguerra lo spirito della cooperazione tra USA e URSS. Quest'ultima sta conquistando il controllo dell'Europa orientale, che ritiene vitale per la propria sicurezza. Roosevelt è pronto a riconoscere tacitamente una simile logica di potenza, ma a patto che la sfera d'influenza sovietica non sia irreggimentata e chiusa. Stalin, dal canto suo, non rifiuta la collaborazione a un sistema di sicurezza collettiva, a patto che ciò non pregiudi-

I costruttori *(1950)* di Fernand Léger.

Stalin, Truman e Churchill a Potsdam.
Al vertice di Potsdam (17 luglio-2 agosto 1945) Truman, succeduto a Roosevelt, pensa che la supremazia americana (anche per il possesso dell'arma atomica) possa volgere a suo favore i negoziati con Stalin. Gli USA optano per il controllo di ciascun vincitore sulla sua zona di occupazione e concedono all'URSS di esigere riparazioni solo dalla sua zona. Stalin non intende però mostrarsi debole e impone un ferreo controllo sulle aree occupate della Germania e dell'Europa orientale.

Cadillac del 1948. *A differenza degli altri paesi coinvolti nel conflitto mondiale, gli Stati Uniti non devono affrontare il problema della ricostruzione. La loro priorità è la riconversione dell'enorme apparato industriale, che ha sostenuto lo sforzo bellico sotto il controllo dello stato, alla produzione di beni di consumo.*

chi la sua partecipazione nel determinare il futuro della Polonia e della Germania. Conciliare interessi così diversi non è facile. A Jalta un vago compromesso stabilisce di istituire in Europa orientale dei governi rappresentativi, ma lascia l'applicazione di tale misura alle forze in campo, e cioè all'Unione Sovietica.
L'affermarsi del controllo di Mosca sui territori occupati riaccende in America la tradizionale avversione anticomunista, mentre l'URSS riprende a temere lo spettro di un'alleanza capitalistica rivolta contro il suo accresciuto potere in Europa. Nel 1945 essa è certamente la principale potenza europea. Gli Stati Uniti dispongono di una supremazia globale e di una soverchiante forza economica. La Gran Bretagna siede tra i vincitori ma dipende dagli aiuti americani; ancor più indebolita e ridimensionata è la Francia. La Germania è distrutta, l'Italia e gli altri paesi europei possono solo concentrarsi su una difficile ricostruzione. Stati Uniti e URSS auspicano un dopoguerra di collaborazione, ma i loro interessi non sono facilmente conciliabili; e le diverse ideologie, per molti versi incompatibili, rendono ogni mediazione via via più difficile.

Democrazie occidentali e modello comunista

Mosca intende garantirsi da una futura minaccia tedesca e assicurarsi il controllo di un'Europa o-

GLI ACCORDI DI BRETTON WOODS

Nel luglio del 1944 i delegati di 44 nazioni alleate si riuniscono a Bretton Woods (USA) per ripristinare un ordine economico internazionale che favorisca la crescita globale. Gli USA, quali maggiori creditori, vogliono un sistema monetario rigido, basato sulla convertibilità delle valute con il dollaro, e di questo con l'oro, a cambi fissi. Per aiutare i paesi in deficit viene istituito un Fondo monetario internazionale. È fondata la Banca mondiale per la ricostruzione postbellica e lo sviluppo dei paesi più poveri. Il sistema di Bretton Woods mira ad attuare il disegno americano di un'economia mondiale aperta, liberista e multilaterale. Ma il dopoguerra si rivela più difficile del previsto: le correnti di scambi determinatesi durante il conflitto hanno provocato un colossale deficit di dollari per le principali economie europee, che non possono rendere convertibili le loro valute. Solo nel 1959, quando l'Europa sarà di nuovo in grado di esportare su larga scala, le sue valute diverranno convertibili e il sistema di Bretton Woods comincerà a essere davvero operante.

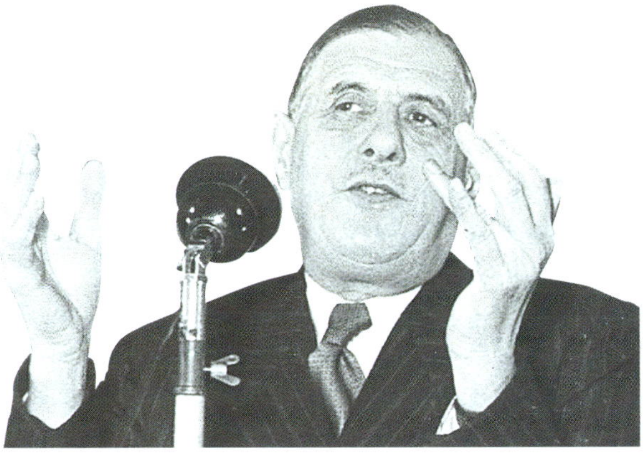

Il generale De Gaulle.
Dopo la fase del governo provvisorio, nell'ottobre 1945 il capo della Resistenza francese è incaricato all'unanimità dall'Assemblea costituente di guidare la ricostruzione. Si dimetterà nel gennaio del 1946, convinto della necessità d'introdurre in Francia un sistema presidenziale.

"Vinciamo la pace lavorando per i reduci": manifesto di propaganda elettorale del Partito laburista inglese.

rientale diretta da governi "amici" e integrata in un sistema socialista chiuso e autosufficiente. Essa inoltre diffida della superiore potenza degli Stati Uniti. Washington invece concepisce la sicurezza e la prosperità della democrazia americana solo in un mondo di democrazie e di mercati aperti, interconnessi e organizzati intorno al ruolo cardinale del dollaro. Vuole perciò che le altre maggiori aree industriali – Europa occidentale e Giappone – risorgano quali parti di un tale sistema economico e politico, senza chiudersi nel nazionalismo o piegarsi a una qualsiasi forma di influenza sovietica.

Da entrambe le parti le scelte unilaterali prendono perciò a prevalere sulle decisioni concordate. Ciascuno degli ex alleati inizia a considerare le mosse diplomatiche dell'altro solo alla luce dei propri maggiori timori strategici: Washington – come Londra e Parigi – teme che l'influenza sovietica possa espandersi in un'Europa indebolita; Mosca paventa un accerchiamento capitalistico ai suoi danni. Senza la possibilità di un accordo, la spartizione dell'Europa si trasforma rapidamente da assetto temporaneo – dovuto alla suddivisione in zone di occupazione militare – in vera e propria divisione geopolitica che, con il passare del tempo, si consolida in termini amministrativi, economici e politici.

Venditore di ciambelle a New York.
A guerra finita, il forte deficit di bilancio degli USA e il minore controllo statale sul settore industriale determinano un aumento del costo della vita che danneggia soprattutto le categorie operaie. Queste ultime rispondono nel 1946-1947 con un'ondata di scioperi e rivendicazioni.

MITO E REALTÀ DI JALTA

Gli accordi di Jalta assicurano la necessaria collaborazione fino alla vittoria contro il Giappone e, insieme alla conferenza di San Francisco che dà vita all'ONU, delineano un sistema di sicurezza collettiva. Con la fine del conflitto, però, ciascuno inizia a considerare non solo più i vantaggi della collaborazione ma anche i sacrifici che essa impone ai propri disegni e interessi nazionali. Malgrado la sua fama, Jalta non è il primo momento della divisione dell'Europa, bensì l'ultima occasione di collaborazione fra i tre grandi: dal suo fallimento scaturisce la rigida partizione in sfere contrapposte. A Jalta si completa l'accordo sull'ONU in termini più vicini all'impostazione americana che a quella sovietica. Stalin s'impegna a muovere guerra al Giappone, come chiedono gli americani, e accetta di accogliere la Francia fra le potenze occupanti in Germania. Il compromesso sull'Europa orientale, e il rinvio di ogni decisione sulla Germania, riflettono invece la maggior forza dei sovietici dovuta al pieno controllo militare che hanno su quell'area. È la conseguenza del conflitto fra Germania e URSS per l'egemonia sull'Europa centrorientale: Mosca esercita un'influenza enorme, ben poco contrastabile dagli Alleati, in una zona che ritiene vitale per la propria sicurezza, e su cui non vuole scendere a patti. Churchill mira a contrastare tale egemonia senza averne la forza, mentre Roosevelt pensa di integrarla in uno schema mondiale di collaborazione. Così Jalta non disegna nulla di nuovo, ma prende atto dei nuovi equilibri tra le potenze tentando, per l'ultima volta, di adottare soluzioni di compromesso fra i tanti elementi di frizione che scaturiscono.

Scoppia la guerra fredda

Nel 1946 l'atteggiamento degli Stati Uniti verso l'URSS prende a irrigidirsi. Truman è preoccupato della scarsa flessibilità diplomatica di Stalin e teme un possibile ricorso alla forza da parte sovietica. Mosca preme per ottenere concessioni petrolifere dall'Iran e un accesso ai Dardanelli dalla Turchia. Washington si schiera con decisione a difesa di quei governi, e l'URSS fa marcia indietro: se la cooperazione dà scarsi frutti, la contrapposizione sembra invece produrre risultati. Anche altre voci si levano per chiedere intransigenza con l'URSS. Churchill denuncia la "cortina di ferro" che divide l'Europa. Molti governi europei chiedono aiuto per contrastare i partiti comunisti nazionali. E anche i conservatori americani, che conquistano la maggioranza al Congresso nelle elezioni "di mezzo termine", reclamano una decisa svolta antisovietica in politica estera.

Stalin dichiara tramontata l'alleanza antifascista e riesuma la retorica bolscevica secondo cui il capitalismo rende la guerra "inevitabile". Il suo ambasciatore a Washington sottolinea preoccupato il risorgere dell'antisovietismo. I dirigenti di Mosca si convincono che ogni ricerca di compromesso equivale a un'ammissione di debolezza: l'intransigente difesa degli interessi del socialismo, ora esteso a tutta l'Europa orientale, sembra l'unica via per salvaguardare il nuovo potere internazionale dell'URSS.

In una sezione del Partito comunista italiano si prepara la spedizione di un regalo al "compagno Stalin" per il suo compleanno.
Nell'immediato dopoguerra, prima che lo scontro ideologico si radicalizzi, il ricordo del sacrificio del popolo sovietico nella guerra contro il nazifascismo porta buona parte dell'opinione pubblica europea non comunista a guardare con rispetto e ammirazione all'URSS e ai partiti comunisti.

Il **Bell XS-1** *in volo nei cieli della California (a sinistra).*
Le applicazioni della nuova tecnologia aeronautica riguardano sia il settore militare che quello civile. Il 14 ottobre 1947 questo turboreattore statunitense supera, per la prima volta, la velocità del suono (1223 chilometri orari a livello del mare).

Pubblicità della rivista francese «Marie Claire».
Durante la guerra molte donne hanno fatto il loro ingresso nel mondo del lavoro. Con il ritorno alla "normalità", le promozioni commerciali degli articoli di moda ripropongono uno stereotipo femminile che appare lontano dalla realtà quotidiana.

Vuoti di potere in Europa e contrapposizioni ideologiche

Si va quindi verso l'antagonismo e la contrapposizione: per Washington il pericolo fondamentale diviene quello di una ulteriore espansione dell'influenza sovietica, che si decide di contrastare con una ferma strategia di "contenimento". I sovietici non hanno davvero in mente progetti espansivi, ma possono forse sfruttare le opportunità offerte loro dal moltiplicarsi delle numerose situazioni di instabilità. Invece della potenza tedesca al centro dell'Europa vi è ora un vuoto fatto di povertà e incertezza.

In Francia e in Italia i conflitti della ricostruzione vedono protagonisti due forti partiti comunisti. La Grecia è lacerata dalla guerra civile. Tutta l'Europa occidentale appare economicamente prostrata. Agli occhi degli USA, e degli altri governi occidentali, i pericoli appaiono troppo grandi. La potenza sovietica, ideologica e diplomatica prima ancora che militare, va arginata all'interno degli ampi confini che ha già raggiunto, abbandonando la futile ricerca di un accordo e annullando le tendenze disgregatrici che potrebbero favorirla. Tra il 1946 e il 1947 il contenimento dell'URSS, teorizzato da George Kennan, diviene la nuova dottrina della politica estera americana: la guerra fredda sta per iniziare.

Churchill a cavallo in una foto degli anni Sessanta.

LA TEORIA DEL CONTENIMENTO

Nel 1946 il diplomatico americano George Kennan descrive, nei suoi resoconti da Mosca, un regime staliniano impermeabile a ogni forma di dialogo, nemico delle potenze capitaliste, pronto a sfruttare in chiave diplomatica le loro debolezze. Secondo Kennan quello stalinista è anche un regime impopolare, che si autolegittima attraverso la raffigurazione di un mondo occidentale ostile, che reca in grembo "i semi della sua stessa decadenza". Gli Stati Uniti devono quindi abbandonare l'illusione rooseveltiana della collaborazione, e attrezzarsi invece per una lunga azione di "paziente, ma fermo e attento contenimento". Sul piano immediato questa visione dovrà tradursi nella ricostruzione di un'Europa occidentale capace di resistere alle pressioni sovietiche. In generale, la teoria di Kennan invita a una "abile e vigile applicazione di controforze lungo un arco sempre mutevole di punti geografici e politici, corrispondenti alle svolte e alle manovre della politica sovietica". Sul lungo periodo ciò dovrebbe condurre "al crollo o al graduale ammorbidimento del potere sovietico". Pensato in chiave diplomatica ed economica, il contenimento viene presto interpretato in un'ottica militare, e porta alla nascita della NATO e del Patto di Varsavia e alla corsa al riarmo. Nei decenni successivi questa teoria darà luogo all'impegno americano contro il comunismo su scala mondiale, e sarà oggetto di forti critiche alla fine degli anni Sessanta, quando la guerra in Vietnam evidenzierà l'inutilità di un contenimento globale e assoluto.

La dottrina Truman e il piano Marshall

Polaroid-Land Camera, con pellicola a sviluppo istantaneo, prodotta negli Stati Uniti nel 1948.

La strategia americana del contenimento diviene operativa nei primi mesi del 1947. Il 12 marzo il presidente Truman annuncia che gli Stati Uniti subentreranno all'ormai esausta Gran Bretagna nel fornire aiuti tecnici ed economici a Grecia e Turchia, e chiede al Congresso di stanziare i fondi necessari, in particolare per aiutare il regime monarchico greco a stroncare la guerriglia comunista nel Nord del paese.
Cosa ancor più importante, Truman motiva la sua scelta in termini di principio. Nel mondo si confrontano – dichiara – "due sistemi di vita alternativi". In Grecia, in Europa e nel Mediterraneo il comunismo va fermato: gli Stati Uniti si impegnano a "sostenere i popoli liberi che intendono resistere a tentativi di assoggettamento da parte di minoranze armate o di pressioni esterne".
La dottrina Truman sancisce la svolta fondamentale del dopoguerra. La cooperazione con Mosca può dirsi ormai archiviata, e la ferma contrapposizione a ogni minaccia di espansione del comunismo diviene il pilastro strategico e propagandistico di una riorganizzazione dell'Europa occidentale sotto la *leadership* americana. Tutte le risorse della potenza statunitense verranno da ora in avanti mobilitate per questa opera di contenimento dell'URSS, che assume sempre più il carattere di una crociata morale delle democrazie contro quello che viene definito come "totalitarismo sovietico".

AIUTI PER L'EUROPA

Lo European Recovery Program, più noto come piano Marshall e attuato tra il 1948 e il 1951, segue tre criteri per organizzare la crescita europea. I crediti e le merci fornite dagli Stati Uniti (per un totale di 12,3 miliardi di dollari) vengono usati per ampliare la base produttiva e le infrastrutture, importare beni d'investimento e materie prime, assicurare la crescita di redditi, consumi e occupazione. Inoltre si persegue lo scopo, essenziale sotto il profilo sia economico che politico, di integrare il potenziale industriale della Germania in un ampio mercato continentale che stimoli la produttività e le economie di scala. Infine, si cerca di diffondere in Europa la prosperità consumistica quale alternativa alla lotta di classe, in modo da integrare i lavoratori in una economia dei consumi ed emarginare le sinistre comuniste. Insieme ai significativi effetti economici (la Gran Bretagna riceve 2,8 miliardi di dollari, la Francia 2,5 e l'Italia 1,3) sono importanti le conseguenze politiche del piano. I capitali americani consentono di non soffocare la ripresa con politiche di austerità imposte dall'assenza di valuta, evitando quindi una compressione dei redditi e dei consumi che potrebbe inasprire, e forse rendere ingovernabili, i conflitti sociali e politici. L'ERP offre dunque un margine decisivo per consolidare il consenso ai nuovi regimi democratici. La riorganizzazione dell'Europa occidentale sotto l'egida americana è la chiave del successo per la strategia del confronto con l'Unione Sovietica e del contenimento del comunismo.

"Via libera al piano Marshall", recita un manifesto di propaganda tedesco del 1949.

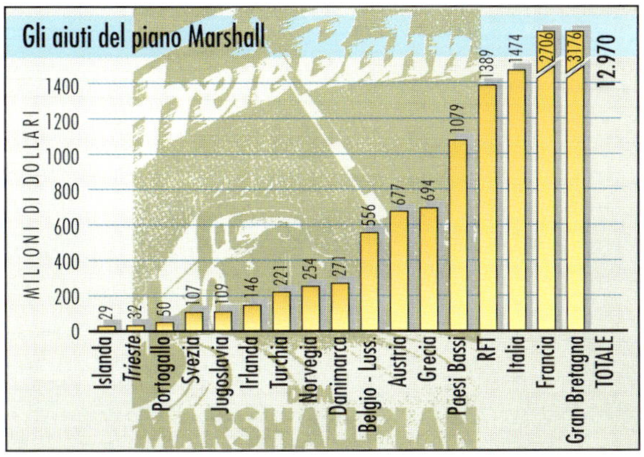

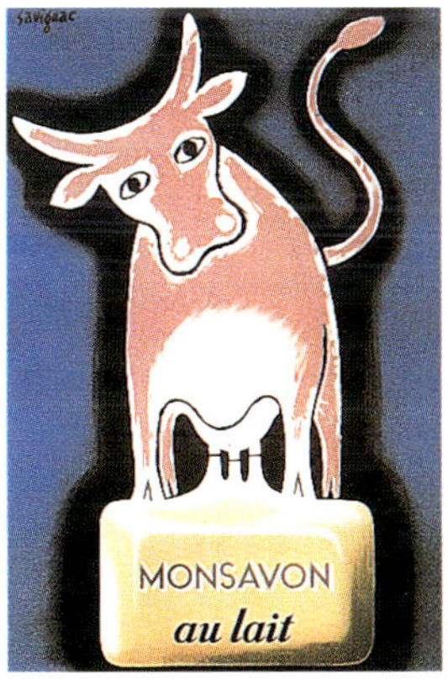

Pubblicità del sapone Monsavon.
Nella Francia dell'immediato dopoguerra il basso livello dei salari provoca numerosi scioperi, ma l'incidenza del costo del lavoro rimane contenuta. Nello stesso periodo, la pubblicità propone modelli di consumo che stentano a imporsi a livello di massa.

In giugno viene l'annuncio di un progetto di aiuti americani all'Europa: il piano Marshall. Washington ritiene eccessivo il rischio di lasciare i paesi dell'Europa occidentale in balia delle loro difficoltà economiche e politiche. L'URSS potrebbe infatti trarre vantaggio dall'instabilità di molti paesi del continente per ostacolare i progetti americani di rilancio e liberalizzazione dell'economia mondiale. Il piano si prefigge di fornire agli europei le importazioni necessarie ad alimentare la ripresa delle loro economie; di accrescere i livelli di produttività, reddito e occupazione; di integrare l'economia tedesca in un'area unitaria di scambi; di approfondire l'interdipendenza dei mercati mondiali, specie di quelli euroamericani.

Un'Europa economicamente forte nella sfera di influenza di Washington

Questi obiettivi economici si intrecciano con quelli strategici del contenimento. Il consolidarsi di una sostenuta crescita economica mira a stabilizzare le democrazie europee, rafforzando il consenso sociale e marginalizzando le opposizioni comuniste. All'Unione Sovietica e alla sua sfera di influenza nell'Europa dell'Est si deve contrapporre un'Europa occidentale pro-

Uno scorcio di Times Square a New York nel 1949.
La società americana diventa sempre più il punto di riferimento per i paesi dell'Europa occidentale. I mezzi di comunicazione di massa irradiano nel mondo i modelli di vita e le espressioni culturali e artistiche degli Stati Uniti: prende forma quel "mito americano" destinato a influire profondamente sulla società nei decenni successivi.

Pubblicità dell'acqua minerale Perrier.
In Francia la ripresa è difficile: la disoccupazione aumenta e il potere d'acquisto dei salari resta basso; ancora nel 1949 i consumi dei generi di prima necessità restano sensibilmente al di sotto dei livelli raggiunti nel 1938.

ANTISOVIETISMO E ANTITOTALITARISMO

Con la dottrina che porta il suo nome, Truman chiede all'America di impegnarsi a difendere i valori di democrazia e libertà in tutto il mondo. Per convincere gli elettori egli li pone cioè di fronte a un'alternativa etica tra bene e male, appellandosi ai loro sentimenti anticomunisti e patriottici. La strategia americana per la guerra fredda assume così un carattere di crociata ideologica permanente. Il successo della dottrina deriva dalle immediate associazioni che essa suscita con la recente vicenda della guerra antinazista: denunciando il pericolo di un nemico "totalitario", che va bloccato prima che accumuli ulteriore forza e muova all'offensiva, Truman evoca infatti l'esperienza del tragico ritardo con cui è stato contrastato il nazismo. L'identificazione dell'URSS e del comunismo con il totalitarismo hitleriano entra a far parte del linguaggio quotidiano della guerra fredda.

spera e fiduciosa, riorganizzata sotto l'egida statunitense. La conseguente divisione del continente, e in primo luogo della Germania, non è la soluzione ideale, ma pare di gran lunga la più accettabile. Con la riorganizzazione di un'Europa occidentale in sviluppo, nella sfera di influenza americana, si salvaguarda infatti l'interdipendenza tra i principali centri economici del mondo, e si racchiude l'Unione Sovietica entro i confini del suo impero, mantenendo una configurazione dell'assetto mondiale favorevole alla potenza americana. Ai governi europei il piano offre non solo una boccata d'ossigeno, ma anche la prospettiva materiale e ideale di una economia della prosperità su cui fondare la propria stabilità politica. Per questo vi aderiscono subito sedici nazioni, che si coordinano nell'Organizzazione europea per la cooperazione economica (OECE) il 16 aprile 1948.

L'URSS è ora sulla difensiva. Le principali risorse della Germania e dell'Europa industrializzata vengono riorganizzate e integrate in una nascente sfera di egemonia americana. Il magnete degli aiuti e di una vita più prospera potrebbe costituire un forte richiamo anche per i paesi dell'Est. Mosca non esita a denunciare il piano come un tentativo di asservimento dell'Europa al capitale americano, e reagisce rafforzando i bastioni del suo impero: ai governi dell'Europa orientale è impedito di aderirvi; le economie vengono infatti integrate in

La Ford Mercury del 1947 esce dalla catena di montaggio.
Il modello economico "fordista", con la ripresa economica degli anni Cinquanta e il boom industriale, si afferma anche in Europa: le imprese di grandi dimensioni, grazie alle catene di montaggio, riescono a incrementare la produzione e ad abbattere il prezzo unitario dei prodotti.

"Rimbocchiamoci le maniche: andrà ancora meglio", dice il manifesto francese del 1945 (a sinistra). *Con l'appoggio delle sinistre e dei sindacati, il governo De Gaulle getta le basi della ripresa nazionalizzando l'energia, le grandi banche e i settori dell'industria automobilistica e aeronautica.*

Il primo modello della Vespa, prodotto dalla Piaggio nel 1946. *Vari fattori giocano a favore della ripresa economica e industriale italiana; a quelli di carattere internazionale si aggiungono quelli interni: il basso costo della manodopera e la costante presenza di un gran numero di disoccupati.*

quella sovietica e anche i regimi politici sono pienamente sovietizzati: valga per tutti il colpo di stato comunista che, nel marzo 1948, elimina ogni pluralismo politico in Cecoslovacchia.

All'Ovest il piano Marshall inizia a operare dalla primavera del 1948. I piani di ricostruzione delle nazioni europee vengono rivisti e coordinati tra loro; gli aiuti americani, erogati per quattro anni, consentono dapprima di superare l'emergenza alimentare e le carenze energetiche, poi vengono indirizzati verso i beni di investimento necessari a sviluppare l'apparato industriale. Ma il loro impatto è forte anche in chiave simbolica: nell'immaginario degli europei gli aiuti costituiscono una promessa di benessere e sicurezza. Il mito di un'America ricca e democratica, che incarna il futuro di tutto l'Occidente, si accompagna alla tenace volontà di rinascita nazionale che contrassegna il sentire comune di larga parte dei paesi europei.

La divisione dell'Europa diviene così una robusta realtà non solo diplomatica ma anche economica, sociale e culturale. L'antagonismo tra due sistemi ideologici e di potenza sempre più ostili tra loro si incarna in una rigida partizione della geografia politica europea – con due blocchi totalmente separati – e della stessa vita interna delle società nazionali. Le elezioni italiane dell'aprile 1948, per esempio, si giocano intorno alla scelta dell'adesione al piano Marshall e al nascente blocco occidentale.

LE ELEZIONI DEL 1948 IN ITALIA

A un anno dall'estromissione dei comunisti dal governo, che ha segnato la rottura dell'unità antifascista della Resistenza, le elezioni del 18 aprile 1948 si svolgono in un clima caratterizzato da uno scontro ideologico senza precedenti e da un fanatismo da crociata, dominato dai temi di politica estera. La consultazione diventa così una vera e propria scelta di campo fra gli Stati Uniti e l'Unione Sovietica. Allo schieramento guidato dalla Democrazia cristiana, e sostenuto dall'imponente sforzo propagandistico degli americani e della chiesa cattolica, si contrappongono le sinistre unite nel Fronte democratico popolare. Le elezioni assegnano una netta vittoria della DC di Alcide De Gasperi, che ottiene il 48,5 per cento dei voti e la maggioranza assoluta dei seggi alla Camera dei deputati, contro il 31 per cento del Fronte. È un evento decisivo nella storia della repubblica, poiché sancisce l'egemonia della DC, destinata a durare decenni. Per il paese si apre una fase di profonda divisione politica, in cui lo stesso apparato statale verrà utilizzato in funzione anticomunista.

Venezia, agosto 1949: De Gasperi incontra Paul G. Hoffman, amministratore del piano Marshall. *L'uomo politico democristiano è presidente del Consiglio dal dicembre 1945 all'agosto 1953. Nel maggio del 1947, dopo aver ottenuto i primi fondi statunitensi per la ricostruzione, rompe l'alleanza con le sinistre e forma un governo di coalizione con i partiti di centro, dominato dalla Democrazia cristiana.*

COMINFORM e COMECON

Cerimonia di apertura delle Spartachiadi (i giochi olimpici dei paesi comunisti) allo stadio Lenin di Mosca.
La dichiarazione che sancisce la nascita del COMINFORM sottolinea la divisione del mondo in due blocchi: quello "imperialista e antidemocratico", che ha lo scopo di "schiacciare la democrazia", e quello "antimperialista e democratico", che vuole contrastare l'imperialismo e "liquidare i resti del fascismo."

Il COMINFORM (Ufficio di informazione comunista) viene creato a Szklarska Poreba, in Polonia (30 settembre 1947), su iniziativa sovietica e con l'adesione dei maggiori partiti comunisti europei: Bulgaria, Cecoslovacchia, Francia, Italia, Jugoslavia, Polonia, Romania, Ungheria.
Con la nascita della nuova struttura di collegamento tra l'URSS e i paesi dell'Europa dell'Est viene ufficialmente sancito il bipolarismo: da un lato il campo "imperialista e antidemocratico", dall'altro quello "antimperialista e democratico". Oltre allo scambio di esperienze e al coordinamento dell'attività dei partiti membri, sulla base del libero consenso, l'atto di fondazione stabilisce come obiettivo prioritario la lotta contro le iniziative politiche, economiche e militari promosse in Europa dagli Stati Uniti. Si sostiene che, con il sostegno di Francia e Gran Bretagna, esse mirano a soffocare le spinte verso la democrazia, a eliminare la concorrenza sui mercati e ad affermare l'egemonia internazionale del capitalismo. L'ufficio di informazione è visto in Occidente come un tentativo di ridare vita al COMINTERN, sciolto nel maggio del 1943 per agevolare la collaborazione tra Unione Sovietica e Alleati.
All'interno del campo socialista il COMINFORM ha soprattutto una funzione di controllo ideologico. Nel giugno del 1948 viene espulso il Partito comunista jugoslavo accusato di "deviazionismo". L'ufficio sarà sciolto nell'aprile del 1956, quando si

De Gaulle accetta gli aiuti del piano Marshall: vignetta della rivista satirica russa «Krokodil» (a sinistra).
La propaganda di Mosca contro il programma di aiuti ai paesi europei ricorre anche al sarcasmo: De Gaulle chiede l'elemosina agli americani per assicurarsi il consenso popolare e realizzare una politica ispirata a un rigido anticomunismo.

Scooter di produzione cecoslovacca esposto alla fiera di Lipsia del 1957.
Del blocco orientale, la Cecoslovacchia è il paese industrialmente più avanzato.

allenterà la tensione internazionale e prevarrà l'esigenza di avviare la coesistenza pacifica tra le grandi potenze. Nella dichiarazione di scioglimento – senza escludere la necessità di mantenere stretti legami operativi tra i partiti comunisti – si riconosce il principio delle "vie diverse al socialismo" secondo il dettato del XX Congresso del PCUS (14-25 febbraio 1956).

Il 25 gennaio del 1949 è invece istituito a Mosca il COMECON (Consiglio di mutua assistenza economica), cui aderiscono tutti i paesi del blocco sovietico (l'Albania il mese successivo e la Repubblica Democratica Tedesca nel 1950). Il suo obiettivo è quello di promuovere – sulla base di una divisione socialista internazionale del lavoro – la cooperazione economica, tecnica e scientifica tra l'URSS e le democrazie popolari dell'Est. Viene avviata la sperimentazione di un "sistema economico integrato" capace di attenuare gli squilibri causati dall'industrializzazione accelerata, dalla contrazione degli scambi commerciali tra i due blocchi e dall'irrilevante peso delle valute degli stati comunisti. Di fronte alle difficoltà di una programmazione economica internazionale, le relazioni tra i paesi membri continueranno però ad avere carattere prevalentemente bilaterale.

Studenti russi in visita a una base militare.

Il blocco sovietico

Dopo il 1945 si instaura in Europa un nuovo equilibrio di forze corrispondente al quadro delle operazioni condotte, durante il conflitto, dagli Alleati contro l'Asse. L'Armata Rossa occupa gran parte dell'Europa centrorientale e l'Unione Sovietica, malgrado la sua inferiorità tecnologica e militare, vede riconosciuto il suo ruolo di grande potenza. I trattati di pace sanciscono una nuova configurazione territoriale della Russia staliniana, che ottiene la Bessarabia dalla Romania, la Rutenia subcarpatica dalla Cecoslovacchia, la Carelia dalla Finlandia, le regioni bielorusse e ucraine dalla Polonia, i tre piccoli stati baltici e una parte della Prussia orientale.
Svanita la prospettiva di cooperazione con gli Stati Uniti, l'Unione Sovietica si pone a difendere anche in termini politici ed economici il ruolo militare acquisito a livello internazionale. Di fronte alla strategia di contenimento messa in atto dagli americani in Occidente, all'interno del gruppo dirigente sovietico prevale la linea delle "garanzie di sicurezza", che prevede la creazione di una cintura protettiva intorno ai confini europei della Russia e la progressiva estensione della sua sfera di influenza.
Tra il 1945 e il 1948 il blocco dei regimi comunisti, istituiti sul modello sovietico, prende forma senza schemi preordinati e omogeneità di metodi. In alcuni casi si arriva subito alla proclamazione di repubbliche popolari (Bulgaria, Alba-

Stalin e il ministro degli Esteri Molotov, alla sua sinistra, assistono a una cerimonia sulla Piazza Rossa.

Il fondatore del Partito comunista bulgaro Georgi Dimitrov (a sinistra).
Prestigioso dirigente del movimento comunista internazionale, è dal 1935 al 1943 segretario generale del COMINTERN. Rientrato in patria nel 1944 per dirigere la Resistenza, assume la guida del governo dopo le elezioni del 1946 instaurando un regime di "democrazia popolare".

Stalin in una vignetta francese.
La propaganda anticomunista raffigura uno Stalin danzante nell'atto di trafiggere, dopo i paesi dell'Europa orientale, anche la Francia. In questi stessi anni Maurice Thorez, segretario del forte Partito comunista francese, parla di una via nazionale al socialismo, su "strade diverse da quelle dei comunisti sovietici".

nia, Jugoslavia); in altri la transizione è più articolata (Polonia); in altri ancora il processo è lento e contraddittorio (Romania, Ungheria, Cecoslovacchia). La prima fase è caratterizzata dalla nascita di governi di coalizione tra partiti progressisti con la partecipazione attiva dei comunisti i quali, anche quando sono in minoranza, riescono a occupare dicasteri chiave (Difesa, Interni, Giustizia).

Al contempo molte delle formazioni militari che si sono distinte nella resistenza all'occupazione nazista si tramutano in milizie e finiscono per costituire l'ossatura delle nuove forze armate. La seconda fase registra l'eliminazione degli alleati nei diversi fronti patriottici e democratici, l'emarginazione degli oppositori, le scissioni a sinistra e la creazione di partiti paralleli a quello comunista. Talvolta si fa anche ricorso all'intervento delle truppe sovietiche di occupazione, mentre nelle elezioni è adottato il sistema della lista unica.

Il blocco sovietico appare già ben definito in occasione della conferenza di Parigi, convocata per stabilire le modalità di attuazione del piano Marshall (luglio 1947): di fronte al veto di Mosca, favorevole ai soli aiuti bilaterali, Polonia, Cecoslovacchia, Romania, Ungheria, Albania e Finlandia declinano l'invito a partecipare ai lavori.

Una bambina cinge con un fazzoletto rosso Wladislaw Gomulka.
Capo della Resistenza polacca e segretario del Partito comunista clandestino dal 1943, Gomulka è una delle vittime delle purghe staliniste nei paesi dell'Europa dell'Est. Fautore di una "via polacca al socialismo", nel 1948 è accusato di "deviazionismo" nazionalista e allontanato dal governo. Nel 1956, dopo lo scoppio dei tumulti antisovietici, verrà richiamato alla segreteria generale del Partito.

La crisi di Berlino

Il 24 giugno 1948 i sovietici bloccano tutte le vie di accesso stradali e ferroviarie ai settori occidentali di occupazione di Berlino: è la prima grande crisi della guerra fredda. Sulla difensiva in seguito al varo del piano Marshall, l'URSS vuole evitare che si proceda alla riforma monetaria nelle aree di occupazione occidentali della Germania: essa costituirebbe di fatto la nascita di un nuovo stato tedesco indipendente e allineato agli Stati Uniti. Con il blocco, Stalin vuole far desistere Londra e Washington da quel progetto e indurre i tedeschi a rifiutare una divisione definitiva del loro paese.

Truman decide di non piegarsi alla pressione sovietica: un ritiro da Berlino o l'abbandono del progetto di creare una repubblica tedesca equivarrebbero a rinunciare all'intera strategia del contenimento, con ripercussioni imprevedibili. Egli è inoltre convinto che Stalin, consapevole della preponderanza strategica americana, non si spingerà fino al conflitto armato. Invece di forzare il blocco, con l'inevitabile scontro tra truppe americane e sovietiche, gli Stati Uniti realizzano un gigantesco ponte aereo per rifornire di viveri e merci le zone di Berlino isolate. Quale monito ai sovietici, Truman inoltre fa schierare in Gran Bretagna bombardieri capaci di colpire l'Unione Sovietica con armi atomiche. L'Armata Rossa non ostacola il ponte aereo e i timori di guerra presto svaniscono.

Durante il blocco stabilito dai sovietici, merci di ogni genere vengono inviate ai settori occidentali di Berlino attraverso un gigantesco ponte aereo.

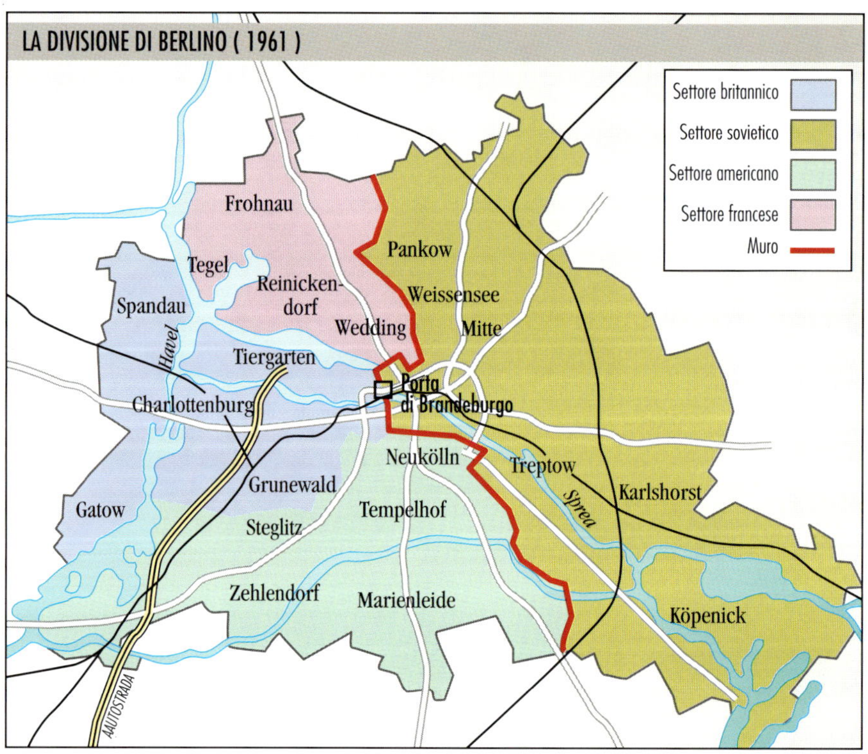

Banconota da 1 marco, emessa nella zona Ovest di Berlino (a sinistra).

La discussione sulla necessità di introdurre in Germania una riforma monetaria impegna a lungo le quattro potenze occupanti. Nel marzo del 1948 i sovietici decidono di abbandonare la Commissione di controllo alleata: è l'annuncio della crisi imminente.

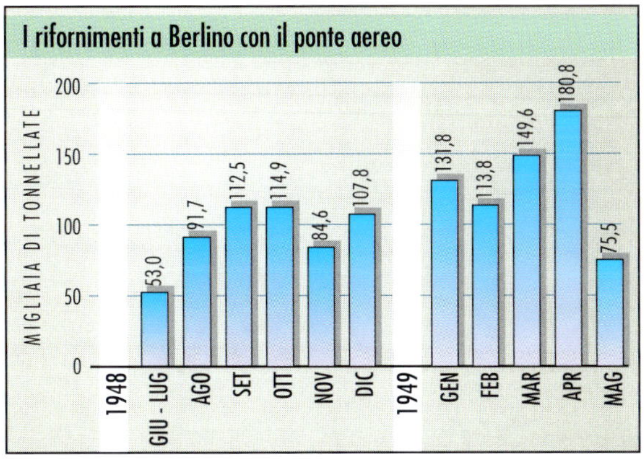

Fino al maggio del 1949 aerei americani e britannici fanno ogni giorno la spola con l'ex capitale tedesca, eretta dalla propaganda occidentale a simbolo della libertà minacciata dal comunismo. Invece della reazione antioccidentale che Stalin si aspettava dai cittadini tedeschi, in nome dell'unità nazionale, la crisi acuisce i timori dell'URSS e favorisce l'avvicinamento dei tedeschi all'Occidente. Le misure di rilancio economico delle zone occidentali della Germania vengono potenziate, e si definiscono gli accordi internazionali e costituzionali per la nascita del nuovo stato tedesco. La crisi di Berlino acuisce inoltre l'insicurezza degli stati europei, spingendo Londra e Parigi sulla strada di un'alleanza anche militare con gli Stati Uniti: nell'inverno 1948-1949 si svolgono i negoziati che portano alla nascita, il 4 aprile 1949, dell'Alleanza atlantica.

Il blocco di Berlino si trasforma così in una sconfitta psicologica e diplomatica per i sovietici. Dopo una trattativa che regolamenta il futuro accesso degli ex alleati a Berlino, il 12 maggio 1949 l'Unione Sovietica toglie il blocco e la crisi ha termine. Il 23 maggio 1949 nasce la Repubblica Federale Tedesca.

UNA NUOVA MONETA

Il 18 giugno 1948 le autorità statunitensi, inglesi e francesi introducono nelle zone occidentali della Germania, esclusa Berlino, il Deutsche Mark, sancendo la divisione del paese. Durissima la reazione sovietica, che blocca a Berlino le vie di accesso e i rifornimenti di energia elettrica e gas. Il 23 giugno anche i sovietici introducono una nuova moneta, apponendo dei coupon con il nuovo valore sulle vecchie banconote. Poiché la nuova moneta dovrebbe circolare anche nei settori occidentali di Berlino, il 24 giugno gli Alleati estendono la validità del DM anche alle loro zone, temendo che cadano sotto il controllo dell'URSS. I sovietici a loro volta vietano la circolazione del DM nel settore Est. In poche ore, in un clima di grande tensione, si gioca il destino della città e del paese.

Aereo americano atterra all'aeroporto di Berlino Ovest.

Le due Germanie

KONRAD ADENAUER

Sindaco di Colonia prima del nazismo, il democristiano Adenauer è cancelliere della RFT dal 1949 al 1963. È soprattutto il protagonista della rinascita tedesca, insieme al ministro dell'Economia Ludwig Erhard, e impernia la sua opera politica su due punti essenziali: l'Occidente e l'anticomunismo, che ritiene presupposti fondamentali per radicare la democrazia in Germania e avvicinare la riunificazione. La superiorità del modello socio-economico occidentale, unita alla preminenza strategica degli USA e della NATO, dovrebbe agire come un "magnete", per attirare la Germania orientale verso l'Ovest. Adenauer è anche il protagonista del riavvicinamento franco-tedesco, alla base del processo d'integrazione europea. Muore nel 1967.

Nel 1945 la Germania sconfitta e occupata è suddivisa in quattro zone amministrate da ciascuna delle potenze vincitrici, che esercitano anche un controllo congiunto sulla capitale, Berlino, e concordano sulla necessità di impedire la rinascita di una grande potenza che minacci ancora una volta la sicurezza dell'Europa.
I vertici alleati decidono di spostare a ovest, lungo il fiume Oder, i confini della Polonia, che incorpora così le regioni tedesche della Pomerania e della Slesia, ma non riescono ad accordarsi sul futuro ordinamento della Germania. Gli occidentali temono che essa, riunificata, possa cadere sotto l'influenza sovietica; Stalin oscilla tra il desiderio di sovietizzare la zona orientale, sotto il suo controllo, e l'ambizione di condizionare il futuro dell'intero paese.
In assenza di un accordo tra i vincitori, in ciascuna delle zone di occupazione la rinascita politica, economica e amministrativa procede in modi e con ritmi ben diversi. Concluso il processo di Norimberga (1946), i governatori militari procedono a un'epurazione più capillare, con una denazificazione radicale all'Est e più blanda all'Ovest. All'Est risorge un forte Partito socialdemocratico, che però l'URSS spinge nel 1946 all'unificazione con i comunisti, ponendo così il nuovo Partito socialista unificato (SED) sotto il proprio controllo. I sovietici procedono a una riforma agraria che espropria i latifondi, nazionalizzano diversi set-

Il cancelliere tedesco Adenauer a colloquio con De Gaulle alla fine degli anni Cinquanta.

Mercedes Benz 170 D (a sinistra).
Nella Germania occupata la ricostruzione comincia in ritardo. Il paese mostra tuttavia eccezionali capacità di ripresa: la produzione industriale, che ancora alla metà del 1948 è solo il 50 per cento rispetto al 1938, aumenterà del 110 per cento nei quattro anni successivi.

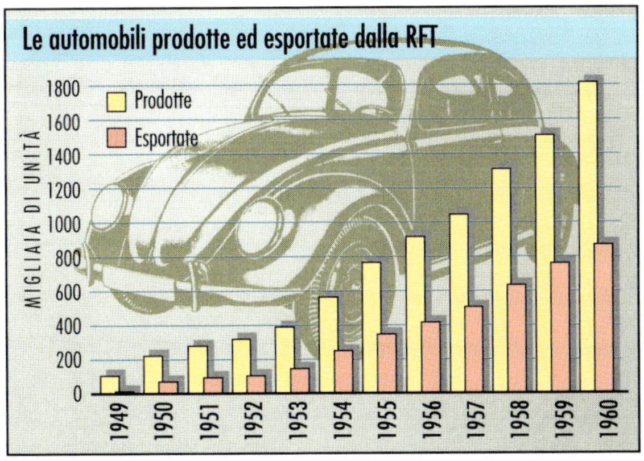

tori dell'economia e avviano un sistema di pianificazione, ma soprattutto trasferiscono in URSS buona parte degli impianti industriali a titolo di riparazioni. Americani e britannici concedono invece un ruolo più diretto nelle amministrazioni locali ai cittadini tedeschi: sorgono un Partito socialdemocratico (SPD), uno cristiano democratico (CDU) e uno liberale (FDP). Inoltre, dal 1947 unificano economicamente le loro zone di occupazione, cercano di rimettere in moto la produzione e la libera attività imprenditoriale e, nel 1948, varano la riforma monetaria.
Inaugurato il piano Marshall, gli Stati Uniti sono intenzionati a integrare la Germania nell'Europa occidentale. La riforma monetaria – che debella il mercato nero e fa decollare l'economia – segna la svolta verso la costituzione di uno stato tedesco occidentale. Malgrado il tentativo sovietico di arrestare questo disegno con il blocco di Berlino, gli alleati occidentali e un Consiglio parlamentare tedesco elaborano la Carta costituzionale di un nuovo stato tedesco democratico e federale: il 23 maggio 1949 nasce la Repubblica Federale Tedesca (RFT) con capitale Bonn.
Poco dopo la zona orientale si trasforma in stato. La SED diviene un partito stalinista sotto la *leadership* di Walter Ulbricht, e un Consiglio del popolo elabora la Costituzione della Repubblica Democratica Tedesca (RDT) proclamata il 7 ottobre 1949.

Soldati dell'Armata Rossa entrano nel settore occidentale di Berlino per rendere omaggio al monumento ai caduti russi.
Il primo tentativo di soluzione al problema della Germania divisa risale al 1952, quando Stalin propone agli occidentali – che respingono l'idea – di creare una Germania unificata e neutrale.

Rasoio elettrico Braun, prodotto nel 1949 e presto diffusosi in tutta l'Europa occidentale.

La Germania è dunque ufficialmente divisa: due governi si proclamano rappresentanti della "vera" Germania – pur senza rinunciare all'idea di una futura riunificazione – ma di fatto incarnano e ufficializzano la condizione di un paese spezzato secondo le opposte linee di confine della guerra fredda. Entrambi gli stati restano sotto la tutela internazionale, dato che per gli affari esteri e militari sono vincolati, da appositi statuti di occupazione, al controllo dei sovietici (per la RDT) e degli occidentali (per la RFT).
In quest'ultima, che si integra nel sistema di aiuti del piano Marshall e aderisce all'OECE, il governo di Konrad Adenauer dà corso a una vigorosa espansione economica, che si alimenta dei forti scambi con l'Europa occidentale, ponendo presto il paese al centro del lungo boom postbellico europeo. Il suo poderoso "miracolo economico" – sostenuto da una politica liberista e da alcune importanti riforme sociali, come quella delle pensioni – consente di stabilizzare il nuovo regime di democrazia federale e trasforma la RFT in un solido partner politico e commerciale dell'Occidente. Nel 1954, quando aderisce alla NATO, la RFT riacquista la propria sovranità e autonomia internazionale.
La RDT imbocca invece la strada dell'industrializzazione pianificata e si integra nel blocco sovietico del COMECON. La SED di Ulbricht è il perno di un regime marxista-leninista che, seb-

Otto Grotewohl e, alla sua sinistra, Walter Ulbricht.
Nell'aprile del 1946, dalla fusione fra i comunisti e i socialdemocratici di Grotewohl nasce la SED (Sozialistische Einheitspartei Deutschlands), guidata dallo stesso Grotewohl, il quale nel 1949 diventa capo del governo della DDR. La politica del paese, di stretta osservanza sovietica, resta però sotto il controllo del vicepresidente e primo segretario della SED, il comunista Ulbricht.

Bernauerstrasse a Berlino.
La strada segna il confine fra il settore russo e quello francese, che nel 1961 verranno divisi dal Muro.

I generi di consumo tornano nei negozi della RFT.
Nel 1948 la riforma monetaria dà ossigeno all'economia tedesco occidentale, pur danneggiando i piccoli risparmiatori; le merci, prima vendute soltanto al mercato nero, riappaiono nelle vetrine dei negozi: è il segno più tangibile della ripresa.

bene conosca un notevole successo economico, resta sempre esposto allo scontento di molta parte della popolazione. L'emigrazione verso l'Occidente – che il regime reprime e tenta di bloccare con ogni mezzo – è massiccia (2 milioni di tedeschi tra il 1952 e il 1961), e una rivolta dei lavoratori viene stroncata il 17 giugno 1953 dalle truppe sovietiche. Nel 1955 la RDT entra a far parte del Patto di Varsavia.
Per tutta la durata della guerra fredda, le due Germanie – che si riconosceranno reciprocamente solo nel 1972 – restano la prima linea dell'antagonismo bipolare, e simboleggiano in modo eclatante la contrapposizione tra due sistemi politici, economici e ideologici.

LE COLPE DEI PADRI

Negli anni Settanta i trentenni di entrambe le Germanie cominciano a interrogarsi sul passato del loro paese e sul ruolo svolto dalla generazione che li ha preceduti durante il regime nazista. A questo tema è dedicato il romanzo *Il cielo diviso* scritto da Christa Wolf nel 1963 e pubblicato nella Repubblica Democratica Tedesca nel 1975. Ne citiamo alcuni passi: "In una di quelle notti dell'aprile 1945, mia madre ha bruciato l'immagine del Führer. Da allora, in casa nostra, sopra lo scrittoio c'è appeso quel paesaggio autunnale. [...] E che cos'era ormai più mio padre? Un individuo accasciato, dall'orgoglio mortalmente ferito. Un fiancheggiatore, nient'altro, me lo ha assicurato spesso, ed è così. Un fiancheggiatore tedesco. Convinzioni non ne ha mai avute. Né ha qualcosa di particolare sulla coscienza. Gli altri possono stringergli tranquillamente la mano".

Soldato inglese di guardia al monumento ai caduti dell'esercito sovietico nella zona Ovest di Berlino.

Lo scisma jugoslavo

Tito negli anni di guerra, capo carismatico della Resistenza. *Il segretario del Partito comunista jugoslavo è l'unico leader europeo a liberare il proprio paese senza l'aiuto delle truppe alleate. Dotato di un prestigio enorme, nel 1945 forma un governo di coalizione, primo passo verso l'instaurazione di un regime a partito unico.*

Nel giugno del 1948 il COMINFORM, riunito a Bucarest, approva un documento nel quale condanna in modo netto le "deviazioni" ideologiche di cui è responsabile la Lega dei comunisti jugoslavi e mette sotto accusa Tito e il gruppo dirigente. La scomunica coglie alla sprovvista l'intero movimento comunista internazionale, che presto è costretto ad adeguarsi agli ordini di Mosca e a considerare i comunisti jugoslavi traditori e fascisti, spie dell'imperialismo e venduti agli inglesi.
Fino a pochi mesi prima della rottura tra Stalin e Tito, la Jugoslavia e la Lega dei comunisti godevano all'interno del COMINFORM di un privilegio particolare: come paese che aveva sconfitto il nazismo senza l'aiuto dell'Armata Rossa e come partito combattivo e rivoluzionario alieno dai compromessi. La causa principale della rottura va ricercata in alcune divergenze sorte negli ultimi mesi: soprattutto sul progetto di federazione balcanica tra Jugoslavia e Bulgaria, osteggiata dall'URSS, e sulla dipendenza eccessiva dell'Albania dalla Jugoslavia. A ciò si aggiunga la rivendicazione di autonomia di Belgrado nei confronti di Mosca e il prestigio crescente di Tito che rischia di oscurare, almeno parzialmente, il carisma assoluto di Stalin.
I comunisti jugoslavi sono intenzionati a costruire il socialismo secondo modi e tempi scelti da loro, adattando il modello sovietico alle circostanze e alle caratteristiche nazionali. Stalin pensa invece

Belgrado: il mercato della verdura. *Nel gennaio del 1946 viene emanata una Costituzione modellata su quella sovietica del 1936, che istituisce la Repubblica popolare federativa di Jugoslavia, comprendente Serbia, Croazia, Slovenia, Macedonia, Bosnia-Erzegovina e Montenegro. Il governo attua una riforma agraria che elimina il latifondo e nazionalizza miniere, imprese industriali e trasporti, prima di avviare nel 1947 un piano quinquennale per la crescita industriale e l'elettrificazione del paese.*

Giovani reclute delle forze armate.
Nel processo di costruzione del socialismo sotto la guida del Partito comunista, anche l'esercito, secondo Tito, "è una forza completamente nuova, popolare, che ha il compito di tutelare lo sviluppo pacifico del paese e di difendere le conquiste raggiunte dal popolo nella guerra di liberazione".

che l'autonomia dei partiti comunisti possa creare una pericolosa tendenza centrifuga e indebolire il "campo" comunista nella sua battaglia contro l'imperialismo. La scomunica di Tito è un segnale lanciato a tutti i paesi a democrazia popolare e all'intero movimento comunista: l'egemonia di Mosca e la necessità di obbedire ai dettami e agli interessi dell'URSS non vanno messe in discussione.
Negli anni successivi alla rottura con l'URSS, la Jugoslavia accentua i caratteri peculiari del suo socialismo: fa dell'autogestione il perno della politica economica nelle fabbriche e attua una riforma agraria ben diversa dalla collettivizzazione della terra che Mosca impone, nello stesso periodo, agli altri regimi dell'Est. Sul piano internazionale Belgrado è tra i più attivi promotori del movimento dei paesi non allineati, che cerca di contrastare la supremazia delle due superpotenze e di far pesare sul processo di pace e di distensione la voce delle nazioni del Terzo Mondo e di quelle che da poco hanno conquistato l'indipendenza. Sarà soltanto dopo la morte di Stalin che la rottura tra URSS e Jugoslavia verrà ricomposta: il viaggio del segretario del PCUS Nikita Chruščëv a Belgrado nel 1955 costituisce un riconoscimento tardivo di quel diritto all'autonomia nella costruzione di "vie nazionali" al socialismo che Tito aveva reclamato già alla fine degli anni Quaranta.

I principali esponenti del gruppo dirigente jugoslavo nei primi anni Cinquanta. Si riconoscono da sinistra: Aleksandar Ranković, Tito, Milovan Gilas e Edvard Kardelj.
La "cricca nazionalista di Tito" viene sconfessata dal COMINFORM nel 1948 perché accusata di "posizioni antisovietiche e antipartito, incompatibili con il marxismo-leninismo". Ma il Partito comunista jugoslavo si schiera compatto intorno ai suoi dirigenti: la Jugoslavia, isolata sul piano internazionale, deve fronteggiare da sola gli enormi problemi della ricostruzione e dello sviluppo economico.

La paura atomica

Dopo la terrificante dimostrazione della sua potenza sulle città giapponesi di Hiroshima e Nagasaki, la bomba atomica diviene un fattore importante della nascente guerra fredda. L'enorme potenziale distruttivo dei nuovi ordigni, che solo gli Stati Uniti possiedono, unito al fatto che possono essere sganciati sul territorio nemico con aerei da bombardamento, evidenzia la preponderanza strategica degli Stati Uniti su scala globale.

Truman pensa inizialmente che questo gli consenta di dettare i termini della collaborazione tra gli ex alleati, ma Stalin non si mostra affatto intimidito. I sovietici sanno che l'arma nucleare non modifica la loro posizione di vantaggio nell'Europa centrale, conquistata con la vittoriosa avanzata dell'Armata Rossa in Germania. Non intendono però rimanere a lungo in una simile condizione di relativa debolezza nei confronti di Washington, e quindi avviano un piano di costruzione della propria arma atomica, ricorrendo anche allo spionaggio tecnologico.

La reciproca sfiducia tra URSS e USA impedisce che la nuova arma venga bandita: nel 1946 fallisce un piano americano per cedere gradualmente alle Nazioni Unite il controllo sull'energia atomica. Gli Stati Uniti, infatti, non vogliono privarsi della propria arma fin tanto che l'ONU non possa garantire che nessun altro la stia costruendo, e i sovietici rifiutano di fermare le proprie ricerche finché Washington godrà del monopolio nucleare.

Centrale atomica statunitense: si lavora protetti da pesanti "scafandri" per proteggersi dalla radioattività.

Esercitazione antiatomica nel deserto del Nevada.
Nelle comunità e nelle scuole degli Stati Uniti ci si prepara all'eventualità di un attacco nucleare; si costruiscono rifugi antiatomici in grado di proteggere la popolazione dal mortifero fall-out, la ricaduta delle particelle radioattive.

Il netto vantaggio statunitense influenza l'intera scena internazionale. Durante la crisi di Berlino del 1948, per esempio, il presidente Truman decide l'invio, a titolo dimostrativo, di una squadra di bombardieri – che potrebbero anche essere dotati di ordigni atomici – in Gran Bretagna: in quel frangente i sovietici, consapevoli della propria inferiorità in caso di guerra, mantengono un atteggiamento prudente per non aggravare la crisi. Nel frattempo i paesi dell'Europa occidentale richiedono la protezione degli Stati Uniti – attraverso i negoziati che portano alla formazione dell'Alleanza atlantica – anche perché contano sulla garanzia di sicurezza costituita dalla superiorità nucleare americana.

Nell'agosto del 1949 i sovietici effettuano la loro prima esplosione atomica sperimentale, e spezzano così il monopolio americano. Gli Stati Uniti temono che ciò induca l'Unione Sovietica a una maggior aggressività diplomatica e decidono di riaffermare la propria superiorità strategica con un massiccio piano di riarmo dell'Occidente e con la costruzione della bomba termonucleare, più potente dell'atomica.
Si innesca così una dispendiosa corsa agli armamenti, nucleari e convenzionali, che segnerà i prossimi decenni della rivalità bipolare, trasformando gli Stati Uniti e l'Unione Sovietica in due colossi militari dotati di un'enorme capacità di distruzione reciproca.

25 luglio 1946: esplosione nucleare nel Pacifico.
Nel luglio del 1946 la Marina militare degli USA effettua il primo esperimento atomico in tempo di pace, facendo esplodere una bomba su un gruppo di navi in disarmo presso l'atollo di Bikini.

Tecnici al lavoro in una centrale atomica USA.
L'uso pacifico dell'energia nucleare: tecnici specializzati calano una sbarra di uranio arricchito nel "cuore" di un reattore per la produzione di energia elettrica.

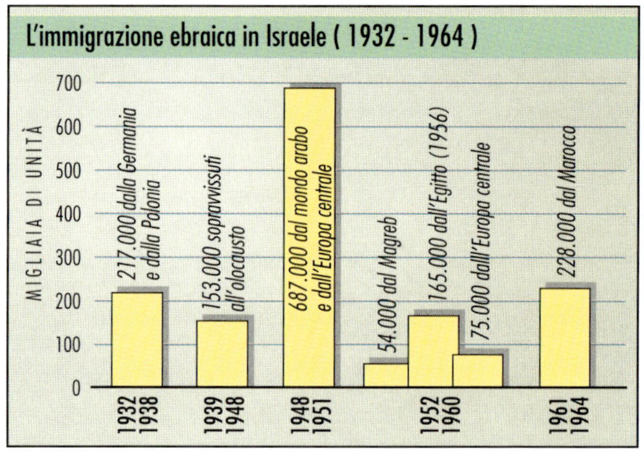

Nasce lo stato di Israele

Nel 1945 la Palestina, sotto il mandato britannico, ospita 1.250.000 arabi a fronte di 560.000 ebrei, in maggioranza immigrati fra le due guerre alla ricerca di una patria nella loro terra di origine, e questo secondo i dettami biblici riformulati, nel 1896, dalla dottrina sionista di Theodor Herzl, primo teorizzatore della costituzione di uno stato nazionale ebraico.
Inizialmente favorito dalla Gran Bretagna, il flusso migratorio subisce, a partire dal 1945, forti restrizioni da parte dagli stessi inglesi, che intendono mantenere buoni rapporti con gli stati arabi. Irritata dall'atteggiamento inglese, l'opinione pubblica internazionale si schiera a favore della creazione di uno stato ebraico in Palestina, considerato come il giusto risarcimento per le sofferenze inflitte agli ebrei dal disegno nazista di sterminio totale. Dall'ottobre del 1945 si moltiplica inoltre l'attività di organizzazioni estremiste ebraiche come l'Irgùn e il Gruppo Stern: l'apice della tensione è raggiunto nel luglio 1946, quando i terroristi dell'Irgùn fanno esplodere una bomba all'Hotel King David di Gerusalemme, sede dell'amministrazione britannica, provocando un centinaio di morti tra inglesi, arabi ed ebrei.
Nel 1947 il governo di Londra affida la questione palestinese all'ONU. Nel novembre dello stesso anno questa approva un piano che prevede la spartizione della Palestina in uno stato arabo e u-

Giovani trombettieri suonano la sveglia in un campo militare israeliano.

Prigionieri di guerra palestinesi.
Durante il conflitto del 1948-1949 oltre 900.000 arabi palestinesi fuggono o sono cacciati dai territori in cui vivono: comincia la lunga e drammatica vicenda dei campi profughi nei paesi vicini. Il presidente del nuovo stato israeliano Chaim Weizmann afferma che la vicenda è provvidenziale per Israele. Malgrado la risoluzione dell'ONU del dicembre 1948, il primo ministro Ben Gurion si oppone al rientro dei profughi palestinesi.

Profughi ebrei al loro arrivo in Palestina dall'Europa.
Dopo averla inizialmente assecondata, la Gran Bretagna tenta dal 1945 di frenare l'immigrazione ebraica in Palestina. L'episodio più clamoroso è del luglio 1947, quando è negato lo sbarco nel porto di Haifa a 4500 ebrei, sopravvissuti ai campi di sterminio, trasportati dalla nave Exodus.

no ebraico, con Gerusalemme sotto il controllo internazionale. Il piano è approvato dall'Unione Sovietica e dagli Stati Uniti ma viene respinto dagli stati che fanno parte della Lega araba, costituita nel 1945 da Egitto, Iraq, Transgiordania, Libano, Arabia Saudita, Siria e Yemen.
Il 14 maggio 1948, con la fine del mandato britannico, il capo del governo provvisorio ebraico, Ben Gurion, proclama la nascita dello stato di Israele. La Lega araba reagisce facendo entrare le sue truppe in Palestina: scoppia la prima guerra arabo-israeliana. Gli ebrei, bersaglio di un attacco concentrico, sembrano all'inizio soccombere ma lo Tsahal (il nuovo esercito di Israele) forte di 80.000 uomini e di un miglior armamento riesce a ribaltare la situazione. I successivi armistizi di Rodi (febbraio-luglio 1949) pongono fine agli scontri, ma non cancellano le cause del conflitto.
Lo stato di Israele si costituisce su un territorio quasi doppio per estensione rispetto a quello previsto dall'ONU, e comprendente anche Gerusalemme, che rimane tagliata in due. Gli stati arabi rifiutano di riconoscerne l'esistenza; l'Egitto si annette la striscia di Gaza sulla costa mediterranea, e la Transgiordania, acquisita la Cisgiordania, assume nel 1949 la denominazione di Giordania. Per circa un milione di palestinesi, fuggiti dalla guerra, non resta che l'amaro destino dei campi profughi allestiti nei paesi vicini.

Il vecchio colono insegna ai nipoti come funziona un fucile.
Fin dal 1936 ogni comunità ebraica in Palestina si era organizzata per sostenere lo scontro militare con la popolazione araba. Nel conflitto del 1948-1949 Israele schiera circa 80.000 uomini dell'Haganà (la milizia di difesa ebraica poi confluita nel nuovo esercito), dotati di armi americane e cecoslovacche, e 5000 membri del movimento terroristico Irgùn.

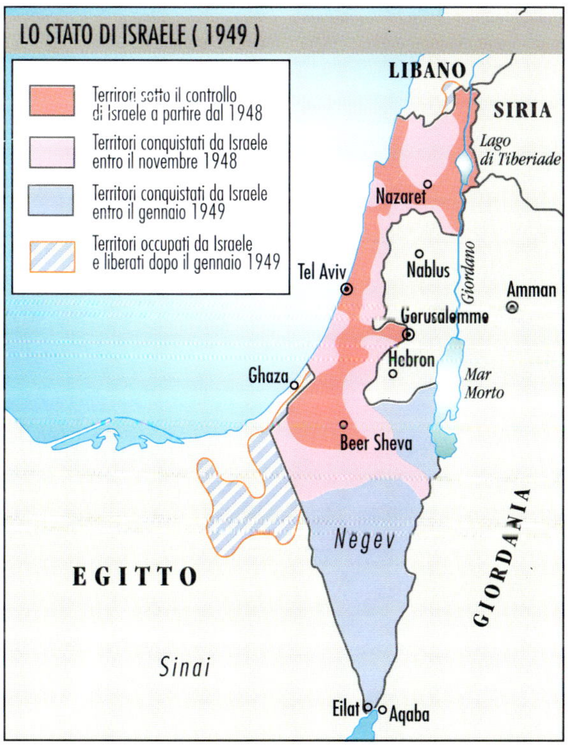

La nuova Cina

La Repubblica Popolare Cinese nasce ufficialmente il 1° ottobre 1949. La vittoria dei comunisti sulle forze nazionaliste è il risultato della politica svolta negli ultimi dieci anni.
Nel 1937 Mao Zedong, che al termine della "lunga marcia" era divenuto il leader incontrastato dei comunisti cinesi, aveva proposto al governo nazionalista un'alleanza per combattere l'invasione giapponese. Nel 1945, al termine della guerra, il Partito comunista cinese conta circa un milione di iscritti e controlla le regioni del Nord e del Nordest dove vivono quasi 95 milioni di persone. Il governo nazionalista, lacerato da lotte intestine e alle prese con una grave crisi economica, perde invece consensi e cerca di risolvere con la forza le diffuse tensioni sociali. Nel 1947 riesplode la guerra civile in seguito agli attacchi nazionalisti contro le regioni controllate dai comunisti. L'aiuto americano a Chiang Kai-shek non è tuttavia sufficiente a domare la ribellione.
Approfittando della lentezza con cui l'amico esercito sovietico si ritira dalla Manciuria, Mao dà inizio alle operazioni conclusive: le grandi battaglie del novembre-dicembre 1948 sanciscono sul terreno militare una vittoria che sul piano politico i comunisti hanno ottenuto ormai da tempo. Nel gennaio 1949 viene occupata anche Pechino; le armate comuniste, in aprile, at-

Contadine al lavoro in una risaia.

Mao incontra gli operai di un'acciaieria.
Nel 1949 l'industria cinese conta solo un milione di addetti su una popolazione di 600 milioni. Negli anni Cinquanta, con l'assistenza tecnica e finanziaria dell'URSS, Mao dà impulso all'industrializzazione, concentrando la proprietà e la gestione degli impianti nelle mani dello stato.

Chiang Kai-shek passa in rassegna le sue truppe (a destra).
Nel 1947, per sfuggire all'offensiva di Mao, Chiang Kai-shek si ritira dalle zone interne della Cina. Nel 1949 raggiunge l'isola di Taiwan (Formosa), dove insedia una repubblica nazionalista con l'appoggio degli Stati Uniti.

1° ottobre 1949: Mao Zedong proclama la Repubblica Popolare Cinese (a sinistra).
Il nuovo stato ottiene l'immediato riconoscimento dell'URSS e della Gran Bretagna. L'instaurazione di un regime comunista, sulla base di un modello diverso da quello sovietico, farà di Mao un nuovo leader del movimento rivoluzionario mondiale.

In preghiera dinanzi a un'iscrizione buddista incisa sulla roccia.

traversano il fiume Yangtze e occupano le città del Sud.
Il nuovo regime ha di fronte compiti immani che si possono così riassumere: riorganizzare la vita materiale di centinaia di milioni di cinesi sconvolta dall'invasione giapponese, dal conflitto mondiale e dalla guerra civile e modernizzare un'economia arretrata e una società per molti aspetti ancora feudale. Istruzione tecnica ed efficienza produttiva diventano obiettivi prioritari, ma vengono tuttavia subordinate all'educazione politica. Quest'utima, rifacendosi all'ideologia confuciana che legittima il potere e la struttura gerarchica della società, adatta il marxismo-leninismo e l'esaltazione del capo alla tradizione orientale della Cina.
Mao decide di integrare il proprio paese nel blocco socialista, pur essendo consapevole che ciò significa accettare la guida di Mosca. I vantaggi che derivano dal poter utilizzare l'esperienza teorica e tecnica dell'Unione Sovietica per avviare l'industrializzazione e la modernizzazione economica si sommano alla garanzia di sicurezza e difesa che Mosca può offrire in uno scenario internazionale dominato dalle due superpotenze.
Il trattato di amicizia e reciproca assistenza firmato il 14 febbraio 1950 pone la Cina al riparo da possibili interferenze degli Stati Uniti o del Giappone, mentre riconosce il ruolo guida dell'URSS nel mondo comunista.

L'ABC DEL MAOISMO

Durante il conflitto mondiale, nei villaggi controllati dai comunisti si tengono dibattiti in cui i contadini discutono le parole d'ordine del Partito: resistenza ai giapponesi, legge agraria, cooperative di produzione, alfabetizzazione, emancipazione delle donne. Sono i quadri del Partito a indicare il modello da seguire e a esporre alla pubblica critica quanti se ne discostano. Attraverso un processo di rettifica delle deviazioni, di autocritica e di rieducazione, la linea espressa dalle masse è indirizzata su quella fissata dal Partito comunista, anche se non mancano casi in cui è necessario scendere a compromessi con le tradizioni più sentite dalla popolazione. L'obiettivo è raggiungere un'omogeneità ideologica che realizzi l'unità organica fra il popolo e i suoi dirigenti, attraverso la partecipazione di tutti a un'attività politica che resta in ogni caso definita e guidata dall'alto.

1946

ECONOMIA E SOCIETÀ

Cina Mao Zedong inizia la riforma agraria: il 40 per cento delle terre è distribuito ai contadini.

Francia Si svolge a Cannes il I Festival cinematografico internazionale.

Giappone Nascono la Sony e la Honda.

Gran Bretagna Viene inaugurato a Londra l'aeroporto di Heathrow, il più grande d'Europa.

Italia La Piaggio produce la *Vespa*, il primo scooter italiano. La SISAL lancia il concorso pronostici sulle partite di calcio.

• L'indice del costo della vita sale da 100 (1930) a 270.

POLITICA E ISTITUZIONI

7 gennaio *Cambogia* Il governo francese riconosce l'autonomia del paese.

gennaio *Germania* Elezioni amministrative nella zona di occupazione americana.

20 gennaio *Francia* Dimissioni di De Gaulle.

1° febbraio *Ungheria* Proclamata la repubblica.

26 febbraio *Argentina* Juan Perón eletto presidente.

2-28 giugno *Italia* In seguito a referendum nasce la repubblica ed Enrico De Nicola ne è eletto il capo provvisorio. L'Italia concede l'autonomia amministrativa all'Alto Adige.

22 luglio *Israele* A Gerusalemme attentato dell'Irgùn all'hotel King David.

15 settembre *Bulgaria* Nasce la Repubblica popolare: Georgi Dimitrov ne sarà primo ministro.

settembre-ottobre *Germania* Elezioni amministrative nella zona sotto il controllo sovietico.

1° ottobre *Germania* La Corte internazionale di Norimberga condanna a morte 12 criminali di guerra nazisti.

1947

ECONOMIA E SOCIETÀ

Francia Robert Capa, Henri Cartier-Bresson e altri fotografi fondano l'agenzia Magnum.

Germania Nasce la casa automobilistica Porsche.

Gran Bretagna Nazionalizzate le miniere di carbone.

Italia Costruita a Roma la stazione ferroviaria Termini.

Svizzera A Ginevra viene firmato il GATT (Accordo generale sulle tariffe e sul commercio) fra 23 paesi.

URSS Proibiti i matrimoni fra sovietici e stranieri.

USA Piano Marshall per la ricostruzione dell'Europa.

POLITICA E ISTITUZIONI

19 gennaio *Polonia* Il Partito operaio vince le elezioni legislative.

2 febbraio *Italia* Alcide De Gasperi, democristiano, forma un governo comprendente comunisti e socialisti.

10 febbraio *Francia* Firmati a Parigi i trattati di pace tra Alleati e Italia, Ungheria, Romania, Bulgaria e Finlandia: l'Italia cede alla Francia Briga, Tenda e la zona del Moncenisio; alla Jugoslavia quasi tutta l'Istria e parte della Venezia-Giulia; alla Grecia, Rodi e il Dodecanneso; rinuncia inoltre ad Albania, Eritrea, Somalia e Libia.

31 maggio *Italia* Nuovo governo De Gasperi con l'esclusione di comunisti e socialisti.

15 agosto *India* La Gran Bretagna concede l'indipendenza all'India e al Pakistan.

30 settembre *Polonia* Nasce il COMINFORM.

20 novembre *Gran Bretagna* La principessa Elisabetta sposa il tenente Phi-

1948

ECONOMIA E SOCIETÀ

16 aprile Nasce l'OECE (Organizzazione europea di cooperazione economica): raggruppa i 17 paesi del piano Marshall.

Francia A Parigi Pierre Cardin fonda l'omonima casa di mode.

Germania Varata la riforma monetaria nelle zone occidentali.

Gran Bretagna Nazionalizzate le ferrovie e l'industria elettrica; avvio del Servizio sanitario nazionale.

POLITICA E ISTITUZIONI

1° gennaio *Italia* Entra in vigore la nuova Costituzione.

30 gennaio *India* È assassinato il mahatma Gandhi.

25 febbraio *Cecoslovacchia* Golpe comunista a Praga.

17 marzo *Belgio* Firma del trattato di Bruxelles che istituisce l'Unione occidentale europea tra Francia, Regno Unito, Belgio, Paesi Bassi e Lussemburgo.

11 maggio *Italia* Luigi Einaudi è eletto presidente.

14 maggio *Israele* David Ben Gurion proclama l'indipendenza. I paesi arabi attaccano il nuovo stato e occupano Gerico e la striscia di Gaza. Malgrado la loro superiorità numerica, le forze arabe sono sconfitte dall'esercito israeliano.

24 giugno *Germania* I sovietici bloccano gli accessi a Berlino Ovest: scatta il ponte aereo con il quale gli angloamericani riforniscono la città fino al maggio dell'anno seguente.

27 giugno *Jugoslavia* Il Partito comunista è espulso dal COMINFORM.

12 settembre *Corea* Kim Il Sung proclama la Repubblica Popolare della Corea del Nord: sancita di fatto la divisione del paese in due.

1949

ECONOMIA E SOCIETÀ

Polonia Nasce il COMECON (Consiglio di mutua assistenza economica) tra i paesi dell'Est europeo.

Italia La squadra di calcio del Torino perisce in un incidente aereo.

• L'ente televisivo inizia le trasmissioni sperimentali di spettacoli, musica e teatro di prosa.

POLITICA E ISTITUZIONI

gennaio *Polonia* Il segretario del Partito comunista Wladislaw Gomulka è incarcerato per deviazionismo.

• *Cina* Mao entra a Pechino.

24 febbraio *Egitto-Israele* A Rodi firmato l'armistizio.

8 marzo *Francia* Il presidente Vincent Auriol e l'ex imperatore Bao Dai firmano l'accordo per l'indipendenza del Vietnam in seno all'Unione francese.

4 aprile *USA* A Washington dieci paesi europei, Canada e USA firmano il Patto atlantico.

5 maggio *Gran Bretagna* Costituito a Londra il Consiglio d'Europa.

12 maggio-7 ottobre *Germania* L'URSS toglie il blocco a Berlino. Il paese viene diviso in due stati: la Repubblica Fe-

1950

ECONOMIA E SOCIETÀ

Giappone Il Padiglione d'oro, uno dei più famosi edifici di Kyoto, è distrutto da un incendio.

Italia Viene istituita la Cassa per il Mezzogiorno.

Jugoslavia È introdotto il sistema dell'autogestione.

USA Inizia il "maccartismo", la campagna di persecuzione dei sospettati di comunismo che prende il nome dal senatore McCarthy.

• Per effetto della televisione, gli spettatori che frequentano settimanalmente i cinema calano dai 90 milioni del 1946 a 60 milioni.

• Nasce il rock'n'roll con l'uscita dei *Three O'Clock Blues* del musicista e cantante B.B. King.

POLITICA E ISTITUZIONI

6 gennaio *Gran Bretagna* Londra riconosce la Repubblica Popolare Cinese.

26 gennaio *India* Viene promulgata la Costituzione dell'Unione Indiana.

27 gennaio *Italia* Con il secondo governo De Gasperi inizia l'era del centrismo.

1° marzo *Taiwan* Chiang Kai-shek proclama la Repubblica nazionalista cinese.

25 giugno *Corea* Con l'invasione nordcoreana del Sud inizia la guerra di Corea.

SCIENZA E TECNOLOGIA

CULTURA E SPORT

3 novembre *Giappone* L'imperatore Hirohito promulga una Costituzione democratica.

19 dicembre *Vietnam del Nord* I francesi bombardano Haiphong. Inizia la prima guerra indocinese.

dicembre *USA* Comincia la politica estera di contenimento nei confronti dell'URSS.

Gran Bretagna Edward Appleton scopre uno strato della ionosfera che riflette le onde radio.

USA Realizzati gli esperimenti nucleari nell'atollo di Bikini.
• Charles Carlson inventa il procedimento di riproduzione xerografica.
• Prodotti i sedili eiettabili per piloti di aerei a reazione.
• Viene effettuata la quarta spedizione USA nell'Antartide.

Francia Jacques Prévert pubblica *Parole*, la sua prima raccolta di poesie.

Germania Erich Auerbach pubblica *Mimesis, il realismo nella letteratura occidentale.*

Grecia Nikos Kazantzakis pubblica il romanzo *Zorba il greco*.

Italia Escono i film *Sciuscià* di Vittorio De Sica e *Paisà* di Roberto Rossellini.
• Eduardo De Filippo scrive la commedia *Filumena Marturano*.
• Gino Bartali si aggiudica il primo Giro d'Italia del dopoguerra.

Svizzera Nino Farina su Alfa Romeo vince il Gran premio automobilistico.

URSS Esce il saggio del critico Vladimir Propp, *Le radici storiche dei racconti di fate.*

USA Il pittore Jackson Pollock dà vita al movimento dell'"action painting".
• L'architetto Frank Lloyd Wright progetta il Museo Guggenheim a New York.
• Esce il film di Alfred Hitchcock, *Notorious*, con Ingrid Bergman e Cary Grant.

---

lip Mountbatten.

29 novembre L'Assemblea dell'ONU vota la divisione della Palestina in uno stato ebraico e in uno stato arabo; Gerusalemme è posta sotto la sovranità internazionale.

Cina Ripresa della guerriglia comunista.

Germania Entra in funzione il primo polmone d'acciaio di fabbricazione tedesca.

Giordania Scoperti i "rotoli del Mar Morto", antichi manoscritti ebraici.

Gran Bretagna Realizzata la prima pila atomica inglese.

Norvegia Partito dalle coste del Perù, Thomas Heyerdahl attraversa il Pacifico su una zattera e approda in Polinesia.

USA L'areo a reazione *Bell XS-1* infrange per la prima volta la barriera del suono.
• Isolato l'antibiotico cloramfenicolo.

Francia Albert Camus pubblica *La peste*; André Gide riceve il Nobel per la letteratura.
• A Parigi Jean Dubuffet organizza una mostra dedicata all'"art brut".

Germania Nasce ad Amburgo il settimanale «Der Spiegel».
• Pubblicati il *Doktor Faust* di Thomas Mann e *Il diario* di Anna Frank.

Italia Primo Levi pubblica *Se questo è un uomo* e Italo Calvino *Il sentiero dei nidi di ragno*. Rossellini dirige il film *Germania anno zero*.
• Coppi vince il Giro d'Italia.

USA Tennessee Williams ottiene il premio Pulitzer per *Un tram chiamato desiderio*.
• Rocky Graziano conquista il titolo mondiale dei pesi medi.

---

novembre-dicembre *Cina* Vittorie militari dei comunisti guidati da Mao Zedong.

Sudafrica Vittoria elettorale del Partito nazionalista: comincia la politica dell'*apartheid*.

USA Truman è rieletto presidente per il quadriennio 1948-1952.

Gran Bretagna Eseguito il primo trapianto di cornea.

Svezia Nobel a Paul Müller inventore del DDT.

URSS Condanna della genetica come "scienza borghese"; seguiranno cibernetica, psicoanalisi e meccanica quantistica.

USA Utilizzato il cortisone per la cura dell'artrite.
• Alfred Kinsey pubblica le sue ricerche sul comportamento sessuale dell'uomo.
• L'IBM brevetta il primo grande calcolatore a schede perforate.
• Edwin Land inventa la pellicola fotografica a sviluppo immediato Polaroid.
• Inaugurato il telescopio dell'osservatorio del Monte Palomar.

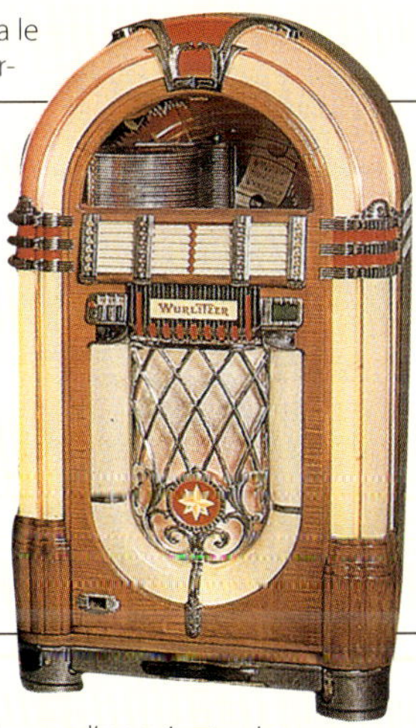

Cina Fondato il «Quotidiano del popolo», organo del Partito comunista cinese.

Francia Sartre rappresenta il dramma *Le mani sporche*. Simone de Beauvoir scrive *Il secondo sesso*. Georges Braque inizia la serie degli *Ateliers*.

Italia Elsa Morante pubblica il romanzo *Menzogna e sortilegio*. Camillo Guareschi scrive *Don Camillo*.
• La XXIV Biennale di Venezia presenta una panoramica artistica dell'Otto-Novecento.

Gran Bretagna Si tengono a Londra i Giochi olimpici.

URSS Michail M. Botvinnik è campione del mondo di scacchi.

USA Irwin Shaw pubblica il romanzo *I giovani leoni*. Truman Capote esordisce con il romanzo *Altre voci, altre stanze*. Norman Mailer scrive *Il nudo e il morto*.

Paesi Bassi Fondazione del gruppo pittorico Cobra.

---

derale Tedesca (con capitale Bonn) e la Repubblica Democratica Tedesca (con capitale Pankow).

13 luglio *Italia* Il Santo Uffizio scomunica i comunisti e invita i fedeli a votare i partiti di ispirazione cattolica.

1° ottobre *Cina* Viene proclamata la Repubblica Popolare: Mao ne è presidente; Chiang Kai-shek, sconfitto, ripara nell'isola di Taiwan.

Gran Bretagna Il Comet I è il primo aereo passeggeri a reazione.

USA Ph. Hench e E. Kendall scoprono il cortisone come antireumatico.
• William F. Libby idea il metodo di datazione col radiocarbonio.

URSS Esplosione della prima bomba atomica sovietica.

Argentina Alberto Ascari su Maserati trionfa al Gran premio di Buenos Aires. Jorge Luis Borges scrive *L'Aleph*.

Francia Georges Bernanos presenta *Dialoghi delle carmelitane*. Arthur Adamov scrive il dramma *L'invasione*.

RFT Theodor W. Adorno pubblica *Filosofia della musica moderna*. All'Istituto Kranischstein di Darmstadt è presentato *Mode de valeurs et d'intensités* del francese Olivier Messiaen, che si accosta alla musica seriale.

Gran Bretagna Successo dell'attore Alec Guinness con il film *Sangue blu*.
• George Orwell pubblica il romanzo *1984*.

Italia Pubblicati *La pelle* di Curzio Malaparte e *La bella estate* di Cesare Pavese.
• Giuseppe De Santis realizza *Riso amaro* interpretato da Silvana Mangano.

USA Prima a New York di *Morte di un commesso viaggiatore* di Arthur Miller.
• Gli architetti finlandesi Alvar e Aino Aalto realizzano i dormitori del Massachusetts Institute of Technology.
• Esce il film *Il terzo uomo* con Orson Welles.

---

12 marzo *Belgio* Un referendum favorevole alla monarchia riporta sul trono Leopoldo III.

29 settembre *RDT* Il paese entra nel COMECON.

25 ottobre *Tibet* I cinesi occupano il paese.

Francia Il matematico Laurent Schwartz formula la teoria delle distribuzioni in analisi funzionale.

Germania L'etologo Karl von Frisch scopre il linguaggio delle api.

Gran Bretagna La Rover costruisce la prima auto con turbina a gas.

USA La commissione per l'energia atomica pubblica le norme di sicurezza da osservare in caso di attacco atomico.
• Con una nuova edizione de *Il significato della relatività* Albert Einstein sistematizza la teoria dell'universo in espansione.

Cile Pablo Neruda scrive *Canto generale*.

Francia Prima rappresentazione di *La cantatrice calva* di Eugène Ionesco.
• Henri Matisse affresca la Cappella del Rosario a Vence.
• Giuseppe Farina conquista il titolo mondiale nel campionato automobilistico di Formula 1.

Giappone Grande successo per il film *Rashomon* di Akira Kurosawa.

Gran Bretagna Pubblicato *Il terzo uomo* di Graham Greene.

Italia A Firenze Roberto Longhi fonda la rivista d'arte e letteratura «Paragone».
• Ray Bradbury pubblica i racconti di fantascienza *Cronache marziane*; Isaac Asimov scrive *Io, robot*.
• Nascono i *Peanuts* di Charles M. Schultz.
• Billy Wilder gira *Viale del tramonto* con Gloria Swanson.
• Mies van der Rohe costruisce in un bosco dell'Illinois *Casa Farnsworth*, sintesi dell'architettura semplice e razionale.

L'aviazione civile

Douglas DC-4, quadrimotore a elica delle linee aeree francesi.

Prima della guerra l'uso civile dell'aviazione era ristretto a pochi esperimenti di trasporto della posta e di una ristretta élite di passeggeri, in particolare in Nordamerica. Ma il conflitto introduce innovazioni tecnologiche decisive – radar, motori a reazione, sistemi per rilevamenti meteorologici – e avvia la produzione su larga scala di apparecchi di grandi dimensioni. Nell'epoca postbellica, contrassegnata da una forte crescita economica, ciò si traduce in un complesso sistema di trasporti aerei, fattore caratteristico della seconda metà del Novecento. Gli Stati Uniti sono il primo paese in cui l'aviazione civile si afferma come mezzo di trasporto di massa: con l'avvento dei grandi aviogetti, a partire dalla seconda metà degli anni Cinquanta, i viaggi aerei soppiantano quelli ferroviari sulle grandi distanze. Uno sviluppo altrettanto imponente si ha in paesi dalle enormi superfici, come Canada e Unione Sovietica, ma anche in Europa occidentale, dove le dimensioni del traffico aereo si decuplicano tra il 1948 e il 1965. Soprattutto nel trasporto internazionale l'aviazione si impone: già dal 1958 il numero dei passeggeri che attraversa l'Atlantico in aereo supera quello dei viaggiatori imbarcati sulle navi. Da allora la crescita del trasporto aereo mondiale è rapida e ininterrotta: si tocca un totale di 300 milioni di passeggeri nel 1970, e si arriva a 1,2 miliardi nel 1997. Continui progressi si compiono anche nella riduzione dei tempi di trasporto: una svolta in tal senso si registra nel 1976, con l'entrata in servizio sulle rotte atlantiche del Concorde, un aereo supersonico di produzione franco-britannica, con una velocità di crociera più che doppia rispetto ai normali aviogetti.

Pubblicità del Boeing 707.
Fondata nel 1916 da William Edward Boeing, la maggiore industria aeronautica del mondo ha assunto nel 1961 la denominazione Boeing Airplane Company. Costruttrice nel 1954 del Boeing 707, il primo aereo da trasporto civile a reazione prodotto negli Stati Uniti, questa compagnia – con sede a Seattle – realizza successivamente altri aerei da trasporto: il Boeing 720 (1960), il 727 (1963), il 747 (Jumbo).

Il mondo bipolare

Sorto intorno ai nodi altrimenti insolubili del dopoguerra europeo, l'antagonismo della guerra fredda ascende presto a logica dominante e a linguaggio pervasivo di un'intera epoca. La rivalità tra le due superpotenze si intensifica e si estende ad altre parti del globo, dando vita a un sistema internazionale bipolare.

Washington e Mosca divengono gli epicentri di formazioni imperiali asimmetriche e profondamente diverse – il "mondo libero" e il "campo socialista" – che vivono rigidamente separate dall'assenza di scambi e comunicazioni ma che si alimentano di una reciproca, radicale ostilità ideologica e geopolitica. La contesa culturale e propagandistica tra i due blocchi diviene una vera e propria guerra psicologica; si erigono alleanze militari contrapposte e poderosi apparati di spionaggio; gli stessi scenari politici interni vengono plasmati – con diverso grado di consenso o di brutalità – dalle esigenze della guerra fredda.

Nel corso degli anni Cinquanta e Sessanta lo sviluppo di questo sistema di rivalità bipolare è segnato soprattutto da due processi: la corsa al riarmo e la gara per l'influenza sulle aree extraeuropee. La decolonizzazione sta infatti proiettando sulla scena internazionale nuove nazioni indipendenti, e lo sgretolarsi degli imperi europei coincide con lo sforzo delle due superpotenze per attrarre questi nuovi protagonisti politici nei propri apparati di alleanze o di influenza internazionale e integrarli nei propri sistemi di scambi economici. In Asia, in Medio Oriente, in Africa e poi in America latina – con la rivoluzione cubana – la logica della guerra fredda trasforma diversi conflitti locali in sanguinose contese per l'egemonia dell'una o dell'altra superpotenza.

Ed è qui che il bipolarismo si rivela profondamente ineguale, perché la forza di attrazione delle risorse economiche e tecnologiche dell'Occidente risulterà assai più potente del messaggio ideologico o della protezione militare che l'Unione Sovietica può offrire ai suoi alleati e clienti.

Sul piano militare, tuttavia, la rivalità è meno squilibrata. A partire dalla guerra di Corea, i due blocchi costruiscono ampi e costosi apparati militari permanenti, dislocati soprattutto in Europa, e si impegnano in una prolungata gara per il predominio o la parità strategica. Con la produzione delle bombe termonucleari e l'avvento dei missili intercontinentali, gli Stati Uniti e l'Unione Sovietica si sottopongono al ricatto incrociato della distruzione nucleare reciproca. Grazie ad arsenali atomici sempre più vasti e articolati fissano la loro rivalità in un "equilibrio del terrore" che perpetua la guerra fredda ma esclude al tempo stesso il conflitto diretto.

Cittadini di Berlino Ovest salutano i loro congiunti oltre il Muro (nella pagina prededente).

La geopolitica della guerra fredda

Alle soglie degli anni Cinquanta l'Europa è divisa in due aree separate e ostili, con strutture socio-economiche e sistemi politico-ideologici alternativi, ciascuna delle quali è legata all'egemonia di una delle due superpotenze. La guerra fredda è il nome dato a questo antagonismo tra due mondi, Est e Ovest, che si scrutano diffidenti, si negano ogni reciproca legittimità e considerano l'avversario come una minaccia per il proprio sistema di valori e, forse, per la propria sopravvivenza: è una guerra simbolica totale. Per quanto carica di tensione, la divisione della Germania e dell'Europa ha comunque reciso drasticamente i dilemmi geopolitici lasciati dalla seconda guerra mondale, definendo confini che tutti finiscono con l'accettare.

Il sistema delle due Europe, che nessuno proverà più ad alterare, ha perciò un'intrinseca stabilità. È tuttavia un equilibrio messo in pericolo dai mutamenti che scuotono il resto del mondo: nell'Asia della decolonizzazione, in particolare, l'antagonismo tra USA e URSS trova nuovo alimento, e la dinamica della guerra fredda si estende dall'Europa agli altri continenti. L'equilibrio bipolare dovrà essere ripetutamente aggiornato, e conoscerà vari momenti di grave tensione.

Uomo in marcia II *(1951)* *di Alberto Giacometti.*

In un osservatorio americano si scruta l'orizzonte per avvistare lo Sputnik. *Nel 1957 il lancio del primo satellite sovietico rivela al mondo gli enormi progressi dell'URSS nel settore missilistico.*

La Russia di Stalin e il campo socialista

Il conflitto mondiale è costato all'URSS enormi perdite umane (oltre 20 milioni di morti) e ingenti danni economici (calcolati nell'ordine di 679 miliardi di rubli, cinque volte e mezzo il reddito nazionale del 1940). Ha inoltre prodotto un temporaneo allentamento del controllo statale sull'economia – espansione del mercato libero, aumento dei redditi rurali, incremento della piccola produzione – e causato mutamenti nella composizione del ceto operaio, la crescita dell'autonomia intellettuale e ideologica, il risveglio delle nazionalità.

La ricostruzione è avviata senza aiuti esterni ed è resa ancora più complessa dalla competizione con l'Occidente. A guidarla è un fronte di economisti di stampo conservatore che ripristina forme di pianificazione prebelliche e assegna la priorità all'industria pesante a spese dell'agricoltura e dei beni di consumo. L'URSS si avvia a diventare una grande potenza industriale e nucleare (la prima atomica sovietica è fatta esplodere il 29 agosto 1949), ma con una forte compressione del tenore di vita della popolazione.

La composizione della classe operaia è profondamente modificata dall'afflusso di manodopera giovane e spesso di origine contadina. Si devono affrontare problemi quali l'eccessiva mobilità della forza lavoro, la bassa produttività, l'assenteismo, la scarsa qualità della produzione, l'assenza di disciplina nei luoghi di lavoro. Nelle campagne

Acciaieria a Magnitogorsk, nella regione degli Urali.
La politica economica dell'Unione Sovietica mantiene il forte dirigismo statale del periodo prebellico, concentrando gli sforzi sull'industria pesante per dare impulso ai settori dell'acciaio, del carbone, del petrolio, dell'elettricità e degli armamenti.

Manifesto di propaganda degli anni Cinquanta che esalta lo sviluppo ferroviario dell'URSS (a sinistra).

Bombardiere Tupolev-160.
Subito dopo la guerra l'inferiorità tecnica e scientifica dell'URSS rispetto agli Stati Uniti è netta. Ma in pochi anni, grazie all'apporto di tecnologie inglesi e tedesche, i sovietici ottengono straordinari risultati nel campo degli aerei a reazione, dei missili e delle armi nucleari.

vengono applicate severe misure per recuperare il controllo delle terre e del bestiame: sono introdotte nuove imposte sui prodotti venduti sul mercato libero, è aumentata la quota delle consegne obbligatorie, mentre i prezzi pagati dallo stato sono mantenuti artificialmente bassi.
Viene accelerato il processo di "socializzazione" del mondo rurale con il raggruppamento dei *kolchozy* e la riduzione degli appezzamenti contadini. Per rilanciare le "brigate" kolchosiane come modello di attività collettivistica, nella primavera del 1950 si giunge alla soppressione dell'autonomia degli "anelli", le unità lavorative di ridotte dimensioni che coincidevano con il nucleo familiare.
In ambito politico, si rinnova la dirigenza del Partito, accentuando la rottura con la tradizione leninista e rafforzando la concentrazione del potere in organismi che stanno alle dirette dipendenze di Stalin. Si inasprisce il dispotismo, che si manifesta con l'intensificarsi della repressione condotta dagli organi di sicurezza e lo sviluppo del sistema concentrazionario dei gulag; con le frequenti epurazioni all'interno del Partito e dell'Esercito, con il soffocamento delle aspirazioni nazionali (in particolare, nei territori riannessi dell'Ucraina occidentale, della Moldavia e dei paesi baltici) e con il controllo assoluto da parte dello stato e dell'apparato del PCUS sulla vita scientifica e culturale.

La salma di Stalin.
La morte del leader sovietico (1953) desta profonda emozione in tutto il mondo, sia fra quanti piangono la scomparsa della guida del comunismo mondiale sia fra gli avversari, che vedono chiudersi un'epoca. Nell'ultima fase del suo regime la persecuzione degli avversari, reclusi a centinaia di migliaia nei gulag, raggiunge il colmo della durezza.

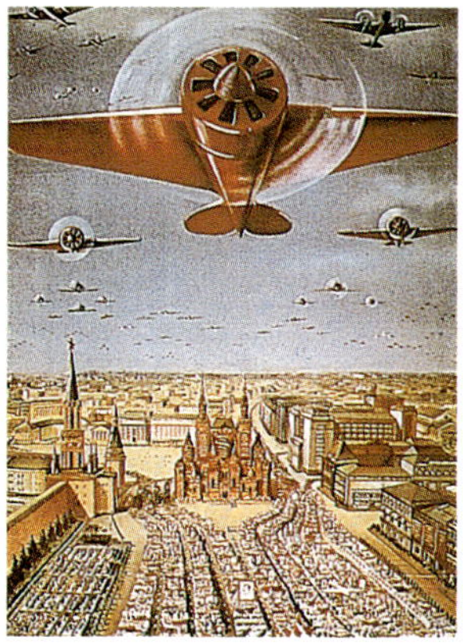

Manifesto russo degli anni Cinquanta che esalta la potenza aeronautica dell'URSS. *Nel 1951 Stalin presenta i risultati del IV piano quinquennale: la produzione industriale è aumentata del 73 per cento rispetto al 1940. Negli anni seguenti una martellante propaganda mobilita la popolazione per la sfida contro il nemico capitalista.*

Modello sovietico e "democrazie popolari"

Gli elementi che caratterizzano i paesi dell'Europa centrorientale tra il 1945 e la morte di Stalin (5 marzo 1953) sono lo smantellamento delle istituzioni democratiche, la sovietizzazione delle strutture politiche, economiche e amministrative, la coesione ideologica e la cooperazione militare. Il legame con l'URSS è sancito da accordi economici e commerciali, trattati di alleanza e collaborazione.

Nella sostanza si fa dovunque riferimento al "modello sovietico": tutte le "democrazie popolari" adottano Costituzioni che ricalcano in modo più o meno rigoroso quella stalinista del 1936, a partire dalla Jugoslavia nel 1946, per finire con la Repubblica Democratica Tedesca nel 1949. Ovunque è riconosciuto il ruolo dirigente del Partito comunista, garantito da un sistema elettivo a lista unica e sostenuto dall'azione dei sindacati o di altre organizzazioni di massa.

Tra le prime riforme economiche vi è la soppressione del latifondo privato, in misura che varia da paese a paese, seguita dalla redistribuzione delle terre e dalla costituzione di grandi imprese agricole statali simili ai *sovchozy* sovietici. Altre riforme riguardano, tra il 1945 e il 1949, la nazionalizzazione delle banche e del commercio estero, dell'industria e dei trasporti. In pochi anni si giunge all'applicazione generalizzata della pianificazione socialista, con priorità dell'industria pesante a

Victor Korčnoj (a sinistra) e David Bronstein impegnati in una partita di scacchi. *Con molti milioni di praticanti, il gioco degli scacchi può essere considerato a buon diritto lo sport nazionale sovietico. Negli anni Settanta, le sfide per la conquista del titolo mondiale fra sovietici e statunitensi assumeranno un rilievo che trascende lo spirito di rivalità nel gioco.*

Maggio 1956: incontro a Belgrado fra Palmiro Togliatti, segretario generale del Partito comunista italiano, e il maresciallo Tito (a destra).

Motore diesel di enormi dimensioni prodotto in una fabbrica della città di Brjansks, nella Russia europea.

scapito dell'agricoltura e dei beni di consumo. Ai programmi di ricostruzione e di riconversione dell'industria bellica fa seguito il varo, a partire dal 1950, dei piani quinquennali. L'alleanza militare tra i paesi del blocco comunista è suggellata dalla stipula del Patto di Varsavia (14 maggio 1955).

La compattezza ideologica del blocco è ottenuta con due ondate di purghe nei partiti comunisti dell'Est tra il 1949 e il 1952. L'eliminazione dei "comunismi nazionali" deve dimostrare l'impossibilità di un modello alternativo a quello sovietico ed è anche dettata dalla necessità di evitare ulteriori defezioni dopo lo scisma jugoslavo. Migliaia di militanti sono espulsi con l'accusa di "titoismo", "nazionalismo", "cosmopolitismo", "deviazionismo". Molti dirigenti sono sottoposti a pubblici processi e condannati a pene detentive oppure giustiziati (tra questi László Rajk in Ungheria, Trajko Kostov in Bulgaria, Vládo Clementis e Rudolf Slánský in Cecoslovacchia, Lucretiu Patrascanu in Romania). Nel 1954 l'ondata di epurazioni si conclude e tutti i partiti comunisti al potere, con la sola eccezione di quello jugoslavo, sono completamente sottomessi ai voleri di Mosca.

Lenin-Platz a Berlino Est in una foto dei primi anni Settanta.

Il marxismo-leninismo diventa l'ideologia ufficiale della giovane Repubblica Democratica Tedesca dove, una volta assicurato il predominio politico al Partito comunista, si procede a riorganizzare la società e l'economia secondo i dettami di Mosca.

L’Alleanza atlantica

Il 4 aprile del 1949 viene firmato a Washington l’atto costitutivo dell’Alleanza atlantica, o Patto atlantico. Gran Bretagna, Francia, Italia, Paesi Bassi, Belgio, Lussemburgo, Danimarca, Norvegia, Islanda e Portogallo si uniscono al Canada e agli Stati Uniti in un patto di difesa e di assistenza reciproca che ha in primo luogo lo scopo di impegnare la potenza americana a garanzia della sicurezza europea. I governi contraenti temono l’influenza dell’Unione Sovietica (e in taluni casi, come in Italia, del comunismo interno) e si impegnano a contenerla sotto la *leadership* degli Stati Uniti.

Alla ricostruzione economica dell’Europa con l’aiuto americano, grazie alle merci e ai crediti erogati dal piano Marshall a partire dall’aprile 1948, si accompagna dunque un sistema di solidarietà strategica e politica tra le democrazie occidentali all’insegna della difesa dal comunismo. Sorge una sfera d’influenza americana in Europa che rende gli Stati Uniti non soltanto protagonisti dell’equilibrio diplomatico del vecchio continente ma addirittura suoi garanti sotto il profilo militare.

Alla fine del 1949, l’Alleanza atlantica si dota di una struttura militare integrata, la NATO (North Atlantic Treaty Organization), che coordina le forze armate dei diversi paesi in un sistema di co-

Poliziotto londinese dirige il traffico a New York.

Samuel Beckett durante una replica di* Aspettando Godot *(1953).
Il drammaturgo irlandese mette in scena lo smarrimento dell'uomo di fronte alla crisi di una civiltà che ha conosciuto Auschwitz e Hiroshima. Le armi dell'assurdo e del grottesco demoliscono le ideologie, svuotando di senso ogni ottimismo e consolazione metafisica.

mando unificato, con a capo un generale americano. Gli Stati Uniti inviano proprie truppe e armamenti in Europa, installano basi in quasi tutti i paesi dell'Alleanza e dispiegano sul continente anche le proprie armi nucleari, che resteranno sempre un elemento basilare del sistema difensivo della NATO. Nel corso della guerra di Corea (1950-1953), tutti gli alleati aumentano le spese destinate al settore della difesa, e l'Alleanza diviene così uno strumento militare sempre più potente e organizzato.
Nel 1952 la NATO accoglie anche la Grecia e la Turchia, per legare stabilmente questi paesi all'Occidente e ampliare il proprio arco difensivo nel Mediterraneo e verso il Medio Oriente. Nel 1955 entra a farne parte anche la Repubblica Federale Tedesca, autorizzata a ricostituire le proprie forze armate, divenendo così la prima linea dell'Alleanza.
Da questo momento, e fino al 1990, la NATO e il Patto di Varsavia si fronteggiano al centro dell'Europa e lungo una linea di demarcazione che si estende dalla Turchia alla Norvegia. Si tratta di un equilibrio precario e gravido di pericoli – basato sulla contrapposizione armata, sulla sfiducia reciproca e sul rischio di una rapida *escalation* verso il conflitto nucleare – ma anche duraturo, perché risultato di un'efficace azione di deterrenza reciproca.

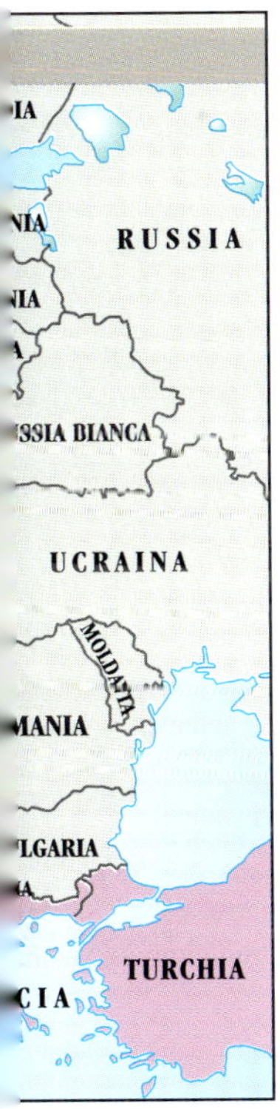

Le cifre dell'Alleanza atlantica nel mondo (1998)

	POPOLAZIONE	ESERCITO	DIFESA (spesa in milioni di dollari)
Germania	81.106.600	358.900	31.945
Belgio	10.082.000	46.300	3230
Canada	28.406.400	70.500	32.462
Danimarca	5.224.600	32.900	3113
Spagna	39.162.600	206.800	6919
USA	265.622.400	1.483.800	268.843
Francia	58.385.000	398.900	30.454
Grecia	10.502.400	168.300	3462
Paesi Bassi	15.515.600	63.100	8.076
Islanda	272.600	–	–
Italia	57.879.600	325.150	19.951
Lussemburgo	409.000	800	121
Norvegia	4.371.000	30.000	3711
Portogallo	9.870.200	54.200	1728
Regno Unito	58.407.000	46.300	32.462
Turchia	62.253.200	639.000	5651

Nuovo cartello stradale nella via londinese in cui risiede il premier.
Ostili alla prospettiva di un'integrazione europea che conduca alla formazione di un blocco militare continentale autonomo, gli inglesi cercano di favorire la creazione di un'alleanza militare fra Stati Uniti ed Europa, che consenta loro di conservare un ruolo di mediazione. Il tentativo francese di dar vita alla Comunità Europea di Difesa fallisce per l'opposizione di Londra e dell'opinione pubblica dei paesi che hanno subito l'occupazione nazista. Il riarmo dell'Europa avverrà così sotto l'egida tedesco-americana.

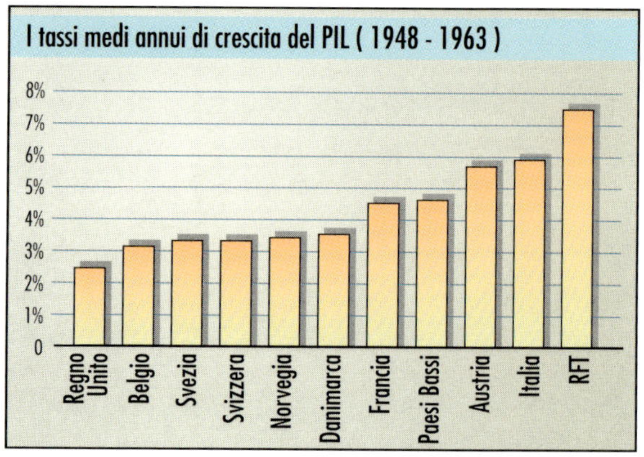

La ricostruzione in Europa

L'Europa occidentale ricostituisce dei solidi ordinamenti democratici e capitalistici. Ma nel corso degli anni Cinquanta diviene anche un'area d'impetuosa crescita economica e di scambi sempre più fitti, con una progressiva integrazione tra i principali mercati industriali e agricoli. La ricostruzione, che si giova degli aiuti del piano Marshall, consente la più duratura crescita economica mai conosciuta in Francia, Olanda e Scandinavia e, soprattutto, in Germania e Italia.

Il prolungato boom degli investimenti innesca l'ampliamento e la modernizzazione dell'apparato industriale. L'edilizia cresce a ritmi vertiginosi e muta il volto delle città. Milioni di lavoratori lasciano le campagne per le fabbriche. L'aumento dei redditi consente una crescente espansione dei consumi: in un decennio automobili ed elettrodomestici divengono beni di uso comune. I governi favoriscono la crescita con sistemi di protezione sociale, assistenza medica e istruzione pubblica che danno sicurezza economica alle classi medie e ad ampie fasce di lavoratori delle industrie e delle campagne. Le autostrade, la televisione, i jeans e le vetture utilitarie – come il Maggiolino Volkswagen o la FIAT 600 – sono i simboli di questa nuova prosperità.

Sul piano politico l'Europa occidentale vede il successo dei partiti liberali, centristi o socialdemocratici, tutti sorretti dagli USA nella strategia di contenimento del comunismo,

Operai edili a Londra nei primi anni Cinquanta.

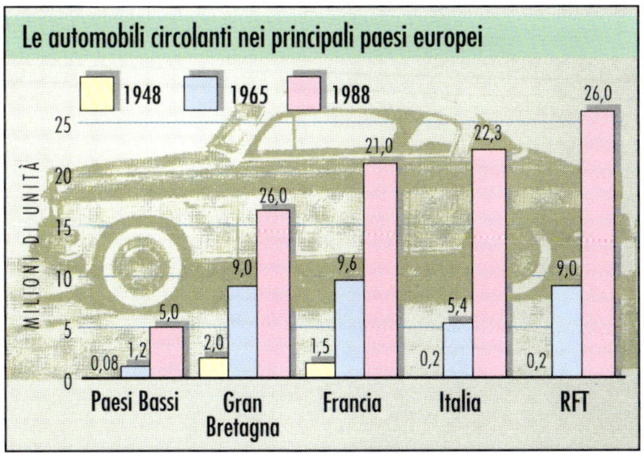

FIAT 500 C Belvedere, prodotta nei primi anni Cinquanta.

con massicci investimenti pubblici nelle infrastrutture, in industrie ritenute strategiche e nella protezione sociale. In Italia e nella Germania del cancelliere Adenauer dominano i partiti democristiani; in Scandinavia quelli socialdemocratici; in Francia governano, con variegate coalizioni, socialisti, democristiani e radicali; in Gran Bretagna, dopo la stagione riformatrice dei laburisti – che tra il 1945 e il 1950 nazionalizzano molte industrie e costruiscono un ampio *Welfare State* – i conservatori governano dal 1951 al 1964. I comunisti (che hanno un ruolo di primo piano solo in Italia e Francia) e le destre postfasciste restano esclusi da coalizioni di governo che cercano, con successo, di incrementare i consumi e la prosperità.

L'ITALIA DEL MIRACOLO ECONOMICO

La Repubblica italiana, sorta con il referendum del 1946 che abolisce la monarchia, si dota di una Costituzione che entra in vigore il 1° gennaio 1948. Con le elezioni del 18 aprile, che danno alla Democrazia cristiana la maggioranza in Parlamento, si definisce il nuovo assetto politico del "centrismo": comunisti e socialisti sono all'opposizione, mentre la DC governa insieme a vari alleati minori. Solo l'ingresso del PSI nei governi di centrosinistra, all'inizio degli anni Sessanta, cambierà questo equilibrio. Resta il profondo antagonismo tra DC e PCI, che riflette quello più ampio della guerra fredda. L'economia e la società italiana conoscono però in questi anni trasformazioni profonde. Un paese in prevalenza agricolo diviene, per lo meno nel Centro-nord, pienamente industriale e urbano. Milioni di persone emigrano a Torino e Milano, o in Germania e Svizzera. La crescita ininterrotta porta al "miracolo economico" che, nel periodo 1958-1963, assorbe quasi completamente la disoccupazione. Tra i primi anni Cinquanta e il 1964 il reddito nazionale raddoppia e, dopo anni di vertiginoso aumento della produttività, decollano anche i redditi e i consumi: da un milione di automobili circolanti nel 1956 si passa a 5,5 nel 1965, e lo stesso accade per i televisori e i frigoriferi.

Roma 1950: piazza San Pietro illuminata e gremita di fedeli per l'apertura del Giubileo.
Nell'anno in cui la chiesa cattolica celebra il primo Giubileo dopo la pace ritrovata, con l'enciclica Humani Generis *Pio XII critica il relativismo in tema di dogmi da parte di alcune correnti teologiche, ribadendo il carattere di assoluta verità della dottrina rivelata*

Modena, 9 gennaio 1950: funerale per le sei vittime alle Fonderie Riunite di Modena, uccise dalle forze dell'ordine.
La ristrutturazione industriale provoca un calo dell'occupazione ma anche manifestazioni di protesta dei lavoratori, cui il governo risponde con la repressione.

Il senatore McCarthy. *Per quasi tutti gli anni Cinquanta un diffuso sentimento anticomunista domina la vita pubblica, contrapponendo all'immagine negativa del comunismo quella dell'*american way of life *fondata sulla prosperità consumistica, sull'iniziativa privata e sulla famiglia.*

Consenso e anticomunismo negli Stati Uniti

L'ESPRESSIONISMO ASTRATTO

È la mostra *Pittura e scultura astratta in America*, organizzata nel 1951 dal Museum of Modern Art di New York, a portare per la prima volta alla ribalta la corrente dell'espressionismo astratto, definito anche "action painting". Il pittore non vuole più rappresentare una sua immagine mentale, ma realizza un atto spontaneo e immediato della creazione, utilizzando tutto il corpo. Questo aspetto si fa evidente soprattutto in Jackson Pollock (1912-1956), che abbandona le tecniche tradizionali facendo sgocciolare il colore sulla tela stesa sul pavimento. I suoi quadri di grandi dimensioni non hanno alcun punto focale ma mirano a disorientare lo spettatore.

Negli anni della guerra fredda ogni vera o presunta simpatia con il comunismo diviene incompatibile con i tentativi di rinsaldare la sicurezza nazionale e lo spirito patriottico. La paura dello spionaggio sovietico e di infiltrazioni comuniste provoca negli Stati Uniti fenomeni diffusi di isteria anticomunista. Agli inizi degli anni Cinquanta si scopre una rete spionistica che vede coinvolti diversi cittadini americani: sospettati di avere ceduto segreti nucleari all'Unione Sovietica, i coniugi Julius ed Ethel Rosenberg vengono condannati nel 1951 e giustiziati due anni dopo. Sono avviate indagini sulla lealtà dei funzionari pubblici e si richiedono giuramenti di fedeltà a impiegati, cittadini e immigrati. Una commissione del Congresso per le attività antiamericane (HUAC) scatena una violenta campagna contro intellettuali, sindacalisti, attori e sceneggiatori di Hollywood sospettati di "filocomunismo".

Un clima da "caccia alle streghe"

Nel 1950 il senatore repubblicano Joseph McCarthy, fino ad allora quasi sconosciuto, scatena un'indagine sulle presunte simpatie comuniste di funzionari e membri del governo. La persistente forza del comunismo sul piano mondiale viene attribuita al tradimento di "quinte colonne" sovietiche nei ministeri di Washington. Molti mezzi di informazione fanno proprie e amplificano le sue denunce, quasi mai provate, che la destra americana

Jackson Pollock, Dipinto (1948).

PERICOLO ROSSO A HOLLYWOOD

Gli ambienti del cinema americano, dove negli anni Trenta e Quaranta hanno lavorato numerosi simpatizzanti della sinistra e dell'antifascismo, sono il primo bersaglio dei 43 mandati di comparizione spiccati nel 1947 dalla HUAC. A quanti sono convocati dalla commissione è chiesto: "Lei è membro o è mai stato membro del Partito comunista?" Chi si rifiuta di deporre – sono in 10 (su 43) a farlo, richiamandosi al diritto costituzionale che tutela la libertà di pensiero – è condannato a un anno

Scatola di imballaggio per prodotti IBM.
L'International Business Machines nasce nel 1924 producendo macchine per ufficio: nel dopoguerra conosce un forte sviluppo grazie alle sue ricerche nel settore informatico e negli anni Sessanta è la principale produttrice mondiale di grandi calcolatori.

Parigi: manifestazione in Place de la Nation a favore dei coniugi Rosenberg.
Il clima di "caccia alle streghe" negli Stati Uniti giunge al culmine con la condanna a morte per spionaggio di Julius e Ethel Rosenberg, che si proclamano innocenti. Il loro caso suscita enorme clamore in tutto il mondo.

strumentalizza per attaccare l'amministrazione Truman e il Partito democratico.
Il maccartismo giunge a dominare la vita pubblica negli anni della guerra di Corea: nel paese regna un'atmosfera da "caccia alle streghe". Milioni di individui e centinaia di organizzazioni sono schedati come sovversivi; migliaia di persone vengono interrogate dagli organi inquirenti. Viene redatto un *Security Index*, elenco che include 26.000 persone ritenute politicamente pericolose. Nel 1954, quando McCarthy non esita ad attaccare i militari e lo stesso presidente repubblicano Eisenhower, il Congresso lo solleva dal suo incarico e ne condanna l'operato, giudicato incostituzionale.
Le ripercussioni del maccartismo sono profonde: per creare coesione nazionale nel momento più aspro della guerra fredda, e per screditare avversari politici, si sono calpestate libertà fondamentali sancite dalla Costituzione, e l'intera vita politica americana è stata costretta a un anticomunismo acritico e ossessivo. Ne sono colpiti in particolare i movimenti riformatori e i sindacati, paralizzati dall'accusa di fare il gioco di Mosca, nonché gli organi di informazione, le scuole e le università. L'atmosfera intellettuale e politica è appiattita in un consenso patriottico che soffoca o emargina ogni voce di dissenso.

Bambini americani leggono sul giornale le notizie sui coniugi Rosenberg.

di reclusione e perde ogni possibilità di lavorare a Hollywood. Le case produttrici allontanano chiunque sia sospettato di simpatie comuniste. Le forze progressiste riescono però a far sentire la loro voce con una campagna per la libertà di espressione. Ancor più cupa risulta la seconda ondata, scatenata nel 1950 dal fanatismo di McCarthy, che compila una lista di ben 324 nomi "pericolosi". Si inscena una tragica sequela di delazioni, di persecuzioni ed emarginazioni (ai danni degli scrittori Dashiell Hammett e Arthur Miller) e non pochi cineasti – come Joseph Losey, John Huston e Orson Welles – sono costretti a rifugiarsi in Europa. Sulle produzioni di Hollywood cala una pesante cappa di conformismo.

L'attrice Marilyn Monroe e suo marito, il drammaturgo Arthur Miller, in una foto degli anni Cinquanta.

La guerra di Corea

Nel 1945 la Corea è divisa in due zone di occupazione, ma sovietici e statunitensi ritirano presto le loro truppe, lasciandosi dietro due opposti governi: quello comunista di Kim Il-Sung al Nord e quello filoamericano di Syngman Rhee al Sud, che entrano subito in conflitto.
Il 25 giugno 1950 la Corea del Nord, con l'appoggio di Mosca e Pechino, invade il Sud. Nella guerra fredda si accende un conflitto militare che rischia di estendersi anche in altre aree del mondo. Gli Stati Uniti, preoccupati della recente vittoria di Mao in Cina, vedono nell'invasione un pericoloso tentativo sino-sovietico di estendere i confini del comunismo con la forza: una vittoria del Nord vanificherebbe la strategia del contenimento a cui Washington lavora con gli alleati europei. Il presidente Truman invia un corpo di spedizione americano in Corea e ottiene dall'ONU il mandato di respingere l'invasione. Nel giro di pochi mesi le forze statunitensi e di altri 15 paesi delle Nazioni Unite bloccano l'offensiva nordcoreana e passano al contrattacco (15 settembre) con lo sbarco dei marines a Inchon, alle spalle delle linee nemiche.
I sovietici non accennano a intervenire, e la strategia di Washington si pone ora un obiettivo più

Bambini sudcoreani senza casa.
Negli anni della guerra di Corea i due campi avversi, nell'eventualità che il conflitto possa estendersi all'Europa, entrano in un cupo clima di preparazione alla guerra. La propaganda ideologica si fa martellante, la demonizzazione dell'avversario raggiunge il culmine: negli Stati Uniti impera il maccartismo, nel blocco sovietico avvengono le peggiori epurazioni.

Aviere statunitense mette in moto un aereo da combattimento imbracciandone l'elica.

Manifesto polacco contro la guerra di Corea: il simbolo del dollaro sostituisce le stelle della bandiera americana (a sinistra).

La corazzata statunitense New Jersey nelle acque del Mar Giallo.

ambizioso: "liberare" il Nord dal regime comunista. Quando il corpo di spedizione del generale MacArthur penetra nel Nord e avanza verso i confini settentrionali della Corea, la Cina interviene in difesa di Kim Il-Sung: i cinesi irrompono nel paese il 26 novembre e gli americani sono costretti alla ritirata. Il fronte arretra di nuovo a sud e, dopo scontri sanguinosi, nel marzo del 1951 si stabilizza sulla linea del 38° parallelo.
Con la morte di Stalin e l'avvento di Eisenhower alla presidenza degli Stati Uniti – dopo che il conflitto ha provocato oltre 2 milioni e mezzo tra morti e feriti e immani distruzioni – nel 1953 si giunge a un armistizio che congela la divisione tra le due Coree lungo il 38° parallelo. Esso diviene uno dei confini più pericolosi e politicamente scottanti del mondo.
La vicenda coreana ha profonde ripercussioni sull'intero sistema della guerra fredda, perché allarga il conflitto fuori dell'Europa; infatti la strategia del contenimento si estende all'Asia, e gli Stati Uniti accelerano la ricostruzione del Giappone per farne un baluardo dell'Occidente. La rivalità bipolare assume così un carattere sempre più armato: sia l'Occidente che i sovietici avviano un riarmo massiccio, assai oneroso e di lunga durata, che trasforma le rispettive alleanze in veri e propri blocchi militari.

L'EROE DEL PACIFICO

Durante la guerra di Corea si giunge a una crisi dei rapporti fra il presidente Harry Truman e il generale Douglas MacArthur, comandante supremo delle forze ONU in Corea. Il generale, convinto che i cinesi non interverranno, è il principale sostenitore dell'offensiva al Nord. Quando è poi costretto alla ritirata, rifiuta la decisione di Truman di intavolare trattative per un armistizio. "Dobbiamo vincere" scrive, perché "non vi è sostituto alla vittoria", e propone di attaccare la Cina, se sarà necessario, anche con bombe atomiche. Truman lo esonera dal comando nell'aprile 1951. MacArthur, già eroe della guerra nel Pacifico, diviene per breve tempo l'emblema della destra americana che chiede una vittoria nella guerra fredda, anche a costo di uno scontro militare diretto con Unione Sovietica e Cina.

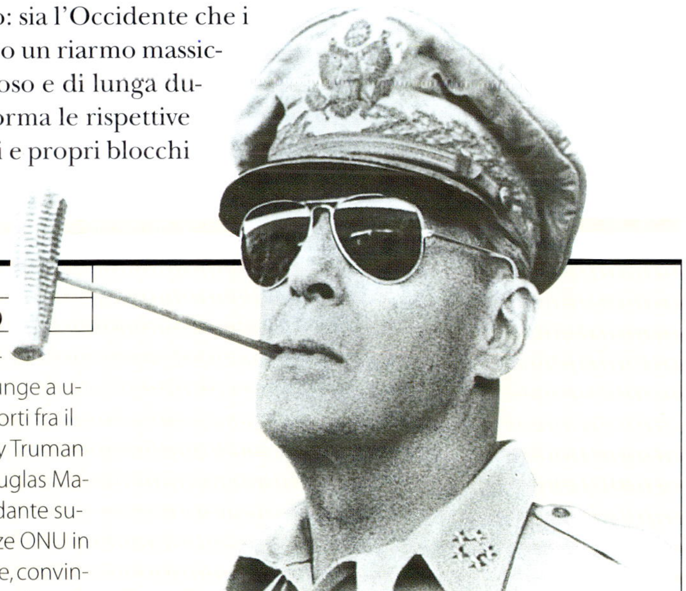

Il generale MacArthur con la tipica pipa ricavata da una pannocchia di granturco.

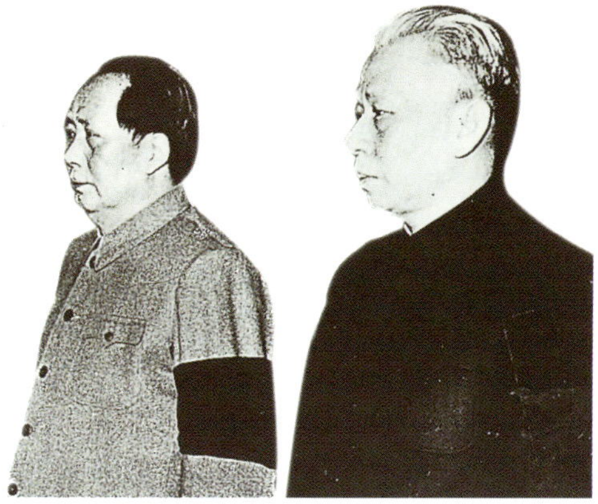

Mao Zedong e Liu Schaoqui (a destra), che gli succede alla presidenza della Repubblica Popolare Cinese dal 1959 al 1967.

La Cina di Mao

In un paese a schiacciante prevalenza rurale – all'inizio degli anni Cinquanta gli operai sono circa un milione su quasi 600 milioni di abitanti – e con l'80 per cento dei contadini in condizioni di estrema povertà, il governo comunista cinese avvia una radicale riforma agraria che si propone di eliminare le grandi proprietà e lasciare intatte le piccole e medie, costrette però a riunirsi in cooperative.

Con l'assistenza di tecnici sovietici, nel 1953 è varato un piano quinquennale per promuovere lo sviluppo agricolo e industriale, e il reddito pro capite cresce così di oltre il 50 per cento. Ma nello stesso tempo il paese registra una crescita demografica vertiginosa: malgrado la politica di limitazione delle nascite imposta dal governo nel 1970, i cinesi saranno un miliardo nel 1982. Sebbene il regime di Mao, diversamente da quello staliniano, non tolga grandi risorse all'agricoltura per trasferirle all'industria, il boom demografico costituisce un ostacolo sia per lo sviluppo di un sistema economico più moderno, sia per il miglioramento delle condizioni di vita della popolazione.

Dopo un periodo di stretta collaborazione con l'Unione Sovietica, la Cina si allontana dall'alleato per divergenze di scelte in politica interna e per contrasti sulle rispettive sfere d'influenza in quella estera. Lontano dal burocratismo di marca sovietica, Mao governa il paese mantenendo viva la ten-

Mao attorniato da studenti e insegnanti.
"Per liquidare l'oppressione straniera e feudale, abbiamo bisogno di un gran numero di intellettuali devoti al popolo, tra cui educatori e insegnanti, scienziati, ingegneri, tecnici, medici, giornalisti, scrittori, letterati e altri lavoratori della cultura. Essi dovranno impegnarsi a servire il popolo e dovranno lavorare con accanimento. Liquidare l'analfabetismo che colpisce l'80 per cento della popolazione è un compito importante per la nuova Cina". (Mao, 24 aprile 1945)

"L'esercito di terracotta", a guardia della tomba del primo imperatore cinese Shi Huangdi (III secolo), venuto alla luce nel 1975.
Mao accetta di buon grado il titolo di "nuovo Shi Huangdi" datogli dai suoi oppositori, vantandosi di aver compiuto un'opera paragonabile a quella del primo imperatore cinese, unificatore del paese e costruttore della Grande Muraglia.

sione rivoluzionaria, anche a costo di pregiudicare lo sviluppo economico. In questo quadro di continua mobilitazione delle masse si collocano sia il "grande balzo in avanti" (1958-1961) – che vede diffondersi nelle campagne le "comuni popolari" – sia la "rivoluzione culturale" (1966), condotta dalle giovani guardie rosse con il beneplacito del governo, per rinnovare in profondità la vita dei cinesi sulla base di un programma ideologico fortemente rivoluzionario.
Il bilancio del "grande balzo in avanti" appare ben presto deficitario perché la produzione agricola decresce in misura vistosa. Nonostante l'adesione degli studenti e di parte dell'Esercito e dei contadini, anche la "rivoluzione culturale" non ottiene tangibili risultati, e impone ai gangli direttivi del Partito e alle università un clima di costante instabilità, che finisce col pregiudicare il reclutamento e la formazione della classe dirigente. Notevoli invece i progressi scientifico-militari: il 16 ottobre 1964 esplode la prima atomica cinese.
Alla morte del "grande timoniere" (9 settembre 1976), il governo viene assunto dalla fazione moderata del Partito comunista legata a Deng Xiaoping (epurato durante la rivoluzione culturale). La Cina del dopo Mao s'incammina su una strada di modernizzazione e si apre al commercio internazionale, senza nessuna concessione in materia di libertà civili e di diritti politici.

Palazzo della Tranquillità terrena all'interno della Città proibita a Pechino.
La Città proibita – dove nessun suddito di umile condizione poteva essere ammesso e dove si svolgevano gli atti e le cerimonie più importanti della Cina imperiale, come quella dell'incoronazione – è collegata da una imponente porta di accesso alla piazza Tienanmen ("Porta della pace celeste"). Quest'ultima è lo scenario delle spettacolari manifestazioni che scandiscono i momenti fondamentali della vita politica della Cina comunista.

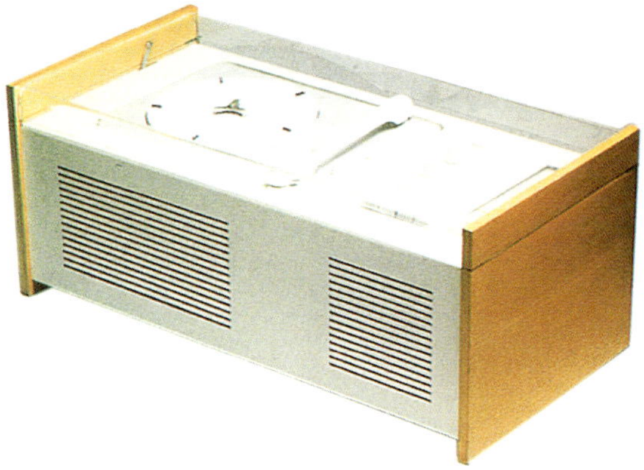

Chruščëv e Eisenhower

Dopo l'armistizio coreano, la tensione internazionale si allenta. Malgrado sia sempre più militarizzato, il bipolarismo in Europa si stabilizza e, con la morte di Stalin (1953), si instaura anche un flebile dialogo diplomatico, culminato nell'inconcludente conferenza di Ginevra del 1954.
Ma la rivalità strategica e ideologica resta il dato essenziale nel rapporto tra le due superpotenze. Il contrasto si concentra non tanto in Europa – dove anzi la rivolta ungherese del 1956 mostra quanto la divisione del continente sia ormai riconosciuta da tutti – quanto nel Terzo Mondo.
I movimenti anticoloniali avviano mutamenti che tanto gli Stati Uniti quanto l'Unione Sovietica cercano di volgere a proprio vantaggio, estendendo in questo senso al globo la logica della guerra fredda.
Il presidente americano Eisenhower (1953-1960) inizia il dialogo con il nazionalismo arabo e avvia programmi di aiuto per lo sviluppo, volti ad ancorare le nuove nazioni del Terzo Mondo all'Occidente e al capitalismo mondiale. Ma è anche un intransigente difensore dell'egemonia americana, per prevenire capovolgimenti di fronte a vantaggio del rivale sovietico: nel 1954 la CIA promuove un colpo di stato in Guatemala, nel 1954-1955 Eisenhower dà il via al riarmo della Germania Occidentale e nel 1958 invia i marines in Libano.

Chruščëv parla alla sessione del Soviet supremo nel febbraio 1957.
Dopo aver denunciato nel XX Congresso del PCUS i crimini di Stalin e aver sconfitto gli oppositori interni, Chruščëv mira a raggiungere con l'Occidente una coesistenza pacifica basata su una competizione che dimostri la superiorità del socialismo rispetto al capitalismo: "Ci piacerebbe tornare a brindare con i nostri alleati del tempo di guerra. Noi desideriamo discutere ogni cosa seduti intorno a un tavolo." La ripresa dei rapporti fra le due superpotenze verrà sancita nel settembre 1959 dall'incontro fra Chruščëv e Eisenhower negli Stati Uniti.

Giradischi prodotto dall'industria tedesca occidentale Braun negli anni Cinquanta (a sinistra).
Nel 1948, con la comparsa dei microsolco a 45 e a 33 giri, ha inizio il boom dell'industria discografica. In dieci anni, grazie soprattutto al mercato americano, il valore della produzione passerà da 189 a 511 milioni di dollari.

Il marchio della Chevrolet, del gruppo General Motors, prodotta negli anni Cinquanta.

Dal 1954 ha di fronte un nuovo interlocutore alla guida dell'URSS, quel Chruščëv che vuole chiudere il periodo staliniano e invoca la "coesistenza pacifica" tra socialismo e capitalismo. Spostando la rivalità sul piano della competizione economica, Chruščëv intende anche ribaltare l'inferiorità sovietica e inglobare le rivoluzioni del Terzo Mondo nel "campo socialista". A tal fine avvia piani di assistenza economica all'India e ad alcuni paesi arabi, e soprattutto si impegna in rischiose prove di forza con gli Stati Uniti che culmineranno nelle crisi di Berlino (1961) e di Cuba (1962).

Lo sviluppo di nuovi, più potenti ordigni nucleari, e soprattutto di missili in grado di portarli sul territorio avversario, offre infatti all'Unione Sovietica una scorciatoia per compensare il divario strategico: la minaccia di devastazione delle città americane dovrebbe infatti intimidire gli Stati Uniti e rafforzare gli alleati e i clienti dell'Unione Sovietica.

Eisenhower sa però che la superiorità nucleare americana resta enorme e impegna gli Stati Uniti in un prolungato sforzo di estensione dell'arsenale nucleare. La sua strategia consiste nel minacciare la guerra atomica generalizzata in caso di conflitto. L'antagonismo bipolare si regge su un pericoloso sistema di deterrenza atomica reciproca che resta squilibrata a favore degli Stati Uniti.

Berlino, 17 giugno 1953: la bandiera sovietica viene data alle fiamme durante l'insurrezione contro il regime di Ulbricht (a sinistra).
La morte di Stalin acuisce il malcontento: nella Repubblica Democratica Tedesca la protesta si concentra sulla politica economica del governo, ma acquista il significato di una contestazione dell'intero sistema staliniano. L'Armata Rossa interviene con oltre 10.000 uomini e 200 carri armati, riprendendo il controllo della situazione con una dura repressione.

Operai americani all'uscita di una fabbrica.

Il presidente americano Dwight Eisenhower.

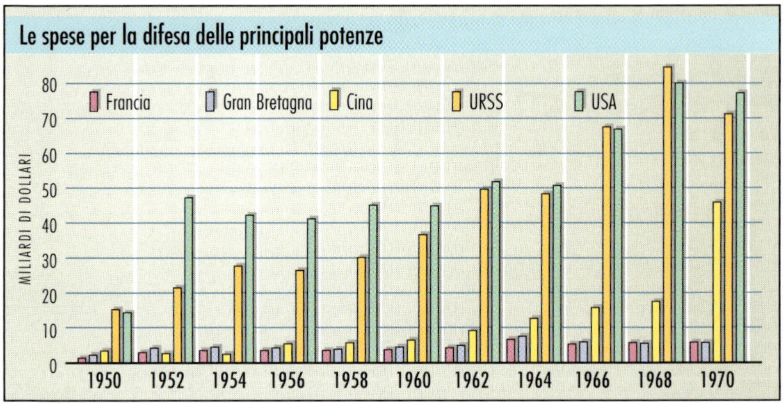

Il 1956: un anno cruciale

Le trasformazioni che hanno luogo nei paesi del campo socialista, dopo la morte di Stalin, giungono a maturazione nel 1956, provocando una grave crisi nel movimento comunista internazionale. Il punto di avvio è il "rapporto segreto" che Chruščëv legge al XX Congresso del PCUS nel febbraio di quest'anno. Di fronte ai delegati attoniti, il segretario comunista denuncia i crimini commessi da Stalin nel corso della sua permanenza al potere, le deviazioni dalla "legalità" socialista e il "culto della personalità" che aveva imposto nei suoi confronti. Pubblicato all'estero nel mese successivo, il "rapporto segreto" produce uno sconvolgimento all'interno dei partiti comunisti di tutto il mondo, e accelera i tentativi di riforma che una parte dei dirigenti comunisti ha cercato di introdurre nei regimi socialisti dell'Europa orientale.

Le rivolte di Poznań e Budapest

I paesi dove i cambiamenti si possono toccare con mano sono la Polonia e l'Ungheria, dove tornano al potere dirigenti che erano stati vittime delle purghe staliniane negli anni precedenti: Wladislaw Gomulka e Imre Nagy. In giugno ha luogo a Poznań, nella Polonia occidentale, uno sciopero operaio che si trasforma ben presto in una rivolta cittadina contro il Partito e la presenza sovietica nel paese. La ribellione è repressa, ma innesca un meccanismo che conduce al ri-

Civile armato nei giorni dell'insurrezione.
La rivolta ungherese coinvolge ampi strati di popolazione, con studenti e operai in prima linea. All'inizio del novembre 1956 le truppe sovietiche occupano Budapest e i punti strategici del paese. Nel termine di pochi giorni, la resistenza armata degli ungheresi è repressa nel sangue: il bilancio è di circa 20.000 morti, 190.000 persone fuggite oltre la frontiera austriaca e 15.000 deportate dai sovietici.

La vetrina di un negozio di scarpe di Budapest con la scritta: "Fuori i russi".

Nagy a un ballo popolare nel 1955.

torno di Gomulka alla guida del Partito comunista. In ottobre arriva a Varsavia una delegazione sovietica, guidata da Chruščëv, per bloccare le spinte riformatrici e autonomiste che stanno prendendo piede in Polonia. Gomulka reagisce con durezza, minacciando una possibile risposta nell'eventualità di un attacco armato sovietico, ma rinnova la promessa di mantenere le riforme all'interno del sistema socialista e di conservare rapporti privilegiati con Mosca.
Il compromesso raggiunto a Varsavia non si ripete a Budapest. Qui la repressione, condotta dall'ala stalinista del Partito comunista, trasforma la protesta studentesca e operaia in un'insurrezione popolare. Alla fine di ottobre 1956, un primo intervento militare sovietico non riesce a stroncare la rivolta. Nagy – già presidente del Consiglio tra il 1953 e il 1955 – è richiamato al potere, ottiene il ritiro dell'Armata Rossa, scioglie la polizia segreta e cerca di riformare il Partito comunista. Intanto la ribellione dilaga e sfugge al controllo del governo, al quale partecipano anche esponenti non comunisti. Mentre sono in corso le trattative tra ungheresi e sovietici per giungere a un compromesso analogo a quello polacco, l'esercito sovietico entra una seconda volta a Budapest. È il 4 novembre: solo i carri armati hanno ragione degli insorti e i morti si contano a migliaia.
Nel 1958, dopo un processo farsa a lui e ad altri membri del governo, Nagy viene giustiziato.

UN UOMO CONTRO I CARRI ARMATI

Il 1° novembre 1956 il governo presieduto da Nagy vota all'unanimità l'uscita della Repubblica ungherese dal Patto di Varsavia. Questo sarebbe stato – si è a lungo sostenuto – il motivo principale del secondo intervento armato sovietico a Budapest, quello del 4 novembre. In realtà, come dimostrano i documenti adesso disponibili sia negli archivi ungheresi che in quelli russi, la decisione sovietica è stata presa il 31 ottobre. Proprio la ricerca di un ultimo, disperato tentativo che eviti l'invasione spinge il governo ungherese a uscire dal Patto di Varsavia, ponendosi sotto la protezione dell'ONU: nella speranza, rivelatasi infondata, che l'Occidente possa aiutare la repubblica danubiana nella lotta per l'indipendenza.

Carri armati russi nelle strade di Budapest.

La crisi di Suez

Da un mese presidente dell'Egitto, il 26 luglio 1956 Gamal Abdel Nasser – giunto al potere nel 1954 – annuncia la nazionalizzazione della compagnia anglofrancese che gestisce il Canale di Suez. È una proclamazione d'indipendenza economica per il proprio paese e una risposta al rifiuto americano di finanziare la costruzione della diga di Assuan, il colossale progetto per l'elettrificazione e lo sviluppo del paese.

L'Egitto si è schierato per il non allineamento – deciso, dopo la conferenza di Bandung (1955), da diversi paesi del Terzo Mondo – e ha acquistato armi dall'Unione Sovietica: Israele e l'Occidente considerano perciò Nasser pericoloso e inaffidabile. Con l'annuncio della nazionalizzazione – è la prima volta che un paese ex coloniale riottiene il controllo delle proprie risorse e della propria indipendenza economica – si apre una grave crisi. Per Suez passano i due terzi del petrolio consumato in Europa.

Francia e Gran Bretagna, che stanno ancora difendendo i loro possedimenti imperiali in Medio Oriente e in Algeria, denunciano la nazionalizzazione come un atto di aggressione. Israele (alle cui navi Nasser chiude il Canale) vede nella crisi l'occasione propizia per bloccare preventivamente il riarmo egiziano. I tre paesi concordano così un'operazione militare, nella speranza che

Soldato israeliano legge una rivista illustrata egiziana, abbandonata dal nemico in fuga.

Il presidente egiziano Gamal Abdel Nasser e Chruščëv a Mosca nel 1958 (a sinistra).
Dopo la crisi di Suez, Nasser è la guida del movimento panarabo, che si ispira a princìpi socialisti. Orienta quindi la politica estera egiziana verso la collaborazione con il blocco socialista, ricevendo dall'URSS tecnologie e finanziamenti per la grande diga di Assuan.

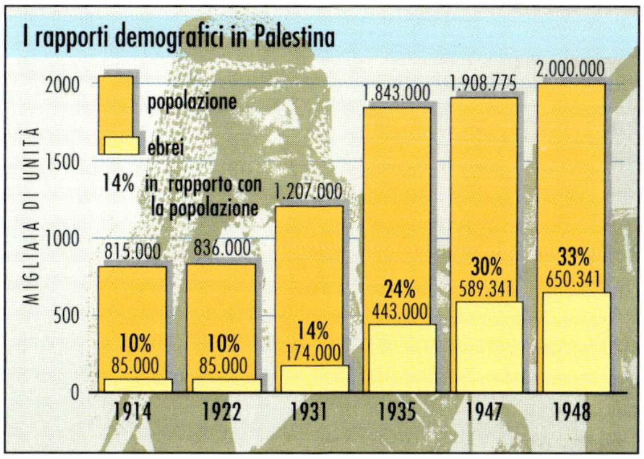

una sconfitta faccia crollare il regime nazionalista di Nasser.
Il 29 ottobre 1956 colonne corazzate israeliane attaccano gli egiziani nel Sinai. Il 1° novembre gli anglofrancesi bombardano gli aeroporti egiziani e il 4 lanciano paracadutisti su Porto Said. L'Egitto è militarmente sconfitto, ma la crisi si allarga a macchia d'olio. Gli Stati Uniti temono che l'intervento spinga definitivamente l'Egitto nelle braccia dell'Unione Sovietica e minacciano ritorsioni economiche contro Gran Bretagna e Francia, imponendo loro il rispetto del cessate il fuoco decretato dalle Nazioni Unite. Chruščëv, ben lieto di distrarre l'attenzione dal simultaneo intervento sovietico in Ungheria, minaccia addirittura di bombardare i due paesi europei se non si ritirano dall'Egitto.
Londra e Parigi, isolate diplomaticamente, abbandonano il campo. L'insuccesso segna un netto ridimensionamento del loro *status* imperiale: nel giro di pochi anni lasceranno i loro possedimenti in Medio Oriente e in Nordafrica. Nel Sinai intervengono i "caschi blu" dell'ONU a separare israeliani ed egiziani. Nasser – il cui nazionalismo indipendentista contagia l'intero mondo arabo – è il vero vincitore: nel 1958 darà vita alla Repubblica Araba Unita (Egitto e Siria). Ma nel Medio Oriente hanno fatto il loro ingresso le due superpotenze, e con esse la logica della rivalità bipolare.

Una colonna di jeep degli osservatori dell'ONU a Porto Said.

Muhammad Mossadeq, primo ministro iraniano, eletto uomo dell'anno dalla rivista americana «Time» nel 1952 (a sinistra)
La crisi di Suez avvia l'ultima fase della decolonizzazione e segna la fine della potenza imperiale inglese e francese. Il leader del Fronte nazionale iraniano e tra i primi a colpire gli interessi angloamericani in Medio Oriente. Giunto al potere nel 1951, nazionalizza l'industria petrolifera e assume il controllo dell'Anglo-Iranian Oil Company, senza corrispondere indennizzi. Il boicottaggio dei mercati internazionali segnerà, nel 1953, la sua fine politica.

Nasce l'Europa comunitaria

La guerra ha lasciato in eredità all'Europa due tendenze contrastanti. Da un lato c'è il forte ripudio dei nazionalismi che hanno portato al conflitto: gran parte dell'opinione pubblica chiede che si superino gli stati nazionali in favore di una grande federazione europea. Dall'altro, gli stati nazionali dispongono ormai di solidi organismi di governo dell'economia e di controllo del mercato, e intendono servirsene per stimolare la crescita e la modernizzazione sociale.
Lo sviluppo economico europeo richiede mercati più ampi e grandi economie di scala. Tutti i governi vogliono inoltre legare stabilmente la Germania all'Europa occidentale, così da scongiurare il risorgere del suo nazionalismo e la minaccia di una guerra. A questo scopo il governo francese elabora nel 1950 un piano per integrare le industrie siderurgiche e carbonifere e, con il trattato di Parigi del 1951, sorge la Comunità europea del carbone e dell'acciaio (CECA), cui aderiscono Francia, Germania, Italia, Paesi Bassi, Belgio e Lussemburgo. La CECA organizza un mercato integrato nei due settori, presiedendo in particolare allo sviluppo della siderurgia, indispensabile per la crescita dell'industria. Più ambiziosi tentativi di federare gli stati europei, come quello di dar vita a una Comunità europea di difesa (1952-1954), falliscono invece per la riluttanza dei governi a privarsi dei principali strumenti di sovranità.

L'Atomium di Bruxelles.
Alla creazione dell'EURATOM nel marzo 1957 fa seguito dopo pochi mesi, a Vienna, l'istituzione dell'Agenzia internazionale per l'energia atomica, destinata a sostenere lo sviluppo delle centrali elettronucleari. In occasione dell'Esposizione Universale di Bruxelles del 1958, l'Atomium, raffigurante un atomo di ferro, testimonia a un tempo la fiducia nel processo di integrazione europea e la volontà di celebrare l'uso pacifico della tecnologia termonucleare.

LE TAPPE PRINCIPALI DELL'INTEGRAZIONE

1951 Francia, Germania, Italia e i tre paesi del BENELUX formano la CECA.
1957 Con i trattati di Roma i sei istituiscono la CEE e l'EURATOM.
1962 Introdotta la politica agricola comunitaria.
1968 Il Mercato comune è pienamente operante.
1973 Gran Bretagna, Irlanda e Danimarca aderiscono alla CEE.
1979 Entra in vigore lo SME, che regola le oscillazioni delle valute. L'ecu diventa l'unità di conto.
• Prima elezione, a suffragio universale, di un Parlamento europeo.
1981 La Grecia è il decimo membro della CEE.
1986 Spagna e Portogallo aderiscono alla CEE.
• *Atto unico europeo*: la CEE riforma le sue istituzioni.
1990 Firma degli accordi di Schengen sulla libera circolazione delle persone fra cinque paesi.
1992 Firma del trattato di Maastricht sull'Unione Europea (UE).
1993 Compimento del Mercato unico europeo.
• Entra in vigore la UE.
1995 Austria, Finlandia e Svezia entrano nella UE.
1998 Viene istituita la Banca centrale europea.
1999 Undici dei quindici membri dell'UE adottano la moneta unica, l'euro, come unità di conto.

Notre-Dame-du-Haut, la cappella costruita a Ronchamp da Le Corbusier nel 1955 (a sinistra).
Per le pareti perimetrali e per la copertura, l'architetto svizzero-francese adotta una soluzione curvilinea, rivoluzionando i canoni dell'edilizia sacra. L'illuminazione interna è ottenuta con la disposizione di finestre di varie dimensioni e forme che "seguono" la luce solare. Nel 1952 Le Corbusier realizza a Marsiglia la prima unité d'habitation *che incarna gli ideali sociali della sua concezione urbanistica a basso costo. Pensata come una "città-giardino verticale", essa è progettata per garantire a ogni famiglia il massimo della* privacy *e per stimolare lo spirito comunitario, essendo dotata di servizi collettivi.*

Una pagina dello spartito del* Concerto per piano e orchestra *(1958) di John Cage.
Il compositore statunitense, allievo di Arnold Schönberg e tra i principali esponenti dell'avanguardia, sostiene posizioni antitetiche ai capisaldi della tradizione occidentale: ogni suono è di per sé musica e non ha alcun senso organizzarlo.

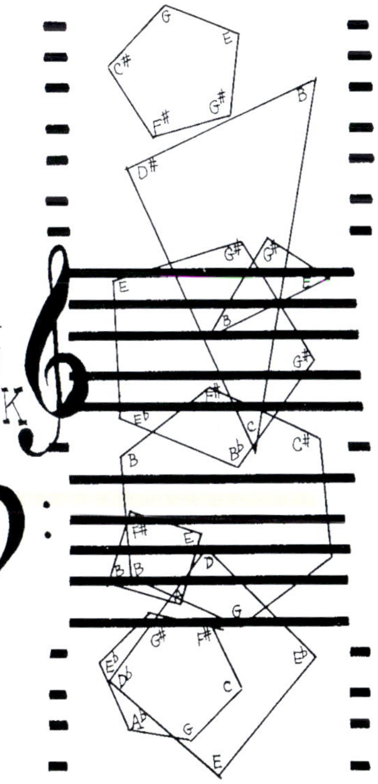
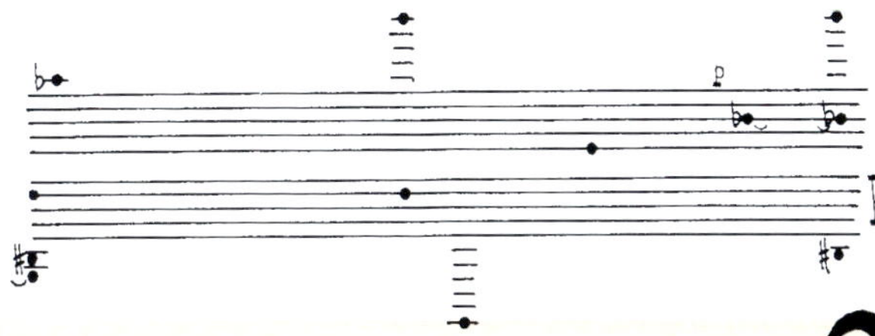

Dalla comunità economica verso l'unificazione politica

Nel 1957 i sei membri della CECA compiono un passo decisivo sulla strada dell'integrazione. I trattati di Roma istituiscono la Comunità economica europea (CEE), per formare un mercato comune delle produzioni agricole e industriali, e creano un organismo per lo sviluppo dell'energia atomica (EURATOM).
La ripresa economica dell'Europa procede a ritmi sostenuti, i suoi prodotti sono tornati sui mercati mondiali e nel 1959 le monete europee divengono liberamente convertibili. La CEE incrementa lo sviluppo degli scambi tra i sei paesi membri, e l'entrata in vigore del Mercato comune (MEC) – tra il 1959 e il 1968 – coincide con l'impetuoso sviluppo delle loro economie. Vincolata da una politica agricola comune, la Comunità economica europea negozia con Stati Uniti e Giappone la liberalizzazione degli scambi mondiali.
Negli anni Settanta, l'integrazione europea si estenderà con l'adesione alla CEE di Gran Bretagna, Spagna e Portogallo e, più tardi, di Austria, Finlandia e Svezia. Negli anni Novanta la CEE, ormai forte di 15 membri, si trasformerà in Unione Europea, dando vita a un unico grande mercato e ponendo tra i suoi obiettivi prioritari l'unificazione delle varie monete in una sola valuta europea, l'euro.

Sciopero di minatori francesi.
Negli anni Cinquanta il costo della ripresa economica grava soprattutto sulle categorie meno abbienti: il basso livello dei salari, l'inflazione e la disoccupazione determinano in vari settori produttivi un clima di forte conflittualità sociale.

Manifesto a favore dell'integrazione dei paesi europei beneficiati dal piano Marshall.

L'equilibrio strategico USA-URSS (1962)	Missili intercontinentali	Missili a medio raggio	Missili su sottomarini	Bombardieri con ordigni nucleari	Testate atomiche
USA	179	105	144	1450 circa	3000 circa
URSS	30	40	97	155 circa	255 circa

L'equilibrio del terrore

Nella seconda metà degli anni Cinquanta la corsa a nuovi armamenti, avviata dalle due superpotenze, trasforma lo scenario strategico in maniera irreversibile.
Fino alle soglie degli anni Cinquanta il territorio degli Stati Uniti era praticamente invulnerabile di fronte a un attacco sovietico. Se Chicago o New York non potevano venire distrutte – i sovietici non disponevano ancora di bombardieri atomici capaci di raggiungerle – la minaccia americana di distruggere Mosca in caso di attacco sovietico all'Europa era invece sicuramente più credibile.
L'Unione Sovietica nel 1953 e gli Stati Uniti nel 1954 sperimentano le bombe all'idrogeno, immensamente più distruttive. Nel 1957 l'Unione Sovietica inizia il lancio nello spazio di missili in grado di far orbitare un satellite (lo *Sputnik*) intorno alla Terra: il bombardamento atomico delle città americane diviene così realizzabile. La possibile distruzione del paese avversario è ora una certezza per entrambi e la deterrenza nucleare diventa reciproca.
Le strategie delle due superpotenze marciano allora su un doppio binario. Per un verso il divario tra fini e costi di una guerra diviene troppo ampio per essere sostenibile. La guerra nucleare sarebbe la completa distruzione di entrambi i contendenti, e va quindi scongiurata con tutti gli strumenti della diplomazia. D'altra parte la dissuasione reciproca si fonda sulla credibilità della minaccia nucleare, e

Il cambio della guardia sulla Piazza Rossa a Mosca.

George C. Scott e Peter Sellers (sulla sedia a rotelle), protagonisti de* Il dottor Stranamore *(1960).
Nel film di Stanley Kubrick, che ironizza sul confronto nucleare, è il megalomane comportamento dei vertici militari a scatenare la guerra atomica tra USA e URSS.

Manifesto pubblicitario dei televisori Telefunken.
Agli inizi degli anni Sessanta la programmazione televisiva si diversifica: a quiz e serate musicali si affiancano programmi di tipo cinematografico come il telefilm. Grazie alla collaborazione avviata con l'industria hollywoodiana, la televisione americana è la prima a distaccarsi dal modello teatrale-radiofonico tradizionale.

in particolare sulla possibilità di scatenare un attacco anche dopo essere stati colpiti a sorpresa da un bombardamento atomico. Le strategie militari si indirizzano quindi verso la moltiplicazione delle testate nucleari e dei vettori capaci di portarle in territorio nemico. L'antagonismo bipolare della guerra fredda diventa così un "equilibrio del terrore".

La risposta americana allo *Sputnik* è l'accelerazione dei programmi missilistici: agli inizi degli anni Sessanta gli Stati Uniti detengono anche in questo campo la superiorità sull'arsenale sovietico. Per alcuni anni, tuttavia, Chruščëv sfrutta fino in fondo l'iniziale sconcerto destato dallo *Sputnik* per perseguire una vera e propria strategia del bluff, lasciando credere che Mosca disponga di un arsenale superiore a quello realmente esistente.

I voli degli aerei americani U-2, e poi dei satelliti spia, svelano il bluff al governo di Washington, ma non impediscono che Mosca si spinga fin sull'orlo di pericolose prove di forza, come quella della crisi di Cuba del 1962.

Famiglia americana guarda alla televisione un filmato sull'esplosione della prima bomba H nel Pacifico.

Il Muro di Berlino

Berlino, epicentro simbolico della guerra fredda e via d'uscita per le decine di migliaia di transfughi dalla RDT all'Ovest, è una spina nel fianco per quest'ultima e per l'URSS, che vedono la RFT sempre più forte ed economicamente trionfante. Chruščëv tenta invano, tra il 1958 e il 1960, di indurre l'Occidente a rinegoziare lo *status* dell'ex capitale tedesca e a riconoscere la RDT, cosa che equivarrebbe a legittimare la divisione dell'Europa e il ruolo sovietico nell'Est. Di fronte all'ostilità di Bonn e al diniego americano, Chruščëv decide di saggiare la determinazione del suo nuovo rivale – il presidente degli Stati Uniti John F. Kennedy, appena eletto nel novembre 1960 – e annuncia che intende firmare un trattato di pace con la Repubblica Democratica, lasciandola pienamente sovrana e responsabile della città di Berlino.
Kennedy, al contrario di Adenauer, è disposto a riconoscere in qualche modo la divisione della Germania, ma non intende accettare una decisione unilaterale che estrometta l'Occidente: va quindi a Berlino e proclama di voler difendere il libero accesso alla città. La tensione sale improvvisamente, la fuoriuscita dei profughi dall'Est diventa massiccia e Mosca, che non vuole rischiare uno scontro internazionale, ripiega su una soluzione proposta dal governo della RDT: chiudere il settore occidentale di Berlino e impedire ad ogni costo il passaggio ai cittadini di quello orientale.

I MATTONI DELLA VERGOGNA

Nel 1960, in corrispondenza di una severa crisi economica, il flusso dei profughi dalla RDT diviene massiccio. Circa 1500 persone – per lo più tecnici, insegnanti, medici – lasciano ogni giorno l'Est per riparare all'Ovest. Le autorità comuniste, che già considerano intollerabile la presenza di Berlino Ovest in pieno territorio della Repubblica Democratica Tedesca, non possono permettere questa fuga in massa. Nell'agosto 1961 il flusso aumenta ancora. Nella notte tra il 12 e il 13 agosto poliziotti e soldati della RDT chiudono con i reticolati i varchi tra i due settori di Berlino: resta aperta solo la stazione ferroviaria di Friedrichstrasse per il rientro dei residenti dell'Ovest. 50.000 berlinesi impiegati all'Ovest devono rinunciare al loro lavoro. Il giorno successivo comincia il pellegrinaggio dei berlinesi alla porta di Brandeburgo dove trovano, dietro la barriera, i cartelli preparati dagli orientali: "Il blocco è una misura necessaria a garantire la pace…". Per due giorni i soldati dell'Est rafforzano la barriera ed erigono una muraglia di cemento che attraversa e divide tutta la città. Cauti gli occidentali e anche il cancelliere Adenauer, è il sindaco di Berlino, Willy Brandt, a dar voce alla protesta popolare in una manifestazione che raccoglie 300.000 persone.

Berlino: scene di commozione nei pressi del passaggio fra i due settori Est e Ovest.

Scritta di propaganda nel settore orientale di Berlino: "La pace trionferà" (a sinistra).

Guardie della Germania Est osservano al binocolo la zona occidentale.

Nella notte tra il 12 e il 13 agosto 1961, il confine tra le due zone della città viene chiuso ermeticamente dai militari della Repubblica Democratica, che nei giorni successivi procedono a costruire un alto muro di cemento, difeso da filo spinato e da campi minati, tutt'intorno al settore occidentale: le guardie hanno l'ordine di sparare a vista su chiunque tenti di passare la frontiera. Il Muro di Berlino suscita emozione e reazioni indignate in tutto l'Occidente – che ne fa da ora in poi il simbolo dell'oppressione sovietica sull'Europa orientale –, ma le potenze occidentali osservano senza intervenire l'esito della crisi. L'Unione Sovietica riprende così il controllo della situazione nella RDT, e la divisione delle Germanie e dell'Europa diventa un fatto ormai accettato da tutti.

Gli effetti della crisi sono gravi per i cittadini dell'Est: già il 17 agosto 1962 si registra la prima vittima del Muro, il diciottenne Paul Fechters ucciso dalle guardie di frontiera mentre tenta di fuggire all'Ovest. Ma queste conseguenze lasciano inalterati gli equilibri del continente, compresi i diritti occidentali su Berlino Ovest e la stabilità geopolitica della guerra fredda.

Turisti in visita alla zona francese di Berlino. *Dal 1949 al 1961 emigrano o fuggono verso la Germania Ovest oltre 2 milioni e mezzo di tedeschi orientali, dei quali oltre la metà attraverso Berlino. Dopo la costruzione del Muro, nonostante la ferrea sorveglianza delle autorità della RDT, il flusso prosegue, anche se con ritmo meno intenso: 21.356 persone nel 1962, 42.632 nel 1963, 41.873 nel 1964, per un totale di 959.920 fino al 1989.*

	ECONOMIA E SOCIETÀ	POLITICA E ISTITUZIONI

1951-1952

ECONOMIA E SOCIETÀ

1951

Francia Istituita a Parigi la CECA (Comunità europea del carbone e dell'acciaio), cui aderiscono sei paesi: Belgio, Francia, RFT, Italia, Lussemburgo e Paesi Bassi; entra in vigore il 23 luglio 1952.

Italia Disastrosa alluvione nel Polesine: decine di morti e ingenti danni.
• Trasmesso alla radio il I Festival della canzone italiana.

URSS Varato il V piano quinquennale: costruzione di grandi dighe per produrre energia elettrica.

POLITICA E ISTITUZIONI

1951

8 febbraio *Francia* Il governo annuncia la concessione di una parziale autonomia al protettorato della Tunisia.

5 aprile *USA* I coniugi Rosenberg sono condannati a morte per spionaggio.

26 luglio *Italia* Settimo governo di De Gasperi.

1° settembre *USA* Firmato a San Francisco il patto del Pacifico (ANZUS) tra Australia, Nuova Zelanda e USA.

8 settembre *Giappone* Firma del trattato di pace con gli USA.

25 ottobre *Gran Bretagna* Terzo governo presieduto da Winston Churchill.

24 dicembre *Libia* Re Idris I proclama l'indipendenza.

1952

6 febbraio *Gran Bretagna* Alla morte di Giorgio VI sale al trono la figlia Elisabetta II.

26 maggio *RFT* Francia, Gran Bretagna e USA riconoscono la piena sovranità della Germania Ovest.

27 maggio *Francia* A Parigi, Italia, Francia, Belgio, Germania Ovest, Lussemburgo

1953-1954

ECONOMIA E SOCIETÀ

1953

Italia Istituito l'ENI (Ente nazionale idrocarburi), guidato da Enrico Mattei.

USA Fase di recessione economica che si prolunga nel 1954.
• Prime trasmissioni televisive a colori.

POLITICA E ISTITUZIONI

1953

5 marzo *URSS* Muore Stalin, Chruščëv è il nuovo segretario del Partito.

17 giugno *RDT* Rivolta popolare, repressa dalle truppe sovietiche.

27 luglio *Corea* Firmato l'armistizio di Panmunjon che pone fine alla guerra.

20 agosto *Marocco* I francesi deportano re Maometto V in Madagascar.

28 settembre *Polonia* Arrestato il cardinale Stefan Wyszynski, animatore della lotta antisovietica del popolo.

19 novembre *Cambogia* Indipendenza: re Norodom Sihanouk ritorna a Phnom Penh dopo l'esilio.

Ungheria Il premier Imre Nagy proclama il "nuovo corso", tentando invano di instaurare una politica più liberale.

1954

21 luglio *Vietnam* Sconfitta a maggio nella battaglia di Dien Bien Phu, la Francia firma un armistizio che sancisce la divisione del paese; riconosciuta l'indipendenza di Laos e Cambogia.

30 luglio *Tunisia* Il premier francese Pierre Mendès-France concede autonomia interna al paese, ma non l'indipendenza.

1955-1956

ECONOMIA E SOCIETÀ

1955

RDT Migliaia di prigionieri di guerra rientrano dall'URSS.

USA In California Walt Disney costruisce Disneyland, il primo parco di divertimenti.
• Inaugurato a Chicago il primo *fast food* McDonald's.

1956

Francia Il principe Ranieri di Monaco sposa l'attrice americana Grace Kelly.

USA Lo scrittore Arthur Miller sposa l'attrice Marilyn Monroe.

POLITICA E ISTITUZIONI

1955

30 aprile *Vietnam del Sud* Deposto l'imperatore Bao Dai, il primo ministro Ngô Dinh Diem proclama la repubblica.

14 maggio *Polonia* Su iniziativa sovietica nasce il Patto di Varsavia, l'alleanza militare dei paesi comunisti europei.

15 settembre *Argentina* Un golpe militare rovescia il presidente Juan Perón.

14 dicembre L'Italia è ammessa nell'ONU.

1956

25 febbraio *URSS* Al XX Congresso del Partito comunista, Chruščëv denuncia i crimini di Stalin.

2 marzo *Francia* Firma del protocollo che riconosce l'indipendenza del Marocco. Torna il re esiliato.

1957-1958

ECONOMIA E SOCIETÀ

1957

Italia Firmato a Roma il trattato costitutivo di CEE (Comunità economica europea) ed EURATOM (Comunità europea dell'energia atomica).

USA Disordini a Little Rock (Arkansas) contro la legge che prevede l'integrazione razziale nelle scuole.
• Nuova fase di recessione economica che si prolunga fino al 1961.

1958

Italia Iniziano a circolare gli scooter *Lambretta* e *Vespa*.

POLITICA E ISTITUZIONI

1957

15 febbraio *URSS* Andrej Gromiko è il nuovo ministro degli Esteri.

18 luglio *Francia* Il Parlamento concede poteri straordinari al governo per combattere il Fronte di liberazione algerino.

14 novembre *URSS* A Mosca si svolge il vertice dei partiti comunisti.

1958

15 maggio *Francia* Dopo il golpe dei militari francesi ad Algeri, De Gaulle assume la guida del governo.

17 giugno *Ungheria* L'ex premier Imre Nagy è condannato a morte.

2 luglio *Italia* Si profila la stagione del centrosinistra con il secondo governo Fanfani.

15 luglio *USA* Invio di truppe nel Libano per sostenere il governo del

1959-1960

ECONOMIA E SOCIETÀ

1959

CEE Riduzione dei dazi doganali del 10 per cento.

Iran Nasce l'OPEC, l'organizzazione dei paesi produttori di petrolio.

Gran Bretagna A Liverpool primi concerti dei Beatles.

USA Si diffonde il movimento degli *hippies*.

1960

Svezia Nasce l'EFTA (Associazione europea di libero scambio) tra Austria, Danimarca, Norvegia, Portogallo, Regno Unito, Svezia e Svizzera.

POLITICA E ISTITUZIONI

1959

15 febbraio *Italia* Dimissioni del governo Fanfani.

1° luglio *RFT* Il democristiano Heinrich Lübke viene eletto presidente.

15 settembre *URSS* Chruščëv è il primo capo del Cremlino a visitare gli USA.

1960

1° maggio *URSS* L'abbattimento di un aereo-spia americano che sorvolava la Siberia provoca una grave crisi diplomatica tra Mosca e Washington.

19 luglio *Italia* Dimissioni del governo democristiano di Fernando Tambroni, appoggiato da monarchici e neofascisti.

8 settembre *RDT* Vengono annunciate severe restrizioni alla libertà di accesso a Berlino Est per i cittadini della Germania Ovest.

8 novembre *USA* Il democratico John F. Kennedy è eletto presidente.

e Olanda firmano gli accordi per la creazione della CED (Comunità europea di difesa).

20 ottobre *Kenya* Scoppia la rivolta nazionalista dei Mau-Mau contro il dominio inglese.

4 novembre *USA* Il repubblicano Dwight Eisenhower viene eletto presidente.

SCIENZA E TECNOLOGIA

1951

Italia Rita Levi Montalcini annuncia la scoperta del fattore di crescita nervosa.

USA Prodotta energia elettrica da una pila atomica.

1952

Gran Bretagna Inventato il prototipo del videotelefono.

Svizzera August Huber e Peter Steuer realizzano il robot teleguidato dal radar.

USA Sull'atollo di Eniwetok è fatta esplodere la bomba H progettata da Edward Teller.

• Paul Zoll inventa il pacemaker. Al russo Selman Wakman va il Nobel per la scoperta della streptomicina.

CULTURA E SPORT

1951

Cecoslovacchia Emil Zátopek è il primo a coprire più di 20 chilometri in un'ora.

Francia Grandi polemiche per *Il diavolo e il buon Dio* di Jean Paul Sartre. Marguerite Yourcenar pubblica il romanzo *Memorie di Adriano*.

Giappone A Hiroshima Kenzo Tange progetta il Centro della pace.

USA Grande successo di Marlon Brando nel film *Un tram che si chiama desiderio*.

• Jerome D. Salinger pubblica *Il giovane Holden*, il sociologo Charles Wright Mills *I colletti bianchi*.

1952

Francia A Marsiglia Le Corbusier costruisce l'*unité d'habitation*.

• Esce il romanzo *Molloy* di Samuel Beckett.

Italia Esce *Il visconte dimezzato* di Italo Calvino.

Norvegia Giochi olimpici invernali di Oslo: l'italiano Zeno Colò trionfa nella discesa libera di sci.

USA Ralph Ellison pubblica *L'uomo invisibile*.

• Successo del musical *Cantando sotto la pioggia* con Gene Kelly.

---

5 ottobre Accordo tra Roma e Belgrado sul territorio di Trieste, che passa all'Italia.

1° novembre *Algeria* Il Fronte di liberazione nazionale (FLN) dà il via all'insurrezione contro la Francia.

dicembre *USA* Il Senato toglie a McCarthy la presidenza della commissione che aveva scatenato una violenta campagna di repressione anticomunista.

1953

Gran Bretagna Jonas Salk presenta il vaccino contro la poliomielite.

• Michael Ventris decifra la scrittura micenea lineare B.

USA Applicata la prima valvola cardiaca in plastica; rapporto Kinsey sul comportamento sessuale femminile. Realizzata la macchina cuore-polmone.

• Costruito il pannello solare per produrre energia.

URSS Sperimentazione della prima bomba H.

1954

USA Il biochimico Jean Baptiste Du Vigneaud ottiene la prima sintesi di proteine. Sperimentata la pillola anticoncezionale di Gregory Pincus.

• Il *Nautilus* è il primo sottomarino a propulsione atomica.

1953

Francia I Campionato del mondo di equitazione: vince lo spagnolo Francisco Goyoaga.

Gran Bretagna Francis Bacon dipinge *Studio da Innocenzo X*.

Italia I "sacchi" di Alberto Burri suscitano aspre polemica tra realisti e astrattisti.

• Esce il film di Federico Fellini *I vitelloni*.

USA Esce «Playboy». Ray Bradbury pubblica il romanzo di fantascienza *Fahrenheit 451*.

• Esce il film *Vacanze romane* con Audrey Hepburn.

1954

Francia Simone de Beauvoir pubblica *I mandarini*.

Gran Bretagna John Tolkien pubblica *Il signore degli anelli*, Ian Fleming il primo romanzo del ciclo di James Bond, l'agente 007.

Italia Luchino Visconti gira il film *Senso*.

• Achille Compagnoni e Lino Lacedelli conquistano la vetta del K2.

URSS Pubblicato a Mosca il romanzo di Il'ja Erenburg *Il disgelo*.

USA Bill Haley incide la celebre canzoone *Rock around the Clock.*.

20 marzo *Tunisia* Il paese ottiene la piena indipendenza dalla Francia.

18 aprile *URSS* È sciolto il COMINFORM.

28 giugno *Polonia* Soffocati a Poznań i moti operai.

ottobre *Ungheria* Rivolta anticomunista di Budapest, sedata dall'Armata Rossa.

6 novembre *USA* Eisenhower è rieletto presidente.

1955

Ceylon È osservata la più lunga eclisse solare (7 minuti e 8 secondi) degli ultimi 1200 anni.

Gran Bretagna Prodotto il primo *hovercraft*, un battello a cuscino d'aria.

Italia La FIAT produce la 600, la piccola ed economica utilitaria che apre la stagione della motorizzazione di massa.

1956

Germania Prodotta la lavastoviglie per uso domestico.

USA L'IBM produce il computer con memoria su disco magnetico.

• Edward D. Thomas esegue il primo trapianto di midollo osseo.

1955

Italia Pier Paolo Pasolini scrive *Ragazzi di vita*.

• Sulla pista di Monza muore il pilota Alberto Ascari.

USA L'attore James Dean muore in un incidente automobilistico.

• Lo scrittore russo Vladimir Nabokov scrive *Lolita*.

1956

Francia Robert Bresson realizza il film *Un condannato a morte è fuggito*.

Giappone Junichiro Tanizaki scrive il romanzo *La chiave*.

Gran Bretagna John Osborne rappresenta il dramma *Ricorda con rabbia*.

Svezia Ingmar Bergman gira *Il settimo sigillo*.

USA Elvis Presley lancia il rock'n'roll; a Broadway esce il musical *My Fair Lady*.

• Allen Ginsberg inaugura la Beat generation.

---

presidente cristiano Camille Chamoun.

28 settembre *Francia* Nasce la Quinta repubblica; De Gaulle è nominato presidente.

9 ottobre *Vaticano* Muore papa Pio XII; gli succede Giovanni XXIII.

1957

Italia Presentato il prototipo della *Fiat 500*.

URSS L'URSS progetta un missile intercontinentale capace di trasportare testate nucleari; lo *Sputnik 1* è il primo satellite artificiale a orbitare intorno alla Terra e la cagnetta Laika è il primo essere vivente a viaggiare su una navicella spaziale.

1958

USA Nasce la NASA, organismo per la ricerca aerospaziale; lanciato da Cape Canaveral il primo satellite americano *Explorer 1*; il sottomarino atomico Nautilus attraversa sotto i ghiacci la calotta polare artica.

1957

Francia Georges Bataille pubblica *L'erotismo*. Albert Camus vince il Nobel per la letteratura.

Gran Bretagna A Londra, prima teatrale di *Finale di partita* di Samuel Beckett.

Italia Feltrinelli pubblica il romanzo di Boris Pasternak *Il dottor Zivago*; esce *Quer pasticciaccio brutto de via Merulana* di Carlo E. Gadda

USA Strepitoso successo a Broadway per *West Side Story* di Leonard Bernstein.

• Jack Kerouac esordisce con il romanzo *Sulla strada*.

1958

Francia Simone de Beauvoir pubblica il romanzo autobiografico *Memorie di una ragazza perbene*.

Italia In libreria il romanzo *Il Gattopardo* di Giuseppe Tomasi di Lampedusa.

Svezia Ingmar Bergman dirige *Il posto delle fragole*.

USA Per la quarta volta il pugile Sugar Ray Robinson conquista il titolo mondiale dei pesi medi.

1959

URSS Il *Lunik 1* è la prima sonda a scendere sulla Luna.

USA Messo in vendita il primo contraccetivo femminile intrauterino.

• Il satellite *Explorer 6*, in orbita intorno alla Terra, scatta foto della sua superficie.

1960

Francia Esplode nel Sahara la prima atomica francese.

USA In commercio la pillola anticoncezionale.

• Si diffonde la televisione via cavo.

1959

Francia *I quattrocento colpi* di François Truffaut e *Fino all'ultimo respiro* di Jean-Luc Godard inaugurano il cinema della "nouvelle vague".

Italia Il Nobel per la letteratura a Salvatore Quasimodo.

Svizzera A Zurigo Martin Lauer stabilisce i record mondiali dei 110 metri ostacoli e dei 200 piani.

RFT Günter Grass presenta a Francoforte il romanzo *Il tamburo di latta*.

USA Esce il film *A qualcuno piace caldo* di Billy Wilder, William Burroughs pubblica il romanzo *Il pasto nudo*.

1960

Austria Inaugurato il festival musicale di Salisburgo.

URSS Michail N. Tal è campione mondiale di scacchi.

USA Il film *Ben Hur* di Wiliam Wyler vince 11 premi Oscar.

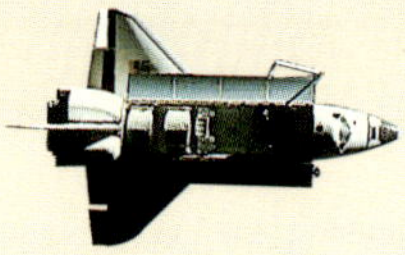

La corsa allo spazio

Nel 1957, con la messa in orbita del primo satellite artificiale, lo *Sputnik* sovietico, inizia tra URSS e Stati Uniti una gara tecnologica per la ricerca e la penetrazione nello spazio al di là dell'atmosfera terrestre. Nel 1961 Yuri Gagarin è il primo uomo a orbitare intorno alla Terra, seguito l'anno successivo dall'americano John Glenn. I programmi spaziali, via via più costosi, nascono sia da esigenze di ricerca e prestigio sia dall'imperativo militare di primeggiare nello sviluppo di missili balistici e di satelliti per lo spionaggio. Negli anni Sessanta gli Stati Uniti avviano il programma Apollo, che culminerà nel 1969: il 21 luglio gli astronauti Armstrong e Aldrin scendono sulla Luna. Il procedere dei voli spaziali – che nei decenni successivi portano alla costruzione di stazioni orbitanti e di velivoli riutilizzabili come lo *Shuttle*, e all'invio di sonde di esplorazione in varie aree del sistema solare – produce importanti ricadute nella vita economica e civile. I satelliti rivoluzionano il sistema delle telecomunicazioni e la meteorologia. Anche la ricerca sui nuovi materiali e sull'informatica progredisce in virtù delle attività spaziali, a cui si dedicano vari paesi oltre alle superpotenze. La dimensione militare resta comunque importante, se non decisiva, per i programmi spaziali, nei quali gli USA mantengono un netto primato.

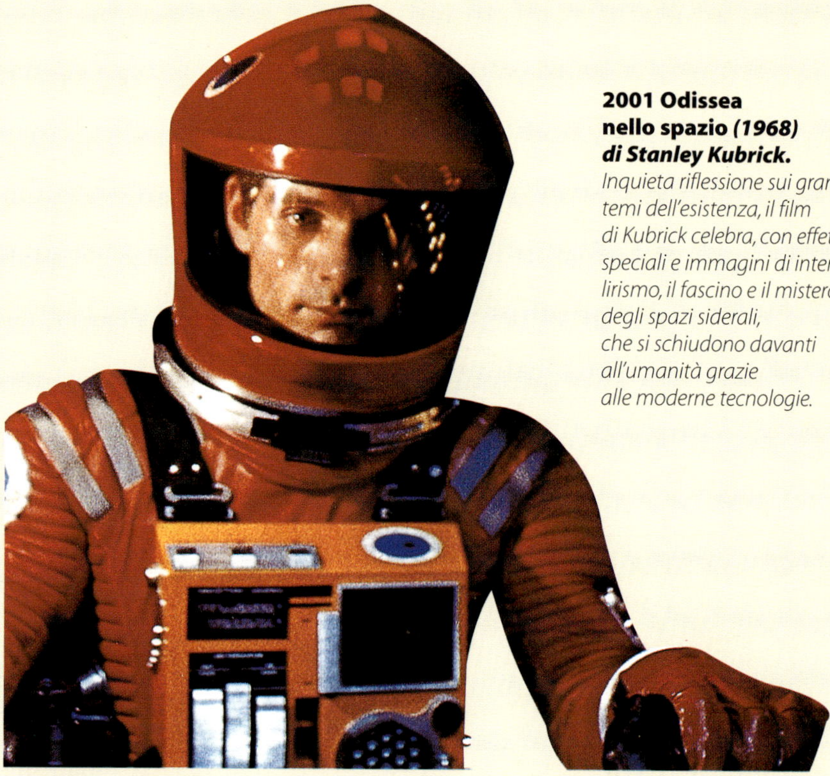

2001 Odissea nello spazio *(1968)* *di Stanley Kubrick.*
Inquieta riflessione sui grandi temi dell'esistenza, il film di Kubrick celebra, con effetti speciali e immagini di intenso lirismo, il fascino e il mistero degli spazi siderali, che si schiudono davanti all'umanità grazie alle moderne tecnologie.

Il razzo* Saturno V *a Cape Canaveral.
Nel maggio 1969, con la missione Apollo 10, *gli astronauti statunitensi effettuano la prova generale per lo sbarco sulla Luna, giungendo a una distanza di 7 chilometri dal satellite e simulando una discesa del* Landing Module.

***Il satellite* Sputnik I.**
Il missile, utilizzato dai sovietici per lanciare in orbita questo primo satellite, è un razzo a tre stadi di circa 30 metri di lunghezza, con una gittata di oltre 10.000 chilometri: un attacco nucleare agli USA diventa tecnicamente possibile.

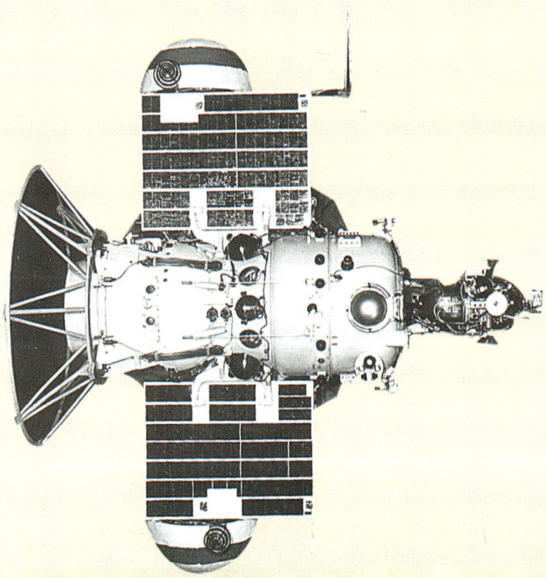

Il Terzo Mondo alla ribalta

Se agli occhi delle élites *intellettuali dei paesi del Terzo Mondo la Grande Guerra del 1915-1918 aveva significato una perdita secca di credibilità del modello di civiltà occidentale, la seconda guerra mondiale coinvolge invece direttamente intere popolazioni extraeuropee, infliggendo loro sofferenze ma anche destandone la coscienza del proprio ruolo e della propria identità. Soprattutto in Asia l'avanzata dell'esercito giapponese suscita la reazione di movimenti indipendentisti, esattamente come le conquiste di Napoleone – ha osservato lo storico Arnold Toynbee – avevano sollevato i popoli europei all'inizio del secolo scorso. Seguendo strade affatto diverse, Gandhi in India e Mao Zedong in Cina incarnano e realizzano il sogno di una nuova sovranità nazionale. Da un lato, la rivolta non violenta contro il dominio coloniale impone la via del ritiro a una Gran Bretagna piegata dal conflitto mondiale e persegue la difficile via della separazione tra indù e musulmani. Dall'altro, la guerra combattuta contro l'invasore giapponese attribuisce all'esercito comunista cinese il ruolo chiave nella lotta per l'indipendenza. Ma entrambi i paesi devono affrontare il problema di una rivoluzione nei metodi produttivi e negli assetti proprietari di campagne rimaste immobili per troppo tempo.*
In Indonesia, in Vietnam e nelle Filippine questa spinta viene tempestivamente raccolta: ma questi paesi vengono anche segnati – in forme e misure diverse – dall'affermarsi di nuovi vincoli di subordinazione economica a favore dell'Occidente, che troveranno sbocco in nuovi conflitti e contrasti interni.
In Medio Oriente e in Africa settentrionale la rivolta anticoloniale assume un carattere panarabo di segno non immediatamente ed esclusivamente religioso. Sono spesso quadri militari di formazione occidentale a guidare il moto indipendentista e la modernizzazione accelerata dei propri paesi, senza però riuscire a trovare la strada di una coalizione sovranazionale stabile e duratura: la vicenda dello stato di Israele resterà a lungo causa di perduranti divisioni.
In molte aree del continente africano la decolonizzazione appare un processo più lento e faticoso ma non per questo meno irreversibile: la lunga marcia del Sudafrica verso l'integrazione razziale ne rappresenta il frutto più contrastato e importante.
In America latina i regimi populisti di Juan Domingo Perón in Argentina e di Getúlio Vargas in Brasile tentano la via dell'industrializzazione e del consenso di massa al leader carismatico. Ma sarà la rivoluzione cubana, alla fine degli anni Cinquanta, ad aprire una possibilità diversa, fondata, non a caso, sulle medesime armi – guerriglia contadina e riforma agraria – che hanno trionfato in Asia dieci anni prima.

5 luglio 1962: nelle strade di Algeri si festeggia l'indipendenza (nella pagina precedente).

La decolonizzazione dell'Asia

A differenza della prima, la seconda guerra mondiale ha coinvolto anche popoli e paesi extraeuropei che in larghissima misura erano ancora soggetti al dominio coloniale. Sia la Carta atlantica, definita da Churchill e Roosevelt nel 1941, sia l'atto costitutivo delle Nazioni Unite nel 1945 hanno però annunciato la "decolonizzazione" come base di un mondo futuro retto da rapporti pacifici e paritari tra le nazioni. D'altra parte, antichi e prestigiosi imperi coloniali – come quelli di Parigi e Londra – sono usciti duramente provati dalla guerra e sono ormai incapaci di riaffermare il proprio predominio. Soprattutto in Asia e in Africa questa nuova situazione imprime una spinta determinante al movimento per l'indipendenza.

Nel continente asiatico l'occupazione giapponese ha rinfocolato l'anelito alla libertà, di cui si sono fatte araldi le due maggiori nazioni dell'area: Cina e India. La decisione inglese di coinvolgere il paese di Gandhi nel conflitto senza consultare il Partito del Congresso ha suscitato una forte protesta. Accanto alla *leadership* di Gandhi si è affermata una sinistra interna capeggiata da Nehru, fautrice della piena indipendenza da Londra come condizione per una partecipazione autonoma alla guerra. Il rifiuto di Churchill, che si è limitato a rinviare la questione dell'indipendenza a dopo la fine del conflitto, ha inasprito la diffusa ostilità antibritannica, ulteriormente alimentata da una terribile carestia – con molte vittime nelle campagne

Black Power, White Power (1967), manifesto di Tomi Ungerer.

Gandhi tra Lady e Lord Mountbatten, l'ultimo viceré dell'India, nel 1947.
Falliti i tentativi di giungere a una soluzione federale, Nehru e gli altri dirigenti del Partito del Congresso decidono, nonostante la contrarietà di Gandhi, di accettare la divisione del paese fra India e Pakistan, secondo quanto previsto dal piano elaborato dal viceré inglese.

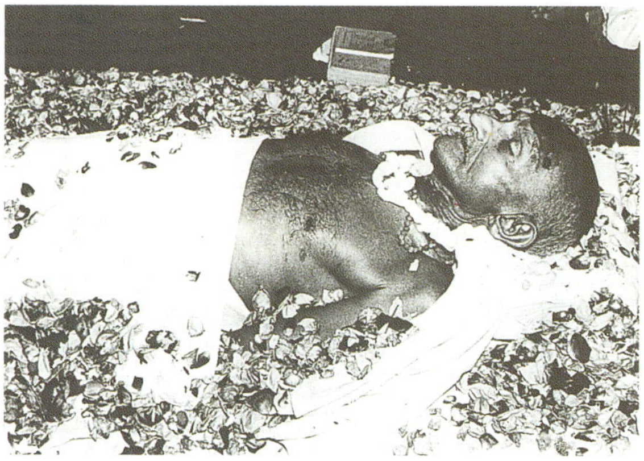

La salma di Gandhi.
Nel settembre del 1947 il Mahatma inizia un digiuno di protesta, riuscendo in tal modo a porre fine agli scontri fra indù e musulmani. Ma la violenza e il fanatismo religioso gli saranno fatali: il 30 gennaio 1948 è ucciso da un giovane indù che lo accusa di arrendevolezza nei confronti dei musulmani.

– e dalla durezza con cui sono stati repressi i tumulti popolari.
A guerra finita il governo inglese è costretto a riconoscere che la situazione è divenuta insostenibile e avvia le trattative per il trasferimento della sovranità agli indiani. L'ostacolo maggiore è il problema della contrapposizione – di natura sia religiosa che etnica e politica – fra musulmani e indù. Gandhi e il Partito del Congresso sostengono la conciliabilità fra i due gruppi (entrambi appartenenti pur sempre al ceppo indiano) e dunque l'unità dell'India, mentre la Lega musulmana di Muhammad Ali Jinnah propugna la necessità di una spartizione del subcontinente indiano in due distinte entità. La paura di sanguinosi disordini fa prevalere questa seconda linea e il 15 agosto 1947 vengono proclamati due stati indipendenti: l'Unione Indiana diretta da Nehru, a maggioranza indù, e il Pakistan, a prevalenza musulmana, formato da una parte orientale e una occidentale divise fra loro da 1700 km di territorio indiano.
Gli effetti negativi dell'anomala spartizione non tardano a farsi sentire. Un drammatico esodo nei due sensi di circa 15 milioni di persone produce un'infinità di conflitti armati (oltre 500.000 vittime) fra i due stati. Nel 1948 e nel 1965 India e Pakistan si affrontano per il controllo del Kashmir (incorporato nell'Unione Indiana, anche se a maggioranza musulmana); nel 1971 per la que-

Jawaharlal Nehru.
Il leader del Partito del Congresso realizza profonde riforme e tenta di accreditarsi come punto di riferimento dei paesi non allineati, per svolgere una funzione di pace fra le due superpotenze.

Profughi indiani nella regione montuosa settentrionale del Kashmir.
Quando il Maharajah indù del Kashmir (un stato a forte maggioranza musulmana) decide di unire il suo territorio all'India, solo l'intervento dell'ONU (gennaio 1949) riesce a far cessare gli scontri fra India e Pakistan. Fra il 1962 e il 1964 la tensione riprende a salire, provocando l'esodo degli indù dal Pakistan e (settembre 1965-gennaio 1966) una guerra fra i due paesi.

Una strada di Bombay.
Nehru affronta una situazione economica disastrosa mettendo in atto un primo piano quinquennale dal 1951 al 1956 per tentare di rivitalizzare l'agricoltura; negli anni seguenti gli sforzi si concentrano sul settore industriale. Nel 1961, ancora il 70 per cento della popolazione dipende dal settore primario e il reddito pro capite è fra i più bassi al mondo.

stione del Bengala orientale, che proclama la propria indipendenza dal Pakistan dando vita al nuovo stato del Bangladesh. A far le spese del fanatismo etnico e religioso è lo stesso Gandhi, ucciso il 30 gennaio 1948 da un estremista indù contrario alla non violenza nei confronti dei musulmani. Dopo la sua scomparsa il primo ministro Nehru resta al governo fino al 1964 e avvia un processo di graduale modernizzazione del paese.

Birmania e Malesia: il declino del colonialismo inglese

Anche in Birmania la Gran Bretagna è costretta a seguire una strada analoga a quella indiana. Nel maggio 1945 Londra le promette lo *status* di dominion, cioè di paese membro indipendente del Commonwealth. Nel dopoguerra si avviano colloqui con i rappresentanti nazionali birmani, la maggioranza dei quali aderisce alla Lega popolare antifascista per le libertà, il Partito uscito vincitore dalle elezioni per l'Assemblea costituente. Ma gli intendimenti inglesi vengono scavalcati quando, nel gennaio 1948, è fondata l'Unione Birmana, una repubblica indipendente e senza legami con il Commonwealth. Il conseguimento dell'indipendenza coincide con il dilagare della guerriglia comunista nel Sud del paese, che avversa il governo di Rangoon e non verrà mai completamente

Mitraglieri sikh dell'esercito indiano durante la guerra contro il Pakistan.
Nel corso del 1971 aumenta la tensione alle frontiere fra India e Pakistan, mentre nel Bengala orientale si intensifica l'attività dei guerriglieri separatisti contro l'esercito pakistano. Nel dicembre del 1971 l'India decide di intervenire militarmente a sostegno dei bengalesi, che dopo pochi giorni proclamano la nascita della Repubblica Popolare del Bangladesh, con capitale Dhaka.

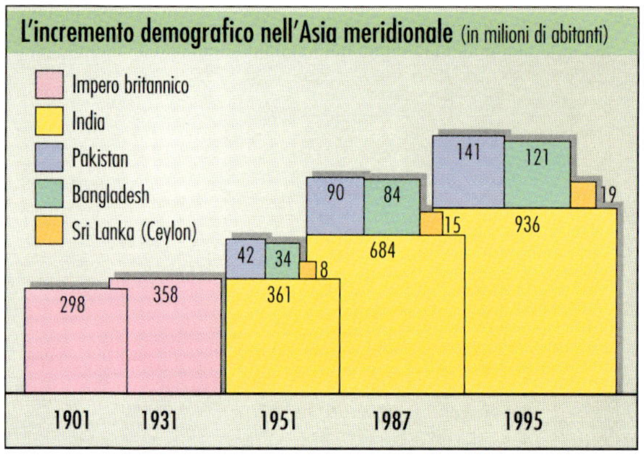

sedata dalle truppe regolari. Diverso il caso della Malesia, dove la politica inglese ha più successo. Focolai di resistenza vengono soffocati e il protettorato britannico riesce a mantenersi più a lungo: solo nel 1957 nascerà la Federazione Malese, membro del Commonwealth.

Il caso delle Filippine

In realtà sono le Filippine, già "semicolonia" USA con autonomia interna, il primo paese asiatico a conseguire l'indipendenza nel secondo dopoguerra: nel luglio 1946 è proclamata la repubblica. Come Birmania e Malesia, le Filippine avevano ottenuto dai giapponesi la promessa della piena sovranità in cambio della collaborazione in guerra. Ciò rende più difficile, alla fine del conflitto, la restaurazione della tutela americana. Ma con aiuti economici e interventi indiretti nella politica interna, gli Stati Uniti mantengono un saldo controllo sul paese formalmente indipendente. Washington ottiene l'affitto per 99 anni delle basi navali e aeree presenti sul territorio nazionale e pari diritti fra filippini e americani nello sfruttamento delle risorse naturali.

La strategia statunitense preferisce dunque gli strumenti di un colonialismo informale, legato a metodi e strumenti di penetrazione economica e militare, a un controllo istituzionale diretto. Contro questa forma di tutela mascherata nasce u-

Ahmed Sukarno in visita a Pechino nel 1961.
Il leader indonesiano rafforza sempre di più il suo potere personale: nel 1959 scioglie il Parlamento attribuendosi pieni poteri, nel 1963 viene nominato presidente a vita. Ma due anni dopo è deposto da un sanguinoso golpe militare.

Famiglie indiane in scooter.
Dal 1951 al 1961 la popolazione indiana passa da 361 a 439 milioni di persone. Il forte incremento demografico e le gravi difficoltà del settore agricolo determinano un drammatico squilibrio fra popolazione e risorse.

na guerriglia di ispirazione comunista che, pur non mutando la situazione, instaura nel paese uno stato di conflitto permanente e ostacola l'operato del governo laburista.

L'Indonesia: dalla dominazione olandese alla cronica instabilità

L'Indonesia del presidente Ahmed Sukarno si proclama indipendente in concomitanza con la resa giapponese nel 1945. Il compito di ripristinare il dominio olandese viene assunto da truppe anglo-australiane, ma i nazionalisti indonesiani si oppongono a qualunque soluzione che non preveda la piena sovranità. Nel settembre 1948 un governo comunista viene instaurato a Madiun, nell'isola di Giava, provocando la repressione armata degli olandesi che riconquistano quasi tutto l'arcipelago: lo stesso Sukarno viene incarcerato con l'accusa di tradimento. Nel gennaio 1949 una risoluzione del Consiglio di sicurezza dell'ONU ordina la cessazione immediata delle ostilità, il rilascio dei prigionieri politici e la fine del dominio olandese. L'indipendenza della Repubblica di Indonesia viene riconosciuta nel dicembre dello stesso anno dal governo olandese, ma la conseguita sovranità non arresta l'attività dei guerriglieri, né risolve la cronica instabilità del paese. A Sukarno, nel 1965, succede il generale Suharto che, con un golpe, instaura un regime autoritario e filoccidentale.

"50 milioni di indonesiani sono imbavagliati. Solo il Partito comunista si batte per loro" (a sinistra).
Il persistere della guerriglia contro i governi locali, dopo il conseguimento dell'indipendenza, è una peculiarità di molti stati asiatici. Gli sconvolgimenti sociali provocati dall'impatto con l'economia monetaria occidentale e dall'esplosione demografica creano masse di contadini "senza terra", sostrato ideale per il proliferare della guerriglia

Pubblicità nelle strade di New Delhi.

I populismi latinoamericani

Buenos Aires: manifestazione a favore di Perón.

Il fenomeno del populismo assume grande rilievo in America latina tra gli anni Trenta e la metà degli anni Cinquanta. Gli esempi più compiuti sono i regimi di Getúlio Vargas in Brasile (1930-1945 e 1950-1954) e di Juan Domingo Perón in Argentina (1946-1955 e 1973-1974). Il carattere autoritario di tali regimi ha indotto spesso ad assimilarli ai fascismi europei; in realtà queste esperienze – enfaticamente autodefinitesi come la "terza via" fra comunismo e capitalismo – hanno la propria base di massa in prevalenza tra le classi popolari urbane.

In America latina il populismo si afferma in una fase di transizione verso una società più industrializzata, quando cioè si verifica la modernizzazione dell'economia, accompagnata da instabilità politica, e le forze tradizionali sono incapaci di dare risposte adeguate alle incalzanti trasformazioni in atto. Le istituzioni e i partiti perdono rappresentatività, mentre irrompono sulla scena nuovi attori sociali, sino ad allora esclusi dalla partecipazione e dalla rappresentanza politica. Sono proprio queste masse, recentemente inurbate e prive di coscienza di classe, a fornire le indispensabili basi di consenso ai regimi populisti.

Altri elementi importanti sono il sostegno delle forze armate, fautrici dell'industrializzazione e della modernizza-

IL CARISMA E LE MASSE

Nei regimi populisti i ceti popolari vengono inseriti nel sistema politico in un rapporto diretto con il capo carismatico che ripropone i legami paternalistici e premoderni del mondo rurale. Leader come Vargas e Perón traggono la loro legittimazione dall'appoggio del mondo urbano – stimolato da un misto di beneficenza, concessioni salariali e legislative, edilizia popolare e allargamento dei servizi – che rende superflui i partiti e le istituzioni tradizionali, a cominciare dal Parlamento. Fra masse e leader si instaura un rapporto simbiotico che si nutre di raduni acclamanti e arringhe di piazza, rivolte non solo al proletariato, ma alla più ampia categoria dei diseredati. L'unica mediazione possibile è quella di elementi legati al capo carismatico e che ne esaltano la figura, come la moglie di Perón, Evita. Que-

Il presidente brasiliano Getúlio Vargas nel 1951 (a sinistra).
Asceso di nuovo alla massima carica dello stato nel 1950, Vargas non è più in grado di conciliare gli interessi dei diversi settori della società, politica caratteristica dei regimi populisti dell'America latina. Il 24 agosto 1954 si toglie la vita, lasciando una lettera testamento ai brasiliani.

Manifesto del Partito comunista brasiliano a favore della riforma agraria.

zione del paese, e di una parte del mondo imprenditoriale (che guarda però con sospetto alla legislazione sociale), mentre i ceti medi possono beneficiare delle maggiori possibilità di occupazione garantite dalla crescita dell'apparato pubblico. Gli unici settori estranei sono quelli rurali: mentre però l'oligarchia fondiaria mantiene il dominio economico e sociale grazie al peso che continuano ad avere le esportazioni, l'assenza di una qualsiasi riforma agraria non modifica, se non marginalmente, la condizione dei lavoratori dei campi.
Demagogico e paternalista, il populismo presuppone strutture di governo autoritarie, princìpi economici statalisti e orientati all'industrializzazione, favorisce il clientelismo, persegue una politica redistributiva dei redditi, assume atteggiamenti antioligarchici e antimperialisti, anche se nella realtà le riforme significative sono poche e lo stesso nazionalismo resta per lo più sulla carta. Spazzati via dalla mutata situazione economica, che non consente più opera di mediazione e di conciliazione, questi regimi, quando ricompaiono, hanno caratteristiche molto diverse, come dimostra il ritorno al potere di Perón in Argentina nel 1973. A perdurare sarà il definitivo mutamento della cultura politica e la visione dello stato, al quale ogni classe sociale, a cominciare da quella imprenditoriale, guarda come a un dispensatore di benessere e di assistenza.

Juan Domingo Perón e sua moglie Maria Eva Duarte, detta "Evita".

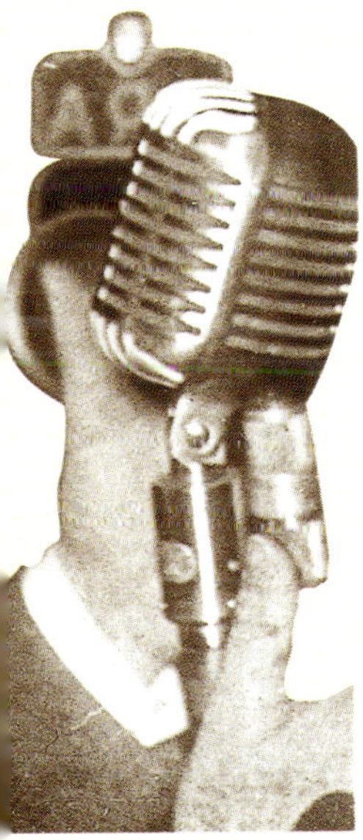

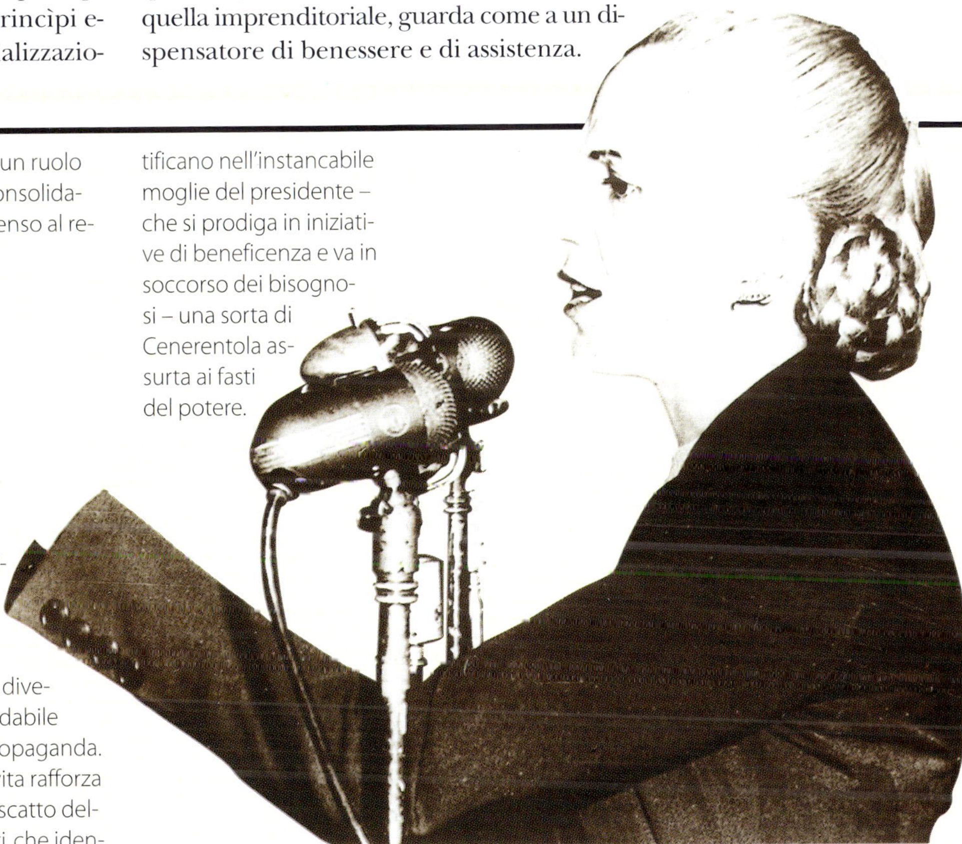

Quest'ultima svolge un ruolo essenziale nel consolidamento del consenso al regime: è grazie a lei che le donne argentine conquistano il diritto di voto (1947). La Fondazione, che porta il suo nome e da lei diretta, opera come una struttura ramificata in tutto il paese, divenendo un formidabile strumento di propaganda. L'attivismo di Evita rafforza quel sogno di riscatto delle classi popolari, che identificano nell'instancabile moglie del presidente – che si prodiga in iniziative di beneficenza e va in soccorso dei bisognosi – una sorta di Cenerentola assurta ai fasti del potere.

Le terze vie del Terzo Mondo

Manifestazione per l'indipendenza del Tibet davanti alla sede dell'ONU (1959).
Dopo il ritiro degli inglesi dall'India, il Tibet – stato a carattere teocratico con a capo il Dalai Lama, incarnazione del Buddha – è occupato dai cinesi nel 1950 e l'anno dopo è annesso alla Repubblica Popolare Cinese.

A metà degli anni Cinquanta la divisione del mondo in due blocchi contrapposti, crea una fitta rete di rapporti economici, politici e militari secondo le logiche spartitorie della guerra fredda.
I paesi estranei ai blocchi corrono il rischio di rimanere isolati e di cadere nella sfera d'influenza di Mosca o di Washington. Questa minaccia riguarda in particolare gli stati che tentano di affrancarsi dalla dominazione coloniale e si affacciano sulla scena politica mondiale in condizioni di fragilità, specie sotto il profilo economico. L'opposizione alla logica bipolare si identifica così con il perseguimento di una collocazione internazionale di "non allineamento", cioè quanto più possibile autonoma da ciascuno dei due blocchi.

Per impulso di India e Indonesia, i rappresentanti di un folto gruppo di giovani stati (29 in tutto, fra cui Ceylon, Birmania, Pakistan, Cina, Giappone, Turchia, i due Vietnam, Iran, Iraq, Giordania, Sudan) si riuniscono il 18 aprile 1955 a Bandung, in Indonesia. In questa occasione è sottoscritta una dichiarazione che ribadisce i princìpi della Carta dell'ONU, per quanto concerne la limitazione degli armamenti, l'autodeterminazione dei popoli, la sovranità degli stati. Qui viene coniata la formula del "non allineamento", che riveste un alto significato simbolico (primo tentativo di uscita dalla camicia di forza della guerra fredda), anche se gli effetti pratici sono di portata relativa.
In sostanza la conferenza di Bandung anticipa at-

Il presidente tunisino Habib Bourghiba.
Ottenuta l'autonomia dalla Francia nel giugno 1955, la Tunisia proclama l'indipendenza il 20 marzo 1956. Il leader nazionalista Bourghiba governa dapprima al fianco del bey Lamine, realizzando profonde innovazioni (riforma agraria, abolizione della poligamia e concessione del suffragio femminile), per poi proclamare (luglio 1957) la Repubblica, di cui resterà presidente fino al 1987.

Tito (a destra nella foto) e Nasser nel corso della visita di quest'ultimo in Jugoslavia nel 1956 (a sinistra).
Negli anni successivi alla conferenza di Bandung, Tito, Nasser e Nehru sono tra i più autorevoli portabandiera del blocco dei "non allineati".

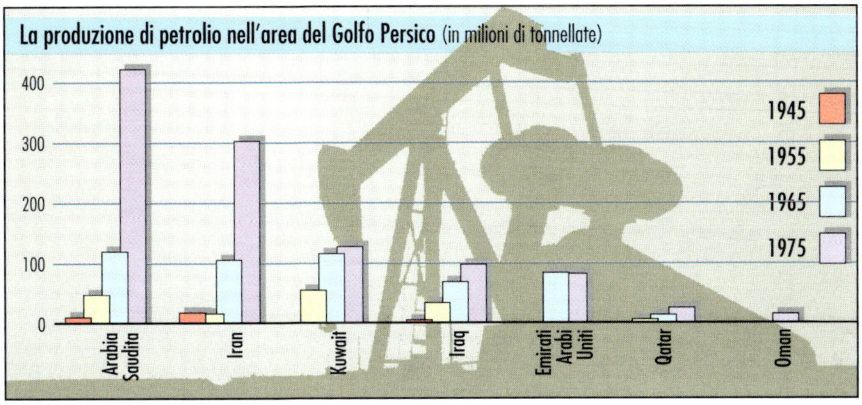

teggiamenti e situazioni – la contrapposizione fra Cina e URSS, il divario fra Nord e Sud del mondo – destinati a svilupparsi negli anni successivi.
A porre in difficoltà la ricerca di un atteggiamento equidistante fra i poli sovietico e americano è anche la netta ostilità che il movimento dei non allineati, visto con favore da Mosca, incontra a Washington. Ciò finisce inevitabilmente col ricollocare l'esperienza di Bandung all'interno del sistema bipolare della guerra fredda. Il fallimento del progetto di un terzo blocco di paesi, unito e autonomo, emerge con chiarezza nel 1962, quando Cina e India ingaggiano combattimenti a seguito dell'occupazione cinese della provincia indiana del Ladakh. È da questa data che il concetto di "Terzo Mondo" muta radicalmente di significato, passando a indicare una realtà di arretratezza e disagio socio-economico.

Spinte e fermenti nel mondo arabo

Malgrado questi limiti, Bandung conferisce nell'immediato una nuova spinta ai movimenti anticoloniali. Nel 1956 ottengono l'indipendenza il Marocco e la Tunisia, guidata dal Partito della "nuova Costituzione" (*Neo-Destur*) di Habib Bourghiba. I paesi arabi a più riprese tentano di mettere a frutto la sovranità appena conseguita per dare vita ad alleanze che rinverdiscano il vecchio sogno dell'unione panaraba.
Promotore di questi tentativi è l'Egitto, governa-

NASCE L'OPEC

Strumento efficace e incisivo di pressione economica e diplomatica è il cartello dei paesi esportatori di petrolio, sorto nel 1960. La Organization of Petroleum Exporting Countries (OPEC) comprende paesi arabi, asiatici, latinoamericani, africani e nasce come un accordo per il controllo congiunto di produzione e prezzi. La sua azione – ora convergente, ora in contrasto con le compagnie multinazionali – ottiene il risultato di indirizzare un consistente flusso di denaro verso le economie del Terzo Mondo, specie nei paesi arabi. Mentre negli anni Sessanta l'OPEC si limita a mantenere stabili i prezzi di listino su cui sono calcolati i prelievi fiscali, dal 1971 interviene più decisamente nella gestione della produzione. È soprattutto in Medio Oriente che emerge l'enorme importanza strategica del petrolio: nell'ottobre 1973 i paesi arabi ne decidono unilateralmente la quadruplicazione del prezzo per ritorsione contro la politica occidentale a sostegno di Israele, aprendo così una nuova fase nei rapporti economici internazionali.

Raffineria di petrolio nel Bahrein (Golfo Persico).

Indonesiane di religione islamica in preghiera.
All'inizio degli anni Settanta l'Indonesia è lo stato che conta il maggior numero di musulmani al mondo (oltre 110 milioni), ma la religione islamica convive con credenze e pratiche di derivazione induista.

Fedeli pakistani dinanzi a una moschea di Lahore.
Anche nei paesi asiatici si verifica un intreccio sempre più stretto fra l'adesione all'Islam e la nascita di movimenti nazionalisti contro la dominazione occidentale. Nel secondo dopoguerra la religione islamica si diffonde quasi ovunque (specie in Africa) raggiungendo circa un miliardo di fedeli: è seconda soltanto al cristianesimo.

to da un regime militare che dal 1954 è diretto dal colonnello Nasser. L'autoritarismo nella vita interna – la Costituzione approvata da un referendum popolare nel 1956 rinvia *sine die* il pluralismo partitico – si sposa al sostegno economico e tecnologico dell'URSS, che consente un certo grado di sviluppo e la costruzione di grandi opere pubbliche, come l'imponente diga di Assuan. Nel 1958 si costituisce tra Egitto e Siria la Repubblica Araba Unita, sciolta nel 1961. Nel 1964 si avvicinano Egitto e Iraq. Nel 1970 Libia, Egitto e Sudan ratificano la Carta di Tripoli. Nel 1971 la federazione delle repubbliche arabe di Egitto, Siria e Libia è approvata da un referendum popolare. Nessuno di questi progetti reggerà l'urto dei contrasti diplomatici sorti a causa del conflitto arabo-israeliano.

L'India: "la più grande democrazia del mondo"

Un caso a parte nell'ambito dei paesi non allineati è l'India di Nehru. Il primo ministro indiano può avviare il processo di modernizzazione del paese grazie all'appoggio degli USA, nei confronti dei quali riesce però a mantenere buoni margini di autonomia che gli consentono di svolgere un ruolo preminente tra i non allineati. Di formazione occidentale, socialista e democratica, Nehru lavora per la costruzione della "più grande democrazia del mondo". La nuova Costituzione (1947) sopprime il sistema delle caste, sancisce la parità

Rajiv Gandhi.
Dopo l'assassinio di Indira Gandhi, il suo posto alla guida dell'India sarà preso dal figlio Rajiv, che tenterà di promuovere una politica di conciliazione nazionale al fine di riequilibrare le spinte centrifughe provocate dalle varie minoranze etniche e religiose.

Pozzi di petrolio in Arabia Saudita.
La produzione di greggio in Medio Oriente aumenta di quasi tre volte dal 1955 al 1965. Nel 1973 – quando circa la metà dei consumi energetici mondiali dipende dal petrolio – in quest'area si concentra circa il 40 per cento della produzione mondiale.

di diritti per i cittadini di ambo i sessi, promuove lo sviluppo del paese e il miglioramento della giustizia sociale, senza toccare la proprietà privata. Una riforma agraria limita l'estensione dei latifondi, mentre un piano di programmazione economica prevede l'intervento dello stato che realizza grandi infrastrutture necessarie per il potenziamento industriale e agricolo, come i grandi bacini idrici per la produzione di elettricità e l'irrigazione. Si avvia così la "rivoluzione verde" per evitare le carestie. Alla morte di Nehru (1964) gli succede la figlia Indira Gandhi, che ne continua la politica di equidistanza dai blocchi e di avanzamento sociale. Ma il fanatismo religioso condurrà al suo assassinio (1984) e a quello del figlio Rajiv (1991).

Una strada della periferia di Pechino agli inizi degli anni Sessanta.
L'affermazione di una via cinese e autonoma al socialismo marcia di pari passo con l'acuirsi delle divergenze con l'Unione Sovietica. Nel 1960 si giunge alla rottura tra Mosca e Pechino: Mao, forte del sostegno dei paesi che cinque anni prima hanno dato vita alla conferenza di Bandung, dichiara che "il vento dell'Est ha la meglio su quello dell'Ovest".

LA CONFERENZA DI BANDUNG

Ecco alcuni passi della *Dichiarazione in favore dello sviluppo della pace e della cooperazione mondiale*, approvata il 24 aprile 1955: "Il problema della pace è legato al problema della sicurezza internazionale. A questo proposito tutti gli stati devono cooperare con l'ONU per realizzare la riduzione degli armamenti e l'eliminazione delle armi atomiche, sotto un valido controllo internazionale. In questo modo si può promuovere la pace internazionale; l'energia atomica potrà essere usata esclusivamente per scopi pacifici. Questo contribuirebbe a soddisfare in primo luogo le necessità dei popoli dell'Asia e dell'Africa, poiché ciò di cui hanno maggior bisogno è il progresso sociale e un più elevato tenore di vita in un clima di maggiore libertà. (...) Tutti i popoli devono godere del diritto di autodeterminazione, e la libertà e l'indipendenza devono essere accordate senza indugio a tutti quei popoli che ancora ne sono privi."

Soglia *(1950)* del pittore cubano Wifredo Lam.

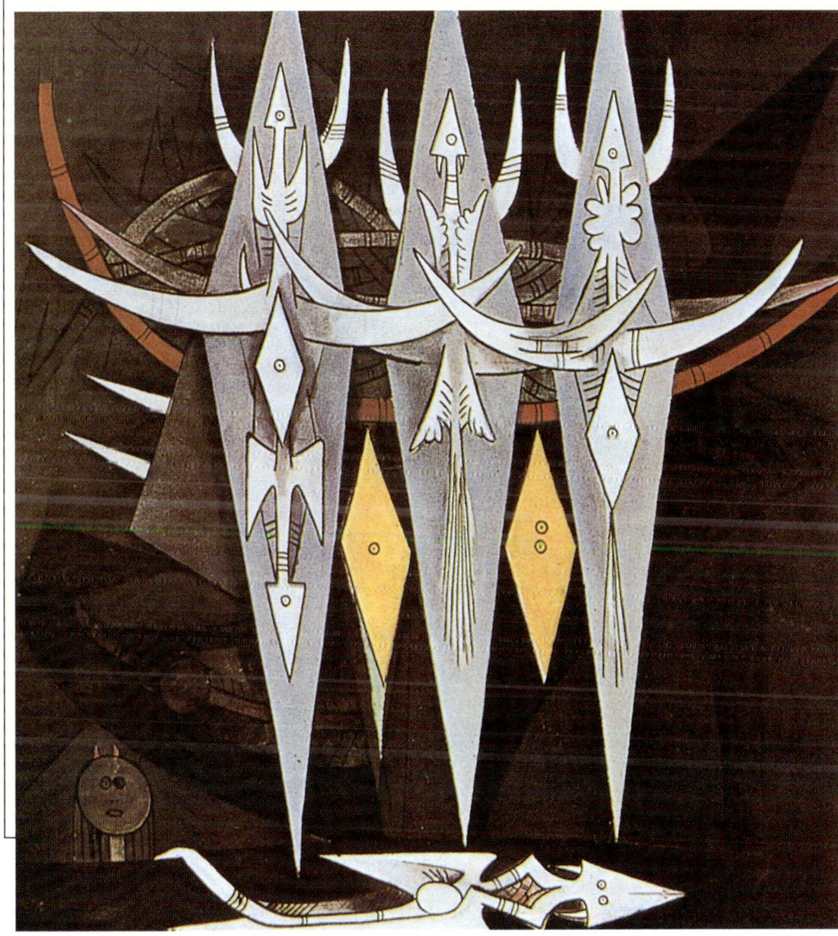

L'indipendenza dell'Algeria

In Algeria i primi fermenti di indipendentismo si manifestano a partire dal 1945, ma la guerra vera e propria contro il governo coloniale francese ha inizio nel novembre 1954 con la fondazione del Fronte di liberazione nazionale.
In una prima fase il Fronte concentra la propria azione nelle zone montuose e desertiche della Grande Cabilia e dell'Aurès, dove trova l'aiuto della popolazione, tradizionalmente ostile al potere centrale. Per colpire le basi di sostegno dei ribelli, l'esercito francese (circa 500.000 uomini) agisce con durezza anche contro i civili. Fra il 1954 e il 1959 circa 2 milioni di persone sono deportate in "centri di raggruppamento" controllati militarmente. I francesi fanno inoltre uno spregiudicato uso dei servizi di spionaggio e nel 1956 realizzano uno spettacolare dirottamento aereo, riuscendo ad arrestare cinque dei maggiori dirigenti del Fronte. Fra il gennaio e il giugno 1957 la guerriglia si sposta in città, dando vita a quella che i giornali chiamano "la battaglia di Algeri". I corpi scelti dell'esercito francese non esitano a ricorrere alla tortura per estorcere informazioni ai prigionieri, ma ciò produce un contraccolpo negativo nell'opinione pubblica: in Francia cresce la protesta contro gli eccessi dell'esercito e la logica del colonialismo. Il governo algerino in esilio riesce nel frattempo a porre all'attenzione dell'ONU la questione dell'indipendenza.
L'avvento al potere di De Gaulle nel 1958 e la sco-

Blindati francesi presidiano le strade di Algeri.
Il numero dei militari francesi in Algeria aumenta continuamente: da 56.000 all'inizio del conflitto passa a 120.000 nel marzo 1955 e a 500.000 nel 1956, fino a raggiungere le 800.000 unità alla fine del 1958.

Parata dell'esercito algerino (a destra).
L'indipendenza dell'Algeria viene proclamata il 5 luglio 1962, dopo un lungo conflitto che causa 158.000 morti tra i combattenti algerini. Più di 33.000 sono i morti e circa 65.000 i feriti su un totale (nel corso dell'intera guerra) di 2 milioni di soldati francesi.

Quartieri residenziali di Algeri.
Nel 1960 circa 900.000 persone abitano nella capitale: ai moderni quartieri europei delle minoranze bianche si contrappone il nucleo centrale della città vecchia araba, nella quale ha le proprie basi e i propri fiancheggiatori il movimento di resistenza antifrancese.

perta di giacimenti petroliferi nel Sahara aprono una nuova fase nella questione. Alla mera difesa degli interessi dei coloni, la Francia intende ora sostituire un piano di sviluppo che prevede investimenti dei grandi gruppi finanziari per l'industrializzazione dell'Algeria. De Gaulle propone al Fronte di liberazione la resa incondizionata in cambio della collaborazione francese alla crescita del paese. Nel 1960 Parigi riconosce il Fronte come interlocutore diretto e prende le distanze dai settori più retrivi e nazionalisti dell'esercito e dei coloni. Tra i generali francesi si forma l'Organisation armée secrète (OAS), intenzionata a difendere, anche con il terrorismo, l'esistenza di un'Algeria francese. Ma nel marzo 1962 Parigi e Algeri siglano l'accordo di Evian che affida a un referendum la decisione sul futuro dell'ex colonia, e nell'aprile successivo il generale Raoul Salan, capo dell'OAS, viene arrestato.

Chiamato a votare nel luglio 1962, il popolo algerino si esprime quasi all'unanimità per l'indipendenza. La conseguita libertà lascia però irrisolte molte contraddizioni che peseranno negativamente sul futuro del paese. Il nuovo governo presieduto da Ahmed Ben Bella riesce infatti a impiegare le risorse derivanti dall'esportazione del petrolio per un generale innalzamento del tenore di vita, ma è costretto a ricorrere a metodi autoritari nei confronti dei propri nemici, integralisti islamici e gruppi tribali.

La guerra in Indocina

È in Vietnam che inizia il tracollo dell'impero francese. Già indebolito dall'occupazione giapponese dell'Indocina, esso ha dovuto affrontare la sfida di un forte schieramento nazionalista: il 2 settembre 1945 il leader comunista e indipendentista Ho Chi Minh ha proclamato l'indipendenza del Vietnam. Il suo movimento, il Vietminh, è ben radicato nel Nord del paese; ma i francesi, che controllano il Sud più ricco, decidono di difendere i loro possedimenti indocinesi. Nel novembre 1946, la Marina francese bombarda il porto di Haiphong: è l'inizio di una lunga guerra. Le truppe del Vietminh, guidate dal generale Vo Nguyen Giap, controllano le campagne del Nord, mentre i francesi occupano le principali città e cercano di creare un nuovo stato fantoccio sotto la guida dell'imperatore dell'Annam, Bao Dai.

Nel 1949 il successo della rivoluzione cinese fa balenare la prospettiva di una rapida espansione del comunismo in Asia, e gli Stati Uniti decidono di sostenere i francesi. Una vittoria di Ho Chi Minh, che gode del sostegno dell'URSS, segnerebbe una sconfitta per la strategia americana del contenimento che, con lo scoppio della guerra in Corea, viene estesa a tutta l'Asia. Il conflitto per l'indipendenza del Vietnam diviene così parte del più vasto scenario della guerra fredda. Malgrado gli aiuti americani, l'esercito francese stenta a contenere la guerriglia e perde terreno. All'inizio del

Lancio di paracadutisti francesi.
Nella battaglia di Dien Bien Phu la Francia schiera un esercito composto per lo più da vietnamiti o africani; oltre 10.000 uomini sono fatti prigionieri dal Vietminh. La prima vittoria in campo aperto di un esercito di liberazione nazionale contro una potenza coloniale agisce da potente stimolo per tutti gli altri paesi in lotta per l'indipendenza.

La guardia dell'imperatore Bao Dai nel 1954 (a sinistra).
Nel marzo 1949, dopo due anni di negoziati con i francesi, l'ex imperatore dell'Annam – che aveva abdicato nel 1945 collaborando con Ho Chi Minh – accetta di porsi alla testa di un Vietnam unito, che ha la qualifica di "stato associato" indipendente nell'ambito dell'Unione francese.

Monumento a Ho Chi Minh.

1954 si giunge allo scontro decisivo: nella valle di Dien Bien Phu 12.000 soldati francesi sono accerchiati e bombardati dalle forze del Vietminh. La morsa della guerriglia si stringe e la situazione dei francesi si fa disperata. A nulla valgono gli appelli per un intervento dell'Aviazione americana: il 7 maggio, dopo 55 giorni di assedio, la guarnigione di Dien Bien Phu si arrende. Il Vietminh ha vinto, ma la portata internazionale del conflitto impedisce la naturale conquista dell'indipendenza.
Alla conferenza di Ginevra i popoli dell'Indocina, rappresentati dalle delegazioni dei vari stati, riescono solo in parte a far valere le loro istanze; oltre al riconoscimento dell'indipendenza di Laos e Cambogia, le grandi potenze decidono una temporanea divisione del paese sulla linea del 17° parallelo: al Nord la Repubblica Democratica del Vietnam di Ho Chi Minh, al Sud il governo filoccidentale di Ngô Dinh Diem (il capo dello stato è Bao Dai) . Gli accordi prevedono libere elezioni entro due anni e la riunificazione, ma la linea del 17° parallelo si trasforma in uno dei confini della guerra fredda. I francesi abbandonano l'Indocina. Gli Stati Uniti, in nome del contenimento del comunismo, si impegnano a sostenere il regime del Vietnam del Sud, e le elezioni decise a Ginevra non si terranno mai. Nell'ottobre 1955, con un referendum, Diem depone Bao Dai e proclama la Repubblica del Vietnam del Sud con capitale Saigon.

HO CHI MINH IL PADRE DEL VIETNAM

L'artefice dell'indipendenza vietnamita nasce nel 1890 a Kim Dien. Già fiero anticolonialista, in gioventù soggiorna a Marsiglia, Londra e Parigi. Fa proprie le tesi leniniste del COMINTERN sulla lotta rivoluzionaria dei popoli colonizzati e nel 1930 fonda il Partito comunista indocinese. Arrestato a Hong Kong, fugge e ripara a Mosca. Nel 1938 si trasferisce in Cina e nel 1941 dà vita al fronte politico-militare per l'indipendenza detto Vietminh, radicato nel Nord del Vietnam. Alla fine della seconda guerra Ho Chi Minh proclama l'indipendenza della Repubblica del Vietnam, comprendente il Tonchino, l'Annam e la Cocincina. Dopo il fallimento delle trattative con la Francia, si ritira nella giungla (1947) per dirigere la guerriglia contro gli occupanti, portando nel 1954 il paese alla vittoria. Dal 1950 è presidente della Repubblica Democratica del Vietnam e negli anni Sessanta guida la guerra contro il regime del Sud e le forze americane. Muore ad Hanoi nel 1969.

Ho Chi Minh, primo a sinistra, in visita a una scuola.
All'atto della proclamazione dell'indipendenza del suo paese, il leader vietnamita dichiara: "Noi, membri del governo provvisorio, in rappresentanza dell'intero popolo del Vietnam, affermiamo che non avremo più alcuna relazione con la Francia imperialista. Il popolo tutto del Vietnam è deciso a mobilitare ogni sua forza spirituale e materiale e a sacrificare le sue vite e i suoi beni al fine di salvaguardare il suo diritto alla libertà e all'indipendenza."

Lo scacchiere mediorientale e la questione palestinese

Moshe Dayan, artefice della vittoria israeliana nella guerra del 1956.
Dopo l'esperienza giovanile nell'Haganà e nella prima guerra israeliano-palestinese, dal 1953 al 1958 Dayan è capo di stato maggiore dell'esercito israeliano. Come ministro della Difesa, condurrà Israele alla vittoria nella guerra dei sei giorni.

Il confronto fra Israele e il mondo arabo è in Medio Oriente causa permanente di contrasti e scontri armati. Le profonde trasformazioni che qui avvengono mettono in pericolo il predominio politico e militare delle potenze occidentali in una regione dove si produce una materia prima di grande importanza come il petrolio. Gli Stati Uniti tentano da una parte di contenere l'influenza sovietica sul nazionalismo arabo, dall'altra fanno pressioni su Israele, che dipende finanziariamente dagli aiuti americani (pari a 18 miliardi di dollari dal 1950 al 1973) e che a sua volta vede nella contrapposizione fra Occidente e nazionalismo arabo il fondamento della propria difesa.

La vittoria militare israeliana del 1956 non si traduce in un vantaggio politico altrettanto netto. Il prestigio di Nasser, che si è eretto a difensore del mondo arabo e ad alfiere del panarabismo e della modernizzazione, è al culmine. All'inizio del 1957 Israele è costretto dalla pressione delle superpotenze (garanti della libertà di navigazione nel Canale di Suez) a ritirarsi dalla penisola del Sinai e a restituirla all'Egitto. Inizia per il paese una lunga crisi politica e sociale, di cui è testimonianza il ridimensionamento di alcuni valori e istituti tradizionali, come i *moshavim* (cooperative agricole) e i *kibbutzim* (aziende collettive condotte da lavoratori-soldati), non più in grado di assorbire una popolazione enormemente cresciuta. I coloni sono ormai solo

I FONDAMENTI DI UNO STATO

Nei primi anni di vita dello stato di Israele il numero degli abitanti aumenta rapidamente, grazie a una massiccia immigrazione di popolazione ebraica, che proviene da oltre 100 paesi ma prevalentemente dall'Europa centrale e dai Balcani (ebrei ashkenaziti), dall'Africa settentrionale e dal Vicino Oriente (ebrei sefarditi). La "legge del ritorno", promulgata nel 1950, prevede la concessione della cittadinanza israeliana agli ebrei che si trasferiscono nel paese (il numero degli ebrei residenti in Israele passa da 650.000 nel 1948 a 2.239.000 nel 1964). L'istituzione più significativa ereditata dal periodo della prima colonizzazione è quella dei *kibbutzim*, libere comunità di agricoltori all'interno delle quali è abolita la proprietà privata: tutti infatti godono di eguali diritti e il lavoro è organizzato in comune secondo principi di ispirazione socialista. Israele non adotta una legge costituzionale organica, e la base della legalità è assicurata da una serie di leggi fondamentali, che tardano tuttavia molti anni a essere approvate. I motivi di un tale ritardo vanno ricercati nella contrapposizione fra partiti laici e partiti a carattere confessionale, che si richiamano ai princìpi della religione ebraica. La forma di governo adottata è quella della democrazia parlamentare, con una Camera unica (Knesset) che esercita il potere legislativo ed elegge il capo dello stato, e un governo che è responsabile verso il Parlamento. Il potere giudiziario è indipendente dall'esecutivo e dal legislativo, ma in alcune materie (come il diritto di famiglia e la definizione dell'ebraicità degli individui) la legge attribuisce esclusiva competenza ai tribunali religiosi.

Yassir Arafat (a sinistra).
Fondatore nel 1959 del movimento al-Fatah, dal 1969 assume la direzione dell'OLP, guidando il suo popolo al negoziato che sfocerà nell'accordo con Israele del 1993. Nelle prime elezioni generali palestinesi del gennaio 1996 verrà eletto presidente del Consiglio dell'autonomia palestinese.

De Gaulle sulla copertina della rivista francese «L'Express» del gennaio 1969.
Nel 1967, a differenza di molti paesi occidentali, il generale critica la politica di aggressione militare di Israele, dichiarando la disponibilità di Parigi ad appoggiare una soluzione negoziata del conflitto mediorientale affidata alle Nazioni Unite.

il 4 per cento della popolazione, e la spinta ideale che aveva caratterizzato i primi anni di vita dello stato sembra esaurirsi.

Ascesa e declino dell'unità araba

Sul fronte opposto, nel 1958 la politica panaraba avviata dall'Egitto di Nasser raggiunge il culmine: il 1° febbraio Egitto e Siria si uniscono nella RAU (Repubblica Araba Unita), alla quale si aggiunge l'8 marzo lo Yemen. Il 14 febbraio Giordania e Iraq, in risposta all'iniziativa egiziana, stringono un patto militare (Federazione araba), ma pochi mesi dopo una rivoluzione repubblicana in Iraq porta al potere Abd el-Karim Kassem, facendo crollare l'ultimo importante regime filoccidentale del mondo arabo. In Occidente, le convulse vicende arabe sono interpretate come l'effetto di un piano sovietico: mentre il 15 luglio marines americani sbarcano in Libano, un contingente inglese giunge in Giordania su richiesta di re Hussein. Dal canto suo, Mosca sostiene la causa del mondo arabo contro Israele, nel quadro del confronto Est-Ovest che nel Medio Oriente registra punte di tensione sempre più acute. Ma già nel 1961 la RAU si dissolve, soprattutto perché la Siria non può tollerare la realtà di una unificazione che per essa si è tradotta nell'egemonia della burocrazia nasseriana sul paese.
Negli anni successivi i contrasti tra i regimi "progressisti" e paesi come l'Arabia Saudita, decisa-

Nasser in preghiera.
Nonostante la sconfitta nella guerra del 1956, il rais egiziano è l'eroe del nazionalismo arabo, e ne incarna le aspirazioni all'indipendenza. Il nasserismo raccoglie ampi consensi in tutti i paesi arabi, diventando per alcuni anni il più insidioso pericolo per gli interessi di Israele e delle potenze occidentali nell'area mediorientale.

David Ben Gurion (a destra) assiste alle manovre militari nella zona di Gaza (1956).
Immigrato in Palestina fin dal 1906, esponente del Partito dei lavoratori israeliani (MAPAI) e capo del governo dal 1948 al 1953 e dal 1955 al 1963, Ben Gurion è considerato il vero padre dello stato israeliano. Il "figlio del leone" sostiene l'uso preventivo della forza per imporre la pace.

Terrorista palestinese sul podio olimpico in una vignetta satirica.
Il 5 settembre 1972 terroristi di al-Fatah e di Settembre nero penetrano nel villaggio olimpico uccidendo due atleti israeliani e sequestrando gli altri. L'indomani, in uno scontro con la polizia, muoiono 5 terroristi, 9 ostaggi e un poliziotto.

Fotografi in prossimità del villaggio olimpico di Monaco.
I mezzi d'informazione di tutto il mondo seguono l'azione terroristica palestinese, il cui tragico epilogo provocherà un'ondata di sdegno nell'opinione pubblica mondiale e un irrigidimento della politica israeliana.

mente schierati con l'Occidente, sembrano prevalere sulle aspirazioni unitarie, e alla fine del 1963 il mondo arabo è attraversato ancora una volta da forti contrasti interni. Sarà il progetto israeliano di deviare le acque del Giordano, per costruire un acquedotto fra il Lago di Tiberiade e il deserto del Negev, a ricompattare il fronte arabo, scatenandone le proteste e influendo sulla decisione di tenere nel gennaio 1964 il primo vertice dei paesi arabi.

La controversia sul corso del Giordano è infatti l'occasione per rilanciare la questione palestinese: si istituisce un comando militare arabo unificato e l'organizzazione di una "entità palestinese", affidata all'ex muftì di Gerusalemme Shukeiri. Nel maggio 1964 nasce, sotto gli auspici della Lega araba e di Nasser, l'Organizzazione per la liberazione della Palestina (OLP), che forma un esercito di liberazione con volontari palestinesi dispersi nei paesi arabi. Contestando l'attendismo della linea ufficiale e mettendo al primo posto la liberazione della Palestina, considerata il necessario preambolo al conseguimento dell'unità araba, alcuni gruppi palestinesi – fra cui emerge al-Fatah ("la Vittoria") capeggiato da Yassir Arafat – passano direttamente all'azione.

I *fedayin* ("volontari votati al sacrificio") compiono atti terroristici in territorio israeliano, colpendo militari e civili. Il giorno di capodanno del 1965 essi rivendicano la loro prima azione in territorio

Aeroporto di Fiumicino, 17 dicembre 1973: commando palestinese assalta un aereo della compagnia americana Pan Am, uccidendo 32 passeggeri.
È una delle 565 azioni, portate a termine fuori dai confini di Israele dal terrorismo palestinese fra il 1968 e il 1986, che hanno provocato circa 500 morti e oltre 1700 feriti. Il maggior numero di attentati ha colpito Italia, Francia, Germania Ovest, Grecia e Gran Bretagna.

La diga di Assuan in costruzione (a sinistra). *La gigantesca opera per imbrigliare le acque del Nilo (allo scopo di risolvere il problema dell'irrigazione e produrre energia elettrica per l'industria) è il simbolo della rinascita dell'Egitto di Nasser. Quando gli USA, influenzati da Francia e Gran Bretagna, rifiutano di concedere un prestito per finanziare i lavori, il leader egiziano reagisce con la nazionalizzazione della compagnia che gestisce il Canale di Suez, scatenando così una crisi internazionale.*

Il tempio di Abu Simbel nella fase di rimozione dal suo sito originario in seguito alla costruzione della diga di Assuan.

israeliano. L'attivismo di al-Fatah, che contrasta con l'immobilismo delle diplomazie arabe, esalta i palestinesi spronandoli all'azione contro quelli che considerano occupanti. La lotta armata contro Israele sfugge al controllo dei paesi arabi, anche perché sostenuta dalla Siria, dove nel 1966 prende il potere l'ala sinistra del Partito Baath, che dichiara il proprio appoggio ad al-Fatah. Con il moltiplicarsi degli scontri armati alle frontiere fra i palestinesi di Giordania e gli israeliani, prevalgono fra questi ultimi i fautori della politica di forza. Nel giugno 1967 la tensione sfocerà nella "guerra dei sei giorni", stravinta da Israele. Una risoluzione dell'ONU chiederà invano il ritiro degli israeliani dai territori occupati, da cui 300.000 palestinesi fuggono in Cisgiordania e Libano. La drammatica realtà dei campi di profughi rafforza così l'autorità dell'OLP, che chiama a una lotta senza quartiere contro gli "usurpatori" israeliani. Così facendo espone la Giordania alle rappresaglie di Israele; perciò nel 1970 re Hussein si sbarazza con una vera e propria strage di buona parte dei palestinesi che vivono sul territorio giordano e costringe i superstiti a riparare in Libano: l'evento sarà ricordato dai palestinesi come il "settembre nero". La lotta armata a Israele prosegue con attacchi terroristici di *fedayin* dai paesi confinanti, con dirottamenti aerei o con azioni clamorose come il sequestro e l'uccisione di atleti israeliani alle Olimpiadi di Monaco del 1972.

Una strada di Betlemme negli anni Sessanta.

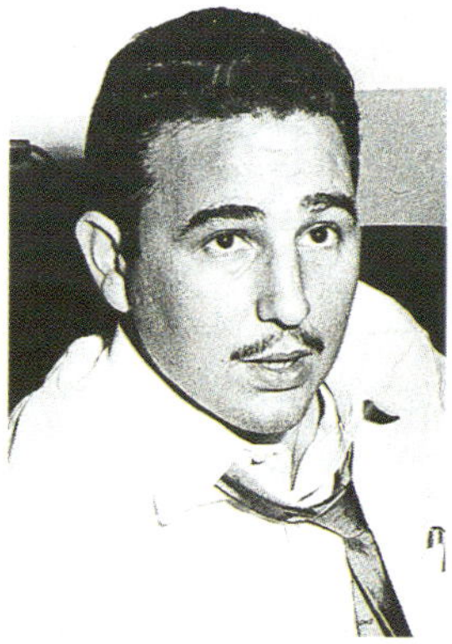

Il giovane avvocato trentenne Fidel Castro, leader del movimento studentesco che si oppone al corrotto regime di Fulgencio Batista.

La rivoluzione cubana

Fidel Castro nel 1959. *Dopo l'arresto seguito al fallito attacco a una caserma di Santiago de Cuba nel 1953, Castro provvede da solo alla propria difesa. La sua arringa – poi pubblicata col titolo* La storia mi assolverà *– diventa la base programmatica del Movimento 26 luglio, forza alla quale si aggregano i diversi oppositori di Batista.*

La scena politica latinoamericana del secondo dopoguerra è scossa alla radice dalla rivoluzione cubana, vittoriosa nel 1959, guidata dai fratelli Fidel e Raúl Castro e da Ernesto "Che" Guevara. Rovesciato il regime di Fulgencio Batista, il nuovo governo imbocca la strada del socialismo man mano che gli Stati Uniti – danneggiati dalle nazionalizzazioni decretate dall'Avana – rispondono con atti di ritorsione, spingendo l'ostilità fino al punto di organizzare un fallito sbarco sull'isola da parte di esuli e mercenari (1961). L'Avana si avvicina così all'Unione Sovietica e ai paesi dell'Est, che ne diventano i principali partner commerciali, mentre Washington reagisce decretando il blocco economico dell'isola.

Il momento più critico di questa contrapposizione si registra nell'ottobre 1962 quando il presidente Kennedy esige dai sovietici il ritiro dei missili che hanno installato nell'isola, e l'ottiene senza che Mosca consulti Castro. Il governo cubano cerca di crearsi uno spazio autonomo, che individua nell'internazionalismo, impegnandosi nel sostegno a governi e movimenti di liberazione del Terzo Mondo. Questa linea si traduce, in America latina, nell'appoggio a vari movimenti di guerriglia nel corso degli anni Sessanta. In una di queste operazioni, il "Che" muore in Bolivia (1967) mentre cerca di allargare il fronte antimperialista (suo è lo slogan più diffuso in questi anni: "creare due, tre, molti Vietnam") per mettere

Sul cofano di un'auto di fabbricazione statunitense lo slogan dei rivoluzionari che hanno preso il potere. *Le tensioni con Washington, iniziate dopo la vittoria dei castristi, raggiungono il culmine nell'aprile 1961 con il fallito sbarco di esuli e mercenari cubani nella Baia dei Porci. Non solo non si registra la rivolta popolare auspicata da Washington, ma il tentativo di invasione provoca una reazione di massa che rafforza il consenso intorno al giovane regime rivoluzionario.*

Parata militare nella Plaza de la Revolución all'Avana (a destra).

Banconota da 20 pesos emessa dal governo rivoluzionario. *Prima come direttore del Banco Nacional e poi come ministro dell'Industria, Guevara è convinto della necessità di giungere in tempi brevi all'abolizione del mercato e alla graduale eliminazione del denaro. Avversario del burocratismo e del modello sovietico in economia, il "Che" si fa promotore di una campagna di mobilitazione politica e ideologica fondata sul lavoro volontario e sugli incentivi morali.*

in difficoltà gli Stati Uniti. Il fallimento della strategia guerrigliera spinge Cuba ad allinearsi all'URSS sia in materia economica – con la rinuncia alla diversificazione produttiva, il ritorno all'esportazione massiccia di zucchero e l'ingresso nel COMECON – sia in materia politica, con il ruolo predominante assunto dal Partito comunista, la progressiva attenuazione del clima di vivacità culturale dei primi tempi e la repressione del dissenso.
Solo in politica estera Cuba mantiene una certa autonomia, inviando le proprie truppe a sostegno dei governi angolano ed etiopico tra gli anni Settanta e Ottanta. Grazie ai massicci aiuti economici sovietici (con l'acquisto dello zucchero cubano a prezzi di favore), l'isola conosce una crescita elevata, al contrario di quanto avviene nel resto dell'America latina. Malgrado le conquiste in campo sociale e nei settori della sanità e dell'istruzione, l'isola sconta il diffondersi del dissenso interno, che si manifesterà apertamente nel 1980 con l'esodo di oltre 120.000 cittadini che andranno a ingrossare le file della comunità di esuli in Florida. Il regime continuerà a scontrarsi (salvo la parentesi della presidenza di Jimmy Carter) con gli USA, che restano assai rigidi nei suoi confronti. Malgrado ciò, Cuba riuscirà a superare l'isolamento continentale cui è stata confinata dopo la rivoluzione e riprenderà le relazioni con molti paesi latinoamericani dalla fine degli anni Sessanta.

ERNESTO "CHE" GUEVARA

Nato in Argentina nel 1928, dopo aver percorso in lungo e in largo l'America latina Guevara approda nel 1954 in Messico: qui si unisce al gruppo di cubani, capeggiati da Fidel Castro e dal fratello Raúl, per sbarcare nell'isola di Cuba, dove inizia la guerriglia (1956). Animo inquieto, ricopre cariche importanti nel governo rivoluzionario e lotta per una visione etica della politica, inseguendo l'ideale dell' "uomo nuovo", una figura dotata di un alto livello di coscienza e pronta a dare tutto per la collettività. Fortemente critico nei riguardi del burocratismo sovietico, lascia ogni carica ufficiale per dedicarsi alla battaglia internazionalista, combattendo in Congo a fianco dei seguaci di Lumumba (1965) e creando, con un pugno di uomini, un focolaio guerrigliero in Bolivia (1966). Fatto prigioniero, viene ucciso per ordine del governo boliviano l'8 ottobre 1967.

Guevara in compagnia della madre Celia nel 1960.

La decolonizzazione dell'Africa

Il poeta Léopold Sédar Senghor.
Già deputato al Parlamento francese, eletto presidente del Senegal nel 1960, è fra i maggiori sostenitori della négritude, *che prospetta la rinascita culturale dei popoli neri attraverso la valorizzazione del loro peculiare contributo alla civiltà universale, abbattendo le barriere erette dal razzismo.*

Contrariamente a quanto accade nel mondo arabo e in Asia, dove il processo di emancipazione dal colonialismo provoca conflitti cruenti , in Africa la decolonizzazione avviene più tardi, a partire dalla fine degli anni Cinquanta e in un clima, almeno in apparenza, meno aspro. Fra il 1957 e il 1967 circa quaranta stati, la quasi totalità del continente, conseguono la piena sovranità.
La perdurante struttura tribale che contrassegna le società africane, e soprattutto la mancanza di una lingua e di una religione comuni, hanno reso la presenza occidentale molto più distruttiva che altrove. Le potenze che si erano spartita l'Africa avevano infatti molto spesso tracciato confini artificiali, mescolando etnie e culture eterogenee, talora inconciliabili fra loro. La lingua dei colonizzatori, imposta come lingua ufficiale, è rimasta l'unico mezzo di comunicazione e di unificazione delle molte tribù di uno stato. La rivendicazione dell'indipendenza non può fondarsi su un sentimento nazionale diffuso e prende corpo soprattutto nelle *élites* professionali e intellettuali coinvolte dalle potenze coloniali nell'amministrazione statale e nello sfruttamento delle risorse naturali.

La rivalità fra tribù ed etnie

Nei paesi francofoni questa rivendicazione assume tratti ideologici e culturali, con una commistione di ideali panafricani (la *négritude* del poeta e presidente senegalese Léopold Sédar Senghor)

Villaggio del Ghana.
La popolazione africana aumenta dai 273 milioni del 1960 ai 440 del 1980 (il 12 per cento del totale mondiale). Mentre la mortalità diminuisce, le nascite rimangono su livelli assai elevati (attorno al 47 per mille). Il peso demografico dei centri urbani cresce in misura notevole: da una media del 9 per cento nel 1960 (ma con forti differenze regionali) si passa al 26 per cento nel 1980. Tale sviluppo pone gravi problemi al settore agricolo, incapace di fronteggiare la domanda.

L'anno di indipendenza delle colonie africane e asiatiche

BELGIO FRANCIA	Etiopia 1941	India 1947	Pakistan 1947	Pakistan Or. 1947 Bangladesh 1971	Ceylon 1948 Sri Lanka 1972	Burma 1948	Libia 1951	Sudan 1956	Algeria 1956
INGHILTERRA ITALIA	Marocco 1956	Tunisia 1956	Ghana 1957	Guinea 1958	Dohomey 1960 Benin 1975	Ciad 1960	Senegal 1960	Madagascar 1960	Mali 1960
PORTOGALLO SPAGNA	Mauritania 1960	Repubblica Centrafricana 1960	Niger 1960	Togo 1960	Somalia 1960	Nigeria 1960	Congo 1960 Zaire 1971	Camerun 1960-61	Costa d'Avorio 1961
Sierra Leone 1961	Tanzania 1961	Burundi 1962	Ruanda 1962	Uganda 1962	Kenia 1963	Malawi 1964	Zambia 1964	Gambia 1965	Rhodesia dichiarata UDI 1965 Zimbabwe 1980
Botswana 1966	Gabon 1968	Guinea Equatoriale 1968	Alto Volta 1974 Burkina 1984	Guinea Bissau 1974	Mozambico 1975	Angola 1975	Cabinda all'Angola	Gibuti 1977	Sahara Occ. 1978

e aspirazioni socialiste. Nelle colonie inglesi invece, dove i neri convivono con minoranze arabe, i movimenti di liberazione hanno un carattere fortemente etnico. Fatto, questo, che lascia il campo aperto alla rivalità di tribù ed etnie, provocando spesso una endemica instabilità politica, che determina in molti paesi appena affrancati dalla dominazione straniera una involuzione autoritaria e antidemocratica.

Sebbene con l'indipendenza siano introdotte Costituzioni ispirate ai modelli delle democrazie occidentali, ben presto prevale la tendenza a ridimensionare il ruolo dei partiti e ad aumentare i poteri del governo, in base alla tesi secondo cui l'arretratezza del paese e l'immaturità delle masse rendono impossibile un pieno sviluppo della democrazia. L'instaurazione del regime a partito unico viene presentata come indispensabile per edificare lo stato nazionale e avviare lo sviluppo di un paese.

L'evoluzione verso regimi autoritari segue strade diverse: revisioni costituzionali, cambiamenti violenti al vertice, dittature militari. In linea generale, la presa del potere viene legittimata promulgando Costituzioni di tipo autocratico; oltre a una repressione spesso feroce delle minoranze politiche, etniche e religiose, i governanti danno avvio a una spirale di clientelismo e corruzione che coinvolge tutta la società, innescando nuovi complotti e tentativi di colpi di stato.

Francesi salutano De Gaulle nel corso della sua visita in Senegal.
Fra il 1959 e il 1963 il presidente francese stipula con i paesi dell'Africa nera e del Maghreb più di 300 accordi di assistenza tecnica e finanziaria in cambio di una serie di privilegi. Specifiche convenzioni per regolare l'emigrazione in Francia di manodopera africana vengono inoltre sottoscritte con Algeria (garantendo in una prima fase la piena libertà di circolazione), Marocco e Tunisia.

LE NAZIONI UNITE E L'INDIPENDENZA AFRICANA

A conclusione dell' "anno dell'Africa", il 14 dicembre 1960 l'Assemblea generale dell'ONU approva la *Dichiarazione sulla concessione dell'indipendenza ai paesi e ai popoli coloniali*. Ecco i principali articoli:

1. La soggezione dei popoli a un giogo, a una dominazione e a uno sfruttamento stranieri costituisce una negazione dei diritti fondamentali dell'uomo, è contraria alla Carta delle Nazioni Unite e compromette la causa della pace e della cooperazione mondiale.

2. Tutti i popoli hanno diritto alla libera decisione. In virtù di questo diritto decidono liberamente il loro sviluppo economico, sociale e culturale.

3. La mancanza di preparazione nei campi politico, economico e sociale o in quello dell'istruzione non deve mai essere presa come pretesto per ritardare l'indipendenza.

4. Sarà posta fine ad ogni azione armata e a tutte le misure di repressione, di qualsiasi genere siano, dirette contro i popoli dipendenti, per permettere a questi popoli di esercitare pacificamente e liberamente il loro diritto all'indipendenza completa, e l'integrità del loro territorio nazionale sarà rispettata.

5. Misure immediate saranno adottate nei territori sotto tutela, nei territori non autonomi e in tutti gli altri territori che non hanno ancora acceduto all'indipendenza, per trasferire tutti i poteri ai popoli di detti territori [...].

6. Ogni tentativo mirante a distruggere parzialmente o totalmente l'unità nazionale e l'integrità territoriale di un paese è incompatibile con gli scopi e i princìpi della Carta delle Nazioni Unite, della *Dichiarazione universale dei diritti dell'uomo* e della presente dichiarazione [...].

Patrice Lumumba poco prima del suo assassinio nel gennaio 1961.
Fondatore del movimento nazionale congolese, guida il governo del paese subito dopo la proclamazione dell'indipendenza (30 giugno 1960), tentando di garantire l'unità contro le spinte secessioniste e l'influenza delle tradizioni tribali.

I nuovi stati africani

Un elemento di fragilità di molti fra i nuovi stati africani è costituito dalla penetrazione più o meno occulta di forme neocoloniali di sfruttamento e subordinazione imposte da potenze straniere.

Regimi autoritari e ingerenze straniere

Nel caso dell'ex colonia belga del Congo, indipendente dal Belgio dal 1960, tale aspetto si manifesta sotto la forma di una secessione tribale: la rivolta della ricca regione mineraria del Katanga contro il nuovo stato indipendente, incoraggiata e finanziata dalle compagnie estrattive belghe e americane. L'assassinio del leader anticoloniale Patrice Lumumba (1961) apre un periodo di violenze che culmina nel 1964 con l'intervento di mercenari americani e belgi e favorisce nel 1965 l'avvento al potere di Sese Seko Mobutu, fedele alleato degli occidentali. Mobutu conta sull'appoggio della Francia e instaura un regime in cui la corruzione e l'inefficienza statali si coniugano alla brutalità della repressione. Nel suo più che trentennale periodo di governo – Mobutu cadrà soltanto nel 1997 per mano dei ribelli capeggiati da Laurent Kabila – lo stato dello Zaire (oggi Repubblica Democratica del Congo) è condotto allo sfascio in quasi tutti i settori: dall'industria all'agricoltura e all'esercito stesso. Una dinamica analoga si ripropone in Nigeria, dove fra il 1965 e il 1970 gli Stati Uniti appoggiano la

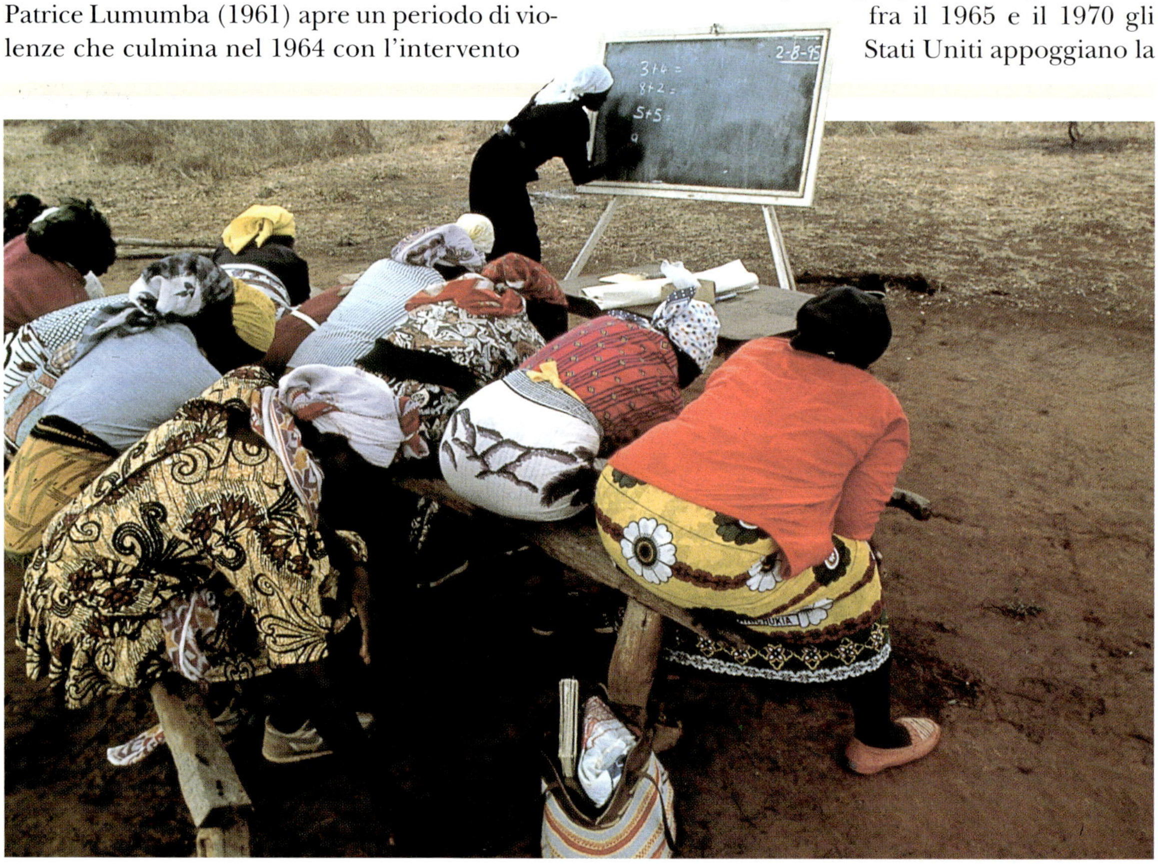

Alfabetizzazione in Kenya.
Per molti governi africani la questione della scolarizzazione costituisce una priorità. Nel 1958 i bambini che frequentano la scuola primaria sono circa il 25-30 per cento (si va dal 65 del Congo al 3 per cento del Niger). Nel 1970 i progressi sono rilevanti, ma permangono forti squilibri fra i vari paesi e fra i sessi: nell'Africa subsahariana il tasso di scolarizzazione è del 41 per cento per i maschi ma scende al 31 per le femmine.

Il presidente dello Zaire Sese Seko Mobutu e, a destra, capi tribali in costume guerriero.
Responsabile dell'arresto di Lumumba e del golpe del 1960, Mobutu concentra nelle sue mani i poteri di capo dello stato e di primo ministro del Congo, istituendo un sistema a partito unico. Nel 1971 cambierà la denominazione del paese in Zaire.

secessione della regione del Biafra dallo stato nigeriano, sostenuto dalla Gran Bretagna. È la dimostrazione, denunciata a più riprese dalla Conferenza panafricana, che il Terzo Mondo rimane, al di là di un rispetto di facciata verso le sovranità nazionali, territorio di conflitto e scambio fra le potenze coloniali dei due blocchi.
Fra i paesi dell'"Africa nera" a influenza britannica e francese che guadagnano l'indipendenza attraverso processi pacifici, solo il Kenya vive una stagione di sanguinosi contrasti. I coloni bianchi si oppongono alle rivendicazioni avanzate dagli indigeni, specie dalle tribù dei Kikuyu guidate da Jomo Kenyatta (presidente dal 1964 al 1978). L'associazione segreta nera dei Mau-Mau risponde a tale intransigenza con il terrorismo, fronteggiato dalle autorità coloniali con una repressione che provoca 40.000 morti prima del riconoscimento della sovranità nazionale nel 1963.

Predominio bianco e segregazione razziale

Tratti particolari nel processo di decolonizzazione presentano gli stati della Rhodesia e del Sudafrica, in cui perdurano a lungo il dominio e lo stato di segregazione imposti dalla minoranza di coloni bianchi alla popolazione nera. Fin dalla sua fondazione, l'ONU adotta risoluzioni di condanna verso la segregazione razziale, seguite da sanzioni economiche verso i paesi che la attuano apertamente. In Rhodesia, fra il 1976 e il

L'arcivesco anglicano Desmond Tutu nel corso di una manifestazione nello Zimbabwe.
Nato nel 1931, il premio Nobel per la pace (1984) è, negli anni Settanta, protagonista di un intenso impegno pastorale contro l'apartheid. La sua campagna per il rispetto dei diritti della popolazione nera avrà risonanza mondiale e sarà coronata da successo.

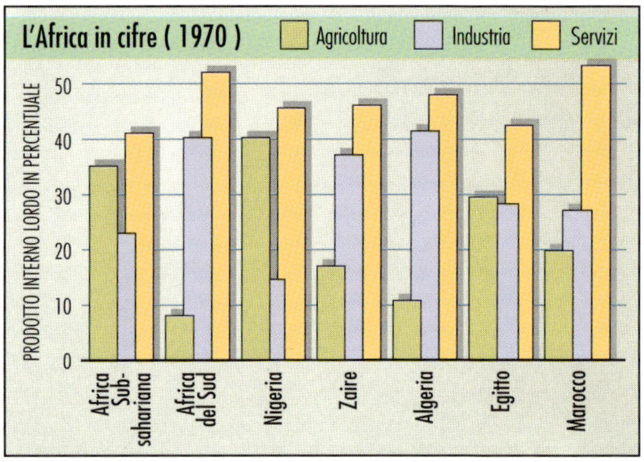

1978, grazie agli sforzi di Gran Bretagna e Stati Uniti presso il governo bianco, si giunge prima alla concessione del diritto di voto a neri e meticci, poi (1980) alla costituzione di un nuovo stato, la Repubblica dello Zimbabwe, in cui la minoranza bianca siede all'opposizione conservando taluni vantaggi politici ed economici. In Sudafrica l'ANC (African National Congress), il principale partito della popolazione nera, adotta nel 1955 la *Freedom Charter*, che prevede l'attribuzione della cittadinanza a tutti i residenti, senza distinzioni di razza. La crescita del movimento nero provoca però la reazione della minoranza bianca che esercita il suo ferreo predominio attraverso i governi retti dal Nationalist Party.

Dopo l'indipendenza, le guerre intestine

Casi di decolonizzazione tardiva e violenta sono quelli delle colonie portoghesi di Guinea-Bissau, Angola e Mozambico, dove movimenti di liberazione organizzano una rivolta che il Portogallo tenta di soffocare con l'intervento militare. Solo dopo la morte del dittatore Antonio de Oliveira Salazar (1970) e il colpo di stato dei militari progressisti a Lisbona (1974), si giunge all'indipendenza (1975). In Mo-

Donne nere in una strada di Città del Capo.
*Dal 1948 l'*apartheid *diventa la politica ufficiale dell'Unione Sudafricana. Sarà abolita solo nel 1992 con un referendum. La popolazione è divisa in quattro gruppi "razziali": i bianchi, i* coloured *(meticci), i negri (bantu) e gli asiatici.*

Bambino mozambicano con una granata anticarro (a destra).
Nei conflitti e nelle lotte etniche che sconvolgono molti paesi africani, migliaia di bambini restano vittime di rappresaglie e atti di violenza o vengono utilizzati come "soldati" nelle operazioni militari.

UNITÀ E DIVISIONI

I tentativi di coordinare fra loro gli stati africani hanno conseguito modesti risultati. L'Unione degli Stati Africani (1961) fra Ghana, Guinea e Mali si scioglie nel 1963. L'Organizzazione per l'Unità Africana (1963), che raccoglie tutte le nazioni africane, sconta al proprio interno la divisione fra il "blocco di Casablanca" (formato da stati di orientamento più radicale e socialista come Algeria e Libia) e il "gruppo di Brazzaville", comprendente paesi moderati e filoccidentali come Senegal e Costa d'Avorio.

Jomo Kenyatta (a sinistra).
Dopo un lungo soggiorno in Inghilterra, "il vecchio leone" rientra in Kenya nel 1947 per dirigere il movimento indipendentista. In carcere dal 1952 al 1961, diventa primo ministro nel giugno 1963 e ottiene poco dopo l'indipendenza. Proclamata la Repubblica nel dicembre 1964, ne sarà il presidente fino alla morte (1978).

Donne congolesi al lavoro.

zambico e Angola si insediano regimi di orientamento socialista che riescono a consolidarsi con il sostegno economico e militare di Cuba e dell'URSS. Tuttavia questa indipendenza "protetta" non impedisce l'accendersi di una guerriglia interna fra i movimenti di liberazione: in Angola l'MPLA (Movimento popolare per la liberazione dell'Angola) del presidente Agostino Neto dovrà fronteggiare, fino alla cessazione delle ostilità (1991), la guerriglia anticomunista dell'UNITA (Unione per l'indipendenza totale dell'Angola) appoggiata dal Sudafrica.
Ottenuta l'indipendenza, per gli stati africani comincia una nuova sfida: quella contro il sottosviluppo e per la crescita economico-sociale.

L'ECONOMIA DEL SOTTOSVILUPPO

La dominazione occidentale in Africa era basata sullo sfruttamento delle colonie in quanto produttrici di materie prime e acquirenti di manufatti, a tutto vantaggio delle più evolute economie europee. Intorno alla metà degli anni Cinquanta il settore manifatturiero risulta perciò assai debole, mentre la popolazione dispone solo del 2 per cento del reddito prodotto nel mondo. L'agricoltura è dunque l'attività predominante, tranne che in Sudafrica: occupa dal 52 per cento della popolazione attiva in Congo al 95 per cento di quella di Ciad, Ruanda e Niger. Altro settore importante è quello minerario e petrolifero, controllato da società straniere. La pressoché totale dipendenza dall'estero rende le economie delle ex colonie instabili e vulnerabili, per le quotazioni fluttuanti delle materie prime. Lo stato assume ben presto un ruolo determinante, tentando di introdurre forme di pianificazione economica; tuttavia il basso livello di vita rende spesso impossibile il finanziamento di progetti e costringe i governi ad accumulare enormi debiti nei confronti dei paesi stranieri. Nell'Africa subsahariana lo sforzo per realizzare cambiamenti strutturali determina comunque, negli anni Sessanta, una lenta trasformazione dei vari settori, provocando una riduzione dell'agricoltura (dal 47 al 35 per cento del PIL), un incremento dell'industria (dal 17 al 23 per cento) e un'espansione abnorme del terziario (il 41 per cento nel 1970). La crescita complessiva della produzione è vanificata dallo straordinario incremento demografico, e si rivela insufficiente se rapportata ai bisogni economici e sociali. Aumenta quindi l'emigrazione verso i paesi ex coloniali, che introducono misure di restrizione degli accessi.

Bambina sudafricana.
L'apartheid prevede la segregazione su tre livelli: la separazione dei bianchi dai non bianchi in tutti i settori della vita quotidiana e nei servizi; l'istituzione di quartieri separati; la divisione del territorio in riserve per le diverse etnie.

1947-1950

ECONOMIA E TECNOLOGIA

1948

USA L'ONU promulga la *Dichiarazione universale dei diritti dell'uomo.*

Colombia A Bogotà nasce l'Organizzazione degli stati americani (OSA).

1949

URSS Sperimentata la prima bomba atomica.

1950

Hong Kong Inizia l'industrializzazione della colonia britannica.

POLITICA E ISTITUZIONI

1947

5 marzo *USA* Con il discorso di Churchill a Fulton inizia la "guerra fredda".

29 marzo *Madagascar* Repressi nel sangue i moti nazionalisti.

15 agosto *India* Proclamata l'indipendenza; nascita dell'Unione Indiana e del Pakistan. Conflitto indo-pakistano per l'annessione del Kashmir all'Unione Indiana.

1° settembre Mao proclama la Repubblica Popolare della Cina meridionale.

1948

4 gennaio *Birmania* Fine del dominio inglese.

30 gennaio *India* Assassinio di Gandhi.

14 maggio *Israele* A Tel Aviv Ben Gurion proclama la nascita dello stato di Israele.

27 maggio *Indocina* Parigi insedia un governo provvisorio filofrancese presieduto dall'imperatore Bao Dai.

15 agosto Proclamazione della Repubblica della Corea del Sud, guidata dal filoamericano Syngman Rhee, e della Repubblica Democratica Popolare della Corea del

1951-1953

ECONOMIA E TECNOLOGIA

1951

Iran Il primo ministro Muhammad Mossadeq nazionalizza il petrolio.

Uganda Inaugurato a Entebbe il più grande aeroporto africano.

1953

Brasile Nasce la Petrobràs, la compagnia statale per lo sfruttamento del petrolio.

Cina Varato il primo piano quinquennale.

Messico Concesso il voto alle donne.

Oceano Pacifico Sull'atollo di Bikini gli USA lanciano la bomba H, provocando la contaminazione radioattiva in un raggio di 100 chilometri.

POLITICA E ISTITUZIONI

1951

1° settembre Firmato il Patto di Sicurezza del Pacifico (ANZUS) tra Australia, Nuova Zelanda e USA.

8 settembre *USA-Giappone* Stipulato il trattato di pace.

24 dicembre La Libia conquista l'indipendenza.

Brasile Getúlio Vargas viene rieletto presidente.

1952

13 luglio *Egitto* Un golpe nazionalista degli "Ufficiali liberi" depone re Faruk: il generale Neguib prende il potere.

agosto-settembre *Kenya* Prime scintille della rivolta dei Mau Mau.

Bolivia Scoppia la rivoluzione guidata da Victor Paz Estenssoro.

Cuba Golpe del generale Fulgencio Batista e inizio della seconda fase della sua dittatura.

India Alle prime elezioni generali schiacciante vittoria del Partito del Congresso: Jawaharlal Nehru eletto primo ministro.

Messico Adolfo Ruiz Cortínez è eletto presidente.

Venezuela Inizia la dittatura di Rafael Pérez Jiménez.

1954-1958

ECONOMIA E TECNOLOGIA

1954

Brasile Inizia la costruzione della nuova capitale Brasilia.

Cina Mao cede la presidenza a Liu Shaoqui.

SEATO Nasce l'Organizzazione del Trattato del Sudest asiatico.

1956

Brasile Varato il *Programa de Metas*: grande apertura al capitale estero.

• Concessione del suffragio femminile.

Cina Collettivizzazione del 90 per cento della proprietà contadina e nazionalizzazione totale dell'industria.

1958

Cina Politica del "grande balzo", basata sulle "comuni del popolo".

POLITICA E ISTITUZIONI

1954

7 maggio *Vietnam* I francesi sono sconfitti dal Vietminh nella conca di Dien Bien Phu.

20-21 luglio *Svizzera* Pierre Mendès-France firma a Ginevra l'accordo che riconosce la sovranità del Vietminh a nord del 17° parallelo, e a sud quella dell'imperatore Bao Dai.

27 settembre *Cina* Mao viene eletto presidente.

1° novembre *Algeria* Inizia la guerra di liberazione contro il dominio francese.

Cuba Batista scioglie il Parlamento e viene rieletto presidente.

1955

18-27 aprile Conferenza di Bandung.

5 novembre *Marocco* Ritorno sul trono del sultano Muhammad V.

Cuba Batista concede l'amnistia a Castro e compagni.

Israele Ben Gurion è eletto premier per la seconda volta; resta in carica fino al 1963.

1956

1° gennaio Indipendenza del Sudan.

2 marzo Indipendenza del Marocco.

1959-1960

ECONOMIA E TECNOLOGIA

1959

Europa Si costituisce l'EFTA (zona europea di libero scambio).

1960

Cuba Accordo commerciale con l'URSS ed embargo di Washington contro Cuba.

Francia Prima esplosione nucleare nel deserto del Sahara.

Iraq Alla Conferenza di Baghdad è fondata l'OPEC (Organizzazione dei paesi esportatori di petrolio).

Messico Nazionalizzazione dell'industria elettrica.

Nicaragua Trattato di Managua: si avvia il Mercato comune centroamericano.

Oceano Pacifico Jacques Piccard e Donald Walsh raggiungono il fondo della Fossa delle Marianne.

POLITICA E ISTITUZIONI

1959

2 gennaio *Cuba* Dopo la fuga del dittatore Batista, i castristi entrano all'Avana.

febbraio Castro assume la carica di primo ministro.

4-7 febbraio *Congo belga* Rivolta a Léopoldville.

3-27 marzo Rivolta anticinese nel Tibet e fuga in India del Dalai Lama.

16 settembre *Algeria* De Gaulle riconosce il diritto all'autodeterminazione del popolo algerino.

10 novembre *Kenya* La Gran Bretagna stronca la rivolta dei Mau Mau. Jomo Kenyatta fonda la Kenya African National Union (KANU) di cui assu-

1961-1964

ECONOMIA E TECNOLOGIA

1961

Corea del Sud Il generale Park Chung-hee avvia l'industrializzazione del paese.

Cuba Campagna di alfabetizzazione di massa.

1962

Italia Si apre il Concilio ecumenico Vaticano II.

1963

Etiopia Nascita della OUA (Organizzazione per l'Unità Africana).

1964

Egitto Inaugurazione della diga di Assuan.

Cina Prima bomba atomica cinese.

USA Martin Luther King viene insignito del premio Nobel per la pace.

POLITICA E ISTITUZIONI

1961

17 gennaio *Congo* Assassinio di Lumumba, leader dell'indipendenza.

febbraio-marzo *Angola* Inizia l'insurrezione.

17 aprile *Cuba* Fallisce lo sbarco nella Baia dei Porci, organizzato dalla CIA e dagli esuli cubani.

21 aprile *Algeria* Putsch dei generali Salan, Challe, Jouhaud e Zeller.

31 maggio L'Unione Sudafricana diventa repubblica ed esce dal Commonwealth.

luglio-agosto Insurrezione nella Rhodesia del Nord.

9 dicembre Indipendenza del Tanganica.

Jugoslavia Conferenza dei paesi "non allineati".

Venezuela Promulgata la nuova Costituzione.

1962

18 marzo Accordi di Evian: la Francia riconosce l'indipendenza dell'Algeria.

25 giugno *Mozambico* Nasce il Fronte di liberazione contro il colonialismo portoghese.

1° luglio Indipendenza di

Nord, con un regime comunista guidato da Kim Il Sung.

16 dicembre Indipendenza della Cambogia.

1949

Israele Il paese è ammesso all'ONU.

1950

1° marzo *Taiwan* Chiang Kai-shek fonda la Repubblica della Cina nazionalista.

25-28 giugno *Corea* Inizia la guerra: il Nord attacca il Sud del paese e occupa la capitale Seul.

15-26 settembre Attacco degli USA contro i nordcoreani e riconquista di Seul.

India Il paese diventa una repubblica federativa nell'ambito del Commonwealth.

CULTURA E SPORT

1949

Argentina Jorge Luis Borges pubblica *L'Aleph*.

Cile Il poeta Pablo Neruda è costretto all'esilio.

USA Il regista John Huston vince l'Oscar per il film *Il tesoro della Sierra Madre*.

1950

Brasile Si svolgono i primi campionati mondiali di calcio del dopoguerra.

India Muore il narratore indiano, di lingua bengali, Bibhuti Bhushan Banerji, autore dei romanzi *Il canto della strada* e *Aparajito*.

Indonesia Mochtar Lubis pubblica il racconto lungo *La strada senza fine*.

Messico Le opere dei pittori muralisti Orozco, Siqueiros, Rivera e Tamayo rappresentano il paese alla Biennale di Venezia.

1953

26 luglio *Corea* L'armistizio di Panmunjon sancisce la fine delle ostilità e la divisione tra la Corea del Nord e la Corea del Sud lungo la linea del 38° parallelo.

20 agosto *Marocco* Deposizione del sultano Muhammad ibn Yussuf.

Colombia Golpe del generale Gustavo Rojas Pinilla.

Cuba Repressione della rivolta armata guidata da Fidel Castro contro Batista.

Iraq Golpe militare appoggiato da Gran Bretagna e USA: Muhammad Mossadeq è deposto.

Paraguay Sale al potere il generale Alfredo Stroessner inaugurando un lunga dittatura.

1951

Giappone A Hiroshima, Kenzo Tange progetta il Centro della pace.

• Akira Kurosawa vince il Leone d'Oro al Festival di Venezia col film *Rashomon*.

Messico A Città del Messico Rivera termina i *murales* del Palazzo Nazionale.

1952

Argentina Borges pubblica la raccolta di saggi *Altre inquisizioni*.

Brasile Jorge Amado inizia la trilogia intitolata *I sotterranei della libertà*.

Francia Albert Schweitzer ottiene il Nobel per la pace.

India Campionati mondiali di ping pong a Bombay: i giapponesi vincono 4 titoli.

USA Humphrey Bogart vince l'Oscar come miglior attore ne *La regina d'Africa*.

1953

Cile Neruda torna in patria.

Giappone Il regista Kenji Mizoguchi realizza il film *I racconti della luna pallida d'agosto*.

Nepal Edmund Hillary e Tenzing Norgay conquistano l'Everest.

20 marzo Indipendenza della Tunisia.

26 luglio *Egitto* Nasser nazionalizza il Canale di Suez.

29 ottobre Israele attacca la Giordania: seconda guerra arabo-israeliana.

2 dicembre *Cuba* I fratelli Castro e Guevara sbarcano con 81 compagni sulle coste di Cuba.

1957

6 marzo Indipendenza del Ghana.

1958

15 aprile *Ghana* Ad Accra si svolge la Conferenza degli stati africani indipendenti .

13 maggio *Algeria* Ad Algeri putsch dei generali Raoul Salan e Jacques Massu.

5-13 dicembre *Ghana* Ad Accra si svolge la Conferenza dei popoli africani.

31 dicembre *Cuba* Sconfitto dalla guerriglia castrista, Batista fugge dal paese.

Egitto-Siria Proclamata la Repubblica Araba Unita.

Guinea Ottenuta l'indipendenza dalla Francia.

Iraq Deposizione del re: governo rivoluzionario del generale Kassem.

1955

Argentina Juan Manuel Fangio è campione del mondo di automobilismo.

India Leone d'oro a Venezia per il film *Aparajito* del regista Satyajit Ray.

1956

Brasile João Guimarães Rosa scrive il romanzo *Grande sertão*. Il poeta Vinìcius de Moraes pubblica il dramma *Orfeo negro*.

Cina La "campagna dei cento fiori" si prefigge un innalzamento del livello qualitativo delle opere letterarie nate nel paese.

Giappone Il regista Kon Ichikawa realizza *L'arpa birmana*.

1958

Brasile La nazionale di calcio vince in Svezia la VI edizione della Coppa Rimet.

Perù José María Arguedas pubblica *I fiumi profondi*.

Venezuela Il pittore Jesús Rafael Soto realizza la serie di strutture cinetiche in plexiglas e in metallo.

me la presidenza l'anno dopo.

1960

1° gennaio Indipendenza del Camerun.

20 gennaio-20 febbraio *Belgio* Tavola rotonda a Bruxelles: indipendenza del Congo.

21 marzo *Sudafrica* Massacro di Sharpeville.

27 aprile Indipendenza del Togo.

1° luglio Indipendenza della Somalia.

12 luglio Secessione del Katanga: invio di caschi blu dell'ONU. Deposto Lumumba.

agosto Indipendenza di Niger, Alto Volta, Costa d'Avorio, Ciad, Congo-Brazzaville, Repubblica Centrafricana.

16 agosto Indipendenza di Cipro.

23 settembre Nasce la Repubblica del Mali.

1° ottobre Indipendenza della Nigeria.

28 novembre Indipendenza della Mauritania.

Brasile Viene inaugurata la nuova capitale Brasilia.

Israele Ben Gurion annuncia la cattura, a Buenos Aires, del criminale nazista Adolf Eichmann, responsabile dello sterminio di centinaia di migliaia di ebrei.

1959

Giappone Yukio Mishima scrive il romanzo *Il padiglione d'oro*.

1960

Etiopia Alle Olimpiadi di Roma il maratoneta Abebe Bikila vince la medaglia d'oro correndo a piedi nudi.

Giappone Si diffondono movimenti d'avanguardia, come il gruppo *Metabolism* promosso dall'architetto Kurokawa Kisho, su una linea di rottura con i modelli tradizionali.

Messico David Alfaro Siqueiros viene arrestato per la sua campagna contro il governo; intellettuali di tutto il mondo ne chiedono la liberazione.

Unione Sudafricana Lo scrittore Albert John Luthuli, fondatore dell'African National Congress, vince il Premio Nobel per la pace.

Ruanda e Burundi.

9 ottobre Indipendenza dell'Uganda.

28 marzo Argentina Un golpe militare depone il presidente Arturo Frondizi.

1963

13 gennaio *Togo* Assassinato il presidente Sylvano Olympio.

20 luglio *Camerun* Conferenza di Yaoundé.

10-12 dicembre Indipendenza di Zanzibar e Kenya.

Indonesia Sukarno è presidente a vita .

1964

maggio *Palestina* Nasce l'OLP

20 ottobre Indipendenza della Rhodesia del Nord-Zambia. Nasce la Tanzania.

1961

Argentina Maurizio Sacripanti progetta il grattacielo Peugeot a Buenos Aires.

Brasile Enrico Verissimo completa la trilogia romanzesca *Il tempo e il vento*.

Colombia Gabriel García Márquez esordisce con il romanzo *Nessuno scrive al colonnello*.

Jugoslavia Ivo Andrić ottiene il Nobel per la letteratura.

1962

Cile Per la seconda volta il Brasile è campione del mondo di calcio.

1963

Perù Mario Vargas Llosa pubblica il romanzo *La città e i cani*.

1964

Giappone Inaugurazione degli edifici progettati dall'architetto Kenzo Tange in occasione delle Olimpiadi.

Le risorse agricole e lo sviluppo

La questione delle risorse in relazione allo sviluppo demografico e al livello dei consumi, usuale per i paesi avanzati, viene sollevata per la prima volta da una ricerca condotta dal Massachusetts Institute of Technology fra il 1970 e il 1972. I risultati dello studio, pubblicati in un volume dal titolo *I limiti dello sviluppo*, hanno mostrato come il modello occidentale di incremento parallelo di produzione e consumi sia destinato, nel giro del prossimo secolo, a incontrare il limite strutturale delle risorse. Il dibattito che segue all'uscita del libro porta a una critica radicale della crescita capitalistica, accusata, non più su basi ideologiche o emotive, di alimentare l'egoistica prosperità di taluni paesi a danno di altri e di minacciare con le proprie logiche il futuro prossimo dell'intero pianeta. Da allora, sul problema dei limiti delle risorse e sulla necessità di salvaguardare le fonti naturali di ricchezze si accende un dibattito che produce un mutamento profondo nella coscienza collettiva: concetti come ecologia, ambiente, inquinamento fanno parte oggi del modo di agire e di pensare comune. Gli stessi indirizzi di fondo delle economie occidentali sono tuttora oggetto di un ripensamento sulla base del criterio dell'insostenibilità, cioè dei limiti imposti allo sviluppo dalla esauribilità delle risorse disponibili.

Agronomo della FAO illustra vari tipi selezionati di riso in India (in alto).
Istituita dall'ONU nel 1945, la Food and Agriculture Organization è il primo organismo specializzato per condurre un'attività di studio, promozione e assistenza tecnica nei settori dell'agricoltura e della nutrizione.

Denutrizione e siccità nel Ghana.
Nell'Africa subsahariana la disponibilità calorica giornaliera resta in molte zone di gran lunga inferiore al minimo necessario, valutato in 2400 calorie.

Deposito di cacao nel Nordest del Brasile.

Le speranze degli anni Sessanta

Nella prima metà degli anni Sessanta raggiunge l'apice la straordinaria crescita economica che aveva caratterizzato l'Occidente a partire dalla seconda metà degli anni Cinquanta: è quella che storici ed economisti hanno chiamato la golden age *del capitalismo, l'età dell'oro dello sviluppo economico nel XX secolo. Prosegue anche la distensione tra i due blocchi che aveva conosciuto, a partire dal 1956, una nuova stagione: l'elezione di Kennedy alla Casa Bianca nel 1960 e il XXII Congresso del PCUS nel 1961, che conferma la politica destalinizzatrice di Chruščëv, ne sono la migliore conferma. Gli attriti fra le due superpotenze sono comunque tutt'altro che scomparsi, come dimostra la crisi più grave e pericolosa mai occorsa fra Stati Uniti e Unione Sovietica: quella del 1962, dovuta all'installazione di missili sovietici a Cuba.*

Mentre l'Occidente conosce anni di modernizzazione e sviluppo accelerati, nei primi anni Sessanta si registrano cambiamenti profondi anche sul versante internazionale. La decolonizzazione, che avviene in larga misura con processi pacifici di transizione a stati nazionali indipendenti in Africa e Asia, porterà a 123 (1968) il numero degli stati sovrani appartenenti all'ONU, contro i 29 dell'anno di fondazione (1945). La decolonizzazione conosce, soprattutto in Congo e in Algeria, momenti di conflitto aspri e violenti, lasciando un'eredità ambigua e contraddittoria in cui l'arretratezza e la dipendenza economica si intrecciano a lotte tribali, a conflitti etnici, al frequente ricorso a colpi di stato militari. La tensione in Medio Oriente fra Israele e gli stati arabi si aggrava e porta nel 1967 alla rapida – ma significativa per gli equilibri futuri – guerra dei sei giorni.

Ciò che tuttavia caratterizza la scena mondiale a metà del decennio è la guerra del Vietnam, dove gli Stati Uniti sono sempre più coinvolti e non riescono, malgrado una escalation *militare che colpisce il Vietnam del Nord, ad aver ragione della guerriglia Vietcong. Proprio l'opposizione interna alla guerra favorisce la crescita di un movimento giovanile di protesta negli Stati Uniti, che raggiunge la massima espansione negli ultimi anni del decennio e che, nel 1968, fa da sponda alle lotte del movimento studentesco in Europa, Asia e America latina.*

Mentre il mondo guarda con sorpresa al protagonismo giovanile e alla contestazione studentesca, il tentativo riformatore iniziato in Cecoslovacchia con la "primavera di Praga" viene affossato dall'intervento dei carri armati sovietici. La "dottrina Brežnev", e il proseguimento della guerra vietnamita, stanno a testimoniare che il processo di distensione migliora i rapporti fra le due superpotenze, ma non le prospettive mondiali di pace e democrazia. Il decennio si chiude con una radicalizzazione dei conflitti sociali e delle tensioni in molte regioni del mondo, quando è ormai svanito l'ottimismo con cui era iniziato.

21 luglio 1969: la "passeggiata lunare" dell'astronauta Neil Armstrong (nella pagina precedente).

Kennedy e l'*American way of life*

All'apogeo della loro potenza, gli Stati Uniti eleggono nel 1960 un nuovo presidente, il giovane democratico John F. Kennedy, che promette al paese e al mondo una "nuova frontiera" di sviluppo e modernità per sconfiggere la miseria, suscitando forti aspettative di riforma e di pace. Kennedy stimola ulteriormente la crescita dell'economia e dei consumi, e nei primi anni Sessanta l'America della piena occupazione e della prosperità diffusa assurge a modello di una nuova civiltà della ricchezza, del progresso tecnologico e dell'ottimismo. Ma è anche un paese lacerato dal conflitto razziale, e il forte movimento degli afroamericani, guidato dal pastore Martin Luther King, reclama i diritti civili a lungo negati.

Kennedy viene assassinato il 22 novembre 1963, ma il suo successore Lyndon B. Johnson (1964-1968) vara importanti leggi che pongono fine alla segregazione e avviano la "guerra alla povertà" nei ghetti urbani. Gli Stati Uniti sono però anche impegnati nel contenimento "globale" del comunismo e coinvolti in una lunga guerra in Vietnam.

Oltre ai problemi razziali il paese è scosso anche da aspri conflitti generazionali: nel 1967-1968 la protesta contro la guerra diviene massiccia e lacera la nazione. Alla fine del decennio gli Stati Uniti sono in piena crisi, e il Partito democratico è sconfitto dai repubblicani di Richard Nixon, che conquista la presidenza nel novembre 1968.

Lattina di minestra Campbell's da 19 cents *(1962), particolare da un quadro di Andy Warhol.*

Atlanta, 6 aprile 1968: commozione alla veglia funebre per Martin Luther King.
Il pastore battista è il protagonista di battaglie di disobbedienza civile della popolazione nera per l'ottenimento della parità con i bianchi. La marcia della libertà a Washington (agosto 1963) riunisce circa 300.000 persone e l'anno successivo King viene insignito del Nobel per la pace. È assassinato in circostanze oscure in un albergo di Memphis.

Ford Falcon del 1960.
A metà degli anni Sessanta il dominio mondiale dell'industria automobilistica statunitense, sostenuta da una forte domanda interna, è indiscusso. La produzione annua ammonta a 8 milioni e mezzo di autoveicoli, e nel paese circola un'automobile ogni due abitanti.

Jacqueline Bouvier, moglie del presidente Kennedy.

IL MONDO DI JOHN F. KENNEDY

Kennedy – figlio di una ricca famiglia di Boston, cattolico ed eroe di guerra – arriva alla Casa Bianca persuaso che gli Stati Uniti siano di fronte a una sfida di portata mondiale, incentrata sulle risposte da dare ai problemi del sottosviluppo e della decolonizzazione. Con la "nuova frontiera" propone che l'America guidi un nuovo ciclo di crescita dell'economia mondiale, che benefici anche le nuove nazioni asiatiche e africane. È su questo terreno che l'Occidente deve vincere la sfida con il comunismo sovietico, al quale gli Stati Uniti vogliono continuare a opporre sia una maggiore forza strategica che un modello di civiltà superiore. Così il contenimento diviene davvero globale. Lo si persegue con piani di aiuti per lo sviluppo, come la "Alleanza per il progresso", proposta all'America latina, e i "Corpi della pace" che inviano giovani tecnici nel Terzo Mondo. E con l'impegno militare per sconfiggere le guerriglie, come in Vietnam, e le rivoluzioni, come a Cuba. E con un massiccio ammodernamento dell'arsenale nucleare per mantenere la superiorità americana sull'Unione Sovietica. Dopo la crisi dei missili a Cuba, tuttavia, Kennedy è più incline a raggiungere con l'URSS un *modus vivendi* che salvaguardi la pace, e i suoi ultimi gesti sono volti alla distensione tra le due superpotenze.

Kennedy fra Thomas L. Marshall (a sinistra) collaboratore per i problemi razziali e Pierre Salinger, addetto stampa della Casa Bianca.
Il 20 gennaio 1961, all'atto del suo insediamento, Kennedy rivolge queste parole ai suoi connazionali: "Che da questo luogo e da questo momento si diffonda l'annuncio, all'amico come al nemico, che la fiaccola è stata trasmessa a una nuova generazione di americani, nati in questo secolo, temprati dall'esperienza della guerra, disciplinati da una pace amara e contrastata, fieri del loro antico retaggio".

L'URSS dal disgelo a Brežnev

Il XX Congresso del Partito comunista (1956) segna per l'Unione Sovietica l'inizio di una fase di distensione interna. È vero che Chruščëv non può impedire all'ala conservatrice di porre un freno alla destalinizzazione, che si limiterà alla denuncia degli "abusi personali" provocati dal "culto della personalità"; ma riesce comunque ad avviare il decentramento economico, a concedere maggiori libertà di gestione, a imporre riforme amministrative.
La seconda metà degli anni Cinquanta vede un miglioramento delle condizioni di vita della popolazione e, soprattutto, il ritorno di milioni di persone dai campi di lavoro, i gulag. Sul piano internazionale, dopo un decennio di guerra fredda, si apre un periodo di coesistenza pacifica tra i blocchi, interrotto dalla crisi di Cuba (1962). Ma il progetto chrusceviano, che mantiene immutata la rigida pianificazione e non pone rimedio alla scarsa produttività agricola, mostra ben presto i suoi limiti. L'insuccesso delle riforme economiche e la nascita di nuove alleanze politiche portano alla rimozione di Chruščëv (14 ottobre 1964), sostituito alla guida del partito da Leonid Brežnev, mentre Aleksej Kosygin è nominato capo del governo.
Seguono anni di normalizzazione, alla ricerca della stabilità amministrativa e di un equilibrio all'interno dei gruppi dirigenti, favorito attraverso l'istituzio-

Il cosmonauta sovietico Jurij Gagarin (in alto a destra).
La prima fase della sfida aerospaziale vede l'Unione Sovietica realizzare una serie di storici primati: nel 1957 la messa in orbita del primo satellite e l'invio del primo essere vivente nello spazio (la cagnetta Laika sullo Sputnik 2*), nel 1960 il lancio delle sonde lunari* Lunik*, nel 1961 quello della prima sonda verso Venere e infine l'impresa di Gagarin, in orbita nello spazio a bordo del satellite* Vostok.

Chruščëv in visita a Parigi nel 1960.

Leonid Brežnev e il leader polacco Wladislaw Gomulka nel 1965.
Brežnev soffoca i fermenti riformatori suscitati da Chruščëv, avviando una politica di rigida difesa dell'ordine sovietico e rafforzando il controllo sui paesi dell'Est europeo, ai quali concede solo una "sovranità limitata" subordinata agli interessi di Mosca.

nalizzazione del clientelismo, delle mafie politiche e familiari. Questo non pregiudica la possibilità di nuove riforme. Alle imprese viene concessa una maggiore autonomia; crescono gli investimenti destinati alla modernizzazione dell'agricoltura (che procede di pari passo con la soppressione dei *sovnarchozy*, le aziende agricole a gestione collettiva); si dà impulso alla produzione di beni di consumo, con un aumento del tenore di vita, specie nelle campagne.

È solo a partire dal 1972 che Brežnev può disporre del potere assoluto, dopo aver ridimensionato i progetti tecnocratici di Kosygin. Il dominio del Partito sulla società torna a farsi completo, come dimostra la nascita del fenomeno del "dissenso" e della dura repressione che l'accompagna.

In ambito istituzionale, dopo una lunga fase preparatoria, si giunge alla promulgazione di una nuova Costituzione (7 ottobre 1977), che ribadisce il ruolo dirigente del Partito comunista, ma pone in primo piano la restaurazione della legalità e introduce nozioni come quelle di "partecipazione sociale" e "democrazia diretta".

Sul piano internazionale prosegue il dialogo fra Est e Ovest con la normalizzazione delle relazioni con la Germania Occidentale e le trattative sull'impiego delle armi nucleari. Il clima di "distensione" culminerà negli accordi di Helsinki (1° agosto 1975), sottoscritti da 33 stati europei, oltre a USA e Canada.

Fra i giocattoli dei bambini sovietici fanno la loro comparsa modellini che permettono di rivivere le avventure spaziali dei cosmonauti.

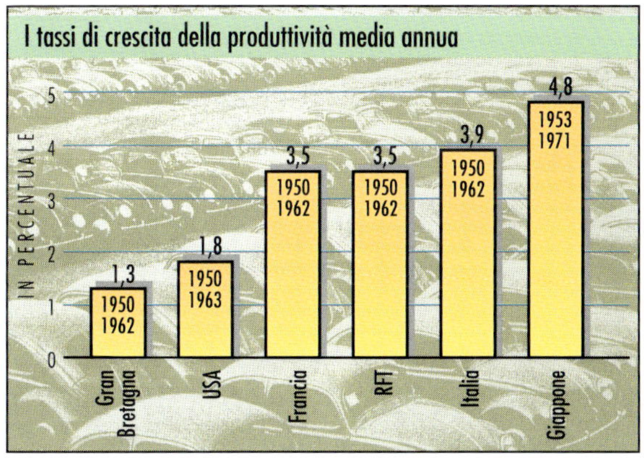

L'Europa del boom

Le ambizioni della Gran Bretagna e della Francia

La politica inglese esprime negli anni Sessanta una profonda esigenza di rinnovamento. I conservatori, che dal 1951 hanno la maggioranza di governo, vivono una difficile fase: pesano, sugli umori dell'elettorato, non solo gli insuccessi del premier Harold H. Macmillan in politica estera (è bocciata la candidatura britannica all'ingresso nella CEE) ma anche i ripetuti scandali. Nel 1963, il ritiro di Macmillan e l'avvento di Alec Douglas-Home consentono al Partito conservatore di prevalere ancora una volta di strettissima misura (13 seggi) sui laburisti. Tuttavia la legislatura si chiude prematuramente, e le nuove elezioni del 1966 segnano la netta affermazione del Labour Party di Harold Wilson. I laburisti trovano in quest'ultimo un premier capace di fronteggiare la sfida posta al paese dalle nuove tecnologie e dalla modernizzazione industriale, nonché dai nuovi fermenti maturati nel mondo giovanile. Le ambizioni di Wilson si scontrano però con le difficoltà economiche, che portano nel 1967 alla svalutazione della sterlina, e con le asprezze derivanti dagli ultimi sussulti dell'eredità coloniale. La fase più difficile del governo Wilson è segnata dalla rivolta nell'Ulster: dal gennaio 1969 la "questione irlandese" esplode in modo cruento fino a determinare l'intervento militare britannico.

I Beatles.
Nel 1964, con I want to hold your hand, *il giovane gruppo rock di Liverpool conquista i favori entusiastici dei giovani di tutto il mondo, dando avvio a una vera e propria "beatlemania", testimoniata dalle scene d'isterismo collettivo che si scatenano a ogni loro concerto.*

Ragazze in minigonna.
Le prime minigonne ("inventate" dall'inglese Mary Quant) sono del 1965 e destano le proteste di moralisti e "benpensanti". Diventano subito il segno distintivo di un'intera generazione di teenagers, *perché ne assecondano il desiderio di libertà e di ribellione contro le convenzioni sociali.*

Gli anni Sessanta per la Francia sono contrassegnati dal ruolo svolto da De Gaulle, che nel giugno 1958 ritorna sulla scena politica – dalla quale si era ritirato nel 1947 – per risolvere la gravissima crisi in cui si dibatte il paese a causa dell'insurrezione degli algerini che reclamano l'indipendenza. Il generale promuove una riforma costituzionale (ottobre 1958), che liquida la Quarta repubblica e dà vita alla Quinta. L'avvio di trattative con il Fronte di liberazione algerino ottiene in un referendum il 75 per cento dei consensi. Ma De Gaulle deve affrontare la fortissima ribellione dei coloni francesi, i ripetuti tentativi di golpe delle truppe dislocate in Algeria e il terrorismo dell'OAS. La concessione dell'indipendenza rafforza lo *status* internazionale della Francia, caratterizzato da una spiccata autonomia da Washington in politica estera e dalla creazione di un proprio arsenale nucleare.

Ostpolitik tedesca e *Welfare State* in Svezia

La Repubblica Federale Tedesca registra, nei primi anni Sessanta, una relativa coincidenza fra le forze di governo – che fanno capo al cancelliere democristiano Adenauer – e l'opposizione socialdemocratica (SPD). Il radicalizzarsi dello scontro fra il

Immigrati pakistani (piccoli e grandi) gremiscono una cabina telefonica di Londra.

Copertine di dischi dei Beatles.
I Beatles contribuiscono a diffondere modelli di vita e valori alternativi rispetto alla tradizione, riflettendo le speranze, le paure e gli umori degli anni Sessanta: dai temi dell'amore e della pace a quelli della rivolta. Lo scioglimento del gruppo (1970), lascerà un vuoto incolmabile in milioni di fan.

blocco sovietico e quello occidentale e la decisione delle autorità comuniste di bloccare il flusso di emigranti a Ovest con la costruzione del Muro portano all'accettazione, all'interno dei due schieramenti, di un pieno atlantismo, siglato nel luglio 1963 dalla trionfale accoglienza tributata a Kennedy in visita a Berlino. Tuttavia emergono ben presto divergenze sul processo di costruzione dell'unità europea: più radicale quella di Adenauer, vicino a De Gaulle nel rifiutare l'ingresso nella CEE di Londra, tanto da delineare un asse Bonn-Parigi; più duttile e finalizzata alla riunificazione delle due Germanie quella della SPD di Willy Brandt, alfiere dell'*Ostpolitik*, la politica nei confronti del blocco orientale.

I successi dell'economia portano nell'ottobre del 1963 al governo Erhard, successore di Adenauer e artefice del miracolo industriale tedesco. Nel dicembre 1966 si vara la "grande coalizione", una compagine governativa presieduta da Kurt G. Kiesinger e formata da cristiano-sociali e socialdemocratici, la cui velleità di allearsi con i liberali, per delineare una netta alternanza ai cristiano-democratici, è neutralizzata. Tuttavia, nelle elezioni del settembre 1969 si ha una netta avanzata dei socialdemocratici che con l'appoggio dei liberali di Walter Scheel danno vita alla "piccola coalizione", caratterizzata dalla lotta contro la recessione economica e da un maggior dinamismo all'insegna dell'*Ostpolitik*.

Veduta di Stoccolma (a sinistra).
Il "modello svedese" è per decenni il punto di riferimento per le politiche assistenziali dell'Occidente, distinguendosi fin dall'inizio per la capacità di garantire – in settori quali sanità, istruzione, pensioni ed edilizia sociale – una serie di prestazioni di elevata qualità estese a tutta la popolazione.

Maggiolino Volkswagen.
Il Maggiolino è il simbolo più eclatante del "miracolo" economico tedesco. Verso la metà degli anni Sessanta, la Germania Ovest è il paese europeo con il maggior numero di autoveicoli in circolazione: quasi 10 milioni (uno ogni 5 abitanti).

Bambola Barbie prodotta dalla Mattell nei primi anni Sessanta.
Con le gambe lunghissime, Barbie propone l'immagine della donna tutta curve e diventa un oggetto di consumo con un forte richiamo sugli adolescenti. Questi sono gli anni in cui il baby boom *fa sì che l'industria del giocattolo cresca in modo straordinario contribuendo al sorgere di una cultura di massa.*

Macchina per scrivere Olivetti "Valentina" (1969).
Disegnata da Perry King e Ettore Sottsass, questa macchina, le cui linee riprendono i canoni della cultura visiva "pop" della fine degli anni Sessanta, è un esempio di smitizzazione della seriosità di un oggetto tecnico.

In Svezia tale dinamismo, accompagnato dal sostegno ai paesi in via di sviluppo e da un neutralismo attivo, si accentua in questi anni, tanto che il governo di Tage Erlander condanna, nel 1967, la politica degli USA in Vietnam e rompe le relazioni con Saigon. Altrettanto dura è, l'anno dopo, la censura all'invasione sovietica della Cecoslovacchia. Nel 1969 Olof Palme, successore di Erlander, prosegue sulla strada del tradizionale pacifismo: ma la Svezia, pur conquistando un ruolo decisivo nella socialdemocrazia mondiale, deve fare i conti con una crisi economica e con le prime crepe nel sistema del *Welfare State* che, fin dall'inizio del secolo, l'ha caratterizzata.

L'Italia del centrosinistra e i regimi dittatoriali iberici

Nei primi anni Sessanta l'Italia coglie i frutti di un poderoso sviluppo economico. La crescita industriale abbatte la disoccupazione, ma obbliga milioni di lavoratori meridionali e di abitanti delle campagne a trasferirsi nelle grandi città, dove devono fare i conti con la carenza di servizi sociali e l'impennata del costo delle abitazioni. Il decennio si apre con i moti popolari contro il governo di Fernando Tambroni (condizionato dai voti della destra postfascista) e prosegue con i governi di Amintore Fanfani che, nel 1962, apre ai socialisti e vara il primo centrosinistra: si realizza così la modernizzazione dello stato con l'avvio del decen-

Il cancelliere tedesco Willy Brandt rende omaggio al monumento agli ebrei massacrati nel ghetto di Varsavia.

Copertina della rivista «Bazaar».
La moda registra i cambiamenti della mentalità con la ricerca di proposte fantasiose e innovative, nel tentativo di superare stereotipi, luoghi comuni e ruoli tradizionali. Nel 1968 si affermano lo stile unisex, l'uso di corpetti trasparenti, un abbigliamento ispirato a quello infantile e abiti che riprendono suggestioni "spaziali".

tramento regionale, la riforma della scuola e della pubblica amministrazione e la nazionalizzazione dell'energia elettrica. Ma la nuova disciplina urbanistica e una più incisiva tassazione dei capitali allarmano i conservatori, che bloccano le riforme con tentativi golpisti, come il "piano Solo" del generale Giovanni De Lorenzo. Dopo una fase di recessione, la crescita economica riprende ma, nel 1969, scoppia un aspro e diffuso conflitto sociale ("autunno caldo") al termine del quale il movimento sindacale registra significative conquiste, nonostante la dura opposizione padronale e l'avvio della "strategia della tensione", scandita da attentati come la strage di piazza Fontana a Milano (12 dicembre 1969).

In Spagna la crescita economica, che accentua il peso dell'industria rispetto all'agricoltura, obbliga il dittatore Franco a concedere parziali riforme. Nel 1973 il *Caudillo*, pur restando capo dello stato, lascerà la direzione del governo all'ammiraglio Luis Carrero Blanco. Già nel 1969 Juan Carlos di Borbone viene designato erede al trono di Spagna: dopo la morte di Franco (1975) sarà l'artefice della transizione pacifica alla democrazia.
In Portogallo, soffocato da quarant'anni di dittatura salaziariana, neppure la cauta liberalizzazione avviata nel 1968 da Marcelo Caetano (successore di Salazar) risolve la grave crisi (disoccupazione, emigrazione, crollo dell'impero coloniale) che strangola il paese.

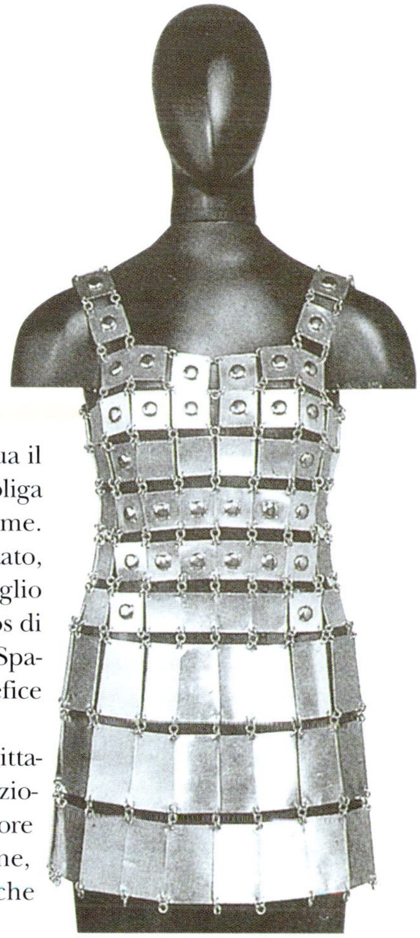

Un abito dello stilista francese Paco Rabanne.
I modelli creati da uno dei più originali stilisti parigini si distinguono per la novità delle soluzioni e degli abbinamenti, nonché per il tentativo di introdurre materiali nuovi e insoliti, come le piastre di metallo di questo vestito.

Ragazzi italiani impegnati in una gara di rock'n'roll.
Questo genere della musica leggera (uno dei primi idoli è Elvis Presley), nasce a metà degli anni Cinquanta. A differenza di altre danze e musiche di grande successo, il rock – il verbo inglese to rock *potrebbe alludere all'atto sessuale – si caratterizza per la preponderanza degli aspetti mimici e corporei.*

Paolo VI e Martin Luther King.
Il successore di Giovanni XXIII è eletto papa da una maggioranza di cardinali riformatori che prevale nel dibattito conciliare. La visita del leader nero in Vaticano conferisce una forte legittimazione alla campagna da questi organizzata per il riconoscimento dei diritti civili alla popolazione di colore.

Il Concilio Vaticano II

Il 18 luglio 1870, con la proclamazione dell'infallibilità del pontefice, il Concilio Vaticano I pareva aver vanificato il ruolo stesso dei concili ecumenici. Novant'anni dopo, l'*Humanae Salutis* – la Costituzione del 25 dicembre 1961 con la quale papa Giovanni XXIII (Angelo Maria Roncalli) convoca il Vaticano II – segna una netta inversione di tendenza nella vita della chiesa.
Dopo la morte del papa il Concilio – che si era aperto l'11 ottobre 1962 – viene riconvocato da Paolo VI (Giovanni Battista Montini), suo successore, e tiene ulteriori sessioni fra il 29 settembre 1963 e il 7 dicembre 1965. Attraverso un serrato dibattito, l'assemblea conciliare non solo ribadisce il ruolo determinante assegnatole ma, in un susseguirsi di solenni dichiarazioni, segna alcuni punti assai innovativi, sanciti in documenti, decreti, costituzioni e *motu proprii* del papa, che regolano la vita religiosa del nostro tempo.
Con la *Unitatis Redintegratio* del 21 novembre 1964 si apre un'era di ascolto verso le chiese separate e una più vasta tolleranza verso le confessioni non cristiane. Il maggior ruolo dell'episcopato, rispetto al peso giocato fino ad allora dalla curia romana, viene sancito dal decreto conciliare

I padri conciliari riuniti nella basilica di San Pietro.

LA RIFORMA DELLA CHIESA

Con la Costituzione *Sacrosanctum Concilium* del 4 dicembre 1963, il Vaticano II introduce radicali mutamenti nella secolare liturgia, fino all'abbandono della lingua latina e all'introduzione delle lingue locali.
È anche una scelta di rottura con la precedente tradizione– in particolare con le deliberazioni del *Sillabo* di Pio IX, emanato nel 1864 – la dichiarazione *Dignitatis Humanae* del 7 dicembre 1965, con la quale si riconosce il diritto di ogni essere umano alla libertà di professare la propria fede religiosa, condannando così ogni coercizione su questo terreno. Più sofferto e dibattuto, all'interno dell'assemblea dei padri conciliari, il tema della limitazione delle nascite, che nell'enciclica papale *Humanae Vitae* del 25 luglio 1968 registra innovazioni giudicate assai modeste.
Nel novembre 1965 il decreto conciliare *Apostolicam Actuositatem* sviluppa il principio del ruolo attivo dei laici nella chiesa – considerati partecipi dell'ufficio sacerdotale di Cristo – mentre il decreto

La chiesa dell'Autostrada a Firenze di Giovanni Michelucci (1964).
È nella realizzazione di edifici sacri che l'architetto e urbanista pistoiese realizza la sua visione dell'architettura come "approccio globale". Nella costruzione che domina lo snodo autostradale di Firenze, l'idea dell'artista è quella di realizzare una enorme tenda-montagna, che rievochi la salita di Gesù al Golgota.

Fedeli in processione in un piccolo centro del Meridione d'Italia.

Christus Dominus e dal *motu proprio* di Paolo VI *Apostolica Sollicitudo*, entrambi del 1965. Il processo di democratizzazione non coinvolge solo l'episcopato ma si allarga ai laici, cui viene richiesto di profondere un maggior impegno nella vita della chiesa: a cominciare dai lavori della commissione dello stesso Vaticano II, al quale vengono chiamati a partecipare in veste di uditori ed esperti delle singole commissioni.
A partire dalla terza sessione (14 settembre e 21 novembre 1964) viene dato ascolto anche a personalità femminili, provenienti sia dal mondo religioso che dalla realtà laica. L'ultima sessione, apertasi il 14 settembre 1965, si conclude con l'approvazione della costituzione *Gaudium et Spes*, nella quale, in un assai complesso tentativo di mediazione fra le varie correnti del cattolicesimo, si esprime l'aspirazione della chiesa a condividere "le gioie e le speranze, le tristezze e le angosce degli uomini d'oggi", in un'ottica di cooperazione volta a stabilire un profondo legame di fraternità universale.

Presbyterorum Ordinis, pur riconfermando il ruolo tradizionale del sacerdote e la sua subordinazione gerarchica ai vescovi, ne rivaluta la funzione di missionario operante nella vita quotidiana a contatto con i non credenti e con i poveri, fino a riconoscere la possibilità che esso svolga lavori manuali (il riferimento è alla vicenda di "preti-operai" come don Lorenzo Milani). Non avranno invece seguito le richieste di attenuare il vincolo del celibato ecclesiastico e di affrontare il tema del sacerdozio femminile.

Papa Giovanni XXIII.
Nel suo breve pontificato, che avrebbe dovuto essere di "modesta transizione", Angelo Maria Roncalli (1881-1963) avvia un rinnovamento che tocca tutti gli aspetti della vita della chiesa, tentando di restituire al cattolicesimo una funzione universale e di promuovere un più aperto atteggiamento verso la modernità.

La crisi di Cuba

Gli Stati Uniti avversano fin dall'inizio la rivoluzione cubana (emblema di un indipendentismo anticapitalista passibile di estensione ad altri paesi), e tentano di rovesciarla con il fallito sbarco degli esuli anticastristi nella Baia dei Porci (aprile 1961). Castro stringe così un forte legame con l'Unione Sovietica, cui chiede forniture commerciali e garanzie difensive. Chruščëv vede la possibilità di dare scacco a Washington proprio nella sua stessa area d'influenza: nell'estate 1962 l'Unione Sovietica inizia l'installazione sull'isola di missili capaci di colpire gli Stati Uniti con ordigni atomici.

La crisi scoppia il 22 ottobre 1962, quando Kennedy intima all'Unione Sovietica di ritirare i missili, chiude l'isola in un blocco navale e allerta le forze americane per un'invasione che potrebbe scatenare la guerra tra le superpotenze. Per sette giorni – durante i quali si svolgono frenetici negoziati – il mondo vive una crescente tensione, con il reale timore di precipitare in un conflitto nucleare. Il 28 ottobre Chruščëv accetta di smantellare i missili in cambio dell'impegno americano a non invadere Cuba e a ritirare alcuni missili della NATO dall'Italia e dalla Turchia.

La risoluzione della crisi sembra premiare la fermezza americana, resa credibile da una superiorità strategica ancora cospicua, e convince l'Unione Sovietica a lanciarsi in un programma decennale di riarmo per giungere a un'effettiva pa-

La presenza di missili sovietici a Cuba documentata dalle foto scattate dagli aerei spia americani.
Dopo l'insuccesso della Baia dei Porci, Washington cerca di isolare Cuba sul piano internazionale e di eliminare Castro. L'isola, espulsa dall'OSA (Organizzazione degli stati americani), bussa alla porta del Cremlino per ottenere sostegno militare: nel luglio 1962 Mosca invia uomini e missili a Cuba. Dopo una settimana in cui il mondo sta col fiato sospeso, Kennedy e Chruščëv si accordano per il ritiro dei missili e Washington toglie il blocco navale dell'isola.

Sigari cubani: il più rinomato prodotto di esportazione dell'isola (a sinistra).

Le forze in campo

L'URSS SCHIERA A CUBA

60 Testate nucleari per missili a medio raggio
98 Testate nucleari tattiche su aerei e missili a corto raggio

L'URSS può inoltre contare su circa
255 Testate nucleari pronte all'uso

GLI USA POSSONO CONTARE SU

172 Missili intercontinentali
105 Missili a medio raggio
112 Missili intercontinentali montati su sottomarini
1450 Bombardieri con capacità nucleari

rità. Ma tale esito garantisce la sopravvivenza e la sicurezza di Cuba, anche se la vicenda lascerà pesanti strascichi nei rapporti fra Mosca e L'Avana: quest'ultima è accusata di aver agito senza tener conto della volontà dei cubani. Ciò compromette nel breve periodo la cordialità delle relazioni fra i due stati, e soprattutto evidenzia il rischio di una guerra, che lo sviluppo degli arsenali nucleari ha ormai privato di ogni razionalità strategica; ciascuna delle superpotenze può infatti devastare il territorio avversario anche dopo aver subìto un attacco nucleare a sorpresa.
Dal 1963 Washington e Mosca iniziano perciò a negoziare norme di controllo sulle armi nucleari, volte a stabilizzare l' "equilibrio del terrore" raggiunto. Nel 1963 vengono proibiti gli esperimenti atomici nell'atmosfera. La Casa Bianca e il Cremlino sono collegati da una linea diretta (il cosiddetto "telefono rosso") e si iniziano a studiare azioni comuni per impedire il proliferare degli armamenti nucleari.
I rapporti tra le due superpotenze perdono l'asprezza del decennio precedente e registrano il riconoscimento di alcuni essenziali interessi reciproci: il dialogo diplomatico avvia la ricerca di un *modus vivendi* che sfocerà nella distensione dei primi anni Settanta. Ciò non esclude, comunque, il persistere di una forte rivalità, in particolare per il controllo dei paesi del Terzo Mondo in rapida trasformazione.

Chruščëv ritratto su un distintivo cubano.

OTTOBRE 1962: I GIORNI DELLA CRISI

16 ottobre Viste le prime foto aeree delle basi missilistiche sovietiche a Cuba, Kennedy riunisce il Comitato permanente di crisi (*EX-COMM*). Tutti sono d'accordo che i missili devono essere rimossi e si pensa a un'invasione dell'isola o ad un attacco aereo.
21 ottobre Kennedy opta per il blocco navale, e il giorno successivo lo annuncia in televisione, intimando ai sovietici di ritirarsi da Cuba. Le forze armate americane vengono messe in stato di allerta.
24 ottobre Le navi sovietiche in rotta verso Cuba si fermano evitando di sfidare il blocco navale americano.
26 ottobre Si affaccia l'ipotesi che l'URSS accetti di ritirare i missili e gli USA si impegnino a non rovesciare Castro e a non invadere Cuba.
27 ottobre La tensione è al culmine. Da Radio Mosca Chruščëv propone uno "scambio" che l'EX-COMM ha sempre ritenuto inaccettabile: il ritiro dei missili sovietici a Cuba in cambio del ritiro degli Jupiter NATO dall'Italia e dalla Turchia. Un aereo spia americano U-2 è abbattuto dalla contraerea cubana. In serata Kennedy offre garanzie per la sicurezza di Cuba. Il fratello Robert assicura inoltre l'ambasciatore sovietico che gli Jupiter verranno ritirati in un prossimo futuro, ma quest'impegno resta segreto.
28 ottobre Chruščëv annuncia il ritiro dei missili da Cuba.

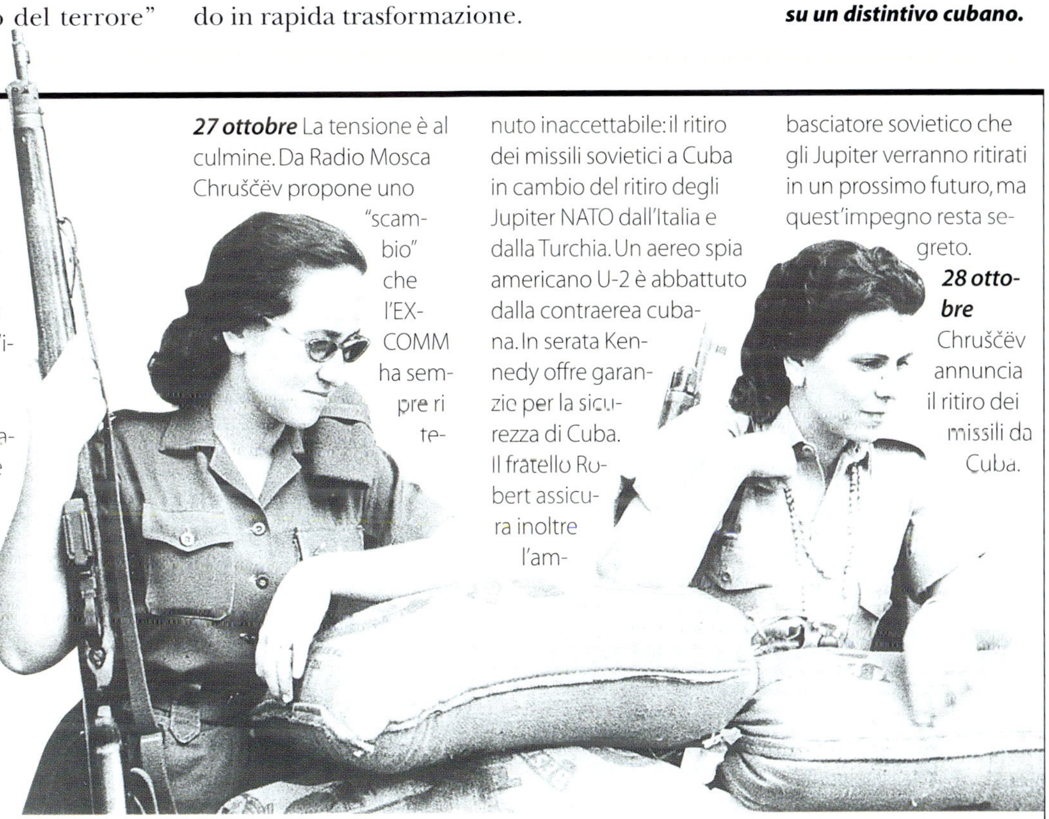

Donne soldato cubane.

Le cifre della guerra in Vietnam (1964 - 1975)			
Vittime vietnamite	2 milioni circa	BOMBE SGANCIATE DAGLI AEREI USA (1964-1973) (in migliaia di tonnellate)	
Vittime americane	58.148	nel Vietnam del Sud	3202
		nel Vietnam del Nord	880
Militari USA coinvolti	oltre 2.5 milioni	nel Laos	2093
Spese americane (1964-1970)	108.5 miliardi di dollari	in Cambogia	539

La guerra americana in Vietnam

All'inizio degli ani Sessanta l'impopolare governo filoamericano del Vietnam del Sud è sfidato dall'opposizione e da un forte movimento di guerriglia (FNL), appoggiato dal governo comunista del Vietnam del Nord. Sia Kennedy che il suo successore Johnson guardano al conflitto come a un test sulla "credibilità" della potenza americana. Washington interpreta l'aspirazione alla riunificazione di un Vietnam indipendente non come una rivendicazione nazionalistica ma come un disegno di espansione del comunismo, messo in atto da Cina e URSS, che minaccia di estendersi a tutto il Sudest asiatico (la "teoria del domino").
Gli Stati Uniti si impegnano a difesa del regime del Sud: Kennedy aumenta i fondi, moltiplica il numero dei consiglieri militari USA e, nel 1963, appoggia un golpe militare che rovescia il presidente Ngô Dinh Diem. Nel 1964, col pretesto di un presunto attacco a navi USA nel Golfo del Tonchino, Johnson decide un intervento più diretto e massiccio, e nel 1965 dà il via a una pesantissima *escalation* con violenti bombardamenti aerei sul Nord e il potenziamento della guerra nel Sud.
Il conflitto diviene una devastante guerra su larga scala, in cui gli USA arrivano a schierare oltre mezzo milione di soldati. Il Sud è sconvolto dai bombardamenti, dai defolianti, dalle operazioni *Search and Destroy* ("Cerca e distruggi") – che tentano inutilmente di annientare la guerriglia dell'FNL e i contingenti dell'esercito nordvietnamita – e dal tra-

Perlustrazione di soldati sudvietnamiti e, a destra, corteo a favore del conflitto: "Facciamola finita con l'asilo inviolabile di Hanoi. Bombardiamo Hanoi per vincere la guerra e annientare la cospirazione comunista".
Nel 1968 l'ufficiale americano, che ha appena guidato la riconquista di un villaggio, dichiara: "Abbiamo dovuto distruggere la città per salvarla dal nemico". L'enorme potenza tecnologica delle forze americane produce distruzioni su vasta scala, al Nord e soprattutto al Sud dove infuriano le operazioni, ma non riesce a soffocare la guerriglia e finisce per alienare ogni consenso alla causa americana.

Bombardamento.
Il bilancio delle perdite provocate dal lungo conflitto vietnamita, per quanto basato su cifre incomplete e difficilmente verificabili, delinea un vero e proprio massacro: circa 55.000 morti americani e 200.000 sudvietnamiti, circa 920.000 nell'esercito nordvietnamita. Le vittime civili sono 350.000 nel solo Sud del paese.

sferimento forzato di milioni di contadini nelle città. L'imponente presenza americana non riesce però a consolidare uno stato sudvietnamita privo di solide basi autonome, né a sconfiggere militarmente una guerriglia di vaste proporzioni. Invece di essere riaffermata, la credibilità americana si logora in un conflitto prolungato che persino gli alleati europei ritengono inutile. Negli USA il costo umano e finanziario della guerra suscita un'opposizione crescente. Ma il Pentagono continua a promettere la vittoria, e pochi a Washington mettono in dubbio la razionalità di un conflitto che pare sempre più tradire il suo stesso scopo: per salvare il Vietnam dal comunismo se ne sta distruggendo il territorio, il tessuto sociale e una parte cospicua della popolazione.

All'inizio del 1968 l'FNL e i nordvietnamiti scatenano l'offensiva del Têt (il capodanno buddista) che ridicolizza i proclami dei generali americani. La capitale Saigon e molte città e basi americane subiscono un attacco simultaneo: i guerriglieri penetrano fin nel giardino dell'ambasciata americana. Dopo alcuni giorni, la controffensiva colpisce il nemico, ma intanto si verifica una svolta politica e psicologica: negli USA il consenso alla guerra di Johnson evapora, nessuno crede più alla vittoria e il governo fa marcia indietro. Il 31 marzo 1968 il presidente annuncia l'apertura di negoziati con Hanoi e il proprio ritiro dalla vita politica.

LO SVILUPPO SECONDO GLI USA

Negli anni Sessanta gli Stati Uniti elaborano una "teoria dello sviluppo" che postula per i paesi del Terzo Mondo un'evoluzione non solo economica ma anche politica e socioculturale verso un modello democratico occidentale. Questo percorso di modernizzazione dovrebbe condurre le nuove nazioni indipendenti a integrarsi nella ininterrotta espansione del capitalismo, dando così forza al contenimento globale del comunismo. Ma per affermare questo disegno di modernizzazione bisogna contrastare, ed eliminare, le componenti radicali o comuniste delle nuove nazioni e dei movimenti di liberazione. Nei primi anni Sessanta appare chiaro che ciò, in Vietnam, può avvenire solo con l'aiuto degli USA. È questo intreccio di fiducia nello sviluppo, guidato dall'Occidente, e di ansia per le sorti del contenimento globale a condurre gli USA alla guerra in Vietnam.

Mitragliere americano su un elicottero.

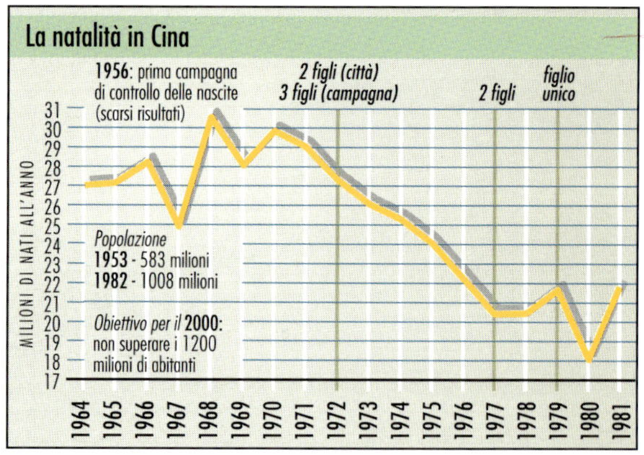

La rivoluzione culturale cinese

Anche se la rivoluzione culturale cinese si dispiega per tutto l'ultimo decennio di vita di Mao (1966-1976), il momento più tempestoso va dalla fine del 1965 alla metà del 1969. Questo dirompente fenomeno coinvolge milioni di persone e provoca la morte o la detenzione in campi di lavoro di centinaia di migliaia di quadri di partito e di intellettuali. È un processo che distrugge consolidati equilibri e ribalta il volto politico dell'intero paese quale si era configurato dopo la nascita della Repubblica Popolare.

La prima fase della rivoluzione culturale fa seguito alla durissima contrapposizione tra Pechino e la *leadership* sovietica, accusata di revisionismo dei princìpi rivoluzionari. Ben presto la battaglia contro il revisionismo, scatenata da Mao, diventa la parola d'ordine dello scontro politico interno, prendendo di mira soprattutto il presidente Liu Shaoqui. Nell'agosto 1966 una risoluzione dell'XI Plenum del Comitato centrale del Partito comunista decreta l'allontanamento di buona parte del gruppo dirigente emerso durante la lotta di liberazione e giunto ai vertici del Partito, dell'esercito e dello stato.

Dal 18 agosto 1966 Mao fa scendere in campo le Guardie rosse: milioni di giovani sono chiamati ad aprire il "fuoco sul quartier generale" e a lottare contro i "quattro vecchiumi" (le vecchie idee, la vecchia cultura, le vecchie tradizioni, le vecchie abitudini). Malgrado i raduni

Guardie rosse nel periodo della rivoluzione culturale.
Il 30 gennaio 1967 Radio Pechino trasmette un comunicato: "I rivoluzionari proletari si stanno unendo per strappare il potere dalle mani di un pugno di elementi che, detenendo posti di direzione nel Partito, hanno preso la via capitalista; questo è il compito strategico della nuova tappa della grande rivoluzione culturale proletaria […]. La nostra grande guida, il presidente Mao, le ha dato immediatamente il suo risoluto appoggio".

Corteo di un gruppo della sinistra italiana di osservanza maoista nel 1969.
Molti movimenti studenteschi europei si richiamano alle parole d'ordine della rivoluzione culturale cinese.

di massa, la chiusura delle scuole, l'allontanamento forzato e la deportazione in campi di lavoro degli intellettuali e dei quadri di partito, Mao fallisce nel tentativo di creare un movimento politico che assuma il ruolo svolto fino ad ora dalle organizzazioni di partito.

Tra il gennaio 1967 e l'estate 1968 Mao punta – con la creazione dei comitati rivoluzionari – a introdurre una sorta di potere alternativo rispetto a quello nato con la rivoluzione, che agendo sul principio del "tre in uno" (in ogni istanza sono inclusi rappresentanti di organizzazioni di massa, superstiti quadri del partito e fidati esponenti militari) dovrebbe amalgamare su nuove basi le avanguardie della società cinese. Ma le lotte intestine tra le Guardie rosse e la contrapposizione frontale tra radicali e moderati fanno ben presto degenerare la situazione, tanto che è lo stesso Mao a richiedere l'intervento massiccio dell'esercito per ristabilire l'ordine.

È proprio nella quarta fase della rivoluzione culturale, chiusa dal IX Congresso del PCC nell'aprile del 1969 – ma in realtà protrattasi fino alla caduta del maresciallo Lin Biao, ministro della Difesa e delfino di Mao –, che militari e quadri della fazione maoista, diretta da quella che più tardi sarà definita la "banda dei quattro", si rendono responsabili delle peggiori violenze e di una repressione generalizzata.

Manifesto cinese che inneggia alla rivoluzione dei popoli oppressi di tutti i continenti.
Con l'attacco al "revisionismo" dell'URSS e la rottura con Mosca, la Cina si presenta come il punto di riferimento del movimento comunista internazionale, con lo scopo di dirigere le lotte rivoluzionarie del Terzo Mondo. Con la rivoluzione culturale, il "marxismo leninismo-pensiero di Mao Zedong" viene indicato come l'ideologia ufficiale cui tutti i comunisti devono ispirarsi.

La guerra dei sei giorni

Avvisaglia del conflitto arabo-israeliano – che inizia all'alba del 5 giugno 1967 e che nel giro di sei giorni muta in maniera rilevante, a favore di Israele, la situazione nello scacchiere mediorientale – sono le azioni militari registrate, sin dal 1966, lungo le fasce di confine fra Israele e Giordania, Siria ed Egitto. Diversi scontri fra truppe di Tel Aviv e dei paesi arabi portano, nella primavera 1967, a una situazione di estrema tensione e rendono sempre più precario il rispetto delle clausole dell'armistizio siglato a conclusione della guerra del 1956.

In maggio il fronte arabo, guidato dalla Repubblica Araba Unita presieduta dal colonnello Nasser, comprende un ampio schieramento che va dalla Siria alla Giordania, dall'Iraq all'Arabia Saudita. Mentre l'ONU ritira i caschi blu, stanziati dal 1956 nella striscia di Gaza e a Sharm el Sheikh sul Mar Rosso, forze arabe ne prendono il posto e Nasser annuncia il blocco navale del Golfo di Aqaba. Come risposta, Israele non solo mobilita l'apparato militare ma crea un governo di unità nazionale: Moshe Dayan, capo di stato maggiore, viene nominato ministro della Difesa.

Prima che la diplomazia si metta all'opera per scongiurare il conflitto, Israele scatena nelle prime ore del 5 giugno 1967 un devastante attacco aereo di sorpresa, che distrugge gran parte dell'aviazione araba, colpita a terra prima ancora che

L'esultanza dei militari israeliani dopo la conquista della penisola del Sinai.

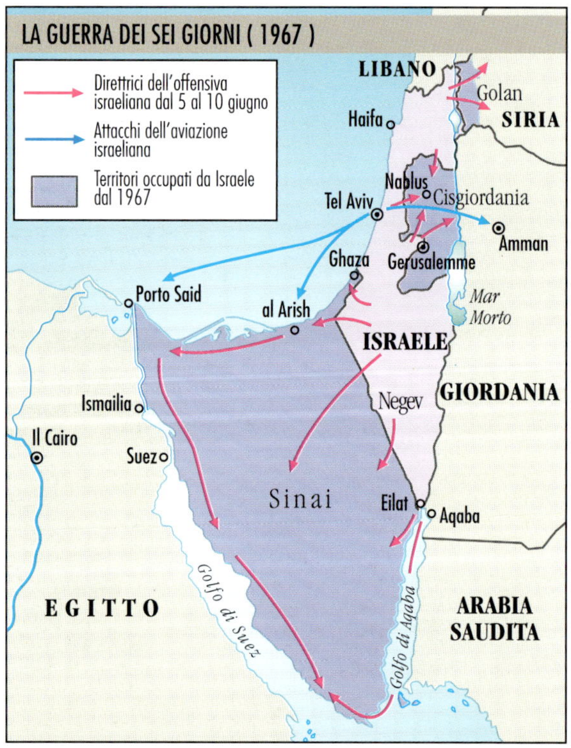

Palestinesi nella città di Gaza.
La guerra del 1967 provoca l'espulsione di 300.000 palestinesi dalla Cisgiordania e dalla striscia di Gaza. Nel 1973 la popolazione palestinese nell'area mediorientale è ripartita fra Giordania (1.000.000), Cisgiordania (750.000), striscia di Gaza (412.000), Israele (400.000), Libano (400.000), Siria (200.000) e gli altri paesi arabi (283.000).

possa levarsi in volo: i Mirage e i Mystère bombardano 24 basi nemiche, eliminando dalla lotta più di 400 aerei egiziani, siriani e giordani. Nel frattempo truppe corazzate (oltre 300 carri armati), comandate dal generale Yitzhak Rabin, avanzano con grande rapidità: mentre Nasser rompe le relazioni con Washington, accusata di appoggiare militarmente Tel Aviv, esse occupano le alture del Golan sul versante siriano, avanzano lungo la sponda occidentale del Giordano e si impossessano della città vecchia di Gerusalemme. Altre colonne puntano verso il Sinai, forzano il blocco di Aqaba e giungono al Canale di Suez che Nasser ha deciso di chiudere al traffico internazionale. Nel Sinai le forze di Tel Aviv tagliano la via della ritirata agli egiziani, che perdono così oltre 700 carri armati T-55.
Il destino del conflitto è dunque segnato sin dalle prime ore. L'11 giugno il governo del premier Levi Eshkol prende atto dell'accettazione del cessate il fuoco da parte dei paesi arabi. Dopo la vittoria, Israele triplica la sua superficie e la guerra dei sei giorni rovescia i dati del conflitto arabo-israeliano, la cui posta sono i nuovi territori occupati: torna così alla ribalta, come già nel 1948 e nel 1956, il problema dei profughi palestinesi, con Israele che oppone un netto rifiuto a ritirarsi entro le frontiere prebelliche.

Ebrei a Gerusalemme.
Sacra per tre religioni, nel 1949 la città è posta sotto il controllo dell'ONU, ma il contrasto fra Israele (che nel 1950 la proclama capitale) e Giordania porta alla sua divisione in due settori. Nel 1967 vi abitano 261.000 persone, fra le quali 195.000 ebrei, 55.000 musulmani e 11.000 cristiani. Dopo la vittoria nella guerra dei sei giorni, Israele decreta unilateralmente l'annessione della città vecchia amministrata dalla Giordania, e in seguito procede a nuovi insediamenti di popolazione e a interventi volti a cancellare le caratteristiche arabe del centro storico. Nel 1980 sarà proclamata l'unità e l'indivisibilità della "capitale eterna" di Israele.

Rudi Dutschke.
Riprendendo suggestioni maoiste, il leader del movimento studentesco berlinese teorizza la necessità di una "lunga marcia attraverso le istituzioni" per estendere la lotta a tutta la società e trasformarla dalle fondamenta. Nell'aprile 1968 è gravemente ferito in un attentato.

Il '68: esplode la contestazione

Troppe volte il movimento di protesta giovanile, che dilaga nelle università a partire dai primi mesi del 1968, è stato ridotto a semplici ricostruzioni di eventi, che pure vanno ricordati: in febbraio sono 27 le università italiane occupate, in maggio il movimento paralizza l'intera Parigi, nella stessa primavera da Berlino agli USA, da Praga a Città del Messico buona parte del mondo giovanile scopre di volere un'altra società, di essere contro un potere che in ogni istituzione – famiglia, scuola, lavoro, partiti politici – è intriso di autoritarismo mimetizzato da un condiscendente paternalismo.

Eppure bisogna andare più indietro nel tempo per cogliere l'incredibile capacità del '68 di accostare temi assai lontani fra loro e farne un amalgama nel quale realtà politica ed esperienza personale rivelano un volto diverso da quello tradizionalmente proposto e difeso. È solo scorgendo le radici del '68 che può essere compresa la lotta contro la selezione scolastica e contro un sapere funzionale al potere esistente, la mobilitazione contro l'imperialismo americano e contro le burocrazie del socialismo reale, la ribellione contro le discriminazioni sessuali, il consumismo, il conformismo delle famiglie.
Da questo punto di vista il '68 è accaduto ben prima del '68, attraverso il vivace ramificarsi di nuove

L'occupazione degli stabilimenti della Renault a Billancourt nei pressi di Parigi.

Città del Messico, luglio 1968: sul podio olimpico i velocisti americani Tommie Smith (1°) e John Carlos (3°) fanno il saluto del Black Power ("Potere nero") per protesta contro le discriminazioni razziali.
Le lotte per i diritti civili dei neri degli USA – che portano nel 1964 la Corte suprema al riconoscimento della loro parità giuridica con i bianchi – si riaccendono nel 1967 sull'onda della contestazione giovanile e dell'emergere di movimenti radicali come il Black Power.

Milano, marzo 1968: manifestazione di studenti liceali (a destra).

Mangiadischi automatico Pop prodotto nel 1968.
Negli anni Sessanta la musica rock diviene un oggetto di consumo presso larghe fasce di giovani. Grazie a questo apparecchio portatile, funzionante mediante l'inserimento del disco a 45 giri in un'apposita fessura, cambia il modo di ascoltare la musica.

Manifesto del '68.
Nel maggio francese l'agitazione studentesca è solo il preannuncio di un movimento più ampio, che coinvolge estesi settori della società, con occupazioni di fabbriche e scioperi generali che paralizzano il paese e scuotono il potere del generale De Gaulle.

radici culturali, il lampeggiare di eretiche intuizioni, l'emergere di scommesse esistenziali che preparano l'esplodere della rivolta. Il '68 resta così "l'anno degli studenti", che danno vita – in un complesso gioco di influenze e sincronie – a un evento storico che assume dimensioni davvero planetarie. In paesi come la Francia e l'Italia, essi tentano di allearsi con il movimento operaio e di estendere la protesta all'intera società, mettendo in discussione gli equilibri politici. Rispetto al modello rivoluzionario classico, basato sulla presa del potere, l'obiettivo del movimento giovanile è in primo luogo quello di promuovere una trasformazione profonda della società e della cultura.

DOV'È COMINCIATO IL '68?

"È cominciato nel *campus* di Berkeley e di altre università americane, dove il Free Speech Movement cerca di raccogliere le energie profuse in precedenza dai giovani e dagli studenti nei diversi movimenti per i diritti civili. È cominciato con i testi teatrali e i film degli *angry young men*, i giovani arrabbiati inglesi che precedono e accompagnano i primi successi dei Beatles e dei Rolling Stones. È cominciato in Italia nel 1966, con le occupazioni di alcune università e le lotte degli studenti; e con la straordinaria partecipazione e solidarietà di giovani accorsi da ogni parte a Firenze devastata dall'alluvione. È cominciato nelle proteste che hanno accomunato i giovani d'Europa contro la dittatura di Franco in Spagna e quella dei colonnelli in Grecia, contro i massacri del colonialismo in Algeria e in Congo. È cominciato con l'estendersi della guerriglia in America latina, che la morte di "Che" Guevara il 9 ottobre 1967 sembra aver gettato nel lutto, non sconfitto".

(Marcello Flores, *In terra non c'è paradiso*, Baldini & Castoldi, 1998).

Hippy americano.
Artisti, musicisti e poeti diventano i profeti di una nuova droga, l'LSD, grazie alla quale l'umanità dovrebbe lasciarsi alle spalle la sua folle normalità e trascendere i princìpi e i valori comuni, giungendo a penetrare l'armonia del creato.

Alexander Dubček.

La primavera di Praga

IL VENTO DELLA LIBERTÀ

In pochi mesi, sotto la guida di Alexander Dubček, la liberalizzazione della vita politica e intellettuale diventa una realtà, e una nuova atmosfera pervade i giornali e gli altri mezzi di informazione, che cominciano a trattare criticamente i problemi del paese, denunciando i misfatti del passato regime. Mentre intellettuali prestigiosi come Václav Havel e Milan Kundera, prima soggetti a persecuzioni, possono riprendere pubblicamente la parola, la cultura e le espressioni artistiche occidentali diventano accessibili al grande pubblico, che reagisce con entusiasmo. Ben presto tale processo porta però a richieste e rivendicazioni che oltrepassano il quadro previsto dallo stesso Dubček, offrendo il pretesto per la "normalizzazione" sovietica.

La scommessa affrontata dal segretario del Partito comunista Alexander Dubček e dagli altri – Ota Šik, Zdenek Mlynar, Oldrich Černik, Joseph Smrkovski che lo affiancano nel governo del paese fino all'intervento militare sovietico dell'agosto 1968 – di realizzare in Cecoslovacchia un "socialismo dal volto umano" può essere compresa solo tenendo conto di una specificità storica. La Cecoslovacchia è infatti l'unico paese del blocco comunista ad aver conosciuto una vera democrazia parlamentare, prima dell'imposizione del "modello sovietico" che nel 1968 dura ormai da vent'anni e ha comportato alti costi nella vita politica, sociale e culturale del paese. Inoltre la Cecoslovacchia, prima di essere inclusa nell'impero sovietico, possedeva un apparato industriale moderno e diversificato che impiegava una manodopera qualificata e istruita, consapevole dei propri diritti e abituata ai princìpi di libertà delle democrazie occidentali. È in forza di tali elementi che si comprende l'ampio sostegno che la popolazione esprime a Dubček e al suo nuovo corso politico di democratizzazione, riguardante non solo il Partito ma l'intera società.

Per queste ragioni, la "primavera di Praga" allarma il Cremlino, che teme il diffondersi dell'esempio cecoslovacco nelle altre democrazie popolari, con il conseguente allentamento dei vincoli tra i regimi dell'Europa dell'Est e l'ac-

L'intervento di Mosca in una vignetta satirica.
Nel 1945 l'arrivo dell'Armata Rossa aveva restituito alla popolazione cecoslovacca la speranza della libertà. Nel 1968 le aspirazioni della "primavera di Praga" vengono brutalmente soffocate dall'URSS in nome della dottrina della "sovranità limitata" dei paesi appartenenti al blocco sovietico.

quisizione di una sempre maggiore autonomia. In maggio, in luglio e all'inizio di agosto, Dubček compie inutili tentativi di rassicurare i "partiti fratelli": Praga, dice, non vuole abbandonare il socialismo, ma rinnovarlo.
Le riforme ormai avviate suonano però come eresie alle orecchie di Brežnev e Michail Suslov, uno segretario del PCUS, l'altro custode della sua ortodossia. I vertici di Mosca giudicano pericoloso che all'interno di un Partito comunista le frazioni e le minoranze dispongano del diritto al dissenso e del voto segreto. La riforma federalista della Costituzione, che riconosce le peculiari esigenze di cechi e slovacchi, e i princìpi di autogestione introdotti nelle fabbriche che sono ritenuti attentati alla sicurezza dello stato e al sistema della pianificazione centralizzata.
La risposta di Mosca alle riforme in atto giunge nella notte tra il 20 e il 21 agosto, quando oltre 600.000 soldati sovietici e del Patto di Varsavia invadono la Cecoslovacchia. Praga è occupata dai carri armati. I dirigenti del nuovo corso sono trascinati a Mosca e "convinti" ad accettare la normalizzazione del paese: il timore di un bagno di sangue induce Dubček ad accettare il *Diktat* sovietico che comporterà, per molti anni, la presenza "temporanea" di truppe sul territorio cecoslovacco.

Autunno 1967: universitari sfilano per le strade di Praga nel corso della Conferenza internazionale degli studenti.
Nell'autunno del 1967 la "marcia su Praga" degli studenti viene dispersa con l'uso della forza dalla polizia. Nei mesi seguenti gli studenti svolgono un ruolo importante a sostegno del programma di Dubček. Finita la "primavera", nel gennaio 1969 il giovane Jan Palach si suicida dandosi fuoco in piazza San Venceslao, testimoniando così di fronte al mondo la sua estrema protesta contro la perdita della libertà.

Blindati sovietici nella capitale.
Le forze del Patto di Varsavia (600.000 uomini) occupano, senza incontrare ostacoli, Praga e il territorio cecoslovacco, arrestando Dubček e i massimi dirigenti del paese: la popolazione inerme, con gli studenti in prima linea, si riversa nelle strade della capitale, per manifestare il proprio dissenso. Nei disordini di piazza perdono la vita poche centinaia di persone.

Manifesto affisso in una regione boliviana dove agiscono i guerriglieri di Guevara: "La Bolivia non sarà un'altra Cuba".
Fenomeno esteso a molti paesi del subcontinente, la nascita di focolai di guerriglia deriva dalla convinzione che la campagna debba "conquistare la città". Ma ciò si scontra con l'indifferenza e l'ostilità delle masse rurali.

La guerriglia in America latina

Sulla scia della rivoluzione cubana, gli anni Sessanta vedono l'insorgere, su scala continentale, di focolai guerriglieri di maggiore o minore entità, soprattutto nei paesi retti da regimi autoritari, ma anche in quelli con governi formalmente democratici. Solo in circostanze sporadiche la guerriglia è promossa dai partiti comunisti locali, e anche in questi rari casi per un limitato periodo di tempo.

L'opportunità o meno di avviare la lotta armata è anzi motivo di scissioni interne e di contrasti con il governo di Castro, che tali guerriglie sostiene. In una prima fase, il modello di riferimento resta quello del *foquismo* (la teoria del focolaio guerrigliero) teorizzato dal "Che" Guevara: i movimenti si sviluppano nelle campagne, individuate come terreno ideale di battaglia e di sensibilità insurrezionale. Città e proletariato rimangono in secondo piano, e anche se l'esercito ribelle deve sensibilizzare politicamente l'ambiente in cui opera, la convinzione che un focolaio guerrigliero isolato possa diventare il centro propulsore della rivoluzione rende meno decisiva una partecipazione di massa, e quindi un lavoro di sedimentazione di lunga durata.

La fiducia che un piccolo gruppo possa guadagnare alla causa rivoluzionaria sempre più numerosi lavoratori ru-

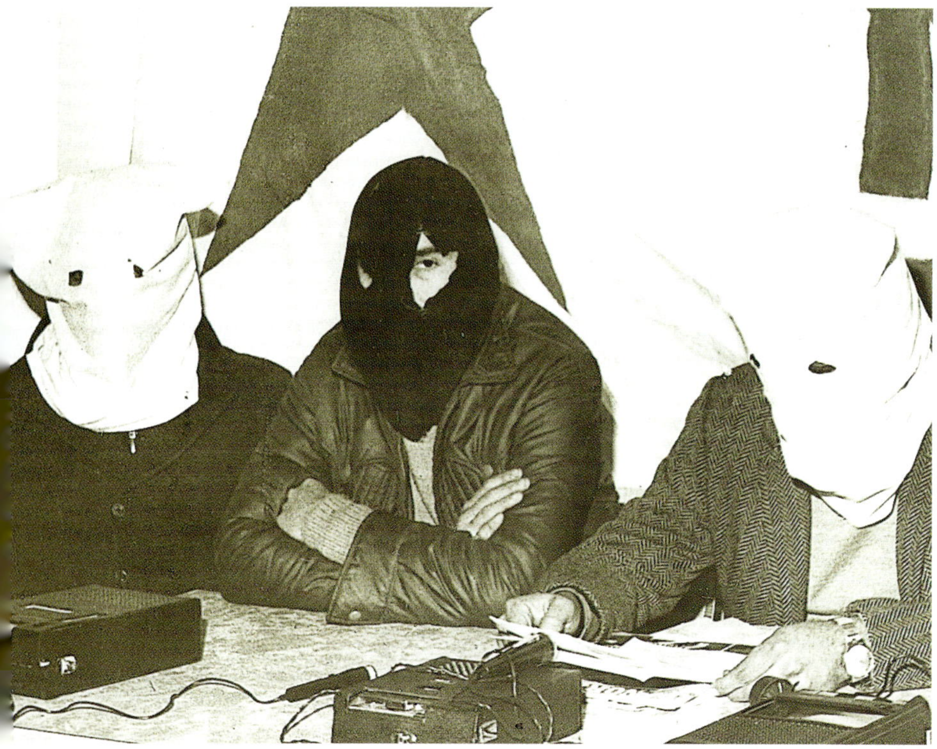

Conferenza stampa di membri dell'ERP (Ejército Revolucionario del Pueblo).
In Argentina saranno due le organizzazioni guerrigliere costituenti l'opposizione armata al regime militare nei primi anni Settanta: quella peronista dei Montoneros e l'ERP di ispirazione trozkista.

Cattedrale di Brasilia dell'architetto Oscar Niemeyer in costruzione.
La presidenza del socialdemocratico Juscelino Kubitschek è contrassegnata da un forte impulso all'industrializzazione e da grandi opere pubbliche: alla nuova capitale Brasilia, posta al centro del paese, si affida il compito di accelerare l'integrazione nazionale.

Guevara con i tre figli in una foto del 1965.
I due paesi in cui opera il "Che" per allargare il fronte antimperialista sono il Congo ex belga e la Bolivia. Nel primo il soggiorno di Guevara (1965) si conclude con un fallimento. In Bolivia il gruppo non riesce a mobilitare né i contadini indios né il movimento operaio: la morte del "Che" segna la sconfitta della politica internazionale dell'Avana.

rali si dimostra illusoria, e le difficoltà incontrate spingono alcuni gruppi guerriglieri – specie in Argentina, Brasile e Uruguay – a tentare la via della lotta armata urbana, senza tuttavia ottenere maggiore successo. In linea generale, la guerriglia rurale è sconfitta quasi ovunque già alla fine degli anni Sessanta, e quella urbana lo sarà entro la metà del decennio successivo.

Il bilancio complessivo mette in risalto il sacrificio di molti giovani che si sono battuti per la trasformazione delle società in cui vivevano, ma che non sono riusciti a ottenere l'appoggio popolare. Ciò deriva solo in parte dall'eccesso di volontarismo dei protagonisti; su un insuccesso così generalizzato pesa piuttosto l'aumentata capacità di risposta repressiva delle forze armate, favorita dall'addestramento impartito dagli statunitensi e dalla maggiore sofisticazione e abbondanza degli armamenti, nonché dallo sviluppo di formazioni paramilitari di destra, solo in apparenza svincolate dagli apparati governativi.

Si afferma così una spirale di violenza e si diffonde un'acquiescenza alle violazioni dei diritti umani (basti per tutte la tortura istituzionalizzata) che, alla lunga, favorirà in molti paesi l'ascesa al potere di dittature militari: è questo un fenomeno che connoterà la realtà latinoamericana per quasi un ventennio.

DAL NICARAGUA AL SALVADOR

Al di là di circoscritte situazioni nel Sud (specie in Colombia e Perù), l'area in cui la lotta armata è in forte ripresa è l'America centrale, in particolare in Nicaragua, Guatemala e Salvador, dove, nella seconda metà degli anni Settanta, assume caratteristiche diverse da quelle del decennio precedente. Si assiste infatti a una saldatura tra la sfera politica e quella militare, e la guerriglia conquista appoggi presso partiti, sindacati e opinione pubblica. La lotta armata assume carattere di guerra civile e riesce anche vittoriosa in Nicaragua (1979), mentre negli altri due paesi menzionati, superata l'ostilità di Washington a soluzioni negoziate, si giungerà negli anni Novanta ad accordi dei governi con i ribelli.

Picchetto di guardia al palazzo presidenziale di Lima, in Perù.

L'uomo sulla Luna

21 luglio 1969: "Per un uomo è un piccolo passo, per il genere umano è un balzo gigantesco", dice Neil A. Amstrong mentre si accinge a calpestare il suolo lunare del Mare della Tranquillità. L'astronauta americano si è lasciato alle spalle il collega Edwin E. Aldrin jr. sul LEM: il modulo spaziale che si è staccato dall'astronave *Apollo 11* e col quale sono scesi sulla superficie del nostro satellite. Si corona così un sogno che, nei due decenni precedenti, ha trovato le prime concretizzazioni con il lancio di sonde spaziali che, guidate dall'uomo o automatiche, hanno raggiunto la Luna, o mediante satelliti che orbitano attorno ad essa.

Il primo impatto di un corpo terrestre sulla Luna avviene nel 1959, quando il veicolo sovietico *Lunik 2* si schianta nel toccare il suolo lunare. I primi "allunaggi" morbidi sono del 1966 ad opera della missione sovietica *Lunik 9* e di quella statunitense *Surveyor 1*. Poi è la volta della trionfale missione dell'*Apollo 11*, seguita in diretta – sugli schermi televisivi di tutto il mondo – da miliardi di spettatori, che possono vedere i due astronauti americani (il terzo, Michael Collins, rimane sull'astronave) installare sensori, prelevare 22 chilogrammi di materiali e rocce lunari, comunicare con il presidente degli Stati Uniti Richard Nixon.

LE MISSIONI APOLLO

Il primo viaggio con equipaggio umano di un veicolo spaziale *Apollo* è dell'11 ottobre 1968: sull'*Apollo 7* sono Walter Schirra, Donn Eisele e Walter Cunningham che compiono 163 rivoluzioni intorno alla terra. Il 21 dicembre l'*Apollo 8* compie il primo viaggio attorno alla Luna (10 orbite lunari). Con l'*Apollo 9* e *10*, nella primavera 1969, si prova l'agganciamento tra il veicolo spaziale e il modulo, e si realizza la discesa di quest'ultimo fino a 15 chilometri dalla superficie lunare. Dell'estate 1969 è la missione dell'*Apollo 11*.

Satellite statunitense.
Utilizzati nei settori più diversi, i satelliti diventano, a partire da questi anni, uno strumento indispensabile per la meteorologia, la radionavigazione le osservazioni astronomiche, le telecomunicazioni, le missioni di ricognizione strategica e per ospitare veri e propri laboratori scientifici.

L'avvicinamento dello Skylab alla Luna e la "passeggiata" di Neil Armstrong sulla sua superficie (a sinistra).

La Luna vista da una navicella spaziale (a sinistra) e a distanza ravvicinata.
Nel secondo sbarco sulla Luna (novembre 1969) gli astronauti americani vi restano per oltre 31 ore, installandovi una stazione per i rilevamenti scientifici.

La passeggiata sul suolo lunare si protrae per 2 ore e un quarto, mentre gli astronauti vi restano in tutto 21 ore, 36 minuti, 21 secondi. Segue il viaggio di ritorno e l'ammaraggio della navetta nel Pacifico, a poca distanza dalla portaerei *Hornet*. L'impresa dura nel complesso 195 ore e 19 minuti. Raggiunta la terra, gli astronauti sono sottoposti a una sorta di quarantena per proteggere la Terra da eventuali forme di contaminazioni extraterrestri, ma anche per difendere i campioni lunari da perturbazioni derivanti dall'influenza dell'ambiente terrestre. Dopo l'*Apollo 11* vengono effettuate altre 6 missioni lunari che consentono un'esplorazione dettagliata e uno studio rigoroso delle principali caratteristiche del satellite. A dire la verità, il programma originario delineato dagli USA prevedeva un'altra decina di missioni, ma problemi di bilancio inducono la NASA, l'Ente spaziale americano, a concludere la serie con la missione *Apollo 17* del 7-19 dicembre 1972.
In questi anni anche l'URSS porta avanti un programma di esplorazioni lunari con sonde automatiche e ottiene significativi risultati: nel 1970 fa giungere sulla Luna un veicolo teleguidato (il *Lunahod I*) e nel 1971 invia nel cosmo la stazione *Salyut*. Una nuova fase si apre nel luglio 1975, con la storica missione congiunta USA-URSS e l'aggancio in orbita delle navicelle *Apollo* e *Soyuz*.

L'orma impressa da Neil Armstrong, il primo uomo a sbarcare sulla Luna.

	ECONOMIA E SOCIETÀ	POLITICA E ISTITUZIONI

1961-1962

Economia e società

1961

Gran Bretagna Nasce Amnesty International.

USA Fondato il WWF (World Wildlife Fund).

• Eliminata la segregazione razziale sui mezzi di trasporto pubblici.

1962

CEE Il Consiglio dei ministri dei paesi membri fissa una politica agraria comune. Creato il Fondo Europeo di Orientamento e di Garanzia Agricola (FEOGA).

USA Muore suicida Marilyn Monroe.

Gran Bretagna Si forma il gruppo rock dei Rolling Stones.

Politica e istituzioni

1961

3 gennaio Gli USA rompono le relazioni diplomatiche con Cuba.

22 aprile *Algeria* Rivolta dei generali francesi contro De Gaulle.

11 giugno *Italia* Attentati dinamitardi in Alto Adige dei separatisti.

13 agosto *RDT* Comincia la costruzione del Muro di Berlino.

1962

21 febbraio *Italia* Il democristiano Amintore Fanfani guida il primo governo di centro-sinistra.

18 febbraio *Francia* Firmati gli accordi di Evian con il governo provvisorio algerino.

28 marzo *Argentina* Un golpe militare depone il presidente Arturo Frondizi.

1° luglio *Algeria* Un referendum sancisce l'indipendenza del paese.

17 agosto *RDT* Ucciso Peter Fechter mentre tenta di fuggire attraverso il Muro.

1963

Economia e società

CEE Stipulata la prima Convenzione di Yaoundé che lega la CEE a 18 stati africani e malgasci.

Vaticano Papa Giovanni XXIII pubblica l'enciclica *Pacem in Terris* che condanna la guerra.

USA Si svolge la manifestazione per i diritti civili a Washington organizzata dal leader nero Martin Luther King.

Turchia Ad Ankara firma dell'accordo di associazione con la CEE.

Politica e istituzioni

22 gennaio *RFT - Francia* Adenauer e De Gaulle firmano un accordo di cooperazione politica ed economica.

3 giugno *Vaticano* Muore papa Giovanni XXIII; gli succede Paolo VI.

5 agosto *URSS* Gran Bretagna, USA e URSS firmano un accordo per la sospensione degli esperimenti nucleari nell'atmosfera e nella stratosfera.

9-10 ottobre *Italia* Nel disastro della diga del Vajont perdono la vita più di 2000 persone.

22 novembre *USA* Assassinato il presidente Kennedy. Lyndon B. Johnson sarà eletto presidente.

17 dicembre *Germania* Firmato il primo accordo per i lasciapassare nel periodo

1964-1965

Economia e società

1964

Sudafrica Nuove leggi segregazioniste inaspriscono il regime di *apartheid*.

USA Approvata la legge sui diritti civili contro la discriminazione razziale; scoppiano tumulti antirazzisti in molte grandi città.

1965

CEE Fusione degli organi esecutivi di CECA, CEE ed EURATOM.

Gran Bretagna Abolita la pena capitale e la pubblicità tv al tabacco.

• Mary Quant lancia la minigonna. Inizia la moda dei capelli lunghi per gli uomini.

Politica e istituzioni

1964

12 giugno *Sudafrica* Nelson Mandela, leader dell'African National Congress, è condannato all'ergastolo.

2-5 agosto *Vietnam* Incidente Golfo del Tonchino. Primi bombardamenti USA sul Vietnam del Nord.

14 ottobre *URSS* Leonid Brežnev è eletto segretario del PCUS.

16 ottobre La Cina entra fra le potenze nucleari.

Gran Bretagna Ritorno dei laburisti, con il gabinetto guidato da Harold Wilson.

Palestina Il I Congresso nazionale palestinese decreta la costituzione dell'OLP.

Cile Il democristiano Eduardo Frei è eletto presidente.

Haiti Il dittatore François "Doc" Duvalier si fa nominare presidente a vita.

1965

21 febbraio *USA* Assassinato il leader afroamericano Malcolm X.

28 aprile *Repubblica Domi-*

1966-1967

Economia e società

1966

Francia Paco Rabanne lancia abiti in metallo e plastica.

Vaticano Nella liturgia cattolica le lingue moderne sostituiscono il latino.

Italia Nasce la Montedison dalla fusione tra la Montecatini e la società elettrica Edison.

1967

CEE Con il trattato di Bruxelles entra in funzione il Consiglio dei ministri della Comunità europea.

USA T-shirts e gilet di cuoio. Tra i giovani si diffondono marihuana e LSD.

• Protesta contro la guerra nel Vietnam.

Politica e istituzioni

1966

19 gennaio *India* Indira Gandhi, figlia di Nehru, viene eletta primo ministro.

21 febbraio *Francia* De Gaulle annuncia l'uscita dalla NATO.

24 febbraio *Ghana* Destituito il presidente Kwame Nkrumah.

12 marzo *Indonesia* Il presidente Sukarno destituito dal generale Suharto.

marzo-maggio *Vietnam del Sud* Manifestazioni contro il governo del generale Nguyen Kao Ky.

30 giugno *Vietnam del Nord* Gli USA bombardano Hanoi.

30 novembre *Germania* Kurt G. Kiesinger succede a Ludwig Erhard quale nuovo cancelliere.

Argentina Un golpe militare rovescia il presidente Arturo Illía; al potere il generale Juan Carlos Onganía.

Bolivia Inizia la guerriglia contro la dittatura di René Barrientos guidata dal "Che".

1968

Economia e società

CEE Unione doganale fra gli stati membri. Adozione di una tariffa doganale comune negli scambi con i paesi terzi.

Danimarca Proposta la legalizzazione dei matrimoni tra omosessuali.

Vaticano Paolo VI promulga l'enciclica *Humanae Vitae*: condanna degli anticoncezionali.

USA Guardaroba unisex, minigonna, stile hippy, influenze indiane.

Politica e istituzioni

gennaio *Cecoslovacchia* Alexander Dubček è segretario del Partito comunista.

30 gennaio *Vietnam del Sud* Durante l'offensiva del Têt i vietcong occupano Hué.

31 gennaio *Italia* Con l'occupazione dell'Università di Trento inizia la contestazione studentesca.

4 aprile *USA* Assassinato a Memphis Martin Luther King: sommosse dei neri in tutto il paese.

10-13 maggio "Maggio francese": occupazione della Sorbona e scioperi contro la polizia e il governo.

5 giugno *USA* Assassinato a Los Angeles il candidato democratico Robert Kennedy.

1° luglio 59 paesi, tra cui USA e URSS, firmano il trattato di non proliferazione delle armi nucleari.

21 agosto *Cecoslovacchia* Le truppe del Patto di Varsavia soffocano nel sangue il tentativo riformatore di

1969

Economia e società

Gran Bretagna Inizia la moda delle maxigonne, jeans con toppe, caffetani, perline.

USA Si tiene a Woodstock un grandioso concerto di musica pop che richiama oltre 400.000 giovani.

• Oltre 15 milioni di persone manifestano per la fine della guerra nel Vietnam.

• Nasce a New York, dopo una clamorosa marcia di protesta, il Movimento per i diritti dei gay.

Politica e istituzioni

16 gennaio *Cecoslovacchia* Jan Palach si dà fuoco in piazza San Venceslao a Praga per protesta contro l'occupazione sovietica.

gennaio *Francia* Si aprono i negoziati di pace: le delegazioni di USA e Vietnam del Sud incontrano quelle di Vietnam del Nord e del Fronte di liberazione nazionale.

3 febbraio *Egitto* Al Congresso nazionale palestinese Yassir Arafat è eletto presidente dell'OLP.

17 marzo *Israele* Golda Meir viene eletta primo ministro.

aprile *Cecoslovacchia* Dubček costretto alle dimissioni.

28 aprile *Francia* Dimissioni di De Gaulle: in giugno eletto il gollista Georges Pompidou.

3 settembre Morte di Ho Chi Minh.

21 ottobre *RFT* Il cancelliere socialdemocratico Willy Brandt

15 settembre *Algeria* Ben Bella presidente della Repubblica democratica popolare.

27 settembre *Eritrea* Scoppio delle ostilità contro la vicina Etiopia.

11 ottobre *Italia* Si apre il Concilio Vaticano II.

21 ottobre *Cina-India* Incidenti di frontiera e penetrazione cinese in India.

28 ottobre *Cuba* I sovietici ritirano i missili installati nell'isola e gli USA tolgono il blocco navale.

natalizio tra le due Berlino.

Grecia Dimissioni del primo ministro Konstandinos Karamanlis, in seguito allo scandalo seguito all'assassinio del deputato di sinistra Grigórios Lambrákis. A novembre è eletto il leader dell'Unione di Centro, Geórgios Papandréu.

nicana Golpe militare e intervento dell'esercito USA.

19 giugno *Algeria* Il colonnello Boumedienne rovescia Ben Bella e dà vita alla nazionalizzazione di industrie, miniere e banche.

6 settembre *India* Nuova guerra indo-pakistana per il controllo del Kashmir.

Filippine Eletto presidente Ferdinand Marcos; riprende la guerriglia comunista.

Francia De Gaulle è rieletto presidente.

Grecia Papandréu si dimette per i contrasti con il nuovo re Costantino II.

1967

21 aprile *Grecia* Golpe del generale Papadópulos: "dittatura dei colonnelli". Il re Costantino in esilio a Roma.

2 giugno *Germania* A Berlino scontri tra studenti e polizia: muore lo studente Benno Ohnesorg.

5-10 giugno Guerra dei "sei giorni" tra Israele, Egitto, Giordania, Siria.

7 luglio *Nigeria* Inizia la guerra tra il governo e la regione petrolifera del Biafra, proclamatasi indipendente.

8 ottobre *Bolivia* Uccisione di "Che" Guevara.

Dubček.

settembre *Albania* Abbandono del Patto di Varsavia e allineamento alla Cina.

3 ottobre *Perù* Un colpo di stato porta al potere una giunta militare progressista guidata dal generale Juan Velasco Alvarado.

1° novembre *Vietnam del Nord* Sospesi i bombardamenti degli USA.

5 novembre *USA* Eletto presidente il repubblicano Richard Nixon.

avvia la *Ostpolitik*.

7 novembre *Finlandia* A Helsinki colloqui tra USA e URSS per la limitazione degli armamenti strategici.

12 dicembre *Italia* Attentato terroristico di Piazza Fontana a Milano: 16 morti e circa 90 feriti.

SCIENZA E TECNOLOGIA

1961

URSS Yurij Gagarin compie il primo volo umano nello spazio con il *Vostok 1*.

USA All'Institute of Health di Washington scoperto il codice genetico di un amminoacido.

1962

USA John H. Glenn e M. Carpenter compiono per tre volte il giro della terra con la capsula *Mercury*. La sonda *Mariner 2* si avvicina a Venere e trasmette i dati alla Terra. Da Cape Canaveral lanciato il primo satellite radiotelevisivo *Telstar 1* che consente la mondovisione.

Giappone Costruiti i primi robot industriali.

URSS La sonda spaziale *Lunik 4* atterra sulla Luna. L'astronauta Valentina Tereškova è la prima donna a volare nello spazio.

Gran Bretagna La BBC presenta il primo videoregistratore per uso domestico.

USA Presentata la prima compositrice automatica con separazione sillabica.
• Gli astronomi T.A. Mathews e A.R. Sandage scoprono le quasar (*quasi stellar radio source*).

Svezia Il premio Nobel per la chimica va a Karl Ziegler.

1964

Francia Inizia l'attività dell'Organizzazione europea per la ricerca spaziale.

Giappone Entra in funzione la linea Tokaido per treni a alta velocità, lunga 515 km.

Gran Bretagna Gli astronomi Hoyle e Narlikar formulano una nuova teoria della gravitazione universale.

1965

USA La NASA lancia il primo satellite per telecomunicazioni a scopi commerciali. La sonda *Mariner 4* invia sulla Terra le prime foto di Marte.

URSS Aleksej A. Leonov è il primo uomo a passeggiare nello spazio.

1966

Francia Costruita una centrale elettrica che sfrutta l'energia delle maree.

URSS La sonda spaziale *Venere 3* raggiunge Venere.

1967

USA Tre astronauti perdono la vita durante le esercitazioni per il lancio della prima capsula spaziale *Apollo*.

Gran Bretagna Naufraga davanti alla Cornovaglia la petroliera *Torrey Canyon*, provocando la prima marea nera nelle acque europee.

Sudafrica Christiaan Barnard esegue il primo trapianto cardiaco.

USA Presentato il *C-5A Galaxy*, il più grande aereo del mondo. Realizzato un missile a testata nucleare multipla.
• Entra in servizio la *John F. Kennedy*, la più grande portaerei finora costruita: può trasportare 80 bombardieri atomici.
• J. Drake e H. Schweitzer inventano il windsurf.
• La navicella spaziale *Apollo 8*, con tre uomini a bordo, orbita intorno alla Luna.

URSS Entra in servizio il TU-144, primo aereo supersonico per il trasporto civile, progettato da Andrej Tupolev.

USA Il 21 luglio il mondo assiste in diretta alla discesa del primo uomo sulla Luna. In novembre gli astronauti della missione *Apollo 12* effettuano il secondo sbarco sulla Luna e raccolgono campioni di minerali.
• A Washington prima Conferenza internazionale sull'intelligenza artificiale.
• Definita la struttura molecolare delle gammaglobuline.

Francia – Gran Bretagna Effettuato il primo volo del *Concorde*, primo aereo di linea supersonico.

CULTURA E SPORT

1961

Francia Scalpore per il film di Alain Resnais *L'anno scorso a Marienbad*.

USA Pubblicati per la prima volta nel paese i romanzi proibiti di Henry Miller *Tropico del Cancro* e *Tropico del Capricorno*.

1962

Francia Jacques Anquetil vince per la terza volta il Tour de France.

USA Esce *La galassia Gutenberg* di Marshall McLuhan.

URSS Esce Una giornata di Ivan Denisovič di Aleksandr Solženicyn.

Germania Polemiche su Rolf Hochhuth per il dramma *Il vicario*, che accusa Pio XII di non aver parlato dello sterminio nazista degli ebrei.

Gran Bretagna Al Gran Premio di Monza, Jim Clark su Lotus si aggiudica il titolo mondiale di Formula 1.

Italia Nasce a Palermo la neoavanguardia letteraria del "Gruppo '63".
• Luchino Visconti gira *Il Gattopardo*, Federico Fellini *Otto e mezzo*.
• Va in scena a Milano *Vita di Galileo* di Bertolt Brecht, con la regia di Giorgio Strehler.

USA Esce *Gli uccelli*, film thriller di Alfred Hitchcock.

1964

Francia François Truffaut gira *La calda amante*.

Italia Proiettato a Venezia il film *Il Vangelo secondo Matteo* di Pier Paolo Pasolini.
• Dario Fo rappresenta la *pièce* teatrale *Settimo, ruba un po' meno*.

USA Il pugile Cassius Clay conquista il titolo mondiale dei pesi massimi.
• Esce il film contro la guerra di Stanley Kubrick *Il dottor Stranamore*.

1965

Italia Nasce Valentina, il personaggio creato dal disegnatore Guido Crepax.

1966

Brasile Esce *Donna Flor e i suoi due mariti* di Jorge Amado.

Vaticano Abolito l'*Index librorum prohibitorum* in vigore dal 1559.

USA Tommie Smith è il primo a correre i 200 metri in meno di 20 secondi.

1967

Argentina Esce *Cent'anni di solitudine* di García Márquez.

Francia Esce il film *Bella di giorno* di Luis Buñuel.
• Prima edizione dei campionati mondiali di sci.

URSS Esce in Occidente *Il maestro e Margherita* di Michail Bulgakov.

Francia Fernando Arrabal rappresenta il dramma *Le grand cérémonial*.

Grecia Il regista Costa-Gavras gira il film *Z, l'orgia del potere*.

Messico Aperta a Città del Messico la XIX Olimpiade.

USA Esce *Rosemary's baby* di Roman Polanski. Va in scena il musical *Zorba il greco* interpretato da Anthony Quinn. Prima a New York del film *2001: Odissea nello spazio* di Stanley Kubrick

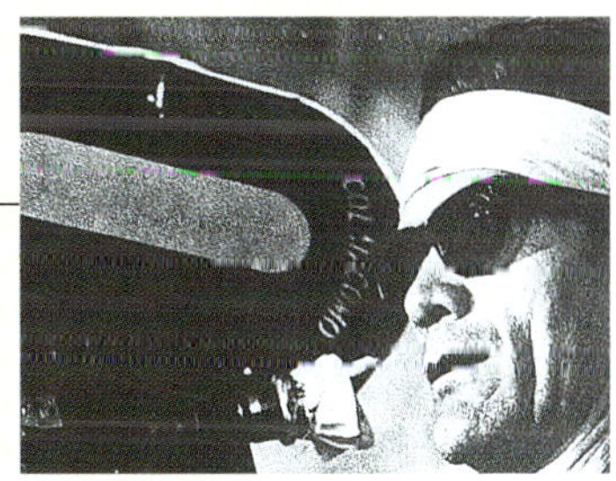

Francia Esce il film *Il tagliagole* di Claude Chabrol.

RDT Polemiche per il romanzo di Christa Wolf, *Riflessioni su Christa T.* su una malata di leucemia.

USA Muhammad Alì (Cassius Clay) riconquista il titolo mondiale dei pesi massimi di boxe.
• Il film *Easy Rider* di Dennis Hopper consacra l'attore Jack Nicholson.

La televisione

Dopo un lungo periodo di sperimentazione iniziato negli anni Venti, il sistema di trasmissione a distanza di immagini in movimento attraverso segnali elettronici diventa una realtà alla fine della seconda guerra mondiale. Gli Stati Uniti sono all'avanguardia nella produzione di programmi televisivi in bianco e nero e nel 1950 iniziano la sperimentazione del colore, che verrà introdotto soltanto nel decennio successivo. In Italia, che è in ritardo rispetto ai paesi europei tecnologicamente più avanzati, la televisione inizia a diffondere i suoi programmi nel 1954 e solo nel 1977 sarà introdotto il colore. I primi esperimenti di trasmissione televisiva via satellite iniziano nel 1962. La televisione è, al pari e più dell'automobile, l'elemento caratteristico della società di massa, diventando lo strumento principale della omogeneizzazione culturale e della standardizzazione globale di gusti e mentalità. Ben presto diventa il cuore del moderno sistema di comunicazione di massa, soppiantando i giornali e la radio come strumento di formazione del consenso. Negli Stati Uniti prevale fin dall'inizio la televisione commerciale e privata, mentre in Europa l'intervento statale e politico (soprattutto in Italia) caratterizza in senso monopolistico, fino agli anni Ottanta, la realtà televisiva. Nel 1964 si calcola che gli apparecchi televisivi installati nel mondo siano 130 milioni, e nel 1970 le famiglie che possegono un televisore sono ormai il 98 per cento negli USA e oltre l'80 per cento in Italia.

Il televisore entra a far parte integrante dell'arredamento domestico (a sinistra).

Televisore portatile in plastica Brionwega disegnato negli anni Sessanta da Marco Zanuso (sotto).

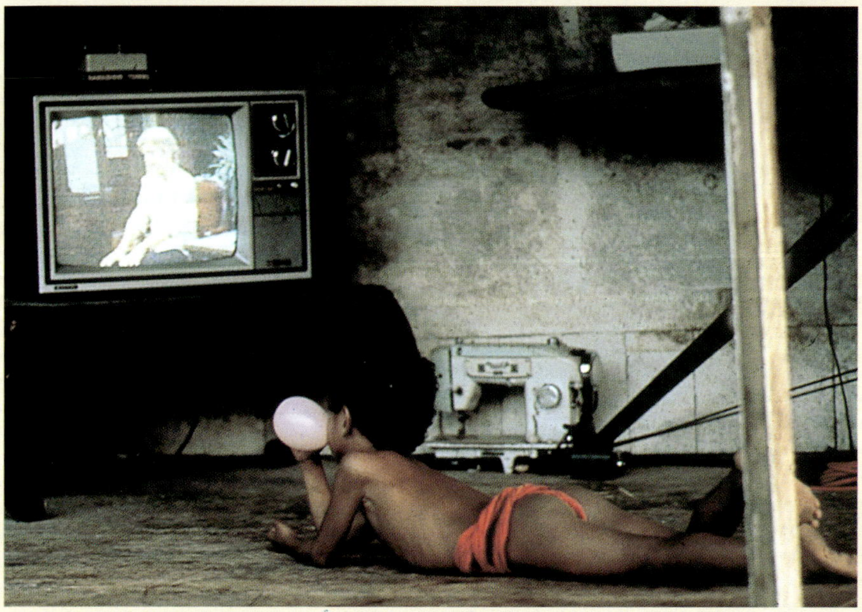

Bambino davanti alla tv in Micronesia.
Le contraddizioni dello sviluppo emergono dal divario tra il degrado e la miseria delle condizioni di vita, illustrati dalla fotografia, e l'irreale presenza del prodotto-simbolo del benessere occidentale e della civiltà dei consumi.

Dalla coesistenza alla distensione

Se nel corso degli anni Sessanta i caratteri della guerra fredda hanno iniziato a mutare – con la riapertura di un dialogo tra Stati Uniti e Unione Sovietica sugli armamenti e la simultanea moltiplicazione di conflitti periferici –, nel decennio successivo si giunge al più organico tentativo di regolamentare la rivalità bipolare. La "distensione" tra Mosca e Washington – e tra i due blocchi in Europa – si concretizza in accordi per il controllo degli armamenti e l'apertura dei primi scambi tra Est e Ovest. Per una breve stagione sembra che la rivalità possa lasciar spazio a una convivenza regolata e ad aree di collaborazione. Entrambe le superpotenze cercano così di ridefinire ambizioni, portata e costi della loro egemonia, riconoscendo legittimità ad alcuni interessi vitali dell'avversario e stabilendo procedure comuni.

A sospingerle in questa direzione non è solo la constatata pericolosità di un incontrollato antagonismo nucleare, ma l'insorgere di novità storiche. La rottura tra Mosca e Pechino, il nuovo protagonismo degli europei (in particolare della Germania), la crisi che il Vietnam provoca negli Stati Uniti segnano la fine di un'epoca della guerra fredda e pongono la necessità di ripensare i modi della convivenza internazionale. Ma è soprattutto sul piano economico che gli anni Settanta vedono cambiare l'ordinamento bipolare. Nuovi importanti protagonisti (dalla CEE al Giappone, dall'OPEC ai paesi emergenti del Terzo Mondo) assumono un ruolo di rilievo in un sistema di scambi internazionali che va ampliandosi e diversificandosi. L'egemonia finanziaria degli Stati Uniti si ridimensiona, e viene abbandonato il sistema di Bretton Woods. La crescita rallenta, in tutto l'Occidente ricompare la disoccupazione e sorgono forti conflitti politici sulla gestione di un'economia fatta di sacrifici dopo il lungo boom postbellico. Inizia così la crisi di transizione verso un'economia postindustriale, e i precetti del Welfare State *vengono criticati da un risorgente liberismo. E se l'Occidente sperimenta un'incerta ristrutturazione, le economie pianificate dell'Unione Sovietica e dei suoi satelliti iniziano a conoscere una crisi ben più grave: la stagnazione – destinata a rivelarsi irreversibile – del loro rigido modello di sviluppo tutto affidato all'industria pesante.*

Sul finire del decennio i progetti di distensione s'infrangono contro un risorgente antagonismo. L'Unione Sovietica tocca l'apice della sua potenza militare, ma nel nuovo orizzonte multipolare è una forza isolata e declinante, mentre l'internazionalizzazione e la prepotente trasformazione tecnologica del capitalismo di mercato integrano sempre più il Terzo Mondo nell'Occidente.

L'edificio della borsa di New York in Wall Street (nella pagina precedente).

Una svolta nell'economia mondiale

All'inizio degli anni Settanta finisce "l'età d'oro" delle economie occidentali, che dal dopoguerra hanno conosciuto un lungo *boom* quasi ininterrotto. In Europa come negli Stati Uniti il ritmo della crescita rallenta bruscamente, la disoccupazione riappare dopo anni di pieno impiego, l'inflazione aumenta e per tutto il decennio i cicli di crescita economica si alternano a severe recessioni. Negli Stati Uniti, in particolare, dal 1973 i redditi da lavoro cominciano a ristagnare e perfino a diminuire.

L'Europa ha completato la sua lunga rincorsa ai livelli di efficienza tecnologica degli Stati Uniti. In Germania e in Italia si sono appena toccati i massimi livelli storici di occupazione nell'industria, e si registra un'eccessiva capacità produttiva in settori, come l'automobile o la siderurgia, che anche altri paesi vanno sviluppando. L'Occidente è saturo delle produzioni industriali tradizionali, mentre quelle più innovative (come l'informatica o le telecomunicazioni) non sono ancora così solide da trainare lo sviluppo. Inoltre, la spesa sociale è cresciuta tanto da produrre paurosi deficit pubblici, mentre la piena occupazione favorisce un'esplosione di rivendicazioni salariali che concorrono ad alimentare l'inflazione. Ma è so-

Particolare dello* Studio per ritratto di Lucian Freud *(1971) del pittore Francis Bacon.

Marilyn Monroe ritratta in un grande cartellone pubblicitario in una strada del distretto finanziario di New York nei primi anni Settanta.

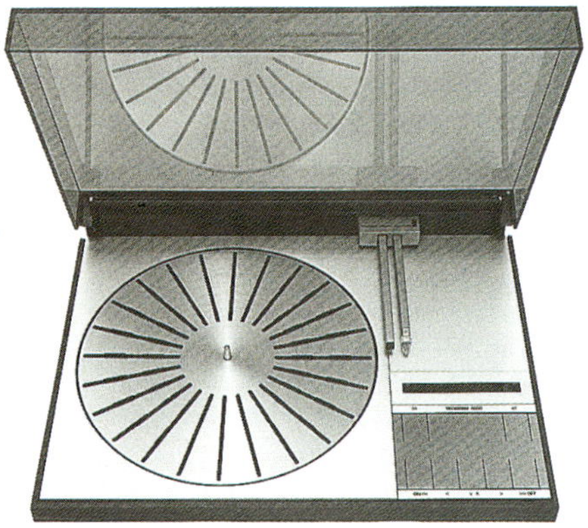

Nasce l'alta fedeltà: giradischi HiFi in acciaio e alluminio Beogram 6000, prodotto dalla danese Bang & Olufsen.

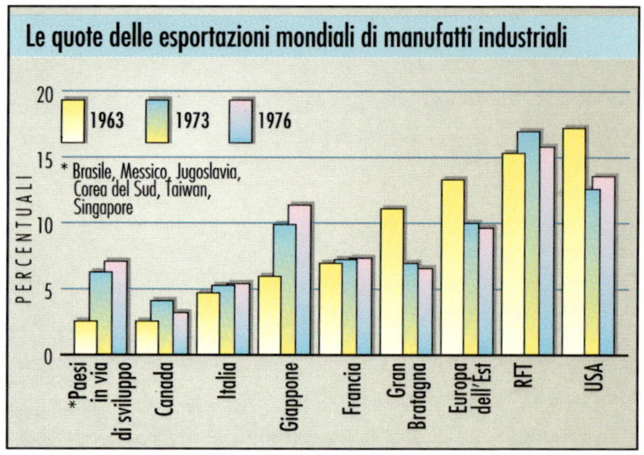

IL PREZZO DEL BARILE

L'OPEC – nella quale spiccano Arabia Saudita, Iran e Venezuela) cerca di negoziare condizioni più favorevoli con le grandi compagnie occidentali che dominano il mercato. Dopo anni di bassi prezzi – del petrolio come di tutte le materie prime – nel 1973 i paesi dell'OPEC sono colpiti dal deprezzamento del dollaro. I suoi influenti membri arabi vogliono inoltre punire l'Occidente per l'appoggio dato a Israele. L'OPEC decreta quindi un parziale embargo petrolifero e le quotazioni del greggio si quadruplicano in pochi mesi. Le economie dei paesi industrializzati entrano in recessione, ma a esserne più colpiti sono i paesi più poveri e privi di petrolio. Le rendite petrolifere aumentano a dismisura, e i paesi produttori (in particolare l'Arabia Saudita) vedono affluire enormi capitali. Un secondo, brusco rialzo dei prezzi del greggio si verificherà nel 1979.

prattutto la modificazione degli equilibri economici mondiali a destare sensazione. L'Europa occidentale (in particolare la CEE) è divenuta una potenza commerciale i cui prodotti penetrano in tutti i mercati. E in alcune aree del Terzo Mondo, come il Brasile o l'Estremo Oriente, sta iniziando una vigorosa industrializzazione.

I vertiginosi tassi di crescita nipponici

Il Giappone è ormai divenuto una grande potenza industriale. Per tutto il dopoguerra il suo "miracolo economico" ha dato risultati portentosi. In vent'anni (1950-1970) il paese è cresciuto a ritmi ben più alti di quelli delle più dinamiche economie occidentali, con tassi annui di sviluppo tra il 9 e l'11 per cento. Un'accelerata urbanizzazione ha trasferito milioni di lavoratori dalle campagne ad aziende sempre più grandi e capaci di innovazioni nella produzione dei beni di consumo più diffusi (auto, radio a transistor). A ritmi vertiginosi il paese ha colmato il distacco nei confronti delle economie avanzate: il prodotto nazionale lordo del Giappone, pari ad appena l'8,5 per cento di quello statunitense nel 1950, balza al 31 per cento nel 1970. E le merci di Tokyo penetrano in massiccia quantità sul mercato americano.
A questa redistribuzione del potere economico fra gli USA e altre aree del mondo, si aggiunge nel 1973 l'impennata dei prezzi del petrolio. Nel 1973 il cartello dei principali paesi produttori

Un impiegato giapponese e uno scolaro sulla metropolitana di Tokyo.
In Giappone la densità abitativa è fra le più alte del mondo, e i tre quarti della popolazione abitano nelle città. Il flusso dei pendolari è intensissimo, favorito dall'eccezionale sviluppo dei mezzi di trasporto – in particolare su rotaia – che collegano i centri urbani con i dintorni.

La maschera di Topolino davanti all'obelisco di Washington (a destra).
Negli anni Settanta il tradizionale ottimismo dell'american way of life deve fare i conti con una realtà politica ed economica fatta di luci e ombre.

Treni giapponesi ad alta velocità
Il Giappone era stato uno dei primi, negli anni Sessanta, a costruire una linea ferroviaria ad alta velocità per collegare Tokyo a Osaka e a Fukuoka. Nel 1975 vi transitano mezzo milione di passeggeri al giorno. In seguito saranno realizzati treni a repulsione magnetica, in grado di raggiungere i 500 chilometri orari.

(OPEC) quadruplica infatti il prezzo della principale fonte energetica. Nel 1979 un altro rialzo porta il prezzo del greggio, che nel 1972 era di soli 3 dollari il barile, a ben 30 dollari. Una grande massa di capitali affluisce verso i paesi produttori, mentre i paesi consumatori sono alle prese con una crescente inflazione.
Gli Stati Uniti vedono quindi declinare la loro egemonia e perdono quote di mercato nel commercio mondiale. La percentuale americana sul totale delle esportazioni delle nazioni industrializzate passa dal 32 (1955) al 18 per cento (1970). Nel 1971, per la prima volta in questo secolo, gli USA importano più di quanto esportino. Per fronteggiare la costante fuoriuscita di dollari Washington abbandona il sistema di cambi fissi in vigore fin dagli accordi di Bretton Woods (luglio 1944): il 15 agosto 1971 il presidente Nixon annuncia la fine della convertibilità del dollaro in oro e apre la strada alla svalutazione della divisa americana. Dal 1973 il sistema monetario mondiale vede tutte le principali monete fluttuare liberamente sui mercati finanziari. A un assetto economico globale centrato sul dollaro e sulla preminenza degli USA se ne sostituisce dunque uno più diversificato, che poggia su diversi poli forti, ed è più aperto all'ingresso di altri protagonisti, con una più diretta concorrenza tra le principali economie e valute.

LA FINE DEL SISTEMA DI BRETTON WOODS

Per tutti gli anni Sessanta la bilancia dei pagamenti americani è in deficit. Molti dollari fuoriescono per investimenti, aiuti e spese militari. Il rafforzamento commerciale dell'Europa e del Giappone determina inoltre una forte crescita delle importazioni USA. Il dollaro entra in crisi. Nixon prende atto della nuova geografia economica mondiale e ridefinisce le relazioni con i suoi concorrenti e alleati: introduce una tassa sulle importazioni e abolisce la convertibilità del dollaro in oro, perno del regime in vigore dagli accordi di Bretton Woods. In questo modo il dollaro può essere svalutato e il costo della riconversione dell'economia americana in parte scaricato sui concorrenti. Da perno del sistema monetario mondiale gli USA – ora che le valute fluttuano liberamente in un regime di cambi flessibili – diventano uno dei centri, anche se di maggiori dimensioni, di un sistema davvero multipolare.

"Papà cerca lavoro", dice il cartello di un bambino nero.

Manifestazione di operai cileni a sostegno del presidente Allende.
Tra le misure più significative adottate dal governo, che si propone di realizzare il socialismo nella libertà, c'è la nazionalizzazione delle miniere di rame ancora di proprietà di imprese statunitensi.

Il Cile di Allende

Nella complessa realtà dei paesi latinoamericani alla ricerca di una effettiva emancipazione, possono essere identificate alcune esperienze comuni a diversi paesi dell'area. La prima è la pratica della guerriglia contadina teorizzata da Ernesto "Che" Guevara come espansione "per contagio" sia della vittoriosa rivoluzione cubana sia della guerra combattuta dal Vietnam del Nord. Un secondo punto comune è costituito dalla instabilità dei governi locali e dalla conseguente tendenza al golpe, al colpo di stato ad opera delle forze armate, che nel secondo dopoguerra si diffonde in buona parte del subcontinente americano. Una terza tendenza significativa è costituita dalla fusione negli stessi regimi e movimenti di componenti populiste e autoritarie, che ha trovato i suoi massimi esempi nel Brasile di Vargas e nell'Argentina di Perón.
In questo quadro l'esperimento del Cile segna una via almeno in parte alternativa. A seguito delle elezioni del 1970 si forma un governo capeggiato dal presidente socialista Salvador Allende, sostenuto da una coalizione di unità popolare (Unidad Popular) composta da socialisti, comunisti, radicali e settori cattolici. Il governo Allende dà inizio, nel rispetto delle libertà civili, alla "via cilena al socialismo": un ardito programma di rinnovamento che prevede la nazionalizzazione di alcuni servizi pubblici, delle banche e delle miniere di rame (la principale risorsa del paese)

Raduno sindacale a Santiago del Cile nel 1972.

11 settembre 1973: Allende nel Palazzo della Moneda durante l'attacco dei golpisti.
Diversamente dagli altri paesi latinoamericani, le forze armate cilene avevano mantenuto una linea di fedeltà costituzionale e di non intervento in politica. Allende cerca di ottenere il loro appoggio favorendo l'ingresso in un governo di "sicurezza nazionale" del generale Carlos Prats e di altri due militari. Ma questo estremo tentativo del presidente non evita il precipitare degli eventi.

Augusto Pinochet Ugarte, dittatore del Cile dal 1973 al 1989.
Nella preparazione del golpe militare che rovescia Allende sono particolarmente attivi i capi di stato maggiore dell'Aviazione e della Marina. Pinochet, alla testa dell'Esercito, mantiene fino all'ultimo un atteggiamento incerto. Ma dal settembre 1973 è il capo indiscusso della giunta militare che governa il paese.

per attenuare i maggiori squilibri sociali. L'azione di Allende si scontra però con una serie di difficoltà (scioperi, occupazioni di fabbriche, impennata dell'inflazione) e suscita la reazione delle destre reazionarie appoggiate dagli Stati Uniti, che temono i possibili effetti di contagio che potrebbe avere sul resto dell'America latina l'esempio di un governo socialista più moderato e democratico di quello cubano ma altrettanto autonomo nei confronti di Washington.
L'11 settembre 1973 un sanguinoso golpe militare, guidato dal generale Augusto Pinochet, rovescia il governo Allende. La breve esperienza di Unidad Popular si chiude con la morte dello stesso Allende, che si uccide nel palazzo presidenziale per non cadere in mano ai golpisti. La dittatura instaurata da Pinochet scatena una durissima repressione e si rende colpevole dell'assassinio e dell'arresto di varie migliaia di dirigenti sindacali e politici. Un'inchiesta condotta nel 1976 dal Senato americano dimostrerà il diretto coinvolgimento della CIA nella preparazione del golpe. Solo a partire dal 1988, con la sconfitta di Pinochet nel referendum da lui indetto per rimanere al potere per un altro decennio, si apriranno spiragli per un ritorno del Cile alla democrazia.

Soldato di guardia nelle strade della capitale cilena nei giorni successivi al colpo di stato.
Le forze armate rovesciano il governo costituzionale di Allende perché si sentono chiamate a ripristinare l'unità perduta dal Cile negli anni di Unidad Popular. Il golpisti si propongono di smantellare il sistema politico tradizionale. Deludono così le aspettative di molti esponenti politici della destra e della Democrazia cristiana che hanno visto nell'intervento militare solo un breve interludio prima del loro ritorno alla guida del paese.

Le superpotenze e i trattati SALT

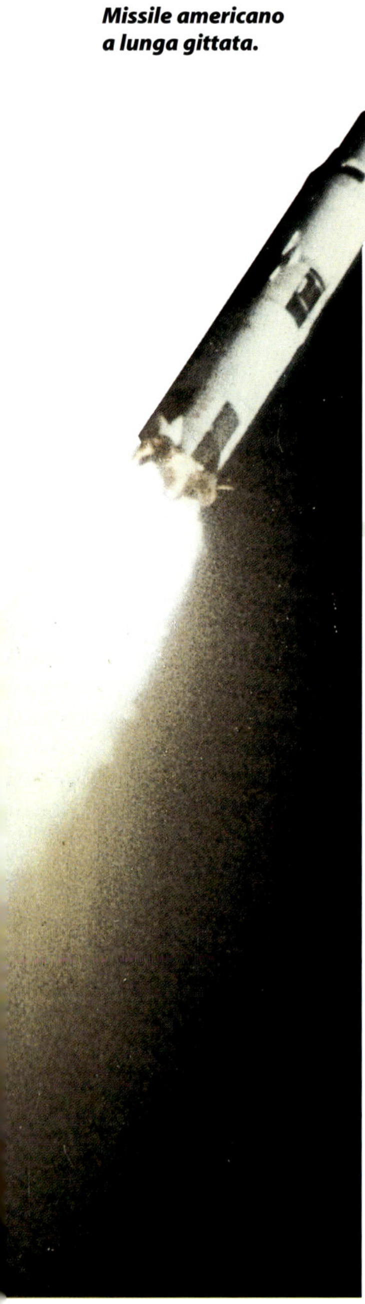

Missile americano a lunga gittata.

Negli anni Settanta si attenua la rivalità tra USA e URSS e i due paesi avviano la "distensione". In difficoltà per la guerra in Vietnam e per il proprio ridimensionamento a livello mondiale, Washington vuole trarre vantaggio dalla rivalità tra Cina e URSS per stabilire un nuovo equilibrio tra le due superpotenze e rallentare la corsa agli armamenti con i sovietici. Questi ultimi, dopo anni di intenso riarmo, hanno raggiunto la parità strategica e aspirano a vedere legittimato il loro *status* di superpotenza. La corsa agli armamenti è costosa e gravida di pericoli. Viceversa la collaborazione USA-URSS può aprire vantaggiosi scambi economici e coronare la distensione avviata in Europa dalle due Germanie. Con il vertice di Mosca (1972) Nixon e Brežnev aprono una breve stagione di collaborazione che non elimina la rivalità, ma tenta di regolarla nell'interesse comune. Al fine di stabilizzare il sistema della deterrenza reciproca vengono siglati due trattati sulle armi nucleari (ABM e SALT 1) che fissano un tetto, comunque altissimo, per le testate nucleari. Successivi accordi prevedono l'esportazione di grano americano in URSS e una collaborazione culturale e tecnologica, soprattutto nello spazio. Una dichiarazione di princìpi impegna i due paesi a una pacifica coesistenza che scongiuri la prospettiva del confronto diretto. Il 1° agosto 1975 gli accordi di Helsinki sulla sicurezza europea, siglati dai due blocchi, sanci-

LA DIPLOMAZIA DEL PING PONG

Uno storico vertice tra Nixon e Mao Zedong a Pechino (febbraio 1972) pone fine a vent'anni di gelo reciproco. L'apertura americana alla Cina, preparata nel 1971 dalla diplomazia segreta di Henry Kissinger, mira a facilitare lo sganciamento americano dal Vietnam. La Cina, dal canto suo, cerca di rientrare a pieno titolo sulla scena mondiale e di isolare i rivali sovietici. I due paesi imboccano così la strada del riconoscimento diplomatico – che consentirà alla Cina di diventare una protagonista nelle Nazioni Unite – e inaugurano scambi commerciali destinati a crescere enormemente nei decenni successivi. Soprattutto parlano di cooperazione contro ogni "tentativo egemonico" in Asia. È un segnale che risuona con forza a Mosca, dove si teme un'inedita alleanza contro l'Unione Sovietica. Anche per questo i sovietici accelerano il processo di distensione con gli Stati Uniti, definito nei successivi incontri tra Nixon e Brežnev.

Mao Zedong e Henry Kissinger.

Parata di marinai sovietici.
Dal 1974 al 1979, sebbene il processo di distensione faccia registrare significativi progressi, i sovietici potenziano le loro forze convenzionali per utilizzarle in scacchieri periferici, impegnandosi in una serie di conflitti nel continente africano a sostegno dei movimenti di liberazione.

scono l'assetto dell'Europa scaturito nel dopoguerra. Per alcuni anni la distensione sembra affermarsi, grazie all'interesse delle due superpotenze a disegnare un ordine più stabile, basato sul reciproco riconoscimento di sfere d'influenza inviolabili in Europa. Gerald Ford, succeduto a Nixon nel 1974, concorda con Brežnev un altro trattato (il SALT 2) che dovrebbe perfezionare quello precedente stabilendo per la prima volta una effettiva parità fra le superpotenze sul numero e sulla tipologia di missili, bombardieri e testate nucleari.
Alla fine del decennio la rivalità torna però a prevalere. Se in Europa vi è stabilità, in altre aree del mondo la concorrenza tra le due superpotenze non si attenua. Durante la guerra arabo-israeliana del 1973 Mosca e Washington sono state su sponde opposte. Dopo il ritiro dal Vietnam, la debolezza americana consente a Mosca di espandere la propria influenza in Africa, e i conservatori statunitensi denunciano la distensione come troppo sbilanciata a favore dei sovietici. Il SALT 2 non è ratificato dal Congresso americano, i rapporti USA-URSS si raffreddano e durante la presidenza di Carter (1976-1980) riprende la corsa al riarmo nucleare. Alla fine degli anni Settanta, quando l'URSS invade l'Afghanistan, la distensione è finita: l'antagonismo domina, in un clima da "seconda guerra fredda".

Protesta contro la bomba a neutroni.
Le decisioni di Carter di interrompere la produzione del bombardiere supersonico B1 e, nall'aprile 1978, di rinunciare alla fabbricazione della bomba a neutroni (l'ordigno nucleare "pulito" che provoca la morte delle persone ma danni limitati alle cose) fanno da preludio alla ripresa dei negoziati SALT 2 con l'URSS.

GLI ARSENALI NUCLEARI

Intorno al 1975 i limiti posti dall'accordo SALT 1 riguardano arsenali nucleari di proporzioni gigantesche. L'URSS dispone di 1410 missili intercontinentali (a terra) e di 950 su sommergibili. Gli USA ne hanno rispettivamente 1000 (molti a testata multipla) e 710, con una netta superiorità nei bombardieri strategici (450 contro i 150 dell'URSS). A questi vanno aggiunti gli arsenali atomici più ridotti di Gran Bretagna, Francia e Cina. Il totale delle armi atomiche negli arsenali è di circa 50.000 unità.

Dalla guerra del Kippur alla pace di Camp David

Il 6 ottobre 1973 Egitto e Siria, dotati di armamenti sovietici, attaccano Israele durante la festa ebraica di Yom Kippur ("giorno dell'espiazione"). Vogliono recuperare i territori perduti nella guerra del 1967 e giungere a una soluzione definitiva della crisi mediorientale – ancor più inasprita dal terrorismo palestinese. I due eserciti arabi ottengono un iniziale successo, ma i massicci aiuti americani consentono a Israele di passare al contrattacco: dopo pochi giorni le forze di Tel Aviv attraversano il Canale di Suez e minacciano di accerchiare un'intera armata egiziana. Anche sul fronte del Golan i siriani vengono fermati dalla superiorità bellica israeliana.

Mentre i paesi arabi aderenti all'OPEC decretano il blocco delle forniture petrolifere all'Occidente, l'Egitto chiede un intervento congiunto russo-americano per fermare le ostilità, ma Nixon, che non intende riconoscere ai sovietici un ruolo centrale nella politica mediorientale, rifiuta. Quando Mosca minaccia un intervento unilaterale per salvare le truppe egiziane in rotta, Washington le intima di non farlo e mette in allerta le sue forze nucleari. I sovietici non danno seguito alla minaccia e la crisi si placa, mentre Israele ottiene una sonante vittoria sul campo, che non la libera comunque dalla necessità di trattare con l'Egitto. Gli Stati Uniti restano così gli unici arbitri della pace in un'area dove l'influenza sovietica declina rapidamente. Il presidente egiziano Anwar al-Sa-

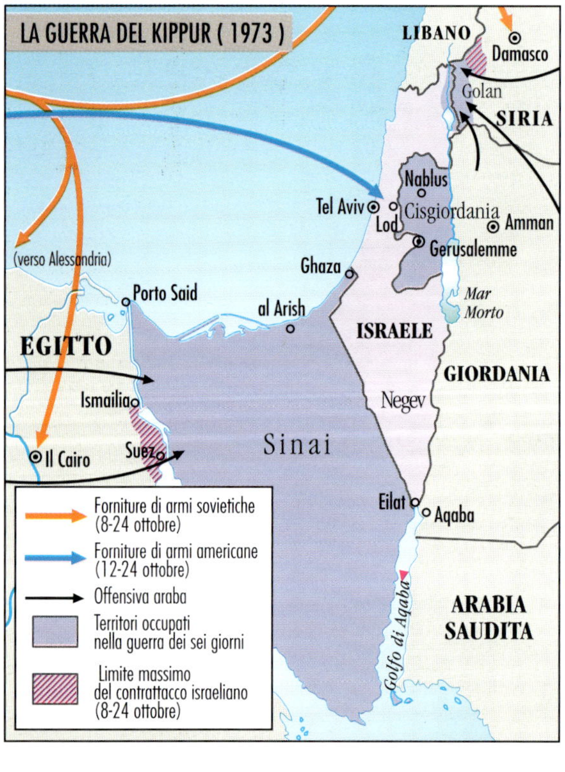

A Camp David Sadat, Carter e Begin firmano la pace (a sinistra).
Gli accordi del settembre 1978 e il successivo trattato di pace fra Israele ed Egitto sono il maggiore successo della politica estera di Carter, che andrà incontro a una grave crisi fra il 1979 e il 1980, con la vicenda del sequestro di 53 diplomatici americani a Teheran da parte di un gruppo di estremisti islamici.

Palestinesi in fuga dai territori occupati dagli israeliani.
Israele intensifica la colonizzazione dei territori occupati, con l'obiettivo di costruire un "Grande Israele", di cui la Cisgiordania viene considerata parte integrante.

dat (l'erede di Nasser) che ha espulso i consiglieri sovietici nel 1971, decide di giocare la carta del riavvicinamento a Washington. Sorprendendo il mondo e suscitando inattese speranze di pace, riconosce lo stato di Israele e nel novembre 1977 si reca a Gerusalemme, dove parla alla Knesset, il Parlamento israeliano. Con la mediazione del presidente Carter, Sadat e il premier israeliano Menahem Begin firmano l'anno successivo gli accordi di Camp David che sanciscono la pace tra i due paesi, fissano le date del ritiro di Israele dal Sinai e prevedono l'avvio di negoziati per dotare l'area di Gaza e la Cisgiordania di uno statuto autonomo.

I palestinesi – con il quali Israele rifiuta ogni trattativa – non vengono neppure consultati: essi, con la Siria e altri paesi arabi intransigenti, sostenuti dall'URSS, respingono gli accordi e formano un "fronte della fermezza" che ostracizza l'Egitto. La portata degli accordi di Camp David si riduce quindi a una pace separata: significativa ma certamente non in grado di disinnescare i maggiori focolai di tensione in Medio Oriente. Il 6 ottobre 1981 Sadat verrà assassinato da un commando di estremisti islamici.

Un carro armato israeliano (a sinistra) avanza nel deserto del Sinai e (a destra) prigionieri egiziani.
Salito al potere nel 1970 dopo la morte di Nasser, Sadat guida l'Egitto nella guerra dello Yom Kippur contro Israele, non riuscendo tuttavia a riconquistare la penisola del Sinai. Negli anni seguenti, convinto della necessità di trovare una soluzione diplomatica al conflitto, imprime una decisa svolta alla politica estera egiziana, che sfocerà negli accordi di Camp David del 1978, considerati dagli altri paesi arabi un vero e proprio tradimento della causa palestinese.

SADAT PARLA ALLA KNESSET

Alcuni passi del discorso di Sadat di fronte al Parlamento israeliano:
"Vi dico che non ci sarà pace vera se non sarà fondata sulla giustizia e non sull'occupazione delle terre altrui. Non è pensabile che pretendiate per voi ciò che voi stessi rifiutate agli altri [. . .]. Se avete trovato la giustificazione legale e morale per lo stabilirsi di una patria nazionale su un territorio che non era vostro, allora dovete comprendere la determinazione del popolo palestinese a costruire il proprio stato nella sua patria."

La sconfitta degli USA in Vietnam

Malgrado il crollo del consenso interno e l'uscita di Johnson dalla scena politica, nel 1968 la guerra americana in Vietnam non è finita: continua anzi con rinnovata intensità. I bombardamenti sul Nord vengono sospesi per avviare un negoziato, ma quelli sul Sud e sul Laos (dove passa il "sentiero di Ho Chi Minh", l'arteria vitale dei rifornimenti dal Nord all'FNL) aumentano ancora, e le vittime sono sempre più numerose.

Il repubblicano Nixon (1968-1974) viene eletto alla presidenza grazie alla promessa di giungere a una "pace con onore", che consenta al paese di uscire dalla guerra senza apparire sconfitto. Nixon e Kissinger, il suo assistente per la sicurezza nazionale, vista la lacerante crisi interna che ha fatto svanire il consenso alla guerra, prendono atto dell'impossibilità di conseguire la vittoria. L'amministrazione americana vuole però garantire la sopravvivenza del regime anticomunista al Sud e il proprio prestigio. Adotta quindi la strategia di "vietnamizzazione" della guerra: inizia il ritiro delle truppe americane, sostituite nelle maggiori o-

Soldati del regime di Saigon.

Elicottero americano Sikorsky HH-53C Super Jolly impiegato per il recupero di aviatori abbattuti in territorio nemico.

perazioni da quelle del Vietnam del Sud, e si moltiplicano i bombardamenti aerei per costringere Hanoi a negoziare una pace che sancisca la divisione del paese. La guerra viene estesa anche a Laos e Cambogia (1970), e la crisi indocinese diviene sempre più vasta e cruenta.
Nei negoziati, avviati in gran segreto a Parigi nel febbraio 1970, Kissinger non ottiene ciò che gli Stati Uniti non sono in grado di conquistare sul campo. Hanoi rifiuta ogni compromesso che possa precludere una sua futura vittoria e la piena riunificazione del paese. L'opposizione interna alla strategia di Nixon cresce e il Congresso pone il veto all'estensione della guerra. Neppure i negoziati avviati da Nixon con l'URSS e la Cina incrinano la tenacia di Hanoi. I bombardamenti divengono più intensi: nel 1972 colpiscono Hanoi, e il porto di Haiphong è minato per bloccare l'arrivo di aiuti sovietici. Nel gennaio 1973 è firmato l'accordo di pace che prevede il totale ritiro delle forze americane. La debolezza dell'apparato militare di Saigon non è colmata neppure dagli aiuti di Washington: tra il febbraio e il marzo 1975 l'esercito di Hanoi travolge quello del Sud. La presa di Saigon (30 aprile) chiude la guerra iniziata nel 1964, riunifica il paese sotto il regime comunista di Hanoi e sancisce la sconfitta degli USA: il loro ruolo mondiale tocca il punto più basso di una crisi che si trascina per tutti gli anni Settanta.

LA CADUTA DI SAIGON

Alla fine di aprile del 1975, dopo un'offensiva che in due mesi ha travolto l'esercito del Sud, le truppe del Vietnam del Nord giungono a Saigon. Il Congresso americano ha proibito l'invio di aiuti d'emergenza e nessuno può più salvare il regime del Sud, il cui capo Nguyen Van Thieu si rifugia a Taiwan. Nella città si diffonde il panico, ufficiali e funzionari del regime fanno a gara per salire sugli ultimi elicotteri americani che li possono trarre in salvo. Il 29 aprile l'ambasciatore USA lascia Saigon. Il 30 le forze di Hanoi occupano la città. Il Sud viene inglobato nella Repubblica Democratica del Vietnam, e in tutto il paese si instaura un regime comunista la cui durezza condurrà negli anni successivi all'esodo di migliaia di cittadini.

Il generale Vô Nguyen Giap, protagonista storico della lotta di liberazione del Vietnam (a sinistra). *Fin dalla vittoria contro i francesi nel 1954, il ministro della Difesa del Vietnam del Nord dirige le operazioni militari contro le truppe americane. Dopo gli accordi di Parigi, nel 1975 guida l'offensiva del "governo rivoluzionario provvisorio" contro il regime di Saigon.*

Kissinger e Le Duc Tho, rappresentante del governo di Hanoi, nel corso delle trattative che si svolgono a Parigi.

Il Watergate e la crisi americana

Richard Milhous Nixon.
Il presidente repubblicano rappresenta la "maggioranza silenziosa" che auspica un ritorno all'ordine dopo l'ondata di contestazione: "L'America in questi anni ha sofferto di una febbre di parole, di una retorica artificialmente gonfiata che promette più di quanto non possa mantenere, di una retorica rabbiosa e aggressiva che trasforma lo scontento in odio."

La Casa Bianca.
La vicenda che porta alle dimissioni di Nixon si sviluppa in un periodo contrassegnato da uno scontro politico e costituzionale fra il Congresso e la presidenza, che mette in atto un tenace ostruzionismo verso la maggioranza democratica. Il potere legislativo cerca con l'appoggio dell'opinione pubblica di riprendere un ruolo di primo piano nella politica del paese.

Il 17 giugno 1972, in piena campagna elettorale, alcuni ladri vengono sorpresi negli uffici del Partito democratico a Washington, nel residence Watergate. Le indagini accerteranno più tardi che il mandante del furto è il Comitato repubblicano per la rielezione di Nixon. La Casa Bianca e Nixon – nel frattempo rieletto trionfalmente per un secondo mandato – cercano di ostacolare l'inchiesta dell'FBI, adducendo motivi di sicurezza nazionale.
Nel 1973 la vicenda diventa il maggiore scandalo politico americano, e il presidente vi è inesorabilmente coinvolto. Le indagini procedono sia in ambito giudiziario che all'interno del Congresso, e un'inchiesta giornalistica, condotta dai cronisti del «Washington Post» Carl Bernstein e Bob Woodward, smaschera le responsabilità della Casa Bianca: a un'unità segreta di funzionari il presidente ha affidato i lavori "sporchi" e le campagne di diffamazione degli avversari.
Quando Nixon si decide a consegnare alla Corte suprema le registrazioni delle conversazioni tenutesi nel suo ufficio, ogni residua credibilità del presidente crolla: alcuni nastri risultano manomessi, altri rivelano un Nixon ipocrita, arrogante, scurrile e pronto a qualsiasi sotterfugio pur di vincere le sue battaglie personali e politiche. Dalle registrazioni emergono non solo la sua diretta responsabilità per lo scandalo Watergate ma altresì il disprezzo per le regole della le-

Giovani newyorkesi in Central Park (a destra).
All'inizio degli anni Settanta, con il ritorno dell'ordine nei campus universitari, la diffusione di simboli e mode della contestazione giovanile subisce un forte calo. Lo stesso comportamento politico dei giovani è significativo: alle presidenziali del 1972 si astengono in proporzione maggiore rispetto ad altre frange dell'elettorato e metà di loro vota per Nixon. Le vicende della guerra del Vietnam riescono tuttavia a provocare ancora grandi manifestazioni di protesta.

Carte di credito, il mezzo di pagamento che, dalla seconda metà degli anni Settanta, si rivela uno stimolo al consumismo.

Nel film* Tutti gli uomini del presidente, *Dustin Hoffman e Robert Redford interpretano i cronisti del giornale che smaschera le responsabilità della Casa Bianca nel Watergate.

galità costituzionale, il ricorso sistematico a intercettazioni telefoniche illegali e altri reati.
La reazione dell'opinione pubblica e dei mass media diventa sempre più aspra e ostile, mentre al Congresso viene denunciato il sovvertimento degli equilibri costituzionali a favore del potere esecutivo: Nixon si ritrova in questo modo privo di ogni consenso. Alcuni membri del suo staff sono condannati e il presidente è incriminato per aver ostacolato la giustizia e per aver compiuto un abuso di potere. Il 9 agosto 1974, poco prima che il Congresso avvii la procedura per la messa in stato di accusa che porterebbe alla sua destituzione, Nixon presenta le dimissioni. Gli succede il vicepresidente Ford, che un anno dopo concederà a Nixon il perdono. Il Watergate diviene il punto più acuto di una crisi di sfiducia della nazione americana che si alimenta di diversi fattori: il trauma della sconfitta in Vietnam e l'impennata dei prezzi petroliferi mettono a nudo l'inattesa fragilità del primato mondiale americano; l'arrivo dell'inflazione e della disoccupazione dopo il lungo boom postbellico minaccia la sicurezza economica di molti cittadini; la crisi istituzionale alimenta infine una caduta di fiducia nel sistema politico e nei partiti e un diffuso distacco degli americani dai meccanismi della democrazia rappresentativa.

Il World Trade Center di New York, le torri gemelle degli architetti Yamasaki e Roth, uno dei simboli dell'America nella seconda metà degli anni Settanta.

L'eurocomunismo

Tizio, la lampada da tavolo disegnata da Richard Sapper per Artemide.
L'idea che sa alla base di questo raffinato oggetto di design è la sua praticità: è snodabile e orientabile a piacere.

Nel 1976, poco dopo la firma degli accordi di Helsinki da parte anche dell'URSS, i tre più importanti partiti comunisti dell'Europa occidentale decidono di stringere fra loro una stretta alleanza operativa. Lo scopo, così come viene suggerito dal segretario del PCI Enrico Berlinguer che è il promotore di tale iniziativa, è di costruire una nuova strategia per il movimento comunista occidentale. Realizzare il "socialismo nella libertà" è ciò che Berlinguer propone all'attenzione del Partito comunista francese e di quello spagnolo.

La convinzione che, con l'invasione della Cecoslovacchia del 1968, l'URSS non costituisca più il partito-guida del movimento internazionale, spinge alla ricerca di un cammino radicalmente differente da quello seguito in Unione Sovietica, a cui si continua a riconoscere un ruolo importante nel mantenimento della pace: tale strada è identificata come una "terza via" tra il modello del capitalismo occidentale e quello delle socialdemocrazie nordeuropee.

L'eurocomunismo costituisce il passo finale dell'accettazione piena, da parte di questi partiti, del parlamentarismo liberale e del riconoscimento delle assemblee elettive come sede privilegiata per la formazione delle maggioranze e la legittimazione dell'attività di governo. Resta però viva l'aspirazione a una "democrazia di massa", per

Madrid, 23 febbraio 1981: il colonnello Antonio Tejero Molina, al comando di alcuni militari della Guardia Civil, tenta il colpo di stato occupando le Cortes.
La prima grave crisi della giovane democrazia spagnola viene superata anche grazie alla ferma reazione del re Juan Carlos in difesa della Costituzione.

Il Centre Pompidou a Parigi, progettato dagli architetti Renzo Piano e Richard Rogers.
Questo edificio, la cui spregiudicata struttura pone in risalto tutti gli elementi tecnici e di servizio, è uno dei manifesti dell'architettura "postmoderna".

Santiago Carrillo (a sinistra).
Leader fin dal 1960 del Partito comunista spagnolo, Carrillo imposta nei primi anni Settanta una politica basata sull'autonomia da Mosca e sulla rinuncia all'azione rivoluzionaria, per perseguire la realizzazione di un "socialismo nella libertà" attraverso la democrazia rappresentativa.

Marchais e Berlinguer.
La dichiarazione congiunta firmata nel novembre del 1975 costituisce uno dei primi documenti ufficiali dell'eurocomunismo e una significativa presa di posizione prima della conferenza dei partiti comunisti europei, che si tiene a Berlino Est nel giugno 1976.

costruire la quale sono necessarie una partecipazione e una mobilitazione che non si possono esaurire nella pratica politica delle istituzioni rappresentative.

Nel marzo 1977, durante un grande raduno nel quale Berlinguer e i segretari del Partito comunista francese Georges Marchais e di quello spagnolo Santiago Carrillo formulano una dichiarazione congiunta, l'eurocomunismo ottiene l'adesione dei comunisti inglesi, belgi, svedesi e greci. Malgrado il successo e il clamore dell'iniziativa, l'eurocomunismo non riesce a imporsi. Ogni partito mantiene infatti diversità tattiche e preclusioni ideologiche che rendono difficile il proseguimento di un'azione comune: il PCI riduce la svolta eurocomunista all'alleanza con la Democrazia cristiana attraverso l'esperienza dei governi di "solidarietà nazionale"; Marchais, temendo di perdere il consenso della base, blocca il cammino del rinnovamento e finirà con l'approvare l'invasione sovietica dell'Afghanistan; solo nel Partito comunista spagnolo, isolato e deluso dalla collaborazione offerta alla maggioranza di governo, si cerca di proseguire il rinnovamento.

La "terza via" rimane un progetto sulla carta e l'eurocomunismo, a metà strada tra il desiderio di rinnovamento e il richiamo alla tradizione, risulta incapace di costituire un polo di attrazione per quei comunisti che hanno posizioni critiche all'interno del movimento internazionale.

Juan Carlos di Borbone, re di Spagna, mentre pronuncia un discorso alle Cortes.
Indicato dallo stesso Franco come proprio successore alla guida del paese, il giovane Juan Carlos di Borbone sale al trono della restaurata monarchia spagnola il 22 novembre 1975. Il sovrano promuove subito una rapida trasformazione politica, legalizzando i partiti democratici. Nel dicembre 1978 viene promulgata la nuova Costituzione.

Il terrorismo internazionale

Il terrorista venezuelano Ilich Ramírez Sánchez ("Carlos") tra la madre e un'amica.
La figura di "Carlos", arrestato nel 1994 in Sudan dai servizi di sicurezza francesi, è stata a lungo circondata da un alone di mistero. È accusato di innumerevoli azioni terroristiche e di aver diretto dal 1970 l'attività dell'ala estremista del movimento palestinese in Europa.

Come metodo di lotta politica il terrorismo affonda le proprie radici nell'estremismo anarchico della seconda metà dell'Ottocento. Ma dopo il 1945 conosce una nuova diffusione e si afferma come strategia offensiva sia rivoluzionaria sia controrivoluzionaria in diversi paesi del mondo. In particolare, nel decennio successivo all'esplosione dei movimenti di massa giovanili del '68, bande e azioni terroristiche si affermano come strumenti di lotta contro l'equilibrio bipolare del mondo e, nello stesso tempo, come armi clandestine a disposizione dei governi per ripristinare l'ordine minacciato.

Nei paesi del Terzo Mondo il terrorismo si lega a rivendicazioni di carattere indipendentista (tipico il caso dell'Organizzazione per la liberazione della Palestina) e sceglie spesso come bersagli i simboli del benessere delle nazioni più industrializzate, come aerei e aeroporti. Diversamente dal passato, il terrorismo tende a travalicare i confini nazionali e a dar vita a collegamenti internazionali, sfruttando la risonanza sempre più intensa fornita dai mezzi di comunicazione di massa. L'Europa in particolare diventa teatro di azioni terroristiche, come in occasione delle Olimpiadi di Monaco del 1972.

Legata a istanze autonomistiche di minoranze etniche o religiose è anche l'attività dell'ETA (Euzkadi Ta Azkatasuna, "Terra basca e libertà" in lingua basca) in Spagna e dell'IRA (Irish Repu-

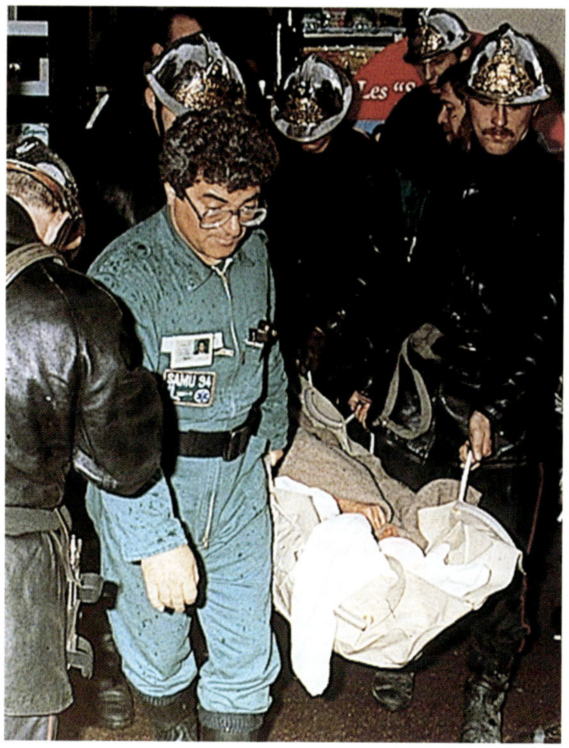

Attentato terroristico ai grandi magazzini Printemps di Parigi nel dicembre 1985.

Funerale di un militante dell'IRA a Londonderry nel 1981 (a destra).
L'IRA è dotata di una struttura militare verticale e centralizzata, suddivisa in brigate e battaglioni. I suoi esponenti sono volontari a tempo determinato, e la maggior parte di essi viene impiegata in attività di appoggio. Si ritiene che la forza di fuoco dell'IRA non abbia mai superato i 200 effettivi.

Bambino nelle strade di Londonderry: sullo sfondo un dipinto murale che esalta l'attività dell'IRA.

blican Army, "Esercito repubblicano irlandese") in Gran Bretagna. Propugnando l'indipendenza dal governo centrale rispettivamente delle province basche e dell'Irlanda del Nord, le due formazioni hanno in comune, oltre a tecniche di guerriglia come l'autobomba, la contiguità con partiti politici legali (Herri Batasuna in Spagna, Sinn Fein in Irlanda), cui è affidato il compito di promuovere la propaganda secessionista.
In Italia, nel momento culminante delle lotte dei lavoratori, i movimenti neofascisti danno avvio alla "strategia della tensione": la strage di piazza Fontana a Milano del 12 dicembre 1969 (16 morti e 90 feriti) è solo il primo episodio di una lunga catena di attentati terroristici sui treni, nelle piazze e nelle stazioni del paese, con l'apporto ancora non del tutto chiarito di segmenti "deviati" delle istituzioni dello stato.
Un ulteriore capitolo è quello del terrorismo rosso, che si sviluppa successivamente alla contestazione giovanile degli anni Sessanta. In Italia con le Brigate rosse e in Germania con la RAF (Rote Armee Fraktion, "Frazione dell'Armata rossa") il terrorismo realizza azioni clamorose come il sequestro e l'uccisione del leader della DC Aldo Moro e del presidente dell'associazione degli industriali tedeschi Martin Schleyer. Ma in questi due paesi l'energica repressione condotta dalle forze dell'ordine riesce in pochi anni ad avere ragione del terrorismo eversivo.

Membri dell'ETA (a sinistra).
A partire dagli anni Sessanta l'ETA, in reazione alla politica autoritaria e centralista di Franco, accentua il proprio carattere separatista e dà avvio a una serie di attentati dimostrativi contro obiettivi simbolici. La prima azione sanguinosa risale al 1968, con l'omicidio di un comandante della polizia.

Attentato terroristico alla sede del Parlamento britannico.

Il caso Italia

Anche l'Italia partecipa alla stagione del '68 e sono soprattutto le università di Trento, Torino, Milano e Roma a diventare teatro di agitazioni studentesche contro l'arretratezza di contenuti culturali e metodi didattici. Ma la peculiarità di tale situazione è data dall'innesto su queste lotte di un'ondata di conflitti operai (l'"autunno caldo" del 1969) che ha per protagonisti i lavoratori più giovani e dequalificati delle grandi fabbriche del Nord, spesso emigrati dal Meridione e soggetti a problemi d'integrazione sociale. Le organizzazioni sindacali ne escono così radicalmente trasformate: alle vecchie commissioni interne, rigidamente suddivise tra i funzionari delle tre confederazioni (CGIL, CISL e UIL), si sostituiscono consigli di delegati eletti direttamente dalla base operaia nei singoli reparti produttivi.

Nonostante l'immobilismo di un sistema politico che ha sempre visto lo stesso partito politico al governo, le istituzioni reagiscono alla nuova fase di scontro sociale con una serie di riforme. Nel 1969 il regime pensionistico è allargato e ridefinito attraverso l'introduzione di una pensione sociale per i cittadini più bisognosi e privi di copertura assicurativa; è introdotto il divorzio e sono istituite le regioni, attuando un mandato costituzionale fino ad allora disatteso. Ai lavoratori è riconosciuto uno Statuto dei diritti che subordina la facoltà del

Torino: corteo operaio davanti ai cancelli della FIAT Mirafiori.
Nel 1969 scoppiano duri conflitti sociali che vedono in primo piano gli operai delle grandi industrie del Nord. Le prime avvisaglie si registrano con gli scioperi spontanei alla FIAT in maggio, ma è in autunno che il rinnovo dei contratti collettivi di lavoro coinvolge nella lotta milioni di operai.

Manifesto elettorale dei promotori del referendum abrogativo della legge sul divorzio.

Giulio Andreotti (a sinistra).
Uomo simbolo della continuità del potere democristiano, Andreotti ha attraversato tutte le più importanti stagioni e crisi politiche italiane. Eletto deputato in tutte le legislature fino alla sua nomina a senatore a vita nel 1992, ha ricoperto importanti incarichi di governo senza interruzioni a partire dal dopoguerra.

Bilancia da cucina disegnata da Richard Sapper e Marco Zanuso per la Teraillon.
Dopo il boom degli anni Sessanta, con il conseguente miglioramento degli standard nutrizionali, questo decennio si caratterizza per l'adozione di regole più attente alla qualità che alla quantità dell'alimentazione: si diffondono così le più svariate diete dimagranti.

loro licenziamento alla dimostrazione di una giusta causa. Nel 1971 è varata una nuova imposta sul reddito delle persone fisiche (IRPEF) che è un primo tentativo di razionalizzare l'antiquata "giungla tributaria"; nel 1974 si gettano le basi di un Servizio sanitario nazionale che eroga prestazioni gratuite a tutti i cittadini secondo criteri universalistici e non più corporativi.
Questa ondata di lotte e riforme muta in profondità il comportamento e la sensibilità politica dei cittadini. Nel 1974 i risultati del referendum abrogativo della legge sul divorzio – promosso da cattolici tradizionalisti e appoggiato dalla DC – rivelano una solida maggioranza contraria (pari al 59 per cento dei voti) e mettono in luce un inedito e avanzato processo di secolarizzazione della società italiana. Il Vaticano è costretto a prendere atto dell'avvenuto tramonto delle forme più vetuste della sua influenza. L'anno successivo le elezioni amministrative premiano in larga misura i partiti di sinistra e in particolare il PCI diretto da Berlinguer.
L'inflazione innescata nel 1973 dalla guerra del Kippur vanifica le conquiste salariali di questi anni e genera un clima di incertezza e di crescente radicalizzazione del conflitto sociale. Il sistema politico resta dominato da democristiani e comunisti, con poco spazio ai partiti minori (socialisti, repubblicani, liberali, socialdemocratici e d'estrema destra missina), in una situazione di stallo.

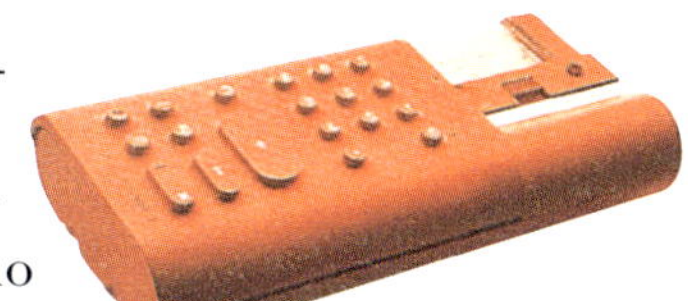

Divisumma 18, disegnata per l'Olivetti da Marco Bellini.
La calcolatrice elettronica è ormai uno strumento diffuso sia in ambito lavorativo che familiare. Ha perso le ingombranti dimensioni degli esordi per assumere proporzioni che la rendono un oggetto di formato tascabile.

IL TERRORISMO NERO E ROSSO

Sul malcontento generalizzato del paese si innesta una catena di sanguinosi attentati terroristici realizzati da gruppi di estrema destra legati a settori dei servizi segreti dello stato: a partire dalla bomba di piazza Fontana a Milano nel dicembre 1969 fino a quelle di piazza della Loggia a Brescia e del treno *Italicus* nel 1974. La "statogia della tensione" vuole una brusca sterzata a destra della vita politica italiana, secondo l'esempio della Grecia dei colonnelli. Questa minaccia viene raccolta dalle formazioni più estreme della sinistra extraparlamentare (Brigate rosse, Prima linea) che realizzano una serie di attentati contro persone ritenute simboli del sistema (dirigenti di fabbrica, magistrati, giornalisti) per provocare uno scontro armato generale. Viceversa il Partito comunista adotta una strategia moderata (il "compromesso storico") che punta a un governo di larga unità nazionale fondato sulla collaborazione dei partiti di massa (DC, PCI, PSI). A questo risultato si giunge nel 1978 con la formazione di un governo presieduto dal democristiano Giulio Andreotti e che conta sull'astensione dei comunisti. Ma il rapimento e l'uccisione del presidente della DC Aldo Moro (marzo-maggio 1978) mostrano fino a quale grado di pericolosità sia giunta l'offensiva del terrorismo.

Aldo Moro rapito dalle Brigate rosse.
Durante la prigionia del leader democristiano, il paese e i partiti politici si dividono sulla linea da seguire di fronte alle richieste delle Brigate rosse. Prevale la linea della "fermezza" dello stato contro ogni trattativa con i terroristi, sostenuta dal capo del governo Andreotti, da una parte della Dc, dai comunisti e dai repubblicani.

Andrej Siniavskij
Dopo la destituzione di Chruščëv l'influsso delle correnti neostaliniste prende il sopravvento; le tendenze riformiste emerse fra gli intellettuali provocano la repressione. Nel febbraio 1966, il processo cui viene sottoposto lo scrittore sovietico dà il segnale di un irrigidimento ideologico che durerà a lungo.

Il dissenso in URSS

Andrej Sacharov.
Il fisico sovietico, promotore del Comitato per i diritti civili nel 1970, ottiene il Nobel per la pace nel 1975. La sua presa di posizione contraria all'invasione sovietica dell'Afghanistan nel 1979 gli costerà la condanna a sei anni di confino.

Nel 1964 Chruščëv è stato rimosso dalla carica di segretario del PCUS. Osteggiato da una parte consistente della dirigenza che guarda con sospetto alle riforme e dai militari che non hanno digerito lo smacco della crisi dei missili del 1962, viene sostituito da Brežnev, portavoce dell'apparato del Partito e della burocrazia statale, mentre primo ministro diventa Kosygin. Un nuovo centralismo, accompagnato da forme inedite e assai diffuse di corruzione, invalida i tentativi di riforma economica perseguiti ancora per qualche anno. La priorità assegnata alla difesa, all'industria pesante e all'agricoltura blocca lo sviluppo impresso in modi contraddittori da Chruščëv tra gli anni Cinquanta e Sessanta. È soltanto a partire dal 1972 che Brežnev può godere del potere assoluto, ma fin dall'inizio egli intende restaurare il pieno dominio del Partito sulla società, come mostra la nascita del fenomeno del "dissenso" e la sua conseguente repressione.
Le prime vittime di un processo pubblico in epoca poststaliniana sono gli scrittori Andrej Siniavskij e Julij Daniel, condannati nel febbraio 1966 a pesanti condanne per aver fatto pubblicare all'estero sotto pseudonimo i loro scritti. Le reazioni all'interno dell'ambiente culturale sono immediate ma, malgrado le petizioni di centinaia di intellettuali, Brežnev intensifica gli arresti e le condanne dei dissidenti, che tramite la distribuzione

Un tratto del Muro in un quartiere di Berlino Est.

Lo stato maggiore sovietico negli anni Settanta: da sinistra, Aleksej Kosygin, Leonid Brežnev e Nikolaj Podgornij, presidente dell'URSS dal 1965 al 1977.

segreta di *samizdat* (manoscritti ricopiati o fotocopiati e fatti circolare di mano in mano) e di *magnitizdat* (registrazioni clandestine su nastro magnetico) cercano di mantenere viva la critica al regime. Dal 1968 al 1972 viene fatto circolare il bollettino "Cronache dei fatti correnti", nel quale si forniscono notizie dettagliate sull'azione repressiva condotta dalle forze di polizia e dall'autorità giudiziaria e sulle condizioni di vita dei detenuti per motivi politici.

Le figure più rappresentative del "dissenso" all'interno dell'URSS e all'estero sono Aleksandr Solženicyn, autore del romanzo *Arcipelago Gulag*, resoconto della sua deportazione in un campo di prigionia in Siberia, e il fisico Andrej Sacharov, che cercano di dar vita a un movimento per i diritti civili – soprattutto dopo l'adesione dell'URSS agli accordi di Helsinki – e di conquistare spazi di autonomia per la società e la cultura. Gli esponenti noti e sconosciuti del dissenso vengono confinati in cittadine lontane e disagiate o rinchiusi in ospedali psichiatrici per trattamenti coatti, in quanto elementi "asociali".

Negli anni Settanta molti intellettuali prestigiosi lasciano il paese per rifugiarsi in Occidente e continuare a dar voce al dissenso: è il caso del violoncellista Mstislav Rostropovič, dello scienziato Leonid Pliusc e dello storico Andrej Amalrik; lo stesso Solženicyn, insignito del Nobel per la letteratura nel 1970, è espulso nel 1974.

LA CONFERENZA DI HELSINKI

Nell'estate del 1975, al termine di consultazioni durate due anni, si conclude a Helsinki la Conferenza per la sicurezza e la cooperazione in Europa (CSCE), che segna una svolta nella distensione tra Mosca e Washington. Vi partecipano, oltre a tutti i paesi europei dell'Ovest e dell'Est, il Canada e gli Stati Uniti. Tra le clausole di maggiore rilievo adottate dalla Conferenza vi sono l'inviolabilità dei confini e il rispetto dei diritti umani. Proprio l'approvazione di quest'ultimo punto da parte del governo sovietico rende possibile la ripresa dell'attività dei gruppi del dissenso all'interno del paese e una maggiore consapevolezza dell'opinione pubblica occidentale sulle forme di repressione adottate dal regime comunista.

Missile tattico sovietico su un automezzo.

Operaio vietnamita. *Dopo la vittoria del 1975, il governo vietnamita si trova a dover ricostruire un paese sconvolto da un trentennio di guerre e percorso da profonde rivalità interne. L'adozione del modello economico sovietico, non sostenuta da aiuti esteri adeguati e dalla disponibilità di sufficienti risorse, lascia irrisolti i gravi problemi del paese.*

Vietnam, Laos, Cambogia e Cina

Caduta Saigon il 30 aprile 1975, dopo un'offensiva dei vietcong che ha costretto gli americani a evacuare gli ultimi consiglieri militari e il personale civile, la guerra del Vietnam è terminata. La riunificazione tra le due parti del paese avviene, di fatto, sotto forma di un'annessione della regione meridionale alla Repubblica del Nord.
In Cambogia i khmer rossi, che dal 1973 controllano la quasi totalità del territorio, hanno occupato, appena due settimane prima (17 aprile), la capitale Phnom Penh.
Sempre in aprile, nel Laos, inizia l'offensiva finale del movimento indipendentista di ispirazione comunista – il Pathet Lao – che si conclude il 2 dicembre con la conquista del potere e la proclamazione di una repubblica democratica popolare. Trent'anni dopo la fine della seconda guerra mondiale la penisola indocinese sembra aver raggiunto, finalmente, la pace e l'indipendenza. In Cambogia, tuttavia, i khmer rossi instaurano un regime spietato che pratica il terrore sistematico e la deportazione forzata nelle campagne della popolazione urbana. Il fanatismo egualitario e antimodernista del leader dei khmer rossi Pol Pot porta allo sterminio di almeno un quarto della popolazione cambogiana, colpendo soprattutto i ceti medi e gli esponenti delle professioni liberali. Morti Zhu Enlai e Mao nel 1976, si apre in Cina un periodo di contrasti che vede presto soccombere l'ala più radicale della rivoluzione culturale,

Profughi vietnamiti in un campo di raccolta.

Tornati alla vita civile, ex ufficiali dell'esercito sudvietnamita guidano risciò nelle strade di Città Ho Chi Minh (nuovo nome di Saigon dopo la vittoria dei Vietcong).

raccolta attorno alla cosiddetta "banda dei quattro" guidata dalla vedova di Mao. Il Partito riprende il controllo della situazione in nome di una moderazione sociale di cui è artefice Deng Xiaoping, salito al potere nel 1978.

Il governo cambogiano, legato per ragioni strategiche alla Cina, entra in guerra con la Thailandia e soprattutto con il Vietnam, da cui lo dividono secolari rivalità etnico-culturali e l'alleanza con Mosca. Il conflitto (dicembre 1977-gennaio 1979) cessa quando un'offensiva vietnamita rovescia il governo di Pol Pot, rendendo di pubblico dominio il genocidio da lui perpetrato. Ma nel febbraio-marzo 1979 la guerra si estende, rendendo evidente la contrapposizione tra due stati socialisti, la Cina e il Vietnam. Quest'ultimo, che manterrà per tutti gli anni Ottanta la sua influenza diretta sulla Cambogia, deve sostenere il pesante fardello della ricostruzione, specie nel Sud, penalizzato sia nell'ambito economico che politico: centinaia di migliaia di profughi vietnamiti (*boat people*) abbandonano il paese, a testimonianza delle difficoltà in cui versa il regime comunista di Hanoi.

Soldati dell'esercito vietnamita.

Il mercato del pesce a Vinh Long sul delta del Mekong.
In Vietnam milioni di persone vivono in condizioni di estrema povertà: nel 1990 il reddito medio annuo pro-capite ammonta a soli 230 dollari.

L'ayatollah Khomeini. *Avversario dell'opera di modernizzazione e di laicizzazione promossa dalla monarchia iraniana, Khomeini è esiliato nel 1964 in Turchia, poi in Iraq e a Parigi. Egli si pone alla testa di un movimento religioso di opposizione allo scià.*

La repubblica islamica in Iran

Nel 1978-1979 una rivoluzione abbatte la dittatura dello scià Muhammad Reza Pahlavi, che ha condotto il paese lungo il cammino di una modernizzazione di stampo occidentale segnata dalla corruzione e da forti squilibri sociali. Per vent'anni l'opposizione è stata soppressa, e il clero sciita – l'unica organizzazione indipendente e capace di mobilitare il paese – si mette ora alla testa della protesta popolare contro la dittatura.
L'ayatollah Ruhollah Khomeini, in esilio a Parigi, diviene il simbolo e la guida della rivolta che, una volta allontanato lo scià, sfocia nella nascita di una repubblica islamica (1° aprile 1979). Il nuovo stato teocratico si basa su un'apparente democrazia, con un Parlamento eletto a suffragio universale, ma le leggi e le decisioni del governo sono sottoposte al vaglio di un consiglio religioso – vera sede del potere – che decide della loro conformità alla legge islamica. Al vertice dello stato c'è Khomeini, che guida il nuovo regime fino alla sua morte, avvenuta nel 1989.
La repubblica islamica sopprime presto ogni opposizione, uniforma la vita civile del paese e lancia una sfida politica e religiosa alle altre nazioni musulmane, chiamate a liberarsi delle influenze occidentali e dai costumi laici. L'Iran si impegna in una mobilitazione permanente contro l'influenza

LE PAROLE DEL FONDAMENTALISMO

Fondamentalista Colui che trae i propri riferimenti da quelli che sono i fondamenti della religione.
Integralista Colui che intende applicare la legge religiosa alla lettera, avendo come unico modello l'età d'oro del Profeta.
Islamico Nell'accezione originaria e comune la parola indica tutto ciò che ha a che fare con la religione e il mondo musulmani (poesia, arte, ecc.). Negli ultimi anni viene utilizzato in modo più specifico anche per designare i movimenti politici sorti nel mondo musulmano che assumono come punto di riferimento la legge coranica e si oppongono ai modelli occidentali.
Jihad Il significato letterale del termine è "lotta santa sulla via di Dio", intesa come uno sforzo di purificazione rivolto in primo luogo a se stessi, quindi all'edificazione del prossimo e, in caso di minaccia, contro i nemici dell'Islam. Secondo una concezione radicale sorta all'interno del movimento dei Fratelli musulmani, essa si rivolge contro i governi "empi".
Sunnita e sciita La contrapposizione fra sciiti "rivoluzionari" e sunniti "conservatori" non è fondata su solidi motivi: mentre infatti lo sciismo ha sviluppato tendenze mistiche e pietiste, la volontà di riforma presente nel sunnismo ha finito col dar vita a varie forme di estremismo. Più che una manifestazione religiosa in senso stretto, il radicalismo islamico è da ricondursi a motivazioni di tipo sociale e politico.

Bambine che indossano il chador e inalberano cartelli con l'immagine di Khomeini manifestano dinanzi all'ambasciata americana a Teheran.

Cimitero nei dintorni di Teheran dove sono sepolti i caduti nella guerra con l'Iraq.

degli USA in Medio Oriente. Il sostegno economico e militare americano era stato uno dei fondamenti del potere dello scià, e la rivoluzione si volge anche contro il "grande Satana" occidentale. La tensione con Washington raggiunge il culmine quando, il 4 novembre 1979, 53 ostaggi sono catturati nell'ambasciata USA a Teheran. La loro lunga prigionia, punteggiata da inconcludenti negoziati e da un fallimentare tentativo americano di liberarli con un *raid* militare, è il primo atto di una ostilità da allora mai sopita e contrassegnata da azioni terroristiche e dall'embargo economico nei confronti dell'Iran.
I tentativi di esportare la rivoluzione islamica non hanno successo, anche se in tutto il mondo arabo sorgono movimenti fondamentalisti di varia efficacia e si diffondono gruppi terroristici che si richiamano all'idea di una "guerra santa" contro Israele, l'Occidente e i regimi arabi moderati.
Questa minaccia alla stabilità della regione offre però al regime iracheno di Saddam Hussein l'occasione di perseguire il proprio espansionismo in nome dell'unità panaraba. Contando sulla debolezza dell'Iran rivoluzionario, nel 1980 l'Iraq aggredisce la repubblica islamica iniziando un conflitto prolungato e sanguinoso: dopo otto anni di guerra – quando viene firmato un cessate il fuoco che non altera in modo significativo i confini tra Iraq e Iran – si conteranno più di un milione di vittime.

Missile iraniano lanciato contro le linee irachene.

L'invasione sovietica dell'Afghanistan

A partire dalla seconda metà degli anni Settanta l'URSS inizia una politica di espansione estendendo la sua presenza economica e militare in molte aree del Terzo Mondo. La crisi in cui versano gli USA, sconfitti in Vietnam e alle prese con lo scandalo del Watergate, spingono Brežnev a modificare a proprio vantaggio l'equilibrio bipolare ormai consolidato da anni.

La politica estera di Mosca si fa più aggressiva tanto nel Corno d'Africa che in Angola e Mozambico. Nel Corno d'Africa con il sostegno al regime del colonnello Hailè Mariam Menghistu e la fine dell'appoggio alla dittatura di Mohammed Siad Barre in Somalia; nelle ex colonie portoghesi affidando ai soldati cubani il compito di mantenere al potere i governi rivoluzionari, senza peraltro aiutarli a migliorare le misere condizioni di vita della popolazione.

Il peso dell'apparato militare-industriale sovietico in politica estera si fa sentire con più forza in Afghanistan: nel 1978 l'URSS firma un trattato di alleanza con il governo di Muhammad Taraki, autore di un colpo di stato che ha rovesciato il legittimo governo moderato, innescando così la ribellione degli integralisti islamici. All'interno del governo afghano le fazioni filosovietiche sono più d'una e si combattono fra loro: Brežnev opta quindi per l'in-

Fucile mitragliatore automatico AK-47s (in alto), meglio noto come Kalashnikov in uso tra i resistenti. Sotto: carristi russi.

Guerriglieri afghani prigionieri e (a destra)* mujaheddin *pronto al combattimento.
Agli attacchi della resistenza, i sovietici rispondono con bombardamenti a tappeto nelle zone di maggiore diffusione della guerriglia, per togliere ai partigiani ogni appoggio logistico.

tervento diretto e il 27 dicembre 1979 l'esercito sovietico invade l'Afghanistan a sostegno del gruppo che fa capo a Babrak Karmal, in quel momento in esilio in Cecoslovacchia. Il contingente sovietico, che all'inizio schiera 90.000 uomini, occupa la capitale Kabul e il territorio circostante.

L'invasione dell'Afghanistan, al di là dello sforzo militare ed economico che comporterà nei dodici anni di occupazione, suscita la condanna dell'opinione pubblica mondiale: il prestigio che l'URSS si è conquistata, soprattutto nei paesi del Terzo Mondo, si disintegra in breve tempo e viene sostituito da un atteggiamento di paura e diffidenza. Ciò vale soprattutto per le popolazioni islamiche del Caucaso e dell'Asia centrale, risvegliate dalla contemporanea "rivoluzione" iraniana, che imboccano la strada delle rivendicazioni nazionalistiche e abbracciano il fondamentalismo religioso come strumento di identità collettiva. L'Iran e il Pakistan diventano le basi logistiche per l'organizzazione della resistenza armata dei *mujaheddin* afghani ("combattenti per la fede"): seppur divisa in molte fazioni fino al 1985, quando si riunirà nell'Unione islamica dei *mujaheddin*, la guerriglia non permette alle truppe sovietiche di disporre del pieno controllo del territorio del paese e mantiene sotto la sua giurisdizione intere regioni di confine.

Postazione di mortai della resistenza (a sinistra).
Nella guerra afghana si scontrano le truppe del regime comunista di Kabul e quelle della guerriglia islamica appoggiate dal Pakistan, dall'Iran e dagli Stati Uniti. Le truppe di occupazione sovietiche raggiungeranno i 150.000 effettivi: alla fine del conflitto, l'URSS riconoscerà la perdita di circa 14.000 uomini.

Soldati del contingente sovietico.
L'occupazione del paese ha disastrose conseguenze economiche e provoca la fuga in massa della popolazione civile, l'abbandono del 60 per cento delle terre coltivate e la perdita del 75 per cento del bestiame.

ECONOMIA E SOCIETÀ / POLITICA E ISTITUZIONI

1970

ECONOMIA E SOCIETÀ

Italia Istituzione delle regioni a statuto ordinario. Approvata la legge Fortuna-Baslini che istituisce il divorzio.

USA Le femministe rifiutano di dedicarsi ai lavori domestici e scendono in piazza.

Libia Gheddafi impone condizioni alle compagnie petrolifere straniere.

Gran Bretagna In 150.000 assistono al Festival pop sull'isola di Wight.

POLITICA E ISTITUZIONI

12 gennaio *Nigeria* Il governo stronca il tentativo secessionista del Biafra.

marzo *Austria* Vittoria elettorale socialista: Bruno Kreisky è cancelliere.

19 marzo Primo incontro tra un premier della RDT e un cancelliere della RFT.

giugno *Gran Bretagna* Sconfitta laburista: governo conservatore guidato da Edward Heath.

aprile I movimenti di liberazione di Vietnam, Laos, Cambogia costituiscono il Fronte di liberazione indocinese.

12 agosto *RFT-URSS* Trattato per la rinuncia reciproca all'uso della forza.

settembre *Cile* Il socialista Salvador Allende è il nuovo presidente.

16-24 settembre *Giordania* "Settembre nero": scontri tra l'esercito giordano e i guerriglieri palestinesi fedayin.

ottobre *Egitto* Alla morte di Nasser, diventa presidente Anwar al-Sadat.

1971-1972

ECONOMIA E SOCIETÀ

1971

Algeria Nazionalizzate le compagnie petrolifere francesi.

Cile Il governo Allende nazionalizza le miniere di rame.

USA *agosto* Crisi del dollaro: sospesa la convertibilità in oro e svalutazione.

1972

Gran Bretagna Crisi economica: il governo conservatore di Edward Heath blocca prezzi e salari. Adesione inglese alla CEE.

CEE Introduzione del "serpente monetario", primo passo per una politica monetaria comune.

POLITICA E ISTITUZIONI

1971

13 gennaio *Uganda* Rovesciato il presidente Obote, il generale Idi Amin Dada instaura una feroce dittatura.

10 marzo Il Pakistan orientale dichiara l'indipendenza col nome di Bangladesh.

5 maggio *RDT* Erich Honecker subentra a Walter Ulbricht alla guida del Partito e del governo.

Cina Misteriosa morte di Lin Biao, che ha tentato di impadronirsi del potere.

25 ottobre *Cina* Il paese è ammesso nell'ONU.

India Indira Gandhi vince le elezioni.

1972

30 gennaio *Irlanda del Nord* A Londonderry scontri tra militari britannici e dimostranti cattolici: 13 morti.

21 febbraio *Cina* Nixon è il primo presidente degli USA a visitare il paese.

17 giugno *USA* Scoppia lo scandalo Watergate.

1973-1974

ECONOMIA E SOCIETÀ

1973

CEE Ingresso di Gran Bretagna, Irlanda e Danimarca: nasce l'Europa dei nove. Varato il primo programma ambientale.

Gran Bretagna Abolite nelle scuole le punizioni corporali.

OPEC I paesi arabi interrompono la fornitura di petrolio agli stati occidentali accusati di sostenere Israele.

1974

Italia Vittoria dei sostenitori del divorzio nel referendum popolare.

POLITICA E ISTITUZIONI

1973

27 gennaio Firmato a Parigi l'accordo di pace per il Vietnam.

17 luglio *Afghanistan* Un golpe militare instaura la repubblica: Mohammed Daud è presidente.

11 settembre *Cile* Golpe del generale Augusto Pinochet.

6 ottobre Scoppia la guerra del Kippur fra arabi e israeliani.

17 dicembre *Italia* All'aeroporto di Fiumicino, terroristi palestinesi uccidono 32 passeggeri di un aereo Pan Am.

Cina Riabilitazione di Deng Xiaoping: conflitto tra la "banda dei quattro" e il settore dei pragmatici (Zhou Enlai, Deng Xiaoping).

1974

25 aprile *Portogallo* "Rivoluzione dei garofani": i militari progressisti rovesciano il dittatore Marcelo Caetano.

6 maggio *RFT* Si dimette il cancelliere Brandt, gli succede Helmut Schmidt.

1975-1976

ECONOMIA E SOCIETÀ

1975

Francia La legge Veil introduce l'aborto sotto controllo medico.

Finlandia A Helsinki nasce la CSCE (Conferenza per la sicurezza e la cooperazione europea).

Togo Convenzione di Lomé: cooperazione commerciale tra la CEE e 46 paesi del Terzo Mondo.

Gran Bretagna Sfruttamento dei giacimenti petroliferi nel Mare del Nord.

1976

Italia Scandalo Lockheed: due ministri hanno preso tangenti per favorire l'acquisto di aerei.

POLITICA E ISTITUZIONI

1975

9 marzo-30 aprile *Vietnam* Offensiva militare nordvietnamita e crollo del regime di Saigon.

16 aprile *Cambogia* Vittoria dei khmer rossi di Pol Pot.

aprile *Libano* Guerra civile tra cristiani e musulmani.

8 giugno *Egitto* Riaperto al traffico il Canale di Suez.

25 giugno-11 novembre Angola e Mozambico dichiarano l'indipendenza dal Portogallo.

20 novembre *Spagna* Morte di Franco: Juan Carlos di Borbone è proclamato re .

1° ottobre *Italia-Jugoslavia* Firmato il Trattato di Osimo che fissa la linee di frontiera tra i due paesi.

1976

4 marzo *Cambogia* Il principe Norodom Sihanouk abbandona la presidenza del regime di Pol Pot.

2 novembre *USA* Il democratico Jimmy Carter è il nuovo presidente.

1977-1978

ECONOMIA E SOCIETÀ

1977

Svezia Nobel per la pace ad Amnesty International.

Italia Serie di attentati dell'estrema sinistra.

1978

Italia La legge Basaglia abolisce gli ospedali psichiatrici.

POLITICA E ISTITUZIONI

1977

6 gennaio *Cecoslovacchia* Più di 200 dissidenti firmano il documento "Charta 77" contro il regime di Husák.

11 febbraio *Etiopia* Dopo un golpe Hailè Mariam Menghistu assume la presidenza.

14-21 marzo *Libano meridionale* Intervento militare israeliano.

15 giugno *Spagna* L'UCD di Adolfo Suárez vince le prime elezioni libere.

21 giugno *Israele* Menahem Begin è il nuovo premier.

19 novembre *Israele* Visita ufficiale del presidente egiziano Anwar al-Sadat.

1978

16 marzo *Italia* Le Brigate rosse rapiscono Aldo Moro: verrà ucciso dai terroristi il 9 maggio.

27 aprile *Afghanistan* Colpo di stato comunista.

13 giugno *Libano* Le truppe israeliane si ritirano dal Li-

1979

ECONOMIA E SOCIETÀ

Cina Creazione di zone economiche speciali nella regione di Canton con imprese a capitali misti.

CEE Entra in vigore il Sistema monetario europeo (SME) e la nuova unità monetaria europea (ECU).

Francia A Parigi marcia nazionale delle donne in difesa della legge sull'aborto.

India Premio Nobel per la pace a Madre Teresa di Calcutta.

POLITICA E ISTITUZIONI

1° febbraio *Iran* Dopo la cacciata dello scià Reza Pahlavi, l'ayatollah Ruhollah Khomeini ritorna dall'esilio.

17 febbraio Truppe cinesi invadono il Vietnam.

26 marzo *USA* Trattato di pace fra Egitto e Israele: inizia il ritiro israeliano dal Sinai.

aprile *Uganda* Truppe tanzaniane intervenute a sostegno di un'insurrezione popolare rovesciano il dittatore Idi Amin.

3 maggio *Gran Bretagna* Vittoria dei conservatori: Margaret Thatcher è la prima donna premier in Europa.

17 luglio Prima riunione del Parlamento europeo eletto a suffragio universale.

17 luglio *Nicaragua*

7 dicembre *RFT-Polonia* Trattato sull'inviolabilità della frontiera Oder-Neisse e riconoscimento dell'integrità territoriale della RDT.

28 dicembre *Spagna* Condannati a morte 9 membri dell'ETA.

15 dicembre *Polonia* Manifestazioni contro la crisi economica costringono il premier Gomulka alle dimissioni. È sostituito da Edward Gierek.

5 settembre *RFT* Alle Olimpiadi di Monaco i palestinesi sequestrano e uccidono 11 atleti israeliani.

23 settembre *Filippine* Marcos decreta la legge marziale nel paese.

novembre *USA* Nixon rieletto presidente.

18 dicembre *Vietnam del Nord* Nuovi bombardamenti americani.

21 dicembre *RDT* A Berlino Est firmato il trattato fondamentale tra RFT e RDT.

28 maggio *Italia* Strage fascista a Brescia: 8 morti e 101 feriti.

1° luglio *Argentina* Muore Perón: la moglie "Isabelita" diventa presidente della repubblica.

15 luglio *Cipro* Ufficiali greci rovesciano il governo dell'arcivescovo Makarios; sbarco dei turchi per impedire l'unificazione con la Grecia.

23 luglio *Grecia* Cade il regime dei colonnelli.

4 agosto *Italia* Strage fascista sul treno *Italicus* (12 morti e 48 feriti).

9 agosto *USA* Scandalo Watergate: si dimette Nixon; Gerald Ford è presidente.

24 marzo *Argentina* Un golpe rovescia "Isabelita" Perón.

16 giugno *Sudafrica* Sanguinosi scontri a Soweto tra polizia e manifestanti neri.

4 luglio *Uganda* A Entebbe un commando israeliano libera un aereo dirottato con 103 passeggeri a bordo: il bilancio è di 31 vittime.

2-3 luglio Incontro dei segretari dei partiti comunisti italiano (Berlinguer), francese (Marchais) e spagnolo (Carrillo): coniato il termine "eurocomunismo".

9 settembre *Cina* Muore Mao. Cade la "banda dei quattro". Richiamato a Pechino Deng Xiaoping.

bano meridionale.

15 giugno *Italia* Dimissioni del presidente della repubblica Giovanni Leone; verrà eletto Sandro Pertini.

6 agosto Morto Paolo VI, inizia il breve pontificato (33 giorni) di Giovanni Paolo I.

16 ottobre Il polacco Karol Wojtyla è eletto pontefice col nome di Giovanni Paolo II.

19 settembre *Nicaragua* Il Fronte sandinista scatena la guerra contro il dittatore Anastasio Somoza.

17 settembre *USA* Egitto e Israele firmano gli accordi di Camp David.

25 dicembre *Cambogia* Invasione vietnamita.

Somoza è rovesciato dai sandinisti e lascia il paese.

26 ottobre *Corea del Sud* Il dittatore Park Chung Hee viene ucciso dal capo dei servizi segreti.

4 novembre *Iran* A Teheran i fondamentalisti islamici occupano l'ambasciata americana e sequestrano il personale.

27 dicembre *Afghanistan* Intervento militare sovietico a sostegno del regime di Babrak Karmal.

SCIENZA E TECNOLOGIA

Cina, Giappone Messa in orbita dei loro primi satelliti artificiali.

Francia, Gran Bretagna Realizzati stimolatori cardiaci a energia nucleare.

URSS La sonda *Lunik 16* scende sulla Luna e ne riporta sulla Terra campioni del suolo.

USA Isolato un ormone che regola la produzione degli ormoni tiroidei.
- Adottato il farmaco L-Dopa contro il morbo di Parkinson.
- Entra in servizio il Boeing 707: trasporta 490 passeggeri.
- La IBM mette in commercio i floppy disk.

1971

Gran Bretagna Messo a punto il procedimento diagnostico della TAC.

Svizzera La società Hoffman La Roche realizza il display a cristalli liquidi.

URSS In orbita la *Saljut*, la prima stazione spaziale con equipaggio.

USA La Texas Instruments realizza il microprocessore.

1972

Giappone In commercio le prime calcolatrici tascabili.

USA L'americano Nolan Buschnel realizza il primo videogioco elettronico.

USA-URSS Stipulato il trattato sul disarmo SALT 1.

1973

USA Messo in orbita il laboratorio americano *Skylab*: danneggiato durante il lancio, è riparato da tre astronauti inviati nello spazio.
- La General Motors e la Chrysler presentano i catalizzatori per auto.

1974

USA Successo per la Polaroid, la macchina fotografica a sviluppo immediato.
- La sonda *Mariner 10* accerta che Mercurio ha un'atmosfera composta di elio e un campo magnetico.

1975

Giappone Costruiti i primi robot azionati da calcolatori per eseguire il montaggio di apparecchiature.

USA-URSS Aggancio tra l'astronauta statunitense Thomas Stafford dell'*Apollo 18* e Aleksej Leonov della navicella sovietica *Sojuz 19*.

1976

Svizzera Il CERN di Ginevra costruisce il più grande acceleratore di particelle.

USA La sonda spaziale *Viking 2* atterra su Marte e invia immagini sulla Terra.
- La Apple mette in commercio il primo personal computer.

1977

Francia In funzione la prima centrale solare.

USA Realizzata la bomba a neutroni.

1978

Gran Bretagna Nasce Louise Brown, la prima "figlia della provetta".

RFT Prodotto l'ultimo "Maggiolino" Volkswagen.
- La General Electric crea per sintesi un batterio efficace per disinquinare le acque contaminate dal petrolio.
- Lanciato il satellite per le telecomunicazioni Intelsat IV/A, che serve due canali TV e 6000 collegamenti telefonici per 40 stati.

Giappone La Sony mette in vendita il walkman, stereo portatile a cassette dotato di auricolari.

Guyana francese Lanciato *Ariane*, il primo razzo vettore europeo.

Paesi Bassi Prodotti i primi compact disc.

USA Il *Voyager II* raggiunge Giove e invia le prime immagini del pianeta.
- Grave incidente al reattore della centrale nucleare di Three Miles Island.

USA-URSS Firma del SALT 2 sulla limitazione delle armi di offesa strategica, che non sarà ratificato dal Congresso americano.

CULTURA E SPORT

USA Grande successo del romanzo *Love Story* di Erich Segal.
- Si diffondono la body art e l'iperrealismo.

Italia Pier Paolo Pasolini dirige il film *Medea*.
- Jochen Rindt muore nelle prove del Gran Premio di Monza: risulta comunque campione di Formula 1.

USA Joe Frazier sconfigge Muhammad Alì e conquista il titolo mondiale dei pesi massimi.
- Andy Warhol comincia le serie fotografiche e gli show multimediali.
- Frank Zappa pubblica il disco *Mothers of Invention*.

Bran Bretagna Si sciolgono i Beatles.

1971

Gran Bretagna Esce il film *Arancia meccanica* di Stanley Kubrick.

Italia Luchino Visconti gira *Morte a Venezia*.

RFT Hildegard Falck è la prima donna a correre gli 800 m. in meno di due minuti.

USA Apre in Florida Disney World; prima del musical rock *Jesus Christ Superstar*.

1972

Italia Emerson Fittipaldi si aggiudica il titolo mondiale di Formula 1.

USA Il film *Ultimo tango a Parigi* di Bernardo Bertolucci suscita scandalo.

1973

Hong Kong Scoppia la moda dei film con esibizioni di arti marziali cinesi.

Spagna Muore Pablo Picasso.

1974

Francia Pubblicata la prima parte di *Arcipelago Gulag* di Aleksandr Solženicyn.

Italia Elsa Morante scrive *La storia*; Paolo Volponi *Corporale*; Leonardo Sciascia *Toto modo*.

1975

Italia Esce *Salò o le 120 giornate di Sodoma* di Pasolini.
- A Eugenio Montale il Nobel per la letteratura.

USA Trionfa il musical *A Chorus Line* di Marvin Hamlish.

1976

Canada 22 paesi africani boicottano le Olimpiadi di Montreal.

Giappone Esce il film *L'Impero dei sensi* di Nagisa Oshima.

Svezia Bjorn Borg vince per la prima volta il torneo di tennis di Wimbledon.

USA A Saul Bellow va il Nobel per la letteratura.

1977

Austria Niki Lauda è campione di Formula 1.

Francia Muore Maria Callas.

USA Escono i film *Guerre stellari* di George Lucas, *Incontri ravvicinati del terzo tipo* di Steven Spielberg e *La febbre del sabato sera* di John Badham.

1978

USA Nobel per la letteratura al polacco Isaac B. Singer.
- Muhammad Alì riconquista il titolo mondiale.
- Esce il film *Sindrome cinese* di James Bridges sugli effetti letali delle contaminazioni radioattive.

Francia Nel saggio *La condizione postmoderna* il filosofo Jean-François Lyotard teorizza il concetto di "postmoderno".

RFT Il regista tedesco Volker Schlöndorff realizza il film *Il tamburo di latta*, tratto dal romanzo di Günther Grass.

Messico Pietro Mennea stabilisce il record del mondo nei 200 metri in 19"72.

Sudafrica Nadine Gordimer pubblica il romanzo *La figlia di Burger*.

USA Francis Ford Coppola gira *Apocalypse Now*.
- Enorme successo per il film di fantascienza *Alien*.

Le fonti energetiche

Negli anni Settanta il mondo scopre che le risorse energetiche, fin qui assai economiche, non sono né infinite né necessariamente a basso costo. Il carbone ha ormai prezzi alti ed è molto inquinante. Il petrolio – che nel dopoguerra è diventato la principale fonte di energia – può subire violente oscillazioni di prezzo (come nel 1973), diventa sempre più costoso, è anch'esso inquinante e non sarà disponibile all'infinito. Nell'inverno 1973-1974, quando molti paesi si vedono costretti a limitare l'uso delle auto e del riscaldamento, ci si rende conto che l'energia va risparmiata e vanno individuate nuove fonti energetiche rinnovabili. La sensibilità ecologica e l'interesse economico dei consumatori sembrano coincidere. Si studia l'impiego di fonti di energia pulite (come quella eolica) e intanto molti paesi, la Francia in testa, si affidano quasi totalmente all'energia nucleare. Quest'ultima suscita però timori ancora maggiori e altri paesi, come l'Italia, decidono di rinunciarvi. Mentre la ricerca di fonti alternative non si traduce in radicali innovazioni, le industrie si indirizzano verso un utilizzo più contenuto delle fonti energetiche disponibili. Il petrolio, di cui si scoprono via via nuovi giacimenti (come nel Mare del Nord), resta quella principale, mentre la distribuzione dei consumi energetici tra paesi ricchi e poveri diviene uno dei fattori di contesa internazionale.

Centrale atomica francese.
Nel 1980 l'energia utilizzata in Europa deriva per oltre la metà dal petrolio, per il 17 per cento dal carbone; quella nucleare copre solo il 4 per cento del fabbisogno.

Impianto per la produzione di energia eolica.

Gli anni Ottanta

Le prolungate incertezze economiche e politiche degli anni Settanta finiscono per mettere in crisi i paradigmi di governo della società su cui l'Occidente si è basato per tutto il lungo dopoguerra, e suscitano robuste e differenziate risposte ai dilemmi della transizione verso un'economia postindustriale.
In America e in Gran Bretagna si afferma un neoliberismo conservatore che torna ad affidarsi ai meccanismi del mercato e della concorrenza per rilanciare la crescita: si tagliano le spese sociali e si deregolamentano i movimenti dei capitali per favorire gli investimenti multinazionali. In Europa i governi cercano di coordinare e integrare ulteriormente le loro economie in un mercato unico. Il Giappone assume un importante ruolo mondiale.
In tutti i paesi avanzati le tradizionali produzioni di massa declinano rapidamente a favore dei servizi e l'intera economia viene trasformata dalle tecnologie informatiche. Molte produzioni si spostano nei paesi in via di sviluppo e si moltiplica la circolazione mondiale dei capitali e delle merci. Mentre taluni paesi del Terzo Mondo vivono una grave crisi dovuta soprattutto al crescente indebitamento, la Cina e altri paesi dell'Estremo Oriente si affacciano sui mercati mondiali ed entrano in un ciclo di forte crescita: i consumi decollano e trasformano rapidamente il volto di quelle società.
Ma i mutamenti più sconvolgenti avvengono nell'Est europeo: in Polonia sorge un movimento di opposizione di massa al regime comunista e l'Unione Sovietica, sotto la guida di Michail Gorbačëv, avvia una tumultuosa serie di riforme che portano in pochi anni al crollo del regime sovietico e alla disgregazione del suo impero.
Dopo un periodo di rinnovata tensione bipolare – che nei primi anni Ottanta fa parlare di una "seconda guerra fredda" – Mosca abbandona la sua tradizionale strategia fondata sulla forza militare e il rigido controllo sui suoi alleati.
Alla contrapposizione bipolare subentra un dialogo che in breve tempo fa svanire il clima della guerra fredda. Nel 1989 essa finisce improvvisamente: i regimi comunisti dell'Europa dell'Est vengono travolti dalla protesta popolare, il Muro di Berlino è abbattuto, si avvia la riunificazione delle due Germanie. Le linee divisorie e gli antagonismi internazionali consolidatisi dopo il 1945 diventano storia passata.
In un mondo non più lacerato dall'antagonismo ideologico tra le superpotenze, le forze dell'integrazione economica, della globalizzazione finanziaria, dell'interconnessione tecnologica e comunicativa appaiono i trionfanti vettori di una profonda trasformazione sociale.

Militante del sindacato polacco Solidarność (alla pagina precedente).

Il reaganismo e la nuova guerra fredda

Gli anni Ottanta iniziano, negli USA, all'insegna di un nuovo conservatorismo. L'insicurezza causata dalla stagnazione economica e il frustrante senso di declino del paese – evidenziato dall'invasione sovietica dell'Afghanistan e dalla vicenda degli ostaggi americani in Iran (novembre 1979) – suscitano una forte reazione nazionalista. Il repubblicano Ronald Reagan catalizza questi sentimenti in una maggioranza politica che lo porta alla presidenza nel novembre 1980. Il presidente si fa inteprete dell'offensiva neoconservatrice contro il declino della supremazia americana e l'indebolirsi dei valori tradizionali della nazione. La politica estera e la gestione economica divengono le leve per il rilancio della potenza americana. Torna a risuonare la retorica che affida agli Stati Uniti il compito storico di promuovere la libertà nel mondo: per i neoconservatori si tratta tanto della libertà d'impresa e del trionfo del mercato quanto della sconfitta del comunismo e dell'Unione Sovietica. Gli USA avviano un massiccio riarmo (la spesa militare aumenta del 40 per cento in quattro anni) per tornare a prevalere nella competizione con l'URSS, sospendono ogni forma di negoziato e tentano di riaffermare il proprio potere nelle zone instabili della rivalità bipolare. I toni aspri della guerra fredda tornano a contrassegnare le relazioni tra le superpotenze, che conoscono un crescendo di tensione fino al 1983, quando Mosca abbatte un Jumbo coreano

TCA, Lucrezia by Mode 2 (1985), ***graffito su un muro di New York.***

Esercitazione di soldati americani equipaggiati per proteggersi da un attacco nucleare. *Durante la presidenza Reagan, gli esperti americani conducono studi strategici sulla possibilità e sugli effetti di una guerra nucleare. La miniaturizzazione, il miglioramento del controllo e della precisione degli ordigni nucleari, la prospettiva di una "guerra limitata" all'Europa – che non produca effetti catastrofici ad ampio raggio – appare realistica. È Reagan stesso a farvi riferimento nel 1981, quando decide di avviare la produzione della bomba al neutrone.*

Il Big Mac, servito nella catena di fast food McDonald's.
L'omologazione dei consumi al modello americano è testimoniata, negli anni Ottanta, dalla sempre più capillare diffusione dei punti di vendita della McDonald's, i cui prodotti sembrano soddisfare i gusti dei giovani di tutti i continenti.

nel suo spazio aereo, e Reagan bolla l'URSS definendola "l'impero del male".
Le stagnanti economie pianificate di tipo sovietico non tengono il passo con l'Occidente tecnologicamente avanzato e non offrono più un modello di sviluppo credibile per il Terzo Mondo. Persuaso che la liberalizzazione dei mercati favorisca le esigenze economiche e strategiche dell'Occidente, Reagan promuove la deregolamentazione dei movimenti dei capitali. Aiutati dalle tecnologie informatiche, i mercati finanziari si integrano sempre più in un unico mercato globale che sposta grandi masse di denaro verso le maggiori opportunità di profitto. Ne sono premiate le imprese multinazionali, mentre diminuiscono le possibilità di un controllo statale sull'economia e i paesi indebitati dell'Africa e dell'America latina conoscono una seria crisi. Invece che agli aiuti per lo sviluppo, gli Stati Uniti affidano le sorti dell'interdipendenza globale prevalentemente ai meccanismi del mercato, del profitto e della concorrenza.
Il liberismo di Reagan si accompagna a un'insistente campagna contro i governi e i movimenti marxisti del Terzo Mondo. La "dottrina Reagan" estende un sostegno indiretto ma forte a chi può osteggiare l'avversario sovietico: dalla resistenza afghana al sindacato libero *Solidarność* in Polonia. In America centrale, la

Jurij Andropov, segretario del PCUS dopo la morte di Breznev.
Dal novembre 1982 al febbraio 1984, Andropov si impegna, senza successo, per impedire l'installazione in Europa occidentale dei missili americani a medio raggio Pershing e Cruise.

DALLO SCHERMO ALLA CASA BIANCA

Attore cinematografico e poi governatore della California, il presidente Reagan (1980-1988) è animato da un fiducioso ottimismo nelle idee e nelle risorse dell'America. A guidarlo è la convinzione che il comunismo sovietico sia un sistema non soltanto immorale e pericoloso ma anche debole, e inesorabilmente condannato a perdere la competizione con il capitalismo: in un'ottica morale, la democrazia non può che trionfare contro "il centro del male nel mondo odierno". Criticato da molti europei e dalla sinistra americana come un presidente che divide il paese e rischia il conflitto internazionale, Reagan è amato dai conservatori e incarna un patriottismo popolare in vaste fasce dell'elettorato. Se la sua retorica è fiammeggiante e bellicosa, le azioni risultano invece assai caute. Reagan è lesto – a partire dal 1986 – a cogliere l'opportunità di mutamento offerta da Gorbačëv. In parte perché il riarmo e la rivalità – troppo costosi anche per gli USA – non possono prolungarsi all'infinito, e in parte per l'idealistico rifiuto ad accettare che l'America e il mondo restino soggetti alla minaccia atomica della "distruzione reciproca assicurata".

Ronald Reagan attore cinematografico.

Personal computer.
I primi elaboratori elettronici di piccole dimensioni, creati da scienziati e tecnici californiani, risalgono alla metà degli anni Settanta. Dopo le prime incertezze sulla possibilità di un loro impiego di massa, grandi industrie come l'IBM iniziano nel 1981 la produzione in serie, sostenuta da una domanda in costante crescita.

"missione di libertà", connessa alla riaffermazione della potenza americana, si traduce nell'intervento militare per rovesciare il governo di sinistra di Grenada (1983), negli aiuti alla contro-guerriglia condotta dal governo del Salvador e, soprattutto, nel sostegno alla guerriglia contro il regime sandinista del Nicaragua. In Medio Oriente le forze americane vengono impiegate nel 1982-1983 in Libano, per fronteggiare gli occupanti siriani, e nel 1986 contro la Libia, bombardata per il suo sostegno al terrorismo internazionale. Reagan aiuta anche l'Iraq di Saddam Hussein nella guerra contro l'Iran (1980-1988), e nel 1987 invia una flotta nel Golfo Persico per assicurare il libero passaggio delle petroliere.

La politica di Reagan rilancia la potenza degli Stati Uniti e stimola un boom economico che dura dal 1983 al 1990. Ma sul lungo periodo le ingenti spese militari, unite al taglio delle tasse specie per i ceti più abbienti, crea un enorme deficit pubblico e diffuse sacche di povertà. Alcuni scandali inoltre indeboliscono l'immagine del presidente e, nella seconda metà del decennio, quando l'Unione Sovietica di Gorbačëv inizia ad abbandonare la politica della guerra fredda, il reaganismo declina.

Soldato statunitense a Grenada.
Ottenuta l'indipendenza dalla Gran Bretagna nel 1974, la piccola isola di Grenada è retta dal 1979 da un governo filocubano. Temendo che possa diventare un avamposto strategico del comunismo, e approfittando di una crisi interna, nell'ottobre 1983 Reagan decide di invadere l'isola per instaurarvi un governo gradito agli Stati Uniti.

Ronald e Nancy Reagan scendono dall'aereo presidenziale.

Lo SME e il neoliberismo

Tutti i governi del mondo industrializzato reagiscono alla stagnazione economica e all'inflazione degli anni Settanta con nuove politiche. Negli Stati Uniti di Reagan e nella Gran Bretagna guidata dal gabinetto conservatore di Margaret Thatcher (1979-1990) si circoscrive l'intervento dello stato nella gestione dell'economia, ci si affida al mercato e per ridurre l'inflazione si adottano politiche monetariste esercitando un rigido controllo della massa monetaria.

La Thatcher privatizza molte aziende pubbliche, riduce la spesa pubblica (in particolare quella per scopi sociali), taglia le tasse, introduce una maggiore concorrenza sia nell'industria che nei servizi e combatte i sindacati. Lo stesso fa Reagan, che però accompagna la riduzione delle tasse all'aumento delle spese militari, producendo non il pareggio del bilancio pubblico bensì un forte deficit. In entrambi i casi le politiche liberiste mirano a innalzare i profitti e a contenere i salari, a rendere più flessibile il mercato del lavoro e a stimolare in questo modo una maggiore produttività. Sul piano internazionale la ricetta liberista si affida a una più intensa e libera circolazione dei capitali per attrarre gli investimenti là dove vi siano maggiori opportunità di profitto, e hanno come effetto quello di rafforzare sia il dollaro che la sterlina.

In Europa e in Giappone il liberismo trova consensi, ma non è applicato nella stessa misura. I

Il premier inglese Margaret Thatcher.

"Gran Bretagna domina!". Citando un vecchio inno un quotidiano di Londra esorta gli inglesi a scendere in guerra con l'Argentina.
Il 2 aprile 1982 la Marina argentina attacca le isole Falkland-Malvine, soggette alla sovranità inglese fin dal 1833. La risposta del governo Thatcher, che proclama il diritto dei sudditi inglesi "a vivere in pace e a scegliere il loro sistema di vita e di governo", è durissima: il conflitto si chiude con una rovinosa sconfitta degli argentini.

Prodotti di agricoltura biologica (a sinistra).
Nella seconda metà degli anni Settanta i temi ecologisti e dello "sviluppo sostenibile" si diffondono in tutti i paesi industrializzati. La diffusione di una coscienza ecologista si manifesta negli anni Ottanta nella ricerca di forme di produzione e di consumo alternativo rispetto a quelle della moderna società dei consumi.

governi cercano di contenere la spesa pubblica per ridurre l'inflazione e i deficit di bilancio (l'Italia è l'unica eccezione) ma non smantellano lo stato sociale né rinunciano al controllo pubblico sull'economia. Spesso perseguono politiche dei redditi concertate con le parti sociali (sindacati e imprenditori), e non attaccano i sindacati o altre organizzazioni che rappresentano gli interessi di forti gruppi sociali.

Inoltre i paesi della Comunità economica europea (con l'eccezione della Gran Bretagna) cercano di coordinare le politiche monetarie per contenere le brusche fluttuazioni delle monete sui mercati valutari, e rendere così possibili delle politiche economiche convergenti all'interno del Mercato comune. Per iniziativa del presidente francese Valéry Giscard d'Estaing e del cancelliere tedesco Helmut Schmidt nel 1979 nasce il Sistema monetario europeo (SME), in sostituzione del Serpente monetario (in vigore dal 1972), che fissa le parità tra le monete europee all'interno di una fascia limitata di oscillazione (6 per cento per la lira italiana e 2,5 per cento per le altre valute). L'ECU (*European Currency Unit*) diventa l'unità di conto europea e di qui nascerà l'idea di procedere all'eliminazione delle diverse valute e di adottare un'unica moneta: l'euro.

Orologio Swatch, di produzione svizzera, un prodotto dl largo consumo negli anni Ottanta.

LA SOCIETÀ POSTINDUSTRIALE

Sullo sfondo delle politiche liberiste – e del ciclo di recessione (1980-1982) e poi di boom delle economie occidentali (1983-1989) – avviene una profonda trasformazione delle società più avanzate. Il peso dell'industria, specie della grande industria delle produzioni in serie, diminuisce rapidamente, mentre aumenta quello dei servizi, delle telecomunicazioni, del settore finanziario e di quello commerciale, delle nuove tecnologie informatiche. È qui che confluiscono investimenti e nuova occupazione, mentre molte attività tradizionali (siderurgia, meccanica, tessile, mineraria) sono trasferite in paesi con manodopera a basso costo. Aree altamente industrializzate (in America e in Europa) entrano in crisi e sorge una nuova povertà, perché tra i lavoratori meno qualificati dilaga la disoccupazione, mentre quelli più specializzati trovano nuove opportunità di lavoro, e le disuguaglianze di reddito crescono rapidamente.

Minatori inglesi in sciopero.

Le sinistre al governo in Francia

Il 10 maggio del 1981 i francesi eleggono alla presidenza il socialista François Mitterrand. A capo di una coalizione di sinistra che comprende anche i comunisti (è la prima volta dall'inizio della guerra fredda che i comunisti partecipano al governo di un paese dell'Europa occidentale) egli si presenta come un riformatore. I socialisti ottengono la maggioranza anche in Parlamento e il loro governo, guidato da Pierre Mauroy, procede subito alla nazionalizzazione di numerose banche e industrie, eleva i minimi salariali e aumenta la spesa sociale. Il contrasto con le ricette neoliberiste adottate negli Stati Uniti e in Gran Bretagna per combattere la stagnazione è evidente.
Saranno le difficoltà economiche a rendere presto insostenibile questa espansione della spesa pubblica tesa a rilanciare il mercato interno: la produzione ristagna, le esportazioni diminuiscono e la fiducia dei mercati nel franco crolla. Nel 1983 il governo di sinistra compie una brusca inversione di rotta verso una politica di "austerità" per combattere l'inflazione, controllare il deficit e stimolare nuovamente la competitività dell'economia francese. E nel 1984 una riforma delle scuole private viene archiviata dopo forti proteste. Il riformismo cede così il passo a un pragmatismo efficientista che colloca i socialisti al centro del panorama politico nazionale, e dà influenza a tecnocrati come il ministro delle Finanze Jacques Delors e il nuovo primo ministro Laurent Fabius

La piramide in vetro e acciaio (1986-1988) costruita da Ieoh Ming Pei nel cortile del Louvre a Parigi.
Per le celebrazioni del bicentenario della Rivoluzione francese, all'architetto statunitense di origine cinese è affidata la progettazione della piramide, nel quadro dei lavori per la costruzione del "grande Louvre". La presidenza Mitterrand è caratterizzata dalla realizzazione di grandiosi e arditi progetti urbanistici e architettonici, che ridisegnano il volto della capitale francese.

Jacques Chirac, primo ministro gollista francese (a sinistra).
Quando il leader dello schieramento di centro-destra assume la guida del governo dopo le elezioni del 1986, inizia l'epoca della "coabitazione" con il presidente socialista Mitterrand. I due si affronteranno nelle elezioni presidenziali del 1988, da cui uscirà nuovamente vincitore Mitterrand.

Il TGV, vanto delle ferrovie francesi.
Il "Train Grande Vitesse" che nel 1981 entra in servizio sulla linea Parigi-Lione (percorsa a una media di 250 km/h) è il primo successo europeo nel settore dei trasporti su rotaia ad alta velocità.

(1984-1986). I comunisti, invece, perdono presto voti e influenza, mentre all'estrema destra cresce il Fronte nazionale di Jean-Marie Le Pen, che raccoglie la protesta xenofoba contro gli immigrati nordafricani.
Nel 1986 le elezioni parlamentari danno la maggioranza al centro-destra e il gollista Jacques Chirac assume la guida del governo, in una "coabitazione" con il presidente Mitterrand che si rivela meno difficile del previsto, vista la consonanza degli indirizzi economici di fondo. A partire dalla svolta del 1983 l'economia è in ripresa e la Francia diviene più prospera, pur senza soffrire di eccessive disparità di reddito, e persegue ambiziosi progetti di modernizzazione tecnologica, per esempio con l'introduzione di una rete telematica e lo sviluppo di una forte industria aerospaziale.
Mitterrand – rieletto nel 1988 – approfondisce la collaborazione con la Germania, che è al centro del processo di integrazione dell'Europa, e mantiene la tradizionale indipendenza di Parigi in politica estera: nel 1983 non esita a inviare un contingente armato nel Ciad per contrastare le ambizioni espansionistiche della Libia di Gheddafi.

"Giù le mani dal mio amico" è lo slogan più gridato nelle manifestazioni antirazziste.
La Francia è meta di una forte immigrazione proveniente dalle ex colonie del Nord Africa. Già a metà degli anni Settanta i lavoratori stranieri sono oltre quattro milioni.

François Mitterrand.
La sua politica estera mira a consolidare il ruolo internazionale della Francia. A una buona intesa con g USA e con la NATO unisce l'attenzione ai rapporti con i paesi del mondo comunista e un'intensa attività per rafforzare il ruolo della Comunità europea.

Helmut Kohl.
Eletto presidente del Partito cristiano democratico (CDU) nel 1976, Kohl riveste la carica di cancelliere senza interruzioni dal 1982, guidando una coalizione comprendente anche i liberali. L'ampio consenso di cui gode viene in parte eroso dalle conseguenze della riunificazione delle due Germanie dopo la caduta del Muro.

Un nuovo cancelliere per la Germania

Cordone di polizia intorno a una manifestazione di ecologisti.
In Germania sorge il più forte movimento ecologista europeo: i "verdi" sono in Parlamento dal 1983. Il paese è all'avanguardia nel risparmio energetico, nel riciclaggio e nella riduzione dell'inquinamento ambientale.

Dopo più di un decennio in cui la politica della Repubblica Federale Tedesca è stata dominata dal Partito socialdemocratico (SPD) – con i cancellieri Willy Brandt (1969-1974) e Helmut Schmidt (1974-1982) – nel 1982 arriva alla guida del governo il democristiano Helmut Kohl, che presiede una coalizione di centro-destra cui aderiscono i liberali.

La Germania occidentale è una grande potenza economica, un paese prospero (è la più ricca tra le grandi nazioni europee) e una stabile democrazia federale. Come altri paesi, negli anni Settanta ha conosciuto un periodo di turbolenze socio-politiche e ha anche fronteggiato con successo la sfida del terrorismo. Ma è una società fondamentalmente solidale e compatta, imperniata su robuste strutture bancarie, industriali e sindacali, e dotata anche di un sistema di sicurezza sociale molto generoso. La politica di distensione con la Germania Est – la *Ostpolitik* realizzata negli anni Settanta – le ha assicurato un ruolo di primo piano nella diplomazia europea, e nell'Alleanza atlantica essa è il principale partner degli Stati Uniti.

È il primo esportatore mondiale di prodotti industriali: le sue aziende meccaniche, chimiche e automobilistiche sono simboli di solidità e raffinatezza tecnologica. Soprattutto, la Germania è il centro motore dell'economia europea e il principale attore, insieme alla Francia, del processo di

Bavaresi in costume tradizionale in una birreria di Monaco.

Gita in mountain bike.
La Germania è tra i paesi europei in cui è più diffusa l'attenzione per la salvaguardia della natura e dell'ambiente.

integrazione dell'Europa occidentale. Forte e stabile, il marco è la valuta guida per tutte le monete europee, che le sono agganciate attraverso lo SME e diviene una delle tre principali valute mondiali, insieme al dollaro e allo yen (subirà lievi flessioni con la riunificazione tedesca).

Kohl, che si è impegnato a combattere l'inflazione e a razionalizzare le finanze pubbliche tagliando alcune spese sociali, realizza il suo programma senza entrare in conflitto con i sindacati. La società tedesca vede con paura il ritorno all'asprezza della guerra fredda ed è attraversata da forti proteste contro il riarmo – visto che in un eventuale conflitto nucleare la Germania subirebbe le più devastanti distruzioni. Ma le linee fondamentali della sua politica estera (atlantismo e *Ostpolitik*) restano immutate. L'economia tedesca ritorna a marciare a ritmi sostenuti, le sue esportazioni si moltiplicano in Europa, negli Stati Uniti e nel resto del mondo. Negli anni Ottanta, quando il suo reddito pro capite eguaglia quello degli Stati Uniti, la Germania federale accresce ancor di più la sua forza economica e la sua influenza politica. Alla vigilia dei rivolgimenti che muteranno il volto e gli assetti dell'Europa, consentendo la riunificazione tedesca, il cancelliere Kohl, emblema di questa potenza non minacciosa, assume una statura mondiale e rinsalda per il suo paese un ruolo di leader senza cadere nelle tentazioni del nazionalismo.

Stabilimenti della Porsche a Stoccarda (a sinistra).
Negli anni Ottanta i principali indici dell'economia tedesca registrano un netto miglioramento. La politica economica del cancelliere Kohl riconferma un indirizzo di "economia sociale di mercato", che attribuisce allo stato un importante ruolo di mediazione tra sindacati e imprenditori.

Giovane punk berlinese e, sullo sfondo, il lato occidentale del Muro istoriato di graffiti.

Papa Giovanni Paolo II

Dopo la scomparsa di Paolo VI e il brevissimo pontificato di Giovanni Paolo I (Albino Luciani), che muore dopo soltanto 33 giorni di governo della chiesa, nel 1978 ascende al soglio papale un vescovo polacco, Karol Wojtyla, che assume il nome di Giovanni Paolo II, quasi a voler significare un proposito di forte continuità con i pontificati precedenti, sebbene egli sia il primo pontefice non italiano dai tempi di Adriano VI (1522-1523).

Il nuovo papa si trova di fronte alle sfide imposte al cattolicesimo da una società mondiale radicalmente secolarizzata, dal rapporto con "i fratelli separati" delle altre confessioni cristiane e con le altre religioni di massa. Wojtyla intende farvi fronte seguendo le orme di Paolo VI e Giovanni XXIII nel senso di servire "l'uomo in quanto tale e non solo i cattolici". Il pontificato di Giovanni Paolo II si caratterizza così per la frequenza di grandi viaggi apostolici in ogni parte della terra, segno di una militanza cristiana tesa a rafforzare l'immagine e la presenza del cattolicesimo nel mondo contemporaneo, spesso con forme di intervento diretto nelle questioni di politica internazionale. Di particolare rilievo appare inoltre il ruolo svolto dal papa polacco e dalla diplomazia vaticana nel processo di democratizzazione dell'Europa orientale e nell'evoluzione storica culminata nella caduta del Muro di Berlino (1989).

Papa Giovanni Paolo II.
Con la sua elezione al soglio pontificio, la chiesa di Roma torna all'ortodossia: condannati i rapporti sessuali fuori dal matrimonio, la contraccezione, l'aborto e la libertà di costumi.

Piazza San Pietro, 13 maggio 1981: il pontefice poco dopo essere stato colpito da tre colpi di pistola.
Mentre saluta migliaia di fedeli provenienti da ogni parte del mondo, il pontefice è gravemente ferito dal turco Mehmet Ali Agça. I motivi dell'attentato, e i possibili legami di Agça con organizzazioni terroristiche internazionali e con i servizi segreti dei paesi dell'Est europeo resteranno avvolti nel mistero.

Immagini devozionali (a sinistra).
Il pontificato di Giovanni Paolo II conferisce nuovo slancio e importanza al culto della Vergine, come testimoniano la celebrazione dell'anno mariano (1986-1987) e la riflessione teologica sviluppata nell'enciclica Redemptoris Mater *del 1987.*

Guardia tedesco-orientale sul Muro.
Profondo conoscitore del sistema sovietico e fortemente convinto del suo inarrestabile declino, Wojtyla impegna il Vaticano in una politica che punta alla ricomposizione dell'Europa: "Non vuole forse Cristo, non vuole lo Spirito Santo che questo papa polacco, questo papa slavo, manifesti ora l'unità dell'Europa cristiana?"

Ma la fine del "comunismo ateo" non esaurisce la missione storica che Giovanni Paolo II si prefigge. La conclusione della guerra fredda lo spinge anzi a rilanciare il tema della pace insieme a quello del superamento dell'ingiustizia sociale, come altrettanti banchi di prova per una reale dimostrazione della superiorità del modello occidentale. Nei primi anni Novanta sono numerosi gli appelli del papa per la soluzione pacifica dei conflitti, in occasione della guerra del Golfo e del conflitto balcanico.
La decisa riaffermazione del protagonismo papale produce anche – in contrasto con lo spirito più innovativo del Vaticano II – un ritorno alla tradizione accentratrice della Curia romana e a una decisa riconferma delle prerogative del pontefice. A queste scelte si accompagnano l'impulso conferito al tradizionale culto mariano e la diffidenza verso la ricerca teologica e l'eccessiva libertà dottrinale. La denuncia dell'ateismo e del laicismo incoraggia i movimenti – anche quelli di segno integralista – ritenuti più vicini alla massa dei fedeli. In materia di libertà sessuale e di controllo demografico (col rifiuto di qualunque forma di prevenzione e interruzione artificiale delle nascite) la chiesa si attesta su posizioni di chiusura talvolta in stridente contrasto – in particolare nei paesi più poveri – con la difficile realtà sociale di questa fine di secolo.

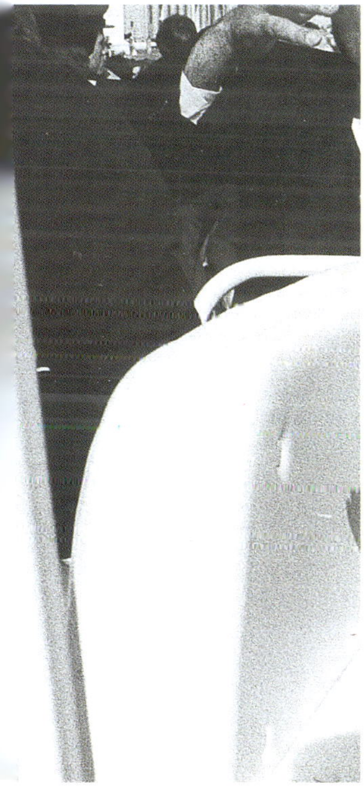

Giovanni Paolo II nel corso della visita in Polonia (giugno 1983).
L'elezione al soglio pontificio dell'arcivescovo di Cracovia dà un forte impulso al cambiamento politico in Polonia. La chiesa e i dissidenti polacchi potranno contare d'ora in avanti su un difensore di altissimo prestigio, che poco dopo la sua elezione afferma: "Non c'è più una chiesa del silenzio; oggi, essa parla con la voce del papa"

Solidarność e la crisi polacca

Nel dicembre del 1970 una rivolta operaia scuote di nuovo la Polonia: epicentro sono i cantieri navali di Danzica, dove si sciopera contro l'aumento dei prezzi dei generi alimentari. Il bilancio della rivolta è di decine di morti e migliaia di feriti e arrestati. Gomulka, al potere dal 1956, è costretto a dimettersi e viene sostituito alla guida del Partito comunista e del governo da Edward Gierek, che introduce miglioramenti nel tenore di vita della popolazione.

Ma verso la metà degli anni Settanta anche Gierek è costretto ad aumentare i prezzi, in seguito alla crescita del debito estero e allo scarso sviluppo della produttività rispetto ai salari. La protesta viene repressa e circa 2000 operai sono condannati a pene che arrivano fino a dieci anni di carcere. Nasce una nuova opposizione, attorno ai Comitati di difesa operai (KOR) e a quelli per la tutela dei diritti civili che reclamano l'applicazione degli accordi di Helsinki sottoscritti nel 1975 anche dalla Polonia.

È l'inizio di una nuova solidarietà tra operai e intellettuali e di un'attività illegale o semilegale che si manifesta con la diffusione di giornali clandestini, sindacati autonomi e riunioni informali tra gruppi di operai e studenti. L'elezione al

Lech Walesa in un comizio nei cantieri di Danzica nell'agosto 1980.
Operaio elettricista nei cantieri navali "Lenin" di Danzica, Walesa inizia la sua attività di sindacalista cattolico nel 1967 e diviene il principale esponente del movimento operaio polacco. Protagonista degli scioperi del 1980, è eletto presidente di Solidarność. Incarcerato dal regime del generale Jaruzelski, alla fine del decennio conduce le trattative con il governo per la transizione del paese alla democrazia.

Il generale Wojciech Jaruzelski (a sinistra).
Arruolatosi nei reparti polacchi dell'Armata Rossa sovietica nel 1943 e iscrittosi al Partito comunista polacco nel 1947, Jaruzelski ricopre importanti cariche militari, prima di diventare nel 1981 primo ministro e segretario del Partito. Dopo il colpo di Stato del 1981 cerca un compromesso con l'opposizione e con le alte gerarchie cattoliche.

Operai dei cantieri navali.
Nella primavera del 1980, con un'ondata di scioperi nei maggiori centri industriali del paese esplode la tensione sociale. Le rivendicazioni dei Comitati di sciopero passano dal piano salariale a quello politico. Con gli accordi di Danzica del 31 agosto, il governo concede il diritto alla libera organizzazione sindacale.

soglio pontificio di Wojtyla, vescovo di Cracovia, galvanizza l'entusiasmo popolare intorno alle ripetute iniziative dell'opposizione e apre nuovi spazi di intervento più organizzato.
Dopo alcuni mesi di scioperi e di manifestazioni sempre più frequenti, nell'agosto del 1980 nasce con il consenso del governo Solidarność, il primo sindacato libero e indipendente all'interno di uno dei paesi del blocco sovietico. L'opposizione aumenta i suoi consensi, mentre il governo oscilla fra promesse di riforme e minacce di repressione. La presenza del sindacato si ramifica dal Baltico all'intero paese, ottenendo consensi crescenti e conquistando sempre maggiori spazi di libertà e manovra. Con la mediazione della chiesa, il governo avvia una trattativa per giungere a un accordo.
Gierek è sostituito nel settembre 1981, mentre nel Partito comunista si accende lo scontro tra i fautori della repressione e quanti vedono in Solidarność lo strumento per dare corso a una politica di riforme. Il 13 dicembre 1981 il generale Wojciech Jaruzelski, che dall'ottobre è alla guida del governo, proclama la legge marziale e fa arrestare i dirigenti e i militanti più attivi del sindacato diretto da Lech Walesa. Lo stato d'assedio resta in vigore fino a tutto il 1982, radicalizzando la protesta popolare e rafforzando Solidarność in tutti i settori della società polacca.

Solidarność manifesta nelle strade della capitale.
L'iniziativa del sindacato libero polacco, che pochi mesi dopo la sua costituzione arriva a contare 8 milioni di iscritti, deve superare forti ostacoli sia politici che giuridici. La registrazione ufficiale della nuova organizzazione è resa possibile anche grazie al sostegno accordato dalla chiesa cattolica.

Veduta di Danzica: sullo sfondo i cantieri navali.

La *perestrojka* di Gorbačëv

Nella Piazza Rossa si celebra l'anniversario della rivoluzione d'Ottobre (1980).
Pur all'interno di un progetto di rinnovamento, Gorbačëv rivendica la superiorità del sistema sovietico: "Il socialismo deve attuare il progresso con modi suoi, con i suoi metodi o, per essere più concreti, con metodi sovietici".

Quando Gorbačëv sale al potere (11 marzo 1985), il modello sovietico di sviluppo è minato da una profonda crisi strutturale. La prospettiva di una vera e propria decomposizione del sistema e dell'impero sovietico (la cui potenza è ancora sopravvalutata da molti osservatori occidentali) è ben presente al nuovo leader del Cremlino, che della sua realistica analisi della debolezza del paese saprà fare uno strumento di mobilitazione interna ed esterna.

Nel corso del primo anno di governo, Gorbačëv procede a un profondo rinnovamento del personale politico (70 per cento dei ministri, 50 per cento degli alti dirigenti delle repubbliche). In occasione del XXVII Congresso del Partito comunista (25 febbraio - 6 marzo 1986) annuncia l'avvio di una "ristrutturazione" (*perestrojka*) complessiva dell'economia e della società. L'obiettivo dichiarato è quello di rendere più efficienti i meccanismi produttivi, garantire la nascita di uno stato di diritto e porre fine all'isolamento dell'URSS, senza mettere in discussione le fondamenta del sistema comunista. Gorbačëv si propone di rivitalizzare l'economia concedendo più autonomia alle imprese e maggiore responsabilità ai dirigenti, per far nascere un mercato aperto e dinamico che gradualmente sostituisca i princìpi burocratici e centralistici della pianificazione. Per far ciò conta sul dinamismo di una società in cambiamento, ricca di spazi di "microautonomia"

CHERNOBYL, UNA CATASTROFE ANNUNCIATA

Il 26 aprile 1986, all'una e mezzo di notte, si verifica un disastroso incidente nella centrale nucleare di Chernobyl, a 200 km da Kiev. Per un errore tecnico commesso durante un esperimento, un reattore della centrale comincia a fondersi e a bruciare. Dopo due esplosioni, inizia a sollevarsi una nube radioattiva, che investe il personale e gli uomini impegnati a spegnere l'incendio. I morti sono 30, circa 100 persone subiscono danni irreversibili, e molti altri negli anni seguenti andranno

Gorbačëv saluta dalla tribuna del Cremlino (a sinistra).

Dirigibile con il dipinto acrilico* Perestrojka *(1989) di Erik Bulatov.

e animata da molti organismi “informali” (associazioni di cittadini, centri culturali).

Verso l’economia di mercato

La democratizzazione inizia con la *glasnost’* (“trasparenza”), i cui primi effetti – favoriti dall’allentamento delle maglie della censura – sono immediati, come testimoniano la pubblica ammissione dell’esplosione nella centrale nucleare di Chernobyl (26 aprile 1986) o il rientro dal confino di Sacharov (19 dicembre), seguito dalla liberazione di un gran numero di dissidenti. La stampa ospita uno spregiudicato dibattito sul passato comunista, che sfocia alla fine del 1987 nell’insediamento di una commissione d’inchiesta sui crimini staliniani. Per migliorare i meccanismi della gestione produttiva è invece adottata una serie di provvedimenti che, nel giro di pochi anni, porteranno alla nascita un’economia tendenzialmente di mercato: la legge sull’esercizio delle attività individuali (novembre 1986), autorizzate nell’ambito del commercio, dell’artigianato e dei servizi; la legge sulle imprese statali (giugno 1987), che fissa reali princìpi di autonomia gestionale e di autofinanziamento; la legge sulle cooperative (maggio 1988), che estende le possibilità di lavoro individuale; la legge sui conflitti di lavoro (ottobre 1989), che legalizza il diritto di sciopero; la nuova legge sulla proprietà (marzo 1990).

GLASNOST’

A partire dall’estate del 1986 la “trasparenza”, voluta da Gorbačëv per “criticare” le insufficienze del socialismo, è ritenuta da molti intellettuali l’inizio di una nuova fase di libertà espressiva. È la storia della Russia sovietica, e in particolare quella dello stalinismo, il terreno di sperimentazioni artistiche finalmente sottratte al controllo della censura. I primi risultati si hanno in campo teatrale, ma i più rilevanti esempi del nuovo clima sono il film *Il pentimento* del georgiano Tengiz Abuladze e il romanzo *I figli dell’Arbat* di Anatoli Rybakov.

soggetti a tumori maligni. Spinta dal vento, la nube radioattiva raggiunge tutti i paesi europei, scatenando allarmate reazioni nelle popolazioni e provocando un intenso dibattito che pone sotto accusa l’energia elettronucleare. Dopo questo evento, vari progetti per l’installazione di nuove centrali verranno abbandonati o subiranno rallentamenti.

Gli impianti della centrale nucleare di Chernobyl abbandonati dopo l’esplosione.

Coppia di artigiani ucraini.
Gorbačëv opera profonde riforme nel campo della produzione industriale: nel 1986 introduce le unità produttive private su base familiare, nel 1987 dispone che le imprese debbano agire secondo criteri economici e realizzando profitti in base alle condizioni di mercato, nel 1989 viene riconosciuta la proprietà individuale dei mezzi di produzione.

L'America latina e il debito estero

L'indebitamento latinoamericano aveva assunto dimensioni preoccupanti al tempo della grande crisi del 1929, quando l'ascesa dei tassi d'interesse, la chiusura delle linee di credito internazionali e il crollo delle esportazioni avevano costretto quasi tutti i paesi dell'area a dichiarare una moratoria. Si dovranno attendere gli anni Settanta perché il fenomeno si ripresenti in tutta la sua drammaticità, balzando, per il complesso del subcontinente, dai 15 miliardi di dollari del 1970 agli oltre 400 del 1989, con in testa il Brasile (111 miliardi), il Messico (100), l'Argentina (61) e il Venezuela (35).

La crisi debitoria degli anni Ottanta è la conseguenza della facilità con cui dopo il 1973 le banche occidentali – in particolare statunitensi – oberate da un eccesso di petrodollari, hanno concesso crediti ai paesi latinoamericani, rassicurate anche dagli apprezzabili progressi dell'area nel decennio precedente. Tali crediti vengono erogati a tassi di interesse molto bassi e servono a finanziare i disavanzi delle bilance commerciali e a sostenere politiche di sviluppo economico, benché non siano episodici i casi di sottrazione fraudolenta dei fondi così ottenuti.

All'inizio del decennio la situazione cambia radicalmente, giacché i paesi industrializzati adottano politiche monetarie restrittive e i tassi d'interesse internazionali subiscono una brusca im-

Guardie armate difendono dai contadini senza terra un latifondo nel Nordest del Brasile.

Messicani assistono a un comizio nel corso della campagna elettorale per le elezioni legislative del 1979. *Nonostante i ricavi provenienti dall'estrazione del petrolio, il Messico registra una crisi finanziaria che alle soglie degli anni Ottanta rischia di portare al collasso il paese. Con un pesante deficit nella bilancia dei pagamenti, il governo è costretto a svalutare la moneta del 70 per cento e a dichiarare, nel 1982, una moratoria sul pagamento del debito estero, inaugurando una crisi che coinvolge numerosi paesi in via di sviluppo.*

Raúl Alfonsín, il presidente che capeggia il primo governo democratico dopo la fine della dittatura militare che ha governato l'Argentina dal 1976 al 1983 (a sinistra).

Indios dell'Ecuador.
Il governo di Quito cerca di fronteggiare la crisi derivante dagli oneri del debito estero con il drastico deprezzamento della moneta nazionale: in poco meno di due anni, il sucre subisce una svalutazione del 300 per cento rispetto al dollaro.

pennata. Ciò determina un grave contraccolpo su un'America latina che si trova in una condizione molto vulnerabile a causa del parallelo deterioramento del rapporto tra il valore delle importazioni e quello delle esportazioni.
La conseguente e drammatica erosione delle riserve fa la prima vittima nel 1982, quando il Messico annuncia di non essere in grado di onorare i propri impegni e viene imitato, di lì a poco, da molti altri paesi. L'elevata soglia dei tassi d'interesse impedisce che i pur consistenti esborsi latinoamericani di questi anni riescano a far diminuire il debito stesso, che anzi aumenta man mano che alcuni dei prestiti contratti giungono a scadenza. Il fenomeno è inoltre aggravato, come negli anni Trenta, dal totale blocco dei crediti da parte delle banche private occidentali.
I paesi latinoamericani si rivolgono così agli organismi finanziari internazionali – primi fra tutti il Fondo monetario internazionale e la Banca mondiale – che intervengono vincolando tuttavia il loro aiuto all'applicazione di politiche restrittive, con il solo effetto di deprimere le economie, gli investimenti, il volume delle importazioni e il reddito procapite, e di far crescere disoccupazione, povertà e inflazione, mentre la fuga dei capitali raggiunge dimensioni preoccupanti.

Sfilata di reparti dell'esercito peruviano nella Plaza de Armas di Cuzco.
Anche il Perù, al pari di altri paesi sudamericani, diventa un esportatore di capitali: è costretto a destinare ingenti quantità di valuta al pagamento degli interessi che gravano sui prestiti concessi dalle banche statunitensi. Il governo di Lima adotta misure che aggravano la recessione, con gli inevitabili costi sociali in termini di inflazione e impoverimento dei ceti meno abbienti.

La fine dell'*apartheid* in Sudafrica

Il sistema dell'*apartheid* – la segregazione razziale istituzionalizzata – è stato a lungo in vigore in Sudafrica (ufficialmente dal 1948). Ma dal 1961, quando il paese è diventato una repubblica e ha lasciato il Commonwealth, il ceto di governo *afrikaner* lo ha applicato in modo sempre più vessatorio. I gruppi di opposizione, tra cui spicca l'African National Congress (ANC) di Nelson Mandela, vengono messi fuorilegge. La repressione politica e razziale diventa feroce: a Soweto, una città satellite di Johannesburg, nel 1976 la polizia spara sui manifestanti compiendo una strage; nel 1977 l'attivista nero Steve Biko viene ucciso in carcere dalla polizia. La minoranza bianca domina con il pugno di ferro.

Il regime di Pretoria è però sempre più isolato e non esita a intraprendere spedizioni militari, con scarso successo, contro paesi confinanti come Angola e Mozambico che dalla fine degli anni Settanta, hanno messo in atto un processo di decolonizzazione culminato con l'instaurazione di regimi di sinistra, nettamente antisegregazionisti. Il crescente protezionismo economico del paese, colpito da sanzioni internazionali, determina una recessione sempre più pesante. Il governo di Pieter W. Botha (1978-1989) avvia parziali riforme, che non alterano però il regime di segregazione,

Il giovane avvocato Mandela quando praticava la boxe.

DA DETENUTO A CAPO DI STATO

Nelson Mandela, il primo presidente (1994-1998) del nuovo Sudafrica dopo l'*apartheid*, nasce nel 1918. Laureato in legge, si batte contro la segregazione, è tra i fondatori dell'African National Congress e viene arrestato nel 1962 e incarcerato nel 1964. Sarà per un trentennio il simbolo della lotta contro il razzismo e acquisendo grande prestigio in tutto il mondo. Liberato nel clima di cauta apertura del 1990, assume la guida della delegazione dell'ANC, che contribuisce alla stesura del nuovo patto costituzionale per il passaggio a una repubblica democratica e multirazziale. Nel maggio 1994, con la vittoria elettorale dell'ANC, diviene presidente della repubblica e capo del governo, rivelandosi un eccellente statista, capace di gestire pacificamente la difficile transizione dei poteri e riconciliazione tra la maggioranza nera e la minoranza bianca.

Soldato in una strada di Johannesburg.

*Il 2 febbraio 1990 Frederik de Klerk annuncia in Parlamento la legalizzazione dell'ANC e delle altre organizzazioni dell'opposizione nera e la scarcerazione dei detenuti politici. È il primo passo verso la definitiva abrogazione dell'*apartheid.

Nelson Mandela con la moglie Winnie (a sinistra).
Appena eletto presidente (maggio 1994), Mandela vara un programma di sviluppo basato su riforme nel campo della sanità, dell'istruzione e dell'edilizia popolare. Pochi mesi dopo firma un'importante legge per la restituzione ai neri delle terre che erano state loro sottratte in conseguenza delle leggi discriminatorie.

Pieter W. Botha, primo ministro e presidente dal 1978 al 1989.
Nel corso della sua gestione, entra in vigore una nuova Costituzione (1984) che introduce un sistema a tre camere (bianchi, meticci e indiani). L'anno successivo vengono abrogati alcuni divieti, fra cui quello relativo ai rapporti sessuali e ai matrimoni fra "razze" diverse.

ed è contestato sia dalla destra razzista che dalla maggioranza nera. Nel 1985 è imposto lo stato di emergenza e sono adottate nuove misure contro l'opposizione.
La protesta si coagula intorno alle istituzioni religiose, l'isolamento internazionale si accentua e anche settori della società bianca si convincono che la concessione dei diritti politici ai neri è inevitabile. La fine delle tensioni della guerra fredda fa inoltre rapidamente svanire l'appoggio ufficiale di cui il regime ha goduto presso gli Stati Uniti e altri governi occidentali. Infine il disordine interno e il boicottaggio internazionale provocano la fuga di capitali e una brusca contrazione degli investimenti dall'estero.

Nel 1989 il governo di Frederik W. de Klerk avvia una cauta apertura nei confronti dell'ANC, legalizzato l'anno successivo. Mandela è scarcerato nel 1990 e nel 1991 viene eletto presidente dell'ANC. Il processo di abrogazione dell'*apartheid* incontra ancora resistenze, ma è ormai inarrestabile. La lunga e difficile fase costituente, in cui si delineano i contorni di un nuovo stato democratico e multirazziale, si conclude nel 1993. L'anno dopo si tengono le prime elezioni libere, alle quali bianchi e neri partecipano su basi paritarie. L'ANC riporta una netta vittoria e assume il governo. Mandela è eletto presidente.

Donne manifestano contro l'apartheid.
La township di Soweto, una delle immense città dormitorio abitate dai lavoratori neri, è il centro delle proteste di massa contro il regime della segregazione razziale Eventi tragici, come il massacro compiuto dalla polizia nel 1976, attirano l'attenzione dell'opinione pubblica mondiale sulla questione sudafricana.

Libano e Golfo Persico nella tempesta mediorientale

Dopo gli accordi di Camp David e la rivoluzione islamica in Iran, le tensioni in Medio Oriente registrano un ulteriore inasprimento. Sebbene la questione palestinese resti il principale motivo di instabilità, gli antagonismi si concentrano su due aree specifiche: il Libano e il Golfo Persico.
La questione palestinese agisce da detonatore nel conflitto che trasforma il Libano in un vero e proprio campo di battaglia. Il piccolo paese, diviso nelle sue tradizionali componenti musulmane e cristiane, è divenuto rifugio per i profughi palestinesi (provenienti dai territori occupati da Israele, dopo il 1967, e dalla Giordania), che organizzano una comunità autonoma e armata. Schiacciato tra Israele e la Siria, il Libano precipita nel baratro della guerra civile dal 1975, quando i palestinesi si scontrano con i falangisti cristiani. Il suo precario equilibrio politico si sgretola, e tutte le comunità etnico-religiose scelgono la via delle armi con conseguenze devastanti per la capitale Beirut: ciascuna gode dell'appoggio di alcuni dei maggiori stati dell'area, che alimentano la guerra civile con rifonimenti di armi alle fazioni in lotta. Nel 1976 l'esercito siriano invade il Libano, due anni dopo Israele occupa il Sud del paese.
La collocazione geopolitica e le divisioni interne trasformano il Libano in un'arena in cui si fronteggiano i principali protagonisti del conflitto mediorientale (siriani, palestinesi, israeliani, iracheni, iraniani). Il 6 giugno 1982 gli israeliani invado-

L'*INTIFADA*

Dal 1987 i palestinesi della Cisgiordania e di Gaza attuano una protesta seminsurrezionale (*intifada*), opponendo alle armi dei soldati israeliani lanci di sassi, scioperi e violente manifestazioni e suscitando una repressione che costerà centinaia di morti e migliaia di feriti. Nel 1988 Arafat, dopo aver annunciato ad Algeri la nascita di uno stato palestinese indipendente, riconosce il diritto all'esistenza di quello di Israele. A queste condizioni, con la mediazione degli USA, riprende il dialogo per la pace nella regione.

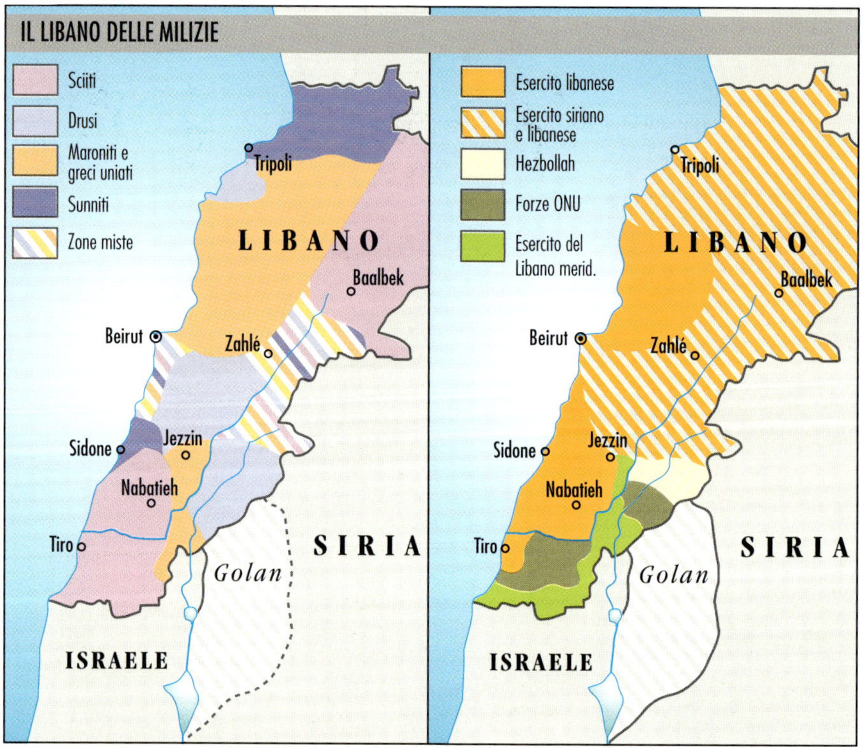

Lo stadio di Beirut in macerie (a sinistra).
Uno dei momenti più drammatici delle vicende libanesi è l'operazione armata "Pace in Galilea", lanciata nel giugno del 1982 dal premier israeliano Begin e dal ministro della Difesa Sharon, per eliminare "ogni presenza fisica e simbolica, sotto forma militare o amministrativa" dei palestinesi in Libano.

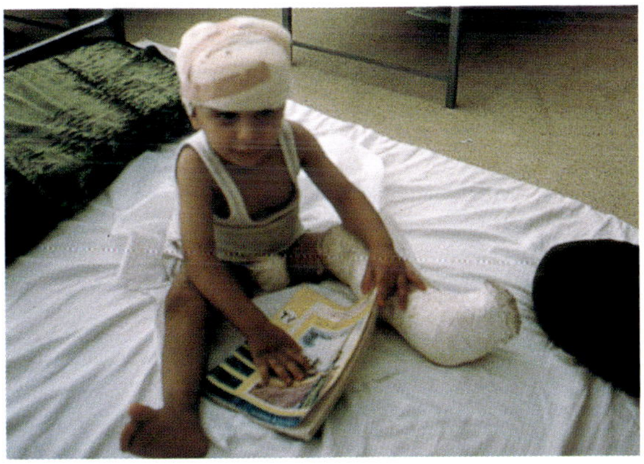

Bambino libanese ferito, in ospedale.

no nuovamente il paese giungendo alle porte di Beirut, con l'intento di eliminare la comunità palestinese. Un terribile assedio sconvolge la capitale, provocando migliaia di vittime e immani devastazioni. Tra i massacri spicca quello operato da milizie filoisraeliane nei campi palestinesi di Sabra e Chatila che costringe la popolazione dei campi profughi a riparare al Nord, nella zona controllata dai siriani. Di fatto Siria e Israele si spartiscono il paese, ma la guerra civile infuria per tutto il decennio, alimenta il diffondersi del terrorismo in tutta la regione e porta a un drastico riassetto etnico del paese. Mentre Israele mantiene il controllo di una fascia prossima ai suoi confini, la Siria diviene pian piano la forza egemone, e nel 1991 architetta gli accordi che pongono termine al conflitto, garantendo la *pax syriana* a un Libano libero dalla minaccia delle milizie.

La guerra tra Iran e Iraq (1980-1988) vede i principali paesi arabi schierati contro la Repubblica islamica di Teheran: si temono il contagio del fondamentalismo e le ambizioni iraniane su tutti i giacimenti petroliferi del Golfo. Le ripercussioni sul traffico marittimo in un'area vitale per l'economia mondiale fanno sì che, nella seconda metà degli anni Ottanta, gli USA e molti paesi europei inviano squadre navali nel Golfo per garantire il traffico delle petroliere. La guerra si conclude senza vincitori né vinti e il problema del controllo strategico del Golfo resta aperto.

Petroliere nel Golfo Persico.

Ragazzi libanesi in armi.
Nel paese coesistono comunità ed etnie diverse: la maggioranza cristiano-maronita, i greco-ortodossi, la setta musulmana dei drusi, gli islamici sciiti e sunniti. Il massiccio arrivo dei profughi palestinesi e gli interessi contrastanti delle potenze straniere sconvolgono l'equilibrio etnico e politico del Libano. La Falange, la fazione cristiano-maronita di Pierre Gemayel, organizza una milizia per creare uno stato confessionale; gli sciiti creano l'Hezbollah per instaurare una repubblica islamica; i drusi si armano sotto la guida del Partito socialista progressita siriano di Kemal Jumblatt.

La Cina da Mao a Deng

UN NUOVO TIMONIERE

Nato nel 1904 nel Sichuan, Deng Xiaoping studia in Francia, dove si unisce ai comunisti, e poi a Mosca. Rientra in Cina nel 1927 ed è tra i dirigenti, a fianco di Mao, nella Lunga marcia; in seguito partecipa alla resistenza antigiapponese e alla guerra civile contro il Guomindang. Dopo la rivoluzione ha compiti amministrativi nel Sudovest e in seguito arriva a Pechino, dove assume presto la direzione della segreteria del Partito. Critica il "grande balzo in avanti", e il suo moderatismo lo trasforma in uno dei bersagli della rivoluzione culturale. Dopo la morte di Mao arriva al vertice del Partito nel 1978, guida la modernizzazione dell'economia cinese mantenendo a lungo il controllo del partito e dello stato. È l'architetto della grande trasformazione socio-economica che proietta la Cina, nell'ultimo ventennio del secolo, verso una nuova prosperità e potenza.

Dopo la morte di Mao nel 1976, si apre in Cina una drammatica lotta per la successione. Per due anni il Partito comunista è guidato da Hua Guofeng, il delfino di Mao, che procede nella politica di avvicinamento agli Stati Uniti mentre l'economia registra una lieve ripresa. La destra del Partito, guidata da Deng Xiaoping, che vuole avviare riforme economiche con i criteri dell'efficienza e del mercato, viene per il momento emarginata. La sinistra, che rivendica la propria continuità con il primato assegnato da Mao alla lotta di classe, viene al contrario scompaginata quando Jang Qing, la vedova del "grande timoniere", e tre dirigenti di Shanghai (la cosiddetta "banda dei quattro") sono arrestati, processati per aver ordito un complotto ed estromessi dalla vita politica.

Dopo essere stato destituito e aver lasciato Pechino, Deng viene richiamato e assume nel 1978 il pieno controllo del Partito e del paese, lanciando la politica delle "quattro modernizzazioni" in campo industriale, agricolo, scientifico e militare. Vengono promosse riforme radicali per decollettivizzare l'economia e introdurre elementi di mercato nell'agricoltura, serbatoio alimentare e demografico del paese. Le misure risultano efficaci e la produzione presto supera il fabbisogno imposto dalla forte crescita demografica. Nasce così un mercato interno e su questa base si avvia anche uno straordinario boom industria-

Insegna pubblicitaria giapponese in una strada di Pechino.
La Cina di Deng Xiaoping apre alle merci occidentali alcune zone del paese. Soprattutto nelle grandi città, dove affluiscono ingenti finanziamenti stranieri, si notano ben presto significativi cambiamenti nello stile di vita e nei consumi.

Manifestazione di studenti a Pechino (a destra).

Vaccinazione in una scuola elementare (a sinistra).
Dal 1964 al 1982 la popolazione cinese aumenta del 45 per cento, prima di avviarsi a superare il miliardo negli anni Ottanta. Il governo lancia campagne per la riduzione della natalità; ogni coppia può avere al massimo un figlio: l'obiettivo è quello di portare entro il 2000 il tasso di crescita a zero.

Nel Parco Dongdan a Pechino si pratica la ginnastica tradizionale cinese, il taijiquan.
Nel 1983 la Cina lancia una campagna contro l'"inquinamento spirituale" provocato dall'apertura all'Occidente: vengono messi sotto accusa specialmente gli elementi "decadenti" della cultura e dell'arte occidentale.

le, sospinto sia da nuovi criteri di efficienza manageriale che da una radicale apertura ai capitali e alle tecnologie estere.
Negli anni Ottanta l'economia cinese cresce a ritmi vertiginosi (in media tra l'8 e il 10 per cento annuo) e in breve tempo il paese cambia volto. Alcune regioni costiere, in particolare quella di Shanghai, diventano l'epicentro di un'urbanizzazione e di una modernizzazione accelerata che introduce consumi e costumi di tipo occidentale. L'impresa privata si diffonde anche nelle campagne, da cui partono grandi ondate migratorie, e si accentuano ancor di più le disparità regionali. Tra il 1984 e il 1996 il prodotto nazionale lordo raddoppia, la Cina incrementa vigorosamente i suoi scambi sui mercati mondiali e la sua economia risulta essere una delle maggiori del mondo, seconda solo a quella degli Stati Uniti, anche se resta ancora assai basso il reddito pro capite.
Sotto il profilo politico, però, la modernizzazione economica non trasforma le istituzioni e le forme del potere, nelle quali si perpetua un autoritarismo burocratico sotto il totale controllo del Partito comunista. Deng mantiene il ruolo-guida del PCC, che orienta e governa dall'alto la trasformazione economica e sociale, e rigetta ogni istanza di democratizzazione o di pluralismo politico proseguendo nella repressione del dissenso.

Le "guerre stellari"

Nel marzo 1983, in un momento di massima tensione con l'URSS, il presidente Reagan annuncia a sorpresa che il riarmo di Washington si propone non solo la superiorità strategica e l'ammodernamento delle forze pronte a intervenire in conflitti locali, ma anche di realizzare un avveniristico sistema di difesa antimissilistica a partire dallo spazio. La *Space Defence Initiative* (SDI) è un progetto di ricerca per erigere, al costo astronomico di 1000 miliardi di dollari, un'efficace barriera contro i missili balistici diretti sugli USA o uno dei loro alleati. In questo modo l'invulnerabilità del territorio americano a un attacco renderebbe vano l'arsenale nucleare dell'URSS, esponendo questa alla minaccia di una devastazione che non potrebbe prevenire né contrastare. Inoltre, se attuata, la SDI annullerebbe d'un tratto l'intero sistema della deterrenza nucleare reciproca su cui poggiano da un ventennio i rapporti tra Mosca e Washington. Perciò appare eccessivamente pericolosa, facendo aumentare i rischi di guerra.
Reagan è invece convinto che questo progetto sia per l'America un'occasione per tornare a quell'invulnerabilità, e quindi a quell'indiscussa supremazia, di cui aveva goduto prima che i sovietici perfezionassero le loro armi atomiche. E più volte il presidente esalta i benefici che la SDI potrebbe portare all'umanità, liberandola dall'incubo nucleare.

In realtà il progetto è tecnicamente troppo

***Il lancio di uno* Space Shuttle.**
Il primo volo della Columbia, *la navetta spaziale in grado di atterrare come un normale aereo, risale al 12 aprile 1981. Seguiranno altre missioni, non sempre coronate dal successo: il 28 gennaio 1986 la navetta* Challenger *esplode in volo pochi secondi dopo la partenza, provocando la morte dei sette astronauti. In seguito a questo tragico incidente, il programma americano subisce una brusca interruzione.*

Atterraggio dello Space Shuttle.
Fra il 1981 e il 1990 gli USA mettono in orbita diverse navette spaziali, effettuando ben 38 missioni: alla Columbia *seguono* Challenger, Discovery *e* Atlantis. *Del 1983 è la messa in orbita dello* Spacelab, *un laboratorio spaziale cui è collegata una piattaforma per l'effettuazione di esperienze nel vuoto.*

complesso per dare garanzie di riuscita e, soprattutto, ha dei costi proibitivi. Ma l'annuncio delle nuove ricerche, e quindi di un nuovo salto tecnologico nella competizione tra USA e URSS, ha un importante effetto indiretto. Infatti rafforza l'idea di Gorbačëv che il riarmo vada fermato, e che le relazioni tra le superpotenze debbano basarsi non più sulla paura ma sulla fiducia reciproca.
Al vertice di Reykjavik (ottobre 1986) Gorbačëv propone a Reagan un accordo per il disarmo in cambio di una limitazione dell'SDI. Reagan rifiuta, e pochi mesi dopo il leader del Cremlino accetta le condizioni americane: nel dicembre 1987 i due firmano a Washington il primo trattato per l'eliminazione dall'Europa dei missili nucleari a medio raggio. La svolta verso la fine della guerra fredda è ormai intrapresa, i rapporti tra URSS e USA migliorano e la SDI è di fatto archiviata.
Dal 1988, con la presidenza di George Bush, prosegue la ricerca di un'intesa per un'ulteriore riduzione degli armamenti. Nel dicembre 1988 Gorbačëv annuncia il progetto del ritiro unilaterale delle forze sovietiche dai paesi del Patto di Varsavia, e fra il 1989 e il 1990 definisce con il presidente americano i termini di un trattato per la riduzione delle armi strategiche che comprende l'impegno a distruggere i rispettivi arsenali di armi chimiche: lo START (Strategic Arms Reduction Talks) è firmato a Mosca il 31 luglio 1991, poco prima che una grave crisi politica travolga lo stesso Gorbačëv.

Telefono cellulare.
Sotto la spinta della tecnologia giapponese, che rende possibile la miniaturizzazione di apparecchi telefonici, i nuovi strumenti invadono il mercato e, negli anni Novanta, diventano uno status symbol.

LO SCUDO SPAZIALE

Il progetto SDI comprende diversi sistemi d'arma per erigere uno "scudo" contro i missili avversari, che dovrebbero venire intercettati poco dopo il lancio, quando cioè sono più lenti e ancora lontani dai loro bersagli. La rete di satelliti da ricognizione, che individua i missili in volo rilevando le loro emissioni di calore, andrebbe affiancata da sistemi d'arma in grado di colpirli dallo spazio durante i pochi minuti successivi al loro lancio. Si tratta di potenti raggi laser, o di armi a fasci di particelle elettricamente neutre, che verrebbero proiettati da terra verso l'atmosfera, e qui riflessi da appositi specchi orbitanti verso i loro obiettivi. Oppure collocati su un razzo lanciato in quota non appena è stato individuato il bersaglio. L'estrema complessità dell'SDI (tale da renderla di fatto impraticabile) non risiede tanto nelle singole tecnologie di cui è previsto l'impiego, e che vanno comunque sviluppate quasi da zero, quanto nella gigantesca difficoltà della sua gestione in battaglia, con un complicato coordinamento, ovviamente automatizzato, nei tempi ristrettissimi a disposizione.

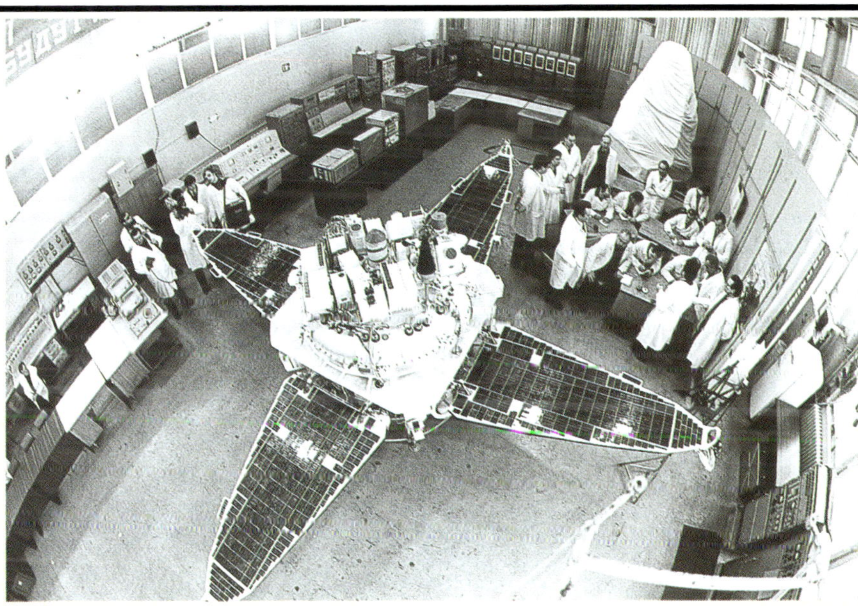

Allestimento di una stazione orbitante sovietica prima del lancio.

Confezione di pillole.
La pillola anticoncezionale viene messa in commercio per la prima volta nel 1960 negli USA e poi in Gran Bretagna. La sua utilizzazione è in continua crescita: nel 1980 ne fanno uso 53 milioni di donne, nel 1990 113 milioni.

Il femminismo

A partire dalla fine degli anni Sessanta sorge negli Stati Uniti, e ben presto si diffonde in tutte le società occidentali, un possente movimento delle donne. Esso ripropone il problema dell'emancipazione femminile e si batte per ottenere la parità giuridica, per l'accesso al lavoro e alle carriere, per l'eguaglianza di diritti formali e sostanziali. Questo protagonismo riflette (e contribuisce ad accelerare) trasformazioni socio-economiche ormai inarrestabili: molte donne lavorano, accedono a tutti i livelli d'istruzione, sono spesso delle capofamiglia e quindi esercitano ruoli sociali ben più ampi di quello domestico e riproduttivo. Il movimento si autodefinisce femminista perché, insieme alla parità, esso persegue anche un più radicale bisogno di liberazione da un'idea di femminilità intesa come puro complemento di un mondo maschile. Il femminismo innesca quindi una trasformazione culturale assai profonda, che riguarda la vita privata oltre che quella pubblica (uno dei suoi slogan più famosi è "il privato è politico"), e in primo luogo la percezione che le donne hanno di se stesse, la loro identità individuale e collettiva. Spesso organizzato in piccoli gruppi di "autocoscienza" e deliberatamente separatista, il movimento delle donne dà vita a una ricca elaborazione culturale sulla storia delle donne e sulle loro espressioni artistiche, sulla sessualità e sulla famiglia, oltre che sugli aspetti sociali della condizione femminile.

"Il mondo è degli uomini, a meno che le donne non votino!": manifesto elettorale affisso in una città dello stato americano del Maryland.
Mentre nel corso degli anni Settanta la percentuale di donne elette nelle assemblee rappresentative è cresciuta sensibilmente, negli ultimi anni la tendenza si è invertita: le donne elette nei parlamenti dei paesi aderenti all'ONU sono passate dal 14,8 per cento del 1988 all'11,3 per cento del 1995.

Betty Friedan.
Il suo libro La mistica della femminilità *(1963), è stato il manifesto del movimento per la liberazione femminile. Dimostrando che negli USA la condizione della donna non ha registrato significativi progressi rispetto al secolo scorso, la Friedan invita le donne americane a organizzarsi per conquistare l'effettiva parità dei sessi.*

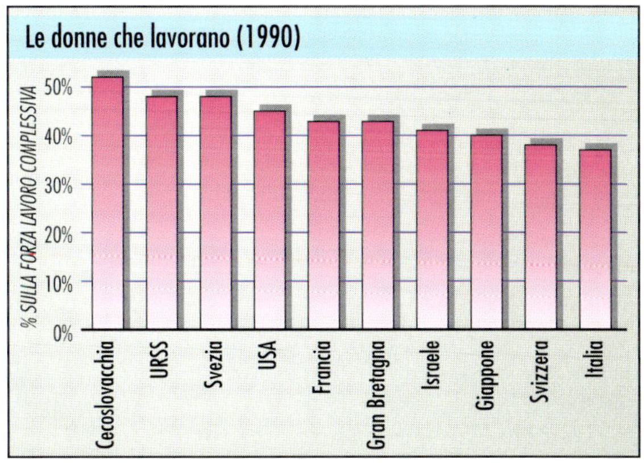

Nei decenni successivi la critica femminista penetra in molti ambiti della vita sociale e culturale e, attraverso conflitti anche aspri, acquisisce una legittimità sempre meno contestata. Nei mass media, nelle università, nei luoghi di lavoro, nella famiglia, nella giurisprudenza, nella vita politica le donne emergono come figure autonome e spesso portatrici di una specifica identità di genere. Quasi ovunque esse ottengono, con la legalizzazione dell'aborto, il diritto di scelta in materia di procreazione. Il diritto di famiglia riconosce l'indipendenza e la parità della donna, che si afferma anche come costume nelle relazioni interpersonali. Negli organi rappresentativi, nelle istituzioni, nelle associazioni politiche e sindacali le donne assumono ruoli di primo piano. In tutte le società occidentali – e in particolare in Scandinavia, Stati Uniti, Francia e Gran Bretagna, dove il lavoro femminile assume proporzioni maggioritarie – esse penetrano nelle professioni e nei mestieri tradizionalmente maschili (comprese le forze armate) e iniziano a svolgere incarichi di responsabilità e comando. Anche se le donne attive in politica denunciano l'ostruzionismo che spesso subiscono all'interno dei partiti quanto alla loro designazione come candidate e all'occupazione di cariche direttive. Nella sfera privata come in quella pubblica, nella vita economica e in quella culturale, quella di fine Novecento è una società femminile e maschile.

Manifestazione di femministe inglesi.
Gli ultimi decenni hanno visto il massiccio ingresso delle donne nel mondo del lavoro. È però significativo che spesso esse accettino impieghi rifiutati dagli uomini perché mal retribuiti o perché con scarse possibilità di carriera. La lotta per il pieno riconoscimento di uguali diritti rispetto agli uomini, fra i quali quello alla parità di salario a parità di lavoro, non è affatto conclusa. Anche in un paese considerato all'avanguardia come la Svezia, negli anni Ottanta il livello dei salari femminili raggiunge solo l'80 per cento rispetto a quelli maschili.

1980-1981

ECONOMIA E SOCIETÀ

1980

Italia Terremoto nell'Irpinia: i morti sono più di 6000 e oltre 300.000 i senzatetto.

• Iniziano le trasmissioni di Canale 5, rete tv di proprietà di Silvio Berlusconi.

1981

• Grazie alla vaccinazione su scala mondiale l'OMS dichiara che il vaiolo è definitivamente debellato.

Vaticano Ristabilite le relazioni diplomatiche con la Gran Bretagna, interrotte nel XVI secolo.

POLITICA E ISTITUZIONI

1980

gennaio-aprile *USA* Per ritorsione contro l'invasione dell'Afghanistan Carter sospende l'invio di grano all'URSS.

18 aprile Indipendenza dello Zimbabwe (ex Rhodesia).

25 aprile *Iran* Fallisce il raid USA per liberare gli ostaggi all'ambasciata di Teheran.

4 maggio *Jugoslavia* Morte di Tito.

16-19 giugno *Sudafrica* Rivolta nera contro l'apartheid: decine di morti.

luglio *Israele* Gerusalemme proclamata "capitale eterna".

luglio-agosto *Polonia* Fondazione e rapida ascesa del sindacato Solidarność.

2 agosto *Italia* Una bomba esplode alla stazione di Bologna causando 85 morti e 200 feriti.

22 settembre Scoppia la guerra tra Iran e Iraq.

novembre *USA* Eletto presidente il repubblicano Ronald Reagan.

1982-1983

ECONOMIA E SOCIETÀ

1982

29 giugno *Svizzera* Negoziati per la riduzione dei missili strategici (START).

1983

• I debiti del Terzo Mondo sono più che triplicati; calo della produzione agricola per effetto della siccità.

POLITICA E ISTITUZIONI

1982

30 maggio *Spagna* Il paese viene ammesso nella NATO.

6 giugno *Libano* Israele invade il Sud del paese per distruggere le basi dell'OLP.

14 giugno *Argentina-Gran Bretagna* Fine della guerra delle isole Falkland-Malvine.

3 settembre *Italia* Il prefetto di Palermo Carlo Alberto Dalla Chiesa e sua moglie sono uccisi dalla mafia.

16-18 settembre *Libano* Massacri nei campi profughi palestinesi di Sabra e Chatila.

1° ottobre *RFT* Helmut Kohl è eletto cancelliere.

10 novembre *URSS* Muore Brežnev: Jurij Andropov è il nuovo segretario del PCUS.

1983

23 marzo *USA* Reagan annuncia un sistema di difesa antimissili a base satellitare, noto come "scudo spaziale".

4 agosto *Italia* Bettino Craxi è il nuovo presidente del Consiglio.

21 agosto *Filippine* L'assas-

1984-1985

ECONOMIA E SOCIETÀ

1984

Africa Siccità e carestia in Africa Nera e in Etiopia.

India I gas tossici fuoriusciti dall'impianto chimico della città di Bhopal provocano circa 3000 morti.

USA Successo della politica economica reaganiana: gli investimenti e la produzione crescono, diminuiscono inflazione e disoccupazione.

1985

Bangladesh Un ciclone provoca più di 10.000 morti.

Messico Un terremoto causa 20.000 vittime.

USA Embargo contro il Nicaragua e aiuti alla guerriglia dei *contras*.

POLITICA E ISTITUZIONI

1984

9 febbraio *URSS* Muore Andropov: gli succede Konstantin Cernenko.

febbraio *Afghanistan* La resistenza musulmana attacca l'ambasciata sovietica a Kabul.

maggio I sei paesi del Golfo Persico si rivolgono all'ONU per chiedere un intervento che assicuri la navigazione nel golfo, dove la guerra tra Iran e Iraq provoca incidenti alle petroliere in transito.

26 settembre Accordo tra Cina e Gran Bretagna per la restituzione di Hong Kong alla Cina popolare il 30 giugno 1997.

31 ottobre *India* Estremisti sikh uccidono il primo ministro Indira Gandhi: le succede il filglio Rajiv Gandhi.

23 dicembre *Italia* Una bomba collocata sul treno Napoli-Milano provoca 15 morti e 130 feriti.

1986

ECONOMIA E SOCIETÀ

Europa Spagna e Portogallo fanno il loro ingresso nella CEE.

Italia Il ministro della Sanità Donat Cattin vara un piano di lotta all'AIDS.

• Aperto alle donne l'arruolamento nell'Esercito.

• L'Inflazione dei prezzi al consumo è del 6 per cento.

URSS Andrej Sacharov rientra dal confino.

• Grave incidente nella centrale nucleare di Chernobyl, con diffusa contaminazione.

USA Eplode in volo la navetta spaziale *Challenger*.

POLITICA E ISTITUZIONI

7 febbraio *Haiti* Rovesciato il dittatore Jean-Claude Duvalier.

10 febbraio *Italia* Inizia a Palermo il primo processo contro la mafia istruito dal giudice Giovanni Falcone.

25 febbraio *Filippine* Corazón Aquino diviene presidente dopo che Marcos è cacciato da un'insurrezione popolare non violenta.

28 febbraio *Svezia* Assassinato il primo ministro Olof Palme.

18 marzo *Francia Il gollista* Jacques Chirac è nominato primo ministro.

1987

ECONOMIA E SOCIETÀ

Francia Gli incidenti al reattore Superphénix (Creys-Malville) ripropongono la questione della sicurezza delle centrali nucleari nel primo anniversario della catastrofe di Chernobyl.

Giappone La bilancia dei pagamenti fa registrare un'eccedenza di 87 miliardi di dollari (il doppio della RFT).

USA L'inflazione è al 4,4 per cento; nel 1980 era al 13,5 per cento.

URSS A Mosca si svolge il "Forum internazionale per un mondo senza armi nucleari".

POLITICA E ISTITUZIONI

16 gennaio *Cina* Il segretario del Partito comunista Hu Yaobang è costretto a rassegnare le dimissioni.

7-10 giugno *Italia* "Vertice dei 7 Grandi": partecipano i capi di stato di Canada, USA, Gran Bretagna, Italia, Francia, Giappone e Germania.

settembre *DDR* Visita di Erich Honecker nella RFT.

25 ottobre *Jugoslavia* La polizia reprime i disordini cau-

1988

ECONOMIA E SOCIETÀ

Italia Papa Giovanni Paolo II pubblica l'enciclica *Sollicitudo rei socialis* che fa appello alla solidarietà verso i paesi del Terzo Mondo.

Libia Importanti modifiche introdotte nella Costituzione aboliscono l'istituto della presidenza a vita.

USA La disoccupazione scende ai livelli del 1974.

Sudafrica La popolazione nera è ammessa per la prima volta alle elezioni.

URSS In Armenia un devastante terremoto provoca 25.000 vittime.

POLITICA E ISTITUZIONI

16 marzo *Iraq* L'esercito attacca con i gas la popolazione curda nel Nord del paese: 4000 morti.

14 aprile *Svizzera* Afghanistan, Pakistan, USA e URSS sottoscrivono a Ginevra un accordo per il ritiro dell'Armata Rossa dall'Afghanistan.

10 maggio *Francia* Il gollista Chirac si dimette da primo ministro: gli succede il socialista Michel Rocard.

3 luglio *Golfo Persico* Un cacciatorpediniere USA abbatte un aereo di linea iraniano con 290 passeggeri a bordo.

9 agosto Fine della guerra fra Iran e Iraq.

8 novembre *USA* George Bush è il nuovo presidente.

15 novembre *Palestina* L'OLP riconosce lo stato di Israele e proclama quello palestinese.

1° dicembre *Pakistan* Benazir Bhutto è la prima donna capo del governo in un paese islamico.

1981

10 maggio *Francia* Eletto presidente il socialista François Mitterrand.

13 maggio *Italia* Papa Giovanni Paolo II è ferito dal terrorista turco Ali Ağça.

19 agosto *Libia* Combattimento aereo tra due SU-22 libici e due F-14 USA nella zona del Golfo della Sirte.

6 ottobre *Egitto* Assassinio di Anwar al-Sadat: gli succede Hosni Mubarak.

12 dicembre *Polonia* Il generale Wojciech Jaruzelski proclama la legge marziale per stroncare le manifestazioni di Solidarność.

sinio del leader dell'opposizione Benigno Aquino provoca violente proteste contro il dittatore Marcos.

1° settembre Caccia URSS abbattono un Jumbo sudcoreano presso l'isola di Sachalin.

15 settembre *Israele* Si dimette il premier Menahem Begin: gli succede il ministro degli Esteri Yitzhak Shamir.

23 ottobre *Libano* Due autobombe provocano 250 vittime tra i soldati del contingente di pace americano e francese.

31 ottobre *Argentina* Raúl Alfonsín è eletto presidente: finisce la dittatura militare.

1985

15 gennaio *Brasile* L'elezione di Tancredo Neves alla presidenza pone fine a 21 anni di dittatura militare.

11 marzo *URSS* Michail Gorbačëv è eletto segretario del Partito comunista.

7 ottobre *Medio Oriente* Nelle acque antistanti l'Egitto un commando palestinese sequestra la nave *Achille Lauro* e uccide un passeggero americano.

19 novembre *Svizzera* Primo vertice tra Gorbačëv e Reagan.

25 febbraio-6 marzo *URSS* XXVII Congresso del Partito comunista: Gorbacëv annuncia la *perestrojka*.

28 giugno *Austria* Kurt Waldheim vince le elezioni presidenziali nonostante le rivelazioni sul suo passato nazista.

11 settembre *Polonia* Il governo decreta l'amnistia per tutti i detenuti politici.

novembre *USA* Scoppia lo scandalo "Irangate": rivelazioni sulle vendite di materiale militare all'Iran nonostante l'embargo decretato nel 1979.

sati dalla minoranza albanese nel Kosovo.

2 novembre *URSS* Viene istituita una commissione d'inchiesta per indagare sui crimini staliniani.

7 novembre *Tunisia* Destituito dai militari il presidente Bourghiba.

24 novembre *Cina* Li Peng viene nominato primo ministro.

8 dicembre *USA-URSS* Firma del trattato per l'eliminazione dei missili a medio raggio (euromissili).

8 dicembre *Israele* Nei territori occupati scoppia la rivolta della popolazione palestinese (*intifada*).

SCIENZA E TECNOLOGIA

1980

Francia Inaugurato il TGV, il primo treno europeo ad alta velocità (380 chilometri orari).

USA Volo inaugurale in California del primo aereo alimentato a energia solare.
• Bill Gates realizza per la IBM il linguaggio operativo MS/DOS. Si diffondono i telefoni cellulari e i fax.

1981

USA Il medico K. Cooper lancia la ginnastica aerobica

Svizzera Per la prima volta riprodotti topi per clonazione.

1982

USA Applicato il primo cuore artificiale della storia a un essere umano, che muore 112 giorni dopo.

URSS Le due sonde sovietiche *Venera 13* e *Venera 14* si posano su Venere.

1983

USA Scoperto uno dei virus che causano l'AIDS.
• Il fisico Sally Ride è la prima donna a volare nello spazio con il *Challenger*.
• Scoperto un "buco nero" ai margini della Via Lattea.

1984

Australia Nasce la prima coppia di gemelli da embrioni congelati.

URSS Tre cosmonauti battono il record di permanenza nello spazio: 236 giorni.

USA Il chirurgo L. Bailey trapianta in una bambina neonata un cuore di babbuino.

1985

Giappone La Sony lancia la videocamera amatoriale. La Canon realizza una fotocopiatrice laser.

Norvegia Costruita una centrale elettrica che sfrutta l'energia del moto ondoso.

Paesi Bassi La Philips mette in commercio il CD-ROM.

Giappone La Toshiba mette in commercio le pile elettriche ultrapiatte al litio.

Italia Per le scoperte nel campo della neurofisiologia Rita Levi Montalcini ottiene il Nobel per la medicina.

USA Realizzato un apparecchio a fibre ottiche per la previsione dei terremoti.
• La sonda spaziale *Voyager 2* passa a 81.000 km dal pianeta Urano e trasmette dati sulla sua struttura.

URSS Le sonde *Vega 1* e *Vega 2* e l'europea *Giotto* fotografano la cometa di Halley.

Francia Prodotte fibre ottiche con vetri ai sali di fluoruro.

Giappone Collaudato il treno a levitazione magnetica (Maglev) capace di raggiungere i 500 km orari.
• Costruito il ponte più lungo del mondo (37,3 km) per collegare le isole di Honshu e Shikoku.

Spagna Grazie a microrganismi, alcuni ricercatori ottengono benzina e altri idrocarburi dalla paglia.

RFT Sperimentato un aereo costruito in materiale plastico e invisibile ai radar.

RFT Alcuni ricercatori dell'università di Göttingen scoprono un procedimento per eliminare il colesterolo dal sangue.
• Johann Deisenhofer, Robert Huber e Hartmut Michel sono insigniti del Nobel per la chimica per i loro studi sulla fotosintesi.

USA Messi a punto i primi "antivirus" per i dati registrati su sistemi informatici.

CULTURA E SPORT

1980

Italia Umberto Eco ottiene un clamoroso successo con il romanzo *Il nome della rosa*.

Germania Esce *Berlin Alexanderplatz* del regista Rainer Werner Fassbinder.

URSS Le Olimpiadi di Mosca boicottate da 62 paesi per protesta contro l'intervento dell'URSS in Afghanistan.

USA Cinque premi Oscar al film *Kramer contro Kramer*.

1981

Francia La scrittrice Marguerite Yourcenar è la prima donna a essere ammessa all'Académie Française.

Austria Il Nobel per la letteratura va a Elias Canetti.

1982

USA Riscuote un enorme successo il film *ET l'extraterrestre* di Steven Spielberg.
• Esce sugli schermi *Blade Runner* di Ridley Scott.

Italia *Lo stato delle cose* di Wim Wenders vince il Leone d'oro a Venezia.

Columbia Il Nobel per la letteratura va allo scrittore Gabriel García Márquez.

1983

USA *Thriller*, della popstar Michael Jackson, inaugura la fortuna dei video musicali.

Francia L'Académie Française premia la scrittrice Marguerite Duras.

1984

Francia Premiato a Cannes il film *Paris, Texas* di Wim Wenders.

Irlanda Con l'album *The unforgettable fire* si afferma il gruppo pop rock degli U2.

1985.

Belgio 39 tifosi italiani muoiono a causa di disordini sulle tribune dello stadio di calcio Heysel di Bruxelles.

Gran Bretagna Rappresentato a Londra *Il fantasma dell'opera* di Andrew Lloyd-Webber.
• A Wimbledon vittoria dei tennisti Boris Becker e Martina Navratilova.

USA Esce il disco *We are the world*, registrato da 45 interpreti di tutto il mondo a favore delle vittime della carestia in Africa.

Nigeria Wole Soyinka vince il premio Nobel per la letteratura.

Italia Nanni Balestrini dà alle stampe il romanzo *Gli invisibili* sulla ribellione giovanile del '77.
• Liliana Cavani gira il film *Interno berlinese*.

USA Premiato con l'Oscar il film *Platoon* di Oliver Stone.
• In un'asta di Sotheby's il dipinto di Vincent van Gogh *Girasoli* viene battuto a 53,9 milioni di dollari: è il prezzo più alto mai pagato per un'opera d'arte.

Italia Il Napoli di Maradona si aggiudica il campionato di calcio; seconda classificata è la Juventus.

USA Nove premi Oscar al film di Bernardo Bertolucci *L'ultimo imperatore*.

Perù Compiuto in un cimitero degli indios il più consistente ritrovamento di oro e gioielli mai avvenuto.

Francia Nel cortile del Louvre inizia la costruzione della piramide di vetro dell'architetto cino-statunitense Pei.

Egitto Nobel per la letteratura a Nağib Mahfuz.

Giappone Il pilota brasiliano Ayrton Senna su McLaren vince il campionato mondiale di Formula 1.

Il villaggio globale

Negli anni Ottanta il "villaggio globale" – termine coniato nel 1962 dal teorico canadese dei mezzi di comunicazione Marshall McLuhan per indicare l'annullamento dei confini e delle distanze tra le culture operato dai media elettronici – diviene senso comune. Il mondo si è a tal punto rimpicciolito da potere essere paragonato a un villaggio. Viaggiare e soprattutto parlare per telefono attraverso i continenti divengono esperienze diffuse, almeno nei paesi più ricchi. Ma è soprattutto la televisione a rendere, ogni giorno, gli spettatori testimoni di culture e fatti molto lontani tra loro. Le trasmissioni in diretta, via satellite, divengono abituali, e un'industria televisiva sempre più internazionale e sempre più articolata – con le trasmissioni via cavo e la liberalizzazione dei monopoli pubblici – mette a disposizione dei telespettatori, in tutto il mondo, un numero sempre maggiore di programmi e servizi. Eventi lontani ci raggiungono nel salotto di casa. Personaggi esotici diventano, con i telefilm diffusi in tutto il mondo, figure bizzarramente familiari. L'informatica e i media elettronici (si diffondono anche il fax, il videoregistratore, il compact disc e poi il telefono cellulare) penetrano nella cultura e nel costume della società moderna, modificando la visione del mondo delle persone, le loro abitudini, il loro utilizzo del tempo libero e, sempre più spesso e in profondità, anche il modo di lavorare o di studiare.

Gli interpreti di* Beautiful *festeggiano dieci anni di trasmissioni.
Negli USA le soap opera *sono i programmi più seguiti. Prodotti in una serie infinita di puntate, conquistano ampie fasce di pubblico anche in Europa e nel Terzo Mondo.*

Il sistema di telecomunicazione Minitel, costituito da un computer collegato al telefono.
Con i nuovi strumenti telematici è possibile accedere a banche dati e servizi di vario tipo per mezzo delle normali linee telefoniche.

Ted Turner.
Negli USA, accanto alle reti televisive tradizionali, si sviluppano network che trasmettono via satellite, come la famosa CNN dell'imprenditore di Atlanta Ted Turner, specializzata nell'informazione globale e ininterrotta.

Il divario Nord-Sud

Probabilmente la differenza più rilevante tra Nord e Sud del mondo passa oggi per le dinamiche demografiche. I paesi più sviluppati si caratterizzano infatti per una bassa crescita di popolazione e un'alta speranza media di vita, mentre i paesi più poveri fanno in larga misura registrare una situazione opposta. Il forte incremento demografico, dovuto soprattutto alla riduzione della mortalità infantile – resa possibile dalla scoperta e dalla applicazione su vasta scala di antibiotici e vaccini – pone il problema di un nuovo e drammatico squilibrio tra risorse e numero di abitanti. Sempre più spesso questo squilibrio si traduce in politiche di esclusione ai danni di minoranze etniche o religiose, sprovviste della forza e dei diritti necessari per accedere alle risorse delle diverse economie nazionali. La vecchia categoria di "sottosviluppo" – che sembra postulare un semplice problema di ritardo sulla via di una crescita simile a quella occidentale – si rivela sempre più inadeguata a comprendere il fenomeno.

Conseguenza vistosa del crescente divario tra Nord e Sud del mondo è stato infatti l'avvio di forti flussi migratori: le aree povere della terra tendono a rovesciare le loro eccedenze demografiche sulle zone più ricche e a basso tasso di crescita demografica. Dal canto loro, i principali stati industrializzati ne sono indotti a varare leggi di regolamentazione e controllo degli ingressi, da un lato, e politiche di integrazione sociale degli immigrati, dall'altro.

Alle migrazioni internazionali fanno riscontro movimenti di popolazione all'interno degli stati poveri, particolarmente in direzione delle metropoli. Delle venti megalopoli con più di 11 milioni di abitanti, sparse sul pianeta in questa fine secolo, ben diciassette (come Città del Messico, 24 milioni; San Paolo del Brasile, 23; Calcutta, 16) si trovano nel Terzo Mondo. Queste immense città sono segnate da miseria e degrado che si concentrano nelle bidonvilles (agglomerati di ripari di fortuna) poste alle periferie, caratterizzate da un'altissima densità di popolazione e dall'assenza pressoché totale di condizioni igieniche elementari (fogne, acqua potabile).

A più riprese istituzioni internazionali come la FAO (l'Organizzazione delle Nazioni Unite per l'alimentazione e l'agricoltura) hanno tentato di varare misure che favorissero una ripresa dello sviluppo o quantomeno l'uscita da una situazione di emergenza per i paesi più poveri. Ma lo strumento della cooperazione internazionale, creato per ovviare ai grandi squilibri esistenti tra i diversi paesi, stenta ad affermarsi come principio politico per le nazioni più ricche, giungendo solo di rado a risultati incisivi. Le resistenze di parte occidentale (opposte da molti paesi e soprattutto dalle potenti multinazionali che controllano il commercio mondiale delle materie prime) si accompagnano al potere subordinato delle oligarchie politiche e militari del Terzo Mondo, spesso cointeressate ai profitti derivanti dalla spoliazione del proprio paese.

A scuola in Ghana (nella pagina precedente).

Un problema mondiale: il debito estero

Nel secondo dopoguerra l'impetuosa crescita dei paesi occidentali ha alimentato la generale fiducia nella possibilità di esportare quel modello di sviluppo anche in aree del mondo fino ad allora soggette alla dominazione coloniale. I decenni successivi mettono però in evidenza il persistere di una situazione generale di arretratezza e sottosviluppo.
Economisti e sociologi elaborano allora analisi e interpretazioni nuove del fenomeno, che chiamano in causa l'ineguaglianza degli scambi tra i paesi ricchi e quelli poveri. Questi ultimi funzionano da serbatoio di materie prime e da mercato per i manufatti industriali degli altri: il risultato è il perpetuarsi di una condizione di dipendenza, e non soltanto di semplice disparità nel grado di sviluppo dei vari paesi.
Nel 1964 l'ONU ha creato l'UNCTAD (Conferenza delle Nazioni Unite sul commercio e lo sviluppo), che ha il duplice scopo di adeguare i prezzi delle materie prime, esportate dal Terzo Mondo, a quelli dei prodotti esportati dai paesi ricchi nel Terzo Mondo e di favorire il trasferimento di tecnologie e strutture produttive dai paesi ricchi a quelli "in via di sviluppo". Tale impostazione – che dovrebbe sostituire la vecchia logica degli "aiuti" economici, erogati disordinatamente e spesso in funzione di interessi strategici e militari – incontra però notevoli

Senza titolo *(1984)*, *particolare di un dipinto di Jean-Michel Basquiat in collaborazione con Andy Warhol.*

Traffico automobilistico a Città del Messico.
In una delle megalopoli a più alto tasso di inquinamento del globo buona parte degli strati sociali emarginati vive al limite della soglia di sussistenza. Per il 2020 si prevede che in America latina saranno più di 300 milioni i bambini abitanti nelle città, un terzo di loro in condizioni di estrema povertà.

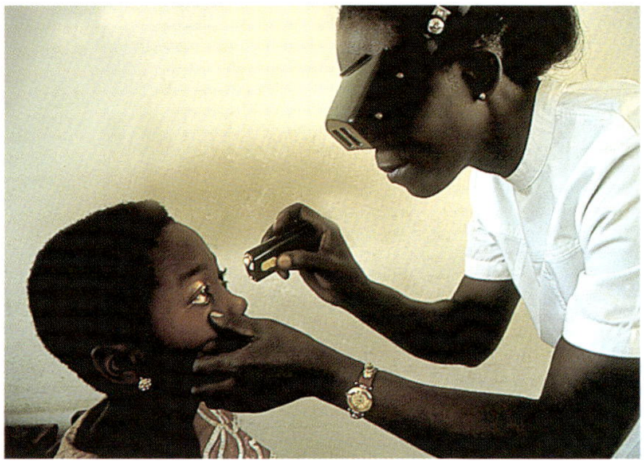

Visita oculistica a un bambino del Ghana.
Nonostante il miglioramento delle condizioni sanitarie dovuto alla maggiore diffusione della medicina preventiva, degli antibiotici e dei vaccini, nei paesi poveri le malattie infettive, aggravate dallo stato di malnutrizione della popolazione, mietono ancora numerose vittime. In molti stati africani il livello della spesa per l'assistenza medica è irrisorio.

resistenze. I paesi ricchi premono infatti per il mantenimento di uno *status quo* loro favorevole, e d'altra parte molti paesi del Terzo Mondo si trovano costretti a far ricorso a capitali esteri.
Il boom demografico, causato dalla riduzione della mortalità infantile, obbliga a mantenere in molte aree del mondo un'agricoltura di mera sussistenza, mentre le prospettive di sviluppo industriale sono drasticamente ridotte dalla mancanza dei capitali necessari e dall'assenza di domanda da parte del mercato interno. La sfida dello sviluppo è quindi subordinata all'ottenimento di prestiti internazionali, mentre la produzione agricola privilegia le colture per l'esportazione, rinunciando a soddisfare le esigenze della popolazione. Gli alti costi sociali derivanti da questa soluzione inducono molti paesi poveri al sistematico ricorso all'indebitamento, e così una percentuale sempre più alta del loro prodotto nazionale è assorbita dal pagamento dei debiti e degli interessi sugli stessi. Nel 1982 il Messico annuncia la cessazione dei pagamenti del proprio debito. Nel 1988 i paesi che dichiarano di non poter più far fronte al rimborso dei prestiti contratti sono ben 124: la quota complessiva del debito estero è passata dai 100 miliardi di dollari del 1970 a 1300, quasi metà dei quali dovuti a banche private, che praticano tassi di interesse molto elevati. Il Fondo monetario internazionale, l'ente dell'ONU per il controllo dei flussi va-

Indios dell'Ecuador a un mercato di prodotti agricoli e artigianali.
I più importanti prodotti esportati dall'Ecuador sono il petrolio, le banane (il paese andino ne è il primo esportatore mondiale) e i gamberetti. Ma gli introiti derivanti sono stati annullati, alla fine degli anni Ottanta, da un alto tasso di inflazione, che ha reso inevitabile l'adozione del duro piano di austerità imposto dal Fondo monetario internazionale.

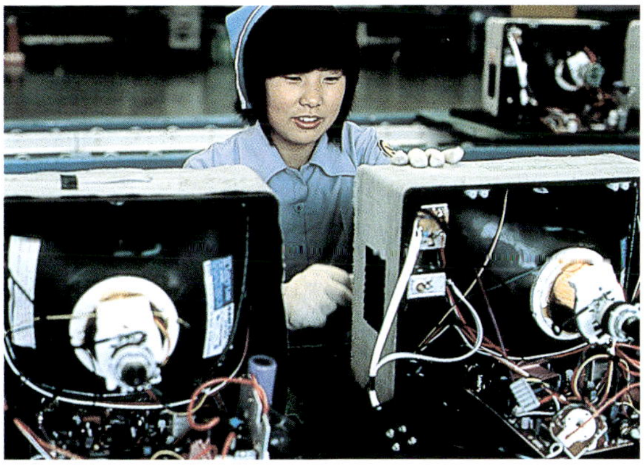

Operaia in una fabbrica sudcoreana di componenti elettroniche.
Gli straordinari risultati dell'economia del paese asiatico sono stati raggiunti destinando investimenti sempre maggiori all'industria metallurgica, meccanica ed elettronica, all'innovazione tecnologica e ai processi di automazione.

lutari, riesce a negoziare almeno il pagamento degli interessi da parte dei debitori. Il risultato è che molti paesi poveri diventano loro malgrado esportatori di capitali, perché il totale dei rimborsi che sono chiamati a pagare – pari a circa 43 miliardi di dollari – supera quello dei nuovi prestiti che occorrerebbero per finanziare il loro sviluppo.

Prestiti ad alti tassi di interesse

Le condizioni alle quali gli organismi finanziari internazionali hanno concesso prestiti ai paesi in via di sviluppo, prevedendo l'adozione di politiche economiche ispirate a un liberismo ortodosso, sono oggetto di contestazioni nel corso degli anni Ottanta. Sotto l'impulso dell'UNICEF, alla fine del decennio i governi introducono misure atte a migliorare i servizi sanitari e scolastici. Si dedica maggiore attenzione, anche se in misura non ancora sufficiente, a mettere in atto misure che favoriscano il consolidamento dei processi democratici.

L'enorme ammontare del debito estero contratto dai paesi poveri induce, negli anni Novanta, le maggiori potenze economiche a contemplare la possibilità di azzerare il debito residuo. Le proposte avanzate nel 1998 dal presidente Bill Clinton sono orientate a un'estensione generalizzata di misure di questo tipo, la cui adozione tuttavia incontra forti resistenze da parte del Fondo monetario internazionale.

Bidonville sulle sponde del Rio delle Amazzoni.
Alle soglie degli anni Novanta, il Brasile conta 150 milioni di abitanti. La sua popolazione è di origine europea e africana; quest'ultima discende dagli schiavi giunti tre secoli fa. La componente autoctona india è stata di fatto sommersa dalle successive ondate immigratorie.

La crescita demografica

Gli ultimi 150 anni della storia dell'uomo hanno visto una accelerazione impressionante dei ritmi di crescita della popolazione. Se nel corso del XIX secolo era quasi raddoppiato il numero di abitanti raggiunto in millenni di storia – da 950 a un miliardo e 640 milioni – i primi ottanta anni del Novecento hanno fatto segnare una svolta epocale. Fra il 1950 e il 1980 l'incremento demografico è stato vertiginoso, portando la popolazione mondiale da 2 miliardi e mezzo a 4 miliardi e mezzo di persone.

Questo incremento demografico si concentra in Asia, Africa e America latina. La percentuale di abitanti di questi tre continenti rispetto al totale della popolazione mondiale passa dal 66 per cento dell'inizio del secolo a più del 75 per cento attuale. A partire dai processi di industrializzazione del secolo scorso, il tasso di incremento delle popolazioni europee e nordamericane è risultato di gran lunga inferiore a quello di asiatici, africani e latinoamericani. Le stime più attendibili prevedono per l'anno 2025 una popolazione complessiva di circa 9 miliardi di persone, soltanto un sesto delle quali abiteranno nelle zone ricche del pianeta. Mentre infatti si accentua la tendenza al calo delle nascite nei paesi sviluppati – fino a varcare talvolta la soglia della crescita zero – nelle aree povere il ritmo di sviluppo rimane costante.

La ragione principale dell'esplosione demografi-

Vendita di cesti a Bombay.
Con quasi un miliardo di abitanti (oltre un terzo dei quali sotto i quindici anni), l'India è lo stato più popolato del mondo dopo la Cina. Un quarto della popolazione vive in città, spesso in condizioni di estrema miseria e sovraffollamento, come nel caso di Bombay e Calcutta. L'attività economica prevalente è l'agricoltura, che occupa i due terzi della popolazione attiva.

Vietnam: asilo nido ad Hanoi (a destra).
Il tasso di analfabetismo (6,3 per cento) della popolazione vietnamita è contenuto se paragonato a quello della Cambogia (62,2 per cento) e del Laos (43,4 per cento).

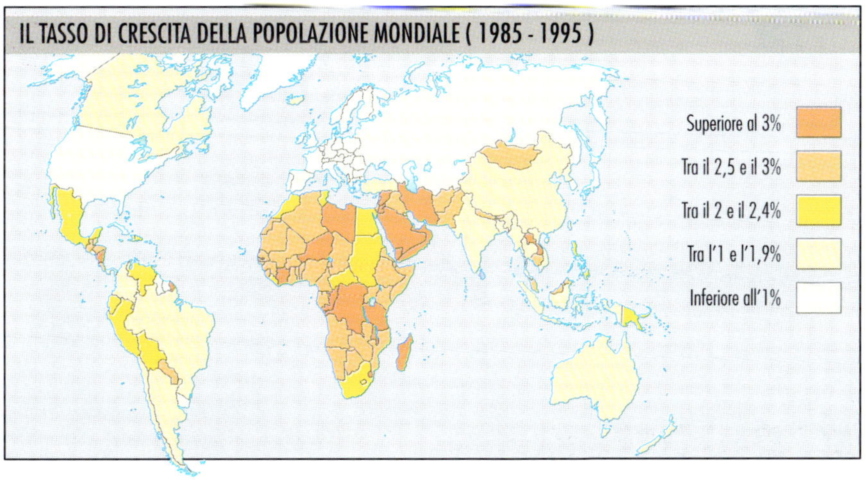

ca risiede nella drastica riduzione della mortalità – soprattutto infantile – dovuta alla diffusione di nuovi farmaci e all'introduzione di norme igieniche per la prevenzione delle epidemie. Ospedali, vaccinazioni, antibiotici, insetticidi, regimentazione e controllo delle acque allungano la vita media, senza che il ritmo della natalità subisca flessioni.

Il problema della crescita incontrollata riguarda oggi soprattutto l'Africa, mentre sia in Asia che in America latina si registrano segnali di un cambio di tendenza. Singapore, Taiwan, Corea del Sud, Messico, Cuba, Brasile sono alcuni dei paesi in cui il declino della natalità avviene in modo “spontaneo”. Altrove il controllo è esercitato dal governo centrale: come in Cina, dove si impone il limite massimo di due figli per le famiglie contadine (o in certi casi addirittura di uno), o in India, dove è incoraggiata la sterilizzazione dei maschi adulti. In virtù di tali provvedimenti il tasso medio annuale di crescita in questi due paesi si attesta su valori (rispettivamente 14 e 10 per mille) molto vicini a quelli dei paesi industrializzati. L'Africa fa invece registrare il tasso di crescita più elevato (il 29,9 per mille annuo nel periodo 1985-1990), che porta dal 1970 al 1995 a un raddoppio della popolazione (passata da 362 a 728 milioni). Fra le più evidenti conseguenze di questa dinamica vi è lo sviluppo di un intenso flusso migratorio verso l'Europa occidentale e le altre zone sviluppate.

Cerimonia pubblica nella Corea del Sud.
Con il rapido sviluppo economico, il paese fa registrare enormi progressi nell'istruzione: l'analfabetismo è ridotto al 2 per cento, l'84 per cento dei giovani accede all'istruzione secondaria e quasi la metà all'istruzione universitaria. All'aumento del livello di istruzione delle donne fa riscontro un netto decremento dei tassi di natalità.

La questione delle risorse

Nel 1973 la brusca contrazione delle esportazioni di petrolio dai paesi arabi coinvolti nella guerra del Kippur provoca in tutto l'Occidente un vero e proprio "shock petrolifero". Diventa allora di stretta e diffusa attualità la questione dei limiti dello sviluppo, che il rapporto del Massachusetts Institute of Technology ha posto appena un anno prima all'attenzione di ristretti circoli intellettuali. La consapevolezza sempre più diffusa dei limiti e dell'esauribilità delle risorse naturali si accompagna alla propaganda dei movimenti ecologisti che puntano l'indice sugli sprechi e sulle distorsioni (in primo luogo l'inquinamento dell'atmosfera) provocate dalla crescita economica dei paesi più industrializzati del pianeta. La fiducia in una evoluzione graduale ma illimitata del modello di sviluppo proposto dai paesi più industrializzati (USA in testa) subisce una scossa senza precedenti.

Nonostante i correttivi e i successivi sviluppi "puliti" ed "ecocompatibili" della tecnologia, resta irrisolto il problema di fondo. A partire dall'avvio della produzione industriale su larga scala molti fattori legati all'espansione dell'umanità

Pozzi di petrolio algerini. *Al pari di altri paesi produttori di petrolio, l'Algeria si trova quasi strangolata dal debito estero. La precarietà del paese è inoltre aggravata dalla guerra civile che, dagli inizi degli anni Novanta, oppone il terrorismo degli integralisti islamici ai governi laici, spesso filoccidentali.*

La progressiva desertificazione della terra in una suggestiva elaborazione grafica realizzata al computer (a destra).

Detersivi e prodotti per la casa realizzati con criteri ecologici (a sinistra).

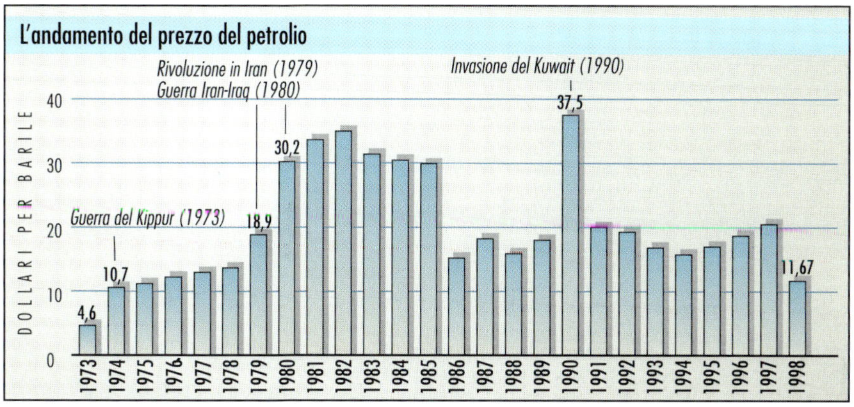

(popolazione, consumi, rifiuti, emissioni tossiche nell'atmosfera) hanno conosciuto un ritmo di crescita vertiginoso. Ciò significa che la fine delle risorse naturali – specie di quelle non rinnovabili – si avvicina con una rapidità molto maggiore di quella immaginabile appena un secolo fa.

Gli enormi problemi di controllo sollevati da questo stato di cose impongono un'attenzione costante alla materia, ma i passi finora compiuti sembrano ancora largamente insufficienti.

IL RICICLAGGIO DEI RIFIUTI

La moderna società dei consumi è anche una "società di rifiuti": ogni anno nel mondo se ne producono oltre un miliardo di tonnellate. La maggior parte dei materiali viene scartata dopo il primo uso: due terzi dell'alluminio, tre quarti dell'acciaio e della carta, una percentuale ancora maggiore della plastica. Nella sola New York i rifiuti domestici ammontano ogni giorno a 24.000 tonnellate, nei paesi dell'Unione Europea a circa 350 kg. annui per abitante: in una metropoli come Parigi il 40 per cento è composto da carta e cartone, il 16 per cento da sostanze vegetali, il 17 per cento da vetro e materie plastiche. La maggior parte dei rifiuti viene ancora oggi dispersa nell'ambiente, con conseguenze disastrose: le preoccupazioni più gravi derivano dagli oltre 300 milioni di tonnellate annue di rifiuti tossici, prodotti per il 90 per cento dai paesi industrializzati. Da tempo sono stati avviati programmi per incentivare e promuovere le pratiche di riciclaggio e di reimpiego dei rifiuti domestici e industriali. Nel 1989, 34 paesi hanno firmato a Basilea una convenzione internazionale sul trasporto dei rifiuti pericolosi. Dal 1991 una direttiva del Consiglio della Comunità europea impone alle industrie l'adozione di misure per il riciclaggio e il recupero. Nel 1992 la Conferenza di Rio de Janeiro sull'ambiente ha aperto nuove prospettive per un'azione coordinata a livello mondiale. La pratica del riciclaggio si va estendendo, anche grazie alle tecnologie che la rendono vantaggiosa rispetto allo smaltimento. Spesso essa consente alte rese e risparmi anche in termini di energia, rispetto ai normali procedimenti di produzione ed estrazione: il 95 per cento per l'alluminio, il 66 per cento per l'acciaio, dal 25 al 60 per cento per la carta. Fra le più significative esperienze recenti vi sono la produzione di materiali plastici da plastiche miste, il riutilizzo di contenitori per liquidi, il riciclaggio di rifiuti prodotti nei cantieri, l'utilizzazione di fanghi di varia origine nei forni per la produzione di laterizi.

Un esempio di raccolta non differenziata dei rifiuti solidi urbani.

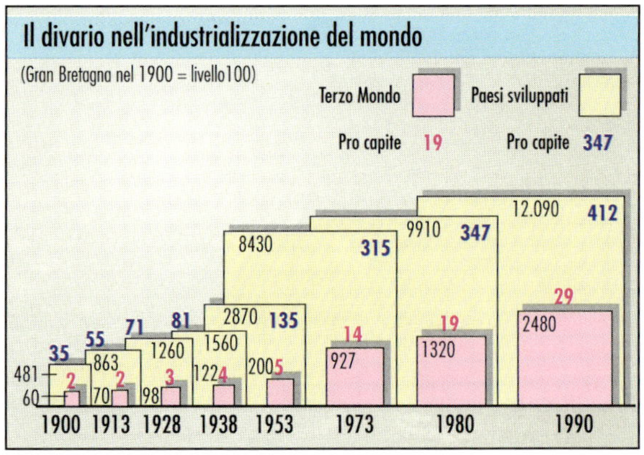

Paesi più ricchi, paesi più poveri

La nozione di Terzo Mondo indica un insieme complesso ed eterogeneo di situazioni regionali e nazionali disseminate in tre continenti dalle caratteristiche storiche e ambientali assai difformi. Il denominatore comune è soprattutto un grado variabile di arretratezza sul terreno socio-economico – spesso anche in materia di diritti collettivi e individuali – e un rapporto di subalternità o persino di dipendenza rispetto ai paesi industrializzati. Sono linee di demarcazione molto ampie, all'interno delle quali i singoli casi si differenziano molto l'uno dall'altro. Specie a partire dalla conferenza di Bandung (1955), molti stati del Terzo Mondo intraprendono la ricerca di vie autonome per lo sviluppo, duramente contrastata prima ancora che dalla volontà di singole potenze dalle logiche stesse del mercato mondiale. La Cina è un esempio, quanto meno parziale, di "decollo" autonomo, grazie ai grandi giacimenti di materie prime e al rilancio dei consumi interni promosso dal regime comunista. Altri paesi, privi di capitali e con mercati interni assai più ridotti, riescono a decollare solo stabilendo stretti rapporti commerciali e finanziari con i paesi ricchi.

Avvalendosi del basso costo della mano-

Insegna pubblicitaria in una strada di Las Vegas, la città americana tempio mondiale del gioco d'azzardo.

L'Opera House di Sydney (1973) dell'architetto danese Joern Utzon. *L'allevamento e l'industria mineraria costituiscono le tradizionali fonti di ricchezza dell'Australia, che per livello di sviluppo e indicatori economico-sociali si colloca ai primi posti nelle graduatorie mondiali. Il complesso architettonico dell'Opera House è il simbolo della modernità del paese.*

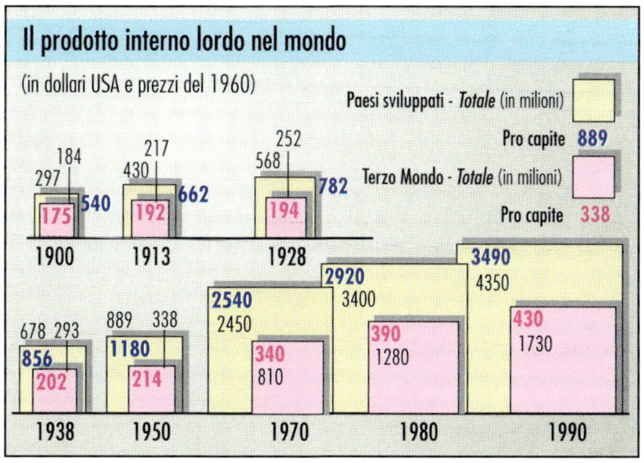

dopera locale e con un sistema politico autoritario, paesi come le quattro "tigri asiatiche" (Taiwan, Hong Kong, Corea del Sud e Singapore) attirano massicci investimenti stranieri nelle loro industrie, che hanno uno sviluppo imponente, moltiplicando, fra il 1960 e il 1980, il prodotto nazionale lordo. Al contempo, anche i paesi produttori di petrolio aderenti all'OPEC raggiungono un alto livello di reddito.

Si tratta di evoluzioni che introducono elementi nuovi nella generica e indifferenziata categoria del "sottosviluppo", presentando il dato positivo di un mondo in movimento, ma che non sono ancora sufficienti per l'effettiva soluzione del divario che si è scavato nel corso di questo secolo fra Nord e Sud del mondo. Rimane infatti irrisolto il nodo della distribuzione delle risorse. La quinta parte più ricca dei paesi del mondo detiene oltre l'80 per cento del prodotto interno lordo, del commercio e degli investimenti totali; alla quinta parte più povera ne rimane poco più dell'uno per cento.

La maggioranza degli stati più poveri continua ad avere un'economia stagnante e condizioni di vita di pura sussistenza. Inoltre i progressi della tecnologia allargano sempre di più la distanza fra paesi avanzati e paesi arretrati, rendendo ancora più difficile il cammino di questi ultimi sulla strada dello sviluppo.

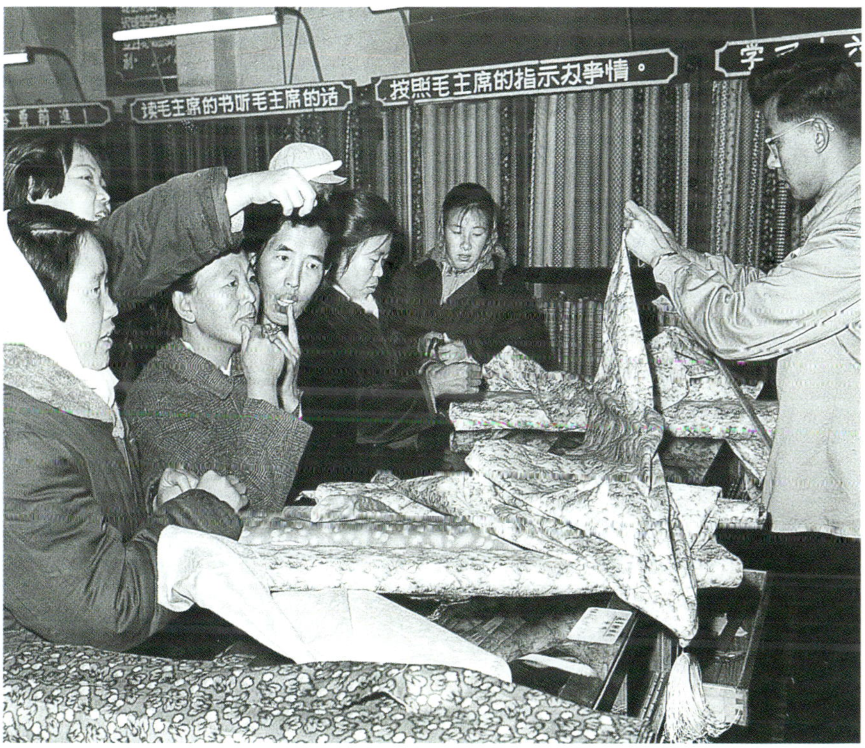

Negozio di stoffe a Shanghai, la città più industrializzata della Cina (in basso a sinistra).

Sullo sfondo dei grattacieli di Singapore, un pescatore getta, all'antica, la sua rete.

La fame e la sete

UNA RISORSA IN ESTINZIONE?

Secondo Jacques Sironneau l'acqua è ormai diventata "il nuovo obiettivo strategico mondiale". Non solo perché oggi assistiamo al sistematico – e forse irreversibile – stravolgimento degli equilibri ecologici, e dunque del rapporto tra uomo e risorse idriche, ma anche perché quasi mezzo miliardo di persone che vivono nel Terzo e nel Quarto Mondo hanno a disposizione meno acqua del fabbisogno minimo indispensabile. Ecco le cifre della spaventosa forbice che separa la condizione di vita quotidiana nelle diverse aree del mondo: negli USA il consumo procapite sfiora i 600 litri al giorno, in Europa raggiunge i 200 litri, ma in Africa non arriva neppure a 40. Sono dati emersi dalla conferenza dell'UNESCO sulle risorse idriche del 1997. Ma il futuro appare ancora più gravido di incognite: infatti nel prossimo secolo la penuria d'acqua colpirà un miliardo e mezzo di persone.

Ancora nel 1980 circa tre quarti della popolazione mondiale sono quotidianamente alle prese con problemi di insufficiente alimentazione. Circa un miliardo di persone vive al di sotto della soglia di povertà: non raggiungono cioè le 2500 calorie al giorno, il fabbisogno energetico minimo stimato per poter condurre una vita attiva. Si calcola che a causa della malnutrizione e delle carenze alimentari muoiano ogni anno dai 13 ai 18 milioni di persone. Il bilancio è tanto più impressionante se si pensa che la maggioranza dei decessi è costituita da bambini. Le cifre sono in aumento: i dati forniti dalla Banca mondiale (l'organismo ONU per la gestione dei fondi di aiuto internazionale) parlano di un miliardo di poveri nel 1992 e di un miliardo e 100 milioni nel 1993. Il reddito pro capite nei paesi dell'Africa subsahariana è sceso da 570 dollari nel 1980 a 350 nel 1992.

Contrariamente a un'opinione assai diffusa, il problema della fame – come quello delle periodiche carestie – non è legato a una contrazione naturale delle risorse a disposizione né a fattori climatici imprevedibili. In larga misura il mancato accesso alle risorse dipende da condizioni e politiche di emarginazione determinate dalle scelte dei gruppi economicamente dominanti nel Terzo Mondo. Buona parte dei guasti provocati nelle agricolture dei paesi

Mercato di ortaggi e frutta in Perù (a sinistra).

Rifiuti a cielo aperto in una strada di Accra, capitale del Ghana.
Molti paesi industrializzati esportano rifiuti tossici verso l'Africa, spesso accordandosi segretamente con le autorità. La Guinea Bissau ha stipulato contratti con società straniere per l'importazione di residui industriali, in cambio di pagamenti pari a cinque volte il proprio prodotto interno lordo.

poveri è dovuta alle ferree leggi del mercato internazionale, che rispondono più alle esigenze dei paesi ricchi che agli interessi delle popolazioni indigene. Questi indirizzi fanno sì che molte terre siano adibite a monocolture per l'esportazione verso l'Occidente.

La tradizionale agricoltura familiare di sussistenza ne è risultata pressoché distrutta, e i suoi prodotti non bastano più a soddisfare i bisogni primari delle famiglie contadine. Al contempo, le potenze economiche del Nord del mondo tengono in vita un regime di dazi assai sbilanciato (alti per i prodotti finiti, bassi per le materie prime), impedendo ai paesi da cui importano di avere un ruolo più autonomo e competitivo sul mercato mondiale. La politica di aiuti umanitari adottata dall'Occidente si è rivelata strutturalmente non adatta a sanare questo squilibrio che produce ineguaglianza. Inoltre, a causa dell'incremento demografico e della crescita del fabbisogno alimentare, negli ultimi vent'anni la domanda mondiale di acqua è triplicata. La "rivoluzione verde" ha realizzato sementi dal rendimento migliore, ma che necessitano di maggiori rifornimenti idrici. Gli stessi canali della cooperazione internazionale, attivati da organizzazioni non governative per ovviare alle grandi disparità economiche del pianeta, ottengono di rado risultati rilevanti e spesso si scontrano con il disinteresse, se con non l'aperta ostilità, delle autorità locali.

Donne del Kenya fanno scorta di acqua (a sinistra).
In molti paesi dell'Africa centrale, donne e bambini impiegano ore per prelevare l'acqua per il fabbisogno quotidiano, e solo pochi dispongono di quella potabile. Le infezioni intestinali e le patologie dovute alla mancanza di servizi igienici e alla contaminazione dell'acqua sono fra le principali cause di morte, specie infantile.

Camion sovraffollato di braccianti congolesi.

Il Quarto Mondo

Il termine "Terzo Mondo" è stato coniato negli anni Cinquanta per indicare quel processo di decolonizzazione che portava nuovi paesi extraeuropei ad affacciarsi alla ribalta della storia. In seguito ha finito per contrassegnare il persistere di condizioni di arretratezza e sottosviluppo in molti di questi paesi, ma con il passare degli anni ha mostrato la sua crescente insufficienza a rendere conto di processi divenuti sempre più complessi e articolati.
Nel Terzo Mondo oggi esistono diversi gruppi di nazioni e vie di sviluppo: i paesi esportatori di petrolio ad alto reddito, i paesi in via d'industrializzazione a debito estero più o meno contenuto (le "tigri asiatiche"), i paesi in via d'industrializzazione ad alto debito estero, come Messico e Argentina. Al di fuori di queste ripartizioni esiste una fascia di sottosviluppo estremo (per la quale è stata coniata la definizione di "Quarto Mondo"), dove si verifica l'assenza dei requisiti di base – istruzione superiore, stabilità politica, omogeneità etnica, controllo delle nascite – che hanno consentito ad altri paesi di uscire, parzialmente, dalla stagnazione economica.
Al Quarto Mondo appartengono le regioni povere produttrici di materie prime: l'Asia sudorientale, l'Africa subsahariana (colpita da gravi siccità alla fine degli anni Sessanta), Haiti, Yemen e qualche altro paese. Le popolazioni vittime di questo stato di miseria costituiscono un quarto della popola-

SULLA PELLE DEI BAMBINI

Si stima che nel mondo siano oltre 300 milioni i bambini, tra i 5 e i 14 anni, a essere sfruttati nei diversi campi produttivi e nei servizi – spesso in condizioni igieniche deplorevoli – con paghe spaventosamente inferiori a quelle degli altri lavoratori e privi di qualsiasi tutela. Importanti industrie e multinazionali in Asia, Africa e America latina basano la propria strategia sullo sfruttamento di manodopera infantile a basso costo, per disporre di prodotti a prezzi concorrenziali da vendere sui mercati dell'Occidente. Ha fatto il giro di tutto il mondo la drammatica vicenda di Iqbal Masih, il dodicenne pakistano ucciso dalla mafia dei tappeti per aver protestato contro le inumane condizioni in cui erano costretti lui e i suoi coetanei. Il destino dei bambini lavoratori è spesso segnato fin dalla nascita: sono infatti le condizioni di estrema povertà delle loro famiglie e delle società del Terzo Mondo la causa prima del lavoro minorile.

Bambino brasiliano setaccia il fango di una miniera in cerca di smeraldi.

Aborigeni del Congo davanti alle loro capanne (a sinistra).

Bracciante del Nordest del Brasile che custodisce i simboli della religione cattolica insieme a quelli di religioni africane.

zione mondiale. Dopo il 1960 la loro razione alimentare pro capite è andata diminuendo; da rilievi effettuati nel 1980 risulta che almeno i due terzi di loro (circa 800 milioni) vivono nell'inedia, ai limiti della morte per fame. Sacche di grave povertà e disagio permangono anche all'interno di paesi che hanno imboccato o stanno imboccando la via della modernizzazione e dello sviluppo.

Sono situazioni legate non solo a fattori economici ma anche a problemi di carattere politico, etnico o religioso, che determinano una condizione di esclusione da ogni diritto alle risorse: popoli "senza terra" come i curdi, popoli costretti a rifugiarsi nelle foreste dai ricorrenti scontri etnici come i profughi ugandesi e ruandesi, popoli soggetti da secoli a politiche di sfruttamento al limite del genocidio, come gli indios dell'Amazzonia.

La nozione di "Quarto Mondo", come quella di "Sud del mondo", valgono per estensione a indicare tutte le situazioni fortemente problematiche, a prescindere dalla effettiva collocazione geografica. La somma dei disagi relativi alla miseria, all'instabilità politica, al sovrappopolamento, causa veri e propri esodi verso i paesi ricchi. Tale movimento di popolazione, iniziato già con il processo di decolonizzazione, ha raggiunto dimensioni allarmanti – sempre meno controllabili con gli strumenti tradizionali della repressione e della chiusura delle frontiere – e minaccia gli equilibri delle società avanzate.

Ragazza etiope dell'etnia Omo.
Ragioni socio-culturali impediscono che in molti paesi africani si avvii il controllo delle nascite. Sono le donne con almeno sette anni di istruzione a fare un maggior uso di contraccettivi e a partorire un numero molto inferiore di figli rispetto alle altre.

Donne e bambini curdi in territorio iracheno.
I curdi (un popolo costituito da 20-25 milioni di persone) non hanno un proprio stato e vivono dispersi fra Iran, Iraq, Turchia e Siria, senza veder riconosciuti i propri diritti. L'Iraq mette in atto nei loro confronti una politica di sterminio, facendo ricorso anche alle armi chimiche. Nel 1991 ammontano a 200.000 i profughi costretti a rifugiarsi in Turchia e in Iran. Molti inoltre emigrano clandestinamente in Europa.

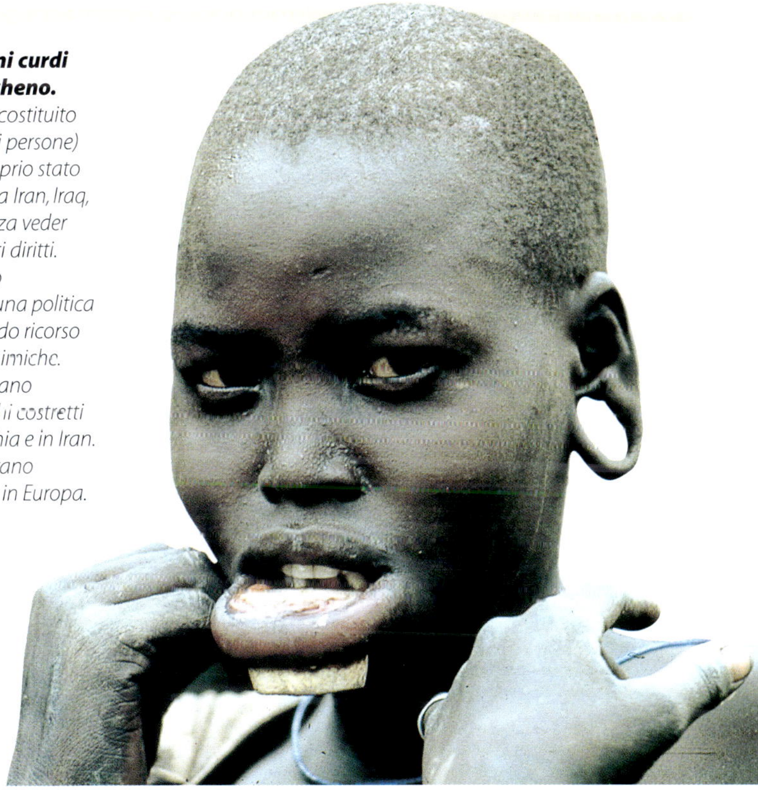

Ecologia e disastri ambientali

Nel 1984 un impianto chimico della città indiana di Bhopal libera una nube tossica provocando circa 3000 vittime. Il gravissimo incidente mette in luce un aspetto particolare del rapporto di prevaricazione esistente fra Nord e Sud del mondo: quello del mancato rispetto delle norme minime di conservazione dell'ambiente. La globalizzazione dell'economia crea le condizioni per il dislocamento di insediamenti industriali in aree del pianeta dove gli investimenti risultano più remunerativi, anche per la minore presenza di controlli di natura giuridica e sindacale a tutela della forza lavoro e degli equilibri ecologici. Una ulteriore differenza contribuisce così ad approfondire il fossato tra paesi ricchi e paesi poveri. I primi, sulla scorta di nuove acquisizioni scientifiche, si dotano progressivamente di regole e di accorgimenti volti a contenere o eliminare il degrado ambientale per le proprie popolazioni, mentre non esitano ad agire secondo modalità più spregiudicate e distruttive sul territorio dei secondi. Il saccheggio della foresta amazzonica, unito allo sfruttamento schiavistico e ai trasferimenti forzati delle popolazioni indie, ne rappresenta un esempio saliente. Spesso i paesi poveri vengono utilizzati come deposito finale dei rifiuti più tossici che i paesi ricchi producono e non riescono a smaltire: scorie nucleari, sostanze chimiche tossiche. Le conferenze internazionali sulla tutela dell'ambiente che si svolgono periodicamente non riescono ancora a trovare una strategia comune per affrontare le questioni più urgenti: come per esempio quella del cosiddetto "effetto serra", principale responsabile dell'innalzamento della temperatura media della terra, provocato dalla permanenza nell'atmosfera (talvolta per diversi secoli) di gas di combustione prodotti dall'uomo.

Foca nel petrolio.
Fra i più gravi disastri ambientali degli ultimi anni vi sono quelli causati da incidenti occorsi a navi petroliere, che provocano la fuoriuscita di decine di migliaia di tonnellate di petrolio, compromettendo gravemente per decenni l'equilibrio ambientale di vasti tratti di mare. Gli episodi più gravi avvengono nel 1989 in Alaska, nel 1990 al largo delle coste del Texas, nel 1994 nel Golfo Persico e nel Bosforo, nel 1996 sulle coste del Galles.

Il logo di Greenpeace, l'associazione ambientalista nota per le sue spettacolari iniziative a difesa dell'ambiente.

Indio della foresta amazzonica comunica via radio.
Sono gli esseri umani i principali responsabili delle peggiori catastrofi ecologiche degli ultimi vent'anni, causate da gesti deliberati, da omissioni o da incidenti. In particolare le piogge acide hanno colpito circa il 20 per cento degli alberi dell'Europa centrale, la metà delle foreste tropicali è scomparsa e resta intatta solo la quarta parte dei boschi delle aree temperate.

Il crollo del comunismo in Europa

Alla fine degli anni Ottanta si produce nell'Europa orientale e centrale una di quelle accelerazioni della storia che provocano mutamenti epocali. Le prime avvisaglie si hanno in Polonia, dove il primo sindacato libero del mondo comunista, Solidarność, pur costretto alla clandestinità e oggetto di repressione da parte del regime, evidenzia un legame solido e profondo con la società civile. L'avvenimento che darà il via alla crisi e poi al collasso del sistema di potere comunista è tuttavia l'ascesa di Michail Gorbačëv alla carica di segretario generale del PCUS. La politica di riforme avviata in Unione Sovietica, considerata necessaria per evitare la bancarotta economica e superare l'immobilismo sociale e la corruzione politica che dilaga nel paese, innesca un processo la cui dinamica sfugge ben presto ai suoi promotori. Dopo decenni di sottomissione e di repressione le società civili dei regimi comunisti si riorganizzano, individuano obiettivi, propongono valori, rifiutano promesse e inducono il potere a scendere a patti e a compiere scelte innovative.
La causa profonda della crisi che dalla metà degli anni Ottanta si aggrava fino al crollo del 1989 e alla definitiva scomparsa dell'Unione Sovietica nel 1991 va cercata nell'impossibilità del sistema economico e sociale di continuare a svilupparsi o anche solo di sostenere una lunga fase di stagnazione; e di quello politico di continuare a ignorare e conculcare le aspirazioni di una società civile cresciuta e più autonoma. Le vicende internazionali del precedente decennio – l'ipotesi di Brežnev di allargare il proprio dominio a zone estranee all'influenza sovietica e la risposta di Reagan che costringe l'URSS a una nuova e dispendiosa corsa agli armamenti – aggravano la rigidità di fondo del sistema comunista e rendono più evidenti le sue difficoltà a rinnovarsi. Tutti i tentativi riformatori, al di là degli ostacoli che trovano in larghi strati della nomenklatura *restia a perdere potere e prestigio, cozzano contro una struttura economica e politica che sembra incapace di adattarsi alle proposte dei nuovi dirigenti e alle esigenze che emergono con sempre più forza dalla società. Questioni che sembravano risolte, o comunque tenute sotto controllo, nelle società comuniste – come i nazionalismi e i conflitti etnici – riesplodono man mano che si aggrava la crisi economica e che l'ideologia perde definitivamente ogni forza di persuasione. In alcuni paesi le forze democratiche sono già pronte a sostituirsi al vecchio potere trovando con esso le forme necessarie a una sostituzione non traumatica; in altri, e soprattutto nell'URSS, la loro debolezza rende la transizione alla democrazia più precaria e contraddittoria.*
Il crollo del Muro di Berlino nel dicembre del 1989 e la scomparsa dell'URSS due anni dopo pongono fine, anche simbolicamente, all'età della guerra fredda.

Berlino, 9 novembre 1989: la folla scavalca il Muro (nella pagina precedente).

La svolta di Gorbačëv e la fine dell'impero sovietico

Il sistema sovietico ha privilegiato, fin dagli anni Trenta, i settori industriali legati all'esercito e alla difesa. Il complesso militare-industriale è l'unico a disporre di una tecnologia avanzata ma costosa perché importata in prevalenza dall'Occidente. A ciò si aggiunge l'onere delle spese belliche per sostenere l'occupazione dell'Afghanistan.
Gorbačëv ben presto si persuade dell'incapacità di Mosca di sostenere i costi derivanti dal tentativo di mantenere la superiorità strategica rispetto a Washington. Il leader del Cremlino avvia una politica estera fondata su una strategia di pace da offrire all'Occidente. Il punto di partenza è la critica all'idea della parità strategica e la sua sostituzione con quella della sicurezza garantita da accordi politici internazionali. In poco più di due anni Gorbačëv incontra tre volte il presidente Reagan (a Ginevra nel novembre 1985, a Reykjavik nell'ottobre 1986, a Washington nel dicembre 1987) giungendo a un accordo per lo smantellamento dei missili nucleari di media gittata e per la distruzione progressiva dell'arsenale missilistico.
Questo processo di disarmo viene ratificato formalmente dalla XIX Conferenza del PCUS (estate 1988), indetta dopo un profondo rinnovamento che investe l'intero ministero degli Esteri, a partire dai suoi vertici: ad Andrej Gromiko, che ha guidato per decenni la politica estera dell'URSS, succede Eduard Shevardnadze, uno degli uomini di punta della squadra riformatrice di

Senza titolo *(1989)* di *Keith Haring.*

Gorbačëv e Reagan durante la visita del leader sovietico negli Stati Uniti nel dicembre 1987.
Nella prima metà degli anni Ottanta le relazioni fra le due superpotenze sono giunte al punto di massima tensione dopo la crisi di Cuba del 1962. Ma qualche anno dopo, con l'avvio del nuovo corso di Gorbačëv in URSS, Mosca e Washington avviano un dialogo che assume un ritmo sempre più serrato e che registra, oltre alla progressiva riduzione degli arsenali nucleari, anche l'instaurazione di un rapporto di fiducia reciproca.

Eduard Shevardnadze. *Già segretario del PCUS in Georgia, è chiamato da Gorbačëv alla guida della politica estera di Mosca nel 1985. È uno dei protagonisti della liberalizzazione del regime sovietico e della fine della guerra fredda. Si dimette nel 1990 denunciando la minaccia di un colpo di stato che effettivamente avviene nell'estate del 1991.*

Gorbačëv, che include anche Aleksander Jakovlev, il numero due del PCUS.

Quella che i conservatori bollano come "la trojka revisionista dirigente" imprime una svolta nei rapporti con l'Est europeo. Durante la visita in Jugoslavia (marzo 1988) – una scelta non casuale data la posizione "eterodossa" del regime di Belgrado nel comunismo europeo – il leader del Cremlino esalta il valore delle "vie nazionali al socialismo", annunciando di fatto la fine della dottrina della "sovranità limitata". Il gesto più clamoroso è l'annuncio (dicembre 1988) dalla tribuna dell'ONU della riduzione unilaterale degli armamenti convenzionali: il disimpegno inizia dalla rinuncia alla difesa militare dei regimi comunisti europei.

L'ostilità della *nomenklatura*

"L'effetto Gorbačëv" suscita invece una tenace resistenza sul piano interno e in materia economica. Alla rinascita del settore privato si accompagna, nelle intenzioni dei riformatori, la fine del monopolio statale del commercio estero, con conseguente richiamo di investimenti stranieri nel paese. Benché condotta da un gruppo di economisti qualificati, la politica di Gorbačëv non riesce infatti a rompere i meccanismi preesistenti, che restano a mezza strada fra il mercato e la burocrazia statale centrale, favorendo soprattutto la borsa nera e gli speculatori.

I generi alimentari e di prima necessità continuano a scarseggiare, l'offerta dei servizi diventa

Cartellone pubblicitario di una nota marca americana di sigarette in una strada di Mosca.

IL RITIRO DALL'AFGHANISTAN

Se nei rapporti con l'Occidente il nuovo segretario del PCUS dà inizio a una nuova e più incisiva fase del processo di distensione, è tuttavia nei confronti del "campo socialista" che Gorbačëv capovolge la tradizionale politica dell'URSS. Egli rigetta infatti la "dottrina Brežnev", che era servita a giustificare l'invasione della Cecoslovacchia nel 1968, e riconosce piena libertà di azione ai governi dell'Europa centrale e orientale. Il rifiuto di qualsiasi ingerenza nella politica interna dei "paesi fratelli" segna la fine della concezione imperiale dell'URSS. L'atto più importante, anche dal punto di vista simbolico, che sottolinea la svolta nella politica estera dell'URSS è la decisione di porre fine all'intervento militare in Afghanistan. L'esercito sovietico, malgrado la superiorità militare, è stato bloccato per anni dalla guerriglia dei *mujaheddin* islamici, che hanno inferto pesanti perdite alle forze di occupazione. La scelta di Gorbačëv, tuttavia, non nasce solo da considerazioni militari, ma soprattutto dalla volontà di affrettare il processo di distensione con l'Occidente. Nell'ottobre 1986 le prime truppe

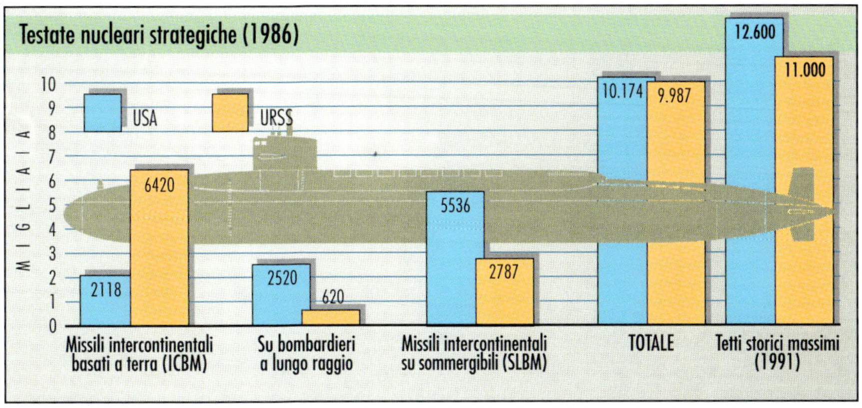

sempre più bassa, il tenore di vita decade, i raccolti agricoli sono di anno in anno peggiori e il tasso di crescita industriale diminuisce mentre l'inflazione cresce sempre più.

La timidezza e contraddizione della riforma economica è dovuta in gran parte alle resistenze politiche che Gorbačëv trova all'interno del PCUS e dell'apparato statale. Il rinnovamento dei gruppi dirigenti, sia a livello centrale che regionale e locale, tra il 1985 e il 1990 raggiunge e supera il 70 per cento, anche se è assai lento nei primi anni, quelli che risultano decisivi per la riforma economica. L'opposizione a Gorbačëv è in parte fondata su motivazioni ideologiche o sul timore che il prestigio e il ruolo dell'URSS siano ridimensionati, ma è frutto prevalentemente della difesa di posizioni di potere e privilegio da parte di una burocrazia – la *nomenklatura* – potente e ramificata, circondata da una rete clientelare corrotta e parassitaria.

Gorbačëv intende ridare legittimità al Partito comunista, innestandovi forze nuove e libere da condizionamenti, capaci di guidare il cambiamento e di difendere le riforme. Questo avviene, fino al 1988, in misura ridottissima e senza risultati stabili. È solo con la riforma costituzionale (ottobre 1988) approvata dalla XIX Conferenza del PCUS che anche sul piano politico e istituzionale si accelera il cambiamento.

sovietiche iniziano ad abbandonare il paese, anche se è soltanto nel febbraio del 1988 che Gorbačëv annuncia il ritiro unilaterale dei soldati sovietici, che si concluderà l'anno successivo.

Un soldato sovietico fatto prigioniero dai guerriglieri afghani.

Parata militare sulla Piazza Rossa alla fine degli anni Ottanta.
La tradizionale sfilata militare per commemorare la rivoluzione d'Ottobre sottolinea il tentativo di Gorbačëv di ricollegare la perestrojka al leninismo, presentando la riforma come un ritorno allo spirito delle origini del regime sovietico.

Tra crisi e democrazia

Nel marzo 1989 hanno luogo in URSS le elezioni dei deputati al Congresso del popolo secondo la riforma costituzionale approvata nell'ottobre precedente. I deputati sono 2250, di cui 750 designati dal Partito e dai sindacati e 1500 eletti su base uninominale. A loro spetta, con voto segreto, di eleggere i 544 membri del nuovo Soviet supremo e il presidente dell'Unione. Anche se non si tratta ancora di un compiuto sistema parlamentare rappresentativo – come denunciano i democratici e i radicali – le elezioni del 1989 segnano una rottura storica con il regime politico nato nell'ottobre del 1917. Malgrado gli sforzi e le manipolazioni del Partito, e grazie soprattutto al ruolo sempre più efficace di una stampa libera e di un'informazione non più asservita al potere, sono molti i deputati eletti contro i desideri e le aspettative del PCUS.
La vita politica è percorsa da una nuova ondata di democratizzazione, mentre l'opinione pubblica acquista fiducia in se stessa e dà vita a una fitta rete di organizzazioni informali, gruppi e comitati. Molti di questi costituiscono l'embrione di possibili partiti politici, attorno a programmi o ideologie abbastanza definiti, ma i più nascono legati a questioni spesso contingenti e concrete, oppure a temi ecologici e ambientali, culturali, sanitari e assistenziali.
È sempre nel 1989, all'inizio dell'anno, che entra in funzione la legge sull'autonomia delle imprese, elaborata più di un anno prima. Il ritardo nell'at-

Gorbačëv ed Eltsin.
Il rapporto conflittuale tra Gorbačëv e Eltsin, prima alleati e poi avversari nella politica di rinnovamento del Partito comunista, è emblematico delle difficoltà che le istanze riformatrici incontrano nel predisporre un programma comune capace di sconfiggere le forze conservatrici.

La redazione dell'Eco di Mosca, una delle prime "radio libere" della capitale sovietica (a sinistra).

Pizzeria a Mosca
La presenza commerciale ed economica del capitale straniero diventa sempre più evidente negli anni della perestrojka. Alcuni tipici simboli della società dei consumi invadono Mosca.

tuazione, insieme agli ostacoli posti dalla burocrazia statale, rende assai lente e instabili le trasformazioni strutturali dell'economia, mentre le condizioni di vita della maggioranza della popolazione non fanno che peggiorare. Dal momento che lo stato continua a essere il principale cliente della maggior parte delle imprese, o quanto meno delle più importanti, a queste ultime non è lasciato che uno spazio minimo per attività produttive e commerciali finalizzate al mercato.

Si diffonde il mercato nero

Il mercato, a parte quello nero, esiste però più sulla carta che nella realtà, mentre diminuisce il controllo sulla qualità dei prodotti, e la possibilità delle maestranze di partecipare alla gestione delle aziende si scontra con l'opposizione congiunta dei dirigenti e della burocrazia statale, timorosi di perdere i loro antichi privilegi.
Per evitare che una gestione economica affidata all'autofinanziamento porti al licenziamento di milioni di operai di imprese in perdita (la stima si aggira sui 15 milioni), lo stato continua perciò a sovvenzionare le aziende e a rafforzare la loro organizzazione burocratica e clientelare. Allo stesso modo non riesce a liberalizzare i prezzi (che aumenteranno eccessivamente, soprattutto per i generi di prima necessità) ma lascia che sia il mercato nero a supplire alla mancanza di generi di consumo nei negozi.

Scena di vita quotidiana in una strada della capitale.
La liberalizzazione del commercio non produce un'immediata disponibilità di beni di consumo, che continuano a scarseggiare. La crisi economica spinge molte famiglie verso una vera e propria indigenza prima sconosciuta.

Si vendono detersivi importati dall'Occidente.

I nazionalismi e le spinte verso l'autonomia

La crisi economica che accompagna la *perestrojka* scatena in Unione Sovietica conflitti nazionali e tensioni etniche che molti ritenevano superati da molto tempo.
Durante l'epoca di Breženv era cresciuta, un po' in tutte le repubbliche, una dirigenza locale di tipo nuovo: questa *élite* era fedele al sistema sovietico e al Partito comunista, ma la lealtà nei confronti della propria nazione e del proprio gruppo etnico non era posta in discussione. Questa *nomenklatura* periferica garantiva a Mosca l'ubbidienza e l'ordine delle regioni amministrate, ottenendo in cambio risorse per il proprio popolo, privilegi e potere per sé e per il proprio gruppo di potere. La convivenza con le minoranze presenti in ogni repubblica, tra cui quella russa, era resa possibile grazie ad accordi e compromessi, di cui le varie *élites* erano garanti.
Nel momento in cui la preoccupante crisi economica rende più scarse le risorse a disposizione, le dirigenze delle repubbliche tendono a privilegiare l'etnia che è maggioritaria – la propria – e a discriminare le altre, soffiando sul fuoco delle differenze e spesso delle ataviche contrapposizioni. Per rafforzare il loro potere, i capi accusano Mosca di sfruttare le repubbliche e avanzano rivendicazioni di tipo nazionalista: vogliono rendere ufficiale la lingua locale, diffondere la propria cultura e seguire i riti e i costumi della propria tradizione.

Vendita di sigarette americane in una strada di Erevan, la capitale dell'Armenia.
I paesi che sono teatro di sanguinosi conflitti etnici, come l'Armenia e l'Azerbaigian, vedono aggravarsi la crisi economica che attanaglia l'intera Unione Sovietica negli anni di Gorbačëv.

Un lituano manifesta per l'indipendenza da Mosca (a sinistra).
Il cartello paragona l'occupazione sovietica del 1940 all'invasione del Kuwait da parte di Saddam Hussein nell'agosto del 1990.

Famiglia di contadini ucraini al lavoro.
Negli anni della perestrojka *i contadini ottengono maggiore libertà e possibilità di commerciare i propri prodotti. Complessivamente, tuttavia, l'agricoltura continua a soffrire di una profonda crisi strutturale.*

Conflitti etnici e secessioni

La richiesta di maggiore autonomia sfocia ben presto in spinta all'indipendenza e alla secessione la cui possibilità è garantita peraltro formalmente dalla Costituzione sovietica. Questo avviene in particolar modo nelle repubbliche dove l'etnia prevalente costituisce la grande maggioranza della popolazione (Moldova, Armenia, Georgia, Ucraina). I paesi baltici (Lituania, Lettonia, Estonia), annessi all'Unione Sovietica durante la seconda guerra mondiale, e che vantano un maggior benessere economico rispetto alle altre repubbliche, sono in prima fila nella mobilitazione nazionale e vogliono separarsi da Mosca.

Più il nazionalismo è acceso e radicale e più sembra trovare consensi tra popolazioni che reclamano il cambiamento: le difficoltà spingono sempre più a trovare – a Mosca o nelle minoranze presenti nelle repubbliche – un colpevole o un bersaglio su cui sfogare la propria rabbia. Conflitti anche sanguinosi si moltiplicano in diverse parti dell'URSS: di fronte a essi Mosca si mostra debole e priva di coerenza, favorendo così il rafforzarsi di movimenti nazionalisti estremisti, in molti casi guidati dalla stessa dirigenza comunista locale. Ad aggravare la situazione è la sorte delle minoranze russe all'interno delle repubbliche. Abituate per tradizione a ruoli di potere e a posizioni di privilegio, ora diventano oggetto di accuse e discriminazioni, rendendo spesso più acuti i conflitti a Mosca.

Manifestazioni popolari in Lituania nel 1990.
Nei paesi baltici l'ostilità alla presenza russa e al dominio sovietico è più forte che nelle altre repubbliche, in particolar modo in Lituania. Il forte senso di identità nazionale e il ricordo della breve stagione dell'indipendenza acquisita nel 1918, quindi affossata prima dal patto russo-tedesco del 1939 e poi dall'annessione sovietica nel 1944, conferiscono al nazionalismo baltico un'identità e un radicalismo particolari.

Carro armato sovietico in una strada di Dušambe, la capitale del Tagikistan, nel 1991.

La Jugoslavia del dopo Tito

Nel corso degli anni Settanta il modello jugoslavo di socialismo ha attraversato un periodo di crisi. La stagnazione economica ha fatto riemergere gli antichi conflitti nazionali che il federalismo e l'autogestione sembravano avere, se non risolto, certo affievolito. È aumentata la divaricazione tra le capacità produttive e il tenore di vita delle repubbliche del Nord (Slovenia, Croazia e parte della Serbia) e l'arretratezza e la miseria delle aree meridionali (Serbia meridionale, Bosnia-Erzegovina, Macedonia, Montenegro, Kosovo).

La crisi è risolta da Tito accentuando la repressione e ampliando le autonomie delle repubbliche. Accanto all'epurazione degli elementi critici e al rifiuto di incamminarsi sulla via della democrazia e del pluralismo, viene riformata la Costituzione con garanzie prevalentemente formali sulla collegialità del potere e la rotazione delle cariche tra i comunisti delle diverse repubbliche.

La morte di Tito nel 1980 coglie impreparata la dirigenza jugoslava. Negli ultimi anni il vecchio leader aveva favorito l'emergere di una classe dirigente più giovane, emarginando gli ultimi rappresentanti della propria generazione che si mostravano sempre più critici nei riguardi del suo potere personale. Questa nuova dirigenza non è però capace di trovare una linea unitaria, né di comprendere a fondo i guasti che si sono accumulati nella gestione economica. Il debito pubblico continua a crescere, a dispetto delle fortune

Belgrado, maggio 1980: centinaia di migliaia di jugoslavi rendono l'ultimo saluto al feretro di Tito.
Alla morte dell'ottantottenne maresciallo che aveva retto le sorti del paese dalla fine del secondo conflitto mondiale, la commozione e il dolore si diffondono in tutta la Jugoslavia. Ai funerali di colui che era chiamato Stari ("l'anziano") e considerato un vero e proprio padre della patria, partecipano capi di stato e di governo di tutto il mondo, a riprova dell'enorme prestigio di cui Tito aveva goduto. La sua morte apre una crisi la cui gravità conduce, poco dopo un decennio, allo scoppio della guerra civile e alla dissoluzione della Jugoslavia.

Il maresciallo Tito al ritorno da uno dei suoi frequenti viaggi all'estero nel corso degli anni Settanta (a sinistra).
Morto Tito, che aveva tentato di costituire un movimento capace di agire come terza forza fra i due blocchi, la Jugoslavia cessa di essere il punto di riferimento di molti paesi del Terzo Mondo.

Le percentuali dei gruppi nazionali nelle forze armate jugoslave

GRUPPI NAZIONALI	POPOLAZIONE SUL TOTALE JUGOSLAVO (censimento 1981)	MILITARI PROFESSIONISTI	RECLUTE (dati 1989)
Montenegrini	2,5	6,2	2,48
Croati	22,1	12,6	18,52
Macedoni	5,8	6,3	6,11
Musulmani	8,4	2,4	12, 00
Sloveni	8,2	2,8	7,00
Serbi	41,0	66,7	38,00
Albanesi	6,4	0,6	9,00
Ungheresi	2,3	0,7	1,00
Altri	3,3	1,6	6,00

turistiche del paese. Nel marzo del 1981 si ha una prima esplosione di nazionalismo in Kosovo, dove la popolazione di origine albanese (prevalente) rivendica maggiore autonomia e suscita le proteste, accompagnate da violenze, dei serbi.

Si dissolve la Lega dei comunisti, ma non si afferma il pluralismo politico

L'aggravarsi della crisi economica induce i gruppi dirigenti delle repubbliche a lottare fra loro per difendere il livello di vita dei propri amministrati assicurando loro il massimo delle risorse disponibili. La burocrazia centrale, che è prevalentemente serba, come i vertici militari, non fa nulla per frenare il riacutizzarsi del contrasto fra le zone settentrionali più agiate e quelle meridionali più povere. Pur appartenendo tutti alla Lega dei comunisti, i dirigenti delle singole repubbliche cercano legittimazione e consenso accentuando la loro polemica in senso sempre più decisamente nazionalistico. I rapporti tra serbi, sloveni e croati si deteriorano di anno in anno, mentre le posizioni nazionaliste ottengono maggiori consensi e iniziano a trovare forme stabili di organizzazione. Nel 1990 la Lega dei comunisti cessa di esistere. Al suo posto, spesso con le stesse personalità comuniste, sorgono partiti nazionalisti che puntano all'egemonia o alla secessione dall'Unione.

"Vogliamo una Serbia unita": manifestazione di protesta a Novi Sad, capitale della Vojvodina, nel 1988.
La convivenza etnica che ha caratterizzato l'epoca di Tito diventa un ricordo del passato.

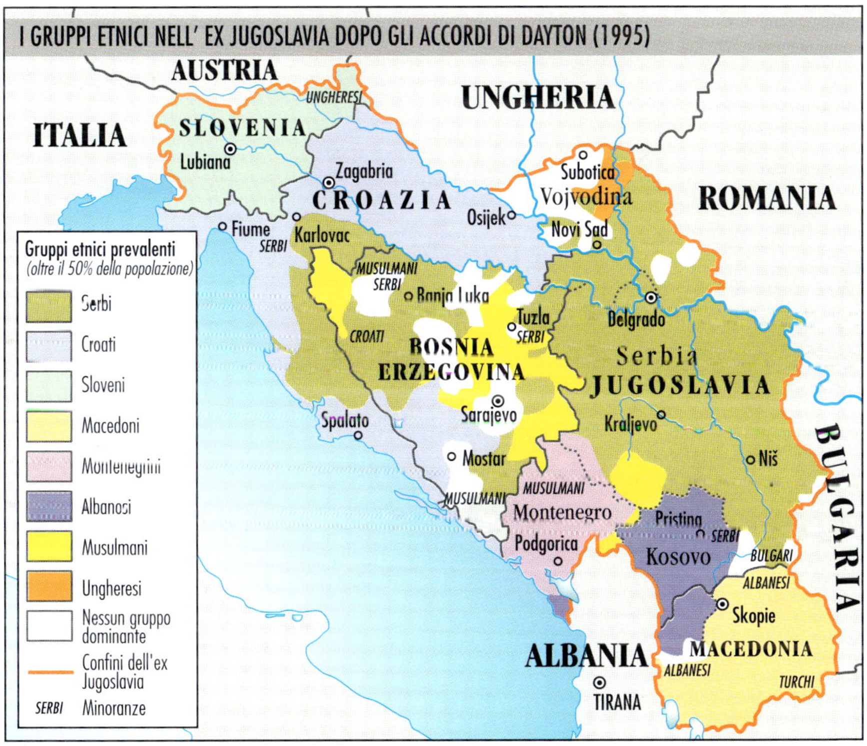

La Cina di Tienanmen

Alla fine del 1978, due anni dopo la morte di Mao, il congresso del Partito comunista cinese avvia la politica detta delle "quattro modernizzazioni". Nel giro di un decennio il cambiamento investe in profondità le campagne e muta il volto tradizionale della Cina. Scompare in molte parti una economia basata sulla produzione per uso familiare, mentre aumentano i contadini che vendono sul mercato parte del raccolto. Cresce la produttività perché i contadini, tornati proprietari della terra, possono vendere quanto resta loro dopo aver consegnato allo stato una quota prefissata.

La nuova Cina è dominata dalla figura di Deng Xiaoping, emarginato negli anni della "rivoluzione culturale". Deng rafforza l'autorità del Partito e apre la strada a un dinamismo sociale prima sconosciuto. Le aziende sono rese più autonome e molte vengono affidate ai privati, nella pubblica amministrazione e nelle fabbriche i salari e gli stipendi sono differenziati, nelle scuole sono reintrodotti esami e criteri meritocratici. Le città si riempiono di contadini inurbati mentre diminuisce il controllo ideologico del partito. I poteri locali chiedono maggiore autonomia e nelle università si vedono i segni di un nuovo fermento culturale.

Le tensioni create dal nuovo corso, tra cui una inflazione e una disoccupazione crescenti, spingono una parte del Partito a chiedere più controllo e limiti alle concessioni al mercato e, soprattutto,

Fabbrica di biciclette.
Le riforme economiche, che trasformano la Cina negli anni Ottanta, hanno luogo mentre l'Asia orientale diventa uno dei principali poli di sviluppo dell'economia mondiale.

Meccanizzazione dell'agricoltura in Cina (a destra).
Il ritorno allo sfruttamento familiare della terra, l'abolizione delle comuni popolari e l'introduzione dei meccanismi di mercato nella commercializzazione dei prodotti agricoli sono alcune delle misure introdotte da Deng per rilanciare l'economia cinese.

Deng Xiaoping nel 1989. (a sinistra).
Sostenitore di una politica favorevole ai contadini fin dall'epoca del "grande balzo in avanti" (1958-1959), Deng è stato uno dei bersagli preferiti delle guardie rosse. Nel 1976 è costretto a ritirarsi dopo essere stato destituito da ogni incarico di partito. Nel 1978, riabilitato, torna al potere.

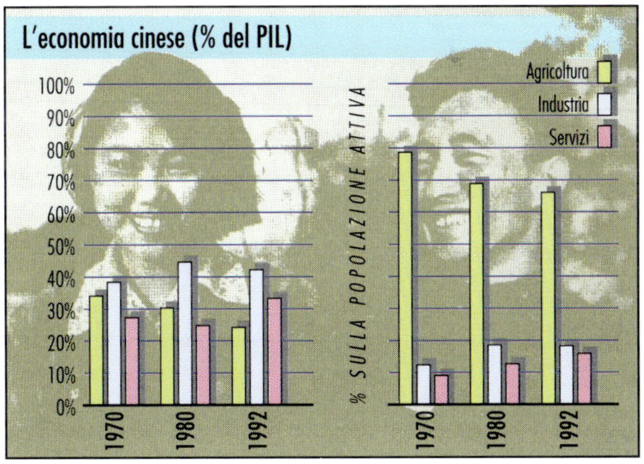

alla democrazia. È questa la tendenza che prevale tra il 1988 e il 1989, mentre cresce la protesta degli studenti e si fa pressante la richiesta, espressa pacificamente sulla piazza Tienanmen ("Porta della pace celeste"), di maggiore libertà e democrazia. Le manifestazioni sono seguite in TV in tutto il mondo, rendendo difficile al governo la scelta di come porvi fine. Dopo accese dispute all'interno del Partito prevalgono i fautori della linea dura capeggiati dal primo ministro Li Peng, contrari a ogni forma di mobilitazione che possa incrinare il potere del Partito, che impongono la legge marziale. Tra il 3 e il 4 giugno del 1989 migliaia di studenti sono uccisi e feriti dai carri armati dell'esercito che occupano Tienanmen.

IL MASSACRO DI PIAZZA TIENANMEN

La protesta di piazza Tienanmen assume un carattere di massa nei giorni della visita in Cina di Gorbačëv, da cui gli studenti si attendono un aiuto per spingere i dirigenti cinesi sulla strada delle riforme e di una maggiore libertà. Gli studenti vogliono solo premere sul governo perché dia ascolto alle voci riformatrici che sono presenti al suo interno. Il successo della protesta, e il clamore che essa sucita in tutto il mondo, irrigidiscono i vertici del Partito e dell'esercito, pronti a continuare cautamente sulla strada di una economia di mercato, ma assolutamente contrari a seguire Gorbačëv su quella della *glasnost'* o addirittura del pluripartitismo. All'indomani del massacro di piazza Tienanmen l'immagine pubblica della Cina subisce un colpo durissimo. La dirigenza cinese non sembra curarsene e per mesi continuerà la repressione nelle università, incarcerando e fucilando migliaia di giovani. La soppressione dei diritti umani e di ogni libertà politica caratterizza la politica cinese anche dopo la strage di piazza Tienanmen. La Cina è il paese dove viene eseguito il maggior numero di condanne a morte: diverse migliaia ogni anno.

La protesta degli studenti a Pechino nella primavera del 1989.
La politicizzazione degli studenti universitari cinesi e l'emergere nel Partito di una nuova generazione di dirigenti favorevoli alla parziale reintroduzione della proprietà privata e alla democratizzazione del sistema politico sono tra i fattori che portano alla crisi culminata nella strage di Tienanmen.

Polonia e Ungheria: la graduale democratizzazione

LA VITTORIA DI SOLIDARNOSC

Il 4 giugno 1989 si tengono in Polonia le prime elezioni libere da quarantacinque anni. In realtà il voto davvero libero riguarda solo il Senato, dove Solidarność ottiene 99 seggi sui 100 disponibili. Alla Camera (*Sejm*) il 65 per cento dei seggi deve essere attribuito per legge al Partito operaio unificato polacco (questo è il nome del Partito comunista) e ai piccoli partiti, tollerati dal regime, che sostengono il governo. Il restante 35 per cento viene conquistato dall'opposizione.

Alla fine del 1982 in Polonia è sospesa la legge marziale che il generale Jaruzelski ha introdotto l'anno prima per contrastare la crescita di Solidarność e dell'opposizione. I rapporti tra questa e il governo tendono a migliorare, grazie anche ai viaggi compiuti nella sua terra dal pontefice Giovanni Paolo II.

Le riforme introdotte da Gorbačëv in URSS, e la promessa di non intervenire più negli affari interni di un altro paese socialista, permettono di accelerare i tempi della democratizzazione del paese. La società civile diventa più audace e aumenta la propria pressione nei confronti delle istituzioni, conquistando spazi sociali e politici sempre più rilevanti. Dopo un referendum che nel 1987 mostra il favore della maggioranza per una maggiore libertà e per il libero mercato, i dirigenti di Solidarność e i capi del governo si accordano per dar vita nel 1989 a una "tavola rotonda" che stabilisca le riforme fondamentali di cui la Polonia ha bisogno: esse riguardano il pluralismo sindacale, misure economiche di stampo liberista, la riforma istituzionale e i poteri del Parlamento e del presidente.

Dopo le elezioni del giugno 1989 Jaruzelski è eletto presidente della repubblica, mentre la guida del governo viene assunta per la prima volta da un non comunista, l'intellettuale cattolico Ta-

Giovanni Paolo II e il generale Jaruzelski nel corso della visita che il pontefice compie in Polonia nel giugno 1987.
Nel corso degli anni Ottanta la Chiesa polacca è in prima fila nell'opposizione al regime e la religione cattolica diviene il baluardo del dissenso.

Il Parlamento polacco elegge Jaruzelski presidente della repubblica.
Grazie all'accordo tra regime e Solidarność, il generale assume la massima carica istituzionale e l'intellettuale cattolico Mazowiecki è nominato primo ministro.

Lech Walesa in preghiera nel corso di uno sciopero a Danzica nell'agosto 1980 (a sinistra).
Nel 1983 il sindacalista viene insignito del premio Nobel per la pace e nel 1990 è eletto primo presidente della Polonia postcomunista.

Militanti del sindacato Solidarność nel porto di Danzica.
I cantieri navali della città baltica, già epicentro nel 1970 della protesta operaia che ha portato alla caduta di Wladislaw Gomulka, sono la culla di Solidarność.

deusz Mazowiecki. Una Costituzione provvisoria e il sorgere di numerosi raggruppamenti politici completano il processo di democratizzazione: il Partito comunista invece si scioglie e si trasforma in una forza di tipo laburista.

Ungheria: i comunisti cedono il potere

Anche in Ungheria il passaggio alla democrazia avviene in modo pacifico e graduale. Le nuove associazioni politiche che il governo permette a partire dalla metà degli anni Ottanta, insieme ad altre misure di liberalizzazione, si uniscono nel Forum democratico. Nel 1988 János Kádár abbandona la guida del Partito e l'anno successivo il governo è affidato all'economista László Németh, che elimina gli ultimi ostacoli alle libertà politiche e civili.
L'anno successivo si smantella la cortina di ferro con l'Austria e viene consentito ai tedeschi dell'Est, presenti temporaneamente in Ungheria, di raggiungere l'Occidente. In ottobre nasce la nuova Repubblica d'Ungheria, e una nuova Costituzione stabilisce che il presidente venga eletto dal Parlamento. Le prime elezioni completamente libere hanno luogo nell'aprile 1990 e assegnano la vittoria al Forum democratico, capeggiato da Joszef Antall che diventa primo ministro.

Per le strade di Budapest due anziane signore vendono i loro manufatti.

Si smantella il monumento a Marx ed Engels in un parco di Budapest.
La liquidazione dei simboli del potere e la riabilitazione di personalità politiche uccise dalla repressione del 1956 scandiscono la transizione ungherese alla democrazia. L'opposizione usa fin dal 1986 la figura di Imre Nagy (la principale vittima della rivoluzione soffocata dai sovietici) come simbolo di lotta. I funerali "postumi" di Nagy (giugno 1989) sanciscono il riconoscimento dell'opposizione.

La caduta del Muro

La classe dirigente della Germania Est osserva con indifferenza le riforme introdotte in alcuni paesi del blocco sovietico, come dimostrano le elezioni comunali del 7 maggio 1989, i cui risultati assegnano il 98 per cento dei voti ai partiti del Fronte nazionale, guidato dai comunisti della SED (Partito di unità socialista).

La protesta contro i brogli aggrega un nucleo di dissidenti finora non organizzati, mentre l'appoggio ufficiale al governo cinese per le repressioni di Tienanmen diffonde il timore che il partito di Erich Honecker non intenda seguire il cammino di Gorbačëv. Quell'estate, centinaia di cittadini della Germania Est decidono di non tornare dalle vacanze: si rifugiano nelle ambasciate della Germania Ovest di Praga e Budapest finché, l'11 settembre, l'Ungheria apre le sue frontiere con l'Austria permettendo a oltre 10.000 di loro di passare in Occidente. Lo stesso giorno, a Berlino, un gruppo di intellettuali fonda uno dei principali gruppi di opposizione, il Neues Forum che, insieme alla chiesa evangelica, diviene una delle principali voci della protesta.

Altre organizzazioni spontanee nasceranno con lo stesso intento: frenare le fughe e trasformare lo scontento popolare e la dissidenza in protesta coordinata e intransigente verso il regime. Nel frattempo il governo si prepara a festeggiare il quarantennale della RDT con una imponente ce-

A cavalcioni sul simbolo, superato, della divisione fra le due Germanie.

Il leader comunista tedesco orientale Erich Honecker (a sinistra).
Già delfino di Walter Ulbricht e fautore nel 1961 della costruzione del Muro, era stato designato segretario generale della SED nel 1971. Muore in Cile nel 1994 mentre in Germania inizia il processo che lo vedrebbe sul banco degli imputati, insieme ad altri membri del Politburo.

Si stampano i manifesti di propaganda di Neues Forum.
A partire dall'estate del 1989, dopo che gruppi di opposizione come Neues Forum e Democrazia adesso hanno organizzato le prime manifestazioni in favore della libertà, il fenomeno delle fughe dalla RDT si intensifica e molti cittadini chiedono asilo nelle ambasciate RDT a Praga e a Budapest.

rimonia a cui l'opposizione risponde con manifestazioni in tutto il paese. Nonostante il palese attrito tra Honecker e l'ospite d'onore Gorbačëv, il 7 ottobre la polizia ferma oltre mille dimostranti. Pochi giorni dopo, il 18 ottobre, Honecker (segretario della SED e capo dello stato) rassegna le dimissioni e a succedergli viene nominato Egon Krenz, membro del Politburo e non certo in grado di esprimere quello spirito d'innovazione che viene richiesto con forza.
Tuttavia le proteste, così come le fughe, non si fermano e il 4 novembre oltre un milione di persone si raduna in Alexanderplatz (Berlino Est) invocando riforme e libertà in quella che sarà ricordata come la più grande manifestazione nella storia del paese. Tre giorni dopo il governo si dimette, e la sera del 9 novembre, durante una conferenza stampa in diretta televisiva, il segretario della SED di Berlino, Günter Schabowski legge a sorpresa un comunicato del Consiglio dei ministri che decreta l'apertura, dopo 28 anni, del Muro di Berlino. L'annuncio, se pur redatto in un linguaggio burocraticamente sibillino, ha l'effetto di una bomba e va ben oltre le intenzioni del Politburo. Agenzie di notizie, stampa e TV della Germania Ovest dichiarano: "Le frontiere tra le due Germanie sono aperte". In assenza di altre direttive la notizia è inequivocabile: il Muro è aperto e in quella stessa notte una folla festante entra a Berlino Ovest.

"NOI SIAMO UN SOLO POPOLO"

Il Muro "crolla" a Berlino, ma è Lipsia il cuore della protesta che porta allo storico evento. Fin dall'agosto, infatti, dopo le preghiere che si tengono ogni lunedì nella chiesa di San Nicola, hanno luogo le prime manifestazioni non autorizzate in favore della "libertà e della pace", come "alternativa" alle fughe dal paese. La più affollata manifestazione si svolge il 9 ottobre 1989, due giorni dopo i festeggiamenti per il quarantennale della RDT. La tensione è al culmine, e già nelle ore precedenti si sente parlare di una possibile "soluzione cinese". Ma le circa 70.000 persone sfilano pacificamente al grido "noi siamo un solo popolo". È ormai evidente che, all'interno della SED, ha prevalso la linea morbida. Neppure questo è sufficiente a soddisfare le richieste della piazza che, una settimana dopo, trasforma quel grido nel primo slogan dell'unificazione.

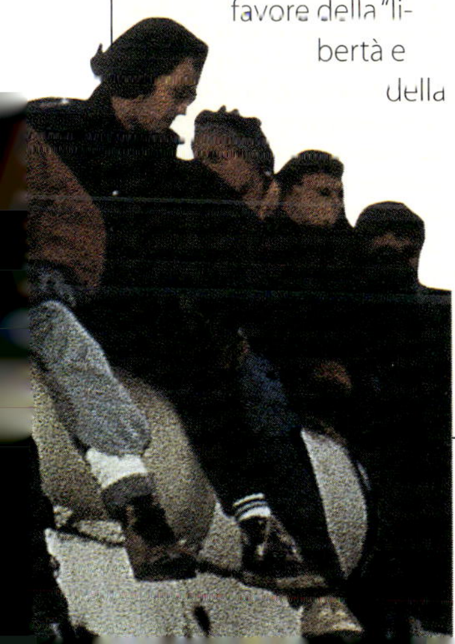

"Il Muro è aperto, ora bisogna andare avanti": un gruppo di giovani esultanti davanti alla Porta di Brandeburgo.
La grande festa che tra il 9 e il 10 novembre 1989 vede la pacifica violazione del Muro segna la fine della RDT e apre la strada alla riunificazione.

Alexander Dubček.
Segretario generale del Partito comunista cecoslovacco nel corso della breve stagione riformatrice repressa nel sangue dalle truppe sovietiche nell'agosto 1968, Dubček rientra sulla scena politica con la "rivoluzione di velluto" del 1989 e alla fine dell'anno è eletto presidente del Parlamento cecoslovacco.

Cecoslovacchia e RDT: le rivoluzioni incruente

Il 24 novembre 1989 si dimette Milos Jakes, il segretario del Partito comunista cecoslovacco ostile alle riforme, come aveva dimostrato ordinando la violenta repressione della manifestazione in ricordo di Jan Palach il 15 gennaio precedente. È dopo quell'ostentata dimostrazione di forza che l'opposizione si organizza con appelli e manifestazioni, culminanti il 17 novembre in un comizio sulla piazza San Venceslao di Praga, cui partecipano 50.000 persone brutalmente attaccate dalla polizia. Nei giorni successivi i raduni si susseguono a ritmo quotidiano e con grande partecipazione di massa, mentre le opposizioni si raggruppano nel Forum civico, guidato dal drammaturgo Václav Havel.

Il 27 novembre il paese è paralizzato da uno sciopero generale a cui partecipa un milione di persone, che induce il Parlamento a decretare l'apertura delle frontiere e la fine del monopolio comunista del potere. Ma il tentativo di Ladislav Adamec, capo del governo, di mantenere il potere "aprendo" ai non comunisti, fallisce per le pressioni popolari che chiedono le dimissioni sue e del presidente Gustav Husák, che il 9 dicembre 1989 si ritira. Il 29 dicembre viene eletto Havel: il giorno prima è stato riabilitato Dubček.

Helmut Kohl: l'uomo della riunificazione

Dopo l'apertura delle frontiere da parte del governo di Berlino Est, la Germania di Bonn non

Václav Havel pochi giorni prima della sua elezione alla presidenza.
Fiero oppositore del regime comunista e fondatore di Charta 77 per la difesa dei diritti dell'uomo in Cecoslovacchia, il drammaturgo ha pagato il suo impegno con cinque anni di carcere.

Cornelia Doerr (al centro) e Angela Francke, oro e argento nei 400 metri stile libero (accanto all'italiana Novella Calligaris, bronzo) ai campionati europei di nuoto del 1974.
Con il crollo del Muro finisce anche la supremazia sportiva della RDT, che aveva preparato in "laboratorio" vere e proprie macchine da primati.

Heike Drechsler dopo la vittoria nei 200 metri ai campionati europei del 1986.
L'unificazione delle due Germanie ha profonde ripercussioni sulle sorti dello sport tedesco. Con la squalifica per doping di molti atleti dell'ex RDT, si squarcia il velo di omertà che ha coperto per anni la somministrazione di farmaci proibiti.

Decapitato uno dei simboli del culto della personalità nei regimi comunisti.

tarda a reagire alla nuova situazione politica. Mentre finora ha promesso aiuti economici in cambio di riforme politiche, il 28 novembre il cancelliere Helmut Kohl lancia un "piano in dieci punti" per lo sviluppo dei rapporti intertedeschi: la riunificazione è vista come il punto di arrivo di un processo che "supera le divisioni dell'Europa e della Germania". Da quel momento essa domina il dibattito politico della Germania orientale.
A Dresda, alla folla che lo acclama dopo che ha firmato con Hans Modrow – il capo del governo della RDT – un trattato che regola i rapporti tra i due paesi, Kohl dichiara il 19 dicembre che "quando sarà ora, la nazione sarà una sola". Ad arginare il crollo del partito-stato (SED) che ha retto le sorti della Germania orientale fin dal 1946, non basterà il congresso straordinario che cambia nome al partito (PDS) ed elegge segretario Gregor Gysi.
L'unità tedesca diventa così il cavallo di battaglia per le prime elezioni libere che i gruppi della dissidenza interna alla RDT vorrebbero rimandare il più possibile, mentre i partiti nati da una costola di quelli occidentali sono pronti a organizzarle subito. Saranno loro infatti i trionfatori delle elezioni del 18 marzo 1990, che vedono la vittoria della CDU orientale di Lothar de Maizière, il partito gemello della CDU del cancelliere Kohl.

UN PAESE DI SPIE

Mentre la RDT scompare, alla STASI – *Staatssicherheit*, la polizia segreta del regime comunista – prende il via la distruzione dei documenti più scottanti, racchiusi in 17.000 sacchi: foto, filmati, registrazioni e rapporti. Ma la sede è presa d'assalto dagli oppositori che mettono i frammenti in 5650 sacchi e li inviano a un apposito ufficio nei pressi di Norimberga, dove 50 impiegati cercano di rincollarli, pagina dopo pagina. I pezzi sono ordinati secondo il colore, la carta e la grafia e nella ricostruzione si procede dagli angoli verso il centro: da record un foglio diviso in 98 pezzi! I 6 milioni di fascicoli (su una popolazione di 17 milioni di tedeschi orientali è, in pratica, un dossier per famiglia) occupano 176 chilometri di scaffali. L'amministrazione della "colpa oscura" di un'intera nazione è affidata a Joachim Gauck, un pastore protestante e professore di ginnastica. Gli agenti della STASI, (fra "collaboratori ufficiali" e "non ufficiali" ascendono a ben 130.000. I parroci, spiati a loro volta, tradivano le confidenze dei loro fedeli, le mogli raccontavano i "tradimenti" (sessuali e ideologici) dei mariti, gli studenti denunciavano gli insegnanti: una spirale infinita che pesa come un macigno sulle coscienze di un'intera generazione. Il lavoro durerà un secolo, ma nessuna delle pagine finora ricostruite rivela sconvolgenti verità.

Militante comunista cilena alle esequie di Erich Honecker.

Bulgaria, Romania e Albania: scoppia la protesta di piazza

Le pressioni di Gorbačëv, per estendere il cambiamento in corso in Unione Sovietica agli altri paesi del blocco socialista, trovano una forte opposizione in Bulgaria, dove il potere è nelle mani del segretario del Partito comunista Todor Zivkov fin dal 1954. Gli effetti della *glasnost'* russa, comunque, arrivano anche a Sofia, dove si formano organizzazioni informali di tipo culturale, religioso, ecologista.

Proprio gli ecologisti danno vita nel 1988 alla prima grande manifestazione, contro l'inquinamento del Danubio provocato dalle fabbriche di Giurgiu, città romena di fronte al porto fluviale bulgaro di Ruse. Le dimostrazioni sono represse con violenza, così come altre che hanno luogo nei mesi seguenti. Nell'ottobre 1989 il ministro degli Esteri Petar Mladenov inizia a criticare le posizioni di Zivkov e si reca a Pechino e Mosca per avere appoggio.

Il 10 novembre 1989, il giorno dopo il crollo del Muro di Berlino, il comitato centrale mette in minoranza Zivkov e nomina Mladenov segretario generale del Partito comunista e presidente della repubblica. Le manifestazioni popolari, sempre più frequenti, vengono tollerate e nel gennaio 1990 nasce l'Unione delle forze democratiche, che raccoglie 16 organizzazioni indipendenti intenzionate a smantellare lo stato totalitario e a portare in Bulgaria la democrazia e l'economia di mercato.

Manifestazione dell'opposizione democratica a Sofia nell'aprile del 1991.
Le prime libere elezioni che si tengono in Bulgaria (giugno 1990) danno la vittoria al Partito socialista (ex comunisti) che ottiene quasi il 50 per cento dei voti.

Ceausescu ritratto come un Dracula dalla folla di Bucarest (a sinistra).
Alla guida del partito e dello stato dal 1955, il dittatore ha impersonato l'autonomia del suo paese rispetto all'URSS. Il suo regime, contrassegnato da una dura repressione, crolla all'improvviso e violentemente nel corso di una manifestazione da lui stesso indetta.

La bandiera albanese con l'aquila bicipite tra quella montenegrina (a sinistra) e quella jugoslava.

Romania e Albania: violenti crolli di regime

In Romania il passaggio verso la democrazia è accompagnato da violenze e spargimento di sangue. Nel dicembre 1989 hanno luogo a Timisoara, in Transilvania, manifestazioni di protesta contro la violenza del regime di Nicolae Ceausescu, distintosi per la repressione delle minoranze etniche, specie di quella ungherese. I disordini di piazza si ripetono ben presto in tutto il paese, sembra con la regia dei servizi segreti.

Il 21 dicembre il clan legato a Ceausescu è arrestato: quattro giorni dopo il dittatore e sua moglie sono processati in modo farsesco di fronte alle TV di tutto il mondo e giustiziati. In gennaio il Partito comunista è messo fuori legge: il nuovo governo del Fronte di salvezza nazionale è diretto da Ion Iliescu, in passato collaboratore di Ceausescu.

In Albania la fine del sistema comunista avviene a un anno dal crollo degli altri regimi dell'Europa centrorientale. Benché conceda una serie di riforme sulla spinta dell'opinione pubblica e della necessità di ottenere consenso, il capo del governo Ramiz Alia evita che il monopolio comunista del potere sia messo in discussione. Solo lo sciopero degli studenti di Tirana e le violente manifestazioni nei distretti industriali che hanno luogo nel dicembre 1990 spingono l'Assemblea del popolo ad approvare il multipartitismo e a legalizzare il Partito democratico albanese, di opposizione.

Le ultime immagini di Ceausescu e della moglie Elena prima dell'esecuzione capitale.
Dopo la "telerivoluzione" del 1989 la Romania inizia l'avvicinamento all'Occidente. Pur avendo subito ripetute condanne dal Consiglio d'Europa sul tema del rispetto delle minoranze etniche e dei diritti umani, la Romania è il primo paese ex membro del Patto di Varsavia a essere inserito nell'Unione Europea come partner associato.

L'interno dei famosi grandi magazzini GUM, uno dei simboli del "consumismo" sovietico.

Dall'URSS alla CSI

I conflitti nazionali, sommati alle crescenti difficoltà economiche, conducono nel volgere di pochi mesi alla dissoluzione dell'URSS. Il 15 marzo 1990 il Congresso del popolo elegge Gorbačëv presidente dell'URSS. Nello stesso mese i Parlamenti di Lituania, Estonia e Lettonia proclamano l'indipendenza dei loro paesi.

Preso alla sprovvista, il governo sovietico decreta il blocco economico contro i ribelli, che trovano però appoggio e solidarietà dalla Repubblica russa e da Gavril Popov e Anatol Sobčak, i sindaci di Mosca e Leningrado. L'intervento dell'esercito, accettato da Gorbačëv su pressione dei conservatori, provoca una forte mobilitazione popolare e la ferma protesta dei democratici della Russia e di tutto il mondo. Il presidente del Parlamento russo, Boris Eltsin, diventa il simbolo delle forze radicali che intendono proseguire senza indugi sulla strada delle riforme. Nell'ottobre 1990 egli presenta a nome di tutti i democratici un piano economico che Gorbačëv rifiuta, accettando il ricatto dei conservatori e mettendo uomini d'ordine alla testa dell'apparato statale, dell'esercito e del Partito. Il Parlamento russo, intanto, vota una legge con cui rivendica la proprietà e il controllo delle risorse naturali del territorio della Repubblica.

Nel gennaio 1991 lo scontro tra nazionalisti baltici e governo di Mosca riprende: i morti in Lituania sono parecchie decine, ma la repressione non

La Comunità di Stati Indipendenti

STATO	KM²	ABITANTI	DENS./KM²	CAPITALE
BIELORUSSIA	207.600	10.200.000	49,1	Minsk
UCRAINA	603.700	51.704.000	85,6	Kiev
MOLDAVIA	33.700	4.341.000	129	Chisinău
GEORGIA	69.700	5.500.000	78,2	Tblisi
ARMENIA	29.800	3.283.000	110	Erevan
AZERBAIGIAN	86.600	7.029.000	81	Baku
TURKMENISTAN	488.100	3.534.000	7,2	Ašgabat
UZBEKISTAN	447.400	19.906.000	44,5	Taškent
KAZAKHSTAN	2.717.300	16.538.000	6,1	Alma-Ata
KIRGHISISTAN	198.500	4.291.000	21,6	Biškek
TAGIKISTAN	143.100	5.112.000	35,7	Dušanbe
FEDERAZIONE RUSSA	17.075.400	147.386.000	8,6	Mosca

La Federazione Russa (21 repubbliche, 49 regioni, 6 territori, 10 distretti autonomi, 2 municipalità)

STATO	KM²	ABITANTI	DENS./KM²	CAPITALE
1 Adighezia	7600	432.000	56,8	Majkop
2 Altai	92.600	192.000	2	Gorno-Altajsk
3 Baschiria	143.600	3.952.000	27,5	Ufa
4 Buriazia	351.300	1.042.000	2,9	Ulan-Ude
5 Cabardia-Balcaria	12.500	760.000	60,8	Nalčik
6 Cacassia	61.900	569.000	9,6	Abakan'
7 Calmucchia	75.900	322.000	4,2	Elista
8 Caraciaia-Circassia	14.100	418.000	29,6	Čerkessk
9 Carelia	172.400	792.000	4,5	Petrozadovsk-Äänislinna
10 Cecenia	15.000	1.060.000	70,6	Groznyj
11 Ciuvascia	18.300	1.363.000	73	Čeboksary
12 Comia	415.900	1.263.000	3	Syktyvkar
13 Daghestan	50.300	1.709.000	34	Makhačkala
14 Iacuzia	3.103.200	1.081.000	0,35	Jakutsk
15 Inghuscezia	4300	217.000	50,4	Nazran
16 Marelia	23.200	750.000	32,3	Joškar Ola
17 Mordvinia	26.200	964.000	36,8	Saransk
18 Osezia settentrionale	8000	634.000	73,7	Vladikavkaz
19 Tataria	68.000	3.640.000	53,5	Kazan'/Kaan
20 Tuva	170.500	309.000	1,8	Kyzyl
21 Udmurzia	42.100	1.609.000	25,4	Īževsk
Russia	12.189.500	128.308.000		

Una strada di Leningrado, che dopo il crollo del comunismo ha ripreso il nome zarista di San Pietroburgo.

ferma la popolazione che approva compatta, con oltre il 90 per cento dei voti, il referendum per l'indipendenza. In giugno ha luogo la prima votazione a suffragio universale della Repubblica russa, quella per l'elezione del presidente. Eltsin stravince, umiliando il candidato proposto da Gorbačëv: adesso anche la Russia ha una propria "autonomia" legittimata dal voto popolare, e ormai le singole repubbliche diventano sempre più la sede delle decisioni politiche ed economiche fondamentali.

In un tentativo disperato di frenare questo processo, il 19 agosto 1991 i massimi dirigenti del Partito (il vicepresidente dell'URSS, i ministri degli Interni e della Difesa, il capo del KGB) creano un "Comitato per lo stato d'emergenza" e proclamano lo stato d'assedio. Gorbačëv, che pochi mesi prima aveva scelto quegli uomini per ottenere l'appoggio dei conservatori, è deposto e arrestato. La risposta popolare è immediata e il golpe fallisce: una parte dell'esercito si schiera con Eltsin, così come i sindaci di Mosca e Leningrado. Una repubblica dopo l'altra proclama l'indipendenza e a dicembre i presidenti della Russia, dell'Ucraina e della Bielorussia danno vita alla Comunità di Stati Indipendenti (CSI).

L'URSS è praticamentre dissolta, l'Armata Rossa è allo sbando e a fine anno Gorbačëv, in un discorso alla nazione, formalizza la fine del regime sorto nell'ottobre del 1917.

LA FEDERAZIONE RUSSA E LA COMUNITÀ DI STATI INDIPENDENTI (1991)

I conflitti nazionali nell'ex impero sovietico

Jokar Dudaev, capo della Repubblica cecena indipendente. *Dopo che nell'agosto del 1991 è fallito a Mosca il colpo di stato comunista questo ex generale dell'aeronautica fonda il Congresso nazionale ceceno e ottiene una schiacciante vittoria nel referendum sull'indipendenza della Cecenia-Inguscezia.*

Quasi tutte le repubbliche dell'ex URSS aderiscono alla CSI: ne restano fuori la Georgia, che aderirà più tardi, e in modo definitivo i paesi baltici (Lituania, Lettonia, Estonia). La conquistata indipendenza e i nuovi rapporti tra le repubbliche risolvono solo in parte i conflitti etnici che nel 1990 si diffondono in diverse regioni. Scontri armati avvengono in Moldova, contro la secessione della regione del Transdniestr (a maggioranza russa); in Georgia, dove l'Abkhazia e l'Ossezia dichiarano di volersi separare; in Azerbaigian, dove si ripetono le violenze contro gli armeni che intendono separare la regione del Nagorno-Karabakh e unirla all'Armenia; in Tagikistan, dove si fronteggiano fazioni contrapposte.

Dopo la costituzione della CSI la Moldova trova un accordo con la Russia per la regione del Transdniestr. È il Caucaso, invece, la zona dove la situazione peggiora: in Georgia governo e opposizione si combattono con le armi come gli abitanti di Ossezia e Inguscezia, mentre i separatisti dell'Abkhazia ottengono successi militari. In Tagikistan la guerra civile divampa, provocando decine di migliaia di morti e un milione di profughi. In Ucraina si apre il problema della Crimea, che intende separarsi e unirsi alla Russia. Quest'ultima dà inizio alle operazioni militari contro la Cecenia, che si dichiara indipendente, attaccando la capitale Groznyj. Nel 1994, proprio mentre inizia la guerra di Cece-

Le milizie cecene presidiano il palazzo presidenziale di Groznyj.

Manifestazioni di protesta in Tagikistan. *Questa nuova repubblica ex sovietica dell'Asia centrale ha di fronte a sé il non facile compito di creare una struttura statale stabile, pur non potendo contare su un'identità storico-nazionale che invece vantano altre regioni dell'ex impero sovietico. La società del Tagikistan è stata caratterizzata per secoli dal nomadismo.*

nia, in Nagorno-Karabakh si arriva al cessate il fuoco tra azeri e armeni, mentre diminuiscono gli scontri in Tagikistan e in Georgia, che aderisce alla CSI.

Nella maggioranza delle repubbliche gli uomini al potere sono quelli del vecchio regime: divenuti leader dei partiti nazionalisti sono i più capaci di ritessere con Mosca rapporti economici e politici che li aiutino a uscire dalla crisi in cui si trovano. Le trattative ancora in corso sulla ubicazione dei grandi oleodotti che dal Mar Caspio devono giungere sul Mar Nero e nel Mediterraneo, mostrano come per molte repubbliche accordarsi con Mosca e confrontarsi con le sue scelte strategiche costituisca una scelta quasi obbligata.

LA GUERRA IN CECENIA

Nel 1991, mentre a Mosca è in corso lo scontro tra riformatori e conservatori che conduce al golpe di agosto, la Cecenia dichiara la propria indipendenza: a guidare le forze che premono per la secessione è Jokar Dudaev, diventato generale dell'esercito sovietico durante la guerra in Afghanistan. Gli interessi petroliferi e la volontà di riportare ordine nella frontiera caucasica spingono El'cin a decidere alla fine del 1994 un attacco militare a sorpresa: la capitale Groznyj viene bombardata e si cerca di convincere i ceceni alla resa con una strategia di distruzione generalizzata. La resistenza armata sulle montagne e nei villaggi attorno alla capitale permette nel marzo del 1996 la riconquista di Groznyj da parte dei nazionalisti, costringendo la Russia a intavolare trattative. Il proseguimento della guerra mette in difficoltà Eltsin e favorisce il diffondersi di posizioni anticentraliste e favorevoli al dialogo, sostenute dalle forze democratiche. A seguito della mobilitazione dell'opinione pubblica, emerge la figura del generale Alexander Lebed, eroe e veterano dell'Afghanistan, come possibile mediatore del conflitto. Grazie a lui le trattative si concludono con l'accordo dell'agosto 1996. La guerra in Cecenia ha provocato 40.000 morti e oltre 400.000 profughi.

I NUOVI ASSETTI DEL CAUCASO

Groznyj distrutta dalla guerra. *Nonostante la schiacciante superiorità il corpo di spedizione russo (forte di 20.000 uomini e dell'appoggio dell'aviazione) si scontra con l'accanita resistenza dei ceceni.*

Le nuove democrazie in Europa centrale

La transizione dal comunismo alla democrazia e al mercato non avviene con le stesse modalità, tempi e risultati in ogni paese. Gli stati che si adattano meglio alla nuova realtà e, pur con sacrifici e contraddizioni, si incamminano senza tentennamenti verso un modello "occidentale" di società sono l'Ungheria, la Polonia, la Repubblica Ceca (nata il 1° gennaio 1993 insieme alla Slovacchia: una separazione consensuale voluta dagli slovacchi).
I partiti ex comunisti, che hanno adottato un programma e un'organizzazione di tipo socialdemocratico, si alternano al potere con le forze liberali. Gli obiettivi di politica economica e di politica internazionale sono praticamente gli stessi: affrettare il consolidamento di una economia di mercato ed entrare nella Comunità europea il prima possibile. Gli sforzi compiuti nella liberalizzazione dei prezzi, nel contenimento dell'inflazione, nell'avvio delle privatizzazioni per attirare investimenti stranieri ed elevare la produttività, fanno sorgere tensioni sociali e accentuano l'immiserimento dei pensionati, dei ceti intellettuali e degli impiegati della pubblica amministrazione.
Ai problemi economici si accompagna la delusione per la mancata epurazione dei maggiori responsabili dei passati regimi o per punizioni simboliche e provvedimenti formali che non distinguono tra chi ha appoggiato il comunismo, chi lo ha accettato passivamente e chi

IL CAMMINO DELLA DESOVIETIZZAZIONE

La desovietizzazione percorre strade diverse in ciascuno degli ex paesi comunisti, soprattutto per quel che riguarda il riconoscimento delle responsabilità politiche e penali della classe dirigente. Il 1° gennaio 1993 i cechi si separano dalla Slovacchia e i primi di luglio il Parlamento ceco approva la legge secondo cui il Partito comunista è responsabile della distruzione dei valori tradizionali della civiltà europea, del declino morale ed economico del paese, degli attentati ai diritti umani e dei crimini perpetrati contro i dissidenti. In Ungheria la decomunistizzazione ha invece caratteri più sfumati: nel 1992 il primo ministro Miklos Maroth dichiara che, in una democrazia, la legge deve difendere tutti i cittadini contro lo strapotere dello stato, compresi i comunisti. È in Polonia, tuttavia, che il problema della decomunistizzazione viene di frequente sollevato, perché da più parti si avverte la necessità di riformare le strutture ereditate dal vecchio regime, di giudicare l'operato del personale della pubblica amministrazione e di operare un netto cambiamento.

Mercato nero di valuta inTurkmenistan (a sinistra).
In questo nuovo stato dell'Asia centrale ex sovietica è concentrata buona parte dei giacimenti di petrolio e gas naturali dell'intero pianeta. La regione è dunque oggetto delle mire di Mosca, che fa leva sulla presenza di minoranze russe in tutta l'area per riguadagnare il controllo di tali risorse.

1996	REP. CECA	UNGHERIA	POLONIA	SLOVACCHIA
Crescita del prodotto interno lordo	5,2%	1,5%	5,5%	6%
Inflazione	8,5%	24%	22%	7%
Tasso di disuccupazione	3%	11%	14%	13%
Investimenti stranieri *(in milioni di dollari)*	5955	13.100	2655 (dicembre 1995)	737
Bilancio import/export *(in milioni di dollari)*	-5000	-1800	-8600	-1200

lo ha effettivamente combattuto. Una parte notevole della vecchia *nomenklatura* di partito, del resto, grazie al ruolo avuto sotto la dittatura, è adesso alla testa dei nuovi colossi economici e delle imprese create nei primi mesi di democrazia. Anche se il numero dei partiti è eccessivo, l'elettorato risulta frantumato e l'opinione pubblica è lasciata in balia di un ceto politico inquinato dalla corruzione e dall'incompetenza, il sistema democratico si è ormai stabilizzato. La crescita economica degli stati dell'Europa orientale già sotto il dominio comunista è tra le più elevate del mondo, e le condizioni di vita conoscono un progressivo anche se diseguale miglioramento.

L'UNIONE EUROPEA SI APRE AD EST

Nel dicembre 1997 l'Unione Europea decide di allargare i propri confini a sei nuovi paesi, destinati a entrare come membri effettivi all'inizio del 2000. Di questi ben cinque (Polonia, Ungheria, Repubblica Ceca, Estonia e Slovenia) appartengono all'ex mondo comunista. Sono i paesi che, oltre ad avere una più immediata prossimità territoriale, corrispondono di più ai requisiti di sviluppo economico e di affidabilità democratica richiesti ai nuovi aderenti dall'Unione Europea. I negoziati di adesione iniziano nel 1996 e portano ad accordi di associazione che costituiscono il primo passo verso l'integrazione completa. Nello stesso mese di dicembre, tre di questi paesi (Polonia, Ungheria e Repubblica Ceca) firmano i protocolli di accesso alla NATO: l'adesione sarà effettiva nel 1999, dopo che i parlamenti dei paesi membri avranno ratificato l'ampliamento dell'Alleanza atlantica. L'allargamento dell'Unione Europea ai paesi ex comunisti, visto con favore sul piano politico, suscita qualche perplessità per i possibili effetti negativi che potrà portare sul piano economico: per esempio nelle politiche agricole.

McDonald's in una strada di Mosca (a sinistra).
L'apertura ai capitali occidentali si accompagna ad un collasso della produzione industriale, a sua volta determinato dalla liberalizzazione dei prezzi, dalla fine dei sussidi statali e dalla privatizzazione. Fino alla metà degli anni Novanta l'ex URSS registra indici di inflazione così alti da determinare una forte contrazione dei consumi.

A Mosca, una manifestazione di nostalgici del comunismo.

Il comunismo: bilancio di un secolo

In una vignetta del 1919 Lenin spazza via dal mondo monarchi, preti e capitalisti.

Dopo il 1991 il comunismo sembra sopravvivere soltanto nella Corea del Nord e a Cuba, paesi afflitti da una gravissima crisi economica e incapaci di rappresentare un modello di alcun genere. La Cina, dove pure il Partito comunista rimane saldamente al potere, ha imboccato decisamente la via di una economia aperta al mercato e dell'abbandono pressoché totale dell'ideologia marxista.
Se si giudica l'esperienza storica del comunismo con il metro dei risultati si può dire che esso ha avuto momenti di successo (l'industrializzazione di intere regioni arretrate, la diffusione in diversi paesi, il ruolo di superpotenza svolto dall'URSS per circa quarant'anni), ma che ormai il suo ruolo si è storicamente esaurito. Se la si considera, invece, con l'occhio rivolto ai programmi e agli obiettivi prospettati (il socialismo: sia quello dei testi teorici che quello del benessere e dell'uguaglianza più volte annunciato dai suoi leader) è evidente che essa ha fallito il suo compito.
All'interno della storia del Novecento l'esperienza comunista sembra la via che ha permesso ad alcuni paesi di procedere alla propria modernizzazione: con ritmi ed esiti assai diversi e con costi umani e sociali eccessivamente elevati. Per decenni era sembrato che la repressione della libertà e dei

Ernesto "Che" Guevara ritratto su una maglietta di produzione cubana. *A trent'anni dalla morte in Bolivia, e al di là della banalizzazione consumistica, il mito del "guerrigliero eroico" sembra non tramontare. A ciò contribuisce la celebre fotografia che lo ritrae con lo sguardo rivolto al futuro.*

Nell'agosto 1968 studenti inglesi protestano contro l'invasione sovietica della Cecoslovacchia.

diritti individuali fosse compensata dai risultati economici e dai benefici sociali raggiunti dalle popolazioni: ma sono proprio gli insuccessi economici e la disgregazione sociale a costituire il terreno su cui si impantana e poi crolla la politica comunista.

Nel corso del secolo il comunismo è sembrato per alcuni decenni rappresentare un modello di crescita dinamica e progressiva; più tardi il simbolo della stagnazione e dell'immobilismo. A livello politico esso ha assunto le sembianze dittatoriali e repressive di uno stato totalitario, che in seguito è stato possibile ammorbidire e attenuare ma non riformare. I successi di politica sociale, innegabili se confrontati con quelli raggiunti da paesi allo stesso grado di sviluppo, sono stati progressivamente vanificati da un sistema chiuso e incapace di rispondere alle aspettative da esso stesso create.

Nel corso del secolo il comunismo ha suscitato la speranza e l'entusiasmo di milioni di persone, ma anche la disperazione e l'odio di un numero altrettanto grande; ha catalizzato adesioni e consensi ma anche opposizione e rifiuto. È stato un fattore di profonda divisione del mondo e degli stati al loro interno, pur costituendo un elemento centrale e intensamente vissuto nell'esperienza collettiva del Novecento.

A Timisoara, soldati agitano la bandiera romena priva dello stemma comunista.

Bambino nordcoreano a scuola.
La Corea del Nord è considerata un "dinosauro" lasciato in eredità dalla guerra fredda. Morto nel 1994 il dittatore Kim Il-Sung, che ha gestito il potere per 46 anni, gli succede il figlio Kim Jong-Il. Con il crollo dell'URSS il futuro della Corea si fa molto incerto. La situazione economica è vicina al collasso, mentre si riaffaccia la prospettiva della riunificazione con la Corea del Sud.

LA STRADA VERSO LA FELICITÀ?

"In realtà il fallimento del regime nato dalla rivoluzione d'Ottobre e forse ancora di più il carattere radicale che ha avuto privano l'idea comunista non solo della sua terra d'elezione, ma anche d'ogni rimedio: ciò che davanti ai nostri occhi è scomparso con l'Unione Sovietica di Gorbačëv abbraccia tutte le versioni del comunismo, i princìpi rivoluzionari di Ottobre, la loro storia e persino l'ambizione d'umanizzarne l'evoluzione in condizioni più favorevoli. È come se stesse per chiudersi la più grande strada mai aperta in fatto di felicità sociale all'immaginazione dell'uomo moderno. Il comunismo non ha mai concepito altro tribunale che la storia, e si ritrova adesso condannato dalla storia a una completa scomparsa".

(Tratto da: François Furet, *Il passato di un'illusione. L'idea comunista nel XX secolo*, Milano, Mondadori, 1995, pp. 558-559)

1985-1986

ECONOMIA E SOCIETÀ

1985

• La cometa di Halley raggiunge il punto più vicino alla terra.

Bulgaria Assimilazione forzata dei turchi, costretti a prendere patronimici slavi.

Cina Raggiunto un miliardo e 100 milioni di abitanti.

USA Per la prima volta nella sua storia il paese diventa debitore verso l'estero.

• Alle Olimpiadi di Los Angeles non partecipano 16 paesi dell'Europa orientale.

1986

URSS Andrej Sacharov rientra a Mosca dall'esilio.

POLITICA E ISTITUZIONI

1985

11 marzo *URSS* Dopo la morte di Konstantin Cernenko, Michail Gorbačëv viene eletto segretario generale del Comitato centrale del PCUS.

13 aprile *Albania* Ramiz Alia succede a Enver Hoxha.

19-21 novembre A Ginevra si svolge il vertice fra Ronald Reagan e Gorbačëv.

3 dicembre *Polonia* Il generale Wojciech Jaruzelski incontra François Mitterrand a Parigi.

1987-1988

ECONOMIA E SOCIETÀ

1987

URSS Autogestione nelle imprese, incoraggiate le cooperative e l'iniziativa privata in agricoltura e servizi.

USA Il 19 ottobre crolla la borsa di Wall Street, trascinando tutte le altre borse del mondo.

1988

URSS Gorbačëv riceve il patriarca ortodosso.

Armenia Un catastrofico terremoto miete 25.000 vittime.

POLITICA E ISTITUZIONI

1987

18 febbraio *URSS* Boris El'cin viene destituito da membro del Politburo.

12-28 febbraio *Azerbaigian* Scoppiano violenze contro gli armeni, che vogliono separare il Nagorno-Karabakh e unirlo all'Armenia.

febbraio *URSS* Gorbačëv annuncia il ritiro dei russi dall'Afghanistan.

marzo *Jugoslavia* Gorbačëv visita Belgrado.

aprile-agosto *Polonia* Ondata di scioperi per la legalizzazione di Solidarność.

22 maggio *Ungheria*: János Kádár si dimette da segretario del Partito.

28 giugno-2 luglio *URSS* Alla XIX Conferenza del PCUS si decidono la riforma del sistema politico e nuove elezioni semidemocratiche.

1989

ECONOMIA E SOCIETÀ

Cina Dopo la sanguinosa repressione avvenuta nella piazza Tienanmen numerosi studenti e intellettuali fuggono in Occidente.

Cuba Il generale Arnaldo Ochoa e tre alti funzionari dello stato sono, dopo un processo sommario, condannati a morte per traffico di cocaina.

Gran Bretagna Nello stadio di Sheffield sono schiacciati e uccisi 95 spettatori.

RDT Molti cittadini non ritornano dalle vacanze e si rifugiano nelle ambasciate della Germania Ovest a Praga e Budapest.

Tibet Il Dalai Lama è premio Nobel per la pace.

POLITICA E ISTITUZIONI

15 gennaio *Cecoslovacchia* A Praga viene repressa la manifestazione in ricordo di Jan Palach.

6 febbraio-5 aprile *Polonia* Tavola rotonda fra governo e opposizione: decisi pluralismo sindacale e riforme.

15 febbraio *Afghanistan* Le truppe sovietiche si ritirano dal paese.

5-7 marzo *Tibet* Viene repressa la rivolta anticinese.

26 marzo *URSS* L'elezione del Congresso del popolo è all'insegna del pluralismo.

28 marzo *Jugoslavia* Nel Kosovo avvengono scontri fra polizia serba e albanesi.

8 aprile *Georgia* L'esercito russo reprime la rivolta.

7 maggio *RDT* I comunisti della SED vincono le elezioni comunali.

3-4 giugno *Cina* Sanguinosa repressione in piazza Tienanmen a Pechino.

maggio-dicembre *Bulgaria* La minoranza turca viene perseguitata ed espulsa in massa verso la Turchia.

3 luglio *Uzbekistan* Scontri tra uzbeki e meskhet.

15 luglio *Georgia* Scoppiano tumulti in Abkhazia e in Ossezia.

17 luglio *Kazakistan* La regione diventa lo scenario di sanguinosi tumulti.

19 luglio *Polonia* Il generale Jaruzelski è eletto presidente della repubblica.

11 settembre *Ungheria* Ven-

1990

ECONOMIA E SOCIETÀ

Europa Firmato il trattato di Schengen sulla libera circolazione di merci e persone in Belgio, Francia, Olanda, Lussemburgo e Germania.

Francia Si svolge a Parigi la Conferenza per la sicurezza e la cooperazione in Europa.

Germania Entra in vigore l'unione economica e monetaria fra le due Germanie.

Polonia Inizia la "terapia d'urto" economica.

URSS Riforme istituzionali e caos economico.

• Gorbačëv è insignito del premio Nobel per la pace.

POLITICA E ISTITUZIONI

3 gennaio *Bulgaria* Inizia la tavola rotonda fra governo e opposizione.

20 gennaio *Azerbaigian* Interviene l'esercito sovietico.

23 gennaio *Jugoslavia* Nel Kosovo scontri fra serbi e albanesi.

gennaio *Romania* Nuovo governo del Fronte di salvezza nazionale guidato da Ion Iliescu.

• *Bulgaria* Nascita dell'Unione delle forze democratiche.

3 febbraio *Bulgaria* Il Partito comunista prende il nome di Partito socialista.

12-14 febbraio *Tagikistan* Scontri fra armeni e russi a Dušambe.

18 marzo *RDT* La CDU "orientale" di Lothar de Maizière vince le elezioni.

marzo *URSS* Gorbačëv viene eletto presidente.

20 marzo *Romania* In Transilvania scoppiano scontri fra nazionalisti rumeni e ungheresi.

marzo-maggio Lituania, Estonia e Lettonia proclamano l'indipendenza: Gorbačëv invia l'esercito.

23-26 aprile *Cina* Li Peng visita Mosca dopo 25 anni.

1991-1994

ECONOMIA E SOCIETÀ

1991

Germania Difficoltà economiche e sociali provocate dall'unificazione.

Europa Istituita la Banca per la ricostruzione dell'Est europeo.

Nordamerica Con l'accordo NAFTA nasce l'area di libero scambio (USA, Canada, Messico).

1992

Brasile Ha grande risonanza l'allarme dato dalla Conferenza sull'ambiente, tenutasi a Rio de Janeiro.

1993

Europa Compimento del Mercato unico europeo.

• Il margine di fluttuazione del meccanismo di cambio dello SME viene allargato a +/-15 per cento.

1° novembre Entra in vigore il trattato di Maastricht: nasce l'Unione Europea.

POLITICA E ISTITUZIONI

1991

gennaio *Lituania* Repressa la rivolta dei nazionalisti.

25 febbraio Scioglimento del Patto di Varsavia.

17 marzo *URSS* Si svolge il referendum che sancisce la nascita della CSI.

marzo *Albania* Alle elezioni avanzano le opposizioni.

19 maggio La Cina e l'URSS si accordano sulle frontiere dopo 20 anni di contese.

12 giugno *Russia* Boris Eltsin viene eletto presidente della repubblica.

25 giugno Slovenia e Croazia si dichiarano indipendenti.

28 giugno *URSS* Il COMECON viene sciolto.

giugno-luglio *Albania* Migliaia di profughi sbarcano in Italia.

19-21 agosto Fallisce il golpe conservatore a Mosca.

8 agosto Slavonia e Krajina, repubbliche filoserbe, di-

1986

25 febbraio-6 marzo *URSS* Al XXVII Congresso del Partito comunista dell'Unione Sovietica Gorbačëv lancia la politica della *perestrojka*.

12 settembre *Polonia* Il governo concede l'amnistia a tutti i prigionieri politici.

11-12 ottobre *Islanda* A Reykjavik si svolge il vertice fra Reagan e Gorbačëv.

dicembre *Cina* Iniziano le manifestazioni degli studenti; dimissioni del segretario generale del Partito comunista Hu Yaobang.

1988

gennaio *URSS* Gorbačëv vara la *glasnost'*.

settembre *RDT* Erich Honecker visita la RFT.

maggio *Romania* A Bucarest Gorbačëv attacca il nepotismo.

settembre *Ungheria* Nasce il Forum democratico.

dicembre *USA* A Washington si svolge il vertice fra Reagan e Gorbačëv.

28 ottobre *Cecoslovacchia* A Praga viene repressa la rivolta popolare per il 70° anniversario della Repubblica.

gono aperte le frontiere con l'Austria.

12 settembre *Polonia* Si insedia il governo del cattolico Tadeusz Mazowiecki.

7-18 ottobre *RDT* Migliaia di dimostranti sono arrestati; Honecker si dimette.

18-23 ottobre *Ungheria* Adottato il pluripartitismo e proclamata la repubblica.

9 novembre *RFT* Aperti i primi varchi nel Muro di Berlino.

10 novembre *Bulgaria* Petar Mladenov è eletto segretario generale e presidente della repubblica.

17-27 novembre *Cecoslovacchia* Inizia la "rivoluzione di velluto".

28 novembre *RFT* Kohl propone il "piano in dieci punti" per i rapporti intertedeschi.

3-5 dicembre *Malta* Vertice fra George Bush e Gorbačëv.

dicembre *Bulgaria* Manifestazioni di piazza; fine del ruolo direttivo del Partito comunista.

7-9 dicembre *RDT* Si svolge una tavola rotonda fra potere e opposizione.

16-26 dicembre *Romania* A Timisoara scoppia una grande sollevazione popolare e a Bucarest dilaga la rivoluzione.

29 dicembre *Cecoslovacchia* Il Parlamento elegge Václav Havel presidente della repubblica.

• *Polonia* Viene proclamata la repubblica ed abolito il ruolo dirigente del Partito comunista.

aprile *Ungheria* Il Forum democratico vince le elezioni politiche.

aprile-maggio *Croazia, Slovenia* Vittoria degli anticomunisti e degli autonomisti.

giugno *Kirghisistan* Scontri tra uzbeki e kirghisi.

• *Kazakistan-Uzbekistan* Scontri di confine.

• *Bulgaria* Gli ex comunisti vincono le elezioni politiche.

• *Cecoslovacchia* Alle prime elezioni libere vincono gli anticomunisti.

• *Romania* I minatori reprimono la rivolta anti Iliescu scoppiata a Bucarest.

3 luglio *Albania* Cittadini di Tirana si rifugiano nelle ambasciate occidentali.

1 agosto *Bulgaria* Jeliu Jelev viene eletto presidente della repubblica.

3 ottobre *Germania* Avviene la riunificazione politica.

26 ottobre *Moldova:* scoppiano scontri tra moldavi e gagauzi.

9 dicembre *Polonia* Lech Walesa viene eletto presidente della repubblica.

18 dicembre *Germania* Scioglimento della STASI.

dicembre *Albania* Studenti e operai scioperano: concesso il multipartitismo.

chiarano l'autonomia.

8 novembre-21 dicembre *Georgia, Moldova, Cecenia, Inguscezia* Scoppiano tumulti.

dicembre *Slovenia* L'esercito jugoslavo va contro le milizie slovene.

• Ad Alma-Ata nasce la CSI.

1993

1° gennaio *Cecoslovacchia* Nascono la Repubblica ceca e quella di Slovacchia.

settembre *Polonia* Alle elezioni gli ex comunisti ottengono la maggioranza relativa e formano una coalizione con il Partito agrario.

12 dicembre *Russia* Approvata la nuova Costituzione presidenzialista.

1994

dicembre *Cecenia* Intervento militare russo.

Ungheria Vince le elezioni il Partito socialista, che governa con l'Alleanza dei democratici liberi.

SCIENZA E TECNOLOGIA

1985

URSS Il COMECON adotta un programma tecnico-scientifico fino al 2000.

1986

26 aprile *URSS* Incidente alla centrale nucleare di Chernobyl.

1987

URSS Dopo essere rimasto 326 giorni nello spazio l'astronauta Jurij Romanenko torna sulla terra.

USA-URSS Accordo per la fine degli euromissili.

Alaska Disastro ecologico provocato dalla petroliera *Exxon Valdéz*.

Austria Muore l'etologo Konrad Lorenz, premio Nobel nel 1973.

Brasile Protesta degli ecologisti contro una centrale elettrica in Amazzonia.

Italia Le prime materie plastiche biodegradabili sono realizzate dal gruppo Ferruzzi.

USA Viene registrata la riduzione della fascia di ozono al Polo Sud.

1° giugno *USA-URSS* Firmato il trattato sul disarmo chimico.

Europa Trattato CFE (Conventional Forces in Europe) sulla riduzione degli armamenti convenzionali.

Francia-Inghilterra Caduta dell'ultimo diaframma del tunnel sotto la Manica.

USA Messa in orbita del primo telescopio spaziale.

1991

USA-URSS Trattato START I sulla riduzione entro il 1998 del 25-30 per cento di bombardieri e missili nucleari.

1993

USA-URSS START II sulla riduzione delle testate nucleari dislocate a terra.

1994

Germania Nasce la tuta cybersex per il sesso virtuale.

CULTURA E SPORT

1985

Perù Mario Vargas Llosa pubblica *Storia di Mayta*.

URSS A Parigi Sergej Bubka supera i 6 metri, stabilendo il record di salto con l'asta.

• Battendo Anatolij Karpov, Garry Kasparov è campione mondiale di scacchi.

1986

USA Lo scrittore minimalista David Leavitt pubblica *Il linguaggio perduto delle gru*.

Colombia Gabriel García Márquez pubblica il romanzo *L'amore ai tempi del colera*.

1987

RDT Esce il film *Il cielo sopra Berlino* di Wim Wenders.

URSS Josif Brodskij vince il Nobel per la letteratura.

• Boris Pasternak, a 27 anni dalla morte, è riammesso postumo nell'Unione degli scrittori.

1988

Polonia Il regista Krzysztof Kieslowski conclude il film a episodi *Decalogo*.

URSS Si svolgono grandi celebrazioni per il millenario della Russia cristiana.

Belgio Muore Georges Simenon, il re del romanzo giallo.

Giappone Kazuo Ishiguro pubblica il romanzo *Quel che resta del giorno*.

Iran L'ayatollah Khomeini condanna a morte Salman Rushdie per *I versi satanici*, scritti l'anno precedente.

Italia Premio Oscar al film *Nuovo cinema Paradiso* di Giuseppe Tornatore.

• Muore a Palermo lo scrittore Leonardo Sciascia.

RFT Vittoria dei tennisti Boris Becker e Steffi Graf nel torneo di Wimbledon.

Spagna Muore il pittore Salvador Dalí.

• Esce il film *Lègami* del regista Pedro Almodovar.

Messico Octavio Paz vince il Nobel per la letteratura.

Svezia Muore l'attrice Greta Garbo.

USA Muore Bruno Bettelheim, il padre della psicanalisi infantile.

1991

Italia Enciclica papale *Centesimus annus*.

• Esce il film *Mediterraneo* di Gabriele Salvatores, premio Oscar l'anno successivo.

Sudafrica A Nadine Gordimer il Nobel per la letteratura.

URSS Riconoscimento ufficiale della responsabilità nel massacro di circa 4000 ufficiali polacchi a Katyn nella seconda guerra mondiale.

USA Il film *Balla coi lupi* di Kevin Kostner vince sette premi Oscar.

1993

Russia Muore a Parigi di AIDS il ballerino Rudolf Nureyev.

1994

Russia Ritorna in patria lo scrittore dissidente Aleksandr Solženicyn.

La fine della corsa agli armamenti

Nei primi anni Ottanta la corsa agli armamenti riprende vigore. La supremazia raggiunta dall'URSS nell'ultimo scorcio del decennio precedente spinge il neoeletto presidente Reagan a incrementare le spese militari (dal 22,7 al 28,7 per cento del bilancio) e a iniziare nel 1983 l'installazione degli "euromissili" come risposta agli SS-20 sovietici. Gli Stati Uniti danno vita alla Strategic Defense Iniziative (SDI) o, come viene chiamata, "scudo stellare", per intercettare i missili avversari. L'ascesa al potere di Gorbačëv modifica però i rapporti tra le due superpotenze. Nell'ottobre del 1985 il vertice di Ginevra tra Reagan e Gorbačëv apre la strada agli accordi successivi. Nell'incontro di Reykjavik dell'ottobre 1986, Reagan dichiara di voler smantellare l'arsenale strategico nucleare in dieci anni affrettando la realizzazione del sistema SDI. Gorbačëv evita di vincolare le trattative sul disarmo al ritiro dello "scudo stellare" e, nel dicembre 1987, le due superpotenze si accordano per l'eliminazione dei missili a medio raggio. A questo storico trattato ne seguono altri, che portano a ulteriori limitazioni e controlli degli armamenti, alla decisione sovietica di ridurre le proprie forze in Europa orientale e di smantellare alcuni impianti radar. Il disarmo continua specie dopo il completo ritiro, nel febbraio del 1989, dei sovietici dall'Afghanistan. Il crollo del Muro di Berlino e dei regimi comunisti nell'Europa orientale induce gli USA a fidarsi delle proposte sovietiche. Nel luglio 1991, dopo che si è dissolto il Patto di Varsavia, USA e URSS firmano un accordo per la riduzione degli arsenali strategici e la progressiva eliminazione dei due terzi dei restanti nel corso del decennio successivo. Scomparsa l'URSS alla fine del 1991, Russia e USA instaurano un rapporto nuovo, segnato dalla collaborazione su questioni internazionali quali il terrorismo e la diffusione di armi nucleari portatili. Tuttavia la fine della guerra fredda, malgrado abbia bloccato la corsa agli armamenti, ha frenato lo smantellamento degli arsenali nucleari avviato da Gorbačëv. La richiesta russa di adesione alla NATO ha completamente mutato la questione degli arsenali militari a livello internazionale.

"Energia nucleare? No grazie": ambientalisti manifestano contro la proliferazione delle armi atomiche (sopra).

Maggio 1991: la distruzione delle testate nucleari degli SS-23 sovietici.

In cerca di nuovi assetti

Il crollo del comunismo è percepito come una svolta di portata storica per gli equilibri del mondo. Qualcuno parla addirittura di "fine della storia", nell'illusione che l'unica superpotenza rimasta sulla scena – gli USA – abbia ormai la possibilità di unificare il mercato sotto la propria egemonia, di smorzare le tensioni internazionali e dirimere i conflitti locali, di pacificare il mondo dopo averlo reso omogeneo. La fine del bipolarismo in realtà porta di nuovo alla luce conflitti che sembravano essere scomparsi o sopiti, primi fra tutti quelli etnici-nazionali. La guerra nell'ex Jugoslavia e quella nel Caucaso ex sovietico mostrano che gli equilibri sorti dopo le due guerre mondiali non hanno risolto alla radice il problema della convivenza multietnica in alcune aree del mondo. In entrambe le regioni, del resto, il conflitto etnico si nutre anche di differenze religiose, proprio mentre il fondamentalismo sferra il suo attacco al processo di modernizzazione che è in corso in un'area non troppo distante. Anche in Africa riprendono gli scontri tra etnie diverse, che si intrecciano a una mai sopita conflittualità tra clan e all'emergere di conflitti interni alle élites *locali, spesso corrotte e legate ai gruppi occidentali che dominano economicamente l'era postcoloniale.*

La fine della guerra fredda non è dunque l'inizio di quella nuova età dell'oro che molti ritengono possa sorgere sulle ceneri del sistema comunista. Non solo perché paesi comunisti continuano a esistere, sia pure ormai proiettati verso l'economia di mercato e sempre più in difficoltà a contenere in un regime autoritario le spinte autonomistiche della società; ma anche perché alcune crisi "locali" rischiano – è il caso della guerra del Golfo – di nascondere dietro l'unanimità ideologica fondata sulla fede religiosa l'incapacità di offrire soluzioni reali e durature ai problemi sul tappeto.

In Europa il processo di unificazione economica e politica conosce nuove difficoltà proprio mentre sembra aver vinto su tutti i fronti: la riunificazione tedesca, la richiesta di nuove adesioni all'Unione Europea da parte dei paesi centrorientali e baltici, la disoccupazione e il deficit di bilancio di molti stati impongono scelte che non sempre l'opinione pubblica dei paesi membri sembra condividere. L'incapacità di una politica estera "europea" è drammaticamente evidente di fronte al conflitto jugoslavo e al problema dei profughi che accompagna la ripresa delle guerre in Africa. Malgrado le tensioni crescenti, in molte parti del globo lo sviluppo economico sembra proseguire a ritmi elevati, soprattutto in alcuni paesi dell'Asia e dell'Europa ex comunista. Ci si comincia a interrogare sui caratteri della società postindustriale, sugli effetti della globalizzazione, sul peso crescente del mondo finanziario. Le classi dirigenti dei paesi avanzati agiscono in modo sempre più integrato, nella speranza che il mercato riesca con le sue leggi a risolvere i conflitti di un mondo che la fine della guerra fredda ha reso più dinamico ma anche più instabile.

Profughi albanesi all'arrivo nel porto di Brindisi nel marzo 1991 (nella pagina precedente).

La fine della guerra fredda

Tra il 1987 e il 1990 l'antagonismo bipolare che ha dominato l'era postbellica viene meno: USA e URSS si accordano per drastici tagli degli arsenali nucleari. L'8 dicembre 1987 il trattato sui vettori a raggio intermedio INF (Intermediate Range Nuclear Forces) sancisce la totale eliminazione degli euromissili: è la prima vera riduzione delle armi nucleari dall'inizio dell'era atomica.
L'URSS promuove misure unilaterali di pacificazione e di riforma degli assetti internazionali. Nel 1988 inizia a ritirarsi dall'Afghanistan, taglia gli aiuti a regimi amici e annuncia il ritiro dell'Armata Rossa dall'Europa dell'Est. Mosca non può più sostenere i costi politici e finanziari del suo impero: questo radicale mutamento di strategia rende la distensione diplomatica irreversibile. Il linguaggio della rivalità, della minaccia e dell'insicurezza reciproca è reso d'un tratto obsoleto.
Nel 1989 le ripercussioni di questa svolta portano al crollo degli assetti europei sorti quarant'anni prima. L'annuncio che Mosca non si sente più impegnata a difendere i regimi alleati galvanizza l'opposizione democratica nell'Europa orientale. Tra l'estate e l'autunno i regimi comunisti crollano, il Muro di Berlino viene abbattuto e la sfera di influenza sovietica sorta nel 1945 si dissolve: l'Europa non è più separata in blocchi ideologici e geopolitici contrapposti. La diplomazia mondiale si mette al lavoro per integrare l'URSS nell'economia mondiale di mercato e, tra il 1991 e il

Particolare del quadro Shirley Goldfarb & George Masurovsky (1994) di David Hockney.

Smantellamento dei missili nucleari sovietici. *Firmato a Washington nel dicembre 1987, il trattato prevede, entro 3 anni, l'eliminazione in Europa dei missili nucleari con gittata dai 500 ai 5000 chilometri e un accurato sistema di verifiche e controlli sul campo. L'URSS accetta il principio di una riduzione asimmetrica degli armamenti che compensi la sua superiorità in Europa, e smantella 1836 missili installati nei paesi del Patto di Varsavia.*

Caccia in un aeroporto militare inglese.
Il 19 novembre 1990 i membri della NATO e del Patto di Varsavia sottoscrivono l'impegno a non utilizzare le armi convenzionali in Europa se non per legittima difesa.

1993, i trattati START dimezzano gli arsenali nucleari delle due superpotenze. Nel 1991 la RDT viene assorbita in una Repubblica Federale Tedesca riunificata e inglobata nella NATO, che dal 1999 accoglierà anche Ungheria, Polonia e Repubblica Ceca. Il Patto di Varsavia è sciolto, la guerra fredda è solo un ricordo.

La riunificazione tedesca

Se il "piano in 10 punti", lanciato da Kohl dopo l'apertura del Muro, segna l'avvio del processo di riunificazione tra le due Germanie, è però l'introduzione del marco occidentale nella RDT ad avviare la fine di quest'ultima. Il 1°luglio del 1990 entra in vigore l'"unione economica, monetaria e sociale", anche se il sistema pensionistico e contrattuale tedesco occidentale non è subito "trasferito" a Est e una serie di tappe successive regoleranno la parificazione degli stipendi pubblici e privati. Il trattato di unificazione vera e propria porta la data del 31 agosto: da questo momento la Legge fondamentale (ovvero la Costituzione della Repubblica Federale) vale anche in territorio orientale, mentre lo stesso giorno sorge la Treuhand, la fiduciaria che privatizzerà le aziende statali dell'ex RDT.
Francia, Gran Bretagna, USA e URSS, insieme ai rappresentanti dei due stati tedeschi, firmano il 12 settembre (a conclusione della conferenza "Quattro più Due") il trattato che mette fine alla

7 ottobre 1987: a Lipsia si festeggia l'anniversario della nascita della RDT.

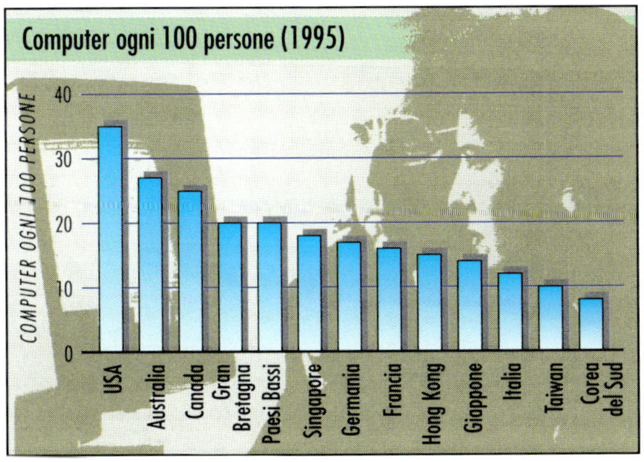

Androrobot, uno dei tanti esempi di "macchine intelligenti".
L'impiego dei robot è sempre più esteso: oltre che per la produzione industriale e per missioni spaziali, anche per esplorazioni sottomarine e per disinnescare ordigni. La miniaturizzazione della tecnologia robotica ne favorisce l'uso anche in campo medico-chirurgico.

sovranità limitata di RDT e RFT, stabilisce i confini della nuova Germania e fissa le tappe del disimpegno militare sovietico sul territorio orientale nei quattro anni successivi. Ciò è reso possibile da una serie di incontri tra Kohl e Gorbačëv: in cambio del via libera all'unificazione, il leader sovietico ottiene un impegno di assistenza e cooperazione; da parte sua, la Germania riconosce come definitivi i suoi confini con la Polonia.
Il 3 ottobre 1990, con la proclamazione della nascita della nuova Germania, i cinque Länder della ex RDT aderiscono alla Repubblica Federale. Il 2 dicembre si svolgono le prime elezioni pantedesche – sia pure con norme leggermente differenziate, per non penalizzare i nuovi partiti dell'Est con la soglia di sbarramento del 5 per cento in vigore nell'ex RFT. La vittoria della coalizione tra cristiano-democratici e liberali, guidata dal cancelliere Kohl (la CDU-CSU ottiene il 43,8 per cento dei suffragi, cui si aggiunge il 10 per cento raggiunto dalla FDP di Hans-Dietrich Genscher, ministro degli Esteri), viene interpretata come un pieno consenso alla rapida riunificazione; la SPD, che ottiene solo il 33 per cento, è "punita" per il suo scetticismo verso un processo che vorrebbe più lento e graduale. Da questo momento il nuovo governo si trova di fronte un paese ormai unito a tutti gli effetti, anche se la strada per una coesione sociale resta ancora lunga.

Cittadini della RDT attraversano la frontiera tra Ungheria e Austria l'11 settembre 1989 (a sinistra).
Il 21 maggio 1989 i soldati ungheresi, in seguito a un accordo fra Kohl e il governo comunista ungherese, cominciano ad abbattere le barriere che segnano il confine fra l'Ungheria e l'Austria. Migliaia di cittadini della RDT si riversano in Ungheria per tentare di passare in Occidente. Nel corso dell'estate il flusso si intensifica, e il governo ungherese decide di non ostacolare l'esodo dei cittadini tedesco-orientali.

Auto ricoperta di giganteschi D-Mark al varco doganale fra le due Germanie.

La guerra del Golfo

Soldatessa USA (in basso) e pozzi di petrolio in fiamme nel Kuwait.
La guerra si conclude con un bilancio pesante per l'Iraq: decine di migliaia di morti fra militari e civili, due terzi del potenziale industriale distrutti. Nel 1993 gli USA bombarderanno complessi industriali iracheni, sospettati di fabbricare ordigni nucleari.

La prima crisi del dopo guerra fredda giunge nel 1990 e mostra quanto il mondo sia cambiato, con una sola e incontrastabile superpotenza. Il 2 agosto l'Iraq – dotato di un impressionante arsenale militare ma anche fortemente indebitato dopo la guerra con l'Iran – invade il Kuwait rivendicando la sovranità sui suoi pozzi petroliferi e annettendolo l'8 agosto. Il presidente americano Bush (1988-1992) organizza una coalizione di stati sotto l'egida dell'ONU, che intima all'Iraq di ritirarsi. In autunno giunge nel Golfo Persico un'imponente armata americana che, insieme ai contingenti dei paesi arabi ed europei, si prepara a sferrare l'attacco contro le truppe di occupazione irachene.

Oltre alla violazione della sovranità del Kuwait, gli alleati giudicano inaccettabile il minaccioso espansionismo di Baghdad, che mette in pericolo i paesi del Golfo e rischia di alterare gli equilibri di un'area cruciale per l'economia mondiale. Gli USA la considerano zona strategicamente vitale, e vedono nella mossa di Saddam Hussein una sfida alla loro riconosciuta supremazia. Bush prospetta agli alleati la possibilità di fare della crisi un'occasione per far sorgere un "nuovo ordine mondiale", con la cooperazione sovietica, tramite l'ONU. Mosca abbandona a se stesso l'Iraq, suo cliente militare fino a pochi anni prima, e si allinea alla coalizione dell'ONU.
Dopo vari ultimatum a Saddam Hussein, la forza

Ritratto di Saddam Hussein su un muro di Kuwait City. (a sinistra).
Il dittatore assume la guida dell'Iraq nel 1979. Grazie alla martellante propaganda e al culto della personalità, durante la guerra del Golfo egli può presentarsi come il difensore del mondo arabo e il campione della "guerra santa" contro l'Occidente.

Il generale americano Norman Schwarzkopf (al centro), comandante dell'operazione "Tempesta del deserto", con il generale Sir Peter De La Billiere e il ministro della Difesa britannico Tom King.

multinazionale scatena l'attacco (17 gennaio 1991). Il mondo assiste in diretta televisiva ai bombardamenti su Baghdad. In poche settimane, massicci attacchi aerei e missilistici distruggono le infrastrutture e l'apparato militare dell'Iraq, che reagisce con il lancio di missili Scud contro Arabia Saudita e Israele. Molti pozzi petroliferi sono incendiati, provocando un enorme danno ecologico. Il 24 febbraio la forza multinazionale attacca anche sul fronte terrestre, travolgendo l'esercito iracheno che, in rotta, abbandona il Kuwait. Il Sud dell'Iraq viene occupato e il 27 febbraio Bush annuncia la fine delle ostilità.

Decisa dall'enorme superiorità tecnologica delle forze armate americane, la guerra fa poche vittime fra gli alleati ma più di 100.000 tra militari e civili iracheni. Saddam Hussein deve piegarsi alle risoluzioni dell'ONU che gli impongono di ridurre l'esercito e smantellare le armi di distruzione di massa, ma riesce a salvare il suo regime. Gli USA escono trionfanti da un conflitto che ribadisce il loro predominio strategico globale e la loro decisiva presenza in Medio Oriente.

Di fronte al rifiuto di Hussein di consentire agli ispettori dell'ONU controlli sugli arsenali militari iracheni, e rimasta senza esito la mediazione dell'ONU, gli USA scatenano nel dicembre 1998 un nuovo attacco aereo che provoca morti tra i civili e la distruzione di parte degli armamenti del paese.

Nella capitale saudita si prestano i primi soccorsi dopo le distruzioni causate dai missili Scud iracheni.
In risposta ai bombardamenti americani, il 18 gennaio 1991 l'Iraq attacca Arabia Saudita e Israele – nel vano tentativo di coinvolgere quest'ultimo nella guerra. Pur causando solo danni limitati agli edifici, l'azione ha un forte impatto psicologico sulle popolazioni dei due paesi. Saddam Hussein si dichiara inoltre pronto a utilizzare missili dotati di testate chimiche e batteriologiche.

La guerra civile nell'ex Jugoslavia

Profughi bosniaci.
Dopo lo scoppio delle ostilità le truppe serbe e serbo-bosniache riescono a controllare il 70 per cento del territorio della Bosnia, provocando la fuga in massa della popolazione. Sono allestiti campi di concentramento e perpetrati massacri sistematici fra la popolazione civile.

L'origine della guerra civile è la dichiarazione d'indipendenza (25 giugno 1991) con cui Croazia e Slovenia abbandonano la Repubblica federativa jugoslava, mettendo in crisi l'assetto federale. Per contro i serbi, che sono al vertice dello stato, rivendicano il diritto a essere gli unici rappresentanti del popolo jugoslavo, forti della loro presenza maggioritaria nelle forze armate. Il primo attacco è sferrato contro la Slovenia e si risolve con il ritiro delle truppe in ottobre. In seguito il conflitto si estende alla Croazia, dove l'esercito ottiene l'appoggio della minoranza serba, e si conclude con un primo armistizio nel gennaio del 1992. La situazione precipita già il mese successivo con il voto per l'indipendenza della Bosnia-Erzegovina, invocata da croati e musulmani (circa due terzi della popolazione bosniaca). Allorché, il 6 aprile, anche la Comunità europea e gli USA riconoscono il nuovo stato bosniaco, la Repubblica serba comincia l'assedio di Sarajevo. La guerra civile vede contrapposti croati, serbi e musulmani e ha come teatro soprattutto Croazia e Bosnia. Né gli sforzi diplomatici dei paesi vicini, né l'invio di truppe dell'ONU riescono a mettere fine a una guerra caratterizzata da massacri e dalla creazione di veri e propri campi di concentramento per la popolazione civile. Questo drammatico decorso porta, il 22 aprile del 1994, all'intervento di truppe NATO per proteggere le sei zone della Bosnia assegnate al-

Miliziani bosniaci nelle strade di Sarajevo.
Nel tragico processo di "pulizia etnica" sono uccise oltre mezzo milione di persone. Il Tribunale internazionale per i crimini di guerra nell'ex Jugoslavia incriminerà il leader serbo-bosniaco Radovan Karadzić e il generale Ratko Mladić per genocidio e crimini contro l'umanità.

Posto di blocco ONU a Mostar (a destra).
Il difficile processo di pace apertosi con gli accordi di Dayton si consolida nel settembre 1996 con lo svolgimento delle elezioni politiche in Bosnia. Poco dopo, il Consiglio di sicurezza dell'ONU revoca l'embargo imposto alla Federazione jugoslava, composta da Serbia e Montenegro.

Nel cimitero di Sarajevo sono sepolti circa mille miliziani di diverse etnie uccisi dall'inizio dell'assedio.

l'ONU. L'impotenza dell'ONU si manifesta nel luglio 1995, quando le truppe serbe occupano queste zone. Dopo un'*escalation* del conflitto e quando la popolazione di Sarajevo è stremata, si arriva – grazie alla mediazione dello statunitense Richard Holbrooke – all'accordo di Dayton (21 novembre 1995) per la cessazione delle ostilità, cui segue un piano di pace (firmato dal presidente bosniaco Alija Izetbegović, dal serbo Slobodan Milošević e dal croato Franjo Tudjman) che divide la Bosnia in due entità: la Federazione croato-musulmana (il 51 per cento del territorio) e la Repubblica serba di Bosnia (il restante 49). A Dayton viene però elusa la questione del Kosovo, regione della Repubblica serba la cui popolazione è quasi per intero albanese. Privati dal regime di Belgrado dell'autonomia loro concessa da Tito, i kosovari iniziano una guerriglia che provoca massacri di civili da parte dei serbi e migliaia di profughi. Dopo l'effimero cessate il fuoco dell'ottobre 1998, fallite le trattative tra serbi e albanesi per la concessione dell'autonomia al Kosovo, e con il rifiuto di Belgrado di un contingente multinazionale di dissuasione, la NATO scatena nel marzo 1999 un attacco aereo e missilistico contro la Serbia. Il conflitto, il primo sferrato dalla NATO contro un paese europeo, testimonia il fallimento delle diplomazie e il persistere di pericolose tensioni nell'ex Jugoslavia.

Edifici di Sarajevo distrutti dalla guerra.
Fino alla fine del 1995 la città bosniaca è bersaglio di quotidiani bombardamenti da parte di nazionalisti serbi. Il conflitto, nella sola Bosnia, provoca circa 200.000 morti, oltre 3 milioni fra profughi e rifugiati e un numero incalcolabile di feriti.

La Russia di Eltsin

Boris Eltsin nel luglio 1991 dinanzi al Congresso dei deputati del popolo (a sinistra). *Due mesi dopo aver ricevuto l'investitura popolare, Eltsin deve fronteggiare una grave crisi: il "comitato di stato", che assume la guida del paese sostituendosi a Gorbačëv, invia mezzi blindati contro il Parlamento, dall'interno del quale Elts,in incita il paese alla resistenza contro il colpo di stato.*

Le elezioni presidenziali a suffragio universale del 12 giugno 1991 vedono la vittoria (con il 57,3 per cento dei voti), di Boris Eltsin. Sarà proprio il primo presidente eletto della Repubblica Russa a sospendere, subito dopo il fallito colpo di stato contro Gorbačëv, ogni attività del PCUS (23 agosto 1991).

La Russia di questi ultimi anni è il paese delle riforme radicali del primo ministro Egor Gajdar, dello scontro istituzionale tra governo e Soviet supremo sfociato negli scontri sanguinosi dell'ottobre 1993, della costituzione di un fronte di opposizione nazional-comunista e dell'ascesa del leader ultranazionalista Vladimir Žirinovskij, del ritorno in patria di Aleksandr Solženicyn dall'esilio negli USA e della guerra in Cecenia, delle costanti incertezze sulla salute di Eltsin e del riacutizzarsi della lotta politica in vista delle presidenziali del 2000.

In questo periodo tumultuoso la privatizzazione dell'economia, l'accelerazione del passaggio al mercato, il progressivo ridimensionamento del ruolo dello stato nel sovvenzionare le imprese, comportano costi molto elevati: crescita delle ineguaglianze sociali, comparsa e crescente aumento della disoccupazione, perdita di antiche garanzie, impoverimento generalizzato. In effetti, la fine del comunismo significa la fine di una sorta di "contratto" (tacito ma non per questo meno effi-

Il Parlamento russo dopo l'assalto nel settembre 1993. *Lo scontro fra il presidente Eltsin e il Parlamento – composto da deputati eletti o nominati nel periodo gorbaceviano – si conclude nel sangue: alla decisione con cui il 9 settembre 1993 Eltsin decide di sciogliere il Parlamento, i deputati rispondono occupando l'edificio. Le truppe inviate dal presidente assediano la "Casa Bianca" e il 4 ottobre aprono il fuoco con i cannoni, piegando la resistenza dei deputati: i dati ufficiali del governo, probabilmente assai inferiori alla realtà, parlano di 147 morti.*

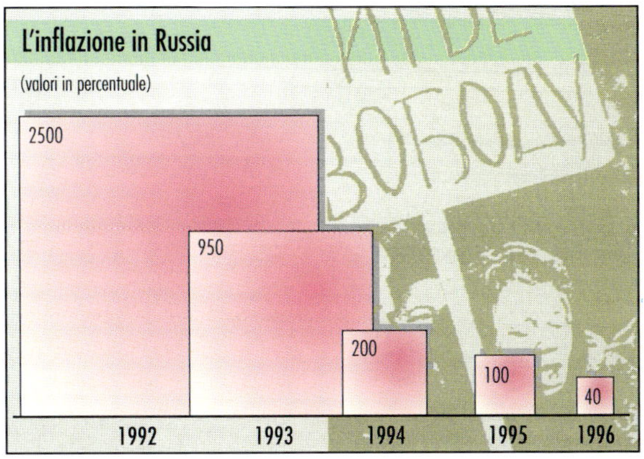

cace) che legava la società al potere e che contemplava una sostanziale passività politica in cambio di un lento ma reale miglioramento delle condizioni materiali di esistenza. Se da un lato la vita del cittadino russo continua, nel suo insieme, a evolvere in senso democratico, la liberalizzazione dei prezzi del 1992, la depredazione del risparmio intervenuta nell'agosto del 1993, la persistente iperinflazione (benché rallentata a partire dal 1994) accentuano quella stratificazione di classe e quelle disparità sociali che sono state a lungo negate dal regime sovietico.

Le difficoltà maggiori restano quelle determinate dal drastico calo della produzione, dal deficit pubblico che blocca il pagamento dei salari e delle pensioni, dall'aumento della criminalità e dalla inefficienza delle istituzioni. Sono stati anche sottovalutati gli effetti perturbatori di una riforma condotta dall'alto e i rischi determinati dall'imposizione, sotto la copertura del mercato, delle logiche della giungla economica, dell'esclusione e della corruzione. Tutto ciò ha infatti determinato una percezione negativa dello stato che in nessun conflitto riesce a esercitare un ruolo di arbitro o di garante. Né, d'altra parte, è ancora possibile valutare adeguatamente l'influenza delle *lobbies* politico-finanziarie, ormai integrate alle strutture di potere, come ben dimostra l'andamento della campagna presidenziale del 1996.

Sommergibili nucleari in disarmo (in basso a sinistra) e una manifestazione comunista dopo la chiusura del Parlamento da parte di Eltsin nell'agosto 1993.

La società postindustriale

Per due decenni, a cavallo della recessione del 1980-1982, l'Occidente vive con forti timori il declino delle produzioni industriali di massa. Dove chiudono le fabbriche chimiche o automobilistiche, trasferite in altre parti del globo, si determinano disoccupazione, spopolamento, povertà e degrado urbano. Il tramonto della civiltà industriale – o meglio la sua dislocazione in Asia o in America latina – fa molte vittime, perché diminuiscono i lavori stabili poco qualificati: gli operai anziani, i giovani e le donne senza istruzione sperimentano una crescente povertà. La società "postindustriale" – con la sua economia immateriale fatta di scambi di informazioni, telecomunicazioni, servizi finanziari o turistici, piccole produzioni flessibili – sembra un miraggio per pochi.

Negli anni Novanta il peso di questa "economia della conoscenza" aumenta però visibilmente e produce maggiore ricchezza e occupazione. Anche se l'Europa conta milioni di disoccupati e il "miracolo" giapponese si arresta, questo mutamento epocale suscita minore inquietudine. In particolare negli Stati Uniti, che dal 1992 registrano un lungo periodo di forte espansione economica: i redditi medi iniziano a risalire, i profitti e gli indici della Borsa si impennano, la disoccupazione scende sotto il 5

È COMINCIATA L'ERA DEL POSTMODERNO?

Teorizzato dal filosofo francese Jean-François Lyotard ne *La condizione postmoderna* (1985), il termine designa un atteggiamento critico verso le certezze del progresso e agli inizi trova espressione nella narrativa statunitense (scrittori come Thomas Pinchon) e nelle arti figurative. Tuttavia è soprattutto nell'ambito dell'architettura che con il postmoderno si vuole indicare l'opposizione al rigore formale del movimento moderno: tutta una generazione di architetti si pone infatti, già dalla fine degli anni Settanta, in netto contrasto con il funzionalismo e il razionalismo, rilanciando il principio della creatività dell'artista, muovendosi sul terreno dell'eclettismo ovvero della contaminazione fra stili di secoli diversi, talvolta con riferimenti alla tradizione classica. Nella progettazione di edifici– si tratti di abitazioni o di uffici – si fa largo uso di elementi come il frontone o la colonna con il capitello, spesso con intenti ironici: è il caso degli architetti americani Robert Venturi e Charles W. Moore. Rappresentativa di questa tendenza è la torre della società telefonica americana AT&T (1980-1984), costruita a New York su progetto dell'architetto Philip Johnson. Alto 195 metri questo grattacielo – rivestito di granito rosa e dal forte slancio verticale – spicca nello *skyline* newyorkese con il suo timpano spezzato, in netto contrasto con la convenzionale copertura piatta del tetto. È unanimemente riconosciuto come uno dei manifesti dell'architettura postmoderna.

Edificio della AT&T a New York.

Vasca da bagno per idromassaggio (a sinistra).
L'evoluzione dei consumi provoca l'emergere di nuovi simboli del benessere, la cui diffusione riflette l'aspirazione a un sempre più elevato comfort della vita domestica.

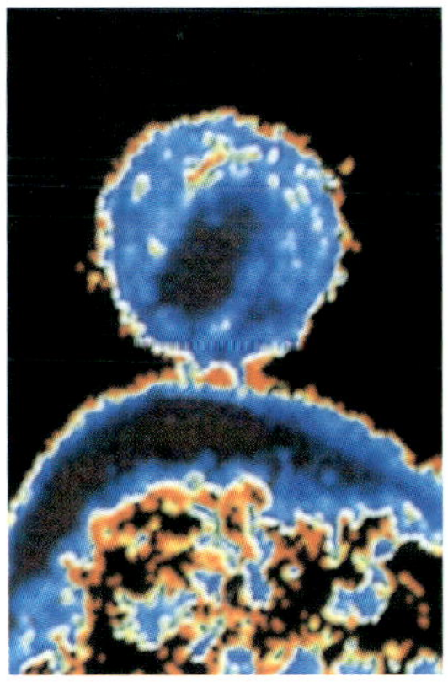

Il virus dell'AIDS e il distintivo della campagna di solidarietà nella lotta contro di esso.
Identificato nel 1981, il virus ha già ucciso oltre 11 milioni di persone. Negli USA e in Europa vi sono segnali di un'inversione di tendenza, ma la malattia è ancora molto diffusa in Asia, nell'ex URSS e nell'Africa subsahariana.

per cento, il degrado urbano si arresta, la povertà resta diffusa ma cessa di estendersi. Con un presidente (Bill Clinton, alla Casa Bianca dal 1992) che incita tutti i gruppi sociali a cogliere le opportunità di un'economia più aperta, informatizzata, flessibile e competitiva, gran parte della società americana manifesta un nuovo ottimismo.

Gli USA hanno compiuto la tormentata transizione a un sistema economico postindustriale. L'occupazione nei servizi supera il 75 per cento, mentre quella nell'industria è scesa al 20 per cento. La deindustrializzazione è stata brutale ma ha lasciato un apparato industriale ristrutturato, snello, flessibile, molto informatizzato e competitivo. Soprattutto i servizi crescono e generano posti di lavoro, sovente precari e poco pagati, ma molto spesso altamente qualificati. La Microsoft o altre aziende leader dell'informatica sono colossi che superano per fatturato le grandi case automobilistiche. Il 40 per cento delle esportazioni americane (ma solo il 20 per cento di quelle tedesche o francesi) è costituito da prodotti ad alta tecnologia.

Le disuguaglianze di reddito aumentano e i poveri subiscono queste trasformazioni con immutata drammaticità, ma gli Stati Uniti che godono della nuova prosperità, che lavorano con le nuove teconologie, che si integrano nella società postindustriale hanno ormai dimensioni tali da giustificare una nuova fiducia nel futuro.

Catena di montaggio robotizzata di una fabbrica automobilistica.
La diffusione di nuove tecnologie informatiche e l'automazione dei processi produttivi permette un forte incremento della produttività in campo industriale. Le principali aziende realizzano radicali processi di ristrutturazione e modernizzazione degli impianti, diminuendo il ricorso alla manodopera e spesso trasferendo il processo produttivo in aree periferiche del mondo.

Il trattato di Maastricht e la scommessa dell'euro

Il 9 e 10 dicembre 1991, nella cittadina olandese di Maastricht, ha luogo il vertice dei capi di stato e di governo dei dodici paesi aderenti alla Comunità europea: l'11 viene firmato il trattato per la sua trasformazione in Unione Europea, che prevede una moneta unica (l'euro), l'avvio di una comune politica estera e di sicurezza, la promulgazione di leggi omogenee in campo sociale ed economico.
Da allora "Maastricht" è diventato sinonimo di unificazione delle politiche comunitarie, da raggiungere per tappe successive e secondo parametri ben precisi, sia pure passibili di modifiche da concordare tra i vari stati membri. Il trattato – firmato nel 1992 e ratificato nel 1993 da Belgio, Danimarca, Francia, Grecia, Gran Bretagna, Irlanda, Italia, Lussemburgo, Paesi Bassi, Portogallo, Germania e Spagna – prevede la creazione di una Banca centrale europea, autonoma dai vari governi, che dovrà garantire la stabilità dei prezzi.
In campo economico è decisiva la fissazione di alcuni parametri (risultati e previsioni di bilancio) per valutare la cosiddetta "convergenza" che permetterà di fissare i tassi di conversione delle monete, tra loro e in rapporto all'euro. I problemi da risolvere in questa direzione non sono pochi, se si pensa alle disparità di condizioni economiche e di sviluppo tra gli stati membri (diventati quindici con Austria, Finlandia e Norvegia, cui si dovranno aggiungere molti paesi dell'ex blocco socialista, al-

Moneta da 1 euro.

Maastricht, 7 febbraio 1992: firma del trattato che istituisce l'Unione Europea.
In alcuni paesi il trattato viene sottoposto all'approvazione popolare tramite referendum: in Danimarca una prima consultazione dà una maggioranza di voti negativi, in Francia i sì vincono di stretta misura; in Germania il Parlamento ratifica il trattato, ma con riserve. Negli anni seguenti, con la piena entrata in vigore del trattato di Schengen (1995), cesseranno i controlli alle frontiere per il traffico di merci e persone nei paesi dell'Unione.

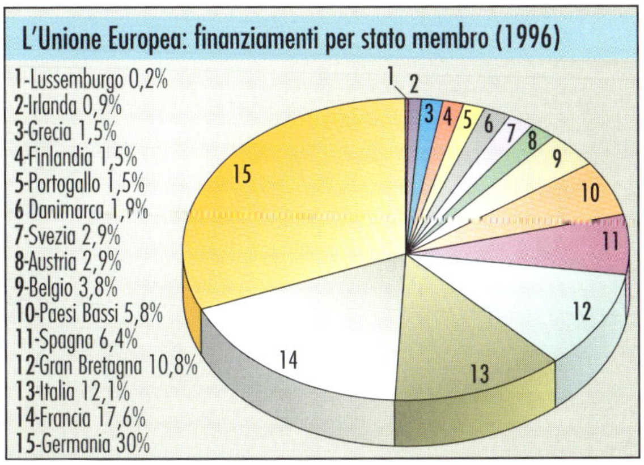

Progettazione di circuiti elettrici in una fabbrica francese.

Bandiera dell'Europa dei Dodici.

cuni dei quali già godono di un accordo di associazione), e agli equilibri internazionali con cui l'Unione si dovrà confrontare.

Uno dei nodi decisivi messi a fuoco dai negoziati riguarda il processo decisionale in seno al Consiglio europeo, di cui fanno parte i capi di stato e di governo, poiché il principio fondatore dell'unanimità non è più consono all'ampliata struttura dell'Unione Europea (un solo paese è infatti in grado di bloccare l'intero processo) ma, al tempo stesso, non è semplicemente sostituibile con un puro principio di maggioranza relativa che conferirebbe troppo potere agli stati più forti. In questo, come in altri campi, la via del compromesso è l'unica da percorrere perché permetterà all'Unione Europea di dare efficacia e significato a decisioni non solo economiche.

Le prerogative del Parlamento europeo non sono invece ancora significativamente ampliate, tanto che si è resa necessaria la convocazione di varie conferenze intergovernative per riformare le istituzioni comunitarie in modo da conciliare il funzionamento istituzionale del l'Unione Europea con il principio della sovranità di ogni stato membro.

Nel maggio 1998, oltre all'istituzione della Banca centrale, è annunciata l'entrata in vigore – per il 1° gennaio 1999, ma solo dal 2002 definitivamente – dell'euro: la nuova divisa verrà adottata da undici paesi.

Il simbolo dell'euro e le banconote dei paesi aderenti all'Unione Europea.
Nel settembre 1996, a Dublino, i membri dell'Unione sottoscrivono un "patto di stabilità" che prevede sanzioni per quei paesi che – una volta introdotta la moneta unica – non rispetteranno i parametri economici fissati dal trattato di Maastricht. Dal 1° gennaio 1999 gli stati aderenti stampano banconote in euro, che verrà utilizzato come moneta di conto per tutte le operazioni che non richiedono l'uso di contanti. Dopo un periodo di transizione sotto il controllo della Banca centrale europea, dal 1° luglio 2002 le monete nazionali cesseranno di esistere, e l'euro sarà a tutti gli effetti la moneta europea.

La Cina: mercato senza democrazia

Attorno alla metà degli anni Ottanta la Cina conosce un boom industriale senza precedenti: il valore della sua produzione aumenta in due anni di 40 miliardi di dollari e il tasso di crescita raggiunge, nel 1985, il 24 per cento. È un ritmo destinato a subire successive flessioni, soprattutto a causa dell'insufficienza di energia elettrica e della penuria dei mezzi di trasporto e della rete di comunicazioni. L'introduzione di meccanismi di mercato, proprio a partire dal 1985, rende possibile una sorta di struttura dualistica dell'economia, in cui il sistema pianificato e centralizzato convive con settori mercantili dei quali lo stato ha abbandonato il controllo.
La parziale liberalizzazione dell'economia crea nel decennio successivo numerosi squilibri, generando spesso caos e stagnazione: settore pubblico e privato si intralciano e sovrappongono, annullando a volte i risultati ottenuti. Gli effetti meno positivi consistono nel sorgere di nuove diseguaglianze, geografiche e sociali. Accanto a zone in cui il mercato introduce ritmi di sviluppo accelerati e senza precedenti, modificando le abitudini di vita di milioni di persone, intere regioni restano contrassegnate dall'arretratezza e dal perpetuarsi di un'economia di sussistenza, mentre continua a mancare ogni libertà politica.
Questa direzione di marcia, interrotta solo momentaneamente dalla repressione seguita ai fatti di piazza Tienanmen, continua negli anni No-

Impianti industriali computerizzati.
Intorno alle "zone economiche speciali" create da Deng sorgono dinamici poli di sviluppo, sostenuti da forti investimenti da parte delle maggiori potenze economiche occidentali e asiatiche. Gli indici di sviluppo industriale nelle quattordici "città aperte" della costa orientale della Cina raggiunge, alla fine degli anni Ottanta, lo straordinario tasso di crescita annua del 34 per cento.

Donne in abiti occidentali in una grande città della Cina (a sinistra).
La crescente domanda di consumi provoca forti contrasti, accentuando il divario fra le zone rurali e quelle urbane: in queste ultime prezzi e salari sono molto più elevati.

vanta sotto la guida dell'ormai vecchio Deng Xiaoping, che attorno alla parola d'ordine della "stabilità sociale" cerca di integrare le spinte alla liberalizzazione (accolte sul terreno economico) con il mantenimento dell'ordine (inasprendo la repressione antireligiosa e quella nei confronti degli intellettuali e di differenti gruppi nazionalisti).
Tra il 1991 e 1992 gli investimenti esteri, in gran parte di altri paesi asiatici e soprattutto di Hong Kong, aumentano del 50 per cento. Nel 1993 la Cina è il paese che fa registrare il tasso di crescita economica più elevato del mondo (13 per cento). L'inflazione resta il problema più grave, mantenendosi a livelli costantemente superiori al 10 per cento. Nel 1993 Jiang Zemin, che nel 1989 ha sostituito Deng alla guida del Partito, diventa presidente della repubblica e opera per riportare la politica alla guida del paese senza però sacrificare le scelte economiche compiute. Dopo la morte di Deng (febbraio 1997) e l'annessione di Hong Kong (l'ex colonia britannica passa sotto la sovranità di Pechino il 1° luglio 1997 ed è retta da un uomo d'affari che gode dell'appoggio del mondo economico), che gli osservatori ritenevano due avvenimenti capaci di creare squilibri e tensioni, la Cina riprende il cammino degli ultimi anni: all'insegna di una stabilità che sacrifica il proseguimento sulla strada delle riforme e accentua la repressione di tutti i fenomeni di autonomia e dissenso.

Veduta del porto di Shanghai.
Le zone costiere della Cina sono il baricentro dell'economia del paese. Nel 1992 l'apertura economica della valle dello Yangtze Kiang, che sbocca in mare a Shanghai, fa dell'intera regione e del suo porto il centro della produzione e degli scambi con l'Occidente.

SOTTO IL TALLONE DI PECHINO

A partire dal 1994 riprendono in Tibet le manifestazioni che si oppongono alla politica di repressione e assimilazione forzata condotta da Pechino. Pur assumendo forme più moderate che nel passato, la politica cinese nei confronti della regione etnica dello Xizang (Tibet) si muove sul binario del progressivo snaturamento dell'identità della regione: la presenza dei 100.000 soldati che occupano il territorio si accompagna all'insediamento di migliaia di coloni cinesi, la cui presenza favorisce una trasformazione profonda della realtà sociale ed economica soprattutto nelle zone urbane e nella capitale Lhasa. In questo senso la tradizione religiosa e il carattere sacro subiscono un grave colpo. La fuga dei tibetani verso l'India e il Nepal è costante, anche se insorgono sempre nuove difficoltà, mentre il Dalai Lama rinnova la proposta e la speranza di una piena autonomia del Tibet sotto la tutela di Pechino.

Il Dalai Lama.

Le tigri asiatiche

Nel lungo e intenso boom del commercio mondiale (che tra il 1990 e il 1996 cresce del 41 per cento) spicca, oltre alla Cina, un gruppo di nazioni dell'Estremo Oriente che si sta lasciando alle spalle la povertà del sottosviluppo. A guadagnarsi l'appellativo di "tigri asiatiche" – per la rapida modernizzazione delle loro economie e l'aggressiva penetrazione sui mercati mondiali – sono Hong Kong, Singapore, la Corea del Sud e Taiwan.

A partire dagli anni Sessanta la loro industrializzazione è impetuosa. Alla fine del decennio precedente la Corea del Sud era ancora un paese rurale, con l'80 per cento della popolazione addetto all'agricoltura: trent'anni dopo è fra i 10 paesi più industrializzati del mondo. Negli anni Ottanta, anche le economie di nazioni più popolose (Thailandia, Malesia, Indonesia) crescono con un ritmo così dinamico da raddoppiare il loro PIL nell'arco di appena un decennio.

Giovandosi del basso costo della manodopera, questi paesi – retti spesso da governi autoritari che concentrano le loro risorse sullo sviluppo accelerato – hanno iniziato dalle più semplici produzioni industriali (giocattoli e vestiti) per poi passare all'elettronica di consumo e alle automobili, esportando le loro merci su scala globale. Hanno quindi attratto capitali da tutto il mondo e

Contadini in una risaia della Malesia.
Mentre nel paese si sviluppano settori industriali moderni – la produzione dei circuiti integrati è ai primi posti nel mondo – l'agricoltura resta in condizioni di arretratezza.

Cerimonia nella Corea del Sud.
Il 1997 è caratterizzato da catastrofici crolli delle borse asiatiche e si innesca una spirale che rischia di travolgere le giovani potenze finanziarie e industriali del continente, come la Corea del Sud e l'Indonesia. La crisi ha messo in evidenza gli elementi di debolezza di queste economie: la dipendenza dall'instabile mercato dei cambi valutari e l'esiguità del mercato interno.

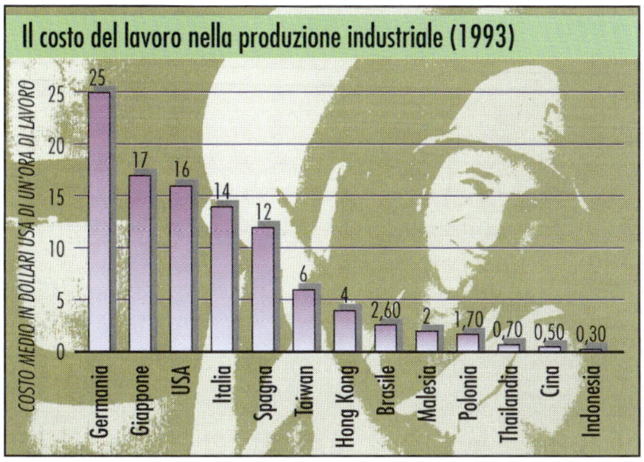

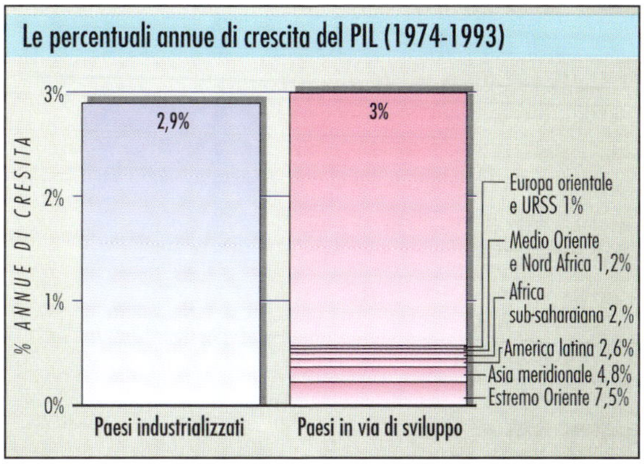

accolto molte di quelle produzioni che le aziende multinazionali volevano decentrare in zone più economiche. Le esportazioni di prodotti industriali dai paesi asiatici in via di sviluppo sono così passate dal 4 per cento del totale mondiale nel 1970 al 20 per cento nel 1995.

Non sono soltanto i bassi costi a spiegare l'impetuosa crescita di questi paesi e la loro integrazione in un'economia sempre più globale. Le tigri asiatiche hanno investito risorse per dotarsi di una buona istruzione di base, hanno formato scienziati e ingegneri, e si sono quindi indirizzate verso produzioni più sofisticate. Negli anni Novanta la spesa per la ricerca e lo sviluppo di questi paesi ha quasi raggiunto la media europea. Taiwan è oggi uno dei primi produttori mondiali di personal computer, e le maggiori aziende mondiali usano non solo operai ma anche programmatori di software o contabili che lavorano in India e sono collegati in rete con l'azienda produttrice.

Il volto di queste società è radicalmente cambiato. In milioni hanno lasciato le campagne per lavorare in officine, appartamenti e spesso baracche di grandi città. Seul e Giakarta sono megalopoli immense, Bangkok è soffocata dal traffico. Un'agricoltura più efficiente ha soddisfatto i bisogni alimentari essenziali, ma anche i consumi voluttuari sono esplosi con la crescita di una prospera classe media che si avvicina ai livelli di reddito e agli stili di vita delle società occidentali.

Cinese nel suo negozio di strumenti musicali a Giakarta.
Dopo alcuni anni di timide aperture, a partire dal 1994 il regime dittatoriale di Suharto fa registrare nuovi inasprimenti. Nel 1998 la popolazione, stremata dalla gravissima crisi economica, scatena la contestazione contro il potere, con gli studenti in prima linea. Le dimissioni di Suharto, al potere da oltre un trentennio, non sono sufficienti a placare la protesta.

Le guerre d'Africa e il problema dei profughi

Tra il 1960 e il 1990 la popolazione del continente africano si è più che raddoppiata, passando da 303 a 617 milioni. In prevalenza rurale alla fine del periodo coloniale, l'Africa ha conosciuto una forte urbanizzazione che ha condotto un quarto della popolazione a vivere nelle città e ha portato al raddoppio degli abitanti nelle capitali. Le difficoltà economiche e la stasi nello sviluppo hanno peggiorato le prospettive di progresso del continente, l'unico che sembra non aver tratto vantaggio dal nuovo ciclo espansionistico dell'ultimo decennio. A rendere la situazione sempre più drammatica sono stati i conflitti armati – molti dei quali etnici – scoppiati in diverse regioni.

Il Corno d'Africa è stata una delle aree maggiormente colpite. Nel 1991 i guerriglieri separatisti eritrei riescono a occupare Asmara e costringono Menghistu – il dittatore dell'Etiopia che in più di un decennio è riuscito a ottenere dall'URSS circa 12 miliardi di dollari in aiuti militari – a fuggire in esilio nello Zimbabwe. Dopo una guerriglia durata più di trent'anni l'Eritrea si proclama nazione indipendente.

Anche in Somalia, nel frattempo, il governo di Siad Barre perde sempre più il controllo della situazione. Sebbene omogenea linguisticamente ed etnicamente, la Somalia diventa teatro di una lotta fra clan guidati da signori della guerra, che portano gli scontri fin dentro le strade della capi-

Kigali, maggio 1994: milizie ribelli in marcia.
Tra i paesi più poveri del mondo, il Ruanda è dilaniato da una guerra civile che porta all'uccisione e al massacro di centinaia di migliaia di persone. I profughi sono 2 milioni, altri 3 milioni di persone si spostano all'interno dei confini nazionali. Di fronte a una tragedia di tale portata, la comunità internazionale mostra gravi incertezze. L'intervento della forza multinazionale di pace dell'ONU si conclude con un sostanziale fallimento.

Il presidente somalo Siad Barre (a sinistra).
Salito al potere nel 1969 con un golpe, Barre instaura un regime autoritario a partito unico. Negli anni Ottanta, gli aiuti internazionali per risolvere la disastrosa situazione economica servono solo ad arricchire il dittatore e il suo clan, prima che vengano travolti dalle forze di liberazione.

Soldato dell'ONU soccorre un bambino ferito nel campo profughi di Kibeho nel Sudovest del Ruanda.

tale, ogni giorno di più invasa da migliaia di profughi affamati. Siad Barre fugge in Kenya nel 1991, lasciando il paese nell'anarchia. Il tentativo dell'ONU di intervento umanitario fallisce nel marzo 1994, dopo una spesa di 2,5 miliardi di dollari che non riesce a fermare né la carestia né la guerra. Il paese rimane così in precario equilibrio sotto il controllo dei clan più potenti.

Il conflitto più grave è quello che dal 1990 oppone, in Ruanda, la maggioranza hutu alla minoranza tutsi. Dopo il fallimento degli accordi firmati nei due anni precedenti, nella primavera del 1994 viene compiuto un massacro di tutsi; il numero delle vittime oscilla dal mezzo milione al milione: è un genocidio. Il Fronte patriottico ruandese (tutsi) riprende nel luglio il controllo della situazione, costringendo alla fuga 2 milioni di civili hutu in Burundi, Tanzania e Zaire. In tutta l'Africa il numero dei profughi è enorme: intorno alla metà degli anni Ottanta sono circa 16 milioni, nella prima metà degli anni Novanta quasi il doppio. Si combatte anche in Liberia, Uganda, Angola, Sudan, Camerun, Congo. La responsabilità dei conflitti va fatta risalire in buona parte alle potenze coloniali che, tracciando i confini a tavolino, hanno ignorato le differenze e le rivalità tribali, linguistiche e religiose. E la comunità internazionale, con i suoi tradizionali strumenti d'intervento, non riesce a risolvere il problema alla radice.

Campo in Ruanda che accoglie oltre 40.000 profughi del Burundi.
Nel 1994 il conflitto fra le etnie hutu e tutsi in Burundi provoca l'esodo di 700.000 persone. Nei campi profughi dove sono accolte le condizioni di vita sono disastrose: la denutrizione e le malattie epidemiche provocano 10.000 morti nei campi in territorio ruandese.

La democratizzazione in America latina

Negli anni Ottanta si assiste a un generalizzato esaurimento dei regimi dittatoriali latinoamericani, dovuto a varie cause: risultati economici insoddisfacenti, pressione della società civile, riconquista di spazi da parte dei partiti politici, divisioni interne alle forze armate e, nel caso argentino, una sconfitta militare contro la Gran Bretagna per la sovranità sulle isole Falkland-Malvine (giugno 1982). Il passaggio alla democrazia (è il caso dell'elezione del radicale Raúl Alfonsín in Argentina nel 1983 o di quella di José Sarney in Brasile nel 1985) è frutto di patteggiamenti: i militari che si ritirano conservano ampi margini di manovra e ottengono un'amnistia preventiva per i reati commessi durante l'esercizio del potere.

Le urgenze e le difficoltà economiche che i regimi democratici sono costretti ad affrontare impediscono di assegnare un carattere prioritario alle tematiche sociali: anzi, il modello liberista imperante alle soglie degli anni Novanta costringe a smantellare buona parte dei residui strumenti del *Welfare State*, aggravando il problema dell'emarginazione dei ceti più umili e del disagio sociale. Le stesse cause relegano in secondo piano i movimenti sociali – sostenuti da una chiesa sempre più sensibile alle tematiche della povertà – e quelli sindacali, che hanno avuto un ruolo importante nella lotta contro le dittature. Si assiste così a un moltiplicarsi di agitazioni e alla tumultuosa ripresa di spinte corporative.

Madri di* desaparecidos *– uomini e donne sequestrati e fatti scomparire durante la dittatura militare (1976-1983) – manifestano a Buenos Aires per esigere che vengano processati i responsabili dell'uccisione dei loro familiari.

Rigoberta Menchú Tum, l'india guatemalteca insignita del premio Nobel per la pace nel 1992 (al centro della foto a sinistra).

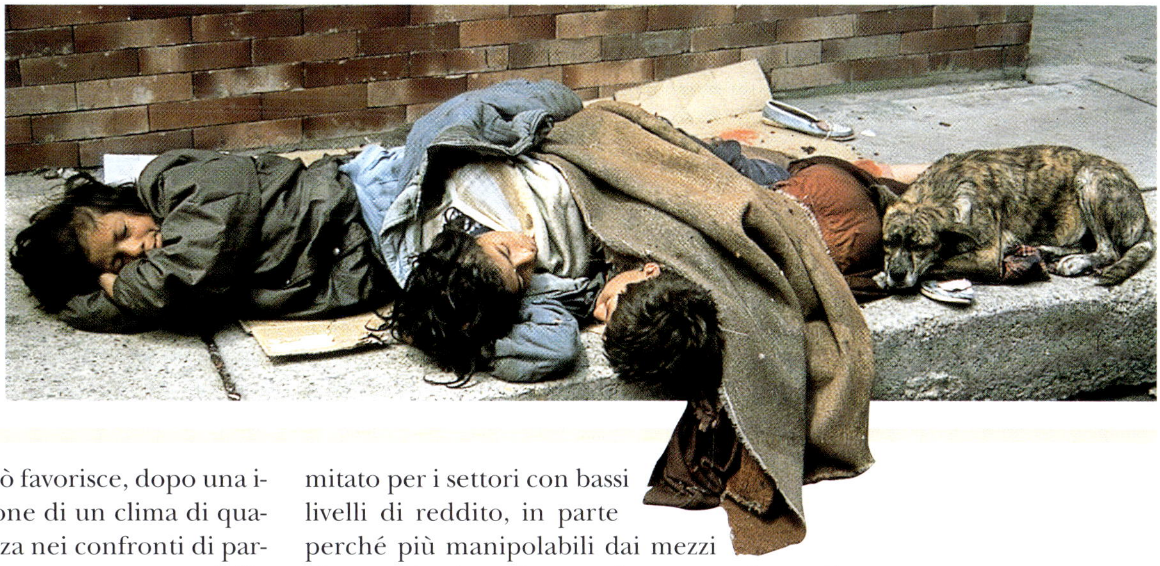

Bambini dormono in strada a Bogotá, la capitale della Colombia.

Sul piano politico tutto ciò favorisce, dopo una iniziale euforia, la diffusione di un clima di qualunquismo e d'indifferenza nei confronti di partiti e istituzioni, anche come conseguenza della riproposizione di una cultura e di una prassi deteriori che hanno caratterizzato la vita di questi paesi in passato: personalizzazione della prassi politica, alleanze spurie, clientelismo, corruzione, tradizione autoritaria, tendenza allo scissionismo. Va da sé che tale stato di cose finisce per incidere negativamente sulla legittimazione dei governi democratici, specie tenendo conto delle speranze che avevano suscitato. Lo stesso diritto di cittadinanza, riconquistato per la società nel suo complesso solo sulla carta, appare fortemente limitato per i settori con bassi livelli di reddito, in parte perché più manipolabili dai mezzi di comunicazione di massa, in parte per le gravi lacune nel campo dell'istruzione e della scolarità, ma assai di più perché distolti dall'esercizio di tale diritto dall'impegno che esige la lotta per la sopravvivenza quotidiana.
Solo ultimamente si assiste al tentativo di promuovere strategie di più ampio respiro che dovrebbero, sul lungo periodo, favorire da un lato anche i settori più emarginati e, dall'altro, condurre a un diffuso e più motivato rifiuto del complesso di valori insiti nei modelli liberisti, sin qui adottati senza correttivi né discernimento.

L'opposizione al regime militare cileno reclama il ripristino della democrazia (a sinistra).
L'11 dicembre 1993, il democristiano Eduardo Frei, candidato della coalizione di centrosinistra, vince le elezioni presidenziali con il 58 per cento dei suffragi. Succede a Patricio Aylwin, anch'egli democristiano, eletto nel 1989. Gli alti tassi di sviluppo dell'economia negli anni Ottanta fanno del Cile uno dei paesi dell'America latina più competitivi sul mercato internazionale.

IPERINFLAZIONE E DISOCCUPAZIONE

I nuovi governi democratici ricevono in eredità una situazione economica fallimentare (aumento vertiginoso del debito estero, iperinflazione, alti indici di disoccupazione e sottoccupazione, crollo del potere di acquisto dei salari, primato della speculazione finanziaria sugli investimenti), tanto che il decennio è ribattezzato, per il subcontinente nel suo complesso, come "decennio perduto". Ciò costringe le nuove amministrazioni rette da civili a ricorrere sempre più spesso agli organismi internazionali, primo fra tutti il Fondo monetario internazionale, che vincola la concessione di prestiti all'adozione di rigide misure liberiste sul piano interno. Queste ultime, pur garantendo risultati in campo macroeconomico e monetario, finiscono però con l'acuire le tradizionali sperequazioni nella distribuzione della ricchezza.

Militari e operai si fronteggiano durante uno sciopero nella zona industriale di San Paolo del Brasile.

Cuba dopo la caduta del Muro

La disgregazione dell'URSS priva Cuba del suo principale sostegno economico. Il crollo delle esportazioni di zucchero verso l'ex mondo comunista e la difficoltà degli scambi con l'Occidente spingono inoltre l'isola lungo la strada dell'autarchia, anche perché L'Avana si rifiuta di applicare le riforme varate nei paesi dell'Est.
La situazione di emergenza induce il governo di Castro ad adottare nel 1990 una politica di sacrifici che conduce però a risultati catastrofici: nel 1993 il prodotto interno è perlomeno di un terzo inferiore a quello del 1989, con paralisi dei trasporti, lunghe interruzioni nell'erogazione dell'energia elettrica, estensione del razionamento a quasi tutti i generi, disoccupazione diffusa, brusca caduta del tenore di vita, arretramenti sul piano della politica sociale.
Il malcontento si esprime in maniera eclatante nell'agosto del 1994 con la fuga su imbarcazioni di fortuna di 35.000 cubani verso la Florida. L'esodo e il fallimento della terapia economica adottata nel 1990 spingono il governo a una politica di riforme centrata sull'apertura di spazi per l'iniziativa privata, sull'attrazione di turisti (oltre un milione nel 1996) e su ampie concessioni al capitale estero, dapprima in associazione minoritaria con lo stato cubano e, dal 1995, con il controllo totale delle proprie imprese. Vengono poi approvate misure davvero inedite come la depenalizza-

Brežnev e Castro nel corso della visita del leader del Cremlino a Cuba nel 1974.
L'Avana si dimostra impermeabile al nuovo corso inaugurato a Mosca dopo l'ascesa al potere di Michail Gorbačëv. Nel 1988 commemorando l'anniversario dell'assalto alla caserma Moncada (1953) con cui ebbe inizio la lotta armata, Castro afferma che "non abbiamo niente da imparare e non rinnegheremo neanche un centimetro del nostro cammino". L'anno successivo, nel corso della visita del leader del Cremlino a Cuba, il líder máximo ribadisce che "ogni paese ha il diritto di applicare le proprie formule nella costruzione del socialismo".

La bandiera cubana dipinta su un muro di una città dell'isola.

zione del possesso di dollari, la progressiva trasformazione delle aziende statali agricole in cooperative, l'introduzione dell'imposta sul reddito. L'economia trae sensibili benefici da queste misure e riprende a crescere, ma con costi sociali elevati. L'attività privata, il turismo e l'arrivo del capitale estero assestano un duro colpo all'egualitarismo trentennale della rivoluzione, e sanciscono la comparsa di due società: quella legata all'area del dollaro e quella – maggioritaria – che rimane ancorata all'economia pubblica e ha redditi molto più modesti.

Anche negli anni Novanta Cuba deve fare i conti con la rigida ostilità del governo statunitense, che inasprisce per ben due volte l'embargo, ma sul piano della politica estera Castro ottiene innegabili successi diplomatici, partecipando a una serie di vertici latinoamericani e internazionali. Il risultato più clamoroso di questa strategia è la visita che Giovanni Paolo II compie nell'isola nel gennaio del 1998. In tale circostanza, il pontefice condanna l'embargo mentre sollecita Cuba a maggiori aperture e libertà.
In effetti, si registrano progressi nel dialogo con l'ala meno oltranzista degli esuli cubani in Florida, ma i rapporti con la dissidenza interna segnano il passo e le riforme economiche non vengono accompagnate dalla liberalizzazione della vita politica.

Profughi cubani nel tratto di mare che separa Cuba dalla Florida.

L'EMBARGO STATUNITENSE

Oltre a proibire ogni scambio commerciale con L'Avana, il blocco imposto da Washington impedisce l'attracco in porti statunitensi di navi che abbiano toccato Cuba, prevede ritorsioni economiche per i paesi che le diano assistenza, nega visti di entrata a dirigenti e azionisti di compagnie straniere che investano nell'isola, prevede sanzioni contro chi produce beni che utilizzino componenti cubane e concede ai cittadini statunitensi le cui proprietà siano state nazionalizzate da Castro la facoltà di rivalersi giuridicamente contro imprese e privati che ne siano entrati in possesso o che ne traggano vantaggio. Quest'ultima clausola suscita le proteste degli europei, costringendo il presidente Clinton a sospenderla. L'embargo è duramente condannato dalle chiese e da quasi tutti gli organismi internazionali.

17 ottobre 1997: i resti di Guevara tornano a Cuba.
Nella città di Santa Clara si svolgono le esequie ufficiali del "Che", trent'anni dopo la morte in Bolivia.

Nazionalismi e regionalismi

Nel Novecento l'ideologia nazionalista ha conosciuto varie fasi di espansione ma, per quanto riguarda il mondo industrializzato, nel dopoguerra essa viene assorbita dal confronto tra USA e URSS, ovvero tra due concezioni del mondo che hanno un orizzonte sovranazionale. In questa fase i conflitti nazionalisti sono ridotti a un livello "'locale", come dimostrano gli esempi basco e nordirlandese. È invece nel mondo colonizzato – Asia e Africa soprattutto – che, nello scontro con le ex potenze dominanti, il nazionalismo diviene il collante per la costruzione di una nuova, autoctona, coscienza nazionale.

Con la fine della guerra fredda e il disgregarsi dei due blocchi, i movimenti nazionalisti acquisiscono peso e significato specie nei paesi satelliti dell'Unione Sovietica, primo tra tutti la Jugoslavia. In Europa occidentale, invece, le spinte nazionalistiche caratterizzano alcuni movimenti radicali che o si richiamano apertamente all'ideologia del fascismo e del nazismo – ma in questo caso sono ridotti a poche frange giovanili – o partecipano di uno spirito separatista che vede nella rinascita regionale la strada per risolvere i problemi che le vecchie strutture dello stato-nazione non riescono ad affrontare: ciò vale, ad esempio, per le spinte secessionistiche manifestatesi nel Nord dell'Italia.

Veri e propri conflitti armati si verificano però

Manifestazione di protesta in Tagikistan. *In questa repubblica dell'ex URSS, proclamatasi indipendente nel 1991, inizia un conflitto armato fra il governo filocomunista sostenuto da Mosca e l'opposizione islamica e democratica. Dal 1994 l'ONU avvia negoziati fra il governo e i rappresentanti dell'opposizione in esilio: è il primo passo verso la pace, ostacolata dal continuo insorgere di tensioni.*

Bambine a scuola nel Qatar (a destra). *Secondo la concezione islamica, i rapporti fra uomini e donne devono ispirarsi al principio della separazione fra i sessi. Fin dall'infanzia, la vita quotidiana delle donne è inquadrata in un rigido sistema di regole.*

Simbolo della Lega Nord.
Questo partito regionalista sorto a metà degli anni Ottanta conquista in breve tempo ampi consensi nel Veneto e poi in Lombardia e Piemonte. Rivaluta i particolarismi locali e rivendica il federalismo contro il potere centrale.

laddove i movimenti nazionalisti sono caratterizzati da un forte senso di appartenenza etnica, come avviene nell'Europa orientale e in Asia centrale. Il venir meno del potere centrale sovietico provoca infatti l'esplosione di rivalità latenti fra gruppi fino a quel momento arbitrariamente costretti a rinunciare alle proprie peculiarità.
Causa scatenante è spesso una difficile congiuntura economica che provoca disoccupazione e disgregazione del tessuto sociale anche attraverso il peggioramento del livello dell'istruzione di base. Su questo terreno di crescenti difficoltà, il peso attribuito alle tradizioni religiose e culturali porta spesso a forme di radicalizzazione dei movimenti e a spinte indipendentiste. Ci sono comunque anche casi in cui la secessione viene portata avanti in modo pacifico, come dimostra l'esempio della Cecoslovacchia, che si divide nel 1993 senza spargimenti di sangue in Repubblica Ceca e Slovacchia. Diverso è il caso jugoslavo o quello di territori ex sovietici come Georgia, Armenia, Azerbaigian, Tagikistan o Cecenia dove esplode una vera e propria guerra civile.
Per quanto riguarda l'Europa occidentale, il 1998 vede invece il profilarsi della fine di un conflitto trentennale come quello tra unionisti e cattolici nell'Irlanda del Nord, in seguito al referendum con cui la maggioranza degli irlandesi del Nord ha aderito alla prospettiva di dar vita a un governo con larga autonomia da Londra.

Bambini alla periferia di Belfast.
Dopo l'annuncio del "cessate il fuoco" da parte dell'IRA nel 1994 e gli accordi dell'anno successivo per avviare negoziati politici onde riportare la pace nell'Ulster, il referendum del maggio 1998 segna una svolta storica: il 71,2 per cento della popolazione nordirlandese approva il "documento del Venerdì santo", che prevede l'istituzione di un'Assemblea legislativa e di un governo dell'Irlanda del Nord con garanzie per tutte le componenti, un Consiglio Nord-Sud e uno per i rapporti fra l'Irlanda e il Regno Unito.

La sfida del fondamentalismo

Uno dei luoghi santi dell'Islam: la moschea di Omar a Gerusalemme, eretta nel 687 sulle fondamenta del tempio di Salomone.
Sorta nel luogo dal quale, secondo il Corano, Maometto sarebbe asceso al cielo, la moschea è nei pressi del Muro del Pianto. Dopo l'occupazione israeliana di Gerusalemme Est nel 1967, frange estremiste (come i Fedeli del Monte del tempio) mirano a distruggerla per ricostruire il tempio di Salomone.

La caratteristica principale dei seguaci del fondamentalismo è il rifiuto del processo di secolarizzazione e di modernizzazione a favore di una scelta di "purezza", ovvero di un'osservanza letterale dei precetti religiosi. Il fondamentalismo non è nato all'interno del mondo islamico, bensì in seno ad alcuni movimenti protestanti degli Stati Uniti sul finire del secolo scorso e, negli anni Sessanta, si diffonde presso alcuni gruppi della chiesa cattolica che rifiutano le innovazioni del Concilio Vaticano II.

È tuttavia con l'Islam, a partire dagli anni Settanta, che il fondamentalismo – da fenomeno estremo e marginale quale era – diventa un elemento imprescindibile della politica mondiale. Il rifiuto della separazione tra stato e religione, con la conseguente pretesa dei leader religiosi di regolare la vita pubblica secondo i dettami della *Shariah* (ovvero della legge coranica) va di pari passo con l'instaurazione di regimi dittatoriali e coincide con l'idea di "rivoluzione islamica", come viene chiamata quella realizzata in Iran dall'ayatollah Khomeini nel 1979.

È da quel momento che il fondamentalismo si espande anche in altri paesi a maggioranza musulmana del Nordafrica e del Medio ed Estremo Oriente, inclusi quelli dove il processo di secolarizzazione sembrava ormai irreversibile, come l'Egitto e l'Algeria. Con la guerra del Golfo, il fondamentalismo si estende oltre i confini degli

La moschea di Kuala Rangsar in Malesia (a destra).
Nel paese asiatico, dove convivono con difficoltà comunità malesi, cinesi e indiane, oltre la metà della popolazione è di religione musulmana, e il capo dello stato è anche il protettore dell'Islam. Negli ultimi anni sono emerse preoccupanti tendenze fondamentaliste.

Lo scrittore angloindiano Salman Rushdie (a sinistra).
Nel 1989 il romanzo I versi satanici *scatena la reazione dei fondamentalisti islamici: l'ayatollah Khomeini condanna a morte per blasfemia lo scrittore di religione islamica che da allora è costretto a vivere in Inghilterra in clandestinità.*

La scrittrice del Bangladesh Taslima Nasreen.
Per aver denunciato l'oppressione delle donne nella società islamica e la persecuzione degli indù, il "Consiglio dei soldati dell'Islam" fissa una taglia a favore di chi la uccida. Esule in Svezia dal 1994, la Nasreen opera per una maggiore sensibilizzazione dell'opinione pubblica.

stati nazionali, raggiungendo anche i musulmani immigrati in Europa e negli Stati Uniti e diventando, contemporaneamente, uno dei principali strumenti di sfida culturale e politica contro i paesi ex coloniali, oltre a rappresentare un modello di governo autonomo e antagonista rispetto alle democrazie del mondo occidentale e industrializzato.
È proprio dagli strascichi antidemocratici lasciati in eredità dal colonialismo che il fondamentalismo trae la sua forza, facendo appello a valori più genuini e autentici che salvaguarderebbero l'autonomia del paese in nome della tradizione e contro le degenerazioni consumiste.
In alcuni casi – come quello dell'Algeria con oltre 65.000 morti dal 1992 al 1998 – lo scontro tra un *establishment* secolarizzato ma antidemocratico e le nuove *élites* islamiche porta a una situazione di guerra civile latente e alla repressione sistematica di interi gruppi della popolazione.
A farne le spese è soprattutto la parte femminile della società, la cui emancipazione viene condannata al pari di ogni elemento proveniente dal mondo occidentale, anche se non tutto ciò che fa parte del "progresso" viene ritenuto dannoso, come dimostra l'utilizzo, talvolta assai abile, delle moderne tecnologie comunicative come strumento di propaganda.

Manifestazione pro palestinese a Teheran (qui sotto).
L'Iran è uno dei pochi paesi, con l'Iraq e la Libia, a respingere gli accordi di pace del 1993 fra israeliani e palestinesi. Nel maggio 1998 saluta con entusiasmo la prima bomba atomica dell'Islam, in seguito agli esperimenti nucleari compiuti dal Pakistan per rispondere ad analoghe iniziative messe in atto dall'India.

1989-1990

ECONOMIA E SOCIETÀ

1989

Europa Cresce la pressione degli immigrati dal Terzo Mondo.

Gran Bretagna Sono 94 i morti allo stadio di Sheffield, durante le semifinali della Coppa d'Inghilterra di calcio.

Brasile Protesta degli ecologisti contro il taglio di 1300 km² di foresta amazzonica per far posto a una centrale idroelettrica.

1990

Svizzera Gli orologi Swatch diventano un fenomeno di costume.

POLITICA E ISTITUZIONI

1989

febbraio *Gran Bretagna* Rottura delle relazioni diplomatiche con l'Iran per la condanna a morte dello scrittore Salman Rushdie.

14 maggio *Argentina* Eletto presidente il peronista Carlos Saúl Menem.

3-4 giugno *Cina* Repressi nel sangue, in piazza Tienanmen, i moti studenteschi.

14 agosto *Sudafrica* Si dimette Pieter W. Botha; gli succede Frederik de Klerk.

9 novembre *Germania* Cade il Muro di Berlino.

1990

11 febbraio *Sudafrica* Nelson Mandela è in libertà dopo 26 anni di carcere.

25 febbraio *Nicaragua* Violeta Chamorro, conservatrice, diventa presidente.

11 marzo *Cile* Referendum popolare: fine della dittatura di Pinochet.

maggio *Grecia* Konstandinos Karamanlis eletto presidente della repubblica.

1991-1992

ECONOMIA E SOCIETÀ

1991

Bangladesh Un violento ciclone provoca la morte di oltre 200.000 persone.

Italia 20.000 profughi albanesi sbarcano clandestinamente sulle coste pugliesi.

1992

30 aprile *USA* Gravi disordini razziali a Los Angeles provocano 58 vittime.

Gran Bretagna La chiesa anglicana apre alle donne il sacerdozio.

Austria Approvata una legge che persegue chi "minimizza, approva o giustifica il genocidio degli ebrei e gli altri crimini nazisti contro l'umanità".

Somalia Una grave carestia determina l'intervento ONU.

Algeria, Egitto Dilagano le violenze dei fondamentalisti islamici.

Italia Pubblicato in francese il nuovo catechismo della chiesa cattolica.

POLITICA E ISTITUZIONI

1991

17 gennaio-27 febbraio *Iraq* Dopo l'invasione del Kuwait, scoppia la guerra del Golfo. Forze ONU, guidate dagli USA, danno il via all'operazione "Tempesta nel deserto".

21 maggio *Etiopia* Caduta di Hailè Menghistu.
• *India* Rajiv Gandhi viene ucciso in un attentato.

12 giugno *Russia* Boris Eltsin è eletto presidente.

25 giugno Croazia e Slovenia lasciano la Repubblica federativa di Jugoslavia.

23 agosto *URSS* Il presidente Eltsin esautora Gorbačëv e sospende il PCUS.

9-10 dicembre *Paesi Bassi* Vertice di Maastricht fra i capi di stato e di governo dei 12 paesi della CEE: firma del trattato per la nascita nel 1993 dell'Unione Europea con moneta unica dal 1999.

21 dicembre Nasce la Comunità degli Stati Indipendenti (CSI).

Sudafrica Abolizione dell'*apartheid*.

1992

1 gennaio *Egitto* Boutros Ghali è il primo africano a essere eletto segretario generale dell'ONU.

11 gennaio *Algeria* Una giunta militare assume il potere e annulla la vittoria elettorale dei fondamentalisti islamici del FIS.

17 febbraio *Italia* Arresto del socialista Mario Chiesa: inizia "Tangentopoli" e l'in-

1993-1994

ECONOMIA E SOCIETÀ

1993

Norvegia Il presidente sudafricano F.W. de Klerk e Nelson Mandela ricevono il Nobel per la pace.

Europa Entra in vigore il trattato di Maastricht.
• A Ginevra 117 nazioni firmano l'ultimo accordo GATT su tariffe doganali e commercio.

1994

Germania 80.000 persone manifestano a Berlino nel 75° anniversario dell'assassinio dei rivoluzionari comunisti Luxemburg e Liebknecht.

Egitto Si svolge al Cairo la Conferenza mondiale su popolazione e sviluppo.

POLITICA E ISTITUZIONI

1993

25 aprile *Eritrea* Il Fronte popolare di liberazione proclama l'indipendenza.

1° maggio *Sri Lanka* I separatisti Tamil uccidono il presidente Rosaninghe Premadasa.

6 maggio *Bosnia* Avvio della politica delle "enclaves" musulmane protette.

11 maggio *Eritrea* Il paese si dichiara indipendente dall'Etiopia.

23 maggio *Italia* Il giudice Giovanni Falcone cade vittima di un attentato mafioso; il 19 luglio sarà ucciso il suo collega Paolo Borsellino.

luglio *Libano* Bombardamenti israeliani nelle regioni meridionali causano oltre 100 morti e un massiccio esodo della popolazione.

31 luglio *Belgio* Muore il re Baldovino I: gli succede sul trono il fratello Alberto II.

9 settembre *Israele* Arafat firma il riconoscimento dello stato di Israele.

1994

25 febbraio *Palestina* Nella moschea di Hebron un israeliano uccide 29 palestinesi.

aprile *Ruanda* I presidenti di Burundi e Ruanda muoiono in un attentato aereo dei tutsi. Esplode la guerra civile fra questi e gli hutu: da 500.000 a un milione di

1995-1996

ECONOMIA E SOCIETÀ

1995

Francia Gli esperimenti nucleari negli atolli di Mururoa e Fangataufa suscitano aspre critiche da parte di diversi governi.

1996

Si diffonde la moda del *piercing* e del tatuaggio.

Australia Il Territorio del Nord è il primo stato al mondo a rendere legale l'eutanasia: il trapasso del malato terminale avverrà in modo assistito.

Belgio 300.000 persone partecipano alla "marcia bianca" per commemorare le vittime della pedofilia e protestare contro i ritardi della giustizia.

Gran Bretagna Il governo annuncia che la sindrome della "mucca pazza" (encefalopatia spongiforme bovina), è trasmissibile agli uomini.

Polonia Approvata una legge sull'aborto. Dure critiche del papa.

POLITICA E ISTITUZIONI

1995

26 gennaio *Italia* Nasce Alleanza nazionale, si scioglie il Movimento sociale italiano.

23 aprile *Ruanda* Strage nel campo profughi hutu di Kibeho: 8000 morti.

7 maggio *Francia* Jacques Chirac viene eletto presidente della Repubblica.

26 giugno Fallisce un attentato al presidente egiziano Hosni Mubarak.

19 luglio *USA* Attentato a un ufficio federale di Oklahoma City con 168 morti: è il più grave atto terroristico nella storia degli USA.

23 ottobre *USA* Per le celebrazioni dei 50 anni dell'ONU, incontro fra El'cin e Clinton.

4 novembre *Israele* Un giovane estremista ebreo uccide il premier Yitzhak Rabin.

21 novembre *Ex Jugoslavia* Firmata a Dayton (Ohio) la pace tra i presidenti Alija Izetbegović (Bosnia), Franjo Tudjman (Croazia) e Slobodan Milošević (Serbia).

14 dicembre *Francia* A Parigi firma del piano di pace che sancisce la divisione

1997-1998

ECONOMIA E SOCIETÀ

1997

Italia Terremoto in Umbria. Danni ingenti anche alle opere d'arte.

Europa Con il lancio del satellite *Hot Bird II* da parte di Eutel-Sat si apre anche in Europa l'era della TV digitale via satellite a pagamento.

Gran Bretagna Muore a Parigi la principessa Diana Spencer.

India Muore Madre Teresa di Calcutta.

POLITICA E ISTITUZIONI

1997

12 febbraio *Cina* Muore Deng Xiaoping.

15 aprile *Albania* Scatta l'operazione "Alba" per garantire la correttezza di un nuovo turno elettorale.

1° maggio *Gran Bretagna* Dopo 18 anni di governo conservatore, il Partito laburista vince le elezioni: Tony Blair è il nuovo premier.

1° luglio Hong Kong torna alla Cina.

Francia Alle elezioni netta affermazione dei socialisti: Lionel Jospin assume la carica di primo ministro.

Zaire I ribelli dell'Alleanza delle Forze democratiche cacciano il dittatore Mobu-

1° agosto *Kuwait* Truppe irachene invadono il paese.

2 settembre *Italia* Prima assemblea della Lega lombarda: Umberto Bossi propone la divisione del paese in tre repubbliche.

3 ottobre Riunificazione della Germania.

7 novembre *Irlanda* Mary Robinson è eletta presidente della Repubblica.

22 novembre *Gran Bretagna* Si dimette Margaret Thatcher: le succede John Major.

novembre *Somalia* Scoppia la guerra civile e tribale dopo il crollo del regime di Siad Barre.

SCIENZA E TECNOLOGIA

1989

USA Il *Voyager 2* sorvola Nettuno.

1990

USA La navetta *Discovery* lancia *Hubble*, il primo telescopio spaziale dotato di una lente di 240 cm. di diametro.

• Al largo di Galverston (Texas), una serie di esplosioni provoca un incendio a bordo della petroliera norvegese *Mega Borg*: vanno in mare 100.000 tonnellate di greggio.

CULTURA E SPORT

1989

Francia Il tennista americano Michael Chang si aggiudica la vittoria agli Internazionali di Francia.

Spagna Il Nobel per la letteratura va a Camilo José Cela.

Italia Esce il film *La voce della luna* di Federico Fellini.

Francia La tennista spagnola Arantxa Sánchez vince gli Internazionali di Francia.

1990

Messico Il premio Nobel per la letteratura va allo scrittore Octavio Paz.

USA Muore l'attrice svedese Greta Garbo.

---

chiesta giudiziaria "Mani pulite", che svela l'intreccio fra politica e malavita.

17 aprile *Afghanistan* Caduta del regime filosovietico di Najibullah; scoppia la guerra tra fazioni moderate e integralisti islamici.

maggio *Iraq* Guerriglia curda nel Nord, repressione di Saddam Hussein.

settembre *Vietnam* Il generale Le Duc Anh eletto presidente della repubblica.

3 novembre *USA* Bill Clinton è eletto presidente.

9 dicembre *Somalia* Sbarco del contingente di pace dell'ONU.

1991

La sonda spaziale *Magellano* completa l'esplorazione del pianeta Venere.

Italia Sul ghiacciaio del Similaun in Val Senales viene ritrovato un corpo mummificato di un uomo vissuto più di 5000 anni fa.

USA La NASA rileva che la superficie del ghiaccio alla deriva dell'Artide è diminuita, tra il 1978 e il 1987, del 2%.

Brasile A Itapirú entra in funzione la più grande centrale idrica del mondo.

1992

Brasile A Rio de Janeiro si tiene la Conferenza dell'ONU su ambiente e sviluppo.

1991

Italia Il calciatore Diego Maradona, fuoriclasse del Napoli, è sospeso per 15 mesi perché positivo al doping.

Giappone Ai campionati mondiali di atletica leggera di Tokyo Carl Lewis stabilisce il record mondiale sui 100 metri, in 9'86".

USA Vanno ad Anthony Hopkins e a Jodie Foster gli Oscar come migliori attori del film *Il silenzio degli innocenti*.

1992

Italia Alberto Tomba vince lo slalom gigante nelle Olimpiadi invernali di Albertville (Francia).

Spagna Si svolge a Siviglia l'Esposizione universale per i 500 anni della scoperta dell'America.

USA Premiato con tre Oscar il film *Casa Howard* di James Ivory.

---

morti ed esodo in massa verso i paesi confinanti.

marzo-dicembre *Italia* Vittoria della coalizione di centrodestra: Silvio Berlusconi è il nuovo presidente del Consiglio.

4 maggio *Egitto* Arafat e Rabin firmano un accordo che prevede l'autonomia della Palestina.

9 maggio *Sudafrica* Prime elezioni libere multirazziali: Mandela è presidente.

maggio-luglio *Yemen* Dopo la riunificazione, scoppia la guerra civile, con la vittoria dei nordisti.

23 giugno *Francia* Operazione "Turquoise": l'esercito interviene in Ruanda a fini umanitari.

21 agosto *Messico* Ernesto Zedillo, candidato designato dal PRI, è eletto alla presidenza.

1993

Paesi Bassi Viene consentita l'eutanasia.

USA Gli USA sottoscrivono il trattato START II sulla riduzione degli armamenti nucleari.

• All'Università di Baltimora viene scoperto il gene che provoca il tumore del colon.

Gran Bretagna Grave disastro ecologico al largo delle isole Shetland per il naufragio della petroliera *Brauer*.

Norvegia Nonostante le proteste degli animalisti, il governo autorizza la caccia alla balena.

1994

Gran Bretagna-Francia Inaugurazione dell'eurotunnel sotto la Manica.

1993

Russia Il ministero della Cultura conferma che il tesoro di Priamo, di cui non si hanno notizie dal 1945, si trova in Russia.

USA Toni Morrison è la prima scrittrice nera a vincere il Nobel per la letteratura.

• Il tedesco Kurt Masur, direttore della Filarmonica di New York, è musicista dell'anno.

• Il regista Steven Spielberg trionfa con due film: *Jurassic Park* e *Schindler's List*.

1994

Bangladesh La scrittrice Taslima Nasreen, minacciata di morte, emigra in Svezia.

USA Palma d'Oro al Festival di Cannes per *Pulp Fiction* di Quentin Tarantino.

Giappone Il Nobel va allo scrittore Kenzaburo Oe.

Italia Restaurato il *Giudizio universale* di Michelangelo nella Cappella Sistina.

---

della Bosnia tra la Federazione croato-musulmana e la Repubblica serba.

1996

3 marzo *Spagna* Il Partito popolare di José M. Aznar vince le elezioni.

21 aprile *Italia* La coalizione di centrosinistra dell'Ulivo, guidata da Romano Prodi, vince le elezioni.

29 maggio *Israele* Il processo di pace è interrotto dalla vittoria elettorale di B. Netanyahu (Likud).

3 luglio *URSS* Eltsin è rieletto presidente.

27 settembre *Afghanistan* I fondamentalisti talibani conquistano Kabul e giustiziano l'ex presidente Najibullah.

5 novembre *USA* Secondo mandato presidenziale per Clinton.

Grecia Il premier Costas Simitis è il nuovo presidente del Partito socialista (PASOK), al posto dello scomparso Andreas Papandreu.

1995

USA-URSS Il russo Michail Malachov e l'americano Richard Weber sono i primi esploratori a raggiungere il Polo Nord e a tornare indietro senza il supporto di mezzi meccanici.

1996

Si afferma in tutto il mondo il World-Wide Web (WWW), sistema di navigazione della rete Internet.

Giappone Realizzato a Tokyo un micro robot dal l'aspetto di insetto, al quale vengono applicate le antenne di una falena maschio.

1995

Cina Si tiene a Pechino la IV conferenza mondiale dell'ONU sulle donne.

Francia Palma d'Oro, a Cannes, per il film *Underground* di Emir Kusturica.

Germania Michael Schumacher è campione del mondo di Formula 1.

USA Olimpiadi di Atlanta, le più colossali della storia.

1996

Italia Distrutto dalle fiamme il teatro La Fenice di Venezia.

USA *Dead man walking*, con Susan Sarandon e Sean Penn, è proclamato film dell'anno.

Polonia Il Nobel per la letteratura va alla poetessa Wislawa Szymborska.

---

tu: nasce la Repubblica democratica del Congo.

1998

maggio *India* Esperimenti nucleari sotterranei nel deserto del Rajasthan. Seguono quelli in Pakistan.

• *Indonesia* Scontri tra studenti e polizia: dimissioni di Suharto.

• *Kosovo* Rivolta degli albanesi contro il regime serbo.

giugno Scoppia il conflitto armato fra Etiopia ed Eritrea.

1997

Europa-USA Ricercatori di ingegneria genetica mettono a punto procedure di clonazione su animali: si ripropone il problema del rapporto tra scienza ed etica.

1998

Giappone La Seiko presenta un traduttore elettronico, poco più grande di un pennarello: traduce un termine in tre lingue scorrendo sopra la parola scritta.

1997

Italia Il Nobel per la letteratura assegnato a Dario Fo.

USA Squalificato a vita Mike Tyson, per aver staccato a morsi in un incontro di boxe l'orecchio dell'avversario Evander Holyfield.

1998

USA Premiato con 11 statuette Oscar il film *Titanic* di James Cameron.

Il personal computer

Nato quasi per caso, sulla base di conoscenze tecnologiche preesistenti, il personal computer diventa nel giro di pochi anni uno degli strumenti di lavoro più diffusi, il simbolo stesso di quella rivoluzione informatica che, iniziata negli anni Ottanta, sta cambiando radicalmente la vita quotidiana del mondo intero. È nel 1981 che la IBM lancia sul mercato il suo personal computer che diventa, da allora, il PC per definizione. I microcomputer, in realtà, esistevano già: i microprocessori avevano già permesso a piccole aziende di creare dei piccoli computer per uso personale, anche se pochi ritenevano che avrebbero potuto conquistato il mercato. Nel 1976 la Apple, piccola azienda di Cupertino in California, lancia l'Apple II: l'idea è di creare un mercato nuovo sfruttando i bisogni di chi non è interessato tanto al calcolo (l'Apple II è un calcolatore assai lento) ma all'elaborazione. Si discute ancora se il primo vero personal sia stato quello inventato da Steve Jobs e Stephen Wozniak o il francese Micral, realizzato nel 1973 da Truong Tromng Thi per la Réalisation Etudes Electroniques. È certo che solo con l'ingresso della IBM il PC riesce davvero a entrare sul mercato. Nel 1984 la Apple costruisce il Macintosh, un computer che usa un sistema operativo facile da usare ed efficiente: l'interfaccia inventata da Jobs si fonda su acquisizioni tecniche già note, ma costituisce una svolta nella filosofia dell'approccio uomo-macchina. La IBM invece, come la maggior parte delle altre grandi aziende produttrici, utilizza il sistema operativo messo a punto dalla Microsoft di Bill Gates: ci vorranno dieci anni perché, con il software della serie Windows, tutti i PC – che sono ormai milioni in tutto il mondo – diventino accessibili a chiunque ed entrino nel mondo del lavoro, della scuola, dell'informazione e nel tempo libero.

Computer palm top collegato a un telefono cellulare.

La Borsa di Hong Kong. *Le maggiori borse dei paesi orientali sono state fra le prime a introdurre la telematica per le transazioni economiche. Con le reti telematiche globali, il denaro può viaggiare da un capo all'altro del pianeta in frazioni di secondo seguendo le dinamiche dei mercati e determinando i ritmi dell'economia mondiale.*

Gli scenari del 2000

Il Novecento ci ha fatto vivere, attraverso trasformazioni drammatiche, a un ritmo sempre più accelerato. Le innovazioni tecnologiche e organizzative hanno mutato modi di vita millenari; le convulsioni politiche e ideologiche sono state le più sanguinose della storia; lo sviluppo economico ha prodotto una moltiplicazione senza precedenti delle risorse disponibili. Grandi imperi sono scomparsi e nuove nazioni hanno assunto un posto di rilievo; tradizionali comunità rurali hanno lasciato il posto a società urbane al contempo atomizzate e interconnesse; società segregate per genere, razza e classe si sono mescolate in nuove, inedite stratificazioni; disuguaglianze antiche sono state in parte sanate mentre se ne vanno aprendo di nuove.
Gli ultimi decenni hanno visto questi mutamenti diramarsi dalle aree più "avanzate" a molti angoli del mondo, e hanno innescato una globalizzazione della produzione, degli investimenti, dei consumi, della comunicazione, della cultura di massa. Viviamo tutti, simultaneamente, in molteplici sfere socio-economiche e culturali – locali, nazionali, globali – che si intersecano suscitando reciproche attrazioni e tensioni. Le nazioni dell'area euroamericana primeggiano ancora come all'inizio del secolo, nuovi protagonisti come la Cina ascendono a posizioni di ricchezza e potenza, mentre alcune popolazioni, in particolare in Africa, soffrono di una miseria comparativamente più profonda.
Le armi di distruzione totale rendono improbabile la guerra tra grandi potenze, ma i conflitti locali sono più estesi e rovinosi. Le più fitte connessioni dell'economia mondiale moltiplicano le possibilità di arricchimento e di benessere, ma suscitano anche nuove povertà, disoccupazione e ampie migrazioni.
I mutamenti ecologici e biologici indotti dallo sviluppo tecnico causano sia impensabili miglioramenti sia paurosi deterioramenti e incerte prospettive nella vita di grandi collettività.
La rivoluzione portata dall'informatica e dalle telecomunicazioni schiude orizzonti di trasformazioni tanto rapide quanto cariche di ripercussioni imprevedibili. La rottura di limiti – spaziali e culturali, materiali e biologici, socio-politici e morali – da sempre ritenuti invalicabili è il vero carattere non solo della storia recente, ma del presente e del prossimo futuro.
L'interrogativo che il Novecento ci consegna riguarda la possibilità e la capacità collettiva, non meno che individuale, di usare culture e convinzioni ereditate dalla tradizione per padroneggiare questa continua ridefinizione dei limiti e questa persistente accelerazione del cambiamento.

Dolly: il primo mammifero risultato di una clonazione da una cellula adulta (nella pagina precedente).

Automazione, informatica e mondializzazione

L'automazione ha seguito il cammino del progresso tecnologico lungo tutto l'arco dell'industrializzazione, ma nella seconda metà del secolo essa conosce uno straordinario sviluppo con l'avvento dell'informatica. I primi grandi calcolatori nascono negli anni Quaranta e vengono perfezionati nei due decenni successivi, quando iniziano a essere utilizzati da grandi aziende o ministeri in America del Nord e in Europa. È la "conquista" della Luna, nel 1969, a imporli nell'immaginario collettivo quali strumenti che rendono possibili operazioni di enorme complessità.

Dagli anni Settanta l'informatica accelera la sua irresistibile penetrazione in ogni branca della vita economica e civile. La produzione di merci è rivoluzionata dalla progettazione su computer, dalla gestione informatizzata delle fabbriche, dalle macchine automatizzate, dai robot. Il commercio, i trasporti, il consumo, i grandi apparati burocratici pubblici e privati cambiano ancor più visibilmente con le carte di credito, le banche-dati, le reti informatiche. Miniaturizzata, l'informatica penetra anche negli elettrodomestici, nelle auto, negli apparecchi di comunicazione, nei giochi, moltiplicandone usi e funzionalità.

Dagli anni Ottanta, con l'avvento e la rapida diffusione del personal computer – la cui potenza operativa cresce vertiginosamente, superando quella dei grandi calcolatori del recente passato – buona parte dei mestieri e delle attività non lavorative

***Fuoco Edizione 3* (1992), installazione di Martin Honert.**

La rete TV americana CNN trasmette in tutto il mondo, spesso in esclusiva, le immagini dei principali fatti di cronaca.

Durante la guerra del Golfo, la scelta delle immagini e il modo di mostrarle sono determinanti per influenzare l'opinione pubblica mondiale.

Dotato di uno speciale rivestimento, il bombardiere americano B2 Stealth è invisibile ai radar.

Casco per la realtà virtuale.
Con questa apparecchiatura cibernetica, che trasforma in informazioni elettroniche i messaggi ricevuti dall'ambiente e dal corpo umano, si può essere proiettati nello spazio informatico del "cyberspazio", diverso da quello fisico: l'operatore partecipa agli eventi generati dalla elaborazione elettronica come se fossero reali.

prendono a mutare velocemente. Gli effetti sociali e culturali di questa possente mutazione tecnologica che molti definiscono come una "terza rivoluzione industriale" sono profondi e diversi. Scompaiono incombenze dannose per la salute, ma svaniscono anche molti lavori manuali che danno un reddito a chi non ha istruzione. Prodotti e servizi a basso costo diventano più accessibili, ma l'accesso alle conoscenze richieste dai nuovi modi di lavorare esige un'istruzione più lunga e continuata. Nella medicina o nei trasporti, nella scuola o nelle attività impiegatizie, per non parlare delle telecomunicazioni, il mutamento diviene insieme più veloce e ininterrotto: nei più diversi ambiti della vita sociale ciascuno deve adeguarsi con rapidità per sfruttare le possibilità ed evitare i rischi insiti nella continua innovazione.
Ciò che più colpisce è il fatto che le distanze spaziali e temporali diminuiscono o assumono diverso significato. I media elettronici, che diffondono senza sosta un'enorme massa di informazioni, vanificano i confini geografici e politici, e rendono più vaghi e incerti quelli culturali. L'interconnessione tra diversi apparati e sistemi informatici – che rende possibile la comunicazione istantanea e interattiva in ogni parte del globo – crea nuove comunità virtuali e diminuisce la rilevanza di quelle abituali, fondate sulla contiguità fisica. Soprattutto collega attività diverse in un reticolo di ampiezza

L'ingresso della Borsa di Londra.

Stabilimenti di un'azienda della Silicon Valley.
Nella regione a sud di San Francisco è nata negli anni Ottanta la maggiore concentrazione di imprese produttrici di moderne tecnologie, con oltre 2000 aziende che realizzano computer, armi, strumenti di precisione, software, satelliti e robot. Per l'elevato livello di automazione del sistema produttivo e l'eccezionale concentrazione di scienziati e tecnici rispetto al basso numero di lavoratori manuali, la Silicon Valley è considerata un "modello" per la futura organizzazione industriale.

Pattini per gli skater metropolitani.
Impensabile prima dell'avvento dei mass media, l'affermazione della cultura giovanile assume un carattere sempre più globale. Ciò si traduce in stili di vita e modelli di consumo che tendono a livellarsi, spesso condizionati dagli standard proposti dai grandi gruppi economici, per i quali i giovani sono soprattutto un colossale affare.

mondiale e di velocità istantanea. La produzione di un'auto può avvenire attraverso il coordinamento in tempo reale tra uffici, laboratori e officine dislocati in tre continenti. Una linea aerea europea può affidare il servizio di biglietteria a impiegati che operano su terminali situati in India. L'elaborazione e trasmissione di dati è l'aspetto che sempre più domina la vita economica.

Da metafora imperfetta il mercato mondiale diventa realtà viva e operante, specie per le operazioni finanziarie. Le borse di tutto il mondo, i mercati valutari e la miriade di banche che vi operano sono collegati 24 ore su 24. Con la liberalizzazione delle transazioni finanziarie (perseguita da tutti i governi a partire dagli anni Ottanta) l'informatica rende possibili trasferimenti vorticosi di capitali sempre più grandi. Negli anni Novanta sui mercati valutari si scambia l'equivalente di circa 1200 miliardi di dollari al giorno.

Gli investitori e i risparmiatori di tutto il mondo operano simultaneamente su ogni mercato. Tra il 1980 e il 1996 il totale degli investimenti all'interno di ogni nazione raddoppia, mentre quelli fatti all'estero aumentano di ben sei volte. La mondializzazione di produzione e scambi crea flussi internazionali di capitali sempre maggiori, che alterano le condizioni di reddito, occupazione e vita di miliardi di persone.

Marchio Apple, l'azienda produttrice di computer fondata nei primi anni Ottanta a Cupertino (California).

LA TERZA RIVOLUZIONE INDUSTRIALE

L'aspetto culturalmente più sconcertante della trasformazione tecnologica che segna la fine del Novecento risiede nella varietà dei suoi effetti, insieme positivi e negativi. L'informatica ci avvicina a chi è lontano, ma può anche isolarci da chi ci sta accanto. Semplifica molti aspetti della vita quotidiana e insieme esige sforzi, talora difficili, di apprendimento. Ne beneficiano sia le polizie e i giudici, per mantenere il rispetto della legalità, che la criminalità internazionale e i narcotrafficanti. La mondializzazione vuol dire migliori redditi e occupazione per i lavoratori thailandesi o cinesi, ma anche sfruttamento del lavoro dei loro figli a volte ancora fanciulli, e disoccupazione o salari più bassi per gli operai tedeschi o statunitensi.

Tecnico addetto alla produzione di microcircuiti integrati.

Globalizzazione e commercio internazionale

Uno degli aspetti peculiari di questa fine secolo è la globalizzazione, cioè il moltiplicarsi degli scambi di merci, servizi e dati su scala planetaria: guidiamo auto giapponesi, indossiamo camicie fatte in Cina, lavoriamo con software americani, in ogni angolo del mondo mangiamo pizza e beviamo Coca-Cola. Il fenomeno in sé non è nuovo. Agli inizi del Novecento l'economia mondiale non era meno aperta: gli scambi di merci erano intensi, il telegrafo collegava città lontane, le migrazioni erano proporzionalmente più ampie di adesso. Ma tra le due guerre i movimenti internazionali si sono drasticamente ridotti: i governi hanno innalzato barriere protettive, chiuso i confini alle migrazioni, controllato i movimenti di capitali. Solo con il lungo boom postbellico, e soprattutto negli ultimi decenni, gli scambi internazionali hanno ripreso a salire, aumentando a ritmi maggiori della crescita economica mondiale. I dazi sono scesi e i mercati si sono progressivamente aperti. Paesi come Germania, Italia e Giappone hanno fondato sulle esportazioni il loro "miracolo economico" negli anni Sessanta.

Nella globalizzazione economica di fine secolo i fattori inediti sono quattro. In primo luogo la tecnologia fa sì che gli scambi riguardino non solo una quantità sempre maggiore di merci, ma anche di servizi: dalla finanza alla televisione, dall'informatica alla telefonia, il mercato mondiale comprende sempre più anche i beni immateriali. I-

Negozio di apparecchi hi-fi nel Vietnam del Nord.
Pienamente inserito nel contesto delle relazioni economiche con i paesi emergenti dell'area asiatica (una volta caduto l'embargo statunitense), il Vietnam del Nord è entrato (1995) nell'ASEAN, l'Associazione delle nazioni del Sudest asiatico.

Grattacieli a Hong Kong.
All'inizio in contrapposizione alla Cina e alla Corea comunista, e con l'assistenza tecnica e finanziaria dall'Occidente, Hong Kong ha dato vita a una modernizzazione del sistema industriale che ha posto le basi per lo straordinario sviluppo economico dell'area asiatica.

"Coca-Cola fa nascere l'emozione": pubblicità in una strada di Rio de Janeiro (a sinistra).

Televisore a schermo tridimensionale.

Punk giapponese. *Il rifiuto delle convenzioni, il ricorso ad abbigliamenti e acconciature eccentrici, l'uso di un linguaggio gergale provocatorio e duro, l'elaborazione di un apparato simbolico e l'ostentazione orgogliosa della propria diversità caratterizzano i movimenti culturali giovanili.*

noltre a essere mondializzati non sono solo i commerci ma la produzione stessa, sempre più dislocata in diversi continenti, e coordinata e controllata da imprese multinazionali.

In terzo luogo, la globalizzazione ha nuovi protagonisti. Le colonie che inviavano materie prime alle metropoli sono diventate nazioni indipendenti che sempre più producono ed esportano prodotti industriali e servizi anche ad alto contenuto tecnologico. Le più dinamiche sono le tigri asiatiche e la Cina, ma anche paesi come Messico, India o Brasile si sono integrati (sia pure con ritmi più lenti e incerti) nel mercato mondiale. Tra il 1970 e il 1993 le esportazioni di prodotti industriali dal Terzo Mondo sono passate dal 5 al 22 per cento del totale mondiale, e circa il 45 per cento delle esportazioni americane, europee o giapponesi è destinato ai paesi in via di sviluppo.

Infine, la liberalizzazione e moltiplicazione degli scambi mondiali è ora facilitata, e in parte governata, da istituzioni internazionali come il Fondo monetario internazionale, la World Trade Organization, o la Banca mondiale. E in diverse aree del mondo le economie nazionali si integrano in organismi come l'Unione Europea, o danno vita ad aree di libero scambio, come la NAFTA (fra USA, Canada e Messico) o il MERCOSUR (fra Argentina, Brasile, Paraguay e Uruguay).

Dotata di display a cristalli liquidi, la fotocamera Sony consente di vedere in anteprima la foto da scattare.

LE IMPRESE MULTINAZIONALI

Uno dei motori della globalizzazione sono le grandi aziende multinazionali che, nate in America, in Giappone (come la Sony) o in Europa, hanno esteso le loro operazioni a tutti i continenti alla ricerca di nuovi mercati, di manodopera più economica o di materie prime. Lo sviluppo delle tecnologie informatiche e della comunicazione ha sempre più integrato le loro attività produttive, commerciali e di ricerca in reti capillari e diffuse. Circa il 10 per cento del PIL dell'America latina, e il 9 per cento di quello dell'Asia (escluso il Giappone) proviene da imprese di proprietà straniera. Un'auto Ford ingloba oggi tecnologia, componenti, lavoro e idee che confluiscono da 70 paesi. La Nestlè (casa madre in Svizzera) ha il 97 per cento dei suoi dipendenti all'estero, dove vende il 98 per cento dei suoi prodotti. Nel commercio mondiale queste imprese hanno un ruolo determinante: nel 1995 le vendite delle succursali estere delle imprese multinazionali ammontano a 7000 miliardi di dollari, più del totale delle esportazioni mondiali. Esse inoltre dominano i trasferimenti internazionali di tecnologie, che per il 70 per cento riguardano scambi tra aziende dello stesso gruppo multinazionale.

Una nuova Asia

Fino agli anni Settanta la parola Asia evocava l'immagine di centinaia di milioni di contadini poveri e affamati. Alle soglie del 2000 l'Oriente è invece l'emblema di un vigoroso processo di industrializzazione e urbanizzazione, di tecnologie moderne e consumi relativamente prosperi.

Dal Giappone alle Filippine, dalla fascia costiera della Cina al Sudest asiatico, tre decenni di impetuosa crescita economica (trainata dalle esportazioni e dall'afflusso di capitali stranieri) hanno trasformato il volto dell'area più popolosa del pianeta. I contadini non sono affatto svaniti, e molti operai hanno redditi miseri, ma la fame è quasi scomparsa, e nelle grandi metropoli (Shanghai ha 13 milioni di abitanti, Bombay 12, Seul 10) emergono imprenditori e ceti medi che godono di un tenore di vita piuttosto elevato.

In Estremo Oriente ci sono circa 100 milioni di consumatori con redditi paragonabili a quelli occidentali, ma si calcola che nel 2020 possano essere un miliardo. Per quell'epoca la Cina, agli attuali ritmi di sviluppo, avrà la più grande economia mondiale, e tra le 10 maggiori potenze economiche ben 7 saranno asiatiche.

Dall'India al Giappone è sorta una prorompente civiltà capitalistica, altamente competitiva e integrata nel mercato mondiale, che unisce tratti oc-

Soldato cinese.
In Cina si alternano aperture dottrinali ("più democrazia e più mercato") e antiche chiusure autoritarie: è ancora vivo il ricordo della feroce repressione militare che nel 1989 ha causato migliaia di vittime fra gli studenti che protestavano a Pechino nella piazza Tienanmen.

Strada di una città indiana.
Nel maggio del 1998, nel volgere di pochi giorni, hanno fatto il loro ingresso ufficiale nel "club atomico" l'India e il Pakistan, due paesi da lungo tempo fra loro ostili per questioni di confine. Dopo anni di speranze, la paura di un conflitto nucleare è tornata improvvisamente di attualità.

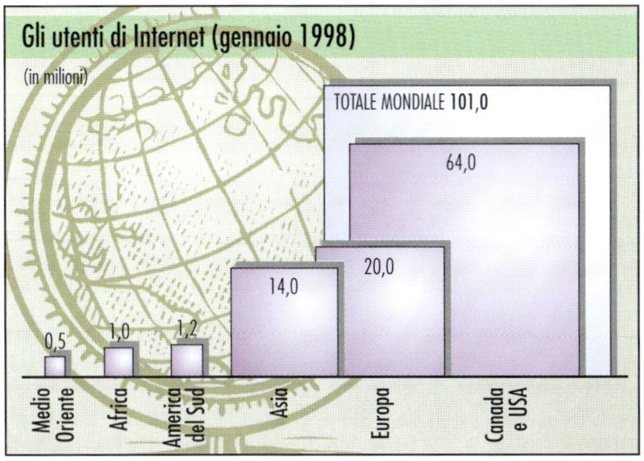

T-shirt prodotta per la fine del dominio britannico a Hong Kong. *Ceduto in affitto alla Gran Bretagna nel 1898 per 99 anni, il paese torna a far parte della Cina il 1° luglio 1997, come regione amministrativa speciale: il Parlamento e il Consiglio esecutivo sono designati da Pechino, che introduce limitazioni alle libertà di manifestazione, associazione e stampa.*

cidentali (libertà di mercato) con propri caratteri peculiari: forme di governo autoritarie, rigida disciplina sociale, stretto intreccio tra potere economico e politico. Dopo decenni di crescita ininterrotta si è registrata una crisi nel 1997-1998, dovuta a un'eccessiva facilità del credito, a una diffusa corruzione e a un'enorme speculazione edilizia. Nel 1997 i titoli azionari alla Borsa di Hong Kong scendono del 23 per cento, ma a Manila, Seul, Kuala Lumpur, Giacarta e Bangkok le perdite sono dell'ordine del 70 per cento, e tutte le divise subiscono brusche svalutazioni. È però improbabile che il rallentamento dell'attività economica spenga il dinamismo ormai radicato di quest'area.

Il problema futuro dell'Estremo Oriente riguarda piuttosto la sua stabilità politica. L'alta densità degli scambi reciproci integra le economie, ma la crescita dei consumi energetici non potrà non generare rischiose tensioni. Soprattutto, resta incerto il ruolo che svolgerà la Cina, una potenza economica e militare in forte ascesa. Il suo peso preponderante nell'area, il suo poderoso desiderio di affermazione nazionale e le sue rivendicazioni territoriali (su Taiwan e su Spratly, isolotto strategico) potrebbero sconvolgere i già precari equilibri di una regione la cui sicurezza dipende ancora oggi non certo da un equilibrio concordato ma dalla presenza militare degli Stati Uniti.

Il persistere di modernità e tradizione nella Corea del Sud. *Nel paese il rapido processo di sviluppo economico coincide con l'emergere di movimenti che negli anni Ottanta rivendicano un ampliamento delle libertà politiche, determinando la fine del regime che controllava il paese con la legge marziale e permettendo l'avvio di un faticoso processo di democratizzazione: nella società coreana, ancora in fase di profonda trasformazione, si registrano tuttavia forti tensioni e riemergono antiche spinte autoritarie.*

L'Occidente ha vinto?

Nel 1945 le democrazie capitalistiche e liberali dell'Occidente euroamericano hanno sconfitto, insieme all'URSS, la minaccia dei fascismi. Tuttavia hanno dovuto in seguito sostenere un dispendioso confronto con l'impero sovietico e con il suo modello di economia pianificata, hanno favorito la rinascita democratica delle ex potenze fasciste e conosciuto un inedito benessere che si è accompagnato all'estensione dei diritti sociali e civili.
La sfida della decolonizzazione non ha dato luogo a un'alternativa radicale e nazionalista al capitalismo di mercato: molte aree del Terzo Mondo si sono anzi integrate nell'economia mondiale. Europa e America del Nord – legate da interdipendenza economica e affinità politico-culturali – sono oggi più prospere e sicure, occupano il vertice di ogni gerarchia mondiale e non hanno antagonisti che mettano in discussione il loro primato. Il crollo del comunismo ha palesato la superiore efficienza delle economie di mercato e la maggiore capacità di adattamento dei regimi democratici.
Sotto il profilo geopolitico e socioeconomico l'Occidente esce vincitore da un secolo di conflitti, primo fra tutti quello Est-Ovest. Ma la preminenza dell'Occidente era già tale alla fi-

Emigranti a New York negli anni Cinquanta.
Meta da sempre di milioni di emigranti provenienti da tutto il mondo, ancora oggi gli Stati Uniti sono interessati da intensi flussi migratori. È soprattutto dall'America centrale e dal Messico, attraverso la frontiera del Texas, che ogni anno vi fanno il loro ingresso, spesso in modo clandestino, decine di migliaia di persone in cerca di migliori condizioni di vita. Mentre il governo di Washington cerca di limitare drasticamente gli accessi, importanti settori economici degli Stati del Sud alimentano la richiesta di manodopera a basso costo per sostenere la concorrenza dei paesi in via di sviluppo.

Compact disc (a sinistra).
Tecnologie sperimentate per le applicazioni aerospaziali sono ormai di uso comune nella vita domestica. Nei compact disc le informazioni musicali vengono digitalizzate e riprodotte in microscopiche tacche riflettenti, disposte in solchi: la tecnica di lettura è basata su un dispositivo ottico che funziona per mezzo di un sottile raggio laser.

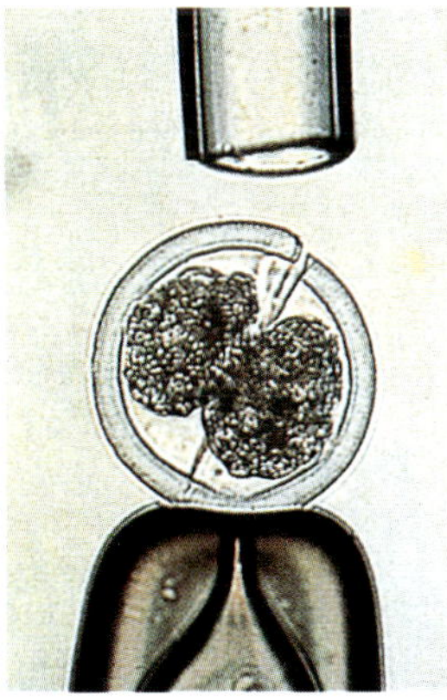

Embrione di vitello al microscopio.
Nel campo della genetica l'umanità ha sviluppato tecniche e potenzialità tali da non poter più essere controllate in tutte le loro conseguenze. Dopo i primi esperimenti sui topi nel 1981, le tecniche di clonazione si sono perfezionate, tanto da rendere possibile la creazione in laboratorio del "duplicato" di una pecora. Le prospettive che si aprono con le possibili applicazioni dell'ingegneria genetica agli esseri umani hanno suscitato, oltre alla speranza di sconfiggere malattie incurabili, inquietanti interrogativi etici e messo in moto colossali interessi economici.

ne dell'Ottocento: l'impero britannico copriva un quarto del globo, Germania e USA erano i protagonisti della seconda rivoluzione industriale, il capitalismo prometteva un progresso illimitato.
Le convulsioni del Novecento sono anche la conseguenza degli scompensi dello sviluppo dell'Occidente. La guerra del 1914-1918, le tensioni del passaggio alla società di massa e la crisi del 1929 sono alla radice del fascismo e della seconda guerra mondiale. L'ascesa del comunismo deriva anche dalle disuguaglianze socio economiche connesse al capitalismo e dall'imperialismo esercitato sui popoli coloniali.
L'espansione della modernità e della democrazia rappresentativa è avvenuta attraverso lacerazioni e conflitti, i cui costi umani e materiali si sono distribuiti in modo diseguale tra nazioni, popoli, razze e gruppi sociali. Tuttavia l'Occidente non è stato l'unico protagonista di questo processo. L'odierno capitalismo globale è inimmaginabile senza la spinta all'autodeterminazione dei popoli asiatici e africani, che ha imposto una maggior democraticità nelle relazioni internazionali. Anche l'inclusione nella democrazia di soggetti prima esclusi (dalle donne agli operai, dalle razze non bianche alle minoranze religiose) scaturisce dalle loro lotte e dalla loro capacità di pressione. E fenomeni come il capitalismo asiatico o il fondamentalismo islamico ci ricordano che l'Occidente non è il solo futuro del mondo.

IL SECOLO AMERICANO

Nel Novecento il baricentro del sistema capitalistico e democratico che chiamiamo Occidente si è spostato dall'Europa al Nordamerica. Il secolo è segnato dall'ascesa degli Stati Uniti al ruolo di economia più ampia e dinamica, di potenza egemone, di polo di preminente influenza culturale. Nelle due guerre mondiali come nella guerra fredda gli USA hanno alterato la carta geopolitica del mondo. La globalizzazione del capitalismo industriale prima e postindustriale poi è avvenuta sotto il segno della loro indiscutibile supremazia economica. Nei suoi pregi e nei suoi limiti, il loro modello di società democratica e competitiva ha costituito un punto di riferimento di crescente rilevanza. Nel "villaggio globale" la cultura americana domina gli scambi, i linguaggi e la comunicazione. Gli Stati Uniti hanno modificato il senso stesso del termine Occidente, e si affacciano al 2000 come l'unica superpotenza di portata planetaria, il perno del sistema diplomatico e il polo centrale per gli scambi mondiali. Soprattutto sono la fonte principale dell'interdipendenza in quanto produttori e diffusori di codici e istituti comuni, di forme globali di cultura materiale, di consumo e di comunicazione (dal software al telefilm, dal fast food a Hollywood).

Bill Gates, fondatore e presidente della Microsoft.

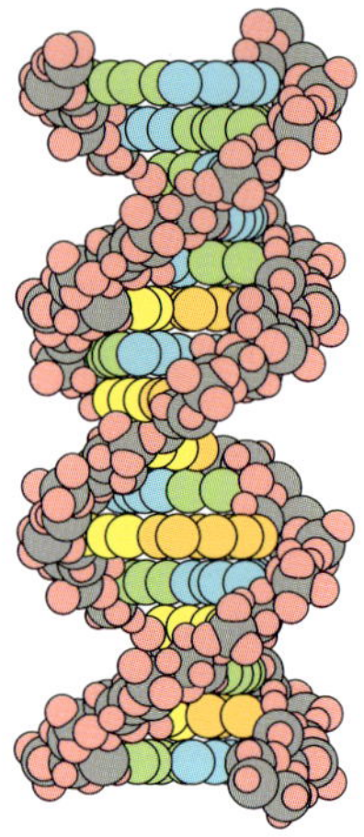

La scoperta che ha rivoluzionato la genetica: la doppia elica del DNA. *L'individuazione della struttura dell'acido desossiribonucleico (DNA), latore dell'informazione ereditaria nella maggior parte degli organismi, è valsa ai ricercatori James Watson (americano), Francis Crick e Maurice Wilkins (inglesi) il Nobel per la biologia (1962).*

Bilancio di un secolo

Le immagini riassuntive del Novecento sono diverse, tutte di per sé valide ma parziali e contraddittorie: è stato il secolo degli sterminii come quello del grande sviluppo economico; della democrazia di massa e delle dittature totalitarie; dei nazionalismi aggressivi e della globalizzazione; del formidabile progresso tecnologico e della scoperta dei suoi danni; delle grandi devastazioni belliche e poi della pace atomica.
Non è solo la vicinanza che ci impedisce ancora di inquadrare il Novecento in un giudizio sintetico, decantando quei fattori che con il passare del tempo assumeranno una maggiore rilevanza. C'è stata un'accelerazione stupefacente del ritmo della storia, della velocità e dell'intensità dei mutamenti, e anche una moltiplicazione dei protagonisti. Intrecciate insieme, tali caratteristiche hanno suscitato l'impressione che ogni mutamento definisse un'epoca.
La guerra del 1914-1918; la rivoluzione russa del 1917; la crisi degli anni Trenta; il 1945; la decolonizzazione; la "conquista" della Luna; il crollo del comunismo nel 1989: ciascuno di questi passaggi, e molti altri, sono parsi ai contemporanei tali da alterare la storia e ridefinire il carattere del secolo. Ma noi dobbiamo considerarli nel loro insieme, e ci accorgiamo che il Novecento è il secolo in cui sono stati valicati molti confini ritenuti immutabili, entro i quali si era svolta la storia dell'umanità. Le trasformazioni

Protesta contro la bomba al neutrone (1977). *A partire dalla prima esplosione "di prova" del 16 luglio 1945 nel New Mexico sono stati effettuati oltre 2000 esperimenti nucleari, molti dei quali con ordigni di potenza varie volte superiore a quella della bomba che colpì Hiroshima. Il trattato di non proliferazione nucleare, sottoscritto da circa 180 paesi, risale al 1970, mentre è in attesa di ratifica, a cause delle forti resistenze incontrate, un trattato di interdizione globale degli esperimenti nucleari fra i 44 stati dotati di tecnologia nucleare militare o civile.*

L'incrociatore Aurora a Leningrado.
Il colpo di cannone sparato da questa nave dà avvio all'insurrezione che, nell'ottobre del 1917, porta i bolscevichi al potere in Russia. Mentre è ancora in corso il conflitto mondiale, si consuma il primo atto di una vicenda destinata a segnare profondamente la storia e le ideologie del Novecento.

tecnologiche sono, sotto questo profilo, le più emblematiche: l'umanità ha preso a volare e si è spinta al di fuori della Terra, ha debellato malattie millenarie, ha costruito gli strumenti per la sua autodistruzione e per infiniti genocidi, ha annullato le distanze con forme di comunicazione immateriale, ha alterato la biosfera e può manipolare il suo stesso patrimonio genetico.
Su scala mondiale lo sviluppo economico e demografico non era mai stato tanto rapido. Già solo rispetto all'Ottocento (il "secolo del progresso") i ritmi di crescita della popolazione, della produzione e della produttività sono raddoppiati o triplicati. La durata media della vita si è allungata come mai prima. Miliardi di persone hanno abbandonato un'esistenza di autosostentamento agricolo per la produzione e il consumo di merci tipiche della vita urbana. Persino nei paesi più poveri gli analfabeti non sono più la maggioranza.
Questi mutamenti sono radicali, e soprattutto irreversibili. Sotto questo profilo il Novecento ha sicuramente impresso una curvatura inedita alla storia del pianeta: portando al suo apice il processo di industrializzazione in ambito nazionale, e aprendo poi le porte al suo superamento in uno sviluppo postindustriale globalizzato, ha posto l'umanità di fronte al problema della esauribilità o della riproducibilità delle risorse naturali che utilizza. E questo è sicuramente uno degli orizzonti critici del futuro.

Un esempio di microcircuiti integrati prodotti negli USA negli anni Sessanta.
Sulla spinta delle esigenze della tecnologia spaziale, si sviluppa negli anni Sessanta la microelettronica, che ha il suo elemento base nel circuito integrato. I progressi nella tecnologia di diffusione selettiva nel silicio permettono la costruzione di sistemi di interconnessione di elementi disposti su una trama metallica, il chip, di dimensioni vicine al millimetro.

La più celebre diva dello schermo: Greta Garbo nel film Mata Hari *(1932)*.

Coppia gay.
Negli ultimi trent'anni, l'evoluzione dei comportamenti e la liberalizzazione dei costumi hanno favorito l'emergere di movimenti che rivendicano l'estensione alle coppie omosessuali delle norme che regolano il diritto di famiglia. In alcuni paesi sono state introdotte leggi che riconoscono il matrimonio fra persone dello stesso sesso.

Quale misura per il Novecento?

Questa prepotente trasformazione della vita sociale non ha alterato le gerarchie d'inizio secolo: le società più ricche sono ancora quelle del Nordamerica e dell'Europa nordoccidentale, anche se l'Europa meridionale, il Giappone e piccole nazioni come Singapore o Kuwait sono ascese a posizioni di prosperità. Essa è poi segnata da macroscopiche disuguaglianze. Misurata in termini reali, la ricchezza pro capite è quintuplicata negli Stati Uniti ed è raddoppiata in India. I poveri dell'Africa sopravvivono con redditi cento volte inferiori a quelli dei cittadini degli Stati Uniti, e almeno 800 milioni di persone (il 14,5 per cento della popolazione mondiale) sono malnutrite. Il quinto più ricco della popolazione mondiale controlla l'80 per cento di tutte le risorse del pianeta, il quinto più povero solo l'1 per cento, la restante maggioranza dispone di meno del 20 per cento.

Questi e altri dati ci dicono che la misura vera del Novecento ce la potrà dare soltanto il futuro. L'incanalamento autoritario delle tensioni della società di massa, il nazionalismo bellicista e imperialista, l'utopia ugualitaria divenuta dominio totalitario sono fenomeni che hanno compiuto la loro parabola sanguinosa, segnando i momenti più tragici del secolo. L'estensione della democrazia, che include nuovi popoli e si diversifica con nuovi protagonisti del mutamento sociale – a

Parigi: ristorante del Quartiere latino nel maggio 1968.
A tanti anni di distanza ci si chiede ancora quale sia l'eredità del '68, che appare un'esperienza irripetibile, in cui sono per la prima volta emersi temi, esigenze, aspirazioni e modelli di vita che da allora in poi sono entrati a far parte stabilmente del lessico, dell'immaginario e dell'esperienza comune di intere generazioni.

Sopravvissuti ai campi di sterminio (a destra).
Ha scritto Primo Levi, uno dei più alti testimoni dello sterminio: "Al di sopra delle nostre esperienze individuali, siamo stati collettivamente testimoni di un evento fondamentale e inaspettato, fondamentale appunto perché inaspettato, non previsto da nessuno. È avvenuto contro ogni previsione; è avvenuto in Europa; incredibilmente, è avvenuto che un intero popolo civile, appena uscito dalla fervida fioritura culturale di Weimar, seguisse un istrione la cui figura oggi muove al riso; eppure Adolf Hitler è stato obbedito e osannato fino alla catastrofe. È avvenuto, quindi può accadere di nuovo".

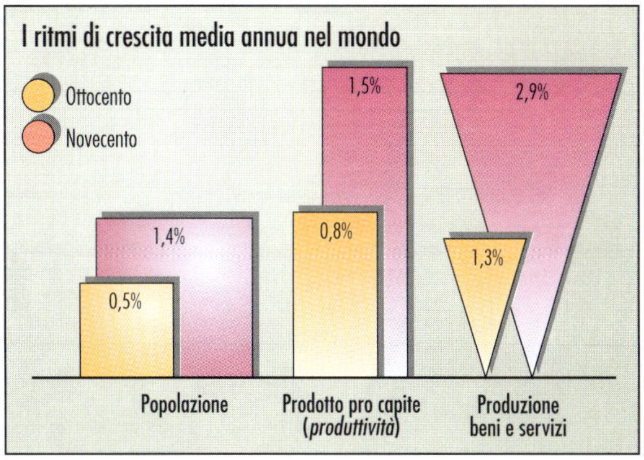

Profughi africani tratti in salvo dalla Croce Rossa.
La tragedia della fame e della sete contrassegna la vita di milioni di profughi. Mentre si allarga sempre di più il divario che separa i paesi industrializzati dalle aree povere del mondo, le condizioni di povertà di milioni di persone restano uno dei lasciti di questo secolo.

cominciare dalle donne – caratterizza la fase finale di un secolo che si chiude dopo aver archiviato i grandi conflitti che lo hanno attraversato quasi per intero.

Ma che non si tratti di un approdo sicuro e immutabile lo dice la profondità delle sfide a cui la democrazia e l'interdipendenza mondiale sono di fronte: dalla disuguaglianza delle risorse all'instabilità di un'economia globale; dalla gestione del disequilibrio ecologico alle ricorrenti tensioni tra le identità nazionali e religiose e i meccanismi del mercato mondiale. Negli ambiti nazionali, e ancor più sulla scena internazionale, il dilemma tra conflitto e cooperazione, tra scontro e integrazione si ripropone anche, in forme diverse, per il futuro. Che siano forme pacifiche resta ancora da verificare.

Il Novecento ha visto l'apoteosi delle capacità tecnologiche e organizzative di distruzione, e sarà certo ricordato per le sue guerre ed i suoi orrori. Con l'arma nucleare la distruzione può divenire assoluta, e ciò ha forse spezzato il nesso tra antagonismo politico e guerra per le grandi potenze. Sarà però il XXI secolo a dirci se la congiunzione tra progresso e violenza sia stata solo una tappa del percorso del Novecento o il suo lascito permanente.

www. la grande rete

Il simbolo di Internet e un "navigatore" della grande rete.

Verso la fine degli anni Sessanta il Pentagono di Washington avvia la realizzazione di una rete informatica studiata per resistere a qualsiasi tipo di attacco nemico. I primi computer collegati sono supercalcolatori destinati a complesse elaborazioni scientifiche. In pochi anni la rete raggiunge buona parte degli uffici governativi e delle università e i suoi utenti se ne servono molto più per comunicare tra loro (posta elettronica) che per sfruttare la potenza di computer lontani. Connettere un nuovo computer alla rete è divenuto da allora sempre più semplice ed economico: Internet è così cresciuta in misura esponenziale collegando banche, aziende, biblioteche, servizi pubblici e privati, famiglie. Con la nascita di WWW (World Wide Web, "la ragnatela mondiale") nel 1991, le informazioni disponibili su Internet cominciano a essere presentate in forma più accessibile, con collegamenti ipertestuali (cioè non sequenziali) che le mettono in relazione tra loro, dovunque siano nel mondo. Oltre ai testi, appaiono immagini, filmati, suoni, mondi virtuali tridimensionali: Internet è cioè multimediale. Diventa possibile per qualunque computer collegato non solo accedere a queste informazioni, ma rendere anche disponibili le proprie. Estesa all'intero pianeta, sia pure con densità molto diseguali, Internet è oggi uno strumento di lavoro, di ricerca, di commercio, di svago e di comunicazione che sta rivoluzionando la vita quotidiana. Nel suo spazio senza dimensioni, virtuale e condiviso, stanno nascendo comunità prive di territorio, scambi senza contatti, nuove libertà e nuove autorità. Con il conglobamento degli altri mass media in Internet, ormai in pieno sviluppo, il XXI secolo sembra realizzare la profezia di McLuhan sul "villaggio globale". E la comunicazione sembra il tratto distintivo del passaggio dal Novecento al futuro.

La home page** del sito **web della Galleria degli Uffizi di Firenze.
Nel 1993 i paesi raggiungibili con un collegamento Internet erano solo 60, oggi sono oltre il triplo; il numero degli utenti, di ogni fascia di età, registra ogni anno forti incrementi, ed è attualmente stimato attorno ai 130 milioni.

Il secolo della scienza

Un progresso di qualità

Un'enorme mole di risultati scientifici è venuta alla luce nel XX secolo, ma il modo appropriato di "fare scienza" non è così recente: ce l'hanno insegnato Galilei e Newton, e almeno dal punto di vista metodologico quello è rimasto. La scienza è vista oggi dalla pubblica opinione come fonte inesauribile di applicazioni. Ciò è vero, ma contiene un errore di prospettiva, che può spingere le istituzioni politiche nazionali e internazionali a finanziare solo progetti utili, con ricadute nel mercato. Per importanti che siano, tali ricadute non renderebbero appieno, nel campo della conoscenza, l'idea della qualità del progresso contemporaneo, che ha invece connotati tali da cambiare radicalmente la mentalità, la filosofia di chi sa intenderla.

Il fatto davvero straordinario di questo secolo, che ha visto all'opera la stragrande maggioranza degli scienziati ai quali si deve il sistema di conoscenze oggi accreditato, è che quelle conoscenze non sono più destinate a morire, come è accaduto a buona parte delle credenze del passato. Infatti, ogni progresso scientifico ormai incorpora in sé ciò che è stato capito e formulato nel linguaggio che la scienza via via si è costruito: le nuove concezioni non distruggono le precedenti ma le assumono come casi di validità più limitata. La scienza è finalmente divenu-

Un fotogramma dal film* Metropolis *di Fritz Lang (1926).
Rielaborando la vicenda di Frankenstein attraverso la figura di uno scienziato che dà vita a un robot, Fritz Lang affronta il tema del rapporto fra scienza e potere.

I PREMI NOBEL (1901-1997)

Chimica

Fisica

Medicina e fisiologia

1901

Jacobus van't Hoff
Olandese
Formulazione delle leggi della dinamica chimica e della pressione osmotica nelle soluzioni.

Wilhelm C. Röntgen
Tedesco
Scoperta dei raggi X.

Emil von Behring
Tedesco
Ricerche sulla difterite. Ha lavorato per molti anni con Robert Koch, sviluppando l'uso della sieroterapia nella cura delle malattie di origine batterica.

1902

Hermann E. Fischer
Tedesco
Ricerche sulle purine e sui carboidrati. Di questi ultimi Fischer stabilì le formule di struttura.

Hendrik A. Lorentz
Olandese
Pieter Zeeman
Olandese
Ricerche sull'influenza del magnetismo sulla radiazione luminosa.

Ronald Ross
Inglese
Studi sulla malaria. Lavorò in India alla definizione del ciclo vitale del plasmodio, un protozoo agente infettivo della malaria.

1903

Svante A. Arrhenius
Svedese
Formulazione della teoria della dissociazione elettrolitica .

Antoine H. Becquerel
Francese
Scoperta della radioattività spontanea. Scoprì che i sali di uranio impressionavano una lastra fotografica a causa di radiazioni con

ta un processo cumulativo, processo a cui ogni sistema culturale dovrebbe aspirare.

Alla fine del secolo scorso, tra gli scienziati era invalsa una profonda convinzione, non esente da preoccupazioni: che l'attività scientifica fosse "finita", fosse in qualche modo al capolinea. Il matematico David Hilbert aveva tracciato un programma dei problemi rimasti; i fisici erano contenti dell'elettromagnetismo e della più antica gravitazione; i chimici avevano intrapreso un gigantesco lavoro sistematico che prima o poi sarebbe stato completato; i biologi, forse più lentamente per le difficoltà intrinseche della loro disciplina, stavano facendo passi enormi grazie a strumenti e procedimenti nuovi; i geologi avevano un ragionevole modello di spiegazione della morfologia e delle dinamiche della Terra.

La scienza poteva finire, come ricerca, da un momento all'altro. Sarebbe bastato sistemare alcuni fenomeni ribelli: le righe spettrali degli atomi; il fatto che l'etere cosmico non costituisse un valido riferimento assoluto; che non si sapesse bene che cosa vuol dire "vivo"; che l'atmosfera fosse un sistema alquanto instabile... Ma tutto questo non sembrava preoccupante: prima o poi un buon matematico avrebbe svolto il program-

La "passeggiata" spaziale di un astronauta statunitense.

Barbara McClintock riceve il premio Nobel per la medicina nel 1983. *Elargiti da una Fondazione voluta nel 1895 dal chimico svedese Alfred B. Nobel, i premi Nobel vengono annualmente distribuiti a chi abbia reso «i maggiori servizi all'umanità» nel campo della fisica, chimica, medicina o fisiologia, letteratura, o a chi si sia distinto per favorire la pace. Dal 1969 viene assegnato anche un premio per l'economia. La consegna dei premi avviene il 10 dicembre di ogni anno, anniversario della morte di Alfred Nobel.*

proprietà diverse da quelle caratteristiche dei raggi X.

Pierre Curie
Francese
Marie Sklodowska Curie
Franco-polacca
Ricerche sui fenomeni radioattivi scoperti da Becquerel.

Niels Ryberg Finsen
Danese
Ricerche sulla fitoterapia.

1904

William Ramsay
Scozzese
Scoperta dei gas nobili e loro collocazione nel sistema periodico degli elementi. Svolse ricerche di chimica organica, radiochimica e chimica fisica.

Lord Rayleigh (John W. Strutt)
Inglese
Scoperta dell'argon.

Ivan P. Pavlov

Ivan P. Pavlov
Russo
Ricerche sulla fisiologia della digestione.

Robert Koch
Tedesco
Studi sulla tubercolosi.

1905

Adolf von Baeyer
Tedesco
Ricerche di chimica organica.

Philip von Lenard
Tedesco
Ricerche sui raggi catodici.

1906

Henri Moissan
Francese
Isolamento del fluoro.

Joseph J. Thomson
Inglese
Ricerche sulla conducibilità elettrica dei gas.

ma di Hilbert, un buon fisico avrebbe spiegato in un modo coerente con le teorie esistenti gli spettri atomici e le stranezze dell'etere; un astronomo avrebbe capito l'origine dell'energia delle stelle e il segreto della loro durata; un biologo avrebbe prodotto la vita da elementi inerti; un chimico avrebbe ricostruito ogni tipo di materia; un geologo avrebbe previsto i terremoti e le eruzioni vulcaniche.
Le cose presero invece una piega ben diversa. Nel 1905 Albert Einstein mostrò che la vecchia e onesta meccanica di Galilei e Newton spiegava solo un caso particolare di una meccanica assai più generale, la meccanica relativistica. Quasi allo stesso tempo, Niels Bohr capì che quella vecchia meccanica non era applicabile agli atomi; nel 1925 essa fu stravolta per sempre dalla meccanica quantistica di Erwin Schrödinger e Werner Heisenberg, che offriva una via d'uscita anche per la casualità dei "decadimenti radioattivi".
Poco dopo, relatività e meccanica quantistica si fusero, nacquero l'elettrodinamica e la fisica nucleare (in cui l'Italia ebbe grande parte con Enrico Fermi e la scuola di via Panisperna). I biologi si avvicinarono sempre di più alla struttura molecolare dei viventi, finché James Watson e Francis Crick scoprirono la struttura del DNA, in cui è

Il decollo di una navetta spaziale (Space Shuttle).
La corsa allo spazio cominciata nel secondo dopoguerra trova alla fine del Novecento la sua "nuova frontiera" nella costruzione di una stazione orbitante intorno alla Terra prevista per i primi anni del XXI secolo.

Una donna perfora schede all'inizio del secolo.
Il sistema delle schede perforate per facilitare l'acquisizione di informazioni viene adottato negli Stati Uniti alla fine dell'Ottocento. L'informatica sta per muovere i primi passi sulla strada di una delle più significative rivoluzioni di questo secolo.

Camillo Golgi
Italiano
Ricerche sulla struttura del sistema nervoso. Con un metodo di colorazione con argento individuò le relazioni strutturali esistenti fra le cellule nervose e le fibre che da esse hanno origine.

Santiago Ramón y Cajal
Spagnolo
Ricerche sulla struttura del sistema nervoso.

Santiago Ramón y Cajal

1907

Eduard Buchner
Tedesco
Scoperta della fermentazione non-cellulare.

Albert A. Michelson
Statunitense
Strumenti ottici di precisione e indagini spettroscopiche e metrologiche.

Charles-Louis Laveran
Francese
Studio delle malattie causate da protozoi.

1908

Ernest Rutherford
Inglese
Studi sulla disintegrazione degli elementi.

Gabriel Lippmann
Francese
Riproduzione fotografica dei colori.

Ilija I. Mečnikov
Russo
Ricerche di immunologia.

Paul Ehrlich
Tedesco
Ricerche di immunologia.

1909

Wilhelm Ostwald
Tedesco
Ricerche riguardanti gli equilibri chimici, la velocità delle reazioni e la catalisi.

scritto perché siamo come siamo. I chimici incominciarono a progettare molecole fatte a immagine e somiglianza di una qualsiasi sostanza. Purtroppo, nacquero tante invenzioni indesiderate, prime tra tutte le bombe nucleari, gli aggressivi chimici come i gas nervini, le armi biologiche. Le tecnologie incominciarono a sporcare la Terra. Si liberò un'energia senza precedenti. Si progettarono organismi non naturali. L'inquietudine incominciò a montare nella popolazione, che spesso se la prese proprio con quelle conoscenze astratte che ormai costituivano uno dei più grandi patrimoni culturali dell'umanità. L'errore di prospettiva impedisce ancora a molti di capire che tra conoscenza e sfruttamento della conoscenza c'è un abisso, e che se la conoscenza è un problema culturale, il suo sfruttamento rappresenta un problema sociale che ha poco a che fare con l'attività degli scienziati. Grazie ai risultati della ricerca scientifica, oggi è possibile – anche se permangono sacche di povertà – mantenere una popolazione assai più numerosa che in qualsiasi epoca passata. Pochi si rendono conto che la maggior parte di noi esiste ed è viva grazie a ciò che le conoscenze ci permettono di fare. Sembra quasi che il lato buono delle applicazioni della scienza sia imbarazzante e che sia più urgente e opportuno parlare dei pericoli che esse comportano. Per questo vale la pena di analizzare cosa è successo in questo secolo.

Il restauro di una statua policroma e una piattaforma petrolifera. *Le scoperte scientifiche di questo secolo hanno avuto una ricaduta diretta in campi molto diversi: così, la conoscenza delle strutture chimiche è fondamentale nelle attuali tecniche di restauro, mentre lo sviluppo dei prodotti derivati dal petrolio ha profondamente mutato la vita quotidiana.*

Guglielmo Marconi
Italiano
Karl F. Braun
Tedesco
Ricerche sulla telegrafia senza fili.

Emil T. Kocher
Svizzero
Studi sulla fisiologia della tiroide.

Emil T. Kocher

Numeri atomici e macromolecole

La chimica è la scienza che studia la composizione, la struttura e la formazione delle sostanze, naturali o sintetiche. È un settore vasto, nel quale, però, si possono individuare alcune branche: la *chimica inorganica*, che si occupa degli elementi, dei loro composti e delle loro reazioni, la *chimica organica* che studia i composti del carbonio, la *chimica fisica*, che ricerca i principi fisici che regolano la formazione delle sostanze e ne determinano la struttura, e la *chimica biologica*, che si occupa delle reazioni che avvengono negli organismi viventi. A queste si aggiunge la *chimica generale*, che studia le leggi fondamentali e la *chimica industriale* che, proprio nel Novecento, nasce e si sviluppa applicando alla produzione di beni le conoscenze teoriche sui composti chimici.
A cavallo tra Otto e Novecento la ricerca chimica riceve nuovi stimoli dagli studi sulla struttura atomica, in particolare dalle scoperte sull'elettrone, da cui dipendono le proprietà chimiche degli elementi. Una tappa fondamentale è rappresentata dalla definizione del concetto di numero atomico, che indica il numero di protoni (cariche elettriche positive) presenti nel nucleo di un elemento. Nel 1913 il fisico inglese Henry Gwyn-Jeffreys Moseley (1887-1915, caduto sul campo a Gallipoli), dimostrò sperimentalmen-

Una rivendita di pneumatici usati a San Marcos, Texas, in una fotografia di Russell Lee del 1940.
Lo studio avanzato dei polimeri (molecole complesse di composti organici) è uno dei campi attraverso i quali la chimica ha avuto maggiori ripercussioni nella vita quotidiana. Un esempio viene dalla lavorazione delle gomme, sia naturali che sintetiche.

Nella pagina accanto, superconduttori a temperatura ambiente utilizzati in informatica.

1910

Otto Wallach
Tedesco
Studi innovativi sui terpeni (gruppo di idrocarburi e derivati ossigenati).

Johannes Diderik van der Waals
Olandese
Ricerche sull'equazione di stato dei gas e dei liquidi.

Albrecht Kossel
Tedesco
Ricerche sui componenti cellulari.

1911

Marie Sklodowska Curie
Franco-polacca
Scoperta di radio e polonio e isolamento del radio. Dopo la morte del marito Pierre, Marie Curie continuò il suo lavoro presso i laboratori dell'Università di Parigi fino al 1934.

Wilhelm Wien
Tedesco
Legge della radiazione termica. Studiò la radiazione di un corpo nero.

Allvar Gullstrand
Svedese
Studi sulla fisiologia dell'occhio.

1912

Victor Grignard
Francese
Scoperta del reattivo che porta il suo nome. Di facile preparazione è impiegato nelle sintesi organiche.

Paul Sabatier
Francese
Studi e applicazioni dell'idrogenazione catalitica delle sostanze organiche.

Paul Sabatier

te che le maggiori proprietà di un elemento sono determinate dal numero atomico e stabilì una relazione fra il numero atomico e la carica del nucleo. Ogni atomo è quindi identificato sulla base del numero atomico e classificato, secondo un ordine crescente, nella *tavola periodica degli elementi*, originariamente ideata dal chimico russo Dmitri Ivanovič Mendeleev (1834-1907).
Dal modello atomico di base definito agli inizi del secolo e dal metodo della meccanica quantistica, la chimica del XX secolo sviluppa teorie sui legami chimici e sulla struttura delle molecole. Di notevole importanza sono le ricerche del chimico statunitense Linus C. Pauling (1901-1994) che, nel 1951, ipotizza la forma tridimensionale (a eli-

SUPERCONDUTTORI E NUOVI MATERIALI

I superconduttori sono materiali conduttori di elettricità, la cui caratteristica principale è che, al di sotto di una data temperatura (temperatura critica), diversa per ciascun materiale, la resistenza al passaggio della corrente elettrica si annulla. In un anello formato da una sostanza in stato di superconduttività, dunque, la corrente elettrica può circolare per un tempo molto lungo senza diminuire d'intensità. La superconduttività fu notata per la prima volta nel 1913 per il mercurio al di sotto dei 4°C da Heike Kamerlingh Onnes (1853-1926). Nel 1986 i fisici J. Georg Bednorz e K. Alexander Müller, premi Nobel nel 1987, osservarono la superconduttività in una ceramica sintetizzata in laboratorio. Questi materiali, i cosiddetti ceramici, si sono rivelati ottimi superconduttori anche a temperature molto elevate. Le loro applicazioni sono diverse: costruzione di componenti dei computer, oscillatori, amplificatori, cavi per l'alta tensione, magneti impiegati negli acceleratori di particelle e nella diagnostica medica (per gli strumenti a risonanza nucleare).

Il chimico russo Dmitri I. Mendeleev (1834-1907)
Nel 1869 Mendeleev ideò il sistema periodico degli elementi, rappresentato dalla tavola che porta il suo nome. Il sistema di Mendeleev si basa sulla progressione dei pesi atomici dei vari elementi e sulle periodiche affinità riscontrabili fra elementi diversi. Egli lasciò vuoti alcuni posti nella sua tavola, intuendo che sarebbero stati occupati da elementi ancora sconosciuti, ma che "dovevano" presentare determinate caratteristiche. Il XX secolo ha confermato la sostanziale validità del sistema ideato da Mendeleev, completando e perfezionando la sua tavola periodica.

Gustaf Dalén
Svedese
Realizzazione di dispositivi ad acetilene per l'illuminazione.

Alexis Carrel
Francese
Studio di tecniche chirurgiche per il trapianto di organi.

1913

Alfred Werner
Svizzero
Studi sui legami chimici.

Heike Kamerlingh-Onnes
Olandese
Studi sulle proprietà della materia a basse temperature.

Charles-Robert Richet
Francese
Studio delle reazioni immunitarie. È lo scopritore dell'anafilassi, uno stato di ipersensibilità dovuto a una risposta immunitaria violenta che può provocare la morte.

1914

Theodore Richards
Inglese
Determinazione dei pesi atomici di numerosi elementi. È noto anche per svariate altre ricerche nei settori della chimica inorganica e della chimica fisica

Max von Laue
Tedesco
Scoperta della diffrazione dei raggi X da parte dei cristalli.

Robert Bárány
Austriaco
Ricerche sulla fisiologia dell'orecchio interno. In particolare Bárány studiò il vestibolo e il labirinto, mettendo a punto nuovi metodi per valutare tale apparato.

1915

Richard M. Willstätter
Tedesco
Ricerche sui pigmenti vegetali, con particolare riguardo alla clorofilla.

William L. Bragg
Inglese
William H. Bragg
Inglese
Analisi della struttura dei cristalli mediante spettroscopia a raggi X.

ca) delle proteine. Nel campo della chimica inorganica, sempre nella prima metà del XX secolo, si studiano alcuni composti particolari, gli organometallici e i sali misti, che, a causa della loro complessa struttura, sfuggono alle classificazioni consuete ; lo studio porta a sviluppare una nuova concezione dei legami chimici. È a partire da queste ricerche che prendono vita lo studio e la realizzazione di materiali innovativi, con caratteristiche speciali.
Fondatore della chimica macromolecolare (quella branca della chimica che si occupa di molecole la cui struttura è particolarmente complicata) è lo scienziato tedesco Hermann Staudinger (1881-1965) che si dedica alla preparazione di composti complessi non esistenti in natura: i più noti sono i polimeri, tra cui il nylon, le cui fibre sono create in modo da imitare la struttura delle proteine della seta. Le macromolecole di origine naturale, invece, sono oggetto di studio della chimica organica e della biochimica. Quest'ultima ha

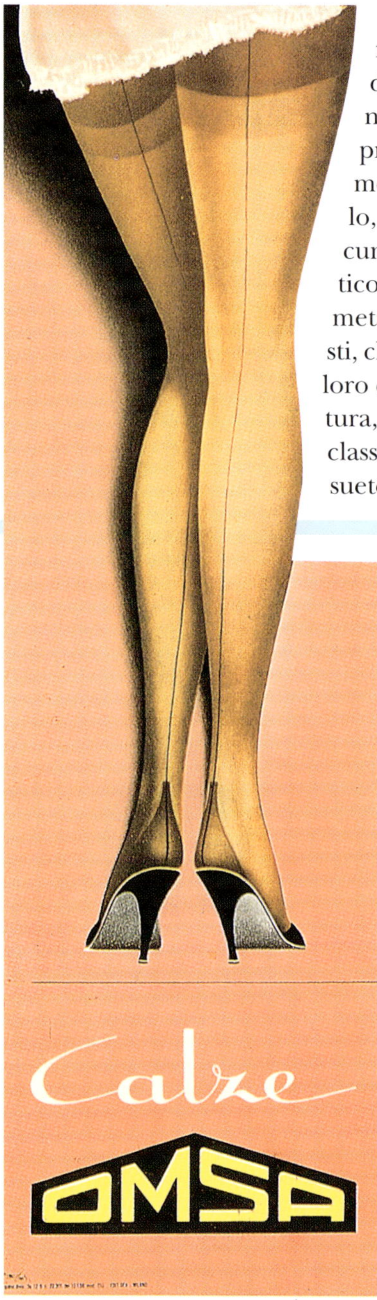

Manifesto pubblicitario italiano del 1956.
Il termine nylon indica genericamente tutte le fibre sintetiche poliammidiche, che hanno trovato applicazione nei campi più diversi. Uno di questi è l'abbigliamento, dove la chimica dei polimeri ha creato tipi di nylon che presentano caratteristiche di resistenza, fotosensibilità ed elasticità simili a quelle delle fibre naturali.

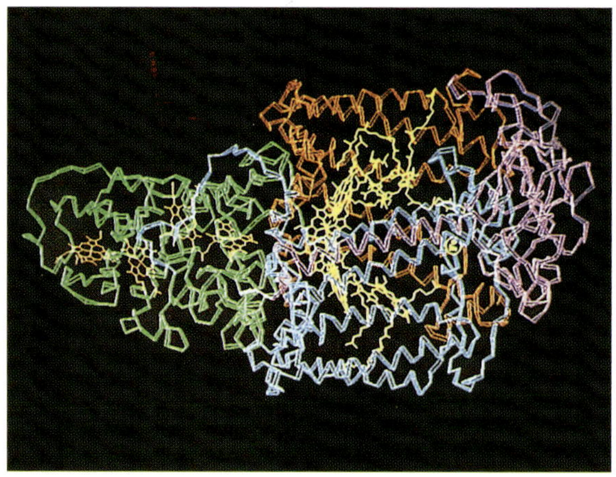

Ricostruzione di una proteina complessa con un programma di computer-grafica.
L'applicazione di tecniche informatiche ha agevolato lo studio dei legami chimici nelle molecole complesse.

Un negozio di casalinghi a Pechino (a destra).
Fra gli effetti della diffusione delle materie plastiche c'è anche quello della omologazione dei consumi: una bancarella di Pechino vende oggi oggetti per la casa non molto diversi da quelli dei mercati europei.

Charles G. Barkla

1917

Charles Glover Barkla
Inglese
Scoperta della radiazione X-caratteristica.

1918

Franz Haber
Tedesco
Realizzazione della sintesi dell'ammoniaca.

Max Planck
Tedesco
Scoperta dei quanti di energia.

1919

Johannes Stark
Tedesco
Studi sui raggi canale e scoperta dell'effetto Stark.

Jules Bordet
Belga
Scoperte di immunologia.

1920

Walther H. Nernst
Tedesco
Ricerche fondamentali nello sviluppo della termodinamica.

Charles-Edouard Guillaume
Francese
Scoperta delle anomalie nelle leghe di acciaio-nichel.

August Krogh
Danese
Studi di fisiologia.

1921

Frederick Soddy
Inglese
Ricerche sul comportamento chimico delle sostanze radioattive.

Albert Einstein
Tedesco-statunitense
Interpretazione quantistica

fornito un'analisi sempre più precisa della struttura delle proteine degli acidi nucleici, avvalendosi in questo di acquisizioni della biologia e della genetica come la scoperta della struttura molecolare del DNA, l'acido desossiribonucleico che forma il materiale genetico della maggior parte degli organismi e determina la trasmissione dei caratteri ereditari. Negli ultimi anni l'ausilio del computer è stato fondamentale per lo studio di queste molecole: la tecnica dell'*imaging*, in particolare, ha permesso un notevole sviluppo nella ricerca delle strutture complesse. Si tratta di un programma per computer che permette di rappresentare la struttura tridimensionale delle molecole e di ricavarne anche dati cristallografici.

PLASTICHE E SILICONI

Le materie plastiche sono composti chimici dai quali si ottengono oggetti di consistenza solida. La loro produzione ha inizio nei primi anni del Novecento: il cellofan viene prodotto nel 1912, l'acetato di cellulosa – oggi impiegato per le pellicole fotografiche, nel 1927. In quello stesso anno viene prodotto il polivinilcloruro (PVC) che entrerà in commercio solo alla fine degli anni Quaranta. Impiegato da solo nella costruzione di tubi per l'edilizia e l'agricoltura, il PVC ha vastissime applicazioni anche in edilizia, nell'arredamento, nell'abbigliamento (sotto forma di fibra tessile), nei giocattoli, negli adesivi... Successivamente, entrano in commercio, insieme ad altri materiali, il plexiglas (polimetacrilato di metile in lastre trasparenti) e il nylon (un nome che indica per estensione tutte le fibre sintetiche poliammidiche). Tra i materiali plastici I polimeri silico-organici (siliconi) hanno avuto un'ampia diffusione, grazie ad alcune caratteristiche: assenza di colore, odore e sapore, resistenza alle escursioni termiche, ai raggi solari, agli agenti atmosferici e chimici. Inoltre i siliconi sono flessibili ed elastici anche alle basse temperature e si dimostrano buoni isolanti termici ed elettrici indipendentemente dalle condizioni ambientali. In genere tutte le materie plastiche presentano caratteristiche di resistenza che le rendono praticamente indistruttibili. Se da un lato ciò ne ha garantito la fortuna commerciale (le plastiche sono diventate dal secondo dopoguerra un elemento indispensabile nella vita di tutti i giorni), dall'altro pone oggi dei seri problemi ambientali, legati proprio alla difficoltà di smaltire la grande messe di rifiuti plastici.

Bottoni colorati in nylon.
Accanto al tradizionale impiego come filato, il nylon si presta alla realizzazione di una serie di oggetti quotidiani in cui ha sostituito materiali più nobili. Nella produzione di bottoni inoltre vengono impiegate materie plastiche realizzate a partire dalla caseina, ottenuta facendo precipitare il latte con l'ausilio di un acido.

dell'effetto fotoelettrico. Einstein non ebbe il Nobel per la teoria della relatività.

1922

Francis W. Aston
Inglese
Lavori compiuti mediante l'impiego dello spettrografo di massa, da lui ideato.

Niels Bohr
Danese
Teoria quantistica dell'atomo.

Archibald V. Hill
Inglese
Studi di fisiologia muscolare.

Otto F. Meyerhof
Tedesco
Studi di biochimica.

1923

Fritz Pregl
Austriaco
Sviluppo di nuovi metodi di microanalisi.

Alle origini della vita

La biologia è la scienza che studia gli organismi viventi, a partire dalla cellula per arrivare alle popolazioni. Lo studio biologico è quindi uno studio completo che prende in considerazione tutti gli aspetti della vita dell'organismo: forma, struttura, meccanismi di funzionamento, cicli di riproduzione, evoluzione delle specie e rapporti con l'ambiente. La genetica è un ramo della biologia che studia in particolare i fattori ereditari e le loro variazioni negli organismi viventi. Al centro della ricerca è dunque l'"eredità biologica", il complesso di caratteristiche che i genitori trasmettono ai figli attraverso i gameti, le cellule germinali preposte alla riproduzione sessuale.

Nel corso del Novecento lo sviluppo di nuove tecnologie di analisi ha permesso di scoprire i meccanismi del metabolismo cellulare e degli organismi viventi in generale. In particolare sono state isolate importanti macromolecole proteiche, gli acidi nucleici, presenti in tutti gli esseri viventi e depositari del codice genetico.

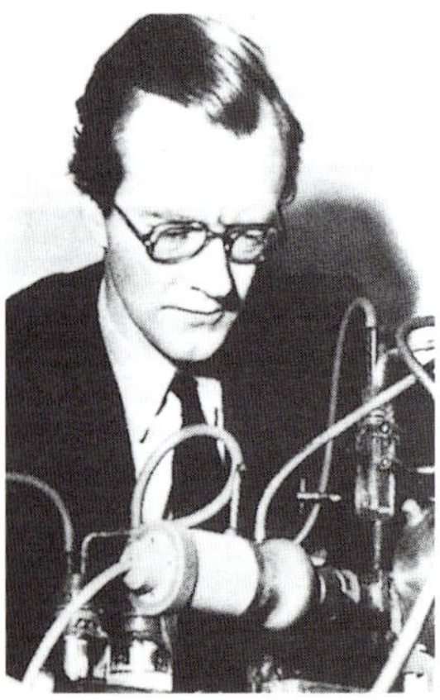

Francis Crick, James Watson e Maurice Wilkins, premi Nobel nel 1962 per i loro studi sulla struttura del DNA.
A Cambridge, l'americano Watson e l'inglese Crick lavorarono per due anni sul DNA (l'acido responsabile della trasmissione dei caratteri ereditari) a partire dagli studi sulla diffrazione a raggi X del DNA compiuti da Wilkins.

Modello di struttura del DNA.
L'esistenza del DNA venne rivelata per la prima volta già nell'Ottocento dal biochimico tedesco Friedrich Miescher, ma la sua struttura è rimasta sconosciuta fino alla metà del XX secolo. L'articolo con cui Watson, Crick e Wilkins esposero la loro tesi su "Nature" nel 1953 era di sole mille parole, ma rappresentava una vera e propria rivoluzione. La scoperta della struttura del DNA è infatti il punto di partenza di tutti gli sviluppi della genetica contemporanea.

Robert A. Millikan
Statunitense
Ricerche sugli elettroni e sull'effetto fotoelettrico.

Frederick G. Banting
Canadese
John J.R. Macleod
Canadese
Scoperta dell'insulina. Secreta dal pancreas, l'insulina è un ormone proteico che interviene nella regolazione della quantità di zuccheri nel sangue.

1924

Karl M. Siegbahn
Svedese
Scoperte nell'ambito della spettroscopia a raggi X.

Willem Einthoven
Olandese
Messa a punto dell'elettrocardiografo.

Richard A. Zsigmondy

1925

Richard A. Zsigmondy
Austriaco
Spiegazione del carattere eterogeneo delle soluzioni colloidali.

James Franck
Tedesco
Gustav L. Hertz
Tedesco
Legge sulle collisioni tra elettroni e atomi.

1926

Theodor Svedberg
Svedese
Ricerche sui sistemi dispersi. La sua produzione scientifica è interamente dedicata allo studio dei colloidi.

Jean-Baptiste Perrin
Francese
Ricerche sulla struttura discontinua della materia e scoperta dell'equilibrio di sedimentazione.

Come altre scienze anche la biologia ha subito, nel Novecento, un processo di specializzazione, per cui possiamo individuare tre principali campi di ricerca: la *biologia cellulare*, la *biologia molecolare* e l'*ingegneria genetica*.
Le istruzioni che permettono lo sviluppo di un individuo sono trasmesse di generazione in generazione dai geni, cioè da materiale ereditario costituito da un piccolo segmento di DNA. Il primo a occuparsi del comportamento dei geni fu il biologo boemo Johann G. Mendel (1822-1884) che formulò le leggi dell'ereditarietà dei caratteri. Nei primi anni del secolo vengono localizzati i geni all'interno dei cromosomi e ne viene studiato l'ordine di successione. Questi studi aprono la strada alla grande scoperta genetica del nostro secolo: quella della struttura del DNA da parte di Watson e Crick nel 1953.
La molecola del DNA è formata da due filamenti avvolti a spirale e legati fra loro in modo da formare una doppia elica. I filamenti sono composti da due catene formate da una molecola di acido fosforico, da uno zucchero e da quattro basi azotate (adenina, guanina, timina e citosina). Le basi azotate presenti nelle due catene del DNA si legano a loro volta fra loro secondo regole precise (l'adenina solo con la timina e la guanina solo con la citosina). L'informazione genetica risiede tutta nella sequenza delle quattro basi, che sono come le lettere di un alfabeto

Un feto umano al quinto mese di sviluppo.
La conoscenza sempre più approfondita dei meccanismi biologici degli organismi complessi e la possibilità di intervento sui caratteri ereditari rappresentano le due frontiere della biologia contemporanea. Si tratta di terreni sui quali tuttavia scienza e morale sono chiamate a un confronto continuo.

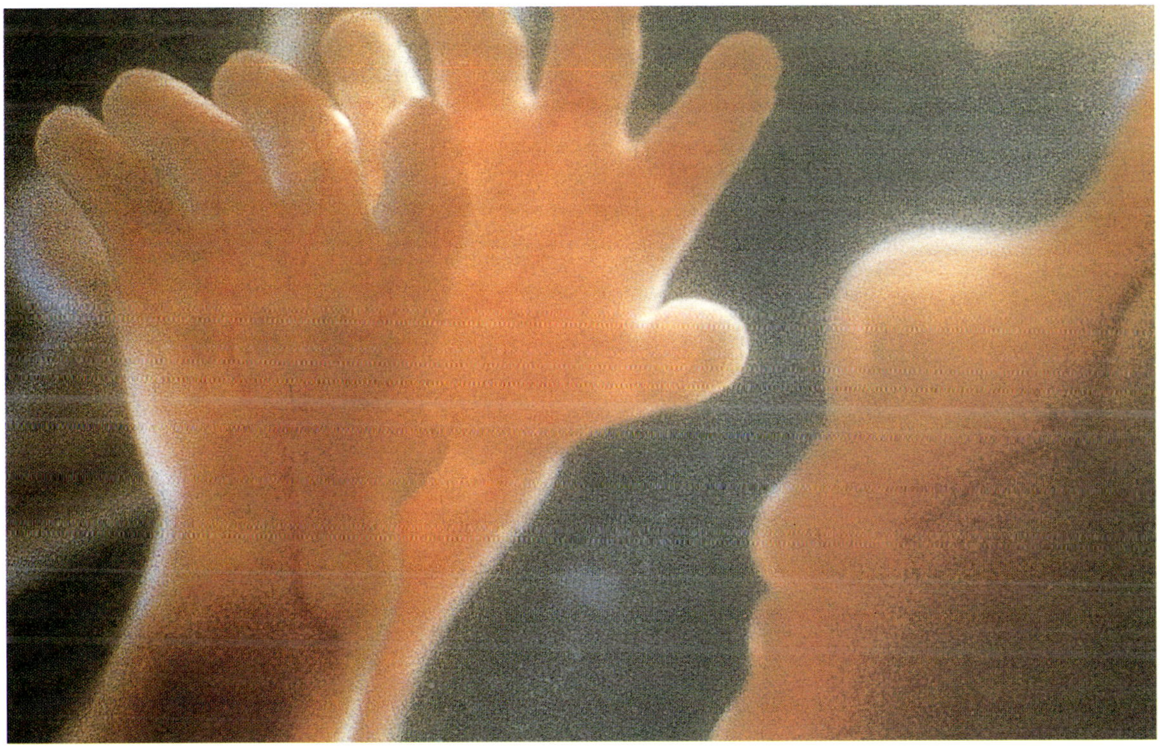

Johannes A.G. Fibiger
Danese
Ricerche sui tumori gastrici.

1927

Heinrich Wieland
Tedesco
Ricerche sulla costituzione degli acidi biliari.

Arthur Holly Compton
Statunitense
Scoperta del cosiddetto effetto Compton.

Charles Rees Wilson
Inglese
Invenzione della camera di Wilson. La camera permette di fotografare la traccia lasciata da una particella elettrizzata durante il suo cammino.

Julius Wagner von Jauregg
Austriaco
Studi per la terapia delle malattie mentali.

Charles Rees Wilson

1928

Adolf Windaus
Tedesco
Studi sulla struttura degli steroidi e sulle loro relazioni con le vitamine.

Owen Williams Richardson
Inglese
Scoperta della legge dell'emissione termoelettronica da superfici metalliche.

Charles J.H. Nicolle
Francese
Ricerche sul tifo.

1929

Arthur Harden
Inglese
Hans K. von Euler-Chelpin
Svedese
Ricerche sulla fermentazione degli zuccheri e sugli enzimi che esplicano la loro attività in questo fenomeno.

utilizzato dall'organismo per scrivere il proprio messaggio genetico.
A partire da questi risultati la ricerca si è sviluppata principalmente in due direzioni: da una parte l'approfondimento dei meccanismi biologici propri di organismi via via più complessi; dall'altra la capacità di intervenire direttamente sulle proprietà biologiche ereditabili. L'acquisizione di tecnologie in grado di manipolare il DNA in provetta per poi reinserirlo all'interno di un organismo, in modo che esplichi all'interno dell'individuo particolari funzioni, segna l'avvento dell'ingegneria genetica. I risultati della genetica, peraltro, hanno avuto riflessi su diversi settori scientifici. Così, nel campo della tutela della salute, è stato possibile ottenere farmaci dalla struttura complessa, migliorare le tecniche diagnostiche, applicare le tecniche di indagine genetica alla medicina legale. In particolare, attraverso processi di ibridazione e sintesi del DNA si sono ottenute in laboratorio molecole di grande importanza: fra queste gli interferoni (prodotti dalle cellule e capaci di inibire la riproduzione di un virus), l'insulina (un ormone prodotto dal pancreas, isolato nel 1922 e usato nella cura del diabete), oltre a diversi ormoni oggi riproducibili su scala industriale. In campo agroalimentare poi, la possibilità di modificare le caratteristiche delle piante alimentari per migliorarne l'efficienza da un

Tre topi generati in laboratorio con mutazioni genetiche.
Le mutazioni genetiche degli individui, studiate da Mendel fin dal secolo scorso, possono oggi essere condizionate in laboratorio. Questi tre individui "mutanti" di topo selvatico (dall'alto in basso, uno obeso, uno striato e uno privo di pelo) sono stati infatti ottenuti partendo da un animale di linea pura, un topo selvatico dalla livrea uniforme.

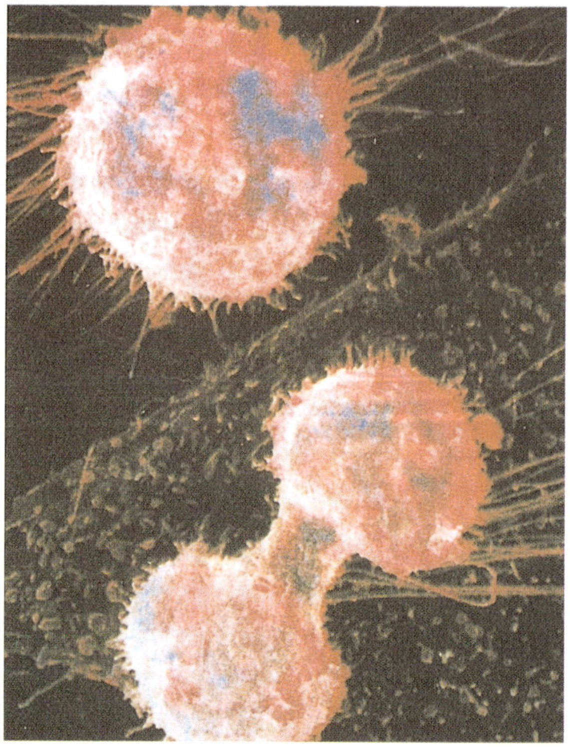

La riproduzione di una cellula per scissione.
I progressi ottenuti nel campo degli strumenti ottici (dal microscopio elettronico a quello a scansione) sono stati fondamentali per l'indagine biologica nel Novecento.

Louis-Victor de Broglie
Francese
Scoperta della natura ondulatoria degli elettroni.

Christiaan Eijkman
Olandese
Frederick G. Hopkins
Inglese
Scoperta delle vitamine.

1930

Hans Fischer
Tedesco
Ricerche sulla costituzione dei pigmenti del sangue (emina) e delle foglie (clorofilla).

Chandrasekhara Venkata Raman
Indiano
Ricerche sulla diffusione della luce e scoperta dell'effetto Raman.

Karl Landsteiner
Austriaco
Scoperta dei gruppi sanguigni.

1931

Carl Bosch
Tedesco
Friedrich K. R. Bergius
Tedesco
Invenzione e sviluppo di metodi chimici ad alta pressione.

Werner Heisenberg

Otto H. Warburg
Tedesco
Ricerche sul metabolismo cellulare.

1932

Irving Langmuir
Statunitense
Ricerche sulla chimica delle superfici.

Werner Heisenberg
Tedesco
Contributi alla meccanica

L'INGEGNERIA GENETICA

Per ingegneria genetica si intende un insieme di tecniche in grado di agire sul patrimonio genetico di un organismo. L'ingegneria genetica permette di modificare le caratteristiche somatiche e funzionali di organismi inferiori e superiori, come piante e animali. Tali applicazioni, che nel tempo hanno preso il nome di biotecnologie, si sono rivelate di interesse non solo scientifico, ma anche commerciale. Dagli anni Sessanta sono sorte numerose aziende che sfruttano i procedimenti della biotecnologia per immettere sul mercato specie o varietà modificate geneticamente. Proprio la proliferazione sul mercato di tali prodotti ha sollevato dubbi sulla loro pericolosità per l'ambiente e per l'uomo. L'ingegneria genetica ha trovato applicazione anche in campo medico con l'intervento diretto sul patrimonio genetico umano. Analizzando il DNA dei soggetti umani è possibile determinare in dettaglio le basi delle malattie ereditarie e cercare di eliminarle.

Una Drosofila, il moscerino più studiato dalla genetica. *Questi moscerini hanno un ciclo riproduttivo molto rapido. È quindi possibile osservare i risultati della manipolazione del DNA di una Drosofila nell'arco di molte generazioni in un tempo piuttosto breve.*

punto di vista industriale e nutritivo apre prospettive importantissime. Analogamente si mira a migliorare le caratteristiche genetiche del bestiame da allevamento.
Anche lo studio delle malattie ereditarie ha naturalmente ricevuto nuovi impulsi. Se tuttavia da una parte si sono aperte speranze per la correzione terapeutica dei corredi cromosomici alterati (e quindi delle malattie ereditarie), dall'altra lo sviluppo della genetica ha posto nuovi problemi, di carattere etico, sui limiti che tali studi e le loro applicazioni devono rispettare (bioetica).
Oggi la genetica si occupa principalmente della differenziazione cellulare, cioè del processo biologico che permette a una cellula indifferenziata,

Mucca alpina al pascolo. *Uno dei campi di applicazione della genetica è quello della realizzazione di specie animali da allevamento con caratteristiche particolari. Se i primi successi sono stati ottenuti fin dal secolo scorso incrociando esemplari con specifiche qualità (un esempio comune è quello dell'allevamento dei cavalli purosangue), le tecniche di manipolazione genetica applicate al bestiame e alle coltivazioni hanno oggi come obiettivo la soluzione dei problemi alimentari di una popolazione in crescita.*

quantistica. Si devono a lui le relazioni di indeterminazione, secondo le quali, a causa della natura discontinua dei processi quantistici, non è possibile determinare a un dato istante la posizione e la velocità di una particella.

Charles S. Sherrington
Inglese
Edgar D. Adrian
Inglese
Studi di neurofisiologia.

1933

Erwin Schrödinger
Austriaco
Formulazione della meccanica ondulatoria.

Paul A. M. Dirac
Inglese
Contributi alla meccanica quantistica.

Thomas H. Morgan
Statunitense
Ricerche di genetica.

Thomas H. Morgan

1934

Harold Clayton Urey
Statunitense
Scoperta dell'idrogeno pesante.

George H. Whipple
Statunitense
George R. Minot
Statunitense
William P. Murphy
Statunitense
Studi sull'epatoterapia.

1935

Frédéric Joliot
Francese
Irène Joliot-Curie
Francese
Sintesi di nuovi elementi radioattivi.

James Chadwick
Inglese
Scoperta del neutrone.

priva di caratteristiche, di divenire una cellula specializzata, destinata a svolgere compiti particolari. Tale studio permette di capire meglio quali siano i fattori di crescita, cioè quali siano le condizioni indispensabili al corretto sviluppo di una cellula. Proprio lo studio delle fasi di sviluppo della cellula embrionale ha permesso, insieme alle tecniche di ingegneria genetica, di realizzare la clonazione, cioè la perfetta riproduzione di cellule a partire da materiale genetico. La clonazione di specie vegetali è stata sperimentata per la prima volta negli anni Cinquanta, utilizzando la carota e il tabacco. Negli anni Settanta i ricercatori sono riusciti a isolare e a moltiplicare i singoli geni, dando vita così alla clonazione genica. La grande novità in questo settore è però "Dolly", la pecora clonata nel 1996 dagli scienziati del Roslin Institute in Scozia. Altrettanto è stato fatto due anni dopo con i topi. Questo tipo di clonazione è diverso da tutti i precedenti: la cellula di partenza usata per "Dolly" è infatti una cellula adulta, una cellula cioè già differenziata. Usare una cellula embrionale come punto di partenza rende più semplice il processo perché essa ha in potenza le caratteristiche di tutte le cellule adulte, ma presenta lo svantaggio di non consentire di sapere in che modo si svilupperà. Partire da una cellula adulta permette invece agli scienziati di scegliere l'esemplare migliore e di riprodurlo. Una riproduzione che potrebbe continuare all'infinito.

Il biologo sovietico Trofim D. Lysenko (1898-1976).
Le teorie di Lysenko, contrarie ai contemporanei sviluppi della genetica e appoggiate da Stalin, portarono all'annichilimento della scuola genetica dell'università di Mosca. Le idee di Lysenko vennero applicate con risultati disastrosi all'agricoltura sovietica nel tentativo di dirigerne lo sviluppo. La sua genetica in realtà è solo uno dei molti esempi dei pericoli insiti nel sempre possibile legame fra scienza e politica.

Un grano di polline rilevato da un microscopio elettronico a scansione.
L'oggetto viene ingrandito oltre 100.000 volte.

Blu Cielo, ***dipinto da Vassilij Kandinskij (1940).***
Ai suoi allievi del Bauhaus Kandinskij faceva studiare le strutture biologiche non meno delle figure geometriche.

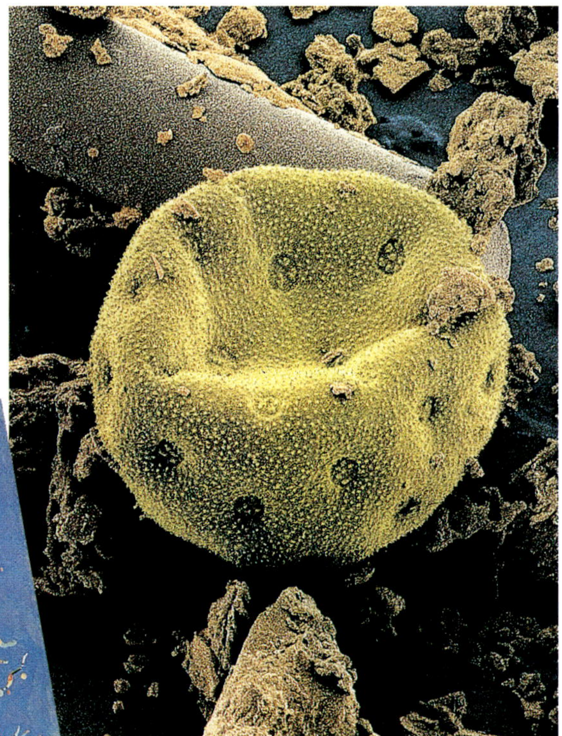

Hans Spemann
Tedesco
Studi di embriologia sperimentale.

1936

Peter J. Debye
Olandese
Ricerche sui momenti dipolari e sulla diffrazione dei raggi X e degli elettroni nei gas.

Victor Hess
Austriaco
Scoperta della radiazione cosmica.

Carl D. Anderson
Statunitense
Scoperta del positrone.

Henry H. Dale
Inglese
Otto Loewi
Austriaco naturalizzato statunitense
Ricerche di neurofisiologia.

1937

Walter Norman Haworth
Inglese
Ricerche sui carboidrati e sulla vitamina C.

Paul Karrer
Svizzero
Ricerche su carotenoidi, vitamine A e B e flavine.

Clinton J. Davisson
Statunitense
George Paget Thomson
Inglese
Esperimenti sulla diffrazione degli elettroni.

Albert Szent-Györgyi
Ungherese
Scoperta della vitamina C.

1938

Richard Kuhn
Tedesco

Albert Szent-Györgyi

BIOETICA: I LIMITI DELLA SCIENZA

La bioetica è quella parte della filosofia morale che considera la liceità o meno degli interventi sulla vita dell'uomo.
Già l'eutanasia e l'aborto avevano posto alla riflessione etica, sia religiosa che laica, questioni di grande complessità, che in molti casi hanno contribuito al modificarsi del sentire comune.
A far esplodere l'interesse per la bioetica sono state però le recenti conquiste in campo genetico: di fronte alla possibilità tecnica di agire sul patrimonio genetico degli organismi viventi si pone infatti il problema di stabilire se tutto quello che è possibile debba essere ritenuto anche eticamente giusto.
Nel 1978 nasce in Inghilterra la prima bambina fecondata in vitro; da tecnica sperimentale la fecondazione artificiale diviene così terapia abituale della sterilità maschile e femminile. Dalla fecondazione in vitro si passa alla creazione delle banche del seme e di embrioni congelati, alla ricerca di donatori di cellule germinali, alle madri surrogate o in affitto. Per stabilire quali siano i limiti a tali tipi di intervento, la scienza deve chiedere aiuto alla filosofia e alla giurisprudenza: da tale tipo di esigenza nasce e si sviluppa il difficile compito della bioetica.

Ian Wilmut, responsabile del progetto di clonazione della pecora "Dolly", accanto alla "sua" creatura.
La notizia della clonazione è stata data nel febbraio 1997 da "Nature". Lo stesso Wilmut, nelle sue prime dichiarazioni alla stampa, si è affrettato a dichiarare che la clonazione umana è a questo punto possibile, «ma inaccettabile dal punto di vista etico».

Ricerche sui composti carotenoidi e sulle vitamine.

Enrico Fermi
Italo-statunitense
Scoperta della radioattività artificiale prodotta dalla irradiazione neutronica.

Corneille J.F. Heymans
Belga
Studi di fisiologia.

1939

Adolf F. J. Butenandt
Tedesco
Ricerche sugli ormoni sessuali.

Leopold Ruzicka
Cecoslovacco
Significativi apporti nella chimica dei terpeni e dei composti policiclici naturali.

La sfida della prevenzione

La medicina studia le funzioni e le strutture del corpo umano allo scopo di conservarne la salute, di combattere o prevenire le malattie. Nel corso del Novecento anche la medicina ha subito la tendenza a una sempre maggiore specializzazione a seconda degli organi o parti del corpo studiati (cardiologia, neurologia), in relazione all'età dei pazienti (pediatria, geriatria) o ancora in base alle metodologie impiegate per lo studio o la terapia (radiologia, chirurgia). Esistono inoltre discipline specifiche – come la medicina del lavoro, la medicina legale, la medicina preventiva, la medicina psicosomatica e la medicina sportiva – che prendono in considerazione solo un ristretto tipo di casi clinici.
Al tempo stesso i molti successi della medicina di questo secolo sono spesso il frutto di acquisizioni delle altre discipline scientifiche, i cui risultati trovano uno sbocco anche (ma non solo) nella scienza medica. In questo senso la medicina è fra i settori in cui le scoperte scientifiche del Novecento hanno avuto una ricaduta di massa particolarmente notevole.
La conoscenza precisa delle vie e dei mezzi di trasmissione degli agenti infettivi, acquisita tra la fine del XIX e l'inizio del XX secolo, permette alla medicina di attuare interventi preventivi in

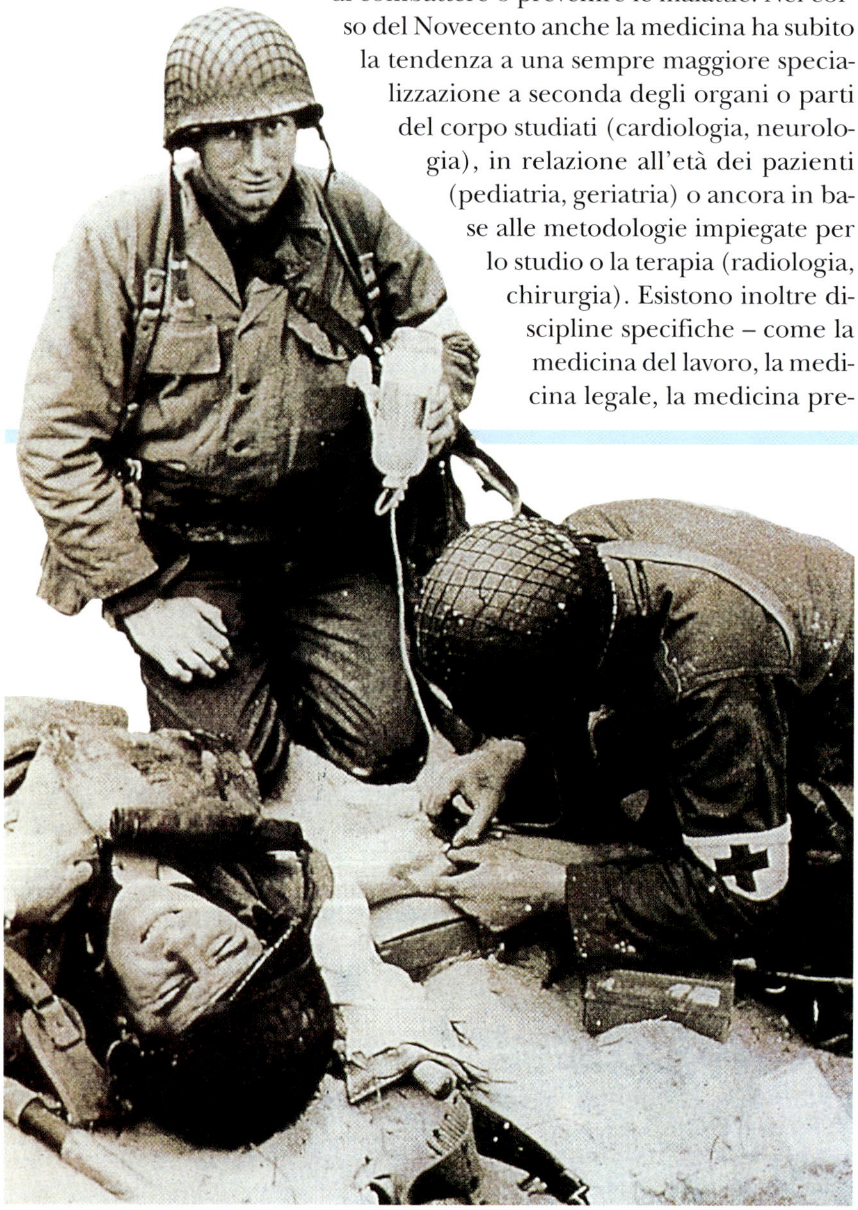

Un medico militare dell'esercito americano all'opera sul fronte delle Ardenne nel 1944.
È l'altro volto della guerra: i due conflitti mondiali hanno infatti favorito lo sviluppo di varie tecniche mediche e della ricerca farmacologica.

Intervento di microchirurgia fetale.
La medicina e la chirurgia prenatale di oggi sono il frutto dei progressi combinati in diversi campi: genetica, fisica e informatica applicate alle tecniche diagnostiche, microchirurgia e miniaturizzazione degli strumenti.

Ernest O. Lawrence
Statunitense
Invenzione del ciclotrone.

Gerhard J. P. Domagk
Tedesco
Scoperta dei sulfamidici.

1943

György von Hevesy
Ungherese
Ricerche riguardanti l'impiego degli isotopi come traccianti.

Otto Stern
Statunitense
Metodo dei raggi molecolari e scoperta del momento magnetico del protone.

Henrik Dam
Danese
Scoperta della vitamina K.

Edward A. Doisy
Statunitense
Scoperta della natura chimica della vitamina K.

Otto Hahn

1944

Otto Hahn
Tedesco
Scoperta della fissione dei nuclei di elementi pesanti.

Isidor I. Rabi
Statunitense
Metodi per la rivelazione di proprietà magnetiche dei nuclei atomici.

Joseph Erlanger
Statunitense

Herbert S. Gasser
Statunitense
Studi sulle fibre nervose.

1945

Artturi I. Virtanen
Finlandese
Studi sulla fermentazione e sulla biochimica applicata.

Wolfgang Pauli
Austriaco
Formulazione del principio di esclusione.

grado di stroncare o comunque contenere le epidemie. Grazie alla diffusione delle pratiche di vaccinazione obbligatoria è stato possibile ridurre in modo drastico la mortalità da quelle malattie infettive (peste, vaiolo, colera, tifo, poliomielite) che avevano rappresentato un vero e proprio flagello nei secoli precedenti. Nonostante questi risultati confortanti, peraltro realizzati solo nei paesi industrializzati, esistono ancora malattie virali non debellate. Fra queste l'epatite epidemica, l'AIDS (diffusasi in tutto il mondo dall'Africa centrale a partire dai primi anni Ottanta), l'Ebola.
La crescente incisività delle cure mediche è garantita, oltreché dalle nuove scoperte della ricerca medica, dallo sviluppo della strumentazione diagnostica e terapeutica.
La diagnostica medica è l'insieme dei metodi strumentali che, insieme all'osservazione, consentono al medico una diagnosi. La radiologia, per esempio, è ormai divenuta uno strumento indispensabile nella diagnosi di molte malattie e nella cura di alcune gravi patologie, per esempio i tumori. L'elettrocardiografia e l'elettroencefalografia sono in grado di registrare i processi elettrici che accompagnano le funzioni muscolari e nervose. L'ecografia, invece, utilizza un fascio di ultrasuoni riflessi dai tessuti per esplorare in particolare cuore, polmoni, organi addominali, e per controllare lo sviluppo del feto.

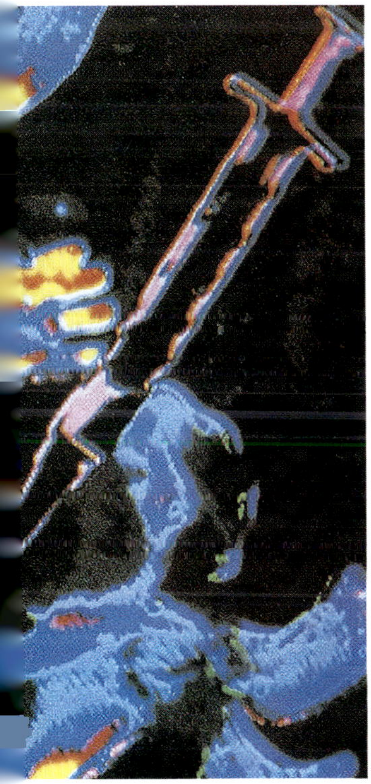

CACCIA AI VIRUS

I virus sono organismi patogeni in grado di infettare animali e piante e, a causa della loro struttura, sono capaci di moltiplicarsi solo all'interno di altre cellule. Il primo virus individuato alla fine del Settecento fu quello del mosaico del tabacco; da allora, e soprattutto dopo l'introduzione del microscopio elettronico, sono stati individuati numerosi virus. A seconda dell'acido nucleico che ne costituisce il nucleo, essi si dividono in virus a DNA e a RNA, detti retrovirus. Gli uni e gli altri possiedono le informazioni necessarie a codificare molte proteine ma possono farlo solo all'interno di altre cellule: per questo una volta entrati in un organismo si riproducono velocemente distruggendo le cellule sane. Malattie virali sono il comune raffreddore, la rabbia, la poliomielite. Oggi le malattie virali più pericolose sono l'AIDS (sindrome da immunodeficienza acquisita), l'epatite B, Ebola e le epidemie intestinali che flagellano il Terzo Mondo. Alcuni virus sono anche responsabili di forme di cancro: invece di moltiplicarsi essi possono integrare il loro patrimonio genetico con quello della cellula ospite trasformandola in una cellula tumorale (virus oncogeni). Per combattere l'incidenza delle malattie virali è necessario trovare un vaccino in grado di inibire il virus stesso.

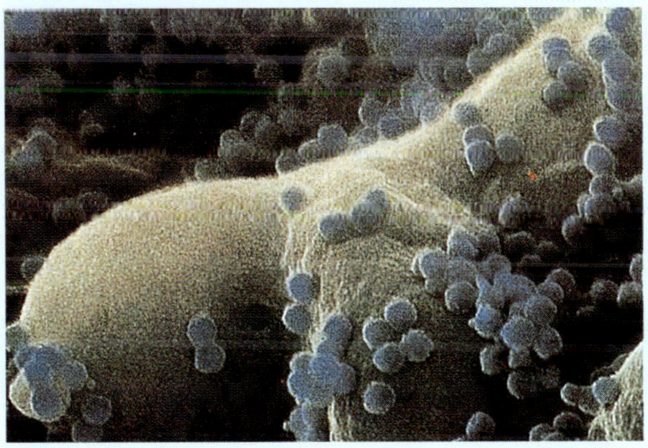

Virus HIV.
Il virus HIV (Human Immunodeficiency Virus), responsabile dell'AIDS, malattia di origine africana diffusasi a partire dai primi anni Ottanta. Questo retrovirus colpisce i linfociti responsabili dell'immunità mediata da cellule.

Alexander Fleming
Inglese
Scoperta della penicillina.

Howard W. Florey
Australiano, naturalizzato inglese
Ernst B. Chain
Tedesco, naturalizzato inglese
Isolamento della penicillina.

1946

James Batcheller Sumner
Statunitense
Scoperta della cristallizzazione degli enzimi.

John H. Northrop
Statunitense
Wendell M. Stanley
Statunitense
Estrazione di proteine di enzimi e virus a elevato grado di purezza.

James B. Sumner

Percy Williams Bridgman
Statunitense
Ricerche teoriche e sperimentali nel campo delle alte pressioni.

Hermann J. Muller
Statunitense
Scoperta dell'effetto mutageno dei raggi.

1947

Robert Robinson
Inglese
Studi di chimica organica.

Edward V. Appleton
Inglese
Scoperta di diversi strati nelle zone superiori dell'atmosfera (ionosfera).

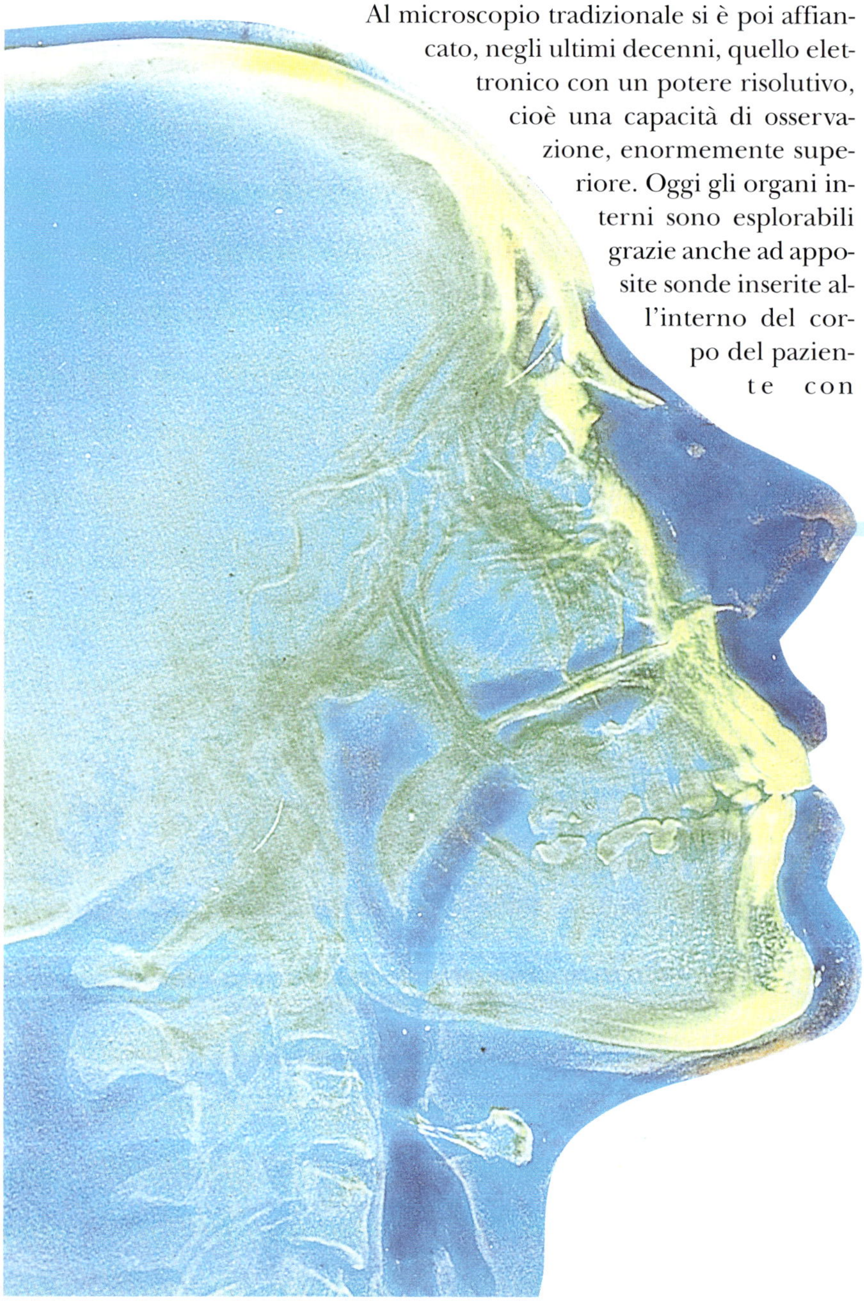

Al microscopio tradizionale si è poi affiancato, negli ultimi decenni, quello elettronico con un potere risolutivo, cioè una capacità di osservazione, enormemente superiore. Oggi gli organi interni sono esplorabili grazie anche ad apposite sonde inserite all'interno del corpo del paziente con una tecnica nota come *endoscopia*. Tra i metodi strumentali più moderni a disposizione della medicina dobbiamo infine ricordare la TAC (tomografia assiale computerizzata) e la RMN (risonanza magnetica nucleare).
La tomografia assiale computerizzata è una particolare tecnica radiografica che consente di ricavare immagini di sezioni del corpo, ricostruendole tridimensionalmente grazie a un computer, a partire dalle proiezioni provenienti dall'esame radiologico di un campione esaminato. Questo metodo di diagnosi ha rappresentato un progresso essenziale soprattutto nella diagnostica neuroradiologica, sostituendo analisi molto rischiose e permettendo di esplorare or-

Radiografia di un cranio. *La moderna medicina ha realizzato i progressi maggiori a partire da tecniche diagnostiche sempre più raffinate.*

La prima lastra a raggi X. *Si tratta della mano inanellata di Bertha Röntgen, moglie dello scienziato Wilhelm Röntgen. Il primo impiego dei raggi X in medicina risale al 1903.*

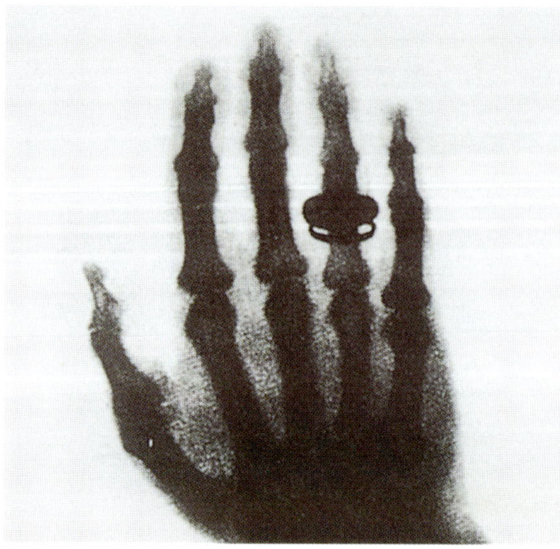

Carl F. Cori
Cecoslovacco naturalizzato statunitense
Gerty T. Radnitz Cori
Cecoslovacca naturalizzata statunitense
Ricerche sul metabolismo del glucosio.

Bernardo A. Houssay
Argentino
Ricerche sul ruolo dell'ipofisi nel metabolismo del glucosio.

Gerty T. Radnitz Cori

1948

Arne Tiselius
Svedese
Ricerche in importanti settori della biochimica.

Patrick M. Stuart Blackett
Inglese
Scoperte nel campo della fisica nucleare e della radiazione cosmica.

Paul H. Müller
Svizzero
Studi sugli insetticidi.

1949

William F. Giauque
Statunitense
Ricerche nel campo della termodinamica chimica.

Hideki Yukawa
Giapponese
Teoria delle forze nucleari e ipotesi dei mesoni.

Walter R. Hess
Svizzero
Studi di neurologia.

Antonio C. Moniz
Portoghese
Scoperta del valore terapeutico della lobotomia frontale in alcune psicosi.

gani (come il fegato e il pancreas) non visualizzabili con le tecniche tradizionali.
La risonanza magnetica nucleare, invece, sfrutta le proprietà magnetiche degli atomi (in particolare degli atomi di idrogeno) per ricavare informazioni sulla struttura chimica del campione in esame. La RMN applicata a un tomografo può essere utilizzata per produrre immagini tridimensionali dei tessuti, così come la TAC; ma al contrario di quest'ultima, essa non fa uso di raggi X, quindi non presenta alcun rischio per il paziente.
Va infine ricordato come lo sviluppo della ricerca farmacologica abbia contribuito ad aumentare l'efficacia delle terapie mediche.

Paziente sottoposto alla TAC.
La tomografia assiale computerizzata ricostruisce l'immagine tridimensionale di un campione sottoposto ad analisi radiologica.

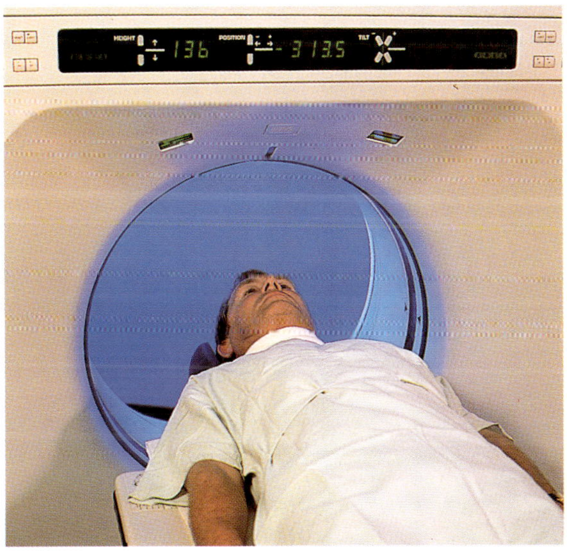

CHIRURGIA A CUORE APERTO

La chirurgia si occupa di curare malattie e lesioni con interventi operatori. Attorno alla chirurgia generale, che si occupa prevalentemente degli organi addominali, si sono sviluppate altre specializzazioni per la cura dei diversi organi. Si possono individuare almeno le seguenti discipline: l'*angiochirurgia*, che interviene sui vasi sanguigni, la *neurochirurgia*, che opera sul sistema nervoso, la *chirurgia pediatrica*, che opera sui bambini, la *chirurgia plastica ricostruttiva*, per la riparazione di lesioni dei tessuti superficiali. Grande sviluppo ha avuto negli ultimi decenni la *cardiochirurgia*, che consente di intervenire sulle malformazioni del cuore e sulle coronarie compromesse all'arteriosclerosi. Le possibilità di intervento chirurgico sono oggi moltiplicate rispetto al secolo scorso, soprattutto grazie ai progressi della ricerca medica e della tecnologia, che mette a disposizione apparecchiature in grado di operare in maniera sempre meno invasiva.

Un cuore artificiale realizzato in materiali sintetici.

Il chirurgo sudafricano Christiaan Barnard, che nel 1967 eseguì il primo trapianto di cuore su un essere umano.

Nuove armi per la medicina

Cecil F. Powell

1950

Otto P. H. Diels
Tedesco
Kurt Alder
Tedesco
Ideazione e realizzazione della cosiddetta sintesi dienica.

Cecil F. Powell
Inglese
Analisi fotografica dei processi nucleari e scoperta dei mesoni.

Edward C. Kendall
Statunitense
Tadeus Reichstein
Polacco naturalizzato svizzero
Philip Showalter Hench
Statunitense
Studi sugli ormoni della corteccia surrenale (corticosteroidi) e sulle terapie connesse.

La farmacologia è la scienza che studia la natura biologica dei farmaci, gli effetti di essi sul metabolismo umano, la loro applicazione nelle terapie, la loro eventuale tossicità per gli organismi viventi e per la specie umana in particolare.
La ricerca farmacologica ha avuto un grande sviluppo proprio nel Novecento, soprattutto nel campo della sintesi di nuovi medicinali (ovvero la loro produzione in laboratorio). Sebbene infatti alcuni princìpi attivi fossero noti sin dall'antichità, soltanto nel XX secolo è stato possibile ricrearli artificialmente. Oggi sono disponibili medicinali interamente "progettati" in laboratorio attraverso la sintesi chimica. In questo campo notevole è stato l'impulso alla progettazione dato dall'uso dei computer che, grazie a sofisticati programmi, hanno permesso alla ricerca di realizzare farmaci dalla composizione chimica sempre più complessa.
L'industria farmacologica inizia a collezionare i primi successi negli anni Trenta con la produzione delle vitamine B1, B2, D3, di alcuni ormoni, fra cui il testosterone, dei sulfamidici e degli antistaminici. Ma una delle principali conquiste della moderna ricerca farmacologica è certamente la produzione di antibiotici: un'arma che, a partire dagli anni Quaranta, ha permesso di sconfiggere molte di quelle malattie infettive (tubercolosi, malaria) che in passato avevano rappresentato una vera e propria calamità.

L'atleta Ben Johnson, protagonista di un clamoroso caso di doping alle Olimpiadi di Seul del 1988.
L'impiego di farmaci per migliorare le prestazioni di un atleta è uno degli aspetti più controversi della ricerca farmaceutica. Al centro della polemica sono prodotti come gli anabolizzanti, l'eritropoietina (EPO), i perfluorocarbonati (PFC), l'ormone della crescita (Gh). Si tratta di medicinali creati per aiutare chi soffre di diabete, di nanismo, chi deve sottoporsi a trasfusioni urgenti; ma sono anche prodotti che migliorano le prestazioni umane, pur presentando altissimi rischi per chi ne fa uso: ictus, infarto, pancreatite, trombosi.

Glenn T. Seaborg

1951

Edwin Mattison McMillan
Statunitense
Glenn T. Seaborg
Statunitense
Scoperta di elementi transuranici e ricerche sugli stessi.

John D. Cockcroft
Inglese
Ernest T. Sinton Walton
Irlandese
Trasmutazione di nuclei atomici mediante protoni accelerati.

Max Theiler
Sudafricano
Ricerche sulla febbre gialla. Ha scoperto un virus simile a quello della febbre gialla, ma non nocivo, la cui inoculazione immunizza gli individui contro il virus letale.

1952

Archer J. Porter Martin
Inglese
Richard L. Millington Synge
Inglese
Sviluppo delle metodologie cromatografiche. Sono oggi fra i più validi e più impiegati sistemi di analisi, soprattutto in biologia e nei processi industriali.

Felix Bloch
Statunitense
Edward Mills Purcell
Statunitense
Scoperta della risonanza magnetica nucleare.

Selman A. Waksman
Sovietico naturalizzato statunitense
Scoperta della streptomicina. È lui ad aver coniato il termine antibiotici, con cui si indicano sostanze con effetti letali su funghi e batteri.

Negli anni Cinquanta, contemporaneamente al boom degli antibiotici, vengono realizzati nuovi antistaminici, la vitamina B12 e il cortisone. Molto importante soprattutto per le conseguenze sociali è la produzione del vaccino contro la poliomielite, una malattia che aveva provocato devastanti epidemie.
In questi stessi anni fanno la loro comparsa gli psicofarmaci e alcuni nuovi diuretici. In particolare i primi, che agiscono sul sistema nervoso, hanno significato la possibilità di alleviare alcuni sintomi tipici delle malattie mentali, grazie agli effetti sedativi dei tranquillanti, o stimolanti degli antidepressivi. La produzione di questo tipo di farmaci è cresciuta nel corso degli ultimi decenni e, a partire dagli anni Settanta, il loro uso si è diffuso anche in persone non affette da problemi psichici per procurarsi allucinazioni e in generale uno stato alterato della psiche. A partire dalla LSD fino all'Ecstasy, l'uso dei cosiddetti "acidi", tutti illegali, non accenna a diminuire.
Così come non accenna a diminuire la pratica illegale del doping, l'assunzione da parte degli sportivi di farmaci in grado di migliorare le prestazioni, anche a costo di gravissimi rischi per la salute. Dalle atlete della Repubblica Democratica Tedesca alle ginnaste della Romania fino ai ciclisti del Tour de France nel 1998, il Novecento della scienza è anche il secolo degli atleti "preparati" in laboratorio.

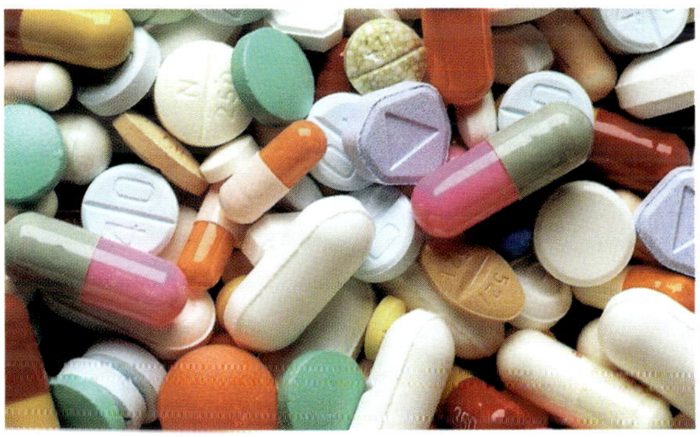

Pillole e capsule di vario tipo.
Il Novecento è certamente il secolo dell'automedicazione a base di farmaci di facile uso, dall'aspirina agli antibiotici ai comuni cachet per il mal di testa. Ma è anche il secolo delle droghe sintetiche, a cominciare dalla LSD, la dietilammide dell'acido lisergico, dagli effetti allucinogeni.

Alexander Fleming (1881-1955), scopritore della penicillina.
Nel 1929 Fleming scoprì l'antibiotico penicillina in una coltura del fungo Penicillium notatum. *Introdotto nella terapia medica negli anni Quaranta, il capostipite scoperto da Fleming ha dato origine a un'ampia famiglia di antibiotici prodotti in laboratorio.*

LA RIVOLUZIONE ANTIBIOTICA

Gli antibiotici sono sostanze organiche naturali o artificiali capaci di ostacolare la crescita e la moltiplicazione di batteri, o di provocarne la morte. La scoperta che alcune sostanze prodotte da microrganismi hanno un'attività farmacologica contro alcune infezioni si deve al batteriologo scozzese Alexander Fleming (1881-1955), che nel 1929 scoprì, all'interno di una coltura del fungo *Penicillium notatum*, una muffa in grado di agire contro i batteri senza danneggiare i globuli bianchi.

La sostanza, nota con il nome di penicillina, fu introdotta nella terapia umana soltanto undici anni dopo, quando venne isolata da Howard Florey ed Ernst Chain. Negli anni Quaranta gli scienziati riuscirono inoltre a produrre la penicillina in laboratorio.
Oggi l'industria farmaceutica è in grado di produrre centinaia di antibiotici, gran parte dei quali è realizzata attraverso sintesi chimica o modificazioni naturali.
A spingere verso la continua evoluzione di queste molecole è, oltre al normale progresso farmacologico, anche il fenomeno della resistenza: nel corso del tempo alcuni ceppi batterici hanno infatti sviluppato particolari difese che li rendono "immuni" all'azione di antibiotici di precedenti "generazioni".

La rivoluzione del vaccino

Hermann Staudinger

1953

Hermann Staudinger
Tedesco
Scoperte nel campo della chimica delle macromolecole.

Frits Zernike
Olandese
Ideazione e realizzazione del microscopio a contrasto di fase.

L'immunologia è la scienza che studia i meccanismi di difesa biologica degli organismi viventi. Suo principale oggetto d'indagine è il sistema immunitario, composto da cellule (linfociti) e molecole (anticorpi o immunoglobuline) in grado di riconoscere ciò che appartiene all'organismo da ciò che invece è estraneo, per esempio virus e batteri. Quando una sostanza estranea all'organismo (antigene) è riconosciuta come tale dal sistema immunitario viene attaccata dai linfociti, che producono anticorpi in grado di neutralizzarne l'azione. In genere, un linfocita può riconoscere e combattere un solo tipo di antigene, producendo un unico tipo di anticorpo. La risposta immune, cioè la reazione di difesa dell'organismo all'introduzione di un antigene, è più intensa la seconda volta che la prima. Questo fenomeno di "memoria immunologica" è alla base della terapia dei vaccini. Il vaccino è infatti un preparato di microrganismi la cui capacità infettiva è stata attenuata con una serie di complessi procedimenti. Una volta inoculato nell'organismo, il vaccino stimola la risposta degli anticorpi, pur senza provocare la malattia. Così, grazie alla memoria immunologica, un organismo vaccinato risponderà più efficacemente agli attacchi di un determinato antigene, quando questo vi penetrerà.

Nel Novecento, la pratica delle vaccinazioni di massa ha permesso di debellare o di diminuire

Vaccinazione contro il vaiolo in una scuola francese dei primi del Novecento.
Malattia infettiva di origine virale, il vaiolo provocava spesso la morte o comunque conseguenze molto gravi (cecità e cicatrici deturpanti). Nel Novecento è stato completamente debellato grazie a un'ampia campagna di prevenzione fondata sulla vaccinazione. Secondo l'Organizzazione mondiale della sanità il vaiolo è da considerarsi estinto dal 1979.

Hans A. Krebs
Tedesco naturalizzato inglese
Studi sul metabolismo cellulare.

Fritz A. Lipmann
Tedesco naturalizzato statunitense
Studi sul metabolismo cellulare.

1954

Linus C. Pauling
Statunitense
Studi sulla natura del legame chimico.

Max Born
Tedesco naturalizzato inglese
Ricerche in meccanica quantistica e interpretazione statistica della funzione d'onda.

Walther Bothe
Tedesco
Invenzione del metodo delle coincidenze e ricerche sulla radioattività e sui raggi cosmici.

John F. Enders
Statunitense
Frederick C. Robbins
Statunitense
Thomas H. Weller
Statunitense
Ricerche sul virus della poliomielite.

1955

Vincent du Vigneaud
Statunitense
Ha chiarito la struttura e ha realizzato per la prima volta la sintesi di un ormone polipeptidico, l'ossitocina.

Willis Eugene Lamb
Statunitense
Analisi della struttura fine dello spettro dell'idrogeno.

Polycarp Kusch
Statunitense
Misura del momento magnetico dell'elettrone.

Axel H. T. Theorell
Svedese
Ricerche di enzimologia. In particolare ha studiato gli enzimi ossidativi, che sono alla base di molti processi cellulari.

notevolmente l'incidenza di alcune malattie come la poliomielite, la tubercolosi, la rosolia, il morbillo. In questo secolo inoltre, l'immunologia ha dovuto rispondere ai problemi posti in campo chirurgico dalla diffusione della pratica dei trapianti. Il sistema immunitario riconosce infatti come estraneo anche un organo trapiantato da un individuo a un altro, mettendo in atto i suoi specifici meccanismi di difesa e provocando quel che si definisce il fenomeno del "rigetto". Appositi farmaci (immunosoppressori) sono tuttavia in grado di attenuare o neutralizzare la risposta immunitaria fino a quando l'organismo che ha ricevuto l'organo estraneo non arriva a riconoscerlo come "proprio".

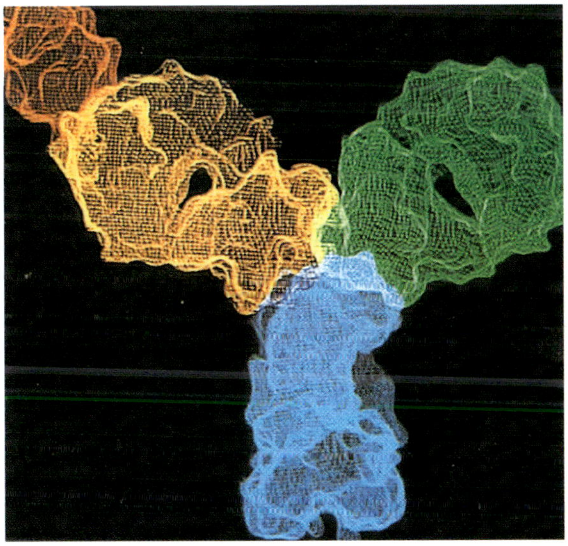

Ricostruzione al computer di una molecola di un anticorpo.
La caratteristica forma a Y deriva dall'unione di quattro proteine diverse, evidenziate dai diversi colori.

TRAPIANTI E "RIGETTI"

Il trapianto è un'operazione chirurgica che permette di inserire organi o parti di tessuto in un organismo. Questi possono essere prelevati da un'altra regione dello stesso individuo (trapianto autologo), da un organismo della stessa specie (trapianto omologo), o da un organismo di specie diversa (trapianto eterologo). Gli interventi del primo tipo, con i quali si trapiantano ossa, cartilagini, vasi o midollo osseo, sono quelli che presentano minori difficoltà dal punto di vista immunitario, poiché il sistema di difesa dell'organismo riconosce gli organi come "propri". I trapianti tra individui diversi, anche se appartenenti alla stessa specie, possono invece andare incontro al rischio di rigetto. Per questo, prima dell'intervento, deve essere stabilita la compatibilità immunologica tra il donatore dell'organo e il ricevente. Oggi i trapianti di cornea o di reni sono ormai entrati nella normalità, mentre presentano ancora difficoltà i trapianti di pancreas, fegato, cuore e polmoni.

Trapianto di rene
Per evitare il fenomeno del rigetto, dovuto alle difese immunitarie dell'organismo, la medicina si serve di particolari farmaci in grado di neutralizzare le reazioni del sistema immunitario (immunosoppressori).

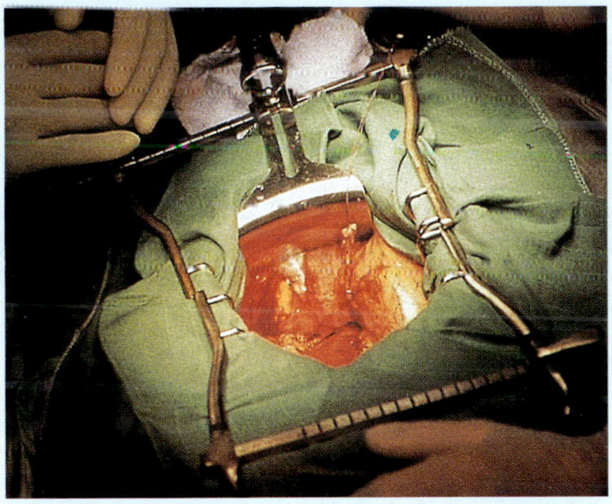

1956

Cyril N. Hinshelwood
Inglese
Nikolaj N. Semënov
Sovietico
Studi sulla cinetica delle reazioni chimiche.

William Shockley
Statunitense
John Bardeen
Statunitense
Walter Houser Brattain
Statunitense
Ricerche sui semiconduttori e ideazione del transistor.

Werner Forssmann
Tedesco
André F. Cournand
Franco-statunitense
Dickinson W. Richards
Statunitense
Studi sul sistema cardiocircolatorio.

Elogio dell'incompletezza

La matematica è una forma di pensiero assiomatico (ritenuto vero per la sua evidenza) in cui, a partire da premesse arbitrarie, si traggono conclusioni valide. La scelta dei postulati, cioè degli assunti da cui partire, è arbitraria e la coerenza di una teoria sta solo nella correttezza dei ragionamenti attraverso i quali dalle premesse si deducono le conseguenze. All'interno della matematica si possono distinguere alcune discipline specifiche: l'*aritmetica*, che studia le proprietà dei numeri, l'*analisi*, che studia gli insiemi finiti e le funzioni che si applicano su di loro, l'*algebra*, che studia le operazioni e le loro proprietà generali, e la *geometria*, che studia lo spazio e le figure. La matematica ha subito nel corso del Novecento una profonda trasformazione grazie, fra gli altri, all'opera del matematico tedesco Hilbert (1862-1943) che elaborò un singolare programma di ricerca sui fondamenti di tale scienza. Egli intendeva formalizzare tutte le teorie matematiche e analizzarle allo scopo di dimostrare la compatibilità di tutti gli assiomi: si proponeva cioè di stabilire se essi fossero o no contraddittori. Nella sua opera *I fondamenti della geometria*, del 1899, egli parla di assetto puramente formale e assiomatico della geometria così come per l'algebra e per l'analisi. Si definisce così l'ap-

Relatività, ***litografia di Maurits C. Escher.***
A proposito della sua opera l'artista olandese (1898-1972) ha detto: «Confrontando attentamente gli enigmi che mi circondano e analizzando le osservazioni da me compiute sono finito nel regno delle matematiche. Anche se sono assolutamente digiuno di studi e di conoscenze nel campo delle scienze esatte, sembra spesso che io abbia più cose in comune con i matematici che con gli altri artisti».

1957

Alexander Todd
Inglese
Ricerche sui nucleotidi, sugli enzimi e sulle vitamine.

Chen Ning Yang
Statunitense
Tsung-Dao Lee
Statunitense
Ricerche sulla legge di parità nel campo della teoria delle particelle elementari.

Alexander Todd

Daniel Bovet
Svizzero naturalizzato italiano
Studi di neurofisiologia.

1958

Frederick Sanger
Inglese
Determinazione della struttura della molecola dell'insulina.

Pavel A. Čerenkov
Sovietico
Il'ja M. Frank
Sovietico
Igor' E. Tamm
Sovietico
Scoperta e perfezionamento di un rilevatore di raggi cosmici.

George Wells Beadle
Statunitense
Edward L. Tatum
Statunitense
Studi sulla funzione dei geni.

Joshua Lederberg
Statunitense
Scoperte nel campo della ricombinazione genetica e dell'organizzazione del materiale genetico dei batteri.

1959

Jaroslav Heyrovsky
Cecoslovacco
Scoperta e sviluppo della polarografia, settore dell'elettrochimica.

proccio "formalista" in opposizione a quello di quanti credono che gli enti geometrici abbiano un significato in quanto si riferiscono a enti presenti in natura e che questo ne garantisca la verità. La scelta di punti, rette e piani è, quindi, una scelta arbitraria; per assicurarne la validità bisognerà dimostrare la non contraddittorietà degli assiomi che li definiscono. Un altro possibile approccio a questo problema è quello del logicismo, portato avanti per primo da Gozzlob Frege (1848-1925), logico tedesco, che si proponeva di dimostrare come le verità matematiche fossero verità puramente logiche, non legate all'intuizione.
A infrangere il sogno di Hilbert fu il logico statunitense di origine austriaca Kurt Gödel (1906-1978) che fra il 1930 e il 1931 formulò il suo *teorema di incompletezza*, secondo cui all'interno di qualsiasi sistema rigidamente logico contenente la teoria dei numeri esistono delle proposizioni sulle quali il sistema stesso non riesce a "decidere": non riesce cioè a dare una dimostrazione né di esse né della loro negazione.
L'enorme sviluppo della matematica dopo la seconda guerra mondiale ha in ogni caso avuto ben poco a che vedere con le scienze della natura, ed è stato stimolato in massima parte da problemi sorti all'interno della matematica stessa; tuttavia durante questo stesso periodo si sono sviluppate molteplici applicazioni della matematica alla fisica, alle scienze naturali e a quelle sociali.

I MODELLI MATEMATICI

I modelli matematici sono stati applicati a diverse discipline nell'intento di rendere più efficace la descrizione di alcuni eventi ed eventualmente di poter predire comportamenti futuri. I campi nei quali questa applicazione è stata più proficua sono l'economia, la medicina e in generale lo studio di situazioni in cui interagiscono diversi fattori.
Tutti questi campi hanno in comune lo studio di contesti in cui gli elementi in gioco sono numerosi e indipendenti fra loro. Saper descrivere con regole matematiche l'andamento della borsa, per esempio, significa anche saper predire che cosa accadrà.
Questo è stato il sogno di molti economisti che, a partire dagli anni Quaranta, hanno tentato di elaborare modelli economici ideali. L'andamento non lineare degli eventi economici, però, ha impedito finora di raggiungere risultati soddisfacenti.

La Borsa di New York.
L'economia è uno dei campi di applicazione dei modelli matematici, capaci di tener conto dell'interazione di fattori di natura diversa.

Il mondo in un bit

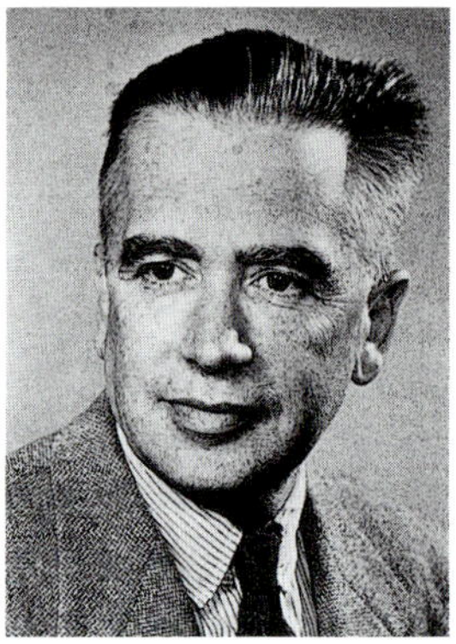

Emilio Segrè

Emilio Segrè
Italo-statunitense
Owen Chamberlain
Statunitense
Scoperta dell'antiprotone.

Severo Ochoa
Spagnolo naturalizzato statunitense
Arthur Kornberg
Statunitense
Ricerche sugli acidi nucleici.

1960

Willard F. Libby
Statunitense
Ricerche sulla datazione con materiali chimici (radiocarbonio 14).

Donald A. Glaser
Statunitense
Ideazione della camera a bolle.

L'informatica è la scienza che studia, attraverso l'uso degli elaboratori elettronici, la rappresentazione, l'elaborazione, la conservazione e la trasmissione dell'informazione. Il matematico inglese Alan M. Turing (1912-1954) fu il pioniere di questa disciplina. Nel 1936 ideò una macchina astratta, detta *macchina di Turing*, in grado di calcolare, di "computare" qualsiasi funzione, a patto che sia calcolabile in un numero finito di passi. Da questi studi è nato l'interesse per la realizzazione di macchine da computo, i computer.
Il primo elaboratore elettronico, l'ENIAC(Electronic Numerical Integrator and Calculator), progettato e realizzato fra il 1945 e il 1946, era dotato di una velocità di calcolo pari a circa 40-50 operazioni al minuto, e la sua programmazione era particolarmente complessa.
Due sono le invenzioni che hanno avviato la rivoluzione informatica degli ultimi anni: il concetto di programma incorporato, che prevede un'unità di elaborazione per effettuare i calcoli e una memoria per registrare i dati e i programmi, e il transistor, un commutatore in silicio molto più piccolo delle valvole usate in precedenza. Solo negli anni Settanta è stato possibile costruire una macchina capace di sfruttare entrambe le innovazioni. Ha avuto inizio in questo modo la produzione in grandi quantità e a basso costo di elaboratori.
Oggi i personal computer hanno raggiunto dimensioni e costi impensabili anche solo venti anni

Una immagine realizzata grazie a un programma di computer-grafica.
La computer-grafica viene utilizzata comunemente nei campi più diversi: dall'editoria al cinema alle scienze naturali. Esistono perfino degli artisti del computer, che affidano le proprie opere alla memoria digitale invece che alla tela.

Alan Turing e (a destra) la macchina cifrante* Enigma*, usata dai tedeschi nella seconda guerra mondiale.
Il matematico inglese, figura quasi leggendaria dell'informatica, fu in prima linea nell'équipe che violò i segreti di Enigma *grazie all'uso di un primo, rudimentale calcolatore.*

Frank Macfarlane Burnet
Australiano
Peter B. Medawar
Inglese
Ricerche di immunologia.

1961

Melvin Calvin
Statunitense
Studi sulle varie fasi delle reazioni chimiche della fotosintesi clorofilliana.

Rudolf L. Mössbauer
Tedesco
Ricerche sulla risonanza nucleare.

Robert Hofstadter
Statunitense
Ricerche sulla struttura del nucleo e dei nucleoni.

Georg von Békésy
Ungherese naturalizzato statunitense
Studi sulla fisiologia acustica.

1962

John Cowdery Kendrew
Inglese
Max F. Perutz
Austriaco
Determinazione della struttura delle emoproteine a mezzo dei raggi X.

Lev D. Landau
Sovietico
Elaborazione di teorie sugli stati condensati della materia.

Francis H. C. Crick
Inglese
James D. Watson
Statunitense
Maurice H. F. Wilkins
Inglese
Scoperta della struttura del DNA.

1963

Giulio Natta
Italiano
Karl Waldemar Ziegler
Tedesco
Scoperte nel campo della chimica e della tecnologia dei polimeri, in particolare per le ricerche sulla polimerizzazione stereospecifica del propilene.

fa. I progressi tecnologici non sono intervenuti solo sull'*hardware*, cioè sulla parte "fisica" del computer, ma anche sul *software*, cioè sui programmi necessari per gestire la macchina. Proprio la semplicità di questi programmi ha favorito l'uso dei computer da parte di utenti non specializzati e ha contribuito alla loro larga diffusione. L'utilità degli elaboratori elettronici si è rivelata enorme in numerosi campi: dalla scienza alla tecnologia, dalla tecnica alle applicazioni industriali. Oggi non esiste disciplina scientifica che non utilizzi sistemi informatizzati per semplificare le procedure di lavoro e per migliorare l'efficienza delle ricerche.

CHIP: MIRACOLI AL SILICIO

Il chip è una piastrina di materiale semiconduttore, di solito il silicio, lunga pochi millimetri. Esso viene lavorato e poi montato in modo da formare un microcircuito elettronico, cioè un circuito integrato dove tutti i componenti sono ricavati da un unico pezzo di materiale.
I chip di silicio sono diventati i componenti basilari per la realizzazione dell'*hardware* dei personal computer, aumentando enormemente la memoria centrale della macchina. Infatti, da quando sono stati inventati, circa 25 anni fa, le loro prestazioni sono migliorate almeno di 25.000 volte.
Le applicazioni dei microcircuiti si sono rivelate importanti anche per migliorare le prestazioni di numerose altre apparecchiature: calcolatrici, fax, elettrodomestici, automobili, orologi, rivoluzionando la vita quotidiana.

L'ingrandimento di un chip e (in basso) il calcolatore EDSAC costruito fra il 1947 e il 1949.

Eugene P. Wigner
Statunitense
Teoria del nucleo atomico e delle particelle elementari; principi di simmetria.

Maria Goeppert Mayer
Statunitense
Hans D. Jensen
Tedesco
Modello a guscio del nucleo.

John C. Eccles

La crisi della meccanica classica

La fisica ha per oggetto lo studio dei fenomeni naturali e la descrizione delle leggi generali che li regolano. Le teorie che hanno maggiormente contribuito alla nascita della fisica contemporanea sono due: la teoria della relatività e la meccanica quantistica.
Frutto del lavoro di un uomo solo, la teoria della relatività fu formulata dal fisico tedesco Albert Einstein (1879-1955), allo scopo di riscrivere la vecchia teoria fisica in una forma più elegante. La teoria stabilisce l'assoluta identità di tutte le leggi di natura in tutti i sistemi di riferimento, facendo in tal modo perdere significato al concetto di sistema di riferimento assoluto, che era fondamentale per la meccanica classica. In particolare la velocità della luce nel vuoto è costante in ogni sistema di riferimento e rappresenta il limite superiore per qualsiasi velocità. Le idee di Einstein furono trasformate in formule matematiche da Hermann Minkowski (1864-1909), matematico tedesco di origine lituana, che elaborò le equazioni per uno spazio a quattro dimensioni ("spazio di Minkowski"), tre spaziali e una temporale, detto cronòtopo o spazio-tempo.
La famosa equazione di Einstein, $E=mc^2$ (l'energia è uguale al prodotto della massa per il quadrato della velocità), stabilisce per la prima volta

$$E=mc^2$$

Albert Einstein con la seconda moglie Elsa.
La relazione di Einstein ($E=mc^2$), che stabilisce una relazione fra l'energia e la massa di un corpo, fu elaborata con un processo puramente teorico. Solo anni dopo sarebbe arrivata la conferma sperimentale.

Un giornale americano del 1914 interpreta le speranze legate al radio.
Isolato nel 1898 da Pierre e Marie Curie, il radio ha avuto lunga fortuna in campo medico; oggi vengono preferiti radioisotopi artificiali come il radiocobalto.

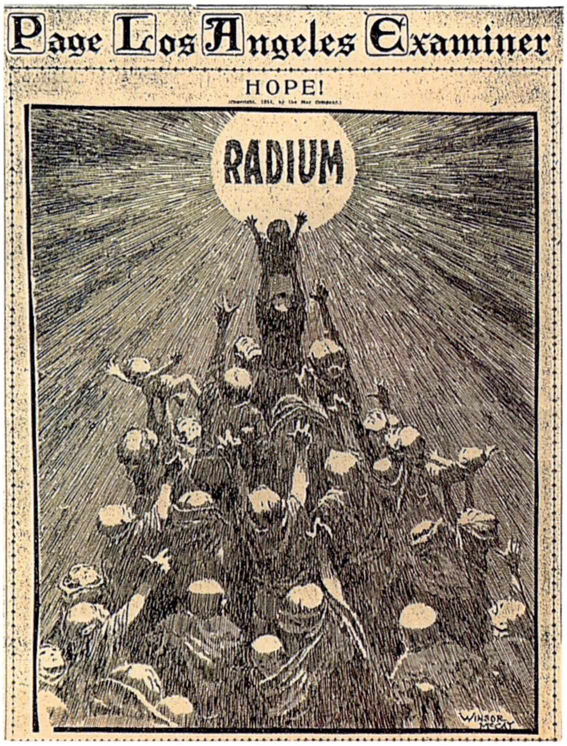

John C. Eccles
Australiano
Alan L. Hodgkin
Inglese
Andrew F. Huxley
Inglese
Studi sulla trasmissione dell'impulso nervoso.

1964

Dorothy Crowfoot Hodgkin
Inglese
Determinazione, mediante raggi X, della struttura di importanti sostanze di interesse biomedico. Ha studiato in particolare la vitamina B12, la cui carenza provoca l'anemia perniciosa.

Charles Hard Townes
Statunitense
Nikolaj G. Basov
Sovietico
Aleksandr M. Prochorov
Sovietico
Invenzione del maser e del laser.

Konrad Bloch
Tedesco naturalizzato statunitense
Feodor Lynen
Tedesco
Studi sul metabolismo lipidico.

1965

Robert Burns Woodward
Statunitense
Realizzazione per sintesi di composti che si ritenevano di difficile preparazione e per i quali si ricorreva a sostanze naturali (chinina, colesterolo, cortisone, stricnina, reserpina, clorofilla).

Julian Schwinger
Statunitense
Richard P. Feynman
Statunitense
Sin-Itiro Tomonaga
Giapponese
Ricerche di elettrodinamica quantistica.

François Jacob
Francese
Jacques L. Monod
Francese
André Lwoff
Francese
Ricerche sui virus batterici.

1966

Robert S. Mulliken
Statunitense
Lavori relativi ai legami chimici e alla struttura elettronica delle molecole.

una diretta relazione fra l'energia e la massa, dando vita anche a una nuova formulazione della teoria gravitazionale, nelle cui equazioni appare una relazione fra la distribuzione di materia nello spazio-tempo e l'energia dei campi gravitazionali. La traiettoria di un raggio luminoso, quindi, dovrà incurvarsi nelle vicinanze di una massa gravitazionale notevole.
Va detto che Einstein non aveva a disposizione alcuna prova sperimentale a favore della sua teoria; si trattò dunque di una elaborazione puramente teorica, e soltanto in tempi recenti, grazie alle nuove tecnologie, è stato possibile confermare sperimentalmente le previsioni del grande scienziato tedesco.

Lise Meitner (1878-1968)
Se il Novecento è anche il secolo delle donne, questo è del tutto vero per la scienza, nel bene e nel male. Lise Meitner fu la seconda donna laureata dall'università di Vienna nel 1905 e incontrò molte resistenze per ottenere un posto di ricercatore. Con Otto Hahn scoprì il principio della fissione nucleare, ma solo Hahn ottenne il Nobel per la scoperta.

Un cartello stradale in prossimità di Černobyl annuncia la vicinanza di una zona contaminata da scorie radioattive.

LA RIVOLUZIONE NUCLEARE

L'energia nucleare è quella che si produce quando il nucleo di un atomo si modifica. Le trasformazioni usate per scopi pratici sono la *fusione*, cioè l'unione di nuclei leggeri (come l'idrogeno), e la *fissione*, cioè la rottura di nuclei pesanti (come l'uranio).
Il meccanismo del decadimento radioattivo venne chiarito negli anni Trenta da una serie di studi sull'atomo, fra i quali bisogna ricordare quelli dei francesi Frédéric Joliot e Irène Curie, dell'italiano Enrico Fermi e del gruppo di studiosi noto come "i ragazzi di via Panisperna" (la via romana dove aveva sede il loro laboratorio universitario), dei tedeschi Fritz Strassmann, Otto Hahn, Lise Meitner e Otto Frisch.
Dopo l'invenzione delle armi nucleari, nel secondo dopoguerra si è pensato di poter sfruttare l'energia prodotta dal decadimento degli atomi anche per scopi civili.
Nel 1955 i sovietici annunciarono di avere avviato l'anno precedente la prima centrale atomica per la produzione di energia elettrica. Mentre in una bomba atomica l'emissione di energia deve essere la più rapida possibile, per ottenere i massimi effetti distruttivi (meccanici, termici e radioattivi), una centrale nucleare deve produrre energia in maniera graduale e costante, sfruttando per di più solo l'energia che si manifesta sotto forma di calore. Questo alimenta delle turbine che producono energia elettrica. Dopo un ventennio di ottimismo riguardo agli sviluppi del nucleare civile, gli anni Ottanta hanno visto una crisi profonda in questo campo. Una crisi legata ad alcuni clamorosi incidenti (Three Miles Island, 1979; Černobyl, 1986), al fatto che gli elementi radioattivi usati producono residui il cui smaltimento è pressoché impossibile, e alla relativa facilità con cui una centrale nucleare civile può essere impiegata per produrre il materiale necessario a produrre armi atomiche.

Alfred Kastler
Francese
Metodi ottici per lo studio delle risonanze hertziane negli atomi.

Peyton Rous
Statunitense
Scoperta dei virus tumorali.

Charles B. Huggins
Statunitense
Studi sulla terapia dei tumori della prostata.

1967

Manfred Eigen
Tedesco
Ronald G. Wreyford Norrish
Inglese
George Porter
Inglese
Studi sulle relazioni chimiche caratterizzate da velocità elevatissime.

Hans A. Bethe

Hans A. Bethe
Statunitense
Ricerche sulla produzione di energia nelle stelle.

Ragnar Granit
Svedese
Haldane K. Hartline
Statunitense
George Wald
Statunitense
Studi di fisiologia ottica.

1968

Lars Onsager
Norvegese
Studi sulla teoria della termodinamica dei processi irreversibili.

Louis W. Alvarez
Statunitense
Sviluppo di tecniche sperimentali nell'ambito della fisica delle particelle.

Al contrario della teoria della relatività, la meccanica quantistica ha avuto una lunga gestazione ed è il frutto di successive acquisizioni, da parte di scienziati diversi, a volte anche in contrasto fra loro. La meccanica quantistica infatti coordina in uno schema coerente le teorie elaborate nei primi trenta anni del secolo per superare le difficoltà che la fisica classica incontrava nell'interpretazione di diversi fenomeni, per esempio lo spettro del corpo nero (un corpo ideale capace di assorbire tutte le radiazioni ricevute, in particolare quelle luminose).
Fu proprio per risolvere il problema della distribuzione di energia nello spettro di un corpo nero che il tedesco Max K. Planck (1858-1947) affermò nel 1900 che l'energia radiante non viene emessa e assorbita in modo continuo, ma per piccolissime quantità finite (discontinue): i quanti. L'energia dei quanti è determinata dalla frequenza della radiazione e da un valore costante, chiamato "costante di Plank", che rappresenta la più piccola quantità di azione dei sistemi atomici (o la minima quantità individuabile di una grandezza variabile in modo discontinuo).
È in questo ambito di studi che nacque ai primi del secolo la meccanica ondulatoria: il fisico austriaco Erwin Schrödinger (1887-1967), propose una struttura atomica di tipo ondulatorio, formulandone l'equazione fondamentale (in cui appare la "costante di Planck") che descrive il compor-

Un acceleratore di particelle esamina un tappeto tibetano al laboratorio del Louvre di Parigi.
La fisica delle particelle trova applicazioni in molti campi che non hanno una relazione apparente con la fisica. In particolare le tecniche di rilevamento basate sul movimento di fasci di elettroni vengono usate ormai comunemente nel restauro di opere d'arte. Il laboratorio del Louvre, fondato nel 1931, è in questo senso all'avanguardia.

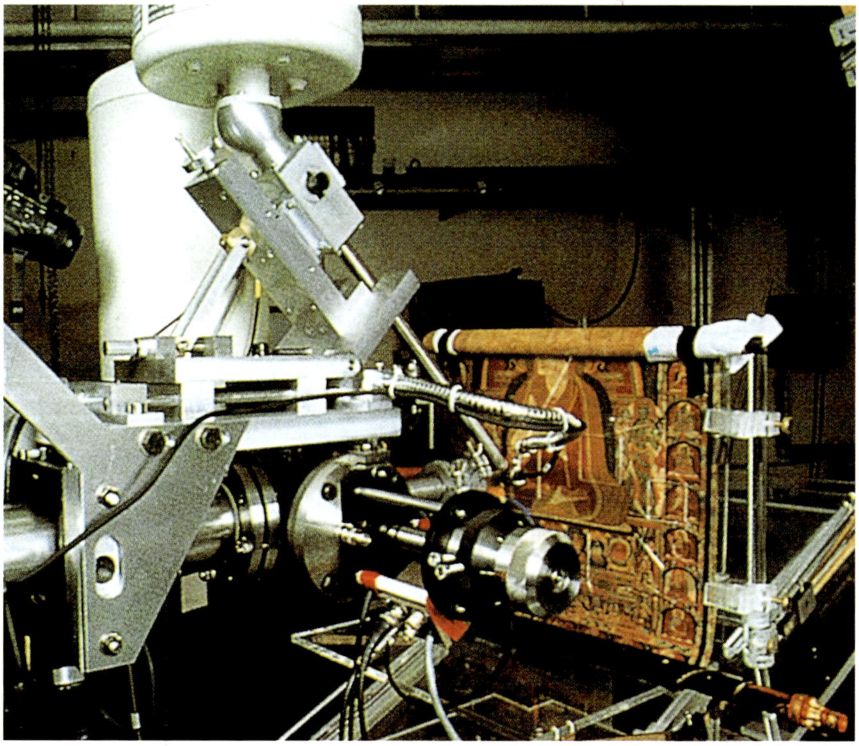

Il fisico austriaco Erwin Schrödinger (a destra).
Schrödinger elaborò un modello atomico fondato sulla meccanica ondulatoria che si sarebbe rivelato fondamentale per lo sviluppo della meccanica quantistica. Schrödinger tuttavia non accettò mai l'interpretazione, propria della meccanica quantistica, secondo cui non è possibile compiere previsioni deterministiche (cioè sicure e univoche) del comportamento futuro di una particella, ma solo fare delle stime probabilistiche.

Robert W. Holley
Statunitense
Har G. Khorana
Indiano naturalizzato statunitense
Marshall W. Nirenberg
Statunitense
Studi sul codice genetico e sulla sintesi delle proteine.

1969

Derek Barton
Inglese
Odd Hassel
Norvegese
Sviluppo dell'analisi conformazionale delle molecole organiche.

Murray Gell-Mann
Statunitense
Classificazione delle particelle elementari e loro interazioni.

Max Delbrück
Tedesco naturalizzato statunitense
Salvador E. Luria
Italiano naturalizzato statunitense
Alfred D. Hershey
Statunitense
Studi di genetica virale e batterica.

1970

Luis F. Leloir
Argentino
Scoperta delle funzioni di alcuni nucleotidi nel processo di biosintesi dei carboidrati.

Louis E. F. Néel
Francese
Ricerche sul ferromagnetismo.

Hannes O. Alfvén
Svedese
Ricerche sulla fisica dei plasmi.

Bernard Katz
Tedesco naturalizzato inglese
Ulf von Euler
Svedese
Julius Axelrod
Statunitense
Studi di neurofisiologia.

tamento ondulatorio dell'elettrone. L'interpretazione di questa equazione pose a sua volta dei problemi agli scienziati, finché il fisico tedesco Max Born (1882-1970) teorizzò che l'equazione di Schrödinger non descrivesse il reale comportamento delle particelle ma solo la loro *probabilità* di trovarsi in un certo momento in una determinata posizione. Alla formulazione completa della teoria quantistica contribuì anche il "principio di indeterminazione", formulato nel 1927 dal tedesco Werner Heisenberg (1901-1976), che nega la possibilità di stabilire con precisione *nello stesso momento* la velocità e la posizione di una particella.

Nel mondo delle particelle atomiche dunque sembra avere valore non il principio di causalità, ma un indeterminismo che non è affatto un aspetto secondario della teoria quantistica. L'interpretazione dei risultati della nuova teoria non fu però univoca: nacquero così due diverse scuole interpretative della meccanica quantistica. Quella ortodossa, portata avanti dalla scuola di Copenaghen, che considera la teoria una descrizione del mondo fisico, e quella sostenuta da Einstein, per la quale la teoria esprime solo la nostra ignoranza sulle reali condizioni delle particelle. Esisterebbero, infatti, variabili nascoste la cui determinazione dovrebbe permettere di predire con esattezza il risultato di una misura.

GLI ACCELERATORI DI PARTICELLE

Gli acceleratori di particelle sono dispositivi capaci di creare fasci intensi di particelle subnucleari. Queste particelle, fortemente accelerate, vanno a collidere con altre, come dei veri e propri proiettili sparati contro un bersaglio. Gli acceleratori sono gli strumenti principali di lavoro per le ricerche sperimentali sulle reazioni nucleari, sulla struttura del nucleo e per lo studio delle particelle elementari. A seconda del tipo di prestazioni, costi e dimensioni si possono individuare diversi tipi di acceleratori. I più famosi sono quelli ad accelerazione multipla e orbita circolare: in essi le particelle vengono mantenute su un'orbita circolare da un grosso magnete e trovano il campo accelerante in punti opportunamente disposti lungo il loro cammino. Acceleratori di questo tipo sono il ciclotrone (il primo fu costruito nel 1931 dal fisico americano Ernest O. Lawrence) e il sincrotone (famoso quello del CERN di Ginevra).

Tracce di particelle subatomiche ottenute nei laboratori del CERN.
La sigla CERN indica il Consiglio europeo per le ricerche nucleari, un ente internazionale istituito nel 1953. Nei suoi laboratori si compiono ricerche di fisica nucleare non applicata. Si deve però a un ricercatore del CERN una delle più recenti invenzioni "pratiche": l'HTML, il linguaggio in grado di mettere in contatto fra loro i personal computer di tutto il mondo su Internet.

1971

Gerhard Herzberg
Tedesco
Metodi per stabilire le strutture molecolari.

Dennis Gabor
Inglese
Ideazione dell'olografia.

Earl Wilbur Sutherland
Statunitense
Ricerche nel campo

William Howard Stein

Big Bang o Big Crunch?

L'astronomia è la scienza che studia i corpi celesti. Il suo sviluppo è strettamente legato all'introduzione di apparecchiature che permettono un'esplorazione sempre più approfondita del cielo. In particolare la spettroscopia (lo studio delle radiazioni emesse o assorbite da una sostanza attraverso l'analisi dello spettro) permette di penetrare il segreto della composizione chimica delle stelle e determinare la velocità di allontanamento e avvicinamento di stelle e galassie. L'astrofisica invece è quella parte dell'astronomia che si occupa dei fenomeni osservabili sugli

Una stazione VLBI (sigla per Very Large Base Interpherometer).
Interferometri come questi, con antenne di 20 metri di diametro, vengono usati per rilevazioni di geodesia spaziale (per esempio, misurare il diametro dei pianeti o il diametro apparente delle stelle più grandi).

ASTEROIDI A RISCHIO?

Gli asteroidi sono piccoli pianeti la cui orbita è in genere compresa fra quelle di Marte e di Giove. I primi asteroidi furono scoperti nel XIX secolo, e da allora gli avvistamenti si sono moltiplicati, grazie soprattutto allo sviluppo dei mezzi tecnologici. I pianetini finora conosciuti sono circa 3500, ma gli astronomi pensano che ne rimangano ancora da scoprire diverse centinaia di migliaia. La loro forma è irregolare e il diametro non supera mai i 50 chilometri. La probabilità che questi pianetini così lontani urtino la Terra è quindi molto remota.
Ne esiste però un gruppo, chiamato EGA (*Earth Grazing Asteroids*), composto da asteroidi con un'orbita tanto "allungata" da incrociare quella del nostro pianeta. Proprio da questo gruppo proveniva l'ultimo asteroide che si è abbattuto sulla Terra nel 1908, distruggendo 1.600 chilometri quadrati di foresta siberiana. Il rischio di una collisione, tante volte evocato nei romanzi e nei film di fantascienza, quindi esiste, ma il cammino dei pianetini è costantemente controllato dagli apparecchi degli enti spaziali di tutto il mondo.

Il Meteor Crater in Arizona.
L'asteroide responsabile del cratere aveva un diametro di circa 50 metri e colpì la terra fra i 5000 e i 50.000 anni fa a una velocità di 40.000 km/h. L'esplosione dovette avere una potenza di circa 20 megatoni.

della regolazione del metabolismo cellulare, in paricolare dei radicali liberi.

1972

Christian Anfinsen
Statunitense
Stanford Moore
Statunitense
William Howard Stein
Statunitense
Sviluppo della chimica degli enzimi.

John Bardeen
Statunitense
Leon N. Cooper
Statunitense
John R. Schrieffer
Statunitense
Sviluppi della teoria della superconduttività.

Gerard Edelman
Statunitense
Rodney R. Porter
Inglese
Studi sulla struttura degli anticorpi.

1973

Ernst O. Fischer
Tedesco
Geoffrey Wilkinson
Inglese
Studi sulla chimica dei composti organometallici.

Leo Esaki
Giapponese
Ivar Giaever
Statunitense
Brian D. Josephson
Inglese
Ricerche sull'effetto tunnel nei semiconduttori.

Konrad Lorenz
Austriaco
Nikolaas Tinbergen
Olandese
Karl von Frisch
Austriaco
Ricerche sul comportamento animale. Fondatori dell'etologia, hanno studiato gli schemi fondamentali del comportamento animale.

1974

Paul J. Flory
Statunitense
Chimica delle macromolecole.

Antony Hewish
Inglese
Scoperta delle pulsar.

Martin Ryle
Inglese
Ricerche nel campo della radioastronomia.

astri e negli spazi interstellari, impiegando i metodi e le leggi della fisica e della chimica. Strumento principale per queste ricerche è il telescopio, al quale, con il progredire della tecnica, sono state applicate apparecchiature fotografiche e spettroscopiche sempre più sofisticate. Fu grazie all'astronomo americano George E. Hale (1868-1938) che nel 1904 venne costruito il primo telescopio riflettore (in cui le immagini del cielo sono raccolte da uno specchio) di grandi dimensioni: con un'apertura di 1,50 metri, è posto nell'Osservatorio di Monte Wilson, in California, costruito dallo stesso Hale per lo studio del Sole. Oggi i maggiori telescopi riflettori sono situati negli osservatori di Zelenčukskaya, nel Caucaso (6 metri di diametro) e di Monte Palomar, in California (5 metri di diametro). Lavorando sui dati spettroscopici forniti dai telescopi, alla fine degli anni Venti l'astrofisico americano Edwin P. Hubble (1889-1953) scoprì che lo spazio si espande e porta con sé le galassie; per cui quanto più una galassia è lontana, tanto maggiore ci risulta la sua velocità. Questa espansione viene rilevata nelle analisi spettrografiche dal "*red shift*", lo spostamento progressivo delle righe dello spettro delle galassie verso le frequenze del rosso, tipico di un oggetto in allontanamento. L'ipotesi dell'espansione dell'universo implica che l'inizio di tale processo abbia coinciso – in un'epoca molto remota – con una concentrazio-

La cometa Morehouse fotografata nel 1908.
Si conoscono almeno una cinquantina di comete periodiche di cui sono stati osservati almento tre passaggi. Il Novecento si è chiuso con il passaggio della cometa di Hale Boop nel 1997.

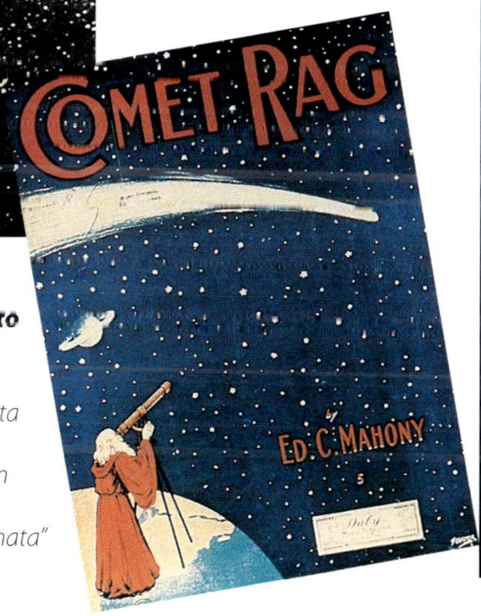

Spartito di un motivo dedicato nel 1910 alla cometa di Halley.
La cometa individuata dall'inglese Edmund Halley nel 1682 ha un periodo di 76 anni. Nel XX secolo è "ritornata" nel 1910 e nel 1986.

Quattro lune di Giove fotografate dalla sonda Voyager.
I satelliti di Giove sono sedici: le prime quattro lune furono scoperte da Galileo nel 1610; le ultime quattro dalla Voyager *nel 1979.*

Albert Claude
Belga
Christian de Duve
Belga
George E. Palade
Rumeno naturalizzato statunitense
Studi di biologia cellulare. Claude ha isolato i mitocondri, di cui Palade ha definito la struttura. La scoperta maggiore di De Duve sono i lisosomi, responsabili delle funzioni digestive della cellula.

1975

John W. Cornforth
Inglese
Vladimir Prelog
Svizzero
Ricerche nel campo della stereochimica organica.

Aage Bohr
Danese
Ben R. Mottelson
Danese-statunitense
L. James Rainwater
Statunitense

Ben R. Mottelson

Teorie sulla struttura del nucleo.

Renato Dulbecco
Italiano naturalizzato statunitense
David Baltimore
Statunitense
Howard Martin Temin
Statunitense
Ricerche di biologia molecolare sui virus.

1976

William N. Lipscomb
Statunitense
Ricerche riguardanti le strutture dei borani.

Burton Richter
Statunitense
Samuel (Chao Chung} Ting
Statunitense
Scoperta di una nuova particella elementare ("J").

ne di tutta la materia in un unico nucleo di energia dove la densità e la temperatura erano estremamente alte. Questo nucleo, esplodendo, avrebbe dato origine all'universo circa 15 miliardi di anni fa. Questa teoria, detta del *Big bang* (Grande scoppio) fu elaborata dal fisico russo Aleksandr A. Friedmann negli anni Venti. Quasi contemporaneamente, alcuni scienziati (Fred Hoyle, Hermann Bondi e Tommy Gold) formularono una teoria praticamente opposta, quella dell'universo stazionario, per la quale l'universo ha sempre avuto le stesse dimensioni.

Acceso sostenitore della teoria del *Big bang* fu George Gamow (1904-1968), un allievo di Friedmann: negli anni Quaranta Gamow calcolò matematicamente, data la temperatura di partenza, il grado di raffreddamento dell'universo. La teoria trovò una conferma sperimentale solo nel 1965, quando Arno Penzias e Robert Wilson, due ricercatori della compagnia telefonica Bell, indagando sulla causa dei disturbi nelle comunicazioni transoceaniche, scoprirono un segnale di origine cosmica la cui intensità non dipende dalla direzione di osservazione. Tale radiazione corrisponde a quella di un corpo nero con temperatura di circa 3° Kelvin ("radiazione fossile" di Gamow). A questo punto la teoria dell'universo stazionario fu definitivamente abbandonata.

La teoria del *Big bang* ammette due possibilità per l'evoluzione dell'universo: una continua e-

La grande nebulosa di Orione osservata al telescopio.
Le nebulose sono oggetti celesti che appaiono luminosi (nebulose lucide) o scuri (nebulose oscure) a seconda che emettano radiazioni oppure assorbano le radiazioni emesse dalle stelle. Sono costituite da gas rarefatti con minime particelle di polvere cosmica.

Ritratto dell'astrofisico George Gamow (1904-1968).
Come molti altri scienziati, Gamow faceva parte di quella vasta comunità scientifica che negli anni fra le due guerre mondiali si interessò ai risultati della fisica nucleare. Fra loro uomini come Oskar Klein, Niels Bohr, Werner Heisenberg, Wolfgang Pauli, Enrico Fermi, che la guerra e il totalitarismo avrebbe diviso. Gamow, noto anche per alcune opere divulgative, fu uno dei maggiori sostenitori della teoria del Big bang.

Baruch S. Blumberg
Statunitense
Daniel C. Gajdusek
Statunitense
Studi di epidemiologia. I loro studi riguardano i meccanismi di origine e diffusione di malattie causate da agenti virali. Si tratta di lavori che hanno rivoluzionato le precedenti nozioni sull'epatite virale.

1977

Ilya Prigogine
Belga
Studi di termodinamica.

Philip W. Anderson
Statunitense
Nevill Mott
Inglese
John H. Van Vleck
Statunitense
Ricerche sulle proprietà magnetiche di solidi non cristallini.

Andrew Shally
Polacco naturalizzato statunitense
Roger Guillemin
Francese naturalizzato statunitense
Studi di fisiologia ormonale.

Rosalyn Yalow
Statunitense
Sviluppo delle tecniche per il dosaggio ormonale.

1978

Peter Mitchell
Statunitense
Studi sui processi di trasferimento di energia nei sistemi biologici.

Pëtr L. Kapitza
Sovietico
Ricerche sulla fisica delle basse temperature e sulle proprietà dell'elio liquido.

Arno A. Penzias
Statunitense
Robert W. Wilson
Statunitense
Scoperta della radiazione cosmica di fondo.

Werner Arber
Svizzero
Hamilton O. Smith
Statunitense
Daniel Nathans
Statunitense
Scoperta degli enzimi di restrizione.

spansione, seguendo il moto di allontanamento osservato sino a ora, oppure l'espansione fino a un valore critico e quindi l'inizio di un moto inverso che dovrebbe terminare nella condensazione di tutta la materia in un solo punto (il cosiddetto *Big crunch*). I due scenari sono entrambi possibili; il verificarsi della prima ipotesi piuttosto che della seconda dipende da un valore preciso: la densità della materia nell'universo.
Conosciamo le dimensioni della galassia e ciò che la compone; dalla sua velocità, dunque, possiamo ricavare la massa. Ma la velocità delle stelle alla periferia della galassia è più alta di quella delle stelle interne; ciò significa che là deve nascondersi una massa molto più ingente di quella che riusciamo a vedere, la cosiddetta "materia oscura". Di tutto l'universo riusciamo a scorgere solo il 10 per cento e bisogna ricordare che termini come esplosione, espansione e così via hanno reale significato solo nella teoria matematica che descrive il *Big bang* e non vogliono indicare un'esplosione nel senso comune della parola.
Ci sono dunque molti aspetti che ancora non sono chiari nella storia e nella struttura dell'universo. Non soltanto la materia oscura, ma anche la descrizione precisa di ciò che è accaduto nel momento del *Big bang*, e che cosa si nasconda al centro della nostra galassia sono interrogativi ancora privi di risposta.

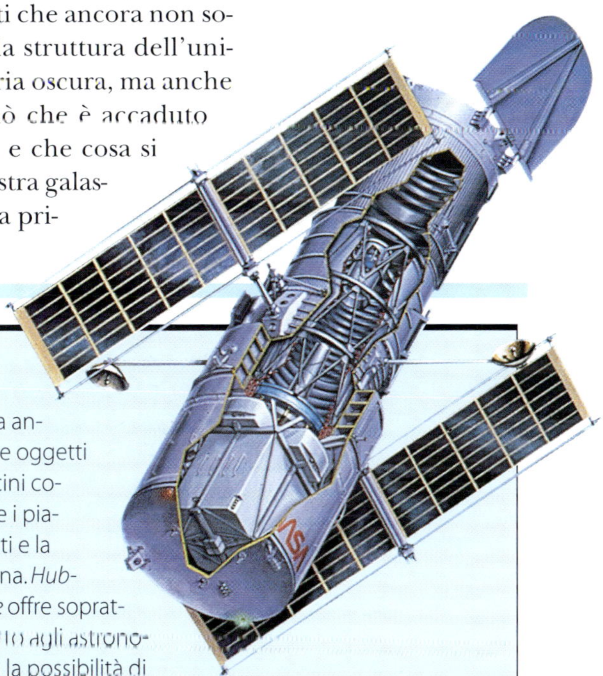

IL TELESCOPIO HUBBLE

Hubble è un telescopio riflettore lanciato nello spazio nell'aprile del 1990 dal Kenneth Space Center, in Florida.
Usato per studiare la luce visibile e ultravioletta nello spazio, *Hubble*, che deve il suo nome al famoso astronomo statunitense, è stato disegnato in modo che le sue parti possano essere aggiustate o sostituite direttamente nello spazio.
Allo scopo di esplorare minuziosamente l'universo è stato dotato di apparecchiature molto sofisticate in grado di fotografare stelle lontanissime ma anche oggetti vicini come i pianeti e la Luna. *Hubble* offre soprattutto agli astronomi la possibilità di guardare, per la prima volta, a una distanza di 10 miliardi di anni-luce, allargando così l'orizzonte dell'universo conosciuto. Tra i successi del modernissimo telescopio c'è la scoperta di ben 301 nuove galassie (e anche di un pianeta fuori dal nostro sistema solare).

***Uno spaccato del telescopio* Hubble.**
Il telescopio è stato messo in orbita nel 1990 da una navetta spaziale statunitense. La sua progettazione ha raccolto in uno sforzo congiunto le energie del consorzio spaziale europeo e della statunitense NASA.

1979

Herbert C. Brown
Statunitense
Georg Wittig
Tedesco
Impiego di composti del boro e del fosforo per facilitare la sintesi di sostanze organiche.

Sheldon L. Glashow
Statunitense
Steven Weinberg
Statunitense
Abdus Salam
Pakistano
Teoria della forza elettrodebole unificata.

Allan M. Cormack
Sudafricano naturalizzato statunitense
Godfrey N. Hounsfield
Inglese
Scoperta e sviluppo di tecniche di analisi diagnostiche (TAC).

Alla conquista dello spazio

La conquista dello spazio da parte dell'uomo inizia con i primi voli negli anni Sessanta, per arrivare ai nostri giorni con l'invio di sonde e navicelle spaziali ai confini del sistema solare, fino a prospettare per il futuro la costruzione di città e villaggi spaziali. Tutto ciò è potuto accadere grazie allo sviluppo della tecnologia che ha permesso di esplorare le profondità dello spazio e di raccogliere dati importanti sulla composizione chimica e fisica dei pianeti.
Il 4 ottobre 1957 i sovietici mettono in orbita il primo satellite artificiale: battezzato *Sputnik*, una sfera pesante 83,6 chilogrammi, con un diametro di 58 centimetri e fornita di quattro antenne. Per i ventuno giorni successivi le sue due trasmittenti alimentate a batterie inviano un segnale a terra.
Il primo uomo a viaggiare nello spazio è invece il sovietico Jurij Gagarin, lanciato intorno alla Terra a bordo della navicella spaziale *Vostok 1*. Da questo momento in poi si progettano moltissime missioni spaziali e si individua nella Luna il primo obiettivo per l'uomo. Nasce così nel 1967 il progetto Apollo, una serie di astronavi progettate dalla NASA allo scopo di effettuare lo sbarco sulla Luna. La conquista ha luogo il 21 luglio 1969, quando l'astronauta americano Neil A. Armstrong, lanciato a bordo dell'*Apollo 11*, cammina per primo sul suolo lunare.

***L'equipaggio della missione* Apollo 14.**
Al centro, il comandante Alan Shepard; a sinistra, il pilota del modulo di comando Stuart Roosa; a destra il pilota del modulo lunare (LEM) Edgar Mitchell. È il 1971, e gli astronauti americani si apprestano a ripetere l'impresa lunare di due anni prima. Già l'anno successivo tuttavia, la NASA lancerà il progetto per lo Space Shuttle.

1980

Paul Berg
Statunitense
Ricerche sugli acidi nucleici.
Walter Gilbert
Statunitense
Frederick Sanger
Inglese
Ricerche sugli acidi nucleici.

James Watson Cronin
Statunitense
Val Logsdon Fitch
Statunitense
Scoperta del decadimento del mesone neutro K.

George D. Snell
Statunitense
Baruj Benacerraf
Statunitense
Jean Dausset
Francese
Ricerche di immunologia.

1981

Roald Hoffman
Statunitense
Kenechi Fukui
Giapponese
Impiego della meccanica quantistica per calcolare l'andamento delle reazioni chimiche.

Nicolaas Bloemberger
Statunitense
Arthur L. Schawlow
Statunitense
Kai Siegbahn
Svedese
Ricerche di spettroscopia atomica. Nell'ambito della spettroscopia hanno svolto ricerche di ottica non lineare e di spettroscopia a microonde.

Nicolaas Bloemberger

L'anno successivo, nel 1970, si verifica il primo atterraggio di una navicella – la sovietica *Venera 7* – su Venere: dal pianeta vengono emessi deboli segnali che indicano su Venere una pressione di 90 atmosfere e una temperatura di 450°C.
Nel 1972 parte invece il programma della NASA per lo sviluppo dello Space Shuttle, un veicolo di nuova concezione destinato a trasformare lo spazio da "territorio di frontiera" a meta familiare e di facile accesso. Scopo principale di questo "cargo spaziale", che ha un equipaggio di quattro persone, è il trasporto di uomini e materiali verso stazioni orbitanti intorno alla Terra.
A metà degli anni Settanta prendono il via anche le missioni delle sonde interplanetarie destinate all'esplorazione del sistema solare. Il progetto *Viking* si rivolge all'esplorazione di Marte: il 20 luglio e il 3 settembre 1976 le prime due sonde *Viking* atterrano su Marte. Nel 1977 viene invece lanciato il *Voyager 2*: l'obiettivo questa volta è una complessa esplorazione del sistema solare che prevede passaggi ravvicinati della sonda intorno a Giove (1979), Saturno (1981), Urano (1986) e Nettuno (1989).
Negli anni Ottanta quindi, se da una parte si raccolgono importanti informazioni sui pianeti e i loro satelliti, dall'altra i primi voli degli Shuttle permettono di effettuare esperimenti sulla risposta fisiologica degli astronauti all'assenza di gravità.

ROBOT: UN SERVO MECCANICO

La parola "robot" deriva da quella di origine ceca *robota*, che significa "lavoro forzato", "corvée". Con questo termine si indica un sistema automatico in grado di sostituire l'uomo in determinate e specifiche mansioni. Al contrario degli automi, i robot interagiscono con l'ambiente in cui si trovano attraverso il *feedback*, un meccanismo di retroazione che permette lo scambio di informazioni (un esempio banale è quello del termostato di un comune scaldabagno, che al raggiungimento di una determinata temperatura dell'acqua interrompe il flusso di corrente). Nati con l'era industriale, i robot di oggi non hanno nulla a che vedere con i loro antenati e le loro capacità sono tali da migliorare in alcuni campi l'opera dell'uomo. È il caso, per esempio, dell'impiego dei robot nelle missioni spaziali: sono i robot infatti a garantire molte delle operazioni di riparazione delle apparecchiature dei satelliti e delle navicelle spaziali nello spazio. Non più, quindi, solo un prolungamento delle facoltà umane, oggi i robot permettono all'uomo di amplificare le sue potenzialità e di crearne delle nuove. Nella medicina, per esempio, l'applicazione della robotica permette di perfezionare le tecniche chirurgiche e di migliorare quelle diagnostiche.

Un robot per un film di fantascienza degli anni Cinquanta. *Il termine "robot" è coniato dallo scrittore ceco Karel Čapek per il dramma fantapolitico RUR. Ma i moderni robot, sistemi automatici ormai largamente impiegati, hanno ben poco a che vedere con gli automi che popolano la fantascienza.*

Thorsten Wiesel

Roger Sperry
Statunitense
Studi sul cervello.

David H. Hubel
Canadese
naturalizzato statunitense
Thorsten Wiesel
Svedese
Studi sulla neurofisiologia della visione.

1982

Aaron Klug
Sudafricano
Realizzazione di una tecnica basata su una combinazione dei metodi della microscopia elettronica e dei principi dei metodi di diffrazione.

Kenneth G. Wilson
Statunitense
Ricerche teoriche nel campo delle transizioni di fase termodinamiche.

Bengt Samuelsson
Svedese
Sune M. Bergström
Svedese
John R. Vane
Inglese
Scoperta delle prostaglandine.

1983

Henry Taube
Statunitense
Studi fondamentali sul trasferimento degli elettroni fra le molecole nelle reazioni chimiche.

William A. Fowler
Statunitense
Subrahmanyan Chandrasekhar
Statunitense
Contributi alla comprensione della struttura delle stelle.

Barbara McClintock
Statunitense
Scoperta dei geni trasponibili.

Tra gli eventi recenti, di particolare importanza è la missione che ha permesso la discesa sul suolo di Marte del piccolo ma sofisticato robot *Mars Pathfinder*, che ha potuto inviare immagini nitide dell'atmosfera marziana ed esaminare campioni di terreno. Gli studi non hanno finora confermato scientificamente la presenza di forme biologiche sul pianeta rosso, nonostante la sua superficie sia stata modellata da un liquido (dando origine ai famosi canali) che molto probabilmente era acqua.
Un dato recentissimo che proviene dall'ISO (Osservatorio spaziale nell'infrarosso) è la presenza nello spazio, in quantità maggiore rispetto alle aspettative, di acqua sotto forma di vapor acqueo. Questo dato aiuta a comprendere quanto sia importante l'acqua nel processo di formazione delle stelle. Infatti affinché questo avvenga bisogna che l'acqua intervenga a raffreddare l'enorme calore che si produce all'interno della nuvola di polvere e di gas da cui la stella, per contrazione e compressione, si genera.
Lo scopo finale delle ricerche e delle esplorazioni dello spazio è però, oltre che scientifico, utilitaristico. L'uomo infatti pensa in un futuro non lontano di poter vivere nello spazio, all'interno delle stazioni spaziali: satelliti artificiali di grandi dimensioni in grado di ospitare stabilmente una comunità di persone. Oggi le stazioni spaziali sono dei veri laboratori orbitanti, nei

Una "passeggiata spaziale" intorno al vano di carico di una navetta spaziale.
La navetta spaziale (Space Shuttle) è un tipo di astronave riutilizzabile più volte per viaggi dalla Terra allo spazio. Lo Shuttle decolla come un missile, sostenuto da due razzi (booster) che vengono staccati e recuperati dopo il decollo, atterra come un aeroplano (o meglio come un aliante, in una sorta di caduta libera sostenuta): verrà utilizzato come cargo spaziale nel prossimo progetto di stazione orbitante Iss 1.

1984

Bruce Merrifield
Statunitense
Realizzazione di un metodo per la sintesi chimica su un supporto solido.

Carlo Rubbia
Italiano
Simon van der Meer
Olandese
Scoperta dei bosoni vettoriali intermedi.

Niels K. Jerne
Francese
Cesar Milstein
Inglese
Georges J.F. Köhler
Tedesco
Ricerche sulla produzione di anticorpi monoclonali.

1985

Herbert A. Hauptman
Statunitense
Jerome Karle
Statunitense
Elaborazione di metodi matematici avanzati per determinare le strutture dei cristalli.

Klaus von Klitzing
Tedesco
Scoperta dell'effetto Hall quantizzato.

Joseph L. Goldstein
Statunitense
Michael S. Brown
Statunitense
Ricerche sulla regolazione del metabolismo del colesterolo.

1986

Dudley A. Herschbach
Statunitense
Yuan T. Lee
Statunitense
John C. Polanyi
Canadese
Studi sulla dinamica dei processi chimici elementari.

Ernst Ruska
Tedesco
Realizzazione del primo microscopio elettronico.

quali viene studiata la resistenza e la capacità degli organismi animali di rimanere nello spazio per lungo tempo. La prima stazione spaziale è stata la *Mir*, lanciata dall'Unione Sovietica nel 1986 e collocata su un'orbita intorno alla terra a una quota di 400 chilometri.
Ma l'inizio della colonizzazione dello spazio deve ancora avvenire, pur essendo imminente. Per la fine del 1998 è fissato il primo lancio della missione *Iss 1* che ha lo scopo di costruire la più grande stazione spaziale orbitante mai vista. La stazione, alla cui realizzazione partecipano ben 16 nazioni, ruoterà intorno al nostro pianeta, come una seconda Luna, a una velocità di 28.000 chilometri l'ora.

L'ingresso del centro spaziale di Cape Kennedy, in Florida.
Per anni la base di Cape Kennedy è stata il cuore delle missioni spaziali statunitensi. Oggi ospita un museo della NASA dedicato alla conquista dello spazio. La conquista dello spazio – anche con i suoi drammi e i suoi fallimenti – ben rappresenta la presa esercitata sui mass media dalla scienza e dalla tecnica in questo secolo.

I SATELLITI ARTIFICIALI

I satelliti sono oggetti messi in orbita dall'uomo intorno alla Terra o ad altri pianeti del sistema solare. Le orbite percorse sono circolari o ellittiche a seconda della posizione del satellite rispetto al pianeta. Un satellite si dice geostazionario quando percorre un'orbita circolare alla distanza di 36.000 chilometri dalla superficie terrestre; il suo periodo di rivoluzione risulta così uguale a quello di rotazione della Terra intorno al suo asse (cioè 23 ore, 56 minuti e 4,1 secondi). I satelliti artificiali sono usati per scopi scientifici, meteorologici, o per le telecomunicazioni. Quelli scientifici hanno permesso di conoscere meglio il nostro e altri pianeti attraverso l'invio di immagini e i satelliti usati in meteorologia hanno permesso il progredire di questa scienza mettendola in grado di fare delle previsioni a sempre più lunga scadenza. Ma l'applicazione dei satelliti che più si percepisce nella vita di tutti i giorni è quella nel campo delle telecomunicazioni, che ci permette, fra le altre cose, di telefonare con apparecchi cellulari, di vedere canali televisivi o ascoltare programmi radio di paesi lontani.

Il Sudamerica fotografato da un satellite meteo.
Oltre che per le rilevazioni meteo, i satelliti vengono oggi impiegati per le telecomunicazioni e per usi militari. Le attuali tecniche li rendono in grado di rilevare da quote altissime anche oggetti di dimensioni ridotte.

Gerd Binnig
Tedesco
Heinrich Rohrer
Svizzero
Realizzazione del microscopio elettronico a effetto tunnel.

Stanley Cohen
Statunitense
Rita Levi-Montalcini
Italiana naturalizzata statunitense
Scoperta del fattore di crescita nervosa.

1987

Donald J. Cram
Statunitense
Jean-Marie Lehn
Francese
Charles J. Pedersen
Statunitense
Sviluppo e utilizzo di molecole con interazioni strutturali-specifiche ad alta selettività.

Verso un mondo più piccolo

Con il termine "telecomunicazioni" si indica qualunque sistema che trasmetta informazioni a distanza. Verso la fine del secolo scorso Guglielmo Marconi (1874-1937) studiò la propagazione delle onde elettromagnetiche, creando circuiti in grado di emetterle e di raccoglierle anche a distanze molto grandi. Il 12 dicembre 1901, poi, Marconi realizzò la prima trasmissione transatlantica: il segnale radio partito da Poldhu, in Cornovaglia, raggiunse San Giovanni di Terranova, sul continente americano. La trasmissione segnava l'avvento di una tecnologia che avrebbe consentito a persone lontane di comunicare.
Negli ultimi decenni di questo secolo una serie di innovazioni ha fatto delle telecomunicazioni un settore in rapido sviluppo. I sistemi utilizzati per la comunicazione si diversificano in base al tipo di messaggio da trasmettere e al tipo di mezzo impiegato. Così è possibile comunicare telefonicamente, via fax, via etere, attraverso fili, onde elettromagnetiche o fibre ottiche. Nella trasmissione a lunga distanza, invece, ci si avvale di ponti radio o dei moderni satelliti artificiali.
La rete di telecomunicazioni che fornisce i servizi utilizzati nella vita di tutti i giorni è il frutto di una complessa sovrapposizione di una molteplicità di reti differenti, ognuna specializzata prevalentemente in un servizio (trasmissione di voce, di dati, rete mobile e così via). È comunque lo sviluppo della telefonia, uno dei settori delle te-

Una centrale telefonica americana nel 1900.
Se la telefonia urbana viene automatizzata negli anni Trenta, arrivare alla teleselezione automatica richiederà ancora alcuni decenni. Dal telefono – brevettato da Alexander G. Bell nel 1876 – e dalla quasi contemporanea invenzione della lampadina (1878-1879) ha in ogni caso origine uno degli aspetti più importanti della società contemporanea: lo sviluppo di reti ad alta tecnologia utilizzate nella vita quotidiana da milioni di persone. Dalla rete telefonica a Internet, il Novecento è anche "il secolo delle reti".

Una stazione televisiva americana.
La globalizzazione dell'informazione è una delle ricadute scientifiche più evidenti dell'uso combinato di diverse tecnologie, dai satelliti all'informatica.

Rita Levi Montalcini

J. Georg Bednorz
Tedesco
K. Alexander Müller
Svizzero
Scoperte nel campo della superconduttività nei materiali ceramici.

Susumu Tonegawa
Giapponese
Scoperta del principio genetico che definisce la diversità degli anticorpi.

1988

Johann Deisenhofer
Tedesco
Robert Huber
Tedesco
Hartmut Michel
Tedesco
Determinazione della struttura tridimensionale di un centro di reazione fotosintetica.

Leon M. Ledermann
Statunitense
Melvin Schwartz
Statunitense
Jack Steinberger
Statunitense
Dimostrazione della doppia struttura dei leptoni.

James W. Black
Inglese
Gertrude B. Elion
Statunitense
George H. Hitchings
Statunitense
Studi fondamentali di farmacologia.

1989

Sidney Altman
Canadese
Thomas R. Cech
Statunitense
Scoperta delle proprietà catalitiche dell'RNA.

Norman F. Ramsey
Statunitense
Invenzione del metodo

lecomunicazioni, ad aver inciso più di altri sulla vita quotidiana: nel corso degli ultimi trent'anni il sistema è stato sempre più perfezionato, tanto che oggi è possibile usufruire di servizi quali i numeri verdi, l'identificazione dell'utente che ha chiamato, i numeri di pubblica utilità. La telefonia cellulare, per esempio, dimostra la sua utilità non solo permettendo a chi è in movimento di comunicare, ma anche fornendo un servizio telefonico di base in regioni dove esso non è mai arrivato.
I satelliti artificiali, le trasmissioni radio o via cavo permettono di avere in tempo reale informazioni di qualunque genere da tutto il mondo, allargando così l'orizzonte della comunicazione.

LE FIBRE OTTICHE

Le fibre ottiche sono filamenti sottili di materiale trasparente utilizzati per la trasmissione di radiazioni elettromagnetiche. Guidano le radiazioni lungo un tracciato definito, riproducendo in uscita l'immagine raccolta in entrata. Sono costituite da un nucleo di vetro rivestito da un materiale plastico. L'introduzione delle fibre ottiche ha significato un enorme miglioramento in termini di efficienza. Le nuove fibre, infatti, lasciano passare più radiazioni, oppongono un attrito minore al passaggio dell'onda, sono insensibili ai campi magnetici che potrebbero disturbare tale passaggio, sono più piccole e meno pesanti. Il loro uso è indicato nel caso di strumenti di utilizzo clinico, per esempio in gastroscopia, per i sistemi ottici e per le reti di distribuzione telefonica.

Un radioricevitore a valvole, completo di antenna a tamburello, costruito nel 1925.

Un fascio di fibre ottiche. *Le fibre ottiche sono destinate a sostituire nel prossimo futuro i comuni doppini telefonici, avviando una seconda rivoluzione nella telecomunicazione domestica. In campo professionale hanno già trovato ampio impiego anche in settori apparentemente diversi fra loro: per esempio le sonde gastroscopiche, usate in medicina, sono state anche utilizzate per l'esame interno dei bronzi di Riace al momento del loro restauro.*

Wolfgang Paul

dei campi oscillatori separati e sua applicazione nel maser all'idrogeno.

Hans G. Dehmelt
Statunitense
Wolfgang Paul
Tedesco
Sviluppo della tecnica della trappola ionica.

J. Michael Bishop
Statunitense
Harold E. Varmus
Statunitense

Una scienza in espansione

La geologia è la scienza che studia l'origine, la costituzione, la struttura e la storia della Terra. Tra Otto e Novecento la geologia diviene una disciplina sempre più complessa e articolata. In particolare, nasce la petrografia (lo studio della composizione chimica e mineralogica delle rocce) e si formulano le prime ipotesi sull'esistenza di fasce mobili nella crosta terrestre. Diviene inoltre sempre più evidente l'esigenza di uno studio congiunto della crosta terrestre e degli strati più profondi. Vanno ricordati i lavori di Eduard Suess (1831-1914), geologo austriaco, sulla formazione delle montagne, e dello statunitense Clarence Edward Dutton (1841-1912) sugli spostamenti di masse rocciose a seguito della distribuzione irregolare della crosta terrestre. Di importanza fondamentale è inoltre la teoria della deriva dei continenti formulata nel 1912 dal tedesco Alfred Wegener (1880-1930). In base ad essa una massa omogenea di rocce (*Pangea*) si sarebbe formata nell'emisfero opposto a quello coperto dalle acque; a partire dal periodo paleozoico questa massa si sarebbe spaccata in più parti, e i blocchi sarebbero quindi andati alla deriva sotto l'azione della forza di rotazione terrestre. I moderni studi di geologia hanno sostanzialmente confermato la validità della teoria di Wegener che – con le necessarie modifiche – è riproposta quale elemento della teoria generale della Terra, nota come "tettonica a placche" (o "a zolle").

Il picco del Machapuchan nel sistema montuoso dell'Himalaya.
Il fenomeno della formazione di catene montuose (orogenesi) è fra i più importanti oggetti di studio della geologia.

Scoperta dell'origine cellulare di retrovirus oncogeni.

1990

Elias James Corey
Statunitense
Sviluppo della metododologia di sintesi organica.

Jerome I. Friedman
Statunitense
Henry W. Kendall
Statunitense
Richard E. Taylor
Canadese
Studi fondamentali per lo sviluppo del modello a quark nella fisica delle particelle.

Joseph E. Murray
Statunitense
Donnall Thomas
Statunitense
Scoperte nel campo del trapianto di organi e cellule per il trattamento delle malattie.

Pierre-Gilles de Gennes

1991

Richard R. Ernst
Svizzero
Contributi per lo sviluppo della metodologia della spettroscopia RMN (Risonanza magnetica nucleare) ad alta risoluzione.

Pierre-Gilles de Gennes
Francese
Sviluppo di metodologie di studio per sistemi complessi.

Erwin Neher
Tedesco
Bert Sakmann
Tedesco
Studi sulla funzione dei canali ionici nelle cellule.

Oggi la geologia si avvale delle osservazioni di una serie di scienze complementari come la geofisica, la geochimica, l'idrogeologia, la mineralogia, la paleontologia, da cui si sono sviluppate quattro aree di ricerca fondamentali. La prima studia la composizione e la struttura della crosta terrestre (petrografia, geochimica, geologia strutturale), mentre la seconda ne analizza la dinamica dei movimenti (tettonica, geologia dinamica, vulcanologia, sismologia). La terza comprende la geologia storica (stratigrafia, paleontologia), la quarta la geologia applicata (geotecnica, studio dei materiali preziosi). Accanto a queste aree di ricerca, infine, è in costante espansione la geologia dei fondali marini.

Il terremoto di San Francisco del 1906.
La California, posta lungo la faglia di San Andreas, è un luogo ad alto rischio sismico. Il terremoto dell'ottobre 1906, seguito da un devastante incendio, distrusse la città, che fu completamente ricostruita.

VULCANI E TERREMOTI

Gli effetti distruttivi dei terremoti e delle eruzioni vulcaniche possono essere ridotti attraverso studi del territorio che individuino le zone più a rischio. Grazie alle ricerche dei vulcanologi e agli strumenti di rilevazione sismica (sismografi), sono state create delle reti di controllo sul territorio. I dati ricavati servono a disegnare le "mappe di vulnerabilità sismica" che, in alcuni casi, coincidono con quelle vulcaniche. Esiste infatti una correlazione tra i vulcani, i movimenti del magma sottostante e l'eventualità di un terremoto. Le mappe non permettono di predire con esattezza sismi o eruzioni, né la loro intensità, ma consentono di individuare le zone a rischio e quindi di prendere adeguate misure di prevenzione.

L'Anuk Krakatau, il "figlio del Krakatoa".
L'isola indonesiana di Krakatoa fu teatro, nel 1883, di quella che è considerata la più forte eruzione vulcanica rilevata in epoca storica.

La scoperta dell'ambiente

Georges Charpak

1992

Rudolph A. Marcus
Statunitense
Studi sulla teoria delle reazioni del trasferimento di elettroni nei sistemi chimici.

Georges Charpak
Francese
Invenzione e sviluppo di rivelatori di particelle.

Edmond H. Fischer
Statunitense

Il termine "ecologia" risale al 1866, quando il biologo tedesco Ernst H. Haeckel lo usò per indicare lo studio dei rapporti fra gli organismi viventi e l'ambiente. È però solo nel nostro secolo, con la pubblicazione nel 1933 de *L'ecologia degli animali* di Charles Elton, che vengono gettate le basi teoriche della disciplina. E questo anche se tutti riconoscono che la nascita e lo sviluppo dell'ecologia sono una conseguenza dell'affermarsi, nella seconda metà dell'Ottocento, del pensiero evoluzionistico darwiniano. Darwin, infatti, aveva gettato nuova luce sulle osservazioni dei suoi predecessori, considerando l'ecologia molto importante per la sua teoria dell'evoluzione. I due poli principali dell'ecologia sono l'ambiente, cioè l'insieme delle condizioni fisiche, chimiche e biologiche in cui si può svolgere la vita di un organismo, e le popolazioni che in esso vivono.
L'ecosistema invece è l'insieme complesso delle relazioni che in un dato luogo si creano fra popolazioni e ambiente. Tale insieme, considerato dall'ecologia indissolubile, rappresenta l'unità ecologica fondamentale: gli organismi e l'ambiente non si possono quindi studiare separatamente. Si indica invece con il termine "ecologia umana" quell'area di ricerca che analizza in modo particolare i rapporti fra la popolazione umana, la produzione di beni e servizi e l'inquinamento del nostro pianeta.

Una discarica di rifiuti alla periferia di una metropoli asiatica. *Lo smaltimento dei rifiuti e l'inquinamento conseguente alla crescente produzione di beni di consumo è uno dei terreni su cui l'ecologia è chiamata a dare risposte, sempre più necessarie all'approssimarsi del XXI secolo.*

Edwin G. Krebs
Statunitense
Scoperte sul meccanismo di regolazione biologica dovuto alla fosforilazione reversibile delle proteine.

1993

Kary B. Mullis
Statunitense
Sviluppo del metodo PCR, reazione a catena della polimerasi.

Michael Smith
Canadese
Studi sulla mutagenesi e il suo sviluppo per gli studi sulle proteine.

Russell A. Hulse
Statunitense
Joseph H. Taylor jr.
Statunitense
Scoperta di un nuovo tipo di pulsar.

Michael Smith

Richard J. Roberts
Inglese
Philip A. Sharp
Statunitense
Scoperta di geni-split.

1994

George A. Olah
Statunitense
Richerche nel campo della chimica dei carbocationi.

Bertram N. Brockhouse
Canadese
Sviluppo della spettroscopia a neutroni.

Clifford G. Shull
Statunitense
Sviluppo di una nuova tecnica di diffrazione dei neutroni.

Alfred G. Gilman
Statunitense
Martin Rodbell
Statunitense
Scoperta delle G-proteine.

All'interno di quest'area si sviluppano, nella seconda metà del nostro secolo, due scuole di pensiero: quella della California University e quella capeggiata dall'ecologista americano Barry Commoner. La prima teoria individua, come principale causa dell'inquinamento, l'aumento della popolazione e della quantità di beni prodotti, il cui consumo non solo dà origine a rifiuti e danni ambientali, ma produce anche altra domanda di beni, e dunque altro consumo.
Commoner sostiene invece che i danni ambientali derivano non solo dalla quantità di beni consumati, ma anche dal cattivo uso delle tecnologie produttive non meno che da errori di politica demografica.

L'etologo austriaco Konrad Lorenz.
Premio Nobel per la medicina nel 1973, Lorenz è l'autore del fortunato libro L'anello di re Salomone, *considerato il manifesto della moderna etologia.*

Una pubblicità contro il consumo di clorofluorocarburi.
Si tratta di derivati del metano e dell'etano, utilizzati sia come refrigeranti che come propellenti. Come refrigeranti i clorofluorocarburi sono impiegati per esempio nei frigoriferi domestici e negli impianti di condizionamento dell'aria. Come propellenti, hanno trovato un largo impiego nelle cosiddette "bombole spray": dalla lacca alla schiuma da barba. Sono però considerati i maggiori responsabili della progressiva distruzione della fascia di ozono nell'alta atmosfera ("buco nell'ozono"). Per questo da alcuni anni sono stati stipulati accordi internazionali per la loro progressiva riduzione.

L' ETOLOGIA: HABITAT E ANIMALI

L'etologia è la scienza che studia il comportamento animale dal punto di vista delle funzioni e dell'evoluzione. Oggi l'osservazione e la descrizione della vita animale nel suo habitat naturale rappresentano l'impegno principale degli etologi. In passato, però, l'osservazione in natura non era considerata indispensabile, e gli studiosi si limitavano ad analizzare il comportamento animale in laboratorio. Solo ai primi del Novecento, Konrad Lorenz, il primo vero etologo sul campo, darà a questa disciplina l'aspetto che ha oggi. Per merito dello studioso austriaco, gli animali hanno cominciato a essere studiati per se stessi, e non più come soggetti di esperimenti. Uno fra i più noti comportamenti descritti da Lorenz è l'*imprinting*. Nel periodo immediatamente successivo alla nascita, i piccoli di numerosi animali manifestano un particolare attaccamento per il primo animale che vedono.

Di solito si tratta del genitore; Lorenz però notò che i piccoli tendono a seguire anche animali di altra specie e, in situazioni sperimentali, perfino oggetti in movimento (o persone, come lo stesso Lorenz). Una volta "imprintati" sull'oggetto, gli anatroccoli lo adottano come madre.
In natura, questo comportamento ha lo scopo di evitare la dispersione dei piccoli, che restano così attaccati alla prima cosa che vedono, di solito la madre.

Mario Molina

1995

Paul Crutzen
Olandese
Mario Molina
Statunitense
F. Sherwood Roland
Statunitense
Studi sulla chimica atmosferica, in particolare sulla formazione e decomposizione dell'ozono.

Il clima in primo piano

La meteorologia studia l'atmosfera terrestre e gli effetti della sua attività sul clima. Il Novecento è il secolo in cui diventa una scienza e attira l'interesse del grande pubblico. Alla fine del secolo scorso, infatti, la diffusione delle stazioni meteorologiche era assai ridotta e il monitoraggio della situazione parziale. Le due guerre mondiali segnano senza dubbio un momento di svolta per la meteorologia: prevedere con buona approssimazione le condizioni del tempo era di fondamentale importanza per la conduzione delle operazioni. Dagli anni Quaranta le osservazioni raccolte hanno consentito di tracciare una buona descrizione dell'atmosfera, pur non garantendo la previsione degli eventi meteorologici.

A partire dagli anni Sessanta appare chiaro che il comportamento delle masse di aria all'interno dell'atmosfera è estremamente complesso, tanto da non permettere ai meteorologi di fare previsioni a scadenza superiore ad alcune settimane. La maggiore precisione raggiunta negli ultimi anni si deve principalmente all'introduzione di nuovi strumenti di osservazione. Dalla fine della seconda guerra mondiale il radar viene utilizzato per osservare le aree di precipitazione e, oggi, il radar a effetto Doppler permette di analizzare i movimenti delle particelle responsabili delle precipitazioni quando ancora sono all'interno delle nubi. La rapidità con la quale si evolvono le varie situazioni meteorologiche esige che lo studio del-

***Un'immagine ripresa dal satellite* Meteosat F2.**
I satelliti geostazionari Meteosat *tengono costantemente sotto controllo l'atmosfera sull'Europa. In questo caso, il satellite posto su un'orbita equatoriale rileva la formazione di un ampio vortice nell'Atlantico settentrionale, al quale è associata una perturbazione in movimento verso est.*

Martin L. Perl
Statunitense
Scoperta del leptone tau.

Frederick Reines
Statunitense
Rilevazione del neutrino.

Edward B. Lewis
Statunitense
Christiane Nüsslein-Volhard
Tedesca
Eric F. Wieschaus
Statunitense
Scoperte relative al controllo genetico dello sviluppo embrionale iniziale.

1996

Robert F. Curl jr.
Statunitense
Harold W. Kroto
Inglese
Richard E. Smalley
Statunitense
Scoperta dei fullereni (semiconduttori al carbonio).

David M. Lee
Statunitense
Douglas D. Osherhoff
Statunitense
Robert C. Richardson
Statunitense
Scoperta della superfluidità nell'elio-3.

Peter C. Doherty
Australiano
Rolf M. Zinkernagel
Svizzero
Ricerche sulla specificità della difesa immunitaria cellulare.

1997

Paul D. Boyer
Statunitense
John E. Walker
Inglese
Spiegazione del meccanismo enzimatico di sintesi dell'ATP (adenosina trifosfato).

Jens C. Skou
Danese
Scoperta di un enzima per il trasporto ionico del sodio e del potassio (Na^+, K^+-ATPasi).

Steven Chu
Statunitense
Claude Cohen-Tannoudji
Francese
William D. Phillips
Statunitense
Sviluppo di metodi per raffreddare e intrappolare gli atomi con la luce laser.

Stanley B. Pruisiner
Statunitense
Scoperta dei prioni.

l'atmosfera avvenga con continuità. La superficie terrestre è stata così ricoperta da una rete di stazioni di osservazione dove i dati vengono registrati più volte al giorno e in orari stabiliti internazionalmente. Il maggior contributo alla soluzione dei problemi meteorologici lo hanno però fornito i satelliti artificiali. Dal 1960, data del primo lancio, a oggi sono stati inviati nello spazio molti satelliti per monitorare la formazione dei sistemi nuvolosi e i loro spostamenti.

La raccolta di dati meteo è un lavoro che si basa sulla collaborazione di diversi osservatori; già dalla fine del XIX secolo risulta evidente che, per migliorare gli standard di precisione nelle previsioni, è necessario creare una rete di collegamento su scala internazionale. Nasce così nel 1878 l'IMO (International Meteorological Organization), che nel 1951 si trasforma nel WMO (World Meteorological Organization) ed entra nelle Nazioni Unite, dove ha ancora oggi la responsabilità dello scambio internazionale delle informazioni meteorologiche.

La preparazione per il lancio di un pallone meteorologico.
Le previsioni sono rese possibili dall'applicazione di modelli matematici: i dati del passato vengono messi a confronto con i rilevamenti grazie a un processo di elaborazione elettronica (post-elaborazione statistica), in grado di ridurre complesse elaborazioni matematiche di routine a un lavoro automatico di pochi minuti.

L'EFFETTO SERRA

Con l'espressione "effetto serra" si descrive la conservazione dell'energia termica solare da parte della Terra, provocata dall'azione di assorbimento selettivo dell'atmosfera. I raggi del Sole penetrano nell'atmosfera e riscaldano il suolo, che successivamente emette radiazione infrarossa nello spazio. Quando il sistema Terra-atmosfera ha una temperatura media stabile la quantità di radiazione solare immessa nel sistema è pari alla quantità di radiazione infrarossa emessa. Questo avviene se la concentrazione di gas attivi dal punto di vista dell'irraggiamento – cioè vapor d'acqua, anidride carbonica e ozono – si mantiene al di sotto di un certo livello.

Negli ultimi decenni si è invece registrato un aumento di concentrazione di gas, particolarmente di anidride carbonica (circa il 15 per cento in più rispetto al secolo scorso). Prodotta dall'inquinamento, l'anidride carbonica è emessa in quantità tali da non essere più assorbita né dalla vegetazione né dagli oceani, provocando un aggravarsi dell'effetto serra e un aumento della temperatura terrestre.

Una ciminiera nel cielo di Amburgo.
L'inquinamento è ritenuto il principale responsabile dell'effetto serra, provocato dall'eccesso di anidride carbonica, prodotta in larga misura dall'uso di combustibili fossili.

Il futuro prossimo venturo

Il XXI sarà il secolo di Internet e dell'informatizzazione, in cui le nostre abitudini di vita e i modi di comunicazione cambieranno radicalmente. Attraverso la rete sarà possibile mettersi in contatto, in tempo reale, con qualsiasi parte del mondo. Si calcola, per esempio, che tutte le operazioni di transazione (soldi, azioni, beni) avverranno via Internet. Il lavoro diventerà telelavoro, cioè lavoro fatto non in ufficio ma a casa o presso un centro telematico dove siano disponibili le apparecchiature. Internet permetterà quindi di creare la più grande comunità mai esistita: per l'inizio del terzo millennio si stima che saranno un miliardo le persone in grado di "navigare". Lo sviluppo dell'informatica permetterà di utilizzare la realtà virtuale come vero strumento di lavoro con il quale poter calcolare preventivamente tutte le eventualità connesse a una certa situazione. La produzione industriale ma anche la medicina, così come la progettazione spaziale, ne saranno enormemente avvantaggiate. La costruzione di macchine sempre più sofisticate ed efficienti sarà garantita anche dalla nanotecnologia che, lavorando sugli atomi, permette la costruzione di apparecchiature sempre più piccole e sensibili. I personal computer, gli elettrodomestici, le apparecchiature mediche diverranno sempre meno ingombranti guadagnando in efficienza. Un altro campo in fortissima evoluzione è la biotecnologia, cioè la capacità di modificare geneticamente organismi per migliorarne le caratteristiche. Il prossimo secolo sarà per molti il secolo dei geni: piante e animali biotecnologici arriveranno sulla nostra tavola, non senza sollevare problemi di ordine etico e medico. Di notevole importanza la prospettiva di poter produrre, in questo modo, animali i cui organi possano essere compatibili con quelli dell'uomo in modo da sopperire alla mancanza di donatori per i trapianti. Anche la medicina, in particolare la chirurgia, si avvarrà dei progressi tecnologici: oggi la chirurgia robotica è un'applicazione di frontiera, ma nulla impedisce di pensare che nel giro di pochi anni diventi una pratica quotidiana. L'alta affidabilità delle operazioni robotizzate, infatti, è stata provata da numerosi esperimenti di laboratorio. Nei prossimi anni si dovranno stabilire le regole di comportamento dei robot, accettate dai Comitati etici degli ospedali, e contemporaneamente istituire una "carta tecnica" che certifichi l'affidabilità di ogni singola macchina.

Specie di granturco ad alta redditività ottenute attraverso interventi di biotecnologia.
Il nuovo secolo sarà per molti aspetti il secolo della genetica. Lo sviluppo delle biotecnologie – con la creazione di piante e animali destinati all'alimentazione e ottenuti attraverso la manipolazione dei geni – porrà l'uomo di fronte a nuove, delicate scelte in campo bioetico.

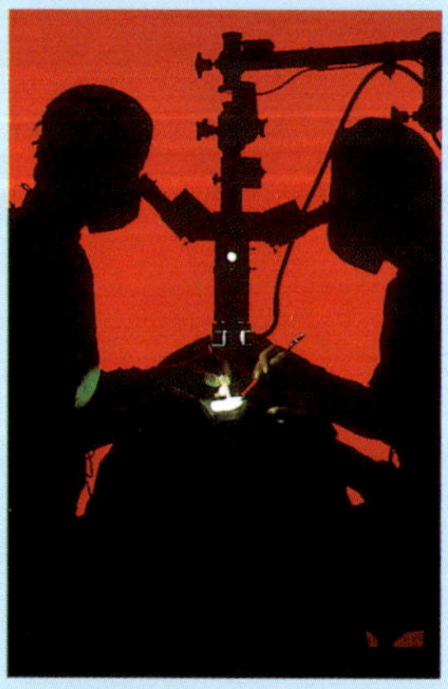

Un intervento di microchirurgia.
Nel XXI secolo l'integrazione fra scienza e tecnologia segnerà un ulteriore progresso delle tecniche di intervento chirurgico. Ingegneria genetica e trapianto di organi (naturali e artificiali) saranno i principali campi di intervento della medicina.

Un chip, cuore al silicio di un sistema informatico.

Indici analitici

Indice dei nomi

L'indicazione *S* si riferisce alla sezione "Il secolo della scienza"

N

O

P

Indice degli eventi e delle cose notevoli

L'indicazione *S* si riferisce alla sezione "Il secolo della scienza"

Referenze fotografiche

© Olympia-Publifoto 15bd, 16a/bs, 23b, 29b, 39a, 52bs, 76a/b, 79bs, 83bs, 85, 87b, 88a/bs/bd, 91b, 92b, 94a/bs/bd, 95a/bs/bd, 96b, 98bs/bd, 99b, 100b, 102bd, 103b, 106bd, 108bs, 110b, 111ad/b, 112bs/bd, 116a/b, 117, 119b, 120bs/bd, 121bs/bd, 123bd, 124a/b, 126bs, 127bs, 129bd, 130bs, 131b, 132bs/bd, 133a/bd, 134b, 135b, 136b, 137b, 138b, 139bs, 140a/bs, 141b, 142bd, 144bs, 145a, 148a, 149, 151b, 152b, 153b, 154b, 155b, 156b, 157bd, 158b, 159b, 160b, 161b, 162b, 163b, 164b, 165bs/bd, 166b, 168b, 169as/b, 170a/bs/bd, 171b, 172b, 173a/bs, 174a, 175a/b, 176b, 177b, 180c/b, 181, 183b, 184a, 185as/b, 186b, 187b, 189b, 190b, 191b, 192b, 193a/b, 194a/b, 195b, 196b, 198b, 199b, 200bd/bs, 201bd, 202a/b, 203a/b, 204bd/bs, 205a/bd, 206bs/bd, 207a/b, 208a/bs/bd, 209a/b, 210b, 213, 215b, 216b, 217a/b, 218b, 219a/bs/bd, 220b, 221b, 222bs/bd, 223a/b, 224a, 225a/bs/bd, 226bs/bd, 227a/b, 228a/b, 230bs/bd, 231bs, 232bs/bd, 233a/b, 234a/bd, 235b, 237bs, 238bs/bd, 239b, 240a/bs/bd, 241a, 242c, 244bs/bd, 245, 247b, 248a/bs/bd, 249a/b, 250bs, 251a/b, 252a/bs/bd, 253a/b, 254a/bs/bd, 255b, 256a/bs/bd, 257as/ad, 258b, 259a/b, 260a/b, 261a/b, 262a/b, 263bd/bs, 264as/bs/bd, 265b, 266a/bs/bd, 267a/bs/bd, 268bs/bd, 270a/b, 271as/ad/b, 272b, 273a/bs/bd, 274b, 276a/bs/bd, 279b, 280as/ad/b, 281b, 282a/b, 284bd/bs, 285b, 286b, 287b, 288b, 290b, 291c/b, 292bs/bd, 293a/b, 294b, 295a, 296b, 297a/b, 298bs/bd, 299bs, 300a/b, 301b, 302bs, 303a/bd, 304c/b, 305a/bd, 308c/bs, 309, 311b, 312b, 313a/bs/bd, 314a/bs/bd, 315a/c/bd, 316c/b, 317a/b, 318a/b, 319a/b, 320c/bd, 321b, 322b, 323bs, 324a/bs, 325a/b, 326a/bs/bd, 327a/bs/bd, 328a/bs/bd, 329b, 330a/bs/bd, 331a/b, 332a/bs/bd, 333a/b, 334a/b, 335a/b, 336bs/bd, 337a/c/bd, 338bd, 340c, 341, 343b, 344bs/bd, 345a/bs/bd, 346bs/bd, 347b, 348a/b, 349a/bs/bd, 350a/bs/bd, 351as/b, 352a/bs/bd, 353a/b, 354a/bs/bd, 355a/b, 356a/bs, 357bd, 358a/bs/bd, 359a/b, 360a/bs/bd, 361a/b, 362a/b, 363a/b, 364a/b, 365a/b, 366b, 367a/b, 368b, 369a/b, 370b, 371b, 372c/bs/bd, 373, 375b, 376a/b, 377a/b, 378bs/bd, 379bd, 380b, 381bs/bd, 382c/b, 383bd/bs, 384a/b, 385a/b, 386a/b, 387a/bd, 388c/b, 389, 392b, 393bd/bs, 394a/b, 395a/bs/bd, 396a/b, 397a/b, 398b, 399b, 400a/b, 401bs/bd, 402a/bs/bd, 403a/bs/bd, 404a/b, 405a/b, 406a/bs/bd, 407a/bd, 408a/b, 409a/b, 410a, 411a, 412a/b, 413a/b, 414a/b, 415b, 416a/bd, 417a/b, 418ad/bd, 420b, 421, 423b, 424a/bs/bd, 425a/b, 426a/bs/bd, 427a/b, 428a/b, 429a/bd/bs, 430a/b, 431bd/bs, 433b, 434b, 435a/b, 436b, 437a/bs/bd, 438bs/bd, 439bd, 440a/b, 441a/b, 442bs/bd, 443a/b, 444bs/bd, 445a/bd, 446b, 447bd/bs, 448b, 449bs/bd, 450c/bd, 451as/bd, 452b, 453, 455b, 456a/bs/bd, 457bd, 458a/bs/bd, 460bs/bd, 461a/b, 462b, 464b, 465a/bs, 466b, 467a/b, 477b, 483, 487bs/bd,, 488b, 504, 508-509, 509a/bd, 512b, 515bd
© Stefano Amantini 236bs
© Danilo De Marco 387bs
© Grazia Neri 391, 510a, 511a, 512a, 513a, 514a
© SIAE 10, 21b, 28bs, 30bs, 45bs, 47bd, 54, 59a, 60as/ad, 64bs, 86, 89bd, 104bs, 105b, 118, 125b, 128bs, 137a, 140bd, 145b, 148bs, 150, 173bd, 182, 214, 224b, 246, 257b, 278, 310, 342, 374, 390, 422, 454
© Scala 289as

Ove non espressamente indicato le immagini sono dell'Archivio Giunti. Per quanto riguarda i diritti di riproduzione l'Editore si dichiara pienamente disponibile a regolare eventuali spettanze per quelle immagini di cui non sia stato possibile reperire la fonte

a= alto, ad= alto a destra, as= alto a sinistra, b= basso, bd= basso a destra, bs= basso a sinistra, c= centro pagina

Finito di stampare nel mese di ottobre 1999 presso GIUNTI INDUSTRIE GRAFICHE S.p.A. Stabilimento di Prato